Curtius Rufus | Historiae Alexandri Magni /
Geschichte Alexanders des Großen

Quintus Curtius Rufus
Historiae Alexandri Magni
Geschichte Alexanders des Großen

Lateinisch / Deutsch

Übersetzt von Felicitas Olef-Krafft
Herausgegeben, kommentiert und
mit einem Nachwort versehen
von Felicitas Olef-Krafft und Peter Krafft

Reclam

RECLAMS UNIVERSAL-BIBLIOTHEK Nr. 19813

Gestaltung: Cornelia Feyll, Friedrich Forssman
Gesamtherstellung: Reclam, Ditzingen. Printed in Germany 2014
RECLAM, UNIVERSAL-BIBLIOTHEK und
RECLAMS UNIVERSAL-BIBLIOTHEK sind eingetragene Marken
der Philipp Reclam jun. GmbH & Co. KG, Stuttgart
ISBN 978-3-15-019813-1
www.reclam.de

Historiae Alexandri Magni
Geschichte Alexanders des Großen

Liber III

I [1] Inter haec Alexander ad conducendum ex Peloponneso militem Cleandro cum pecunia misso Lyciae Pamphyliaeque rebus compositis ad urbem Celaenas exercitum admovit. Media illa tempestate moenia interfluebat Marsyas, amnis fabulosis Graecorum carminibus inclitus. Fons eius ex summo montis cacumine excurrens in subiectam petram magno strepitu aquarum cadit, inde diffusus circumiectos rigat campos, liquidus et suas dumtaxat undas trahens. Itaque color eius placido mari similis locum poetarum mendacio fecit: quippe traditum est nymphas amore amnis retentas in illa rupe considere. Ceterum quamdiu intra muros fluit, nomen suum retinet, at cum extra munimenta se evolvit, maiore vi ac mole agentem undas Lycum appellant. Alexander quidem urbem destitutam ab suis intrat, arcem vero, in quam confugerant, oppugnare adortus caduceatorem praemisit, qui denuntiaret, ni dederent, ipsos ultima esse passuros. Illi caduceatorem in turrem et situ et opere multum editam perductum, quanta esset altitudo, intueri iubent ac nuntiare Alexandro non eadem ipsum et incolas aestimatione munimenta metiri: se scire inexpugnabiles esse, ad ultimum pro fide morituros. Ceterum ut circumsederi arcem et omnia sibi in dies artiora esse viderunt, sexaginta dierum indutias pacti, ut, nisi intra eos auxilium Dareus ipsis mi-

Buch III

I [1] Alexander hatte Kleander mit den nötigen finanziellen Mitteln losgeschickt, um Söldner[1] aus der Peloponnes anzuwerben, hatte in Lykien und Pamphylien für Ordnung gesorgt und führte nun in der Zwischenzeit sein Heer Richtung Kelainai. Mitten durch die Stadt floss damals der Marsyas, ein Strom, vielgenannt in den sagendurchwobenen Dichtungen der Griechen[2]. Die Wasser seiner Quelle, entsprungen auf höchstem Bergesgipfel, stürzen in mächtig rauschendem Schwall auf einen darunter ragenden Fels; dann dehnen sie sich aus und tränken die Felder ringsum, ein klarer Fluss, nur von den eigenen Wellen genährt. Und so gab seine Farbe, die jener des ruhigen Meeres gleicht, Anlass zu einem Dichtermärchen, denn es ist überliefert, gebannt von Liebe zum Strom, hätten Nymphen auf jenem Fels Wohnstatt genommen. Wie dem auch sei, solange er innerhalb der Mauern dahinfließt, behält er seinen Namen bei, außerhalb der Befestigungen freilich, wenn die Gewalt und Menge seiner Wasser zunimmt, heißt er Lykos. Zwar drang Alexander in die von den Einwohnern geräumte Stadt, doch vor dem Sturm auf die Zitadelle, wo sie Zuflucht gesucht hatten, entsandte er einen Parlamentär mit der Warnung, entweder sie ergäben sich oder sie hätten das Schlimmste zu gewärtigen. Jene führten den Unterhändler auf einen Turm, einen emporschießenden Bau an eminenter Stelle, forderten ihn auf zu betrachten, wie hoch der sei, und Alexander zu übermitteln, er und die Einwohner divergierten in ihrer Beurteilung der Befestigungsanlagen: die seien unbezwingbar, das wüssten sie, und sollte sie diese Überzeugung am Ende auch das Leben kosten. Sobald sie aber sahen, wie durch die Blockade der Burg ihre Lage von Tag zu Tag enger wurde, vereinbarten sie eine sechzigtägige Waffenpause unter der Prämisse, die Stadt zu übergeben, wenn ihnen Dareios bin-

sisset, dederent urbem, postquam nihil inde praesidii mittebatur, ad praestitutam diem permisere se regi.

Superveniunt deinde legati Atheniensium petentes, ut capti apud Granicum amnem redderentur sibi. Ille non hos modo, sed etiam ceteros Graecos restitui suis iussurum respondit finito Persico bello. [2] Ceterum Dareo imminens, quem nondum Euphraten superasse cognoverat, undique omnes copias contrahit totis viribus tanti belli discrimen aditurus.

Phrygia erat, per quam ducebatur exercitus; pluribus vicis quam urbibus frequens tunc habebat nobilem quondam Midae regiam. Gordium nomen est urbi, quam Sangarius amnis praeterfluit, pari intervallo Pontico et Cilicio mari distantem. Inter haec maria angustissimum Asiae spatium esse comperimus utroque in artas fauces compellente terram. Quae quia continenti adhaeret, sed magna ex parte cingitur fluctibus, speciem insulae praebet, ac, nisi tenue discrimen obiceret, quae nunc dividit maria, committeret. Alexander urbe in dicionem suam redacta Iovis templum intrat. Vehiculum, quo Gordium, Midae patrem, vectum esse constabat, aspexit cultu haud sane a vilioribus vulgatisque usu abhorrens. Notabile erat iugum adstrictum compluribus nodis in semetipsos implicatis et celantibus nexus. Incolis deinde adfirmantibus editam esse oraculo sortem, Asiae potiturum, qui inexplicabile vinculum

nen dieser Frist keine Hilfe zukommen lasse. Nachdem von dessen Seite keine Verstärkung geschickt wurde, kapitulierten sie zum festgesetzten Termin vor dem König.

Darauf wurden Gesandte der Athener vorstellig mit der Bitte um Rücküberstellung der beim Granikos gemachten Gefangenen[3]. Alexander beschied sie, wenn der Perserkrieg vorüber sei, würden nicht nur diese, sondern auch die übrigen Griechen zu den Ihren entlassen, dafür werde er sorgen. [2] Ansonsten blieb er Dareios auf den Fersen, der, soweit er wusste, den Euphrat noch nicht überschritten hatte, und zog von überallher seine ganzen Truppen zusammen: für den entscheidenden Augenblick dieses so gewaltigen Krieges wollte er über seine Gesamtstreitmacht verfügen.

Durch Phrygien führte ihn nun sein Weg, ein Land mit mehr Dörfern als Städten, wo sich noch die einst berühmte Königsburg des Midas befand. Gordion heißt die Stadt am Sangarios, die vom Schwarzen und vom Kilikischen Meer gleich weit entfernt ist. Zwischen diesen Meeren, so wissen wir, liegt die schmalste Stelle Kleinasiens, denn von beiden Seiten pressen sie das Land zu einem schmalen Isthmus zusammen. Kontinentales Anhängsel, ist das doch großteils von Wellen umgeben und wirkt daher wie eine Insel, und diese dünne Scheidelinie allein verhindert die Vereinigung der Meere, die sie jetzt trennt. Nachdem Alexander die Stadt in seine Gewalt gebracht hatte, besuchte er den Jupitertempel. Er sah sich den Wagen an, auf dem bekanntlich Gordios, Midas' Vater, angefahren kam und der sich in puncto Ausstattung durchaus nicht von billigeren, gebrauchsüblichen Karren abhob[4]. Auffallend war das Joch, eine feste Schnürung aus einer Vielzahl ineinander verflochtener, unentwirrbarer Knoten. Den Beteuerungen der Einheimischen zufolge gab es eine Orakelprophezeiung, wonach der Löser des unentwirrbaren Bandes Herr über Asien werde, und so überkam Alexanders Herz das Verlangen, die-

solvisset, cupido incessit animo sortis eius explendae. Circa regem erat et Phrygum turba et Macedonum, illa expectatione suspensa, haec sollicita ex temeraria regis fiducia: quippe serie vinculorum ita adstricta, ut, unde nexus inciperet quove se conderet, nec ratione nec visu perspici posset, solvere adgressus iniecerat curam ei, ne in omen verteretur inritum inceptum. Ille nequaquam diu luctatus cum latentibus nodis: »Nihil«, inquit, »interest, quomodo solvantur«, gladioque ruptis omnibus loris oraculi sortem vel elusit vel implevit.

[3] Cum deinde Dareum, ubicumque esset, occupare statuisset, ut a tergo tuta relinqueret, Amphoterum classi ad oram Hellesponti, copiis autem praefecit Hegelochum, Lesbum et Chium Coumque praesidiis hostium liberaturos. His talenta ad belli usum quingenta attributa, ad Antipatrum et eos, qui Graecas urbes tuebantur, DC missa, ex foedere naves sociis imperatae, quae Hellesponto praesiderent. Nondum enim Memnonem vita excessisse cognoverat, in quem omnes intenderat curas, satis gnarus cuncta in expedito fore, si nihil ab eo moveretur.

Iamque ad urbem Ancyram ventum erat; ubi numero copiarum inito Paphlagoniam intrat. Huic iuncti erant Heneti, unde quidam Venetos trahere originem credunt. Omnis haec regio paruit regi, datisque obsidibus tributum, quod ne Persis

sen Schicksalsspruch zu realisieren. Um den König herum standen zuhauf die Phryger und Makedonen, die einen gespannt in Erwartung, die anderen beunruhigt über das waghalsige Selbstvertrauen ihres Monarchen: schließlich handelte es sich ja um eine so dicht verknäuelte Reihe an Knoten, dass weder durch Nachdenken noch Betrachten Anfang und Ende der Schlingung erkennbar war, und dementsprechend hatte er mit seinem Vorsatz, den Wust zu lösen, die Besorgnis geweckt, ein Scheitern des Versuchs könne sich zum bösen Omen entwickeln. Er kämpfte gar nicht erst lange mit den rätselhaften Knoten, mit dem Statement: »Wie man sie löst, ist einerlei« haute er mit dem Schwert alle Riemen schlicht durch, Verspottung des Orakelspruchs oder Erfüllung, wie man es nimmt.

[3] Hierauf fasste er den Entschluss, Dareios, wo auch immer der sich befinde, anzugreifen; um sich dabei den Rücken freizuhalten, unterstellte er Amphoteros die Hellespont-Flotte, die Landtruppen aber Hegelochos, mit der Order, Lesbos, Chios und Kos von der feindlichen Besatzung zu befreien[5]. Für ihre militärischen Aktionen wies er ihnen fünfzig Talente zu, sechshundert ließ er an Antipater und die für den Schutz der griechischen Städte Verantwortlichen transferieren, während er von den Verbündeten vertragsgemäß Schiffe zum Schutz des Hellesponts anforderte. Er war nämlich noch in Unkenntnis vom Ableben Memnons[6], auf den er sein gesamtes Augenmerk gerichtet hielt, wusste er doch genau, das Ganze werde ein Kinderspiel, vorausgesetzt jener rühre sich nicht.

Schon war er bis Ankyra gelangt; dort veranlasste er eine Zählung seiner Truppen, dann ging es nach Paphlagonien. Daran grenzte das Land der Heneter, von denen, so vermuten manche, die Veneter[7] abstammen sollen. Dieser gesamte Raum unterwarf sich dem König, und durch Stellung von Geiseln erreichten die Einheimischen, dass ihnen Tributzahlungen erspart blieben, die sie ja auch den Persern nicht geleistet hat-

quidem tulissent, pendere ne cogerentur, inpetraverunt. Calas huic regioni praepositus est, ipse adsumptis, qui ex Macedonia nuper advenerant, Cappadociam petiit.

II [4] At Dareus nuntiata Memnonis morte haud secus, quam par erat, motus omissa omni alia spe statuit ipse decernere: quippe quae per duces suos acta erant cuncta damnabat, ratus pluribus curam, omnibus afuisse fortunam. Igitur castris ad Babylona positis, quo maiore animo capesserent bellum, universas vires in conspectum dedit et circumdato vallo, quod decem milium armatorum multitudinem caperet, Xerxis exemplo numerum copiarum iniit. Orto sole ad noctem agmina, sicut discripta erant, intravere vallum. Inde emissa occupaverant Mesopotamiae campos, equitum peditumque propemodum innumerabilis turba, maiorem quam pro numero speciem ferens. Persarum erant centum milia, in quis eques XXX inplebat. Medi decem equitum, quinquaginta peditum habebant. Barcanorum equitum duo milia fuere, armati bipennibus levibusque scutis maxime cetrae speciem reddentibus, peditum decem milia equitem pari armatu sequebantur. Armenii quadraginta miserant peditum, additis septem milibus equitum. Hyrcani egregiorum *equitum*, ut inter illas gentes, sex milia expleverant, additis equitibus mille Tapuris. Derbices quadraginta peditum milia armaverant; pluribus aere aut ferro praefixae hastae, quidam lignum igni duraverant. Hos quoque duo milia equitum ex eadem gente comitata sunt. A Caspio mari octo milium pedester exercitus venerat, ducenti equites. Cum

ten. Mit der Verwaltung der Region wurde Kalas betraut, während sich Alexander selbst mitsamt den unlängst aus Makedonien eingetroffenen Truppen auf den Weg nach Kappadokien machte.

II [4] Dareios aber, den die Kunde von Memnons Tod gehörig erschütterte, ließ jede andere Hoffnung fahren und beschloss, selbst in den Kampf einzugreifen: schließlich missbilligte er ja alle Aktionen seiner Feldherren in der Überzeugung, der Mehrzahl habe es an Umsicht gefehlt, dazu allen an Glück. Also errichtete er sein Lager in der Nähe von Babylon und stellte dort zur Hebung der Kampfmoral sein gesamtes Aufgebot zur Schau: in einem umwallten Ring, der zehntausend Bewaffnete fassen konnte, nahm er nach Xerxes' Manier eine Truppeninspektion vor[8]. Von Sonnenaufgang bis in die Nacht zogen die Heeresabteilungen in festgelegter Ordnung auf das abgezirkelte Gelände. Wieder draußen, überzogen sie die Ebenen Mesopotamiens, eine schier unzählbare Masse an Kavallerie und Infanterie, die noch gewaltiger aussah, als es den faktischen Zahlen entsprach. An Persern waren es hunderttausend, darunter dreißigtausend zu Pferd. Die Meder stellten zehntausend Berittene nebst fünfzigtausend Fußsoldaten. Die Kavallerie der Barkaner umfasste zweitausend Mann, bewehrt mit Doppelaxt und leichtem Rundschild, der genau wie eine »caetra«[9] aussah; ihr folgten zehntausend Infanteristen in gleicher Bewaffnung. Die Armenier hatten vierzigtausend zu Fuß aufgeboten, dazu siebentausend zu Pferd. Sechstausend für die Verhältnisse jener Völker exzellente Reiter hielten die Hyrkaner bereit, zu denen sich tausend aus Tapurien gesellten. Die Derbiker hatten vierzigtausend Fußsoldaten bewaffnet: die Mehrzahl verfügte über Speere mit ehernen oder eisernen Spitzen, manche hatten ihre Holzwaffen im Feuer gehärtet; auch sie begleiteten zweitausend Berittene aus demselben Volk. Vom Kaspischen Meer war ein achttausendköpfiges Infanterieregiment

iis erant ignobiles aliae gentes: duo milia peditum, equitum duplicem paraverant numerum. His copiis triginta milia Graecorum mercede conducta egregiae iuventutis adiecta. Nam Bactrianos et Sogdianos et Indos ceterosque Rubri maris accolas, ignota etiam Persis gentium nomina, festinatio prohibebat acciri. Nec quicquam illi minus quam multitudo militum defuit.

[5] Cuius tum universae aspectu admodum laetus purpuratis solita vanitate spem eius inflantibus conversus ad Charidemum, Atheniensem belli peritum et ob exilium infestum Alexandro – quippe Athenis iubente eo fuerat expulsus –, percontari coepit, satisne ei videretur instructus ad obterendum hostem. At ille et suae sortis et regiae superbiae oblitus: »Verum«, inquit, »et tu forsitan audire nolis et ego, nisi nunc dixero, alias nequiquam confitebor. Hic tanti apparatus exercitus, haec tot gentium et totius Orientis excita sedibus suis moles finitimis potest esse terribilis; nitet purpura auroque, fulget armis et opulentia, quantam, qui oculis non subiecere, animis concipere non possunt. Sed Macedonum acies, torva sane et inculta, clipeis hastisque immobiles cuneos et conferta robora virorum tegit. Ipsi phalangem vocant, peditum stabile agmen:

angerückt mitsamt zweihundert Kavalleristen. Hinzu kamen weitere unbekanntere Nationen: zweitausend Mann Fußvolk hatten die bereitgestellt sowie die doppelte Zahl an Reitern. In diese Truppen reihten sich noch dreißigtausend griechische Söldner, ein junger Elitetrupp. Was freilich die Baktrer, die Sogdier, Inder und die übrigen Anwohner des Roten Meeres anbelangt[10], deren Namen die Perser selbst nicht kannten, so hatte der Mangel an Zeit ihre Einberufung verhindert. Auf jeden Fall war die Menge an Soldaten Dareios' geringstes Problem.

[5] Begeistert über den Anblick dieses für damalige Zeiten globalen Aufgebots und in seinen Hoffnungen durch die übliche Heuchelei der Hofschranzen bestärkt, wandte er sich an Charidemos, einen gewieften Militär, der Alexander wegen seines Exils grollte[11] – auf dessen Befehl hin hatte man den nämlich aus Athen verbannt –, und fragte ihn, ob er seiner Meinung nach hinreichend gerüstet sei, den Feind zu vernichten. Dieser aber, ohne einen Gedanken an die eigene Position und den Hochmut der Könige zu verschwenden, nahm kein Blatt vor den Mund: »Dir für deine Person ist es vielleicht unangenehm, die Wahrheit zu hören, für mich aber gilt, entweder ich sage sie dir jetzt, oder es bringt nichts mehr. Diese so imposante Heeresmaschinerie, diese Massen fern der Heimat, die sich aus so vielen Völkerschaften und dem gesamten Orient rekrutieren, mögen für deine Nachbarn ein Schrecknis sein: da funkeln Purpur und Gold, es blitzen die Waffen, es prangt ein Reichtum, wie man ihn sich nicht vorstellen kann, wenn man ihn nicht mit eigenen Augen gesehen hat. Das Heer der Makedonen aber, ein fürwahr grimmer, derber Haufen, bildet hinter Schilden und Lanzen keilförmige Formationen, die nicht ins Wanken geraten, einen harten Kern, die Linien dicht geschlossen. Sie selbst nennen dieses Gebilde, einen stabilen Block aus Infanterie, ›Phalanx‹[12]: Mann an Mann stehen

vir viro, armis arma conserta sunt. Ad nutum monentis intenti sequi signa, ordines servare didicerunt: quod imperatur, omnes exaudiunt. Obsistere, circumire, discurrere in cornu, mutare pugnam non duces magis quam milites callent. Ac ne auri argentique studio teneri putes, adhuc illa disciplina paupertate magistra stetit: fatigatis humus cubile est, cibus, quem occupati rapiunt, satiat, tempora somni artiora quam noctis sunt. Iam Thessali equites et Acarnanes Aetolique, invicta bello manus, fundis, credo, et hastis igne duratis repellentur! Pari robore opus est. In illa terra, quae hos genuit, auxilia quaerenda sunt; argentum istud atque aurum ad conducendum militem mitte!« Erat Dareo mite ac tractabile ingenium, nisi etiam naturam plerumque fortuna corrumperet. Itaque veritatis inpatiens hospitem ac supplicem, tunc cum maxime utilia suadentem, abstrahi iussit ad capitale supplicium. Ille ne tum quidem libertatis oblitus: »Habeo«, inquit, »paratum mortis meae ultorem; expetet poenas consilii mei spreti is ipse, contra quem tibi suasi. Tu quidem licentia regni tam subito mutatus documentum eris posteris, homines, cum se permisere fortunae, etiam naturam dediscere.« Haec vociferantem, quibus imperatum erat, iugulant. Sera deinde paenitentia subiit regem, ac vera dixisse confessus sepeliri eum iussit.

III [6] Thymondas erat, Mentoris filius, inpiger iuvenis; cui

sie, Waffe an Waffe, sind gedrillt, in striktem Befehlsgehorsam den Standarten zu folgen, in Reih und Glied zu bleiben; jedes Kommando wird von allen befolgt. Die Stellung zu halten, den Feind einzukesseln, flügelförmig auszuschwärmen, einen Schwenk zu vollführen sind Offiziere und Soldaten gleichermaßen geübt. Und glaube bloß nicht, ihr Einsatz hänge von Gold und Silber ab, bis jetzt war ihr Zuchtmeister Kargheit: den Abgekämpften dient als Lagerstatt der blanke Boden; was sie im Dienst schnell herunterwürgen, reicht ihnen als Nahrung; ihr Schlaf währt kürzer als die Stunden der Nacht. Die thessalischen Reiter, die Akarnanen, die Ätoler, unbesiegbare Verbände, im Nu werden sie durch die Schleudern, denke ich mir, und die feuergehärteten Lanzen zurückgeworfen sein! Was vonnöten ist, sind ebenbürtige Kräfte. Es gilt, sich Verstärkung zu holen aus dem Land, das sie hervorgebracht hat: nimm dein Silber und Gold da und heuere Söldner damit an!« Dareios war von friedsamer, umgänglicher Wesensart, doch meist verdirbt Glück auch den Charakter. Daher konnte er die Wahrheit nicht ertragen und ließ seinen Gast, der voll Bereitwilligkeit zu ihm gekommen war und ihm damals mehr als je zuvor mit nützlichen Ratschlägen diente, zur Hinrichtung schleppen. Selbst jetzt bewahrte Charidemos seine Courage und prophezeite: »Der Rächer meines Todes steht bereit: jener, gegen den mein Rat sich richtete, niemand sonst, wird dich dafür bestrafen, den verschmäht zu haben. Du aber, der du im Rausch der Macht so plötzlich ein anderer geworden bist, wirst der Nachwelt Exemplum sein, dass Menschen, wenn sie sich dem blinden Glück in die Arme werfen, damit zugleich ihres angeborenen Charakters entraten.« Laut hallten noch seine Worte, da wurde er wie befohlen erdrosselt. Danach überkam den König eine späte Reue, er gab zu, jener habe nur die Wahrheit gesagt, und also ließ er ihn bestatten.

III [6] Thymondas, Mentors Sohn, war ein rühriger junger

praeceptum est a rege, ut omnes peregrinos milites, in quis plurimum habebat spei, a Pharnabazo acciperet, opera eorum usurus in bello. Ipsi Pharnabazo tradit imperium, quod antea Memnoni dederat.

Anxium de instantibus curis agitabant etiam per somnum species imminentium rerum, sive illas aegritudo, sive divinatio animi praesagientis accersiit. Castra Alexandri magno ignis fulgore conlucere ei visa sunt et paulo post Alexander adduci ad ipsum in eo vestis habitu, quo ipse fuisset, equo deinde per Babylona vectus subito cum ipso equo oculis esse subductus. Ad haec vates varia interpretatione curam distrinxerant: alii laetum id regi somnium esse dicebant, quod castra hostium arsissent, quod Alexandrum deposita regia veste in Persico et vulgari habitu perductum ad se vidisset, quidam non. Augurabantur quippe inlustria Macedonum castra visa fulgorem Alexandro portendere: cui vel regnum Asiae occupare fatum esse, haud ambigue *doceri*, quoniam in eodem habitu Dareus fuisset, cum appellatus est rex. Vetera quoque omina, ut fere, sollicitudo revocaverat, recensebant enim Dareum in principio imperii vaginam acinacis Persicam iussisse mutari in eam formam, qua Graeci uterentur, protinusque Chaldaeos interpretatos, imperium Persarum ad eos transiturum, quorum arma esset imitatus. Ceterum ipse et vatum responso, quod edebatur in vulgus, et specie, quae per somnum oblata erat, admodum laetus castra ad Euphraten moveri iubet.

Mann: ihm hatte der König Weisung erteilt, alle ausländischen Soldaten, seine Haupthoffnungsträger, von Pharnabazos abzuziehen und seiner eigenen Verantwortung zu unterstellen, denn die wollte er im Krieg einsetzen. Pharnabazos seinerseits übertrug er Memnons einstiges Kommando.

Geängstet von heftigen Sorgen, wurde der König auch im Schlaf von Gesichten drohenden Unheils umgetrieben, Ausgeburten seiner Beklommenheit oder prophetischen Vorahnungen. Ihm träumte, Alexanders Lager erstrahle in mächtigem Feuerglanz und wenig später führe man den zu ihm, ebenso gekleidet, wie er selbst es einst war, danach reite jener durch Babylon, um plötzlich mitsamt Pferd dem Blick zu entschwinden. Auch die divergierenden Auslegungen der Seher hatten seine Unruhe noch genährt: die einen deuteten diesen Traum positiv für den König, das Lager der Feinde sei ja in Flammen aufgegangen, und er habe gesehen, wie Alexander ohne sein Königsgewand in normaler persischer Tracht zu ihm geführt worden sei. Bei manchen herrschte die gegenteilige Ansicht: sie prophezeiten in der Tat, die Vision eines hell leuchtenden Makedonenlagers künde den Glanz Alexanders; sein Schicksal sei es, sogar die Herrschaft über Asien anzutreten, das erhelle definitiv daraus, dass auch Dareios, als er zum König ernannt wurde, nämliches Gewand getragen habe. Wie es fast immer geschieht, hatte die Zukunftsangst auch die Weissagungen von früher wieder wachgerufen: so holte man hervor, dass auf Dareios' Initiative zu Beginn seiner Herrschaft die persische Szimitarscheide nach Muster der bei den Griechen gebräuchlichen umgestaltet worden war, woraus die Chaldäer[13] geschlossen hatten, das Perserreich gehe einst an jene über, deren Waffen er imitiert habe. Nichtsdestoweniger gab Dareios recht frohgemut sowohl ob der offiziellen Variante der Seherdeutung als auch ob seines Traumgesichts Befehl, zum Euphrat aufzubrechen.

[7] Patrio more Persarum traditum est orto sole demum procedere. Die iam inlustri signum e tabernaculo regis bucina dabatur. Super tabernaculum, unde ab omnibus conspici posset, imago solis crystallo inclusa fulgebat. Ordo autem agminis erat talis. Ignis, quem ipsi sacrum et aeternum vocabant, argenteis altaribus praeferebatur. Magi proximi patrium carmen canebant. Magos trecenti et sexaginta quinque iuvenes sequebantur puniceis amiculis velati, diebus totius anni pares numero: quippe Persis quoque in totidem dies discriptus est annus. Currum deinde Iovi sacratum albentes vehebant equi, hos eximiae magnitudinis equus, quem Solis appellabant, sequebatur. Aureae virgae et albae vestes regentes equos adornabant. Haud procul erant vehicula decem multo auro argentoque caelata. Sequebatur haec equitatus duodecim gentium variis armis et moribus. Proximi ibant, quos Persae Inmortales vocant, ad decem milia. Cultus opulentiae barbarae non alios magis honestabat: illi aureos torques, illi vestem auro distinctam habebant manicatasque tunicas gemmis etiam adornatas. Exiguo intervallo, quos cognatos regis appellant, decem et quinque milia hominum. Haec vero turba muliebriter propemodum culta luxu magis quam decoris armis conspicua erat. Doryphoroe vocabantur proximum his agmen, soliti vestem excipere regalem. Hi currum regis anteibant, quo ipse eminens vehebatur. Utrumque currus latus deorum simulacra ex auro argentoque expressa decorabant; distinguebant internitentes

[7] Bei den Persern war es nach alter Sitte Regel, erst nach Sonnenaufgang loszuziehen. Bei helllichtem Tag, nicht früher, ertönten die Hornfanfaren aus dem königlichen Zelt: auf dessen First, für alle sichtbar, funkelte, in Kristall gefasst, ein Abbild der Sonne. Die Marschordnung aber sah wie folgt aus: Feuer, nach persischer Diktion heilig und ewig[14], wurde auf einem Silberaltar vorneweg getragen. Magier[15] in seinem Geleit sangen eine althergebrachte Weise. Denen folgten, gehüllt in Purpurmäntel, dreihundertfünfundsechzig junge Männer, eine Zahl, die den Tagen eines vollen Jahres entspricht, denn auch bei den Persern ist ein Jahr in ebenso viele Tage unterteilt wie bei uns. Danach kam ein Jupiter[16] geweihter Wagen, Schimmel zogen den, und im Anschluss ein riesiges Ross, »Pferd der Sonne« genannt[17]. Die Lenker der Pferde schmückten goldene Gerten und weiße Gewänder. Zehn Wagen, überladen mit Reliefs aus Gold und Silber, schlossen dicht auf. Sodann folgte die Reiterdivision, bestehend aus zwölf Nationen, die sich in Bewaffnung und Sitten unterschieden. Als nächstes marschierten die, welche die Perser »Unsterbliche« nennen, zehntausend an der Zahl[18]. Die stachen durch ihre Aufmachung, die von barbarischem Prunk nur so strotzte, besonders hervor: sie waren es, die goldene Halsreifen hatten, sie, die goldbestickte Gewänder trugen und Tuniken mit Ärmeln, obendrein noch edelsteinbesetzt. In geringem Abstand kamen die sogenannten Verwandten des Königs, fünfzehntausend Mann. Diese Kolonne aber in ihrem fast weibischen Putz fiel mehr durch üppiges Beiwerk auf als durch den Schmuck der Waffen. »Lanzenträger« nannte man die nächste Abteilung, normalerweise hatten sie die Funktion königlicher Kammerherren inne. Jetzt bildeten sie die Vorhut vor dem Wagen mit dem König, der dominierenden Gestalt des Zuges. Dieses Gefährt schmückten auf beiden Seiten Reliefdarstellungen von Göttern in Gold und Silber; blitzende Edelsteine zierten hier

gemmae iugum, ex quo eminebant duo aurea simulacra cubitalia avorum, alterum Nini, alterum Beli. Inter haec aquilam auream pennas extendenti similem sacraverant.

[8] Cultus regis inter omnia luxuria notabatur: purpureae tunicae medium album intextum erat, pallam auro distinctam aurei accipitres, velut rostris inter se concurrerent, adornabant, ex zona aurea muliebriter cinctus acinacem suspenderat, cui ex gemma vagina erat. Cidarim Persae vocabant regium capitis insigne: hoc caerulea fascia albo distincta circumibat. Currum decem milia hastatorum sequebantur, hastas argento exornatas, spiculo aureo praefixas gestabant. Dextra laevaque regem ducenti ferme nobilissimi propinquorum comitabantur. Horum agmen claudebatur triginta milibus peditum, quos equi regis CCCC sequebantur. Intervallo deinde unius stadii matrem Darei, Sisigambim, currus vehebat, et in alio erat coniunx; turba feminarum reginas comitantium equis vectabatur. Quindecim deinde, quas armamaxas appellabant, sequebantur; in his erant liberi regis et, quae educabant eos, spadonumque grex, haud sane illis gentibus vilis. Tum regiae pelices trecentae et sexaginta vehebantur, et ipsae regali cultu ornatuque. Post quas pecuniam regis sexcenti muli et trecenti cameli vehebant praesidio sagittariorum prosequente. Propinquorum amicorumque coniuges huic agmini proximae lixarumque et calonum greges vehebantur. Ultimi erant cum suis quisque duci-

und da das Joch, auf dem sich zwei goldene Statuetten der Vorväter erhoben, jede eine Elle lang: die eine zeigte Ninos, die andere Belos[19]. Zwischen diesen befand sich ein den Persern heiliges Symbol, ein goldener Adler, der aussah, als entfalte er seine Schwingen[20].

[8] Der Ornat des Königs fiel durch seinen Prunk besonders ins Auge: die purpurne Tunika war in der Mitte mit einem weißen Streifen durchwoben; den goldbestickten Mantel zierten zwei goldene Falken, die mit den Schnäbeln aufeinander einzuhacken schienen[21]; nach Frauenmode trug er einen goldenen Gürtel, an dem aber hing in einer Edelsteinscheide ein Szimitar. Die Tiara des Königs hieß bei den Persern »Cidaris«, um die schlang sich das Diadem, meerblau mit Weiß als Kontrast. Zehntausend Hastaten[22] folgten dem Wagen: die führten silberbeschlagene Lanzen mit sich, die Spitzen oben aus Gold. Zur Rechten und Linken gaben ungefähr zweihundert seiner Verwandten, Leute aus dem höchsten Adel, dem Monarchen das Geleit. Abschließend kamen noch dreißigtausend Infanteristen und hinterdrein die vierhundert Pferde des Königs. Dann, im Abstand von einem Stadion, fuhr ein Wagen mit Sisigambis, der Mutter des Dareios, und ein weiterer mit seiner Gattin. Das zahlreiche Damengefolge der Königinnen saß zu Pferd. Fünfzehn Reisekarossen, sogenannte »Harmamaxae«, schlossen sich an: darin befanden sich die Kinder des Königs, ihre Erzieherinnen und die Schar der Eunuchen, die bei jenen Völkern durchaus hoch im Kurs stehen. Danach reihten sich noch die dreihundertsechzig Haremsdamen des Monarchen dem Zug ein, auch sie in der Garderobe und dem Putz von Königinnen. Dahinter transportierten sechshundert Mulis und dreihundert Kamele den königlichen Münzschatz mit Bogenschützen als Bedeckung. Unmittelbar darauf folgten die Ehefrauen der Verwandten und Freunde sowie die Trosshaufen aus Marketendern und Knechten[23]. Den Abschluss bildete die

bus, qui cogerent agmen, leviter armati. Contra si quis aciem Macedonum intueretur, dispar facies erat equis virisque non auro, non discolori veste, sed ferro atque aere fulgentibus; agmen et stare paratum et sequi, nec turba nec sarcinis praegrave, intentum ad ducis non signum modo, sed etiam nutum. Et castris locus et exercitui commeatus suppetebant. Ergo Alexandro in acie miles non defuit, Dareus, tantae multitudinis rex, loci, in quo pugnavit, angustiis redactus est ad paucitatem, quam in hoste contempserat.

IV [9] Interea Alexander Abistamene Cappadociae praeposito Ciliciam petens cum omnibus copiis *in* regionem, quae castra Cyri appellatur, pervenerat. Stativa illic habuerat Cyrus, cum adversus Croesum in Lydiam duceret. Aberat ea regio quinquaginta stadia ab aditu, quo Ciliciam intramus. Pylas incolae dicunt artissimas fauces munimenta, quae manu ponimus, naturali situ imitantes. Igitur Arsames, qui Ciliciae praeerat, reputans, quid initio belli Memno suasisset, quondam salubre consilium sero exequi statuit: igni ferroque Ciliciam vastat, ut hosti solitudinem faciat, quidquid usui potest esse, corrumpit sterile ac nudum solum, quod tueri nequibat, relicturus. Sed longe utilius fuit angustias aditus, qui Ciliciam aperit, valido occupare praesidio iugumque opportune itineri

Nachhut aus leichtbewaffneten Truppen, eine jede unter eigenem Offizier. Dagegen bot das Heer der Makedonen einem etwaigen Betrachter einen völlig anderen Anblick, denn nicht der Glitzer von Gold und bunten Gewändern umgab hier Ross und Mann, nein, der Glanz von Eisen und Erz war es: eine Armee, bereit, unerschütterlich zu stehen und vorzurücken, nicht belastet von Haufen an Volk, von Sack und Pack, konzentriert auf jedes Kommando, ja jeden kleinsten Wink. Ein Lagerplatz, Proviant für das Heer war alles, was sie brauchten. So konnte Alexander in der Schlacht auf jeden Mann zählen, Dareios aber, der Herr über ein so riesiges Aufgebot, war durch die Enge des Kampfgeländes just auf das Minikontingent, das er beim Feind geringschätzig abgetan hatte, verwiesen.

IV [9] Inzwischen war Alexander, nachdem er Abistamenes zum Gouverneur Kappadokiens gemacht hatte, auf seinem Weg nach Kilikien mit seinen gesamten Streitkräften bis in die Gegend, die man »Lager des Kyros« nennt, vorgedrungen: der hatte, als er nach Lydien gegen Krösus zog, dort sein Standquartier gehabt. Fünfzig Stadien[24] lag diese Region vom Grenzübergang nach Kilikien entfernt: die Einheimischen bezeichnen die extrem engen Schluchten als »Pforten«, da sie in ihrer Naturbeschaffenheit aussahen wie künstlich errichtete Befestigungen. In dieser Lage erinnerte sich Arsames, der Satrap Kilikiens, an Memnons Weisungen zu Kriegsbeginn und entschied sich, jetzt endlich eine Taktik zum Einsatz zu bringen, die damals erfolgreich gewesen wäre: mit Feuer und Schwert verwüstete er Kilikien, um vor dem Feind eine entvölkerte Öde zu schaffen; alles, was von Nutzen sein konnte, zerstörte er, brach und nackt wollte er den Boden hinter sich lassen, den er nicht zu schützen vermochte. Es wäre freilich bei weitem zweckmäßiger gewesen, den Engpass am Übergang zu Kilikien mit einer starken Garnison zu belegen und sich auf den Höhen, die strategisch günstig über den Weg kragen, festzusetzen,

imminens obtinere, unde inultus subeuntem hostem aut prohibere aut opprimere potuisset; nunc paucis, qui callibus praesiderent, relictis retro ipse concessit, populator terrae, quam a populationibus vindicare debebat. Ergo qui relicti erant, proditos se rati ne conspectum quidem hostis sustinere valuerunt, cum vel pauciores locum obtinere potuissent.

[10] Namque perpetuo iugo montis asperi ac praerupti Cilicia includitur; quod cum a mari adsurgat, velut sinu quodam flexuque curvatum rursus altero cornu in diversum litus excurrit. Per hoc dorsum, qua maxime introrsus mari cedit, asperi tres aditus et perangusti sunt, quorum uno Cilicia intranda est. Campestris eadem, qua vergit ad mare, planitiem eius crebris distinguentibus rivis: Pyramus et Cydnus, incliti amnes, *inter*fluunt. Cydnus non spatio aquarum, sed liquore memorabilis: quippe leni tractu e fontibus labens puro solo excipitur, nec torrentes incurrunt, qui placide manantis alveum turbent. Itaque incorruptus idemque frigidissimus, quippe multa riparum amoenitate inumbratus, ubique fontibus suis similis in mare evadit. Multa in ea regione monumenta vulgata carminibus vetustas exederat: monstrabantur urbium sedes Lyrnesi et Thebes, Typhonis quoque specus et Corycium nemus, ubi crocum gignitur, ceteraque, in quibus nihil praeter famam duraverat.

[11] Alexander fauces iugi, quae Pylae appellantur, intravit. Contemplatus locorum situm non alias magis dicitur admira-

denn von dort hätte er den Feind bei seinem Aufstieg risikolos abwehren oder vernichten können. So aber stellte er zum Schutz der Bergpfade nur ein paar Männer ab und trat selbst den Rückzug an, Verheerer eines Landes, das er vor Verheerungen hätte bewahren müssen. Es kam, wie es kommen musste: die Abkommandierten wähnten sich verraten und hatten nicht einmal genug Mumm, den Anblick der Feinde zu ertragen, obwohl sogar noch weniger die Stellung hätten halten können.

[10] Kilikien liegt in der Tat eingeschlossen von einem Zug zerklüfteter, steilwandiger Gebirge: diese Bergkette steigt vom Meer aus an, schwingt sich dann im Bogen, gleichsam einen Kessel bildend, so dass sie mit ihrem anderen Ausläufer gegenüber wiederum auf die Küste trifft. Über den Kamm des Gebirges führen dort, wo es im Landesinnern größte Distanz zum Meer hat, drei unwegsame, äußerst enge Pässe, von denen nur einer Zugang nach Kilikien gewährt. Der zum Meer sich senkende Teil ist dann flach, eine Ebene, durchzogen von zahlreichen Wasserläufen, mittendurch der Pyramos und der Kydnos, berühmte Flüsse. Letzterer ist erwähnenswert nicht wegen der Breite seines Laufs, sondern wegen seiner Klarheit: in sanftem Plätschern entströmt er ja seinen Quellen über unberührtes Land, kein Sturzbach mündet hinein, um ihn, der friedlich in seinem Bett dahingleitet, zu trüben. Und so ergießt er sich, rein und klar, dazu von eisiger Kühle, denn Ufer voll Liebreiz spenden ihm Schatten, ins Meer und ist überall noch genauso wie an den Quellen. Der Zahn der Zeit hatte viele aus der Dichtung bekannte Monumente dieser Region zerstört: neben anderen Dingen, von denen nichts außer dem Namen geblieben war, zeigte man das Gelände von Lyrnesos und Thebe, auch Typhons Höhle und den Wald von Korykos, wo Safran gedeiht[25].

[11] Alexander stieg in den »die Pforten« genannten Pass ein. Er besah sich die Beschaffenheit des Geländes, und da staunte

similem ministri manu excipiunt nec satis compotem mentis in tabernaculum deferunt.

Ingens sollicitudo et paene iam luctus in castris erat: flentes querebantur in tanto impetu cursuque rerum omnis aetatis ac memoriae clarissimum regem non in acie saltem, non ab hoste deiectum, sed abluentem aqua corpus ereptum esse et extinctum. Instare Dareum, victorem antequam vidisset hostem. Sibi easdem terras, quas victoria peragrassent, repetendas: omnia aut ipsos aut hostes populatos. Per vastas solitudines, etiam si nemo insequi velit, euntes fame atque inopia debellari posse. Quem signum daturum fugientibus? quem ausurum Alexandro succedere? Iam ut ad Hellespontum fuga penetrarent, classem, qua transeant, quem praeparaturum? Rursus in ipsum regem misericordia versa illum florem iuventae, illam vim animi, eundem regem et commilitonem divelli a se et abrumpi inmemores sui querebantur.

[13] Inter haec liberius meare spiritus coeperat, adlevaratque rex oculos et paulatim redeunte animo circumstantes amicos agnoverat, laxataque vis morbi ob hoc solum videbatur, quia magnitudinem mali sentiebat. Animi autem aegritudo corpus urgebat: quippe Dareum quinto die in Cilicia fore nuntiabatur. Vinctum ergo se tradi et tantam victoriam eripi sibi ex mani-

aus seinem Leib. Wie einen Sterbenden fingen ihn seine Diener in ihren Armen auf und trugen den halb Besinnungslosen in sein Zelt.

Grenzenlose Bestürzung, ja fast schon Trauer herrschte im Lager; man weinte und wehklagte: jetzt, wo sich die Dinge so rasant entwickelten, sei der bedeutendste König seit Menschengedenken dahingerafft und ausgelöscht, umgekommen nicht in der Schlacht, nicht durch Feindeshand, nicht einmal das, sondern bei einem Bade im Wasser. Dareios sei auf dem Vormarsch, siegreich, ohne je Blickkontakt mit dem Feind gehabt zu haben. Für sie aber heiße es kehrt marsch zurück in eben jene Länder, durch die ihr Siegeszug sie einst führte, jetzt dank ihnen selbst oder den Feinden die reinsten Wüsteneien. Selbst wenn niemand sie verfolgen wollte, so machten ihnen vielleicht Hunger und Not den Garaus, wenn sie durch die weiten, menschenleeren Öden zögen. Wer werde sie auf ihrer Flucht koordinieren, wer es wagen, Alexanders Nachfolger zu werden? Gesetzt, sie kämen bis zum Hellespont, wer machte für die Überfahrt eine Flotte bereit? Dann wieder hatten sie umgekehrt Mitleid mit dem König selbst und ergingen sich, die eigenen Probleme vergessend, in Jammer: der Inbegriff blühender Jugend, der Inbegriff machtvoller Energie, ein König und ein Kamerad zugleich werde ihnen da genommen, grausam raffe man ihn hinweg aus ihrer Mitte.

[13] Unterdessen floss der Atem des Königs langsam freier, er hatte die Augen aufgeschlagen und, während er allmählich das Bewusstsein wiedererlangte, die Freunde, die ihn umringten, erkannt; er spürte, wie schwer er erkrankt war, und allein schon daraus war zu ersehen, dass die Krisis im Abklingen war. Doch die Sorgen, die seine Seele quälten, setzten auch dem Körper zu: in der Tat wurde ja gemeldet, in vier Tagen werde Dareios in Kilikien sein. In Fesseln anheimfallen werde er also dem Feind, lamentierte da Alexander, aus den Händen reiße

bus obscuraque et ignobili morte in tabernaculo extingui se querebatur. Admissisque amicis pariter ac medicis: »In quo me«, inquit, »articulo rerum mearum fortuna deprehenderit, cernitis. Strepitum hostilium armorum exaudire mihi videor et, qui ultro intuli bellum, iam provocor. Dareus ergo cum tam superbas litteras scriberet, fortunam meam in consilio habuit? Sed nequiquam, si mihi arbitrio meo curari licet. Lenta remedia et segnes medicos non expectant tempora mea: vel mori strenue quam tarde convalescere mihi melius est. Proinde, si quid opis, si quid artis in medicis est, sciant me non tam mortis quam belli remedium quaerere!« Ingentem omnibus incusserat curam tam praeceps temeritas eius. Ergo pro se quisque precari coepere, ne festinatione periculum augeret, sed esset in potestate medentium: inexperta remedia haud iniuria ipsis esse suspecta, cum ad perniciem eius etiam a latere ipsius pecunia sollicitaret hostis. Quippe Dareus mille talenta interfectori Alexandri daturum se pronuntiari iusserat. Itaque ne ausurum quidem quemquam arbitrabantur experiri remedium, quod propter novitatem posset esse suspectum.

VI [14] Erat inter nobiles medicos ex Macedonia regem secutos Philippus, natione Acarnan, fidus admodum regi; puero comes et custos salutis datus non ut regem modo, sed etiam ut alumnum eximia caritate diligebat. Is non praeceps se, sed strenuum remedium adferre tantamque vim morbi potione

man ihm diesen so herrlichen Sieg, unrühmlich, ohne Glanz und Gloria verende er in seinem Zelt. Dann zitierte er Freunde und Ärzte gemeinsam zu sich und sprach: »Ihr seht, an welchem Scheidepunkt meines Lebens das Schicksal zugeschlagen hat. Mir kommt es vor, als hörte ich das Klirren der feindlichen Waffen, und ich, der ich in die Offensive ging, bin nun der Herausgeforderte. Heißt das, Dareios hat, als er mir seinen so arroganten Brief schrieb, mein Pech miteinkalkuliert? Aber da hat er sich verrechnet, wenn ich mich nach meinem eigenen Rezept kurieren darf. Die Lage, in der ich mich befinde, duldet keine sachte wirkenden Tränklein, keine zaudernden Ärzte: besser wacker gestorben, jawohl, als langsam genesen. Sofern es also mit medizinischer Macht und Kunst etwas auf sich hat, sollen die sich gesagt sein lassen: ich suche weniger ein Heilmittel, das mich vor dem Tod bewahrt, als eines, das mich fit für den Krieg macht.« Alexanders so hitzköpfiger Leichtsinn hatte alle in heftigste Besorgnis gestürzt. Folglich machte sich jeder so gut er konnte daran, ihn zu bitten, die Gefahr durch überstürztes Handeln nicht noch zu verschlimmern, sondern auf das Können der Heilkundigen zu bauen: ungetestete Medikamente seien denen nicht zu Unrecht suspekt, da der Feind sogar seine engste Entourage mit Geld locke, ihn umzubringen. In der Tat hatte Dareios dem Mörder Alexanders öffentlich tausend Talente in Aussicht gestellt. Deshalb glaubte man, gewiss werde es keiner riskieren, ein Heilmittel zu erproben, das aufgrund seiner Neuheit Skepsis errege.

VI [14] Unter den namhaften Ärzten, die dem König aus Makedonien gefolgt waren, befand sich Philipp aus Akarnanien, der ihm tief ergeben war: schon als Kind hatte man Alexander in seine Obhut gestellt, man hatte ihn zum Wächter über dessen Gesundheit gemacht, und so liebte er ihn voll Anhänglichkeit wie niemand sonst, nicht nur als König, sondern als seinen Zögling. Der verhieß ihm nun ein Mittel von hoher, wenn

medicata levaturum esse promisit. Nulli promissum eius placebat praeter ipsum, cuius periculo pollicebatur: omnia quippe facilius quam moram perpeti poterat; arma et acies in oculis erant, et victoriam in eo positam esse arbitrabatur, si tantum ante signa stare potuisset, id ipsum, quod post diem tertium medicamentum sumpturus esset – ita enim medicus praedixerat – aegre ferens.

Inter haec a Parmenione, fidissimo purpuratorum, litteras accipit, quibus ei denuntiabat, ne salutem suam Philippo committeret: mille talentis a Dareo et spe nuptiarum sororis eius esse corruptum. Ingentem animo sollicitudinem litterae incusserant, et, quidquid in utramque partem aut metus aut spes subiecerat, secreta aestimatione pensabat. »Bibere perseverem? ut, si venenum datum fuerit, ne inmerito quidem, quidquid acciderit, evenisse videatur? Damnem medici fidem? in tabernaculo ergo me opprimi patiar? At satius est alieno me mori scelere quam metu nostro.« Diu animo in diversa versato nulli, quid scriptum esset, enuntiat epistulamque sigillo anuli sui inpresso pulvino, cui incubabat, subicit.

[15] Inter has cogitationes biduo absumpto inluxit a medico destinatus dies, et ille cum poculo, in quo medicamentum diluerat, intravit. Quo viso Alexander levato corpore in cubili epistulam a Parmenione missam sinistra manu tenens accipit poculum et haurit interritus; tum epistulam legere Philippum

auch nicht sofortiger Wirksamkeit: dieser Heiltrank werde die Heftigkeit der Erkrankung dämpfen. Von dessen Versprechen war niemand begeistert bis auf den einen, der dabei das Risiko hatte. Alles konnte Alexander ja leichter ertragen als weiteres Abwarten: auf Waffen und Kampf war sein Augenmerk gerichtet; er war überzeugt, er müsse sich vor den Standarten nur auf den Beinen halten können[26] und schon habe er den Sieg in der Tasche; darum war bereits die Tatsache, dass er die Arznei erst drei Tage später einnehmen sollte – so die ärztliche Verordnung –, ein arges Problem für ihn.

Inzwischen erhielt er von Parmenion, einem seiner treuesten Höflinge, einen Brief des Inhalts, sein Wohl und Wehe nicht in Philipps Hände zu legen: der sei von Dareios mit tausend Talenten und der Aussicht auf eine Vermählung mit dessen Schwester gekauft worden. Der Brief hatte Alexander gewaltig verunsichert, und still bei sich wog er alles ab, was ihm hie die Furcht, dort die Hoffnung eingab. »Soll ich darauf bestehen, den Trank einzunehmen, so dass es im Falle eines Giftanschlags aussieht, als hätte ich mir alles, was mir widerfährt, auch noch selbst eingebrockt? Oder soll ich stattdessen die Loyalität meines Arztes in Abrede stellen und damit hier in meinem Zelt einfach eingehen? Zumindest ist es besser, durch das Verbrechen eines anderen zu sterben als an der eigenen Furcht.« Nach langem Hin und Her verschwieg er jedem, was in dem Brief stand, er siegelte den mit seinem Ring und schob ihn unter das Kissen, auf dem er ruhte.

[15] Achtundvierzig Stunden hatte er mit diesen Überlegungen zugebracht, dann brach der vom Arzt bestimmte Tag an, und jener trat mit einem Becher, in dem das Medikament aufgelöst war, ins Zelt. Bei seinem Anblick richtete sich Alexander auf der Bettstatt hoch, nahm den Pokal entgegen, wobei er Parmenions Brief in der Linken hielt, und leerte ihn beherzt. Sodann befahl er Philipp, das Schreiben zu lesen, und während

iubet nec a vultu legentis movit oculos, ratus aliquas conscientiae notas in ipso ore posse deprehendere. Ille epistula perlecta plus indignationis quam pavoris ostendit proiectisque amiculo et litteris ante lectum: »Rex«, inquit, »semper quidem spiritus meus ex te pependit, sed nunc vere arbitror sacro et venerabili ore trahi tuo. Crimen parricidii, quod mihi obiectum est, tua salus diluet: servatus a me vitam mihi dederis. Oro quaesoque, omisso metu patere medicamentum concipi venis; laxa paulisper animum, quem intempestiva sollicitudine amici sane fideles, sed moleste seduli turbant.« Non securum modo haec vox, sed etiam laetum regem ac plenum bonae spei fecit. Itaque: »Si di«, inquit, »Philippe, tibi permisissent, quo maxime modo velles, animum experiri meum, alio profecto voluisses, sed certiore, quam expertus es, ne optasses quidem; hac epistula accepta tamen, quod dilueras, bibi. Et nunc crede me non minus pro tua fide quam pro mea salute esse sollicitum.« Haec elocutus dextram Philippo offert.

[16] Ceterum tanta vis medicamenti fuit, ut, quae secuta sunt, criminationem Parmenionis adiuverint: interclusus spiritus arte meabat. Nec Philippus quicquam inexpertum omisit: ille fomenta corpori admovit, ille torpentem nunc cibi nunc vini odore excitavit. Atque ut primum mentis compotem esse sensit, modo matris sororumque, modo tantae victoriae ad-

der das tat, hielt er die Augen auf sein Gesicht geheftet, er glaubte nämlich, etwaige Anzeichen von Schuldbewusstsein aus diesem ablesen zu können. Die Lektüre des Briefes löste bei jenem mehr Entrüstung aus als Angst; er schleuderte seinen Mantel und den Brief vor das Bett und erwiderte: »In der Tat, mein König, schon bislang hing jeder Atemzug meines Lebens von dir ab, doch jetzt will es mir wahrlich scheinen, als ob es dein erhabener, verehrungswürdiger Mund selbst wäre, durch den ich atmete. Deine Gesundung wird die Anklage des Mordanschlags auf den Landesvater, die man gegen mich erhebt, entkräften: durch mich vor dem Tode bewahrt, wirst du mir deinerseits das Leben schenken. Ich bitte dich, ich flehe dich an, hab keine Furcht und lass deine Adern das Medikament in sich aufnehmen! Entspann eine Weile deinen Kopf, den dir die unangebrachte Besorgnis von Freunden, die durchaus treu, aber übereifrig sind, verwirrt hat!« Diese Worte nahmen dem König nicht nur seine Bedenken, gar heiter stimmten sie ihn und zuversichtlich. Und so sagte er: »Wenn die Götter dir freie Wahl gelassen hätten, wie du meine Gefühle prüfen wolltest, dann hättest du sicher eine andere Vorgehensweise bevorzugt; eine mit mehr Beweiskraft aber als die hier erprobte hättest du dir gewiss nicht wünschen können: ja, ich habe diesen Brief erhalten, deinen Trank freilich habe ich dennoch eingenommen. Und glaube mir, deine Sicherheit treibt mich im Augenblick genauso sehr um wie meine eigene Genesung!« Mit dieser Versicherung reichte er Philipp die Rechte.

[16] Die Arznei wirkte allerdings so durchschlagend, dass das Resultat die Anschuldigung Parmenions untermauerte: blockiert, ging Alexanders Atem nur noch flach. Philipp tat alles, was nur möglich war: er machte ihm Leibwickel, und um ihn aus der Starre zu holen, flößte er ihm Nahrung ein oder ließ ihn an Wein riechen. Kaum merkte er, dass jener bei Sinnen war, sprach er unablässig auf ihn ein, bald über Mutter und

propinquantis admonere non destitit. Ut vero medicamentum se diffudit in venas et sensim toto corpore salubritas percipi potuit, primum animus vigorem suum, deinde corpus quoque expectatione maturius recuperavit: quippe post tertium diem, quam in hoc statu fuerat, in conspectum militum venit. Nec avidius ipsum regem quam Philippum intuebatur exercitus; pro se quisque dextram eius amplexi grates habebant velut praesenti deo. Namque haud facile dictu est, praeter ingenitam illi genti erga reges suos venerationem quantum huius utique regis vel admirationi dediti [ei] fuerint vel caritate flagraverint. Iam primum nihil sine divina ope adgredi videbatur, nam cum praesto esset ubique fortuna, et temeritas in gloriam cesserat. Aetas quoque vix tantis matura rebus, sed abunde sufficiens omnia eius opera honestabat. Et quae leviora haberi solent plerumque, militari gratiora vulgo sunt: exercitatio corporis inter ipsos, cultus habitusque paulum a privato abhorrens, militaris vigor; quis ille vel ingenii dotibus vel animi artibus, ut pariter carus ac venerandus esset, effecerat.

VII [17] At Dareus nuntio de adversa valitudine eius accepto celeritate, quantam capere tam grave agmen poterat, ad Euphraten contendit iunctoque eo pontibus quinque tamen diebus traiecit exercitum Ciliciam occupare festinans. Iam Alexander viribus corporis receptis ad urbem Solos pervenerat; cuius potitus ducentis talentis multae nomine exactis arci praesidium militum inposuit. Vota deinde pro salute suscepta per ludum atque otium reddens ostendit, quanta fiducia barba-

Schwestern, bald über den so großen Sieg, der nicht mehr fern war. Als sich das Medikament aber im Blutkreislauf verteilte und seine Heilkraft allmählich überall im Körper spürbar wurde, erholte sich zuerst der Geist, dann schneller als erwartet auch der Leib: nach drei Tagen in diesem Zustand zeigte er sich vor den Soldaten. Das Heer musterte beide, Philipp nicht weniger als den König selbst, mit gespannten Blicken: jeder einzelne ergriff Alexanders Rechte und erging sich in Dankesworten, als stünde er vor einem Gott. Es lässt sich ja auch nicht leicht in Worte fassen, wie sehr sie, die jenem Volk angeborene Ehrfurcht vor seinen Königen überbietend, namentlich diesem König in Begeisterung und glühender Liebe ergeben waren. Schon längst schien er nichts ohne göttlichen Beistand zu tun, denn da das Glück allerorten mit ihm war, hatte sogar sein verwegener Leichtsinn am Ende doch Ruhm im Gefolge gehabt. Zudem adelte sein jugendliches Alter, das für derartige Glanztaten kaum die nötige Reife hatte und sie dennoch mit Bravour bewältigte, all seine Leistungen. Und nicht zuletzt zählt manches, was in der Regel als eher nebensächlich gilt, in Soldatenkreisen viel: Körpertraining zusammen mit der Mannschaft, Lebensstil und Kleidung fast wie bei einem Privatmann, soldatische Stärke; eben durch diese Pluspunkte, angeborene Anlagen oder erlernte Tugenden, hatte er sich Liebe und Ehrfurcht zugleich verschafft.

VII [17] Auf die Kunde von Alexanders Erkrankung eilte Dareios so schnell, wie es einem so schwerfälligen Heerhaufen nur möglich war, zum Euphrat, wo es ihn, der schleunigst Kilikien besetzen wollte, trotz Pontonbrücken fünf Tage kostete, seine Armee überzusetzen. Alexander, wieder bei Kräften, war schon bis Soloi vorgedrungen; er bemächtigte sich der Stadt, forderte eine Geldbuße von zweihundert Talenten und belegte die Burg mit einer Garnison. Dann erfüllte er in aller Muße und Ruhe die Gelübde, die er für seine Gesundung abgelegt

ros sperneret: quippe Aesculapio et Minervae ludos celebravit. Spectanti nuntius laetus adfertur Halicarnaso Persas acie a suis esse superatos, Myndios quoque et Caunios et pleraque tractus eius suae facta dicionis. Igitur edito spectaculo ludicro castrisque motis et Pyramo amne ponte iuncto ad urbem Mallum pervenit, inde alteris castris ad oppidum Castabalum. Ibi Parmenio regi occurrit: praemiserat ad explorandum iter saltus, per quem ad urbem Isson nomine penetrandum erat. Atque ille angustiis eius occupatis et praesidio modico relicto Isson quoque desertam a barbaris ceperat. Inde progressus deturbatis, qui interiora montium obsidebant, praesidiis cuncta firmavit occupatoque itinere, sicut paulo ante dictum est, idem et auctor et nuntius venit. Isson deinde rex copias admovit. Ubi consilio habito, utrumne ultra progrediendum foret, an ibi opperiendi essent novi milites, quos ex Macedonia adventare constabat, Parmenio non alium locum proelio aptiorem esse censebat. Quippe illic utriusque regis copias numero futuras pares, cum angustiae multitudinem non caperent: planitiem ipsis camposque esse vitandos, ubi circumiri, ubi ancipiti acie opprimi possent. Timere, ne non virtute hostium, sed lassitudine sua vincerentur: Persas recentes subinde successuros, si

hatte, und dokumentierte dabei, mit wie viel Selbstvertrauen er die Barbaren verachtete: er veranstaltete ja Spiele für Äskulap und für Minerva[27]. Noch während er sich die ansah, erhielt er aus Halikarnass die Frohbotschaft, die Seinen hätten die Perser in geordneter Feldschlacht besiegt, auch Myndos und Kaunos sowie der größte Teil des Landstriches dort seien in seiner Gewalt. Und so hob Alexander nach Abschluss des kurzweiligen Spektakels das Lager auf, schlug eine Brücke über den Pyramos und gelangte nach Mallos, von da in einer weiteren Etappe bis Kastabalon. Hier stieß Parmenion auf den König: dieser hatte nämlich einen Aufklärungstrupp vorausgeschickt, den Gebirgspfad auszukundschaften, der die einzige Route in eine Stadt namens Issos bildete. Nun hatte Parmenion nicht nur den engen Pass dort besetzt und mit ein paar Soldaten bemannt, sondern auch Issos, das die Barbaren geräumt hatten, eingenommen. Auf seinem weiteren Vormarsch vertrieb er die feindlichen Garnisonen, die mitten in den Bergen nisteten, sicherte all diese Eroberungen und kam jetzt, wie kurz vorher geschildert, auf dem besetzten Weg wieder zurück, Sieger und Bote in einer Person. Daraufhin führte der König seine Truppen Richtung Issos, wo Kriegsrat gehalten wurde, ob man weiter vorrücken oder an Ort und Stelle auf die frischen Truppen aus Makedonien warten solle, die, wie man wusste, im Anzug waren. Dabei vertrat Parmenion die Ansicht, ein besseres Terrain für eine Schlacht gebe es nicht: in der Tat herrsche hier ein zahlenmäßiges Gleichgewicht zwischen den Streitkräften der beiden Monarchen, da die Engstelle für den Riesenhaufen keinen Raum biete; für sie selbst gelte es nur, flaches Gelände und das platte Land zu meiden, denn dort könne man sie umzingeln und in einem Zweifronten-Kampf zerreiben. Nicht die Tapferkeit der Feinde lasse ihn dabei eine Niederlage befürchten, nur ihre eigene Erschöpfung: gebe man den Persern die Möglichkeit, ihre Linien zu entfal-

laxius stare potuissent. Facile ratio tam salubris consilii accepta est. Itaque inter angustias saltus hostem opperiri statuit.

[18] Erat in exercitu regis Sisines Perses. Quondam a praetore Aegypti missus ad Philippum donisque et omni honore cultus exilium patria sede mutaverat, secutus deinde in Asiam Alexandrum inter fideles socios habebatur. Huic epistulam Cretensis miles obsignatam anulo, cuius signum haud sane notum erat, tradidit. Nabarzanes, praetor Darei, miserat eam hortabaturque Sisinem, ut dignum aliquid nobilitate atque moribus suis ederet: magno id ei apud regem honori fore. Has litteras Sisines, utpote innoxius, ad Alexandrum saepe deferre temptavit; sed cum tot curis apparatuque belli regem videret urgeri, aptius subinde tempus expectans suspicionem initi scelesti consilii praebuit. Namque epistula, priusquam ei redderetur, in manus Alexandri pervenerat, lectamque eam et ignoti anuli sigillo inpresso Sisini dari iusserat ad aestimandam fidem barbari. Qui quia per conplures dies non adierat regem, scelesto consilio eam visus est suppressisse et in agmine a Cretensibus haud dubie iussu regis occisus.

VIII [19] Iamque Graeci milites, quos Thymondas a Pharnabazo acceperat, praecipua spes et propemodum unica, ad Dareum pervenerant. Hi magnopere suadebant, ut retro abiret spatiososque Mesopotamiae campos repeteret; si id consilium

ten, könnten wiederholt frische Verbände nachrücken. Die folgerichtige Argumentation dieses so patenten Plans wurde ohne weiteres akzeptiert. Daher beschloss man, am engen Gebirgspass des Feindes zu harren.

[18] In Alexanders Heer befand sich der Perser Sisines. Er war einstens vom Satrapen Ägyptens zu Philipp entsandt worden, und da man ihn mit Geschenken und jeder möglichen Ehrung bedachte, hatte er das Exil der Heimat vorgezogen; später war er Alexander nach Asien gefolgt und zählte nun zu seinen getreuen Gefolgsleuten. Dem steckte ein Soldat aus Kreta einen Brief zu, der ein ganz und gar unbekanntes Ringsiegel trug. Sein Absender war Nabarzanes, ein Feldherr des Dareios, der Sisines zu einem Akt drängte, wie ihn sein Adel und sein Charakter erfordere: hoch anrechnen werde ihm das der König. Oft versuchte Sisines, der ja ohne jede Schuld war, dieses Schreiben Alexander zu übergeben, aber weil er sah, dass der König mit so vielen Problemen und den Kriegsvorbereitungen pausenlos beschäftigt war, wartete er immer wieder auf eine passendere Gelegenheit und machte sich dadurch verdächtig, etwas Niederträchtiges zu planen. Der Brief war nämlich, bevor Sisines ihn erhielt, in die Hände Alexanders gelangt; der hatte ihn gelesen, ihn mit einem unbekannten Ringsiegel verschlossen und Sisines zuspielen lassen, um die Treue des Barbaren zu sondieren. Da sich dieser über mehrere Tage nicht an den König wandte, geriet er in den Verdacht, er hätte das Schreiben in verbrecherischer Absicht unterschlagen; darum wurde er auf dem Marsch von Kretern getötet, zweifellos auf des Königs Befehl.

VIII [19] Schon waren die griechischen Soldaten, die Thymondas von Pharnabazos übernommen hatte, Dareios' größte und nahezu einzige Hoffnungsträger, bei diesem eingetroffen. Die rieten ihm eindringlich zum Rückzug in die weiten Ebenen Mesopotamiens: wenn er diesen Rat ablehne,

damnaret, at ille divideret saltem innumerabiles copias neu sub unum fortunae ictum totas vires regni cadere pateretur. Minus hoc regi quam purpuratis eius displicebat: ancipitem fidem et mercede venalem proditioni imminere et dividi non ob aliud copias velle, quam ut ipsi in diversa digressi, si quid commissum esset, traderent Alexandro. Nihil tutius fore quam circumdatos eos exercitu toto obrui telis, documentum non inultae perfidiae futuros. At Dareus, ut erat sanctus ac mitis, se vero tantum facinus negat esse facturum, ut suam secutos fidem, suos milites iubeat trucidari. Quem deinde amplius nationum exterarum salutem suam crediturum sibi, si tot militum sanguine imbuisset manus? Neminem stolidum consilium capite luere debere; defuturos enim, qui suaderent, si suasisse periculosum esset. Denique ipsos cotidie ad se advocari in consilium variasque sententias dicere, nec tamen melioris fidei haberi, qui prudentius suaserit.

Itaque Graecis nuntiari iubet, ipsum quidem benivolentiae illorum gratias agere; ceterum, si retro ire pergat, haud dubie regnum hostibus traditurum: fama bella stare et eum, qui recedat, fugere credi. Trahendi vero belli vix ullam esse rationem. Tantae enim multitudini, utique cum iam hiems instaret, in regione vasta et invicem a suis atque hoste vexata non suffectu-

dann solle er zumindest seine zahllosen Truppen splitten und vermeiden, dass ein einziger Schlag des Schicksals die gesamten Kräfte des Reiches vernichte. Diese Empfehlung stieß beim König auf weniger Ablehnung als bei seinen Höflingen: unzuverlässige Gesellen seien das, eine käufliche Horde, die zum Verrat neige; die wollten die Aufsplittung der Truppen nur deshalb, um sich selbst zu Alexander abzusetzen und ihm die Direktiven, die man ihnen etwa gegeben habe, zu verraten. Das Sicherste sei, sie mit der ganzen Armee zu umstellen und unter einem Hagel von Geschossen zu begraben, so könnten sie ein warnendes Beispiel dafür sein, dass Treubruch nicht ungestraft bleibt. Dareios aber in seiner moralischen, milden Art erklärte, er für seine Person weise eine solche Greueltat von sich, Leute, die sich seiner Obhut unterstellt hätten, abschlachten zu lassen, seine eigenen Soldaten. Welcher Ausländer werde ihm denn in Zukunft sein Leben noch anvertrauen, wenn er seine Hände jetzt im Blut so vieler Soldaten bade? Niemand dürfe für einen törichten Vorschlag mit seinem Kopf büßen: wenn zu raten zum Wagnis werde, würden Berater bald Mangelware. Schließlich verträten sie selbst bei den Sitzungen, die er täglich anberaume, unterschiedliche Meinungen, und dennoch gelte dabei der klügere Ratgeber nicht als der loyalere.

Also ließ er den Griechen mitteilen, was ihn anbelange, so wisse er ihre Gewogenheit durchaus zu schätzen, ansonsten aber bedeute ein fortgesetzter Rückzug mit Sicherheit, das Reich den Feinden auszuliefern: im Krieg sei das entscheidende Moment der Ruf, der einem vorauseile, und wenn man sich zurückziehe, werde das als Flucht bewertet. Es bestehe ferner kaum eine Möglichkeit, den Krieg in die Länge zu ziehen, denn zumal kurz vor dem Winter stehe für eine so enorme Masse in einer verödeten Region, die von den eigenen Leuten und vom Feind im Wechsel verheert werde[28], nicht hinreichend Nah-

ra alimenta. Ne dividi quidem copias posse servato more maiorum, qui universas vires discrimini bellorum semper obtulerint. Et, hercule, terribilem antea regem et absentia sua ad vanam fiduciam elatum, postquam adventare se senserit, cautum pro temerario factum delituisse inter angustias saltus ritu ignobilium ferarum, quae strepitu praetereuntium audito silvarum latebris se occulerent. Iam etiam valitudinis simulatione frustrari suos milites. Sed non amplius ipsum esse passurum detrectare certamen: in illo specu, in quem pavidi recessissent, oppressurum esse cunctantes. Haec magnificentius iactata quam verius. [20] Ceterum pecunia omni rerumque pretiosissimis Damascum Syriae cum modico praesidio militum missis reliquas copias in Ciliciam duxit insequentibus more patrio agmen coniuge ac matre. Virgines quoque cum parvo filio comitabantur patrem.

Forte eadem nocte et Alexander ad fauces, quibus Syria aditur, et Dareus ad eum locum, quem Amanicas Pylas vocant, pervenit. Nec dubitavere Persae, quin Isso relicta, quam ceperant, Macedones fugerent; nam etiam saucii quidam et invalidi, qui agmen non poterant persequi, excepti erant. Quos omnis instinctu purpuratorum barbara feritate saevientium praecisis adustisque manibus circumduci, ut copias suas noscerent, satisque omnibus spectatis nuntiare, quae vidissent, regi suo

rung zur Verfügung. Auch die Bewahrung der Tradition der Vorfahren, welche die Entscheidung im Krieg stets mit der gesamten Streitmacht gesucht hätten, verbiete eine Teilung der Truppen. Und, beim Herkules, auf die Kunde seines Nahens habe sich jener schreckliche König von einst, der sich in Abwesenheit seines Gegners so eitel selbstherrlich geriert habe, vom Draufgänger zum Leisetreter gewandelt: wie ein gemeines Tier, das sich in waldigen Schlupfwinkeln versteckt, wenn es das Knirschen von Schritten hört, habe der sich an einem engen Gebirgspass verkrochen. Jetzt täusche er auch noch eine Krankheit vor und betrüge so die eigenen Soldaten. Er aber werde nicht länger zulassen, dass er den Kampf verweigere: in jenem Loch, in das sich die Makedonen ängstlich zurückgezogen hätten, werde er sie, passiv wie sie seien, erledigen. Diese Prahlerei war eher pathetisch, als dass sie auf Tatsachen gründete. [20] Gleichwohl ließ er sein ganzes Geld und seine kostbarsten Schätze unter schwacher Bedeckung nach Damaskus in Syrien schaffen und führte dann die übrigen Truppen nach Kilikien, wobei nach alter Sitte Gattin und Mutter dem Heerzug folgten. Auch die Töchter begleiteten den Vater zusammen mit seinem kleinen Sohn.

Der Zufall wollte, dass Alexander den Grenzpass nach Syrien in derselben Nacht erreichte, in der Dareios bei den sogenannten »Pforten des Amanos« ankam. Die Perser waren überzeugt, die Makedonen wären nach Abzug aus dem eingenommenen Issos auf der Flucht, sie hatten nämlich einige Verwundete und Kranke aufgegriffen, denen eine Fortsetzung des Marsches unmöglich war. Auf Drängen der Höflinge in ihrer unbeherrschten barbarischen Brutalität ließ Dareios diesen allen die Hände abschlagen und die Wunde kauterisieren; dann gab er Befehl, sie herumzuführen, auf dass sie einen Eindruck von seinen Streitkräften bekämen; als sie alles eingehend inspiziert hatten, forderte er sie auf, ihrem König das Gesehene

iussit. Motis ergo castris superat Pinarum amnem in tergis, ut credebat, fugientium haesurus.

[21] At illi, quorum amputaverat manus, ad castra Macedonum penetrant Dareum, quanto maximo cursu posset, sequi nuntiantes. Vix fides habebatur; itaque speculatores mari in eas regiones praemissos explorare iubet, ipse adesset, an praefectorum aliquis speciem praebuisset universi venientis exercitus. Sed dum speculatores reverterentur, procul ingens multitudo conspecta est. Ignes deinde totis campis conlucere coeperunt, omniaque velut continenti incendio ardere visa, cum incondita multitudo maxime propter iumenta laxius tenderet. Itaque eo ipso loco metari suos castra iusserat, laetus – quod omni expetierat voto – in illis potissimum angustiis decernendum fore. Ceterum, ut solet fieri, cum ultimi discriminis tempus adventat, in sollicitudinem versa fiducia est. Illam ipsam fortunam, qua adspirante res tam prospere gesserat, verebatur nec iniuria ex his, quae tribuisset sibi, quamque mutabilis esset, reputabat: unam superesse noctem, quae tanti discriminis moraretur eventum. Rursus occurrebat, maiora periculis praemia et, sicut dubium esset, an vinceret, ita illud utique certum esse, honeste et cum magna laude moriturum. Itaque corpora milites curare iussit ac deinde tertia vigilia instructos et armatos esse. Ipse in iugum editi montis escendit multisque conlucentibus facibus patrio more sacrificium dis praesidibus

zu berichten. Damit brach er das Lager ab und überschritt den Pinaros, um sich an die Fersen der Fliehenden, so wähnte er, zu heften.

[21] Die Handamputierten aber schlugen sich bis ins Lager der Makedonen durch und meldeten, Dareios sei mit Höchstgeschwindigkeit im Anzug. Man schenkte ihnen kaum Glauben, deshalb schickte Alexander auf dem Seeweg einen Aufklärungstrupp in jene Regionen mit der Order herauszufinden, ob es sich um Dareios selbst handle oder ob einer seiner Generäle den Aufmarsch der Gesamtarmee nur simuliere. Doch während die Kundschafter noch auf dem Rückweg waren, erblickte man in der Ferne eine riesige Menge. Dann loderten rings auf den Feldern Feuer auf, alles schien zu brennen, ein einziges Flammenmeer war das, denn der ungeordnete Haufen verstreute sich vornehmlich wegen der Lasttiere über ein weites Gelände. In Anbetracht dessen hatte Alexander den Seinen befohlen, an Ort und Stelle das Lager abzustecken: er frohlockte, just an jenem Engpass müsse nun der Showdown erfolgen, sein Herzenswunsch war das gewesen. Wie es aber die Regel ist, wenn der Zeitpunkt der letzten Entscheidung naht, schlug die Zuversicht in Besorgnis um. Jenes nämliche Glück, in dessen Dunst er so erfolgreich geworden war, machte ihm jetzt Angst, und nicht zu Unrecht ermaß er an den Gaben, die es ihm hatte zuteil werden lassen, wie wandelbar es doch war: noch die Frist einer einzigen Nacht, und das Ende des so riskanten Kampfes stehe fest. Andererseits kam der Gedanke in ihm hoch, dass der Lohn größer sei als die Gefahr, und wenn er schon Zweifel hege zu siegen, habe er doch wenigstens die Gewissheit, ehrenvoll und ruhmreich zu sterben. Also wies er die Soldaten an, sich um ihr leibliches Wohl zu kümmern; zur dritten Nachtwache sollten sie dann geordnet in Waffen stehen. Er selbst erstieg den Gipfel eines hohen Berges und brachte nach alter Sitte im Schein zahlreicher Fackeln den Schutz-

loci fecit. Iamque tertium, sicut praeceptum erat, signum tuba miles acceperat itineri simul paratus ac proelio, strenueque iussi procedere oriente luce pervenerunt ad angustias, quas occupare decreverant. Dareum XXX inde stadia abesse praemissi indicabant. Tunc consistere agmen iubet armisque ipse sumptis aciem ordinat.

[22] Dareo adventum hostium pavidi agrestes nuntiaverunt vix credenti occurrere etiam, quos ut fugientes sequebatur. *Invadebat* ergo non mediocris omnium animos formido – quippe itineri *quam* proelio aptiores erant –, raptimque arma capiebant. Sed ipsa festinatio discurrentium suosque ad arma vocantium maiorem metum incussit: alii in iugum montis evaserant, ut hostium agmen inde prospicerent; equos plerique frenabant. Discors exercitus nec ad unum intentus imperium vario tumultu cuncta turbaverat. Dareus initio iugum montis cum parte copiarum occupare statuit, et a fronte et a tergo circumiturus hostem, a mari quoque, quo dextrum eius cornu tegebatur, alios obiecturus, ut undique urgeret. Praeter haec viginti milia praemissa cum sagittariorum manu Pinarum amnem, qui duo agmina interfluebat, transire et obicere sese Macedonum copiis iusserat; si id praestare non possent, retrocedere in montes et occulte circumire ultimos hostium. Cete-

göttern des Ortes ein Opfer dar. Schon hatten die Soldaten, marsch- und kampfbereit zugleich, die Trompete wie vereinbart zum dritten Mal ihr Signal schmettern hören, und erreichten, der Order, ein wackeres Schritttempo zu halten, gehorsam, bei Sonnenaufgang die Engstelle, die man besetzen wollte. Ein Spähtrupp machte Meldung, Dareios sei von dort dreißig Stadien entfernt. Darauf befahl Alexander dem Zug haltzumachen, ergriff seine Waffen und formierte selbst seine Linien.

[22] Verschreckte Bauern informierten Dareios über den Aufmarsch der Feinde: dass jene, hinter denen er her war, da sie doch flohen, jetzt sogar eine Offensive starteten, mochte der kaum glauben. So schlich sich gewaltige Panik in aller Herz, denn ihre Armee befand sich eher in Marsch- als in Kampfformation; hastig griffen sie zu den Waffen. Doch die Überstürztheit selbst, mit der man auseinanderstob und Alarm rief, jagte ihnen noch schlimmere Angst ein: während die einen hinauf in die Berge geklettert waren, um von dort oben einen Blick auf den feindlichen Heerzug zu erhaschen, zügelten die meisten ihre Rosse. In diesem Haufen ohne Geschlossenheit, der keinem einheitlichen Kommando unterstellt war, ging in heilloser Verwirrung alles drunter und drüber. Zunächst setzte sich Dareios in den Kopf, den Gebirgskamm mit einem Teil seiner Truppen zu besetzen: er wollte den Feind von vorn und von hinten in die Zange nehmen und dann zusätzlich von der See her, die dem rechten Flügel des Gegners Deckung bot, weitere ins Gefecht werfen, um rundum Druck auszuüben. Außerdem hatte ein Stoßtrupp von zwanzigtausend Mann im Verbund mit einer Abteilung Bogenschützen den Befehl erhalten, den Pinaros, der die beiden Armeen trennte, zu überqueren und sich den makedonischen Streitkräften entgegenzustellen: scheitere der, heiße es Rückzug in die Berge und die hintersten Linien des Feinds unbemerkt umgehen. Das Schicksal aber, das

rum destinata salubriter omni ratione potentior fortuna discussit: quippe alii prae metu imperium exequi non audebant, alii frustra exequebantur, quia, ubi partes labant, summa turbatur.

IX [23] Acies autem hoc modo stetit. Nabarzanes equitatu dextrum cornu tuebatur additis funditorum sagittariorumque viginti fere milibus. In eodem Thymondas erat Graecis peditibus mercede conductis, triginta milibus, praepositus. Hoc erat haud dubie robur exercitus, par Macedonicae phalangi acies. In laevo cornu Aristomedes Thessalus XX *milia* barbarorum peditum habebat. In subsidiis pugnacissimas locaverat gentes. Ipsum regem in eodem cornu dimicaturum tria milia delectorum equitum, adsueta corporis custodia, et pedestris acies, quadraginta milia, sequebantur, Hyrcani deinde Medique equites, his proximi ceterarum gentium ultra eos dextra laevaque dispositi. Hoc agmen, sicut dictum est, instructum VI milia iaculatorum funditorumque antecedebant. Quidquid in illis angustiis adiri poterat, inpleverant copiae, cornuaque hinc ab iugo, illinc a mari stabant, uxorem matremque regis et alium feminarum gregem in medium agmen acceperant.

[24] Alexander phalangem, qua nihil apud Macedonas validius erat, in fronte constituit. Dextrum cornu Nicanor, Parmenionis filius, tuebatur; huic proximi stabant Coenos et Perdiccas et Meleager, Ptolomaeus et Amyntas, sui quisque agminis duces. In laevo, quod ad mare pertinebat, Craterus et Parmenio erant, sed Craterus Parmenioni parere iussus. Equites ab utro-

mächtiger ist als alle Planung, machte diese nützlichen Strategien zunichte: aus lauter Furcht trauten sich die einen nicht, den Befehl auszuführen, die anderen blieben dabei erfolglos, denn wo Teile wanken, gerät das Ganze aus dem Lot.

IX [23] Die Schlachtordnung aber sah so aus: Nabarzanes hielt mit der Kavallerie den rechten Flügel im Verein mit ungefähr zwanzigtausend Schleuderern und Bogenschützen. Ebendort stand auch Thymondas, dem das Kommando über die dreißigtausend Infanteristen oblag, die man aus Griechenland gedungen hatte. Das war zweifellos der harte Kern der Armee, ein Block, der es mit der makedonischen Phalanx aufnehmen konnte. Auf dem linken Flügel verfügte Aristomedes aus Thessalien über zwanzigtausend Mann persischen Fußvolks; die kriegerischsten Völker hatte jener der Reserve zugeteilt. Dem König seinerseits, der auf demselben Flügel kämpfen würde, folgte eine Reiterelite aus dreitausend Männern, seine übliche Leibwache, des weiteren eine vierzigtausendköpfige Abteilung Infanterie, dann die Berittenen aus Hyrkanien und Medien und in unmittelbarem Anschluss rechts und links die der übrigen Nationen. Die Vorausabteilung dieser wie beschrieben formierten Armee bildeten sechstausend Speerwerfer und Schleuderer. Jeder zugängliche Winkel der Engstelle war mit Truppen vollgestopft, und die Flügel stießen auf der einen Seite an den Bergkamm, auf der anderen ans Meer; Gattin und Mutter des Königs sowie den restlichen Schwarm an Frauen hatte man in die Mitte genommen.

[24] Alexander hatte die Phalanx, den stärksten Block im Makedonenheer, in vorderster Linie plaziert. Den rechten Flügel hielt Nikanor, Parmenions Sohn. Koinos, Perdikkas, Meleager, Ptolemaios und Amyntas, jeder an der Spitze eines eigenen Regiments, standen gleich im nächsten Glied. Auf dem linken Flügel zur Meerseite hin befanden sich Krateros und Parmenion, wobei freilich Krateros Parmenion unterstellt war. Die

que cornu locati: dextrum Macedones Thessalis adiunctis, laevum Peloponnesii tuebantur. Ante hanc aciem posuerat funditorum manum sagittariis admixtis. Thraces quoque et Cretenses ante agmen ibant, et ipsi leviter armati. At iis, qui praemissi ab Dareo iugum montis insederant, Agrianos opposuit ex Thraecia nuper advectos. Parmenioni autem praeceperat, ut, quantum posset, agmen ad mare extenderet, quo longius abesset acies montibus, quos occupaverant barbari. At illi neque obstare venientibus nec circumire praetergressos ausi funditorum maxime aspectu territi profugerant, eaque res Alexandro tutum agminis latus, quod ne superne incesseretur, timuerat, praestitit. XXX et duo armatorum ordines ibant, neque enim latius extendi aciem patiebantur angustiae. Paulatim deinde laxare semet sinus montium et maius spatium aperire coeperant, ita ut non pedes solum pluribus *in* ordinem incedere, sed etiam lateribus circumfundi posset equitatus.

X [25] Iam in conspectu, sed extra teli iactum utraque acies erat, cum priores Persae inconditum et trucem sustulere clamorem. Redditur et a Macedonibus, maior exercitus numero, iugis montium vastisque saltibus repercussus: quippe semper circumiecta nemora petraeque, quantamcumque accepere vocem, multiplicato sono referunt. Alexander ante prima signa ibat identidem manu suos inhibens, ne suspensi acrius ob ni-

Kavallerie war auf beiden Flügeln positioniert: rechts die Makedonen im Verbund mit den Thessaliern, links die Männer von der Peloponnes. Das Vorfeld bildete nach Alexanders Aufstellung eine Gruppe Schleuderer, unterstützt von Bogenschützen. Desgleichen marschierten die Thraker und Kreter, auch sie leichtbewaffnet, vor dem Hauptcorps. Dareios' Vorausabteilung aber, die sich auf dem Gebirgskamm festgesetzt hatte, stellte er die Agrianen entgegen, die vor kurzem aus Thrakien eingerückt waren. Parmenion seinerseits hatte Weisung erhalten, seinen Heeresabschnitt möglichst nahe ans Meer zu verlagern, damit die Front von den Bergen, wo die Barbaren saßen, umso weiter entfernt sei. Denen fehlte allerdings der Mut, den Feind auf seinem Vormarsch zu stoppen oder ihn nach Passieren der eigenen Linien einzukreisen; vor allem der Anblick der Schleuderer hatte sie in Panik versetzt, und so waren sie auf und davon. Für Alexander bedeutete das Sicherheit für jene Heeresflanke, auf die er einen Ansturm von oben erwartet hatte. In Reihen von zweiunddreißig Bewaffneten rückten die Makedonen vor, das enge Gelände ließ eine Entfaltung in die Breite nicht zu. Dann öffnete sich der Bergkessel nach und nach und weitete sich langsam zu einem größeren Terrain, so dass der Infanterie ein Vorrücken mit mehr Mann pro Linie möglich war und an den Flanken auch die Kavallerie zum Einsatz kommen konnte.

X [25] Schon hatten sich die beiden Armeen auf Sichtweite, doch noch nicht auf Schussweite angenähert, da brandete zuerst bei den Persern ein chaotisches, grimmes Geschrei auf. Dieses Gebrüll wurde von den Makedonen erwidert, lauter gellend, als es ihre Zahl hergab: die Bergeshöhen, die öden Schluchten hallten von seinem Echo; stets wirft ja ein Rund von Wäldern und Felsen jeden Ton, ob leise, ob laut, vervielfacht zurück. Alexanders Platz war ganz vorn an der Spitze vor den Standarten; zigmal hielt er die Seinen mit einer Handbe-

miam festinationem concitato spiritu capesserent proelium. Cumque agmini obequitaret, varia oratione, ut cuiusque animis aptum erat, milites adloquebatur.

Macedones, tot bellorum in Europa victores, ad subigendam Asiam atque ultima Orientis non ipsius magis quam suo ductu profecti, inveteratae virtutis admonebantur: illos terrarum orbis liberatores emensosque olim Herculis et Liberi Patris terminos non Persis modo, sed etiam omnibus gentibus inpositituros iugum. Macedonum provincias Bactra et Indos fore. Minima esse, quae nunc intuerentur, sed omnia victoria aperiri. Non in praeruptis petris Illyriorum et Thraciae saxis sterilem laborem fore: spolia totius Orientis offerri. Vix gladio futurum opus: totam aciem suo pavore fluctuantem umbonibus posse propelli. Victor ad haec Atheniensium Philippus pater invocabatur, domitaeque nuper Boeotiae et urbis in ea nobilissimae ad solum dirutae species repraesentabatur animis. Iam Granicum amnem, iam tot urbes aut expugnatas aut in fidem acceptas omniaque, quae post tergum erant, strata et pedibus ipsorum subiecta memorabat.

Cum adierat Graecos, admonebat ab his gentibus inlata Graeciae bella Darei prius, deinde Xerxis insolentia, aquam ipsos terramque poscentium, ut neque fontium haustum nec so-

wegung in Schach, damit sie nicht aus lauter Übereile keuchend zu wenig Puste für die Schlacht hätten, und sooft er die Reihen entlangritt, wandte er sich an die Soldaten, indem er seine Worte je nach Mentalität des einzelnen Volkes wählte[29].

Den Makedonen, den Siegern so vieler Kriege in Europa, ihnen, die nicht seiner Initiative, nein, dem eigenen Impuls folgend, losmarschiert waren, Asien und den Fernen Osten zu unterwerfen, rief er ihre seit Jahren bewährte Tapferkeit in Erinnerung: Befreier der Erde seien sie, dereinst würden sie über die von Herkules und Vater Liber gesteckten Grenzen[30] hinausdringen und auf diesem Zug die Perser, ja überhaupt alle Völker unter ihr Joch zwingen. Baktra und Indien würden Provinzen der Makedonen. Was sich jetzt in ihrem Blickfeld befinde, das sei unbedeutender Kleinkram, ein Sieg aber eröffne ihnen alles. Nicht in den schroffen Gesteinswüsten Illyriens, nicht in Thrakiens Felsengebirgen müssten sie sich fortan schinden, um dann mit leeren Händen dazustehen, des gesamten Orients Beute biete sich ihnen dar. Dabei könnten sie das Schwert so gut wie stecken lassen, die Schilde reichten, jenen ganzen Heerhaufen, den die eigene Panik ja schon ins Wanken bringe, in die Flucht zu schlagen. Zur Bestätigung führte er seinen Vater Philipp an, den Sieger über die Athener, das Bild des kürzlich bezwungenen Böotien brachte er ihnen zurück ins Bewusstsein und der so herrlichen Stadt dort, die nun dem Erdboden gleichgemacht war[31]. Jetzt beschwor er den Granikos herauf, jetzt die Unzahl an Städten, die sie entweder erobert oder friedlich annektiert hätten, auch die ganzen Weiten hinter ihnen, plattgewalzt zu ihren Füßen liegend.

In seinen Appellen an die Griechen führte er an, wie die hiesigen Völkerschaften wiederholt in Griechenland einmarschiert waren und erst Dareios, dann Xerxes voll Dreistigkeit symbolisch Wasser und Erde forderten[32], so dass dem Land nach Kapitulation kein Schluck aus einer Quelle, keine Krume

litos cibos relinquerent deditis. Ab his templa ruinis et ignibus esse deleta, urbes eorum expugnatas, foedera divini humanique iuris violata referebat. Illyrios vero et Thracas rapto vivere adsuetos aciem hostium auro purpuraque fulgentem intueri iubebat, praedam, non arma gestantem: irent et inbellibus feminis aurum viri eriperent, aspera montium suorum iuga nudasque calles et perpetuo rigentes gelu divitibus Persarum campis agrisque mutarent.

XI [26] Iam ad teli iactum pervenerant, cum Persarum equites ferociter in laevum cornu hostium invecti sunt: quippe Dareus equestri proelio decernere optabat phalangem Macedonici exercitus robur esse coniectans. Iamque etiam dextrum Alexandri cornu circumibatur. Quod ubi Macedo conspexit, duabus alis equitum ad iugum montis iussis subsistere ceteros in medium belli discrimen strenue transfert. Subductis deinde ex acie Thessalis equitibus praefectum eorum occulte circumire tergum suorum iubet Parmenionique coniungi et, quod is imperasset, inpigre exequi. Iamque immissi in medium Persarum undique circumfusi egregie tuebantur *se*, sed conferti et quasi cohaerentes tela vibrare non poterant: simul erant emissa, invicem concurrentia inplicabantur levique et vano ictu pauca in hostem, plura in humum innoxia cadebant. Ergo comminus pugnam coacti conserere gladios inpigre stringunt. Tum vero multum sanguinis fusum est: duae quippe acies ita co-

geblieben wäre. Niedergerissen und abgebrannt hätten die ihre Tempel, ihre Städte erstürmt, die Normen göttlichen und menschlichen Rechts verletzt, so seine Vorhaltungen. Die Illyrer aber und die Thraker, die von Haus aus von Räuberei lebten, forderte er auf, den Blick auf die feindliche Armee zu lenken, wie sie in ihrem Gold- und Purpurgefunkel von Beute strotze, nicht etwa von Waffen: also los, den weibischen Memmen mannhaft das Gold entrissen und einen Tausch gemacht, die üppigen Gefilde und Äcker der Perser gegen die zerklüfteten Kämme der eigenen Berge, gegen die kahlen, von ewigem Eis starrenden Pfade!

XI [26] Jetzt waren sie auf Schussweite entfernt, da veranstalteten die persischen Reiter einen heftigen Vorstoß auf den linken Flügel des Gegners: Dareios sah in der Phalanx den harten Kern des makedonischen Heers, und darum sollte die Entscheidung durch die Kavallerie herbeigeführt werden. Jetzt wurde auch der rechte Flügel Alexanders eingeschlossen. Kaum sah das der Makedone, erging sein Befehl, zwei Reiterschwadronen sollten auf dem Bergkamm in Position bleiben, den Rest aber warf er hurtig mitten in den Brennpunkt des Kampfes. Dann zog er die thessalische Kavallerie von der Front ab mit Weisung an deren General, die Kampflinien hinten unbemerkt zu umgehen, sich mit Parmenion zu verbinden und dessen Order diensteifrig Folge zu leisten. Die Makedonen, die, ins Zentrum der Perser geworfen, bereits von allen Seiten umstellt waren, setzten sich wacker zur Wehr, doch dicht wie sie standen, gleichsam aneinander klebend, konnten sie die Speere nicht schleudern. Kaum waren die abgeworfen, prallten sie in wildem Gewirr aufeinander; durch die fehlende Schwungkraft erreichten nur wenige den Feind, die Mehrzahl landete auf der Erde, ohne Schaden anzurichten. Also zückten sie, zum Kampf Mann gegen Mann gezwungen, rüstig die Schwerter. In Strömen floss da das Blut, die zwei Fronten wa-

haerebant, ut armis arma pulsarent, mucrones in ora dirigerent. Non invalido, non ignavo cessare tum licuit: collato pede, quasi singuli inter se dimicarent, in eodem vestigio stabant, donec vincendo locum sibi facerent. Tum demum ergo promovebant gradum, cum hostem prostraverant. At illos novus excipiebat adversarius fatigatos, nec vulnerati, ut alias solent, acie poterant excedere, cum hostis instaret a fronte, a tergo sui urgerent. [27] Alexander non ducis magis quam militis munia exequebatur, opimum decus caeso rege expetens: quippe Dareus curru sublimis eminebat, et suis ad se tuendum et hostibus ad incessendum ingens incitamentum. Ergo frater eius Oxyathres, cum Alexandrum instare ei cerneret, equites, quibus praeerat, ante ipsum currum regis obiecit. Armis et robore corporis multum super ceteros eminens, animo vero et pietate in paucissimis, illo utique proelio clarus alios inprovide instantes prostravit, alios in fugam avertit. At Macedones circa regem – erant mutua adhortatione firmati – cum ipso in equitum agmen inrumpunt.

Tum vero similis ruinae strages erat. Circa currum Darei iacebant nobilissimi duces ante oculos regis egregia morte defuncti, omnes in ora proni, sicut dimicantes procubuerant adverso corpore vulneribus acceptis. Inter hos Atizyes et Rheomithres et Sabaces, praetor Aegypti, magnorum exercituum

ren nämlich so ineinander verkeilt, dass Waffe gegen Waffe stieß, Schwerter geradewegs in Gesichter fuhren. Keinem dort stand es frei, sich zu drücken, keinem Invaliden, keinem Feigling: Fuß an Fuß wie bei Einzelduellen blieben sie an ihrem Platz, bis ein Sieg ihnen Raum verschaffte. Das heißt, erst wenn der Feind am Boden lag, ging es einen Schritt voran. Doch schon harrte ein neuer Gegner der Erschöpften, und die Verwundeten konnten nicht wie sonst aus dem Kampf aussteigen, denn vorn drohte der Feind, und die Ihren drängten von hinten nach. [27] Alexander agierte als Feldherr und Soldat in einer Person, durch Tötung des Königs wollte er Ruhm und fette Beute[33] erringen: hoch oben auf seinem Wagen überragte Dareios ja das Geschehen, für die Seinen mächtiger Ansporn, sich schützend vor ihn zu stellen, für die Feinde Köder, ihn anzugreifen. Und so deckte denn auch Oxyathres, der Bruder des Königs, mit den Berittenen unter seinem Kommando dessen Wagen, als er Alexanders Attacke bemerkte. Dieser Mann war den übrigen an Waffen und Körperkraft überlegen und fast einmalig, was seine Gesinnung gegenüber Dareios und seine Liebe zu ihm anbelangt; zumindest in jenem Kampf tat er sich glorreich hervor: die einen streckte er in ihrem blindwütigen Vorwärtsdrang nieder, andere schlug er in die Flucht. Die Makedonen aber scharten sich um ihren König, gegenseitig hatten die sich Mut gemacht, dann ging es zusammen mit ihm zur Attacke wider das Bollwerk aus Reitern.

Jetzt aber eskalierte das Gemetzel zur Rundum-Vernichtung. Hingestreckt rings um Dareios' Wagen lagen die trefflichsten Generäle, die vor des Königs Augen den Heldentod gefunden hatten; samt und sonders das Gesicht nach unten lagen sie, so wie sie im Kampf gefallen waren, nur vorn auf der Brust mit Wunden bedeckt. Unter ihnen identifizierte man Atizyes, Rheomithres und Sabakes, den Satrapen Ägyptens, alles Kommandanten bedeutender Divisionen; drumherum

praefecti, noscitabantur; circa eos cumulata erat peditum equitumque obscurior turba. Macedonum quoque non quidem multi, sed promptissimi tamen caesi sunt; inter quos Alexandri dextrum femur leviter mucrone perstrictum est. Iamque, qui Dareum vehebant equi, confossi hastis et dolore efferati iugum quatere et regem curru excutere coeperant, cum ille veritus, ne vivus veniret in hostium potestatem, desilit et in equum, qui ad hoc ipsum sequebatur, inponitur insignibus quoque imperii, ne fugam proderent, indecore abiectis. Tum vero ceteri dissipantur metu et, qua cuique ad fugam patebat via, erumpunt arma iacientes, quae paulo ante ad tutelam corporum sumpserant: adeo pavor etiam auxilia formidat.

Instabat fugientibus eques a Parmenione emissus, et forte in illud cornu omnes fuga abstulerat. At in dextro Persae Thessalos equites vehementer urgebant, iamque una ala ipso inpetu proculcata erat, cum Thessali strenue circumactis equis dilapsi rursus in proelium redeunt sparsosque et incompositos victoriae fiducia barbaros ingenti caede prosternunt. Equi pariter equitesque Persarum serie lamnarum graves ob id genus *pugnae*, quod celeritate maxime constat, aegre moliebantur: quippe in circumagendis equis suis Thessali inulti occupaverant.

türmten sich Berge Namenloser, Fußsoldaten und Reiter. Bei den Makedonen wurden zwar nicht viele getötet, doch es traf die Beherztesten, unter ihnen Alexander, den die Spitze eines Schwertes leicht am rechten Oberschenkel ritzte. Von Speeren durchbohrt, vor Schmerz außer Rand und Band, hatten die Pferde, die Dareios zogen, schon angesetzt, ihr Joch abzuschütteln – gleich hätte es den König vom Wagen geworfen –, da sprang der aus Angst, lebend in Feindeshand zu fallen, ab und schwang sich auf ein Ross, das eben zu diesem Zweck hinterherlief[34]; zuvor freilich hatte er, jeden Ehrgefühls bar, auch noch die Insignien seiner Würde von sich geworfen: sie sollten die Blicke nicht auf seine Flucht lenken. Nun aber stob der Rest panisch auseinander, über jeden Fluchtweg, der sich bot, nahm alles Reißaus, die Waffen von sich schleudernd, die sie vor kurzem ergriffen hatten, sich zu schützen: So gewaltig fürchtet sich die Furcht selbst vor dem, was Hilfe bringen könnte.

Parmenion hatte die Reiterei losgeschickt, und diese heftete sich jetzt den Türmenden an die Fersen: die hatte es auf ihrer Flucht zufällig samt und sonders auf jenen Flügel verschlagen. Auf der rechten Seite hingegen brachten die Perser die thessalische Kavallerie in arge Bedrängnis; schon war eine Schwadron durch die bloße Wucht ihres Angriffs niedergeritten worden, als die Thessalier, die zunächst flugs die Zügel herumgerissen hatten und auseinandergeprescht waren, in den Kampf zurückkehrten; in einem ungeheuren Massaker erledigten sie die Barbaren, die sich in ihrer Siegesgewissheit zerstreut hatten und in Auflösung begriffen waren. Sowohl Pferde als auch Reiter der Perser steckten in Schuppenpanzern, und dadurch schwerfällig, konnten sie hauptsächlich auf Schnelligkeit basierende Kampfmanöver nur schlecht bewerkstelligen: tatsächlich hatten die Thessalier sie, ohne auf Gegenwehr zu stoßen, überrascht, während sie noch einen Schwenk vollführten.

[28] Hac tam prospera pugna nuntiata Alexander, non ante ausus persequi barbaros, utrimque iam victor instare fugientibus coepit. Haud amplius regem quam mille equites sequebantur, cum ingens multitudo hostium cederet; sed quis aut in victoria aut in fuga copias numerat? Agebantur ergo a tam paucis pecorum modo, et idem metus, qui cogebat fugere, fugientes morabatur. At Graeci, qui in Darei partibus steterant, Amynta duce – praetor hic Alexandri fuerat, tunc transfuga – abrupti a ceteris haud sane fugientibus similes evaserant. Barbari longe diversam fugam intenderunt: alii, qua rectum iter in Persidem ducebat, quidam circumitu rupes saltusque montium occultos petivere, pauci castra Darei. Sed iam illa quoque victor intraverat omni quidem opulentia ditia. Ingens auri argentique pondus, non belli, sed luxuriae apparatum, diripuerant milites, cumque plus raperent, passim strata erant itinera vilioribus sarcinis, quas in conparatione meliorum avaritia contempserat. Iamque ad feminas perventum erat. Quibus quo cariora ornamenta sunt, violentius detrahebantur; ne corporibus quidem vis ac libido parcebat. Omni planctu tumultuque, prout cuique fortuna erat, castra repleverant, nec ulla facies mali deerat, cum per omnes ordines aetatesque victoris crudelitas ac licentia vagaretur. Tunc vero inpotentis fortunae species conspici potuit, cum ii, qui Dareo tabernaculum exornaverant omni luxu et opulentia instructum, eadem illa Alex-

[28] Bislang hatte es Alexander nicht gewagt, den Barbaren nachzusetzen, auf die Kunde dieses Schlachterfolgs aber eröffnete er, nun hüben wie drüben der Gewinner, die Verfolgung der Fliehenden: auf der einen Seite der König mit nicht mehr als tausend Berittenen in seinem Gefolge, auf der anderen Seite ein Riesenpulk an Feinden auf dem Rückzug; doch wer zählt noch seine Truppen bei Sieg oder Flucht? So wurden die Perser von einem solchen Häuflein gescheucht wie Vieh, und dieselbe Furcht, die ihnen Beine machte, bremste zugleich ihre Flucht. Die Griechen in Dareios' Diensten hingegen waren, vom Rest abgespalten, unter dem Kommando von Amyntas, dem einstigen Offizier Alexanders und späteren Überläufer, entwischt, ohne dass es wie Flucht aussah. In ganz verschiedene Richtungen suchten die Barbaren das Weite: die einen wandten sich geradewegs nach Persien, manche schlugen einen Bogen in die Berge mit ihren verborgenen Felsen und Schluchten, ein paar trieb es in Dareios' Lager. Dorthin, an jenen Ort von Prachtentfaltung pur, war aber auch der Sieger schon gedrungen. Ungeheure Mengen an Gold und Silber, kriegsungeeignetes Prunkzeug, hatten die Soldaten fortgeschleppt, und da sie mehr und mehr rafften, waren die Wege übersät mit Beutestücken geringeren Werts: die hatte ihre Gier bei Vergleich mit besseren verschmäht. Jetzt waren die Frauen an der Reihe. Je mehr die an ihren Schmuckstücken hingen, umso rabiater riss man sie ihnen weg. Gewalt und Lust machten auch vor ihren Leibern nicht halt. Das gesamte Lager hallte von Wehgeschrei und Gebrüll aller Art, den Einzelschicksalen entsprechend, das Grauen zeigte sich in all seinen Facetten: die brutalen Ausschreitungen des Siegers griffen blind um sich, keinen Rang, kein Alter verschonend. Fürwahr, anschaulich präsentierte sich da des Schicksals Wankelmut, denn jene, die einst des Dareios Zelt mit jedem erdenklichen Luxus und Pomp ausstaffiert und geschmückt hat-

andro, quasi veteri domino, reservabant. Namque id solum intactum omiserant milites ita tradito more, ut victorem victi regis tabernaculo exciperent.

[29] Sed omnium oculos animosque in semet averterant captivae mater coniunxque Darei: illa non maiestate solum, sed etiam aetate venerabilis, haec formae pulchritudine ne illa quidem sorte corruptae. Receperat in sinum filium nondum sextum annum aetatis egressum, in spem tantae fortunae, quantam pater eius paulo ante amiserat, genitum. At in gremio anus aviae iacebant adultae duae virgines non suo tantum, sed etiam illius maerore confectae. Ingens circa eam nobilium feminarum turba constiterat laceratis crinibus abscissaque veste, pristini decoris inmemores, reginas dominasque veris quondam, tunc alienis nominibus invocantes. Illae suae calamitatis oblitae, in utro cornu Dareus stetisset, quae fortuna discriminis fuisset, requirebant: negabant se captas, si viveret rex. Sed illum equos subinde mutantem longius fuga abstulerat.

In acie autem caesa sunt Persarum peditum C *milia*, decem equitum, at a parte Alexandri ad quattuor quingenti saucii fuere, ex peditibus CCC omnino et duo desiderati sunt, equitum centum quinquaginta interfecti. Tantulo inpendio ingens victoria stetit!

ten, hielten nun die nämlichen Dinge für Alexander bereit, als wäre er schon immer ihr Herr gewesen. Nur davon hatten die Soldaten nämlich die Finger gelassen, war es doch althergebrachte Sitte, dass man den Sieger im Zelt des besiegten Königs empfing.

[29] Zwei Gefangene freilich, Dareios' Mutter und Gattin, hatten aller Augen und Denken auf sich gezogen: Erstere eine respektheischende Erscheinung, nicht nur durch ihre Majestät, auch durch ihr Alter, letztere eine anbetungswürdige Schönheit, selbst inmitten jener Tragödie unverändert makellos. An die Brust gedrückt hielt sie ihren erst fünf Jahre alten Sohn, ihn, der bei seiner Geburt noch Anwärter war auf die so gloriosen Höhen, aus denen sein Vater gerade geschleudert worden war. In den Schoß der betagten Dame aber schmiegten sich zwei junge Mädchen, die vergingen fast vor Kummer, ihrem eigenen, doch jenem der Großmutter nicht minder. Im Kreis um sie herum drängten sich edle Damen in Hülle und Fülle; der Herrlichkeit von einst nicht mehr gedenkend, rissen sie sich die Haare aus, zerfetzten ihre Gewänder, riefen flehend ihre Königinnen, ihre Herrinnen an, Titel, die vordem zutreffend, jetzt freilich unpassend waren. Ohne sich um ihr eigenes Unglück zu scheren, fragten jene beharrlich, auf welchem Flügel Dareios sich befunden habe, wie der Kampf ausgegangen sei: sie wollten sich ihr Kriegsgefangenenlos nicht eingestehen, vielleicht lebte der König ja noch. Der indes wechselte ein ums andere Mal die Pferde, und so hatte ihn seine Flucht weiter und weiter fortgetragen.

Die Perser verloren in der Schlacht hunderttausend Infanteristen und zehntausend Kavalleristen; aufseiten Alexanders hingegen gab es circa fünfhundertvier Verwundete; von den Fußsoldaten fielen insgesamt dreihundertzwei, von den Reitern fanden einhundertfünfzig den Tod: minimaler Tribut für einen kolossalen Sieg.

XII [30] Rex avidius Dareum persequendo fatigatus, postquam et nox adpetebat et consequendi spes non erat, in castra paulo ante a suis capta pervenit. Invitari deinde amicos, quibus maxime adsueverat, iussit – quippe summa dumtaxat cutis in femine perstricta non prohibebat interesse convivio –, cum repente e proximo tabernaculo lugubris clamor barbaro ululatu planctuque permixtus epulantes conterruit. Cohors quoque, quae excubabat ad tabernaculum regis, verita, ne maioris motus principium esset, armare se coeperat. Causa subiti pavoris fuit, quod mater uxorque Darei cum captivis nobilibus regem, quem interfectum esse credebant, ingenti gemitu eiulatuque deflebant. Unus namque e captivis spadonibus, qui forte ante ipsarum tabernaculum steterat, amiculum, quod Dareus, sicut paulo ante dictum est, ne cultu proderetur, abiecerat, in manibus eius, qui repertum ferebat, agnovit ratusque interfecto detractum esse falsum nuntium mortis eius attulerat. Hoc mulierum errore conperto Alexander fortunae Darei et pietati earum inlacrimasse fertur. Ac primo Mithrenem, qui Sardis tradiderat, peritum linguae Persicae, ire ad consolandas eas iusserat; veritus deinde, ne proditor captivarum iram doloremque renovaret, Leonnatum ex purpuratis suis misit iussum indicare falso lamentari eas vivum. Ille cum paucis armigeris in tabernaculum, in quo captivae erant, pervenit missumque se a rege

XII [30] Da mit Einbruch der Nacht jede Hoffnung, Dareios einzuholen, erlosch, suchte der König, erschöpft von der allzu hitzigen Verfolgungsjagd, das Lager auf, das die Seinen kurz zuvor in Besitz genommen hatten. Dann ließ er seine vertrautesten Freunde zu sich laden, denn die ganz oberflächliche Hautabschürfung an seinem Oberschenkel erlaubte ihm durchaus die Teilnahme an einem Festmahl. Da plötzlich erscholl aus dem Zelt gleich nebenan ein unheilvolles Geschrei, durchzogen von barbarischem Geheul und Gewinsel, und versetzte die Tafelnden in Entsetzen. Auch die königliche Wache draußen vor dem Zelt hatte gleich zu den Waffen gegriffen in der Befürchtung, das sei womöglich der Auftakt zu größeren Unruhen. Auslöser dieses jähen Schrecks waren Mutter und Gattin des Dareios, die im Verein mit den gefangenen Edelfrauen den vermeintlichen Tod des Königs unter ohrenbetäubendem Geseufze und Gekreisch beweinten. Tatsächlich erkannte einer der gefangenen Eunuchen, der zufällig vor dem Zelt der Damen stehengeblieben war, des Dareios Mantel wieder, den sein Finder in den Händen hielt, eben jenen, den der, wie kurz zuvor geschildert, von sich geworfen hatte, damit ihn sein Putz nicht verriet. Er hatte daraus geschlossen, den hätte man dem König nach seiner Ermordung geraubt, und daraufhin die falsche Kunde von dessen Tod in die Welt gesetzt. Als Alexander von diesem Fehlschluss der Frauen erfuhr, soll er ob des Dareios Geschick und der Seinen Liebe zu ihm Tränen vergossen haben. Zunächst hatte er Mithrenes, den Mann, der ihm die Stadt Sardes zugespielt hatte[35], einen Kenner der persischen Sprache, als Tröster ausgeschickt; dann aber, in der Ahnung, ein Verräter werde die Wut und den Schmerz der Gefangenen neu entfachen, entsandte er einen seiner Höflinge, Leonnatos, mit der Befugnis, ihnen mitzuteilen, ihre Klage sei grundlos, sie gelte einem Lebenden. Mit einer kleinen Garde gelangte jener zum Zelt, in dem sich die Gefangenen befanden, und ließ

nuntiari iubet. At ii, qui in vestibulo erant, ut armatos conspexere, rati actum esse de dominis in tabernaculum currunt vociferantes adesse supremam horam missosque, qui occiderent captas. Itaque, ut quae nec prohibere possent nec admittere auderent, nullo responso dato tacitae opperiebantur victoris arbitrium. Leonnatus expectato diu, qui se introduceret, postquam nemo procedere audebat, relictis in vestibulo satellitibus intrat in tabernaculum. Ea ipsa res turbaverat feminas, quod inrupisse, non admissus videbatur. Itaque mater et coniunx provolutae ad pedes orare coeperunt, ut, priusquam interficerentur, Darei corpus ipsis patrio more sepelire permitteret; functas supremo in regem officio inpigre esse morituras. Leonnatus: et vivere Dareum et ipsas non incolumes modo, sed etiam apparatu pristinae fortunae reginas fore. Tum demum Darei mater adlevari se passa est.

[31] Alexander postero die cum cura sepultis militibus, quorum corpora invenerat, Persarum quoque nobilissimis eundem honorem haberi iubet matrique Darei permittit, quos vellet, patrio more sepeliret. Illa paucos arta propinquitate coniunctos pro habitu praesentis fortunae humari iussit, apparatum funerum, quo Persae suprema officia celebrarent, invidiosum fore existimans, cum victores haud pretiose cremarentur. Iamque iustis defunctorum corporibus solutis praemittit ad captivas, qui nuntiarent ipsum venire, inhibitaque comitantium turba tabernaculum cum Hephaestione intrat. Is longe

kundtun, er sei ein Delegierter des Königs. Sobald aber die am Eingang die Bewaffneten erblickten, stürmten sie in der Gewissheit, dass es jetzt um ihre Herrinnen geschehen war, ins Zelt und schrien, ihre letzte Stunde sei gekommen, man habe Mörder auf sie gehetzt. Machtlos, Leonnatos am Eintritt zu hindern, allerdings auch nicht mutig genug, ihn vorzulassen, blieben die Frauen eine Antwort schuldig und harrten schweigend der Entscheidung des Siegers. Jener wartete geraume Weile, dass man ihn hineinführe, doch da sich niemand hinauswagte, ließ er seinen Anhang draußen zurück und betrat das Zelt. Dieser Umstand allein, dieser scheinbare Einbruch ohne Erlaubnis, hatte genügt, die Damen in helle Aufregung zu stürzen, und daher verlegten sich Mutter und Gattin, zu seinen Füßen hingesunken, sogleich aufs Bitten: bevor man sie umbringe, möge er ihnen gewähren, des Dareios Leichnam nach alter Tradition zu bestatten; sobald sie dem König die letzten Ehren erwiesen hätten, gingen sie bereitwillig in den Tod. Leonnatos versicherte ihnen, dass Dareios noch am Leben sei und ihnen selbst kein Haar gekrümmt werde, sogar ihren Königinnenstatus mit den alten Privilegien dürften sie behalten. Nun erst gestattete Dareios' Mutter, ihr aufzuhelfen.

[31] Am nächsten Tag wurden die Soldaten, deren Leichname man gefunden hatte, gewissenhaft bestattet; nach Alexanders Weisung sollte der persischen Elite dieselbe Ehre widerfahren, und Dareios' Mutter erhielt die Erlaubnis, alle, die sie wollte, nach Landessitte beizusetzen, worauf sie einige wenige engste Verwandte begraben ließ, freilich unter Berücksichtigung ihrer momentanen Situation: den Pomp, den die Perser bei ihren Bestattungsfeierlichkeiten entfalteten, hielt sie für ärgerniserregend, da die Sieger schlicht und einfach verbrannt wurden. Erst nach den Leichenzeremonien kündigte Alexander den Gefangenen durch Boten seinen Besuch an, und schon betrat er ohne sein Gefolge nur mit Hephaistion das Zelt. Aus der

omnium amicorum carissimus erat regi: cum ipso pariter eductus, secretorum omnium arbiter, libertatis quoque in admonendo eo non alius plus habebat, quod tamen ita usurpabat, ut magis a rege permissum quam vindicatum ab eo videretur. Et sicut aetate par erat regi, ita corporis habitu praestabat. Ergo reginae illum esse regem ratae suo more veneratae sunt. Inde ex captivis spadonibus, quis Alexander esset, monstrantibus Sisigambis advoluta est pedibus eius ignorationem numquam antea visi regis excusans. Quam manu adlevans rex: »Non errasti«, inquit, »mater, nam et hic Alexander est.«

[32] Equidem hac continentia animi si ad ultimum vitae perseverare potuisset, feliciorem fuisse crederem, quam visus est esse, cum Liberi Patris imitaretur triumphum usque ab Hellesponto ad Oceanum omnes gentes victoria emensus. Sic vicisset profecto superbiam atque iram, mala invicta; sic abstinuisset inter epulas caedibus amicorum egregiosque bello viros et tot gentium secum domitores indicta causa veritus esset occidere. Sed nondum fortuna se animo eius superfuderat: ita, qui orientem tam moderate et prudenter tulit, ad ultimum magnitudinem eius non cepit. Tunc quidem ita se gessit, ut omnes ante eum reges et continentia et clementia vincerentur: virgines reginas excellentis formae tam sancte habuit, quam si eodem quo ipse parente genitae forent; coniugem eandem*que sororem*, quam nulla aetatis suae pulchritudine corporis vicit, adeo ipse non violavit, ut summam adhibuerit curam, ne quis

ganzen Freundesschar war jener dem König bei weitem der liebste; er war mit Alexander aufgewachsen, teilte all seine Geheimnisse und durfte wie kein anderer sonst frei heraus etwaige Zweifel an dessen Tun äußern; das aber handhabte der so, dass es stets wie eine vom König gewährte Gunst aussah, nicht wie ein von ihm selbst beanspruchtes Recht. Er war zwar gleichen Alters wie der König, überragte ihn aber an Körpergröße. Folglich hielten die Königinnen ihn für den Monarchen und bezeigten ihm nach persischer Sitte ihre Ehrerbietung. Einige gefangene Eunuchen klärten sie auf, wer hier Alexander war, und da warf sich Sisigambis zu dessen Füßen nieder und entschuldigte sich, sie kenne den König nicht, denn sie habe ihn zuvor noch nie gesehen. Eigenhändig richtete der sie auf mit den Worten: »Du hast dich nicht geirrt, Mutter, denn auch er ist Alexander.«

[32] Wahrlich, so deucht mir, hätte er diese Selbstkontrolle bis an sein Lebensende bewahrt, wäre er glücklicher gewesen, als er in jenem Augenblick erschien, wo er mit seinem Siegeszug durch alle Nationen vom Hellespont bis zum Ozean Vater Libers Triumph imitierte. Dann hätte er seinen Hochmut, seinen Zorn, zähe Untugenden, sicher in den Griff bekommen, dann hätte er darauf verzichtet, Freunde beim Mahl zu ermorden, sich gescheut, Kriegshelden zu töten, die an seiner Seite so viele Völker bezwangen, ohne ihnen Gelegenheit zur Rechtfertigung einzuräumen. Der Rausch des Erfolgs hatte sich noch nicht seines Geistes bemächtigt, also reagierte er auf sein junges Glück mit Maß und Vernunft, zuletzt aber war er für dessen Größe zu klein. Damals aber stellte er durch sein beherrschtes, gütiges Verhalten alle Könige vor ihm in den Schatten. Die wunderhübschen Prinzessinnen waren für ihn so unantastbar, als wären sie vom selben Vater wie er selbst gezeugt; der Gattin und zugleich Schwester[36] des Dareios, der größten Schönheit jener Zeit, tat er nicht nur keinerlei Ge-

captivo corpori inluderet. Omnem cultum reddi feminis iussit, nec quicquam ex pristinae fortunae magnificentia captivis praeter fiduciam defuit. Itaque Sisigambis: »Rex«, inquit, »mereris, ut ea precemur tibi, quae Dareo nostro quondam precatae sumus, nec nostro odio dignus es, qui tantum regem non felicitate solum, sed etiam aequitate superaveris. Tu quidem matrem me et reginam vocas, sed ego me tuam famulam esse confiteor. Et praeteritae fortunae fastigium capio et praesentis iugum pati possum: tua interest, quantum in nos licuerit, si id potius clementia quam saevitia vis esse testatum.« Rex bonum animum habere eis iussis Darei filium collo suo admovit, atque nihil ille conspectu tum primum a se visi conterritus cervicem eius manibus amplectitur. Motus ergo rex constantia pueri Hephaestionem intuens: »Quam vellem«, inquit, »Dareus aliquid ex hac indole hausisset!« Tum tabernaculo egressus.

[33] Tribus aris in ripa Pinari amnis Iovi atque Herculi Minervaeque sacratis Syriam petit Damascum, ubi regis gaza erat, Parmenione praemisso. **XIII** At ille cum praecessisse *se* et Darei satrapam conperisse *cognosset*, veritus, ne paucitas suorum sperneretur, accersere maiorem manum statuit. Sed forte in exploratores ab eo praemissos incidit natione Mardus, qui ad Parmeniona perductus litteras ad Alexandrum a praefecto Damasci missas tradit ei nec dubitare eum, quin omnem regiam

walt an, er ging noch weiter und sorgte dafür, dass niemand sich mutwillig an der Gefangenen vergriff. Er veranlasste, den Frauen all ihren Putz zurückzugeben, und damit fehlte denen trotz ihrer Zwangslage nichts aus einstigen Freudentagen, nur ihr Selbstwertgefühl. Deshalb denn auch Sisigambis' Worte: »Mein König, du bist es wert, dass wir für dich beten und dasselbe erflehen wie vordem für unseren guten Dareios; nein, du verdienst nicht unseren Hass, du, der du ja einen so bedeutenden König nicht nur an Erfolg, sondern auch an Milde übertroffen hast. Mutter und Königin nennst du mich, ich aber sage es frei heraus, deine Dienerin bin ich. Den Gipfeln des einstigen Glückes gewachsen, vermag ich auch des gegenwärtigen Schicksals Joch zu ertragen; ob du die Fülle deiner Macht über uns eher durch Güte manifestieren willst oder durch grausame Härte, liegt an dir.« Der König forderte sie auf, guten Mutes zu sein; in seine Arme nahm er des Dareios Sohn, und siehe, der hatte keine Angst vor dem Mann, den er da zum ersten Mal sah, nein, er schlang die Hände um seinen Hals. Angetan von der Courage des Jungen, schaute Alexander Hephaistion an und sagte: »Ach wenn doch Dareios nur etwas von diesem Sprössling hätte!« Dann verließ er das Zelt.

[33] Am Ufer des Pinaros weihte er drei Altäre, für Jupiter, Herkules und Minerva, danach ging es weiter nach Syrien; Parmenion indes war befehlsgemäß als Vorhut schon nach Damaskus unterwegs, wo sich der Königsschatz befand. **XIII** Als jener jedoch erfuhr, ein Satrap[37] des Dareios habe von seinem Vormarsch Wind bekommen, da befürchtete er, vor seinen paar Mann werde der Gegner wohl kaum Respekt haben, und beschloss daher, eine größere Abteilung anzufordern. Nun wollte es freilich der Zufall, dass sein Aufklärungstrupp einen gebürtigen Marden aufgriff. Der wurde Parmenion vorgeführt und übergab ihm ein Schreiben des damaszenischen Statthalters an Alexander mit dem erklärenden Zusatz, jener sei wil-

supellectilem cum pecunia traderet, adiecit. Parmenio adservari eo iusso litteras aperit, in quis erat scriptum, ut mature Alexander aliquem ex ducibus suis mitteret cum manu exigua, cui, quae rex penes ipsum reliquisset, *traderet*. Itaque Mardum datis comitibus ad proditorem remittit. Ille e manibus custodientium elapsus Damascum ante lucem intrat. Turbaverat ea res Parmenionis animum insidias timentis, et ignotum iter sine duce non audebat ingredi; felicitati tamen regis sui confisus agrestes, qui duces itineris essent, excipi iussit. Quibus celeriter repertis quarto die ad urbem pervenit iam metuente praefecto, ne sibi fides habita non esset. Igitur quasi parum munimentis oppidi fidens ante solis ortum pecuniam regiam – gazam Persae vocant – cum pretiosissimis rerum efferri iubet, fugam simulans, re vera, ut praedam hosti offerret.

[34] Multa milia virorum feminarumque excedentem oppido sequebantur, omnibus miserabilis turba praeter eum, cuius fidei commissa erat. Quippe, quo maior proditionis merces foret, obicere hosti parabat gratiorem omni pecunia praedam, nobiles viros, praetorum Darei coniuges liberosque, praeter hos Graecarum urbium legatos, quos Dareus, velut in arce tutissima, in proditoris reliquerat manibus. Gangabas Persae vocant humeris onera portantes: ii cum tolerare non possent – quippe et procella subito nivem effuderat, et humus rigebat gelu tum adstricta –, vestes, quas cum pecunia portabant, auro

lens, das gesamte Geld und Gut des Königs abzuliefern. Parmenion erteilte Order, den Mann in Gewahrsam zu nehmen, dann öffnete er den Brief, in dem zu lesen war, Alexander möge eilends einen seiner Generäle mit einem kleinen Trupp entsenden; diesem wolle er alle Besitztümer aushändigen, die der König in seiner Obhut gelassen habe. Also schickte Parmenion den Marden unter Bewachung zurück zu dem Verräter. Jener aber entschlüpfte den Händen seiner Wärter und traf vor Sonnenaufgang in Damaskus ein. Zunächst hatte dieser Vorfall Parmenion verunsichert, denn er argwöhnte eine Falle. Ohne Führer wagte er es nicht, ins Unbekannte vorzustoßen, doch auf seines Königs Glück setzend, ließ er Bauern zwangsrekrutieren, die ihnen den Weg zeigen sollten. Die bekam man schnell zusammen, und so erreichte er am vierten Tag die Stadt, als dem Satrapen schon bange war, man hätte ihm nicht geglaubt. Daher tat er so, als hielte er die städtischen Befestigungsanlagen für zu unsicher, und gab Weisung, den königlichen Geldschatz (im Persischen »Gaza«) und die kostbarsten Sachwerte herauszuschaffen, angeblich um zu fliehen, in Wahrheit, um das beschlagnahmte Gut dem Feind anzudienen.

[31] Sein Abzug ging mit einem Exodus vieler tausend Männer und Frauen einher, eine Karawane, die bei jedem Mitleid erregte, nur nicht bei jenem, dessen Schutz sie überantwortet war. Um noch größeren Lohn für seinen Verrat zu kassieren, hatte er ja vor, dem Gegner eine Beute zu präsentieren, die willkommener war als alles Geld: adlige Herren, die Gattinnen und Kinder der königlichen Befehlshaber, dazu noch die Gesandten der griechischen Städte, die Dareios, als wäre das die sicherste Feste, des Verräters Händen anvertraut hatte. Lastenträger heißen bei den Persern »Gangabai«. Denen freilich wurde das alles zu viel – ein heftiger Orkan hatte nämlich plötzlich massenhaft Schnee gebracht, und der Boden war just in diesem Augenblick hart gefroren –, also streiften sie die von Gold und

et purpura insignes induunt nullo prohibere auso, cum fortuna regis etiam humillimis in ipsum licentiam faceret. Praebuere ergo Parmenioni non spernendi agminis speciem. Qui intentiore cura suos quasi ad iustum proelium paucis adhortatus equis calcaria iubet subdere et acri impetu in hostem evehi. At illi, qui sub oneribus erant, omissis *his* per metum capessunt fugam; armati quoque, qui eos prosequebantur, eodem metu arma iactare ac nota deverticula petere coeperunt. Praefectus, quasi esset ipse conterritus, simulans cuncta pavore compleverat. Iacebant totis campis opes regiae, illa pecunia stipendio ingenti militum praeparata, ille cultus tot nobilium virorum, tot inlustrium feminarum, aurea vasa, aurei freni, tabernacula regali magnificentia ornata, vehicula quoque a suis destituta ingentis opulentiae plena: facies etiam praedantibus tristis, si qua res avaritiam moraretur. Quippe tot annorum incredibili et fidem excedente fortuna cumulata tunc alia stirpibus lacerata, alia in caenum demersa cernebantur: non sufficiebant praedantium manus praedae.

[35] Iamque etiam ad eos, qui primi fugerant, ventum erat. Feminae pleraeque parvos trahentes liberos ibant; inter quas tres fuere virgines, Ochi, qui ante Dareum regnaverat, filiae, olim quidem ex fastigio paterno rerum mutatione detractae, sed tum sortem earum crudelius adgravante fortuna. In eodem

Purpur funkelnden Gewänder über, die sie zusammen mit dem Schatz transportierten. Einzuschreiten wagte keiner: des Königs Unglück erlaubte es nun schon dem untersten Pöbel, sich jede Freiheit wider ihn herauszunehmen. Parmenion bot sich folglich der Eindruck eines respektheischenden Heerzugs. Mit gesteigerter Konzentration wie für einen normalen Kampf feuerte er die Seinen kurz an, dann erteilte er Befehl, den Rossen die Sporen zu geben und in wildem Sturm gegen den Feind zu preschen. Die Lastenträger aber entledigten sich ihrer Bürde und ergriffen voll Schreck die Flucht, ebenso verschreckt, fingen auch die Begleitsoldaten an, die Waffen von sich zu schleudern und sich auf bekannten Pfaden in die Büsche zu schlagen. Durch gespielte Verzweiflung hatte der Statthalter die allgemeine Panik komplett gemacht. Auf der ganzen Ebene verstreut lagen die königlichen Schätze, das Geld, das für die enormen Soldzahlungen an die Soldaten vorgesehen war, die Garderobe so vieler Edelmänner, so vieler vornehmer Damen, goldene Gefäße, goldenes Zaumzeug, Zelte prangend von königlichem Prunk, auch Wagen vollgestopft mit ungeheuren Reichtümern, die ihre Besitzer im Stich gelassen hatten: was für ein Bild des Jammers, sogar noch für Plünderer herzzerreißend, vorausgesetzt Raffgier ließe sich überhaupt durch irgendetwas bremsen! Alles, was man in zahllosen Jahren angehäuft hatte, unglaubliche, jede Vorstellung übersteigende Werte waren da zu sehen, teils vom Strauchwerk zerfetzt, teils im Dreck versunken: die Plünderer hatten nicht Hände genug, sich diese Beute zu packen.

[35] Jetzt hatte man jene eingeholt, die als erste geflohen waren, Frauen, die meisten mit Kleinkindern an der Hand. Unter ihnen befanden sich drei junge Mädchen, die Töchter von Ochos[38], des Dareios Vorgänger auf dem Thron: schon einmal hatte sie ein Staatsstreich aus den höchsten Höhen, die dem Vater eigen, herabgestürzt, doch jetzt schlug das Schicksal

grege uxor quoque eiusdem Ochi fuit Oxyathrisque – frater hic erat Darei – filia et coniunx Artabazi, principis purpuratorum, filiusque: Hystanes fuit nomen. Pharnabazi quoque, cui summum imperium maritimae orae rex dederat, uxor cum filio excepta est, Mentoris filiae tres ac nobilissimi ducis Memnonis coniunx et filius, vixque ulla domus purpurati *a*fuit tantae cladi. *Capti sunt cum his* Lacedaemonii et Athenienses societatis fide violata Persas secuti: Aristogiton et Dropides et Iphicrates, inter Athenienses genere famaque longe clarissimi, Lacedaemonii Pasippus et Onomastorides cum Onomante et Callicratide, hi quoque domi nobiles. Summa pecuniae signatae fuit talentum II milia et sescenta, facti argenti pondus quingenta aequabat. Praeterea XXX milia hominum cum VII milibus iumentorum dorso onera portantium capta sunt. Ceterum tantae fortunae proditorem dei ultores celeriter debita poena persecuti sunt. Namque unus e consciis eius, credo, regis vicem etiam in illa sorte reveritus, interfecti proditoris caput ad Dareum tulit, opportunum solacium prodito: quippe et ultus inimicum erat et nondum in omnium animis memoriam maiestatis suae exolevisse cernebat.

noch grausamer zu, ihr Los verschlimmernd. In derselben Schar war auch die Gemahlin des genannten Ochos, Dareios' Bruder Oxyathres sowie Tochter und Ehefrau von Artabazos, dem höchsten Hofbeamten, schließlich dessen Sohn, Hystanes mit Namen. Desgleichen gerieten Gattin und Sohn von Pharnabazos in Gefangenschaft, jenem, dem der König das militärische Oberkommando über die Küstenregion übertragen hatte, die drei Töchter Mentors und nicht zuletzt Gattin und Sohn Memnons, des grandiosen Generals: fast keine Familie von Rang blieb bei diesem kolossalen Desaster verschont. Von den Spartanern und Athenern aber, die ihr Bündnis mit Alexander gebrochen hatten und zu den Persern übergelaufen waren, ergriff man Aristogeiton, Dropides und Iphikrates, die, was Herkunft und Renommee anbelangt, zur absoluten Elite Athens zählten, sowie Pasippos, Onomastorides, Onomas und Kallikratides, die in ihrer Heimat Sparta hochangesehene Männer waren. Die Gesamtsumme an Münzgeld belief sich auf zweitausendsechshundert Talente, das Gewicht des Silbergeschirrs entsprach fünfhundert[39]. Zudem fielen dreißigtausend Mann und siebentausend Lasttiere nebst Ladung an die Feinde. Jenen freilich, der diesen unermesslichen Reichtum dem Gegner zugespielt hatte, ereilte unverzüglich der Götter Vergeltung und strafte ihn, wie er es verdiente. Einer seiner Komplizen nämlich, der selbst in jener Lage noch, glaube ich, Respekt vor der Königswürde hegte, tötete den Verräter und brachte sein Haupt zu Dareios, ein angemessener Trost für den Verratenen, denn zum einen war er so an dem falschen Freund gerächt, zum anderen sah er, dass die Erinnerung an seine Größe noch nicht aus den Köpfen aller entschwunden war.

Liber IV

I [1] Dareus, tanti modo exercitus rex, qui triumphantis magis quam dimicantis more curru sublimis inierat proelium, per loca, quae prope inmensis agminibus inpleverat, iam inania et ingenti solitudine vasta fugiebat. Pauci regem sequebantur: nam nec eodem omnes fugam intenderant et deficientibus equis cursum eorum, quos rex subinde mutabat, aequare non poterant. Onchas deinde pervenit, ubi excepere eum Graecorum quattuor milia; non segnius tamen ad Euphraten contendit, id demum credens fore ipsius, quod celeritate praecipere potuisset.

At Alexander Parmenionem, per quem apud Damascum recepta erat praeda, iussum eam ipsam et captivos diligenti adservare custodia, Syriae, quam Coelen vocant, praefecit. Novum imperium Syri nondum belli cladibus satis domiti aspernabantur, sed celeriter subacti oboedienter imperata fecerunt. Aradus quoque insula deditur regi. Maritimam tum oram et pleraque longius etiam a mari recedentia rex eius insulae, Strato, possidebat; quo in fidem accepto castra movit ad urbem Marathon. [2] Ibi illi litterae a Dareo redduntur, quibus ut superbe scriptis vehementer offensus est: praecipue eum movit, quod Dareus sibi regis titulum nec eundem Alexandri nomini adscripserat. Postulabat autem magis quam petebat, ut accepta pecunia, quantamcumque tota Macedonia caperet, matrem si-

Buch IV

I [1] Eben noch König über ein Riesenheer, befand sich Dareios, der, hoch erhaben auf seinem Wagen, mehr wie ein Triumphator, nicht wie ein Kämpfer in die Schlacht gezogen war, nun auf der Flucht quer durch Lande, die, einst von nahezu unzähligen Bataillonen überzogen, jetzt leer und öd dalagen, endlose Wüsteneien. Nur ein kleines Häuflein folgte dem König, nicht alle waren ja in dieselbe Richtung geflohen; zudem gab es nicht genügend Pferde, und darum war es unmöglich, mit dem Tempo der königlichen Rosse, die immer wieder gewechselt wurden, mitzuhalten. Schließlich gelangte er nach Onchai, wo ihn eine Reserve aus viertausend Griechen empfing; dennoch ging es mit gleicher Geschwindigkeit weiter zum Euphrat, glaubte er doch, nur so viel werde ihm künftig gehören, wie er jetzt dem Gegner noch schnell wegschnappen könne.

Alexander aber betraute Parmenion, dem er den Fang bei Damaskus verdankte, mit der Verwaltung des sogenannten »hohlen« Teils von Syrien[1], wobei er ihn zugleich anwies, die Stadt selbst sowie die Gefangenen unter sorgfältige Bewachung zu stellen. Die Kalamitäten des Kriegs hatten die Syrer noch nicht klein gekriegt, und infolgedessen erkannten sie die neue Regierung nicht an, freilich waren sie im Handumdrehen bezwungen und dann willfährige Untertanen. Auch die Insel Arados unterstellte sich dem König. Straton, der dortige Herrscher, hatte damals den Küstenstreifen und einen Großteil des Binnenlandes in seinem Besitz; nach dessen Kapitulation zog Alexander nach Marathos ab. [2] Hier stellte man ihm einen Brief von Dareios zu, dessen arroganter Ton ihn mächtig verärgerte. Insbesondere verdross es ihn, dass der sich den Titel »König« gegeben hatte, ohne selbigen dem Namen Alexanders hinzuzufügen. Er bat nicht, nein, er forderte die Freilassung von Mutter, Gattin und Kindern, dafür gebe es Lösegeld, so

bi et coniugem liberosque restitueret. De regno aequo, si vellet, Marte contenderet. Si saniora consilia tandem pati potuisset, contentus patrio cederet alieni imperii finibus, socius amicusque esset. In ea se fidem et dare paratum et accipere.

Contra Alexander in hunc maxime modum rescripsit: »Rex Alexander Dareo S. Cuius nomen sumpsisti, Dareus Graecos, qui oram Hellesponti tenent, coloniasque Graecorum Ionias omni clade vastavit, cum magno deinde exercitu mare traiecit inlato Macedoniae et Graeciae bello. Rursus Xerxes gentis eiusdem ad oppugnandos nos cum inmanium barbarorum copiis venit; qui navali proelio victus Mardonium tamen reliquit in Graecia, ut absens quoque popularetur urbes, agros ureret. Philippum vero, parentem meum, quis ignorat ab iis interfectum esse, quos ingentis pecuniae spe sollicitaverant vestri? Inpia enim bella suscipitis et, cum habeatis arma, licemini hostium capita, sicut tu proxime talentis mille, tanti exercitus rex, percussorem in me emere voluisti. Repello igitur bellum, non infero. Et di quoque pro meliore stant causa: magnam partem Asiae in dicionem redegi meam, te ipsum acie vici. Quem etsi nihil a me inpetrare oportebat, utpote qui ne belli quidem in me iura servaveris, tamen, si veneris supplex, et matrem et coniugem et liberos sine pretio recepturum esse promitto. Et

viel, wie in ganz Makedonien hineinpasse; um die Herrschaft möge er, so er denn wolle, kämpfen, die Chancen stünden gleich. Vielleicht schaffe er es letztendlich aber doch, Vernunft anzunehmen, und verlasse, zufrieden mit dem väterlichen Reich, die Domäne eines anderen: in dem Fall gelte er ihm als Verbündeter und Freund. Dies sei er bereit, verbindlich zu garantieren, was er umgekehrt auch von ihm erwarte.

Alexanders Antwort lautete im Kern so: »Grüße von König Alexander an Dareios. Dein Namensvetter Dareios hat die Griechen an der Küste des Hellesponts sowie die Griechenkolonien in Ionien aufs greuelhafteste heimgesucht und später zum Krieg gegen Makedonien und Griechenland mit einem gewaltigen Heer das Meer überquert[2]. Dann war es Xerxes, wieder ein Perser, der mit Horden grauser Barbaren gegen uns anrannte. Trotz seiner Niederlage zur See ließ der Mardonios in Griechenland zurück, um noch aus der Ferne unsere Städte zu verheeren, unsere Äcker abzusengen[3]. Was ferner Philipp, meinen Vater, anbetrifft, so weiß ein jeder, dass er von Meuchelmördern umgebracht wurde, die eure Leute mit der Aussicht auf eine enorme Belohnung geködert haben. Gegen Recht und Sitte sind ja die Kriege, die ihr führt, und obwohl ihr Waffen habt, setzt ihr einen Preis aus auf die Köpfe eurer Feinde, wie du, der König einer so gewaltigen Armee, erst kürzlich mit tausend Talenten jemanden dingen wolltest, ein Attentat auf mich zu verüben. Und daher führe ich nur einen Verteidigungs-, keinen Angriffskrieg. Der gerechteren Sache leisten auch die Götter Vorschub: einen Großteil Asiens habe ich in meine Gewalt gebracht, dich selbst in der Schlacht besiegt. Da du nicht einmal die im Krieg obwaltenden Gesetze für meine Person hast gelten lassen, wäre es eigentlich nur billig, wenn du bei mir mit deinen Bitten gar nichts erreichtest, und doch verspreche ich dir, kommst du in Demut, werden dir Mutter, Gattin und Kinder ohne Lösegeld übergeben. Aufs

vincere et consulere victis scio. Quod si te committere nobis times, dabimus fidem inpune venturum. De cetero, cum mihi scribes, memento non solum regi te, sed etiam tuo scribere!« Ad hanc perferendam Thersippus est missus.

[3] In Phoenicen *dein* descendit et oppidum Byblon traditum recepit. Inde ad Sidona ventum est, urbem vetustate famaque conditorum inclitam. Regnabat in ea Strato, Darei opibus adiutus. Is quia deditionem magis popularium quam sua sponte fecerat, regno visus indignus, Hephaestionique permissum, ut, quem eo fastigio *e* Sidoniis dignissimum arbitraretur, constitueret regem. Erant Hephaestioni *duo* hospites, clari inter suos iuvenes; qui facta ipsis potestate regnandi negaverunt quemquam patrio more in id fastigium recipi nisi regia stirpe ortum. Admiratus Hephaestion magnitudinem animi spernentis, quod alii per ignes ferrumque peterent: »Vos quidem macte virtute«, inquit, »estote, qui primi intellexistis, quanto maius esset regnum fastidire quam accipere! Ceterum date aliquem regiae stirpis, qui meminerit a vobis acceptum habere se regnum!« Atque illi, cum multos imminere tantae spei cernerent singulis amicorum Alexandri iam ob nimiam regni cupiditatem adulantis, statuunt neminem esse potiorem quam Abdalonymum quendam, longa quidem cognatione stirpi regiae adnexum, sed ob inopiam suburbanum hortum exigua colen-

Siegen verstehe ich mich genauso wie darauf, Besiegte mit Nachsicht zu behandeln. Falls du aber Bedenken hegst, dich in unsere Hände zu begeben, so hast du mein Wort, dir wird nichts geschehen. Ansonsten merke dir für deine künftigen Briefe, du schreibst nicht einfach einem König, nein, dem deinigen!« Mit der Zustellung dieser Botschaft wurde Thersippos betraut.

[3] Darauf zog Alexander Richtung Küste nach Phönizien und annektierte kampflos die Stadt Byblos. Von hier ging es nach Sidon, das durch sein Alter und den Ruf seiner Gründungsväter Berühmtheit erlangte[4]. Getragen von Dareios' Macht, herrschte dort Straton. Da der nicht so sehr aus eigenem Antrieb kapituliert hatte, sondern erst unter dem Druck der Bevölkerung, schien er als Regent untauglich, und Hephaistion erhielt den Auftrag, den in seinen Augen für diese Spitzenposition tauglichsten Sidonier als König einzusetzen. Hephaistion weilte als Gast bei zwei jungen Männern, die bei den Einheimischen hoch im Kurs standen. Diesen trug er die Herrschaft an, sie indes sagten nein mit der Begründung, dass nach Landesbrauch nur ein Mann königlichen Geblüts dieses hohe Amt antreten dürfe. Voll Bewunderung für die Hochherzigkeit, mit der jene ausschlugen, was andere doch mit Feuer und Schwert zu erlangen suchen, brach da Hephaistion in den Ruf aus: »Heil euch, ihr Wackeren, die ihr als erste begriffen habt, wie viel größer es ist, die Königswürde abzulehnen als sie anzunehmen! Jetzt aber nennt mir jemanden aus der königlichen Sippe, der sich stets bewusst bleibt, dass er sein Amt euch zu verdanken hat!« Weil jene sahen, dass viele nach solch einer Karriere nur so gierten und, geil auf die Macht, schon vor jedem Vertrauten Alexanders krochen, kamen sie zu der Einsicht, niemand sei geeigneter als ein gewisser Abdalonymos, der mit dem Königsgeschlecht entfernt verwandt war, doch wegen seiner dürftigen Verhältnisse einen Garten außerhalb

tem stipe. Causa ei paupertatis sicut plerisque probitas erat, intentusque operi diurno strepitum armorum, qui totam Asiam concusserat, non exaudiebat.

[4] Subito deinde, de quibus ante dictum est, cum regiae vestis insignibus hortum intrant, quem forte steriles herbas eligens Abdalonymus repurgabat. Tum rege eo salutato alter ex his: »Habitus«, inquit, »hic vestis, quem cernis in meis manibus, cum isto squalore permutandus tibi est. Ablue corpus inluvie terrenisque sordibus squalidum! Cape regis animum et in eam fortunam, qua dignus es, istam continentiam perfer! Et cum in regali solio residebis vitae necisque omnium civium dominus, cave obliviscaris status, in quo accipis regnum, immo, hercule, propter quem!« Somnio similis res Abdalonymo videbatur; interdum, satisne sani essent, qui tam proterve sibi inluderent, percontabatur. Sed ut cunctanti squalor ablutus est et iniecta vestis purpura auroque distincta et fides a iurantibus facta, serio iam rex iisdem comitantibus in regiam pervenit. Fama deinde, ut solet, strenue tota urbe discurrit. Aliorum studium, aliorum indignatio eminebat, divitissimus quisque humilitatem inopiamque eius apud amicos Alexandri criminabatur. Admitti eum rex protinus iussit diuque contemplatus: »Corporis«, inquit, »habitus famae generis non repugnat, sed libet scire, inopiam qua patientia tuleris.« Tum ille: »Utinam«,

der Stadt bewirtschaftete, der wenig abwarf. Der Grund für dessen Armut war wie bei den meisten die Rechtschaffenheit, und von seinem Tagewerk völlig in Beschlag genommen, hatte er kein Ohr für das Getöse der Waffen, das ganz Asien in Angst und Schrecken gestürzt hatte.

[4] Nun traten plötzlich die Obengenannten mit dem Königsornat in den Garten, in dem Abdalonymos zufällig gerade Unkraut jätete. Sie begrüßten ihn mit dem Titel »König«, dann erklärte einer von beiden: »Diese Tracht, die du hier in meinen Händen siehst, musst du nun gegen deine Lumpen tauschen. Wasch deinen Leib, der von Matsch und Dreck starrt! Habe ab jetzt das mutige Herz eines Königs und bewahre dir in diesem hohen Amt, dessen du würdig bist, stets deine maßvolle Haltung! Und wenn du Platz nimmst auf dem Herrscherthron, Herr über Leben und Tod aller Bürger, sieh zu, dass du dir der Umstände bewusst bleibst, in denen oder eher, beim Herkules, deretwegen dir das Königtum zuteil wurde!« Abdalonymos wähnte sich in einem Traum. Ein ums andere Mal fragte er sie, ob sie ganz klar im Kopf wären, sich so frech über ihn lustig zu machen. Sobald man ihm aber trotz Sträubens den Schmutz abgewaschen, ihm das goldbestickte Purpurgewand angelegt und ihn durch Schwur überzeugt hatte, dass alles seine Richtigkeit habe, glaubte er endlich selbst daran, König zu sein, und schritt, eskortiert von eben den beiden, zum Schloss. Wie immer verbreitete sich die Kunde nun flugs in der ganzen Stadt. Sympathiekundgebungen hier, Unmutsbezeugungen dort waren die Folge; insbesondere die Reichen prangerten bei Alexanders Freunden die niedrige Stellung und die Armut des Anwärters an. Unverzüglich beschied der König diesen zu sich, lange ruhte sein Blick auf ihm, dann sagte er: »Deine Erscheinung widerspricht den Behauptungen über deine Abkunft nicht; doch eines möchte ich wissen, wie konntest du deine Not so geduldig ertragen?« Darauf entgegnete jener: »Hoffent-

inquit, »eodem animo regnum pati possim! Hae manus suffecere desiderio meo: nihil habenti nihil defuit.« Magnae indolis specimen ex hoc sermone Abdalonymi cepit. Itaque non Stratonis modo regiam supellectilem attribui ei iussit, sed pleraque etiam ex Persica praeda; regionem quoque urbi adpositam dicioni eius adiecit.

[5] Interea Amyntas, quem ad Persas ab Alexandro transfugisse diximus, cum quattuor milibus Graecorum ipsius ex acie persecutis fugam Tripolin pervenit. Inde in naves militibus inpositis Cyprum transmisit et, cum in illo statu rerum id quemque, quod occupasset, habiturum arbitraretur velut certo iure possessum, Aegyptum petere decrevit, utrique regi hostis et semper ex ancipiti mutatione temporum pendens. Hortatusque milites ad spem tantae rei docet Sabacen, praetorem Aegypti, cecidisse in acie, Persarum praesidium et sine duce esse et invalidum, Aegyptios semper praetoribus eorum infestos pro sociis ipsos, non pro hostibus aestimaturos. Omnia experiri necessitas cogebat: quippe cum primas spes fortuna destituit, futura praesentibus videntur esse potiora. Igitur conclamant, duceret, quo videretur. Atque ille utendum animis, dum spe calerent, ratus ad Pelusium ostium penetrat, simulans

lich vermag ich der Krone Last im selben Geist zu tragen! Diese Hände genügten, meine Bedürfnisse zu stillen; ich hatte nichts, und dennoch fehlte mir auch nichts[5].« Durch diese Worte des Abdalonymos gewann Alexander eine hohe Meinung von dessen Naturell. Also ließ er ihm nicht nur Stratons Hofinventar zuweisen, sondern obendrein den größten Teil der persischen Beute; auch das an die Stadt angrenzende Gebiet gliederte er Abdalonymos' Machtbereich ein.

[5] In der Zwischenzeit gelangte Amyntas, der, wie wir berichtet haben, von Alexander zu den Persern übergelaufen war, nach Tripolis, die viertausend Griechen im Schlepptau, die mit ihm aus der Schlacht geflohen waren. Dort schiffte er seine Soldaten ein und beförderte sie übers Meer nach Zypern. Weil er sich ausrechnete, dass in der gegenwärtigen Lage jeder die einmal getätigten Eroberungen als rechtsgültigen Besitz behalten könne, beschloss er, sich Ägyptens zu bemächtigen; damit beging er Hochverrat an beiden Königen, sein Fähnchen stets nach dem Wind drehend. Die Soldaten stachelte er auf, bis sie an den Erfolg eines solchen Riesenprojektes glaubten, auch informierte er sie darüber, dass Sabakes, der Satrap Ägyptens, auf dem Schlachtfeld gefallen war: die persische Besatzung stehe ohne Führer da, außerdem mangele es ihr an Stärke; die Ägypter hätten den Satrapen der Perser immer feindselig gegenübergestanden und das bedeute, dass man sie selbst dort als Verbündete, nicht als Aggressoren betrachten werde. Die Macht der Verhältnisse zwang jene Männer, alles auf eine Karte zu setzen: hat das Schicksal die ersten Hoffnungen zunichtegemacht, erscheint die Zukunft stets lohnender als die Gegenwart. Und so schrien sie im Verein, er möge sie nur hinführen, wohin es ihm recht sei. Jener glaubte, er müsse sich ihre Bereitwilligkeit zunutze machen, solange die von der Hoffnung geschürt werde, und drang in die Nilmündung bei Pelusion ein unter dem Vor-

a Dareo se esse praemissum. Potitus ergo Pelusii Memphim copias promovit. Ad cuius famam Aegyptii, vana gens et novandis quam gerendis aptior rebus, ex suis quisque vicis urbibusque huc ipsi concurrunt ad delenda praesidia Persarum. Qui territi tamen spem retinendi Aegyptum non omiserunt. Sed eos Amyntas proelio superatos in urbem conpellit castrisque positis victores ad populandos agros. Velut in medio positis bonis hostium cuncta agebantur; itaque Mazaces, quamquam infelici proelio suorum animos territos esse cognoverat, tamen palantes et victoriae fiducia incautos ostentans perpulit, ne dubitarent ex urbe erumpere et res amissas reciperare. Id consilium non ratione prudentius quam eventu felicius fuit: ad unum omnes cum ipso duce occisi sunt. Has poenas Amyntas utrique regi dedit, nihilo magis ei, ad quem transfugerat, fidus quam illi, quem deseruerat.

[6] Darei praetores, qui proelio apud Isson superfuerant, cum omni manu, quae fugientes secuta erat, adsumpta etiam Cappadocum et Paphlagonum iuventute Lydiam reciperare temptabant. Antigonus, praetor Alexandri, Lydiae praeerat: qui quamquam plerosque militum ex praesidiis ad regem dimiserat, tamen barbaris spretis in aciem suos eduxit. Eadem il-

wand, er wäre von Dareios als neuer Satrap abkommandiert worden. Nachdem er sich derart Pelusions vergewissert hatte, verlagerte er die Truppen vor nach Memphis. Als das den Ägyptern, einem selbstgefälligen Volk, tauglich für Revolutionen, weniger für geregelte Staatsgeschäfte, zu Ohren kam, liefen sie jeder aus seinem Dorf oder seiner Stadt dorthin zusammen, um die Garnisonen der Perser wegzufegen. Höchst beunruhigt gaben diese die Hoffnung, Ägypten in ihrer Hand zu behalten, dennoch nicht auf. Amyntas aber gewann die Schlacht und trieb sie in die Stadt; die Sieger errichteten ihr Lager, dann ging es hinaus aufs Land, um zu plündern. Alles wurde fortgeschleppt, gerade so, als hätten die Feinde es bereitgestellt, damit sich jedermann bedienen könne. Daher lenkte Mazakes[6], obgleich er wusste, dass die Niederlage seine Mannen in Angst und Schrecken versetzt hatte, ihr Augenmerk dennoch darauf, wie desorganisiert die Feinde herumrannten und dass sie vor lauter Siegessicherheit alle Vorsicht außer Acht ließen; auf die Weise bekam er sie so weit, auf der Stelle einen Ausbruch zu starten und sich den verlorenen Besitz zurückzuholen. So klug diese Taktik war, so positiv war auch ihr Resultat. Bis auf den letzten Mann wurden die Griechen mitsamt ihrem Kommandanten abgeschlachtet. Das war des Amyntas Strafe für seinen Treubruch an beiden Königen, jenem, dem er den Rücken gekehrt hatte, wie auch dem, zu welchem er übergelaufen war.

[6] Dareios' Generäle, die die Schlacht bei Issos überlebt hatten, versuchten, mit Hilfe des ganzen Haufens, der ihnen auf der Flucht gefolgt war, sowie der Rekruten aus Kappadokien und Paphlagonien Lydien zurückzuerobern. Das unterstand Alexanders Statthalter Antigonos. Obwohl dieser den größten Teil der Soldaten aus den Garnisonen abgezogen und zum König in Marsch gesetzt hatte, führte er die Seinen in den Kampf, nahm er doch die Barbaren mitnichten ernst. Auch hier änder-

lic quoque fortuna partium fuit: tribus proeliis alia atque alia regione commissis Persae funduntur.

Eodem tempore classis Macedonum ex Graecia accita Aristomenen, qui ad Hellesponti oram reciperandam a Dareo erat missus, captis eius aut eversis navibus superat. A Milesiis deinde Pharnabazus, praefectus Persicae classis, pecunia exacta et praesidio in urbem Chium introducto centum navibus Andrum et inde Siphnum petiit. Has quoque insulas praesidiis occupat, pecunia multat.

Magnitudo belli, quod ab opulentissimis Europae Asiaeque regibus in spem totius orbis occupandi gerebatur, Graeciae quoque et Cretae arma commoverat. Agis, Lacedaemoniorum rex, octo milibus Graecorum, qui ex Cilicia profugi domos repetierant, contractis bellum Antipatro, Macedoniae praefecto, moliebatur. Cretenses has aut illas partes secuti nunc Spartanorum nunc Macedonum praesidiis occupabantur. Sed leviora inter illos fuere discrimina, unum certamen, ex quo cetera pendebant, intuente fortuna.

II [7] Iam tota Syria, iam Phoenice quoque excepta Tyro Macedonum erat, habebatque rex castra in continenti, a qua urbem angustum fretum dirimit. Tyros, et magnitudine et claritate ante omnes urbes Syriae Phoenicesque memorabilis, facilius societatem Alexandri acceptura videbatur quam impe-

te sich nichts am Schicksal der Kriegsparteien: in drei Schlachten an verschiedenen Orten wurden die Perser aus dem Feld geschlagen.

Gleichzeitig siegte die makedonische Flotte, die aus Griechenland herbeibeordert worden war, über Aristomenes, den Dareios losgeschickt hatte, die Küstengestade am Hellespont zurückzugewinnen: seine Schiffe wurden entweder gekapert oder versenkt. Daraufhin bat Pharnabazos, der persische Flottenadmiral, die Milesier zur Kasse und belegte die Stadt Chios mit einer Garnison, dann nahm er mit hundert Schiffen Kurs auf Andros und weiter nach Siphnos. Auf diesen Inseln errichtete er ebenfalls Garnisonen und forderte eine Geldbuße von ihnen[7].

Auch in Griechenland und Kreta führte die Ausweitung des Krieges, den sich die mächtigsten Könige Europas und Asiens in der Hoffnung lieferten, sich den gesamten Erdkreis untertan zu machen, zu Kampfhandlungen. Agis, der König der Spartaner, scharte achttausend griechische Söldner um sich, die aus Kilikien zurück in die Heimat geflohen waren, und eröffnete eine Offensive gegen Antipater, den Gouverneur Makedoniens[8]. Kreta, das immer wieder die Seiten wechselte, stand bald unter spartanischer Besatzung, bald unter makedonischer. Die Auseinandersetzungen dort aber beschränkten sich auf Scharmützel, denn des Schicksals Aufmerksamkeit konzentrierte sich auf den alles entscheidenden Hauptkampf.

II [7] Schon war ganz Syrien, schon war auch Phönizien Besitz der Makedonen mit Ausnahme von Tyros; der König hatte sein Lager auf dem Festland, das nur durch eine schmale Wasserrinne von der Stadt getrennt war. Nun kommt Tyros unter den Städten Syriens und Phöniziens aufgrund seiner Größe und seines glanzvollen Namens eine Vorrangstellung zu, und die Stadt schien denn auch eher geneigt, eine Allianz mit Alexander einzugehen statt ihn als Herrn anzuerkennen. Daher

rium. Coronam igitur auream donum legati adferebant commeatusque large et hospitaliter ex oppido advexerant. Ille dona ut ab amicis accipi iussit benigneque legatos adlocutus Herculi, quem praecipue Tyrii colerent, sacrificare velle se dixit: Macedonum reges credere ab illo deo ipsos genus ducere, se vero, ut id faceret, etiam oraculo monitum. Legati respondent esse templum Herculis extra urbem in ea sede, quam Palaetyron ipsi vocent: ibi regem deo sacrum rite facturum. Non tenuit iram, cuius alioqui potens non erat. Itaque: »Vos quidem«, inquit, »fiducia loci, quod insulam incolitis, pedestrem hunc exercitum spernitis, sed brevi ostendam in continenti vos esse. Proinde sciatis licet, aut intraturum me urbem aut oppugnaturum!«

Cum hoc responso dimissi suos monere coeperunt, ut regem, quem Syria, quem Phoenice recepisset, ipsi quoque urbem intrare paterentur. At illi loco satis fisi obsidionem ferre decreverant. [8] Namque urbem a continenti quattuor stadiorum fretum dividit Africo maxime obiectum crebros ex alto fluctus in litus evolventi. Nec accipiendo operi, quo Macedones continenti insulam iungere parabant, quicquam magis quam ille ventus obstabat. Quippe vix leni et tranquillo mari moles agi possunt, Africus vero prima quaeque congesta pulsu

überbrachten ihre Gesandten einen goldenen Kranz als Geschenk, und wie großzügige Gastgeber hatte man außerdem Verpflegung aus dem Ort antransportiert. Alexander betrachtete diese Dinge als Freundschaftsgaben und ließ sie in Empfang nehmen; nach einer freundlichen Begrüßung eröffnete er den Botschaftern seinen Wunsch, dem Herkules[9] zu opfern, den die Tyrier ja besonders verehrten: es sei der Makedonenkönige Glaube, dass ihr Geschlecht just von jenem Gott abstamme, und was ihn anbetreffe, so sei er gar von einem Orakel zu dieser Geste aufgefordert worden. Die Gesandten erwiderten, es gebe einen Herkulestempel außerhalb der Stadt auf dem Gelände des von ihnen so genannten »Palaityros«[10]; dort könne der König den Opferritus mit den entsprechenden Zeremonien vollziehen. Alexander, der zu Zornausbrüchen neigte, vermochte sich nicht zu beherrschen, und so schleuderte er ihnen entgegen: »Nun gut, als Inselbewohner wähnt ihr euch durch eure Lage sicher und nehmt diese Fußtruppe nicht für voll[11], aber nicht mehr lange, und ich demonstriere euch, dass ihr auf dem Festland seid. Darum wisset, entweder ich erhalte Zugang zu eurer Stadt, oder ich nehme sie mir im Sturm.«

Mit dieser Antwort entlassen, beschworen die Gesandten ihre Landsleute, einem König, dem Syrien, dem Phönizien gehuldigt habe, auch ihrerseits Einlass in ihre Mauern zu gewähren. Jene aber fühlten sich stark durch ihre Lage, und deshalb hatten sie sich bald dahin geeinigt, das Risiko einer Belagerung einzugehen. [8] In der Tat trennt ein Sund von vier Stadien Breite die Stadt vom Festland, und der ist besonders dem Südwestwind ausgesetzt, der Brecher auf Brecher vom hohen Meer auf die Küste rollen lässt. Eben dieser war es, der das Bauvorhaben der Makedonen, die Insel mit dem Kontinent zu verbinden, am meisten erschwerte. Schon bei sanfter, ruhiger See ist es ja kaum machbar, einen Damm zu errichten, unter Südwesteinfluss aber brandet das Meer bereits gegen die ersten

inlisi maris subruit, nec ulla tam firma moles est, quam non exedant undae et per nexus operum manantes et, ubi acrior flatus existit, summi operis fastigio superfusae. Praeter hanc difficultatem haud minor alia erat. Muros turresque urbis praealtum mare ambiebat: non tormenta nisi e navibus procul excussa mitti, non scalae moenibus adplicari poterant, praeceps in salum murus pedestre interceperat iter; naves nec habebat rex et, si admovisset, pendentes et instabiles missilibus arceri poterant.

Inter quae parva dictu res Tyriorum fiduciam accendit. Carthaginiensium legati ad celebrandum sacrum anniversarium more patrio tunc venerant: quippe Carthaginem Tyrii condiderunt, semper parentum loco culti. Hortari ergo Poeni coeperunt, ut obsidionem forti animo paterentur: brevi Carthagine auxilia ventura. Namque ea tempestate magna ex parte Punicis classibus maria obsidebantur. [9] Igitur bello decreto per muros turresque tormenta disponunt, arma iunioribus dividunt, opifices, quorum copia urbs abundabat, in officinas distribuunt. Omnia belli apparatu strepunt; ferreae quoque manus – harpagonas vocant –, quas operibus hostium inicerent, corvique et alia tuendis urbibus excogitata praeparabantur. Sed cum fornacibus ferrum, quod excudi oportebat, inpositum esset, admotisque follibus ignem flatu accenderent, san-

Aufschüttungen, frisst sich hinein und unterspült sie, und selbst den stärksten Damm waschen die Wellen letztendlich doch aus, indem sie durch die Materialfugen dringen und bei heftigerem Windaufkommen die Dammkrone überschwemmen. Außer dieser Schwierigkeit gab es noch eine andere ebenso große. Mauern und Türme von Tyros waren rings vom Meer umflossen, und das war ungewöhnlich tief; so war nur ein Fernbeschuss von Schiffen aus möglich, auch konnte man an den Stadtmauern keine Leitern zum Einsatz bringen: wegen ihrer jäh ins Meer abfallenden Wand konnte man dort nicht Tritt fassen. Über Schiffe verfügte der König nicht, und schwankend und instabil wie die nun einmal sind, hätte man sie bei Annäherung durch Sperrbeschuss lahmlegen können.

Ein geringfügiges Ereignis erhöhte in der Zwischenzeit noch die Zuversicht der Tyrier. Gesandte aus Karthago waren damals eingetroffen, um traditionsgemäß das jährliche Opfer feierlich zu vollziehen: die Tyrier wurden ja in Karthago als Gründungsväter der Stadt verehrt[12]. Infolgedessen ermutigten die Punier sie jetzt, der Belagerung zu trotzen: in Kürze werde Verstärkung aus Karthago kommen; zu jenen Zeiten beherrschten die punischen Flotten nämlich weithin die Meere. [9] Nachdem die Entscheidung für Krieg gefallen war, brachte man also rings auf den Mauern und Türmen die Geschütze in Position, verteilte Waffen an die jungen Männer und fasste die Arbeiter, über die die Stadt in Menge gebot, in Rüstungsbetrieben zusammen. Überall dröhnte der Lärm der Kriegsvorbereitungen; auch Eisenkrallen an Ketten, sogenannte »Harpagones«, die sich in das Belagerungsinstrumentarium des Gegners verbeißen sollten, Rabenschnäbel[13] und die anderen technischen Errungenschaften für die Sicherung von Städten wurden bereitgestellt. Als man aber das Eisen, das geschmiedet werden musste, in die Glutöfen verbracht hatte und das Gepuste des Blasebalgs, den man dicht daranhielt, das Feuer

guinis rivi sub ipsis flammis extitisse dicuntur: idque omen in Macedonum interitum verterunt Tyrii. Apud Macedonas quoque cum forte panem quidam militum frangerent, manantis sanguinis guttas notaverunt, territoque rege Aristander, peritissimus vatum, si extrinsecus cruor fluxisset, Macedonibus id triste futurum ait; contra, cum ab interiore parte manaverit, urbi, quam obsidere destinassent, exitium portendere. Alexander cum et classem procul haberet et longam obsidionem magno sibi ad cetera inpedimento videret fore, caduceatores, qui ad pacem eos conpellerent, misit; quos Tyrii contra ius gentium occisos praecipitaverunt in altum. Atque ille suorum tam indigna morte commotus urbem obsidere statuit.

[10] Sed ante iacienda moles erat, quae continenti urbem committeret. Ingens ergo animis militum desperatio incessit cernentibus profundum mare, quod vix divina ope posset inpleri: quae saxa tam vasta, quas tam proceras arbores posse reperiri? Exhauriendas esse regiones, ut illud spatium exaggeraretur; exaestuare semper fretum, quoque artius volutetur inter insulam et continentem, hoc acrius furere. At ille haudquaquam rudis pertractandi militares animos speciem sibi Herculis in somno oblatam esse pronuntiat dextram porrigentis: illo duce, illo aperiente in urbem intrare se visum. Inter haec caduceatores interfectos, gentium iura violata referebat: unam esse urbem, quae cursum victoris morari ausa esset. Ducibus dein-

lodern ließ, da sollen direkt unter den Flammen Bäche von Blut erschienen sein, woraus die Tyrier dann flugs ein Zeichen für den Untergang der Makedonen ableiteten. Auch bei diesen bemerkten ein paar Soldaten beim Brotbrechen ein Gerinnsel von Blutstropfen. Das setzte den König in Erschrecken, Aristander indes, ihr erfahrenster Seher, erklärte, wäre das Blut außen am Brot herabgeflossen, hätte das Unglück für die Makedonen bedeutet, nun sei es aber von innen vorgesickert, ein klares Zeichen für das Ende der Stadt, die sie zu belagern planten. Da Alexander seine Flotte nicht in der Nähe hatte und sah, dass eine lange Belagerung sich auf seine anderen Vorhaben nachteilig auswirke, schickte er Herolde, um die Tyrier zum Frieden zu bewegen. Die aber wurden von jenen wider alles Völkerrecht getötet und von den Zinnen ins Meer gestürzt. Daher beschloss der König, empört über den schmählichen Tod seiner Leute, die Stadt doch zu belagern.

[10] Zuvor freilich musste als Verbindungslinie zwischen Stadt und Festland ein Damm angelegt werden. Angesichts der Tiefe der Fluten löste das bei den Soldaten eine enorme Demoralisierung aus: selbst mit Hilfe der Götter wäre man außerstande, die mit einer Aufschüttung zu füllen! Wo könnte man so wuchtige Gesteinsbrocken, so hohe Baumstämme finden? Ganze Regionen müsste man abgraben, um jene Rinne aufzuschottern; unablässig woge heftigste Brandung, und je weniger Raum zwischen Insel und Festland den Wellen zum Ausrollen bleibe, umso ungestümer tosten sie. Alexander aber, gewieft darin, Soldatenherzen zu begeistern, ließ verlautbaren, Herkules' Gestalt sei ihm im Schlaf erschienen, die Rechte ausgestreckt; dann habe er die Vision gehabt, unter dessen Führung betrete er die Stadt, der erschließe sie ihm. Zugleich erinnerte er an die Ermordung der Herolde und die Verletzung des Völkerrechts: nur eine einzige Stadt sei es, die seinen Siegeszug aufzuhalten wage. Hierauf erging Weisung an die Offiziere, die

de negotium datur, ut suos quisque castiget, satisque omnibus stimulatis opus orsus est. Magna vis saxorum ad manum erat Tyro Vetere praebente, materies ex Libano monte ratibus et turribus faciendis advehebatur. Iamque a fundo maris in altitudinem modicam opus creverat, nondum tamen aquae fastigium aequabat, cum Tyrii parvis navigiis admotis per ludibrium exprobrabant illos armis inclitos dorso sicut iumenta onera gestare; interrogabant etiam, num maior Neptuno Alexander esset. Haec ipsa insectatio alacritatem militum accendit.

[11] Iamque paulum moles aqua eminebat, et simul aggeris latitudo crescebat urbique admovebatur, cum Tyrii magnitudine molis, cuius incrementum eos antea fefellerat, conspecta levibus navigiis nondum commissum opus circumire coeperunt, missilibus quoque eos, qui pro opere stabant, incessere. Multis ergo inpune vulneratis, cum et removere et adpellere scaphas in expedito esset, ad curam semet ipsos tuendi ab opere converterant; et, quo longius moles agebatur a litore, hoc magis, quicquid ingerebatur, praealtum absorbebat mare. Igitur rex munientibus coria velaque iussit obtendi, ut extra teli iactum essent, duasque turres ex capite molis erexit, e quibus in subeuntes scaphas tela ingeri possent. Contra Tyrii navigia procul a conspectu hostium litori adpellunt expositisque militibus eos, qui saxa gestabant, obtruncant. In Libano quoque Arabum

Moral ihrer jeweiligen Truppe wiederherzustellen, und als die allgemeine Stimmung genug angeheizt war, schritt er zu Werke. Steine standen in Massen griffbereit zur Verfügung, Reste des ehemaligen Tyros; Bauholz für Flöße und Türme wurde aus dem Libanon antransportiert. Schon erhob sich die Konstruktion vom Meeresboden zu bescheidener Höhe, bis zur Wasseroberfläche jedoch reichte sie noch nicht, da kamen die Tyrier auf ihren Booten daher und ergingen sich in höhnischen Sticheleien: jene illustren Kriegshelden, wie Mulis schleppten sie nun Lasten auf ihrem Rücken; auch fragten sie, ob Alexander mächtiger sei als Neptun. Eben diese Hänseleien aber bewirkten, dass der Eifer der Soldaten noch glühender wurde.

[11] Jetzt ragte der Damm bereits ein Stück weit aus dem Wasser empor, hatte an Breite zugenommen und ebenso an Länge Richtung Stadt. Endlich hatten die Tyrier erkannt, welche Ausmaße der Bau angenommen hatte, dessen Fortschritte ihnen bislang verborgen geblieben waren, und so begannen sie, mit ihren Leichtkähnen den noch unfertigen Damm in die Zange zu nehmen; dabei nahmen sie die Arbeiter vorn an seiner Spitze ins Visier. In aller Ruhe verletzten sie viele, denn Manöver vor und zurück waren für ihre Jollen ein leichtes. Schließlich hatten sie ihre Gegner so weit, dass die mit dem Bauen aufhörten, um sich selbst in Sicherheit zu bringen. Zu allem Überfluss verschluckte auch noch die See, je weiter die Aufschüttung von der Küste aus hineinragte, mehr und mehr alles, was man hineinkippte, in ihren Abgründen. Daher gab der König Order, zum Schutz der Pioniere Häute und Segel aufzuspannen als Deckung gegen die Geschosse, und auf der Dammkrone ließ er zwei Türme errichten, von denen man die Boote beim Anlaufen unter Beschuss nehmen konnte. Im Gegenzug steuerten die Tyrier außer Sichtweite des Feinds die Küste an, setzten ihre Truppen an Land und richteten ein Gemetzel unter den Steineschleppern an. Desgleichen fielen im

agrestes incompositos Macedonas adorti XXX fere interficiunt paucioribus captis. III Ea res Alexandrum dividere copias coegit et, ne segniter adsidere uni urbi videretur, operi Perdiccan Crateronque praefecit, ipse cum expedita manu Arabiam petiit.

[12] Inter haec Tyrii navem magnitudine eximia saxis harenaque a puppi oneratam, ita ut multum prora emineret, bitumine ac sulphure inlitam remis concitaverunt, et, cum magnam vim venti vela quoque concepissent, celeriter ad molem successit. Tum prora eius accensa remiges desiluere in scaphas, quae ad hoc ipsum praeparatae sequebantur; navis autem igne concepto latius fundere incendium coepit, quod, priusquam posset occurri, turres et cetera opera in capite molis posita conprehendit. At qui desiluerant in parva navigia, faces et, quicquid alendo igni aptum erat, in eadem opera ingerunt. Iamque non *imae* modo Macedonum turres, sed etiam summa tabulata conceperant ignem, cum ii, qui in turribus erant, partim haurirentur incendio, partim armis omissis in mare semet ipsi inmitterent. At Tyrii, qui capere eos quam interficere mallent, natantium manus stipitibus saxisque lacerabant, donec debilitati inpune navigiis excipi possent. Nec incendio solum opera consumpta, sed forte eodem die vehementior ventus motum ex profundo mare inlisit in molem, crebrisque fluctibus conpages operis verberatae laxavere *se*, saxaque interfluens unda me-

Libanon arabische Bauern über die Makedonen, die außer Reih und Glied waren, her und töteten dreißig; eine kleinere Anzahl wurde gefangengenommen. III Dieser Umstand zwang Alexander, seine Armee zu splitten, und da er nicht den Eindruck erwecken wollte, seine Zeit mit der Belagerung einer einzelnen Stadt zu vertrödeln, übertrug er die Bauaufsicht Perdikkas und Krateros, während er sich selbst mit einem flinken Eingreiftrupp nach Arabien aufmachte.

[12] Unterdessen beluden die Tyrier ein überdimensioniertes Schiff heckseits mit Steinen und Sand, so dass der Bug deutlich höher lag, und bestrichen es mit Pech und Schwefel; volle Riemenkraft voraus, dazu die Segel von stürmischem Wind gebläht, flog das in Richtung Damm. Dort sprangen die Ruderer, nachdem sie den Bug in Brand gesteckt hatten, in Begleitboote, die just zu diesem Zweck abgestellt waren; zuerst ging das Schiff in Flammen auf, dann breitete sich der Brand aus und ergriff, bevor Gegenmaßnahmen möglich waren, die Türme und die übrigen Verschanzungen auf der Dammkrone. Jene, die sich in die Schiffchen abgesetzt hatten, bewarfen diese Anlagen zudem mit Fackeln und jeder Art leicht entzündlichen Materials. Jetzt hatte nicht nur der Unterbau der makedonischen Türme Feuer gefangen, sondern auch die Plattformen oben, wodurch die Besatzung teils Opfer der Flammen wurde, teils aufgab und sich ins Meer stürzte. Den Tyriern freilich war mehr daran gelegen, ihre Gegner zu ergreifen statt sie umzubringen; darum zerfleischten sie die Hände der im Wasser Treibenden mit Stöcken und Steinen, bis sie jene kampfunfähig ohne Risiko an Bord ihrer Schiffe hieven konnten. Aber nicht nur dem Feuer fielen die makedonischen Konstruktionen zum Opfer; am selben Tag kam zufällig eine rauhere Brise auf, und die trieb eine Flutwelle aus den Tiefen des Meeres gegen den Damm; unablässig brandeten die Wogen heran, dadurch löste sich das Fugenwerk, die Wassermassen quollen

dium opus rupit. Prorutis igitur lapidum cumulis, quibus iniecta terra sustinebatur, praeceps in profundum ruit, tantaeque molis vix ulla vestigia invenit Arabia rediens Alexander. [13] Hic, quod in adversis rebus solet fieri, alius in alium culpam referebant, cum omnes verius de saevitia maris queri possent.

Rex novi operis molem orsus in adversum ventum non latere, sed recta fronte direxit: ea cetera opera velut sub ipsa latentia tuebatur; latitudinem quoque aggeri adiecit, ut turres in medio excitatae procul teli iactu abessent. Totas autem arbores cum ingentibus ramis in altum iaciebant, deinde saxis onerabant rursusque cumulo eorum alias arbores iniciebant, tum humus aggerebatur; superque alia strue saxorum arborumque cumulata velut quodam nexu continens opus iunxerant. Nec Tyrii, quicquid ad inpediendam molem excogitari poterat, segniter exequebantur. Praecipuum auxilium erat, qui procul hostium conspectu subibant aquam occultoque lapsu ad molem usque penetrabant, falcibus palmites arborum eminentium ad se trahentes. Quae ubi secutae erant, pleraque secum in profundum dabant; tum levatos onere stipites truncosque arborum haud aegre moliebantur, deinde totum opus, quod stipitibus fuerat innixum, fundamento lapso sequebatur.

Aegro animi Alexandro nec, perseveraret an abiret, satis certo classis Cypro advenit eodemque tempore Cleander cum Graecis militibus in Asiam nuper advectis. C et XC navigia in

durch die Steine und brachten den Bau in der Mitte zum Einsturz. Das heißt, die Steinschichten, auf denen der Erdbelag ruhte, kamen ins Rutschen, und das Ganze sackte jählings ins Bodenlose. Bei seiner Rückkehr aus Arabien fand Alexander kaum noch Spuren des so gewaltigen Dammes. [13] Wie bei Katastrophen üblich, schob dabei einer dem anderen die Schuld zu, obwohl alle mit mehr Recht das Tosen des Meeres hätten verantwortlich machen können.

Der König begann mit dem Bau eines neuen Damms, der dem Wind nun nicht mehr die Breitseite bot, sondern ihn vertikal mit der Spitze abfing; so wirkte diese als Schutzschild für den restlichen Bau, der sich gleichsam hinter ihr versteckte. Auch verbreiterte er die Anlage, damit die Türme mittendrauf außer Schussweite seien. Ganze Bäume mitsamt ihren mächtigen Ästen warf man in die Meerestiefen, beschwerte sie dann mit Steinen, häufte eine weitere Lage Bäume obendrauf und deckte schließlich Erde darüber. Dank einer zusätzlichen, hauptsächlich aus Gestein und Bäumen gebildeten Schicht hatten sie schließlich eine stabile Konstruktion, wo eins ins andere griff, zuwege gebracht. Die Tyrier ihrerseits taten wacker alles Erdenkliche, die Arbeiten zu behindern. Die besten Dienste leisteten dabei Taucher, die außer Sichtweite des Feinds unter Wasser gingen, den Blicken entzogen bis zum Damm glitten und dort mit Haken die überstehenden Zweige zu sich zogen: kaum gaben die nach, riss es die anderen Baustoffe größtenteils mit hinab in die Tiefen. Die jetzt ohne Gewicht von oben freiliegenden Äste und Stämme waren für sie leicht fortzuzerren, und so blieb am Ende von der ganzen Aufschüttung, die ja auf den Baumstämmen ruhte, nichts übrig: das Fundament war weg.

Alexander war missvergnügt und unschlüssig, ob er bleiben oder abrücken solle, da erschien die Flotte aus Zypern und gleichzeitig auch Kleander mit den griechischen Söldnern, die

duo dividit cornua: laevum Pnytagoras, rex Cypriorum, cum Cratero tuebatur, Alexandrum in dextro quinqueremis regia vehebat. Nec Tyrii, quamquam classem habebant, ausi navale inire certamen: tris omnino ante ipsa moenia opposuerunt, quibus rex invectus ipse eas demersit.

[14] Postera die classe ad moenia admota undique tormentis et maxime arietum pulsu muros quatit; quos Tyrii raptim obstructis saxis refecerunt, interiorem quoque murum, ut, si prior fefellisset, illo se tuerentur, munire orsi. Sed undique vis mali urguebat: mole intra teli iactum erant, classis moenia circumibat, terrestri simul navalique clade obruebantur. Quippe binas quadriremes Macedones inter se ita iunxerant, ut prorae cohaererent, puppes intervallo, quantum capere poterant, distarent. Hoc puppium intervallum antemnis asseribusque validis deligatis superque eos pontibus stratis, qui militem sustinerent, inpleverant. Sic instructas quadriremes ad urbem agebant; inde missilia in propugnantes ingerebantur tuto, quia proris miles tegebatur. Media nox erat, cum classem sic, uti dictum est, paratam circumire muros iubet. Iamque naves urbi undique admovebantur, et Tyrii desperatione torpebant, cum subito spissae nubes intendere se caelo et, quidquid lucis internitebat, offusa caligine extinctum est. Tum inhorrescens mare paulatim levari, deinde acriore vento concitatum fluctus ciere

kürzlich in Kleinasien eingetroffen waren. In zwei Geschwader staffelte er die hundertneunzig Schiffe: auf dem linken Flügel teilte sich Pnytagoras, der König der Zyprioten, die Verantwortung mit Krateros, auf dem rechten befand sich Alexander an Bord des königlichen Fünfruderers. Obwohl die Tyrier über eine Flotte verfügten, wagten sie nicht, sich auf eine Seeschlacht einzulassen. Nur unmmittelbar an der Hafenmauer errichteten sie eine Barrikade aus ganzen drei Schiffen; die attackierte der König selbst und versenkte sie.

[14] Am folgenden Tag zog die Flotte vor den Mauern auf: die Geschütze und besonders die Stöße der Rammböcke ließen rings deren Wände erbeben. Die Tyrier verstopften die Breschen schnurstracks mit Steinen und machten sich auch an die Errichtung einer Binnenmauer: falls die außen versagte, sollte diese zweite ihnen Schutz gewähren. Doch das Unheil hielt sie von allen Seiten im Würgegriff: sie lagen in Schussweite des Damms, die Flotte kreiste ihre Mauern ein, zu Land und zu Wasser steckten sie bis zum Hals im Schlamassel. Die Makedonen hatten nämlich ihre Vierruderer zu Zweiergruppen zusammengestellt, Bug an Bug, aber mit größtmöglichem Abstand von Heck zu Heck. An den Seitenplanken banden sie Segelstangen und dicke Latten fest, über die legten sie eine tragfähige Brücke für die Soldaten: so war der Zwischenraum ausgefüllt. Derart formiert, steuerten sie die Vierruderer Richtung Stadt: ohne Eigengefährdung konnten sie die Verteidiger beschießen, denn die Schiffsbuge boten Deckung. Mitten in der Nacht war es, da erteilte Alexander der Flotte, die wie beschrieben gerüstet war, den Befehl, einen Kreis um die Mauern zu bilden. Schon rückten die Schiffe der Stadt rings zu Leibe, vor Verzweiflung wie gelähmt standen die Tyrier, als plötzlich dicke Wolken den Himmel überzogen und jeder Sternenschimmer hinter dem dunklen Schleier verschwand. Rauh wurde jetzt die See, langsam schwollen die Wellen, dann tosten

et inter se navigia conlidere. Iamque scindi coeperunt vincula, quibus conexae quadriremes erant, ruere tabulata et cum ingenti fragore in profundum secum milites trahere. Neque enim conserta navigia ulla ope in turbido regi poterant: miles ministeria nautarum, remex militis officia turbabat, et, quod in eiusmodi casu accidit, periti ignaris parebant; quippe gubernatores alias imperare soliti tum metu mortis iussa exequebantur. Tandem remis pertinacius everberatum mare veluti eripientibus navigia classicis cessit, adpulsaque sunt litori lacerata pleraque.

[15] Isdem forte diebus Carthaginiensium legati XXX superveniunt, magis obsessis solacium quam auxilium: quippe domestico bello Poenos inpediri nec de imperio, sed pro salute dimicare nuntiabant. Syracusani tum Africam urebant et haud procul Carthaginis muris locaverant castra. Non tamen defecere animis Tyrii, quamquam ab ingenti spe destituti erant, sed coniuges liberosque devehendos Carthaginem tradiderunt, fortius, quicquid accideret, laturi, si carissimam sui partem extra sortem communis periculi habuissent. Cumque unus e civibus in contione indicasset oblatam esse per somnum sibi speciem Apollinis, quem eximia religione colerent, urbem deserentis molemque a Macedonibus in salo iactam in silvestrem saltum esse mutatam, quamquam auctor levis erat, tamen ad deteriora credenda proni metu aurea catena devinxere simu-

die Fluten, aufgewühlt vom Orkan, und brachten die Schiffe zur Kollision. Schon begannen die Riemen, die die Vierruderer zusammenhielten, zu reißen, die hölzernen Brücken barsten und zogen mit ohrenbetäubendem Krachen die Soldaten mit sich in die Tiefen: inmitten sturmgepeitschter See war es ja schlicht unmöglich, einen aneinanderhängenden Schiffsverbund zu steuern; der Soldat behinderte die Manöver der Matrosen, der Ruderer den Einsatz der Soldaten, und wie es bei Unglücksfällen dieser Art geschieht, beugten sich die Experten den Laien, denn in ihrer Todesangst wurden die sonst befehlsgewohnten Kapitäne zu Kommandoempfängern. Doch endlich gab das Meer unter dem verstärkten Ruderschlag der Matrosen – es war, als ob sie ihm die Schiffe mit Gewalt entrissen – klein bei; größtenteils als Wracks erreichten die die Küste.

[15] Der Zufall wollte, dass just in jenen Tagen überraschend dreißig Gesandte der Karthager eintrafen, für die Belagerten eher ein Trost als eine Hilfe. Diese kündeten nämlich, ein Krieg im eigenen Land binde den Puniern die Hände, es gehe nicht um Hegemonie, sondern ums reine Überleben. Damals zogen die Syrakusaner ja sengend durch Afrika und hatten ihr Lager nicht weit von Karthagos Mauern errichtet[14]. Trotz der Riesenenttäuschung verloren die Tyrier nicht den Mut, allerdings ließen sie ihre Frauen und Kinder nach Karthago evakuieren: jedes Unglück könnten sie tapferer ertragen, sei nur jener Teil ihrer selbst, der ihnen der liebste und werteste, dem Zugriff des bedrohlichen Schicksals, das ihrer aller harre, entrückt. Auch hatte ein Mitbürger in der Gemeindeversammlung kundgetan, im Schlaf sei ihm die Gestalt Apolls, ihrer so hoch verehrten Gottheit, erschienen; verlassen habe er die Stadt, während sich der Meeresdamm der Makedonen in eine bewaldete Passstraße verwandelt habe. Jener, von dem das stammte, galt zwar nicht viel, und doch fesselten die Tyrier, die in ihrer Furcht dazu tendierten, das Schlimmste anzunehmen, das

lacrum araeque Herculis, cuius numini urbem dicaverant, inseruere vinculum quasi illo deo Apollinem retenturo. Syracusis id simulacrum devexerant Poeni et in maiore locaverant patria multisque aliis spoliis urbium a semet captarum non Carthaginem magis quam Tyrum ornaverant. Sacrum quoque, quod equidem dis minime cordi esse crediderim, multis saeculis intermissum repetendi auctores quidam erant, ut ingenuus puer Saturno immolaretur – quod sacrilegium verius quam sacrum Carthaginienses a conditoribus traditum usque ad excidium urbis suae fecisse dicuntur –, ac nisi seniores obstitissent, quorum consilio cuncta agebantur, humanitatem dira superstitio vicisset.

[16] Ceterum efficacior omni arte necessitas non usitata modo praesidia, sed quaedam etiam nova admovit. Namque ad inplicanda navigia, quae muros subibant, validos asseres funibus inligaverant, ut, cum tormento asseres promovissent, subito laxatis funibus inicerent. Unci quoque et falces ex isdem asseribus dependentes aut propugnatores aut ipsa navigia lacerabant. Clipeos vero aereos multo igne torrebant, quos repletos fervida harena caenoque decocto e muris subito devolvebant. Nec ulla pestis magis timebatur: quippe ubi *inter* loricam corpusque fervens harena penetraverat, nec ulla vi excuti poterat

Götterbild mit einer Kette aus Gold, welche sie am Altar des Herkules befestigten, jenes Gottes, dem die Stadt geweiht war, so als ob er Apoll festhalten könnte. Dessen Statue hatten die Punier einst aus Syrakus abtransportiert und in der Mutterstadt aufgestellt: auch sonst hatten sie mit Beutestücken aus den von ihnen eroberten Städten Tyros in gleichem Maße verschönert wie Karthago. Darüber hinaus gab es gewisse Stimmen, die dafür plädierten, einen seit vielen Generationen abgeschafften Ritus, der, so möchte ich zumindest glauben, den Göttern keineswegs wohlgefällig ist, neu zu beleben, das heißt, sie wollten einen freigeborenen Knaben dem Moloch opfern[15]. Dieses Ritual, das eher ein Frevel ist denn eine heilige Handlung, geht auf die Gründer Karthagos zurück und wurde dort angeblich bis zum Untergang der Stadt praktiziert. Wäre das vom hohen Rat, der alles entscheidenden Instanz, nicht vereitelt worden, hätte ein grausamer Aberglaube über die Menschlichkeit triumphiert.

[16] Im übrigen gab ihnen die Not, der mächtigste Motor für jede Art von Erfindung, abgesehen vom üblichen Verteidigungsinstrumentarium auch einige neue Techniken an die Hand. Um die Schiffe, die sich den Mauern näherten, manövrierunfähig zu machen, hatten sie an Seilen starke Pfähle befestigt, um diese zunächst mit Hilfe einer speziellen Winde vorzuschieben und sie dann durch Abspulen der Seile jäh herabschnellen zu lassen. An eben diesen Balken hingen zusätzlich Haken und Sicheln, die entweder die Besatzung oder die Schiffe selbst in Stücke zerfetzten. Schließlich erhitzten sie bronzene Schilde in einem gewaltigen Feuer, füllten sie mit glühendem Sand und kochendem Schlamm und rollten sie plötzlich über die Mauer. Von all den Schreckensdingen war das das gefürchtetste. Einmal zwischen Panzer und Leib gedrungen, war nämlich der heiße Sand durch nichts zu entfernen und hinterließ an allen Stellen, die mit ihm in Berührung

et, quidquid attigerat, perurebat, iacientesque arma laceratis omnibus, quis protegi poterant, vulneribus inulti patebant. Corvi vero et ferreae manus tormento remissae plerosque rapiebant.

IV [17] Hic rex fatigatus statuerat soluta obsidione Aegyptum petere; quippe cum Asiam ingenti velocitate percucurrisset, circa muros unius urbis haerebat tot maximarum rerum opportunitate dimissa. Ceterum tam discedere inritum quam morari pudebat, famam quoque, qua plura quam armis everterat, ratus leviorem fore, si Tyrum quasi testem, se posse vinci, reliquisset. Igitur ne quid inexpertum omitteret, plures naves admoveri iubet delectosque militum inponi. Et forte belua invisitatae magnitudinis super ipsos fluctus dorso eminens ad molem, quam Macedones iecerant, ingens corpus adplicuit diverberatisque fluctibus adlevans semet utrimque conspecta est; deinde a capite molis rursus alto se inmersit ac modo super undas eminens magna sui parte, modo superfusis fluctibus condita haud procul munimentis urbis se mersit. Utrisque laetus fuit beluae aspectus: Macedones iter iaciendo operi monstrasse eam augurabantur, Tyrii Neptunum, occupati maris vindicem, abripuisse beluam ac molem brevi profecto ruituram. Laetique omine eo ad epulas dilapsi oneravere se vino, quo graves orto sole navigia conscendunt redimita flori-

kamen, schwere Verbrennungen. Die Betroffenen schleuderten die Waffen von sich, rissen ihre ganze Schutzkleidung kurz und klein und setzten sich ohne Gegenwehr Verwundungen aus. Den meisten aber machten die Rabenschnäbel und die Eisenkrallen, die man an einer Winde abgeseilt hatte, den Garaus.

IV [17] Jetzt war es der König leid, schon wollte er die Belagerung aufgeben und sich nach Ägypten wenden. Ruckzuck hatte er Asien durchquert, und nun saß er hier vor den Mauern einer einzelnen Stadt fest und vertat so eine Unmenge an Gelegenheiten zu Großtaten. Andererseits war unverrichteter Dinge abzuziehen gleichermaßen beschämend wie weiter Zeit zu vertrödeln, zumal er auch glaubte, sein Ruf, dem er mehr Erfolge verdankte als den Waffen, werde beeinträchtigt, wenn Tyros unbeschadet bleibe und so Zeugnis für seine Besiegbarkeit ablegen könne. Um nichts unversucht zu lassen, sollten daher mehr Schiffe vor der Stadt auffahren, mit Elitetrupps bemannt. Außerdem kam ihm der Zufall zu Hilfe: ein selten großes Ungetüm mit einem Rücken noch höher als die Wellenkämme schob sich mit seinem Riesenleib auf den von den Makedonen gezogenen Damm und richtete sich, die Fluten sprengend, daran empor, für beide Lager deutlich sichtbar. Dann glitt es von der Dammkrone zurück ins Meer, bald ragte es weit über die Wasser empor, bald verschwand es in der Fluten Tiefe und tauchte schließlich nahe den Befestigungen der Stadt ab. Hüben wie drüben galt das Erscheinen des Tiers als ein Glück: nach Deutung der Makedonen wies es die Richtung für ihre Dammkonstruktion, für die Tyrier aber hatte Neptun, Rächer der Okkupation seines Meeres, es in die Tiefe gerissen: somit werde auch der Damm binnen kurzem einstürzen, das stehe fest. Froh über dieses Omen trennte man sich, um zu tafeln, dabei wurde kräftig dem Wein zugesprochen. Noch beduselt ging es bei Sonnenaufgang an Bord der mit Blümchen

bus coronisque: adeo victoriae non omen modo, sed etiam gratulationem praeceperant!

[18] Forte rex classem in diversam partem agi iusserat XXX minoribus navigiis relictis in litore; e quibus Tyrii duobus captis cetera ingenti terruerunt metu, donec suorum clamore audito Alexander classem litori, a quo fremitus acciderant, admovit. Prima e Macedonum navibus quinqueremis velocitate inter ceteras eminens occurrit; quam ut conspexere Tyriae, duae ex diverso in latera eius invectae sunt, in quarum alteram quinqueremis eadem concitata et ipsa rostro icta est et illam invicem tenuit. Iamque ea, quae non cohaerebat, libero impetu est vecta in aliud quinqueremis latus. Invehebatur tum opportunitate mira triremis e classe Alexandri in eam ipsam, quae quinqueremi inminebat, tanta vi, ut Tyrius gubernator in mare excuteretur e puppi. Plures deinde Macedonum naves superveniunt, et rex quoque aderat, cum Tyrii inhibentes remis aegre evellere navem, quae haerebat, portumque omnia simul navigia repetunt. Confestim rex insecutus portum quidem intrare non potuit, cum procul e muris missilibus summoveretur, naves autem omnes fere aut demersit aut cepit.

[19] Biduo deinde ad quietem dato militibus iussisque et classem et machinas pariter admovere, ut undique territis instaret, ipse in altissimam turrem ascendit ingenti animo, periculo

und Kränzen geschmückten Schiffe: so sehr hatten sie dem Sieg vorgegriffen, das gute Zeichen reichte nicht, eine vorverlegte Jubelfeier musste es sein!

[18] Zufälligerweise hatte der König die Flotte zur entgegengesetzten Stadtseite gelenkt, wobei dreißig kleinere Boote an der Küste verblieben. Die Tyrier kaperten zwei davon, die anderen gerieten dadurch in Panik, bis endlich Alexander, das Gebrüll der Seinen im Ohr, die Flotte Richtung Küste an den Ort dieses Gelärms dirigierte. Das erste der makedonischen Schiffe, das auf den Gegner stieß, war ein dem Rest an Geschwindigkeit überlegener Fünfruderer. Sobald die tyrischen Boote seiner ansichtig wurden, hielten zwei davon backbord und steuerbord auf ihn zu; volle Riemenkraft voraus nahm sich der Makedone eines davon vor; selbst vom Rammsporn erwischt, immobilisierte er im Gegenzug das feindliche Schiff. Schon flog das zweite noch manövrierfähige Boot mit ungebremstem Schwung auf die andere Flanke des Fünfruderers zu, da, erstaunlich genau abgepasst, rammte ein Dreiruderer aus Alexanders Flotte den Angreifer mit solcher Wucht, dass es den tyrischen Kapitän über Bord schleuderte[16]. Nun tauchten weitere Schiffe der Makedonen auf, auch der König hatte sich eingefunden, die Tyrier freilich ruderten rückwärts und bekamen so mit Ach und Krach ihr festhängendes Schiff wieder flott, danach suchte der ganze Konvoi Zuflucht im Hafen. Auf der Stelle setzte der König ihnen nach, sich dort Zugang zu verschaffen gelang ihm allerdings wegen des Sperrbeschusses von den Mauern nicht; was aber die Schiffe anbelangt, versenkte oder kaperte er sie fast alle.

[19] Nach einer zweitägigen Pause für die Soldaten erging dann Befehl, sowohl die Flotte als auch die Belagerungsmaschinen in Mauernähe zu positionieren, um den Verschreckten von allen Seiten auf den Leib zu rücken; der König selbst kletterte auf den höchsten Turm, ein Akt, bei dem nur die Gefahr

maiore: quippe regio insigni et armis fulgentibus conspicuus unus praecipue telis petebatur. Et digna prorsus spectaculo edidit: multos e muris propugnantes hasta transfixit, quosdam etiam comminus gladio clipeoque inpulsos praecipitavit; quippe turris, ex qua dimicabat, muris hostium propemodum cohaerebat. Iamque crebris arietibus saxorum conpage laxata munimenta defecerant et classis intraverat portum et quidam Macedonum in turres hostium desertas evaserant, cum Tyrii tot simul malis victi alii supplices in templa confugiunt, alii foribus aedium obseratis occupant liberum mortis arbitrium, nonnulli ruunt in hostem haud inulti tamen perituri, magna pars summa tectorum obtinebat saxa et, quid*quid* fors in manus dederat, ingerentes subeuntibus. Alexander exceptis, qui in templa confugerant, omnes interfici ignemque tectis inici iubet. His per praecones pronuntiatis nemo tamen armatus opem a dis petere sustinuit: pueri virginesque templa conpleverant, viri in vestibulo suarum quisque aedium stabant, parata saevientibus turba. Multis tamen saluti fuere Sidonii, qui intra Macedonum praesidia erant. Hi urbem quidem inter victores intraverant, sed cognationis cum Tyriis memores – quippe utramque urbem Agenorem condidisse credebant – multos Tyriorum clam protegentes ad sua perduxere navigia: quibus

die Größe seines Mutes noch übertraf: durch die Insignien der Königswürde und seine blitzenden Waffen wurde er ja zum Blickfang und damit zugleich zur Hauptzielscheibe. Was er da vollbrachte, war geradezu spektakulär: viele Mauerkämpfer durchbohrte er mit dem Speer, einige brachte er auch im Nahkampf mit Schwert und Schild zu Fall herunter von den Zinnen, denn der Turm, wo er kämpfte, bildete mit der Mauer nahezu eine Einheit. Unter den unablässigen Stößen der Widder war jetzt das Steingefüge der Befestigungen gebröckelt, nachgegeben hatten die, in den Hafen eingedrungen war die Flotte, und einige Makedonen hatten die vom Feind geräumten Türme erklommen. Das waren für die Tyrier zu viele Katastrophen auf einmal, bittflehend flüchteten die einen in die Tempel, andere verrammelten die Türen ihrer Behausungen, um wenigstens die Art ihres Todes noch frei wählen zu können; einige wollten nicht ungerächt von dannen scheiden und stürzten sich darum auf die Feinde, ein Großteil schließlich hockte sich ganz oben auf die Dächer und bewarf die unten mit Steinen und allem, was der Zufall in ihre Hände spielte. Samt und sonders niedermetzeln solle man sie und Feuer an ihre Häuser legen, so Alexanders Befehl; eine Ausnahme machte er nur für jene, die in den Tempeln Zuflucht gefunden hatten. Doch selbst nach Proklamation dieser Sanktionen durch Herolde konnte sich kein Bewaffneter dazu überwinden, Asyl bei den Göttern zu suchen; nur Knaben und Mädchen füllten die Tempel, die Männer standen aufrecht ein jeder am Eingang seines Hauses, eine große Schar, die ergeben ihrer Schlächter harrte. Viele aber wurden von den Sidoniern gerettet, die bei den Makedonen als Hilfsregiment dienten. An der Seite der Sieger hatten sie die Mauern betreten, doch eingedenk ihrer Verwandtschaft mit den Tyriern – Agenor galt nämlich bei ihnen als Gründer beider Städte – nahmen sie etliche unbemerkt unter ihre Fittiche und schafften sie zu ihren Schiffen, wo sie sie

occultatis Sidona devecti sunt. XV milia hoc furto subducta saevitiae sunt. Quantumque sanguinis fusum sit, vel ex hoc aestimari potest, quod intra munimenta urbis VI milia armatorum trucidata sunt. Triste deinde spectaculum victoribus ira praebuit regis: II milia, in quibus occidendis defecerat rabies, crucibus adfixi per ingens litoris spatium pependerunt. Carthaginiensium legatis pepercit addita denuntiatione belli, quod praesentium rerum necessitas moraretur.

[20] Tyros septimo mense, quam oppugnari coepta erat, capta est, urbs et vetustate originis et crebra fortunae varietate ad memoriam posteritatis insignis. Condita ab Agenore diu mare non vicinum modo, sed, quodcumque classes eius adierunt, dicionis suae fecit. Et, si famae libet credere, haec gens litteras prima aut docuit aut didicit. Coloniae certe eius paene orbe toto diffusae sunt: Carthago in Africa, in Boeotia Thebae, Gades ad Oceanum. Credo libero conmeantes mari saepiusque adeundo ceteris incognitas terras elegisse sedes iuventuti, qua tunc abundabant, sive quia crebris motibus terrae – nam hoc quoque traditur – cultores eius fatigati nova et externa domicilia armis sibimet quaerere cogebantur. Multis ergo casibus defuncta et post excidium renata nunc tandem longa pace cuncta refovente sub tutela Romanae mansuetudinis adquiescit.

versteckten, um später mit ihnen nach Sidon davonzusegeln. Durch diesen Streich entgingen fünfzehntausend der brutalen Schlachterei. Sechstausend Bewaffnete wurden innerhalb der Mauern massakriert, eine Zahl, die für sich spricht und die Ausmaße des Blutvergießens ermessen lässt. Dann bot sich den Siegern noch ein weiteres trauriges Schauspiel, bei dem die Wut des Königs Regie führte: zweitausend, welche die gesättigte Mordlust verschont hatte, heftete man ans Kreuz, und so hingen sie da meilenweit entlang der Küste. Die karthagischen Gesandten ließ Alexander ungeschoren, freilich mit einem Haken, er erklärte ihnen den Krieg: unter dem Zwang der aktuellen Situation sei der nur aufgeschoben.

[20] Sechs Monate nach Beginn der Belagerung wurde Tyros eingenommen, jene Stadt, der ihre Entstehung in uralter Zeit und das stete Auf und Ab ihres Schicksals einen Vorzugsplatz im Gedächtnis der Nachwelt sichert. Von Agenor gegründet, war sie lange Beherrscherin des Meeres, nicht nur der angrenzenden Gewässer, sondern so weit ihr Flottenradius reichte. Und will man den Legenden glauben, so war das Volk dort als erstes alphabetisiert, entweder hat es die Buchstaben in Umlauf gebracht oder zumindest übernommen[17]. Seine Kolonien waren fast auf der ganzen Welt zu finden, in Afrika Karthago, in Böotien Theben, Gades am Atlantik. Ich denke mir, als freie Seefahrer landeten die Tyrier häufiger in ansonsten unbekannten Ländern und suchten sich dort Siedlungsraum für ihren damaligen Überschuss an jungen Leuten; es ist aber auch möglich, dass die Einheimischen genug von den ständigen Erdbeben hatten – auch das ist nämlich tradiert – und darum gar nicht anders konnten, als sich draußen eine neue Heimat zu suchen. Nach einer wechselvollen Geschichte, aus den Trümmern wiedererstanden, werden der Stadt erst heute, da anhaltender Friede die Welt neu belebt, unter Roms gnädigem Schutz ruhige Zeiten zuteil.

V [21] Isdem ferme diebus Darei litterae adlatae sunt tandem ut regi scriptae. Petebat, uti filiam suam – Statirae erat nomen – nuptiis Alexander sibi adiungeret: dotem fore omnem regionem inter Hellespontum et Halyn amnem sitam, inde orientem spectantibus terris contentum. *Ne* dubitaret, quod offertur, accipere: numquam diu eodem vestigio stare fortunam, semperque homines, quantamcumque felicitatem habeant, invidiam tamen sentire maiorem. Vereri se, ne avium modo, quas naturalis levitas ageret ad sidera, inani ac puerili mente se efferret: nihil difficilius esse quam in illa aetate tantam capere fortunam. Multas se adhuc reliquias habere nec semper inter angustias posse deprehendi: transeundum esse Alexandro Euphraten Tigrimque et Araxen et Choaspen, magna munimenta regni sui; veniendum in campos, ubi paucitate suorum erubescendum sit, in Mediam, Hyrcaniam, Bactra; et Indos, Oceani accolas, quando aditurum, ne Sogdianos et Arachosios nominem ceterasque gentes ad Caucasum et Tanain pertinentes? Senescendum fore tantum terrarum vel sine proelio obeunti. Se vero ad ipsum vocare desineret: namque illius exitio se esse venturum.

Alexander iis, qui litteras attulerant, respondit Dareum sibi aliena promittere et, quod totum amiserit, velle partiri. Doti sibi dari Lydiam, Ionas, Aeolidem, Hellesponti oram, victoriae suae praemia. Leges autem a victoribus dici, accipi a victis: in

V [21] Ungefähr parallel mit diesen Ereignissen traf ein Brief von Dareios ein, der in seinen Formalien jetzt endlich dem königlichen Adressaten Rechnung trug. Er offerierte Alexander eine Eheschließung mit seiner Tochter; Stateira hieß die: als Mitgift erhalte sie das gesamte Gebiet zwischen Hellespont und Halys, er selbst werde sich mit den Territorien östlich davon begnügen. Er solle sein Angebot nur flugs akzeptieren: das Schicksal kenne keinen Stillstand, und ganz gleich wie groß der Menschen Glück, erlebten sie doch stets, dass der Götter Neid noch gewaltiger ist. Er befürchte, geradeso wie ein Vogel, den seine natürliche Leichtigkeit empor zu den Sternen trage, werde Alexander abheben, kindische Illusionen im Herzen: nichts sei schwieriger als in diesem Alter ein solches Ausnahmeschicksal zu meistern. Ihm, Dareios, blieben noch genügend Ressourcen, und nicht immer biete sich die Chance, ihn an einem Engpass zu erwischen. Des Gegners Weg führe zwangsläufig über den Euphrat, den Tigris, den Araxes und den Choaspes[18], starke Bollwerke des Perserreichs; in Medien, Hyrkanien und Baktrien gehe es hinaus in die Ebenen, schamrot müsse er dort werden ob seiner Handvoll Männer. Und die Inder, die am Ozean lebten, wann wolle er sich die denn vornehmen, von den Sogdiern, den Arachoten und den übrigen Völkern bis zum Kaukasus und Tanais[19] ganz zu schweigen? Selbst bei kampfloser Passage durch eine solche Unzahl an Ländern werde er wohl oder übel ein alter Mann. Alexander solle mit seinen Einbestellungen aufhören, wenn er, Dareios, nämlich komme, sei es mit ihm aus.

Dieser antwortete dem Briefboten, der Perserkönig verspreche ihm Dinge, die anderen gehörten, und wolle mit ihm teilen, was er gar nicht mehr besitze. Als Mitgift biete er ihm Lydien, Ionien, Äolien und die Hellespontküste, seine eigenen Kriegsgewinne. Sowieso sei es Sache des Siegers, Bedingungen zu diktieren, sich ihnen zu fügen, die der Besiegten: wenn

utro statu ambo essent, si solus ignoraret, quam primum Marte decerneret. Seque, cum transiret mare, non Ciliciam aut Lydiam – quippe tanti belli exiguam hanc esse mercedem –, sed Persepolim, caput regni eius, Bactra deinde et Ecbatana ultimique Orientis oram imperio destinasse. Quocumque ille fugere potuisset, ipsum sequi posse: desineret terrere fluminibus, quem sciret maria transisse.

[22] Reges quidem haec invicem scripserant. Sed Rhodii urbem suam portusque dedebant Alexandro. Ille Ciliciam Socrati tradiderat Philota regioni circa Tyrum iusso praesidere. Syriam, quae Coele appellatur, Andromacho Parmenio tradiderat bello, quod supererat, interfuturus. Rex Hephaestione Phoenices oram classe praetervehi iusso ad urbem Gazam cum omnibus copiis venit.

Isdem fere diebus sollemne erat ludicrum Isthmiorum, quod conventu totius Graeciae celebratur. In eo concilio Graeci, ut sunt temporaria ingenia, decernunt, ut XV legarentur ad regem, qui ob res pro salute ac libertate Graeciae gestas coronam auream donum victoriae ferrent. Idem paulo ante incertae famae captaverant auram, ut, quocumque pendentes animos tulisset fortuna, sequerentur.

[23] Ceterum non ipse modo rex obibat urbes adhuc iugum imperii recusantes, sed praetores quoque ipsius, egregii duces,

Dareios der einzige sei, der nicht wisse, in welcher Position sie beide sich befänden, so möge er sich so schnell wie möglich durch eine Schlacht Klarheit verschaffen. Überhaupt habe er sich, als er das Meer überquerte, nicht Kilikien oder Lydien zum Herrschaftsgebiet erkoren – das sei ja für einen so aufwendigen Krieg eine zu mickrige Ausbeute –, nein, Persepolis habe es ihm angetan, die Hauptstadt des Reiches, dann Baktra, Ekbatana und die Gestade des Fernen Ostens. Dareios könne sich wohin auch immer absetzen, er sei durchaus in der Lage, ihm zu folgen; er solle also aufhören, ihm, den er doch als Bezwinger der Meere kenne, mit Flüssen Angst machen zu wollen.

[22] So der Tenor des Briefwechsels zwischen den Königen. Indes überantworteten die Rhodier Alexander Stadt und Häfen. Dieser hatte die Verantwortung für Kilikien Sokrates übertragen, Philotas aber die Region um Tyros unterstellt. Das sogenannte »Hohle Syrien« hatte Parmenion Andromachos anvertraut, um sich an den abschließenden Militäraktionen zu beteiligen. Hephaistion wurde noch abkommandiert, mit der Flotte vor Phöniziens Küste zu patrouillieren, dann erreichte der König mit allen Streitkräften Gaza.

Ungefähr in denselben Tagen fanden die traditionellen Isthmischen Spiele statt[20], zu deren Feier sich ganz Griechenland versammelt. Bei dieser Zusammenkunft beschlossen die Griechen, opportunistische Gemüter, fünfzehn Delegierte zum König zu entsenden, um ihm in Anbetracht seines Wirkens für Griechenlands Freiheit und Wohl als Siegespreis einen goldenen Kranz zu überbringen. Bis vor kurzem hatten selbige noch gierig jedes Gerücht, wie vage und unsicher es auch sein mochte, aufgesogen: in ihrem Wankelmut wollten sie sich der Leitung des Schicksals überlassen, egal in welche Richtung.

[23] Ansonsten war der Vormarsch gegen Städte, die sich bislang dem Joch seiner Herrschaft nicht beugten, nicht nur Sache

pleraque invaserant, Calas Paphlagoniam, Antigonus Lycaoniam; Balacrus Hydarne, Darei praetore, superato denuo Miletum cepit, Amphoterus et Hegelochus CLX navium classe insulas inter Achaiam atque Asiam in dicionem Alexandri redegerunt. Tenedo quoque recepta Chium incolis ultro vocantibus statuerant occupare, sed Pharnabazus, Darei praetor, conprehensis, qui res ad Macedones trahebant, rursus Apollonidi et Athenagorae, suarum partium viris, urbem cum modico praesidio militum tradit. Praefecti Alexandri in obsidione urbis perseverabant non tam suis viribus quam ipsorum, qui obsidebantur, voluntate. Nec fefellit opinio: namque inter Apolloniden et duces militum orta seditio inrumpendi in urbem occasionem dedit, cumque porta effracta cohors Macedonum intrasset, oppidani olim consilio proditionis agitato adgregant se Amphotero et Hegelocho, Persarumque praesidio caeso Pharnabazus cum Apollonide et Athenagora vincti traduntur, XII triremes cum suo milite ac remige, praeter eas XXX inanes et piratici lembi Graecorumque III milia a Persis mercede conducta. His in supplementum copiarum suarum distributis piratisque supplicio adfectis captivos remiges adiecere classi suae.

[24] Forte Aristonicus, Methymnaeorum tyrannus, cum piraticis navibus ignarus omnium, quae apud Chium acta erant, prima vigilia ad portus claustra successit interrogatusque a

des Königs, auch seine Stabsoffiziere, hervorragende Generäle, waren fast schon überall einmarschiert: Kalas in Paphlagonien, Antigonos in Lykaonien. Durch seinen Sieg über den Garnisonskommandanten Hydarnes eroberte Balakros Milet zurück; Amphoteros und Hegelochos brachten mit einem Flottenkontingent aus einhundertsechzig Schiffen die Inseln zwischen Achaia[21] und Kleinasien in die Gewalt Alexanders. Nach Eingliederung von Tenedos beschloss man auf Drängen der Einwohner, Chios zu besetzen, doch Pharnabazos, der persische Oberkommandierende dieses Sektors, ließ die Pro-Makedonen-Fraktion verhaften und unterstellte die Stadt, mit einem angemessenen Besatzungstrupp belegt, wieder Apollonides und Athenagoras, Anhängern seiner Partei. Alexanders Heerführer hielten die Belagerung aufrecht, nicht weil sie selbst so stark waren, sondern aufgrund von Sympathiekundgebungen der Belagerten. Und tatsächlich hatten sie die Lage korrekt beurteilt, denn ein Krawall der Besatzungsoffiziere gegen Apollonides verschaffte ihnen die Gelegenheit, in die Stadt einzufallen; das Tor wurde aufgesprengt, der Makedonentrupp marschierte ein, und sogleich schlossen sich die Städter, die sich schon lange mit Verratsabsichten getragen hatten, Amphoteros und Hegelochos an und machten die persischen Okkupanten nieder; Pharnabazos nebst Apollonides und Athenagoras lieferten sie gefesselt aus, auch zwölf Triremen inklusive Soldaten und Ruderern, obendrein dreißig unbemannte Schiffe, Piratenfeluken sowie dreitausend von den Persern gedungene griechische Söldner. Die verteilten die Makedonen als Verstärkung auf ihre eigenen Einheiten, die Seeräuber richteten sie hin und die gefangenen Ruderer[22] gliederten sie ihrem Marinecorps ein.

[24] Zufällig lief Aristonikos, der Tyrann von Methymna, in völliger Unkenntnis der Geschehnisse in Chios zur ersten Nachtwache die Hafeneinfahrt mit Piratenschiffen an; auf die

custodibus, quis esset, Aristonicum ad Pharnabazum venire respondit. Illi Pharnabazum quidem iam quiescere et non posse tum adiri, ceterum patere socio atque hospiti portum et postero die Pharnabazi copiam fore adfirmant. Nec dubitavit Aristonicus primus intrare, secuti sunt ducem piratici lembi, ac, dum adplicant navigia crepidini portus, obicitur a vigilibus claustrum, et, qui proximi excubabant, ab isdem excitantur. Nullo ex iis auso repugnare omnibus catenae iniectae sunt, Amphotero deinde Hegelochoque traduntur. Hinc Macedones transiere Mytilenen, quam Chares Atheniensis nuper occupatam II milium Persarum praesidio tenebat; sed cum obsidionem tolerare non posset, urbe tradita pactus, ut incolumi abire liceret, Imbrum petit. Deditis Macedones pepercerunt.

VI [25] Dareus desperata pace, quam per litteras legatosque inpetrari posse crediderat, ad reparandas vires bellumque inpigre renovandum intendit animum. Duces ergo copiarum Babyloniam convenire, Bessum quoque, Bactrianorum praetorem, quam maximo posset exercitu coacto, descendere ad se iubet. Sunt autem Bactriani inter illas gentes promptissimi horridis ingeniis multumque a Persarum luxu abhorrentibus: siti haud procul Scytharum bellicosissima gente et rapto vivere

Frage der Wächter nach seiner Identität gab er zur Antwort, Aristonikos wolle bei Pharnabazos vorstellig werden. Jene erklärten, Pharnabazos ruhe zwar schon und könne im Moment niemanden empfangen, ansonsten aber stehe der Hafen einem Verbündeten und Gastfreund[23] offen, morgen werde sich dann Gelegenheit finden, Pharnabazos zu kontaktieren. Ohne zu zögern, fuhr Aristonikos als erster in den Hafen ein, die Korsarenfeluken im Schlepptau, und sofort, während die Schiffe noch an der Kaimauer anlegten, riegelten die Wachen die Zufahrt mit der Sperrkette ab und alarmierten die Posten in unmittelbarer Nähe. Keiner der Ankömmlinge wagte es, Widerstand zu leisten, und so wurden sie samt und sonders in Fesseln gelegt und dann Amphoteros und Hegelochos überstellt. Als nächstes peilten die Makedonen Mytilene an. Hier hatte der Athener Chares, der die Stadt erst unlängst okkupiert hatte, das Sagen, wobei er sich auf eine zweitausend Mann starke Perserbesatzung stützen konnte. Nichtsdestoweniger fühlte er sich einer Belagerung nicht gewachsen und gab auf unter der Garantie eines freien und sicheren Abzugs, und der führte ihn dann nach Imbros. Die Kapitulanten wurden von den Makedonen verschont.

VI [25] Dareios hatte jede Hoffnung auf einen Friedensschluss, für den er sich durch sein Schreiben und seine Gesandtschaft gute Chancen ausgerechnet hatte, aufgegeben und richtete daher sein Augenmerk auf den Wiederaufbau seiner Streitkräfte und die forcierte Fortsetzung des Kriegs. Folglich bestellte er seine Truppenkommandeure nach Babylon ein; auch Bessos, dem Satrapen von Baktrien, befahl er, sich zu ihm in Marsch zu setzen, wobei er so viele Kontingente wie nur möglich organisieren solle. Die Baktrer sind nun aber von allen Völkern des persischen Reiches die Tapfersten, rauhe Gesellen, denen das Luxusleben der Perser zutiefst widerstrebt; ihre räumliche Nähe zu den Skythen, einer äußerst kriegerischen

adsueta semper in armis erant. Sed Bessus suspecta perfidia haud sane aequo animo in secundo se continens gradu regem terrebat: nam cum regnum adfectaret, proditio, qua sola id adsequi poterat, timebatur.

Ceterum Alexander, quam regionem Dareus petisset, omni cura vestigans tamen explorare non poterat more quodam Persarum arcana regum mira celantium fide: non metus, non spes elicit vocem, qua prodantur occulta. Vetus disciplina regum silentium vitae periculo sanxerat: lingua gravius castigatur quam ullum probrum, nec magnam rem Magi sustineri posse credunt ab eo, cui tacere grave sit, quod homini facillimum voluerit esse natura.

[26] Ob hanc causam Alexander omnium, quae apud hostem gererentur, ignarus urbem Gazam obsidebat. Praeerat urbi Betis eximiae in regem suum fidei modicoque praesidio muros ingentis operis tuebatur. Alexander aestimato locorum situ agi cuniculos iussit facili ac levi humo acceptante occultum opus: quippe multam harenam vicinum mare evomit, nec saxa cotesque, quae interpellent specus, obstant. Igitur ab ea parte, quam oppidani conspicere non possent, opus orsus, ut a sensu eius averteret, turres muris admoveri iubet. Sed eadem humus movendis inutilis turribus desidente sabulo agilitatem rota-

Nation, bei der es Usus ist, von Raub zu leben, lässt sie ständig unter Waffen stehen. Bessos jedoch, der im Ruch der Treulosigkeit stand und sich mit der zweiten Stelle nur höchst widerwillig begnügte, machte dem König Angst: da jener an die Macht wollte, war ja Verrat als der einzige Weg zum Ziel zu befürchten.

Was nun Alexander anbetrifft, so vermochte er trotz intensivster Erkundungen nicht herauszufinden, in welche Region sich Dareios abgesetzt hatte, gehört es doch gleichsam zum Wesen der Perser, die Geheimnisse der Könige mit erstaunlicher Zuverlässigkeit zu bewahren: keine Furcht, keine Hoffnung entlockt ihnen die kleinste Silbe, die Verborgenes enthüllen könnte. Nach alter königlicher Rechtssatzung war Schweigen eine heilige Pflicht, deren Bruch unter Todesstrafe stand: der Missbrauch der Zunge wurde kategorischer geahndet als irgendein Vergehen sonst, und die Magier glaubten, zu Großem sei keiner befähigt, dem es schon schwerfalle zu schweigen, das naturgemäß Einfachste, was es gebe.

[26] Folglich belagerte Alexander die Stadt Gaza, ohne die leiseste Ahnung von den Geschehnissen im feindlichen Lager zu haben. Der dortige Regent war Betis, ein Mann von außerordentlicher Königstreue; mit einer nicht allzu starken Garnison verteidigte er die Mauern der kolossalen Wehranlage. Der König begutachtete zunächst die Örtlichkeiten, dann gab er Order, Minengänge zu treiben, das gut zu bearbeitende, leichte Erdreich war für unterirdische Grabungen ja bestens geeignet: das nahegelegene Meer spült Mengen an Sand an, und weder Steine noch Geröll liegen im Weg, die die Stollen versperren können. Also startete er die Bauarbeiten an einem von den Städtern uneinsehbaren Punkt, und um ihre Aufmerksamkeit von dort abzulenken, ließ er Türme an die Mauern rollen. Der beschriebene Boden erwies sich allerdings für die Beförderung von Belagerungstürmen als untauglich: der Sand gab nach, die

rum morata *etiam* tabulata turrium perfringebat, multique vulnerabantur inpune, cum idem recipiendis qui admovendis turribus labor eos fatigaret. Ergo receptui signo dato postero die muros corona circumdari iussit.

Ortoque sole, priusquam admoveret exercitum, opem deum exposcens sacrum patrio more faciebat. Forte praetervolans corvus glebam, quam unguibus ferebat, subito amisit; quae cum regis capiti incidisset, resoluta defluxit, ipsa autem avis in proxima turre consedit. Inlita erat turris bitumine ac sulphure; in qua alis haerentibus frustra se adlevare conatus a circumstantibus capitur. Digna res visa, de qua vates consuleret; et erat non intactae a superstitione mentis. Ergo Aristander, cui maxima fides habebatur: urbis quidem excidium augurio illo portendi, ceterum periculum esse, ne rex vulnus acciperet. Itaque monuit, ne quid eo die inciperet. Ille quamquam unam urbem sibi, quominus securus Aegyptum intraret, obstare aegre ferebat, tamen paruit vati signumque receptui dedit.

[27] Hinc animus crevit obsessis, egressique porta recedentibus inferunt signa cunctationem hostium suam fore occasionem rati. Sed acrius quam constantius proelium inierunt: quippe ut Macedonum signa circumagi videre, repente sistunt gradum. Iamque ad regem proeliantium clamor pervenerat,

Räder blockierten, ein Ruck, und auch der Aufbau der Türme knickte ein. So konnten viele Makedonen in aller Ruhe verwundet werden, denn das Zurückrollen kostete sie viel Kraft, nicht anders wie schon das Hinrollen. Darum gab Alexander fürs erste das Signal zum Rückzug, ordnete aber für den nächsten Tag die lückenlose Einkesselung der Stadt an.

Bei Sonnenaufgang, bevor er das Heer in Stellung brachte, weihte er nach altem Brauch den Göttern ein Opfer und erflehte ihren Beistand. Zufällig flog gerade ein Rabe vorüber, einen Erdklumpen in seinen Krallen, den er plötzlich losließ. Erst landete der mitten auf des Königs Kopf, um dann zerbröselt herunterzufallen; der Vogel selbst aber setzte sich auf den Turm in nächster Nähe. Mit Pech und Schwefel war der bestrichen: das Tier blieb mit den Flügeln kleben und wurde von den Umstehenden eingefangen, da seine Versuche, sich in die Lüfte zu erheben, scheiterten. Alexander schien das Ereignis bedeutend genug, die Seher zu konsultieren, in der Tat war sein Verstand nicht unbelastet von Aberglauben. Aristander, dem man das meiste Vertrauen entgegenbrachte, erklärte denn auch, jenes Vorzeichen bedeute den Untergang der Stadt, allerdings bestehe für den König Gefahr, dabei verletzt zu werden. Dementsprechend schärfte er diesem ein, heute nichts zu unternehmen. Zwar machte es Alexander arg zu schaffen, dass eine einzelne Stadt ihn hinderte, einfach munter nach Ägypten einzumarschieren, dennoch gehorchte er dem Seher und erteilte das Signal zum Rückzug.

[27] Das gab den Belagerten Aufwind, hinaus ging es durchs Tor zur Attacke auf die abziehenden Feinde, denn im Zagen der Gegenseite witterten erstere ihre Chance. Mit Vehemenz warfen sie sich in den Kampf, doch Durchhaltevermögen war nicht ihr Ding: sobald sie sahen, dass die makedonischen Standarten eine Hundertachtzig-Grad-Kehre vollführten, hielten sie abrupt inne. Jetzt war das Geschrei der Kämpfenden zum

cum denuntiati periculi haud sane memor loricam tamen, quam raro induebat, amicis orantibus sumpsit et ad prima signa pervenit. Quo conspecto Arabs quidam, Darei miles, maius fortuna sua facinus ausus, gladium clipeo tegens quasi transfuga genibus regis advolvitur. Ille adsurgere supplicem recipique inter suos iussit. At barbarus gladio strenue in dextram translato cervicem adpetiit regis. Qui exigua corporis declinatione evitato ictu in vanum manum barbari lapsam amputat gladio, denuntiato in illum diem periculo, ut arbitrabatur ipse, defunctus. Sed, ut opinor, inevitabile est fatum: quippe dum inter primores promptius dimicat, sagitta ictus est, quam per loricam adactam stantem in humero medicus eius Philippus evellit. Plurimus deinde sanguis manare coepit omnibus territis, quia non, quam alte penetrasset telum, lorica obstante cognoverant. Ipse ne oris quidem colore mutato supprimi sanguinem et vulnus obligari iussit. Diu ante ipsa signa vel dissimulato vel victo dolore perstiterat, cum suppressus paulo ante sanguis medicamento, quo retentus erat, manare *lar*gius coepit, et vulnus, quod tepens adhuc dolorem non moverat, frigente sanguine intumuit. Linqui deinde animo et submitti genu coepit; quem proximi exceptum in castra receperunt. Et Betis interfectum ratus urbem ovans victoria repetit.

König gedrungen: kein Gedanke mehr an die prophezeite Gefahr, auf Drängen seiner Freunde nahm er nur das Panzerhemd, das er selten anlegte, und schon war er an vorderster Front. Hier gewahrte ihn irgendein Araber, ein Soldat des Dareios, und der erdreistete sich zu einer seinem Rang nicht gemäßen Tat: sein Schwert hinter dem Schild verbergend, fiel er, als wäre er ein Überläufer, dem König zu Füßen. Der forderte den Bittflehenden auf, sich zu erheben und den Reihen der Seinen anzuschließen. Der Barbar aber wechselte das Schwert hurtig von der Linken in die Rechte und zielte auf Alexanders Hals. Durch eine leichte Ausweichbewegung entging dieser dem Hieb und trennte dem Angreifer mit der Klinge die Hand ab, die ins Leere abgeglitten war; damit hatte er – zumindest sah er das selbst so – die für heute angedrohte Gefahr hinter sich. Doch am Schicksal, denke ich, führt kein Weg vorbei. Während er nämlich in erster Reihe allzu besessen kämpfte, traf ihn ein Pfeil; sich durch den Panzer bohrend, blieb der in der Schulter stecken, aus der Alexanders Arzt Philipp ihn herauszog. Im Schwall schoss sogleich das Blut hervor; bei allen herrschte Entsetzen, weil durch den Panzer hindurch keiner erkennen konnte, wie tief das Geschoss gedrungen war. Alexander hingegen, ohne auch nur die Farbe zu wechseln, befahl, die Blutung zu stillen und die Wunde zu verbinden. Lange hielt er sich aufrecht direkt vor den Standarten, indem er die Pein kaschierte oder überwand, da fing das eben noch durch die Kompressionsbinde gestaute Blut an reichlicher zu fließen, und die Wunde, die durch den Wärmestau bislang keine Schmerzen verursacht hatte[24], schwoll mit der Gerinnung des Blutes an. Jetzt überkam ihn ein Schwächeanfall und zwang ihn in die Knie. Die in nächster Nähe Befindlichen fingen ihn auf und schafften ihn ins Lager. Betis freilich, in der Annahme, sein Gegner wäre tot, kehrte im Triumphzug zurück in die Stadt.

[28] At Alexander nondum percurato vulnere aggerem, quo moenium altitudinem aequaret, extruxit pluribusque cuniculis muros subrui iussit. Oppidani ad pristinum fastigium moenium novum extruxere munimentum, sed ne id quidem turres aggeri inpositas poterat aequare; itaque interiora quoque urbis infesta telis erant. Ultima pestis urbis fuit cuniculo subrutus murus, per cuius ruinas hostis intravit. Ducebat ipse rex antesignanos, et, dum incautius subit, saxo crus eius adfligitur. Innixus tamen telo nondum prioris vulneris obducta cicatrice inter primores dimicat, ira quoque accensus, quod duo in obsidione urbis eius vulnera acceperat. Betim egregia edita pugna multisque vulneribus confectum deseruerunt sui, nec tamen segnius proelium capessebat lubricis armis suo pariter atque hostium sanguine. Sed cum undique telis *peteretur, ad postremum exhaustis viribus vivus in potestatem hostium pervenit.* Quo adducto insolenti gaudio iuvenis elatus, alias virtutis etiam in hoste mirator: »Non, ut voluisti«, inquit, »morieris, sed, quidquid in captivum inveniri potest, passurum esse te cogita!« Ille non interrito modo, sed contumaci quoque vultu intuens regem nullam ad minas eius reddidit vocem. Tum Alexander: »Videtisne obstinatum ad tacendum?« inquit, »num genu posuit? num vocem supplicem misit? Vincam tamen silentium et, si nihil aliud, certe gemitu interpellabo.« Ira deinde

[28] Alexanders Verletzung aber war noch nicht völlig ausgeheilt, und schon ließ er einen Erdwall aufschütten, so hoch wie der Festungsgürtel, und gab Order, weitere Stollen zur Unterminierung der Mauer anzulegen. Die Städter setzten auf die alte Mauerkrone neue Barrikaden, doch nicht einmal damit kamen sie auf gleiche Höhe wie die Türme auf dem Wall, womit auch das Ortsinnere den Geschossen preisgegeben war. Das Aus für die Stadt war schließlich ein Einsturz der unterminierten Mauer, durch die Bresche fielen die Feinde ein. Der König selbst führte den Vortrupp an, und weil er beim Klettern nicht genug aufpasste, wurde er am Unterschenkel von einem Stein verletzt. Gestützt auf einen Spieß und obwohl die frühere Wunde noch nicht vernarbt war, kämpfte er dennoch in vorderster Reihe; dabei kochte er vor Wut, hatte ihm doch die Belagerung dieser Stadt zwei Blessuren beschert. Betis lieferte eine grandiose Schlacht, die Seinen indes ließen ihn, als er vor lauter Wunden kaum noch konnte, im Stich. Trotzdem setzte er den Kampf unverdrossen fort, die Waffen triefend vom eigenen Blut und dem der Gegner. Zuletzt aber, am Ende seiner Kräfte, da man ihn von allen Seiten zur Zielscheibe machte, geriet er lebend in Feindeshand. Als man ihn Alexander vorführte, rastete der, sonst ein Bewunderer auch der Tapferkeit des Gegenspielers, in jugendlichem Freudentaumel aus und drohte: »Ein Tod, wie du ihn dir wünschtest, wird dir nicht vergönnt sein. Wisse, alle Prozeduren, die man gegen Kriegsgefangene austüfteln kann, wirst du zu spüren bekommen!« Mit trotziger Miene, die keine Spur von Erschrecken zeigte, musterte Betis den König, ohne mit einem einzigen Wort auf dessen Drohungen zu reagieren. Darauf Alexander: »Seht ihr, wie hartnäckig der schweigt? Hat er etwa das Knie gebeugt? Hat er etwa mit einer Silbe um Gnade gefleht? Doch ich werde sein Schweigen schon brechen, und sei es, dass ich bloß ein Stöhnen aus ihm herauspresse.« Jetzt steigerte sich seine Wut zur

vertit in rabiem iam tum peregrinos ritus nova subiciente fortuna. Per talos enim spirantis lora traiecta sunt, religatumque ad currum traxere circa urbem equi, gloriante rege Achillen, a quo genus ipse deduceret, imitatum se esse poena in hostem capienda. Cecidere Persarum Arabumque circa X milia, nec Macedonibus incruenta victoria fuit. Obsidio certe non tam claritate urbis nobilitata est quam geminato periculo regis. Qui Aegyptum adire festinans Amyntan cum X triremibus in Macedoniam ad conquisitionem novorum militum misit. Namque etiam secundis atterebantur tamen copiae, devictarumque gentium militi minor quam domestico fides habebatur.

VII [29] Aegyptii olim Persarum opibus infensi – quippe avare et superbe imperitatum sibi esse credebant – ad spem adventus eius erexerant animos, utpote qui Amyntam quoque transfugam et cum precario imperio venientem laeti recepissent. Igitur ingens multitudo Pelusium, qua intraturus videbatur, convenerat. Atque ille septimo die, postquam a Gaza copias moverat, in regionem Aegypti, quam nunc Castra Alexandri vocant, pervenit. Deinde pedestribus copiis Pelusium petere iussis ipse cum expedita delectorum manu Nilo amne vectus est. Nec sustinuere adventum eius Persae defectione quoque perterriti. Iamque haud procul Memphi erat; in cuius praesidium Mazaces, praetor Darei, relictus sponte amne superato oc-

Rage: sein neues Glück gewährte ihm ja gerade freien Zugriff auf die Usancen des Auslands. In der Tat zog man Betis bei lebendigem Leib Riemen durch die Fersen, er wurde an einen Karren gebunden, und Pferde schleiften ihn um die Stadt, während der König sich brüstete, mit dieser Art von Strafvollzug am Feind sei er in die Fußstapfen Achills getreten, des Stammvaters seines Geschlechts[25]. Bei den Persern und Arabern gab es an die zehntausend Gefallene, wobei der Sieg auch von den Makedonen seinen Blutzoll forderte. Berühmt aber wurde diese Belagerung mit Sicherheit nicht so sehr durch die Bedeutung der Stadt, sondern durch die zweifache Gefährdung des Königs. Der wollte nun eiligst Richtung Ägypten und schickte deshalb Amyntas mit zehn Triremen nach Makedonien, frische Truppen zu mobilisieren, denn selbst Erfolge führten zur Dezimierung seiner Verbände, und das Vertrauen ins heimische Militär war größer als das in die Milizen der besiegten Völker.

VII [29] Die Ägypter, seit alters her aufsässig gegen das Perserregime – sie hielten die nämlich für gierige Despoten –, hatten angesichts von Alexanders Kommen neue Hoffnung geschöpft: sogar den Seitenwechsler Amyntas hatten sie schließlich freudig willkommen geheißen, obwohl der nur als kommissarischer Verwalter erschien. Deshalb war eine Riesenmenge in Pelusion, dem vermutlichen Ankunftsort, zusammengeströmt. Und in der Tat gelangte der König sechs Tage nach seinem Abrücken aus Gaza in die heute unter dem Namen »Lager Alexanders« bekannte Gegend Ägyptens. Die Infanterie erhielt Marschbefehl nach Pelusion, während er selbst sich mit einem Elite-Bereitschaftstrupp auf dem Nil einschiffte. Die Perser, die auch der Abfall der Ägypter panisch machte, gaben bei seinem Erscheinen klein bei. Schon war er in der Nähe von Memphis. Der dortige Garnisonschef Mazakes, ein Satrap des Dareios, setzte von sich aus über den Fluss

tingenta talenta Alexandro omnemque regiam supellectilem tradidit.

A Memphi eodem flumine vectus ad interiora Aegypti penetrat conpositisque rebus ita, ut nihil ex patrio Aegyptiorum more mutaret, adire Iovis Hammonis oraculum statuit. Iter expeditis quoque et paucis vix tolerabile ingrediendum erat: terra caeloque aquarum penuria est, steriles harenae iacent; quas ubi vapor solis accendit, fervido solo exurente vestigia intolerabilis aestus existit. Luctandumque est non solum cum ardore et siccitate regionis, sed etiam cum tenacissimo sabulo, quod praealtum et vestigio cedens aegre moliuntur pedes. Haec Aegyptii vero maiora iactabant; sed ingens cupido animum stimulabat adeundi Iovem, quem generis sui auctorem haud contentus mortali fastigio aut credebat esse aut credi volebat. [30] Ergo cum iis, quos ducere secum statuerat, secundo amne descendit ad Mareotin paludem. Eo legati Cyrenensium dona attulere pacem et, ut adiret urbes suas, petentes. Ille donis acceptis amicitiaque coniuncta destinata exequi pergit.

Ac primo quidem et sequente die tolerabilis labor visus nondum tam vastis nudisque solitudinibus aditis, iam tamen sterili et emoriente terra. Sed ut aperuere se campi alto obruti sabulo, haud secus quam profundum aequor ingressi terram

und händigte Alexander achthundert Talente aus, dazu das gesamte Palastinventar.

Von Memphis aus fuhr der König weiter stromaufwärts bis tief ins Innere Ägyptens, und nachdem er unter strikter Wahrung der einheimischen Traditionen die Lage dort geordnet hatte, beschloss er, dem Orakel von Jupiter Hammon[26] einen Besuch abzustatten. Selbst für einen kleinen Haufen ohne Gepäck war der Weg die reine Schinderei: nirgends gibt es Wasser, trocken sind Erde und Himmel, weithin dehnen sich Wüsten aus Sand. Sobald die sengende Sonne diese aufheizt, entsteht eine unerträgliche Hitze, glühend heiß wird der Boden und verbrennt die Fußsohlen. Und nicht nur mit Höchsttemperaturen und Trockenheit hat man zu kämpfen, auch mit der zähen Haftkraft des Sands: sehr tief ist er und gibt bei jedem Schritt nach, was ein Vorwärtskommen ungemein erschwert. Die Ägypter schilderten das noch dramatischer, als es sich in Wirklichkeit verhielt, doch mächtiges Verlangen beseelte Alexanders Herz, er musste einfach zu Jupiter: unzufrieden mit den Höhen, die ein Sterblicher erreichen kann, betrachtete er jenen als Urvater seines Geschlechts oder zumindest wollte er andere das glauben machen. [30] Deshalb wandte er sich mit ausgewählter Begleitung flussabwärts zum Mareotissee. Dort wurden Botschafter aus Kyrene in Libyen mit Gaben bei ihm vorstellig: sie baten um Frieden und luden ihn des weiteren ein, ihre Städte mit seinem Besuch zu beehren. Alexander nahm die Geschenke entgegen, ein Freundschaftsabkommen wurde vereinbart, dann ging es an die Umsetzung seines Vorhabens.

Die ersten zwei Tage schien die Strapaze erträglich, die endlosen Öden der Wüste waren ja noch nicht erreicht, und dennoch war der Boden karg und ohne einen Keim von Leben. Sobald sich aber die sandbedeckten Weiten vor ihnen öffneten, hielten sie wie Schiffer auf hoher See Ausschau nach dem

oculis requirebant: nulla arbor, nullum culti soli occurrebat vestigium. Aqua etiam defecerat, quam utribus cameli vexerant, et in arido solo ac fervido sabulo nulla erat. Ad hoc sol omnia incenderat, siccaque et adusta erant ora, cum repente – sive illud deorum munus sive casus fuit – obductae caelo nubes condidere solem, ingens aestu fatigatis, etiam si aqua deficeret, auxilium. Enimvero, ut largum quoque imbrem excusserunt procellae, pro se quisque excipere eum, quidam ob sitim inpotentes sui ore quoque hianti captare coeperunt. Quadriduum per vastas solitudines absumptum est. Iamque haud procul oraculi sede aberant, cum conplures corvi agmini occurrunt: modico volatu prima signa antecedentes [et] modo humi residebant, cum lentius agmen incederet, modo se pennis levabant ducentium iterque monstrantium ritu.

[31] Tandem ad sedem consecratam deo ventum est. Incredibile dictu, inter vastas solitudines sita undique ambientibus ramis vix in densam umbram cadente sole contecta est, multique fontes dulcibus aquis passim manantibus alunt silvas. Caeli quoque mira temperies, verno tepori maxime similis, omnes anni partes pari salubritate percurrit. Accolae sedis sunt ab oriente proximi Aethiopum. In meridiem versam Arabes spectant – Trogodytis cognomen est –; horum regio usque ad Rubrum mare excurrit. At qua vergit ad occidentem, alii Aethiopes colunt, quos Simos vocant. A septentrione Nasamones

Land: kein Baum bot sich ihren Blicken, keine Spur von Ackerbebauung. Auch war das Wasser, das die Kamele in Schläuchen transportiert hatten, knapp geworden, und in dem verdorrten Boden und dem glühenden Sand gab es keines. Überdies briet alles unter dem Sengen der Sonne, ausgetrocknet waren die Münder und brannten, da plötzlich – vielleicht war es eine Gnade der Götter, vielleicht bloß Zufall – überzogen Wolken den Himmel und verbargen die Sonne, selbst ohne Regen schon eine gewaltige Erleichterung für die Hitzegeschädigten. Dann aber lösten stürmische Böen einen heftigen Wolkenbruch aus, und die Erschöpften fingen den Regen auf, jeder, so viel er konnte; manche, vor lauter Durst am Ende ihrer Kräfte, schnappten sogar mit aufgesperrtem Mund danach. Vier Tage kostete der Zug durch die endlosen Öden. Dem Standort des Orakels waren sie jetzt nicht mehr fern, als ein Schwarm von Raben den Weg der Karawane kreuzte. Bedächtig flogen die vor den Standarten an der Spitze her: bald, wenn die Kolonne langsamer marschierte, hockten sie sich auf den Boden, bald schwangen sie sich in die Lüfte, wie wenn sie Führer und Wegweiser wären[27].

[31] Endlich gelangte man zu der dem Gott geweihten Stätte. Es ist schier ein Unding! Mitten in der öden Wüstenei liegt die von üppigem Laubwerk ringsum verborgen, dessen tiefe Schatten kaum ein Sonnenstrahl durchdringt; aus zahlreichen Quellen sprudeln süße Wasser überallhin und nähren den Wald. Zudem sind die Temperaturen erstaunlich mild, am ehesten wie im lauen Frühling, und so erquicklich bleiben sie zu allen Jahreszeiten. Die Bewohner der Oase haben als östliche Nachbarn die Äthiopier; im Süden sitzen Araber, die den Beinamen Troglodyten tragen und deren Gebiet sich bis zum Roten Meer erstreckt. In westlicher Richtung aber wohnen andere Äthiopier, die sogenannten »Plattnasen«[28]. Im Norden sitzen die Nasamonen, eine der Völkerschaften an der Großen

sunt, gens Syrtica, navigiorum spoliis quaestuosa: quippe obsident litora et aestu destituta navigia notis sibi vadis occupant. Incolae nemoris, quos Hammonios vocant, dispersis tuguriis habitant: medium nemus pro arce habent, triplici muro circumdatum. Prima munitio tyrannorum veterem regiam clausit, in proxima coniuges eorum cum liberis et pelicibus habitabant – hic quoque dei oraculum est –, ultima munimenta satellitum armigerorumque sedes erant. Est et aliud Hammonis nemus: in medio habet fontem – Solis aquam vocant. Sub lucis ortum tepida manat, medio die, cuius vehementissimus est calor, frigida eadem fluit, inclinato in vesperam calescit, media nocte fervida exaestuat, quoque nox propius vergit ad lucem, multum ex nocturno calore decrescit, donec sub ipsum diei ortum adsueto tepore languescat. Id, *quod* pro deo colitur, non eandem effigiem habet, quam vulgo diis artifices accommodaverunt: umbilico maxime similis est habitus, zmaragdo et gemmis coagmentatus. Hunc, cum responsum petitur, navigio aurato gestant sacerdotes multis argenteis pateris ab utroque navigii latere pendentibus; sequuntur matronae virginesque patrio more inconditum quoddam carmen canentes, quo propitiari Iovem credunt, ut certum edat oraculum.

[32] Ac tum quidem regem propius adeuntem maximus natu e sacerdotibus filium appellat, hoc nomen illi parentem Iovem reddere adfirmans. Ille se vero et accipere ait et adgnoscere humanae sortis oblitus. Consuluit deinde, an totius orbis imperi-

Syrte; die bereichern sich am Aufbringen von Schiffen, sie lauern nämlich an den Küsten, und vertraut mit den Untiefen, kapern sie die Kähne, wenn die bei Ebbe auf Grund laufen. Die Bewohner der Waldung, die sogenannten Hammonier, leben in verstreuten Hütten, wobei die Mitte des Gehölzes eine Art Feste bildet inmitten eines dreifachen Mauerrings. Der erste Befestigungsgürtel zog sich einstens um die Burg der Fürsten, im nächsten wohnten ihre Frauen und Kinder sowie die Konkubinen – hier ist auch das Orakel des Gottes angesiedelt –, der letzte beherbergte Gefolge und Bewaffnete. Es gibt noch einen zweiten Hammon-Hain mit einer Quelle in seiner Mitte, die man »Wasser der Sonne« nennt; bei Tagesanbruch sprudelt sie lau, mittags, wenn die Hitze ihren Höhepunkt erreicht, plätschert sie kalt dahin, gegen Abend erwärmt sie sich, und zu mitternächtlicher Stunde wallt sie kochendheiß auf; mit Heraufdämmern des Morgens nimmt ihre Wärme gewaltig ab, bis sie just gegen Tagesanbruch auf die gewohnte laue Temperatur abgekühlt ist. Die Gestalt, die dort göttliche Verehrung genießt, hat mit den üblichen Götterbildnissen der Künstler nichts gemein: ihre Form kommt der eines Nabels am nächsten[29], eine Komposition aus Smaragd und Edelsteinen. Dieses Objekt tragen die Priester bei einer Konsultation auf einer vergoldeten Barke, an deren Seiten rechts und links zahlreiche Silberschalen herabhängen; eine Prozession von Damen und jungen Mädchen geleitet es, die nach alter Tradition ein kunstloses Lied intonieren; damit glauben sie Jupiters Huld zu erringen, auf dass er ein verlässliches Orakel künde.

[32] Als Alexander nun damals nähertrat, da nannte ihn der Älteste der Priester »Sohn« mit der Beteuerung, dass sein Vater Jupiter ihm diesen Titel zuerkenne. Und in der Tat verdrängte jener, dass er ein normaler Sterblicher war, und erklärte, den nehme er an und lasse ihn gelten. Dann befragte er das Orakel, ob ihm nach des Gottes Ratschluss die Weltherrschaft be-

um fatis sibi destinaretur. Vates aeque in adulationem conpositus terrarum omnium rectorem fore ostendit. Post haec institit quaerere, an omnes parentis sui interfectores poenas dedissent. Sacerdos parentem eius negat ullius scelere posse violari, Philippi autem omnes luisse supplicia; adiecit invictum fore, donec excederet ad deos. Sacrificio deinde facto dona et sacerdotibus et deo data sunt, permissumque amicis, ut ipsi quoque consulerent Iovem. Nihil amplius quaesierunt, quam an auctor esset sibi divinis honoribus colendi suum regem. Hoc quoque acceptum fore Iovi vates respondent. Vera et salubri aestimatione fidem oraculi vana profecto responsa eludere potuissent; sed fortuna, quos uni sibi credere coegit, magna ex parte avidos gloriae magis quam capaces facit. Iovis igitur filium se non solum appellari passus est, sed etiam iussit rerumque gestarum famam, dum augere vult tali appellatione, corrupit. Et Macedones, adsueti quidem regio imperio, sed in maiore libertatis umbra quam ceteri degentes, inmortalitatem adfectantem contumacius, quam aut ipsis expediebat aut regi, aversati sunt. Sed haec suo quaeque tempori reserventur: nunc cetera exequi pergam.

VIII [33] Alexander ab Hammone rediens ad Mareotin paludem haud procul insula Pharo sitam venit. Contemplatus loci naturam primum in ipsa insula statuerat urbem novam conde-

stimmt sei. Herr über alle Länder werde er sein, auch dies bestätigte der Seher, darauf erpicht, ihm zu schmeicheln. Danach wollte Alexander unbedingt wissen, ob alle Mörder seines Vaters ihre Strafe bekommen hätten. Der Priester erklärte, seinen Vater könne keine Verbrecherhand treffen, die Mörder Philipps aber hätten samt und sonders für ihre Tat bezahlt. Er fügte noch hinzu, Alexander werde unbesiegbar sein, bis er in den Kreis der Götter aufsteige. Nach einer Opferzeremonie wurden die Priester und der Gott mit Gaben bedacht, und Alexanders Freunde erhielten die Erlaubnis, nun ihrerseits Jupiter zu befragen. Denen war nur an einer einzigen Frage gelegen, ob es empfohlen werde, ihrem König mit göttlichen Ehren zu huldigen. Die Seher kündeten, auch dies werde Jupiters Billigung finden. Bei unbeschönigter und gehöriger Einschätzung hätte man ob der in der Tat windigen Auskünfte über die Verlässlichkeit des Orakels schlicht lachen müssen, doch in jenen, die das Schicksal einmal so weit hat, dass sie einzig ihm vertrauen, weckt es meist nur die Sucht nach Ruhm, weniger die Fähigkeit, richtig damit umzugehen. Und so duldete Alexander, dass man ihn Sohn Jupiters nannte, ja, er befahl es sogar, das heißt, im Bestreben, durch einen solchen Titel den Glanz seiner Taten noch zu steigern, trübte er ihn. Überdies lehnten die Makedonen, die zwar an die Knute der Monarchie gewöhnt waren, dabei aber größere Freiheit genossen als die übrigen Nationen, einen auf Unsterblichkeit versessenen Regenten ab[30], und das mit mehr Trotz, als für sie selbst oder den König gut war. Nun gut, hierzu weiter bei passender Gelegenheit, fürs erste will ich fortfahren, die restlichen Ereignisse zu schildern.

VIII [33] Auf dem Rückweg von Hammon gelangte Alexander zum Mareotissee unweit der Insel Pharos. Als er das Gelände dort in Augenschein genommen hatte, war sein erster Gedanke, auf der Insel selbst eine neue Stadt zu gründen. Dann

re; inde ut adparuit magnae sedis insulam haud capacem esse, elegit urbi locum, ubi nunc est Alexandrea, appellationem trahens ex nomine auctoris. Conplexus, quidquid soli est inter paludem ac mare, octoginta stadiorum muris ambitum destinat et, qui exaedificandae urbi praeessent, relictis Memphin petit. Cupido haud iniusta quidem, ceterum intempestiva incesserat non interiora modo Aegypti, sed etiam Aethiopiam invisere: Memnonis Tithonique celebrata regia cognoscendae vetustatis avidum trahebat paene extra terminos solis. Sed imminens bellum, cuius multo maior supererat moles, otiosae peregrinationi tempora exemerat. Itaque Aegypto praefecit Aeschylum Rhodium et Peucesten Macedonem quattuor milibus militum in praesidium regionis eius datis; claustra Nili fluminis Polemonem tueri iubet: XXX ad hoc triremes datae. Africae deinde, quae Aegypto iuncta est, praepositus Apollonius, vectigalibus eiusdem Africae Aegyptique Cleomenes. Ex finitimis urbibus commigrare Alexandream iussis novam urbem magna multitudine inplevit. Fama est, cum rex orbem futuri muri polenta, ut Macedonum mos est, destinasset, avium greges advolasse et polenta esse pastas, cumque id omen pro tristi a plerisque esset acceptum, respondisse vates magnam illam urbem advenarum frequentiam culturam, multisque eam terris alimenta praebituram.

[34] Regem, cum secundo amni deflueret, adsequi cupiens

aber, als deutlich wurde, dass deren Ausdehnung für eine Bebauung in großem Rahmen unzureichend war, wählte er als Siedlungsort das Gebiet des heutigen Alexandria, das seinen Namen von dem seines Gründers ableitet. Nach Erfassung der Gesamtfläche zwischen See und Meer legte er für die Mauern einen Umfang von achtzig Stadien fest, ließ ein Direktorium für den Stadtbau vor Ort und zog selbst nach Memphis ab. Ihn hatte der Wunsch gepackt, nicht nur das Innere Ägyptens, sondern auch Äthiopien zu bereisen; der war zwar durchaus berechtigt, allerdings war der Zeitpunkt falsch. So hätte ihn in seiner Begeisterung, die Antike kennenzulernen, die vielgerühmte Königsstadt von Memnon und Tithonos[31] fast über die Grenzen der Sonne hinausgelockt, doch der bevorstehende Krieg, dessen weitaus schwierigster Teil noch zu bewältigen war, ließ ihm keine Zeit für eine Vergnügungsreise. Daher delegierte er die Verantwortung für Ägypten an Aischylos aus Rhodos und Peukestas aus Makedonien, denen er für die Region eine Garnison von viertausend Mann unterstellte; mit der Verteidigung des Nildeltas betraute er Polemon, dreißig Dreiruderer wurden zu diesem Zweck abgestellt. Apollonios erhielt die Befehlsgewalt über das an Ägypten grenzende Afrika, Steuerbevollmächtigter für diesen Distrikt sowie Ägypten wurde Kleomenes. Die Bewohner der Nachbarstädte wurden zur Abwanderung nach Alexandria genötigt, ein beachtlicher Bevölkerungszuwachs für die neue Stadt. Als der König, wie es bei den Makedonen Sitte ist, den Ring der künftigen Mauern mit Gerstengraupen markiert hatte, sollen der Legende zufolge Vogelschwärme angeflogen sein und von den Bröseln gepickt haben[32]: für die meisten sei dies ein böses Omen gewesen, die Seher aber hätten prophezeit, die Stadt werde sich eines mächtigen Zulaufs an Neubürgern erfreuen und zum Nahrungslieferanten für viele Länder entwickeln.

[34] Als der König flussabwärts unterwegs war, kam Parme-

Hector, Parmenionis filius, eximio aetatis flore, in paucis Alexandro carus, parvum navigium conscendit pluribus, quam capere posset, inpositis. Itaque mersa navis omnes destituit. Hector diu flumini obluctatus, cum madens vestis et adstricti crepidis pedes natare prohiberent, in ripam tamen semianimis evasit et, ut primum fatigatus spiritum laxavit, quem metus et periculum intenderat, nullo adiuvante – quippe in diversum evaserant alii – exanimatus est. Amissi eius desiderio vehementer adflictus est repertumque corpus magnifico extulit funere.

Oneravit hunc dolorem nuntius mortis Andromachi, quem praefecerat Syriae: vivum Samaritae cremaverant. Ad cuius interitum vindicandum, quanta maxima celeritate potuit, contendit, advenientique sunt traditi tanti sceleris auctores. Andromacho deinde Menona substituit adfectisque supplicio, qui praetorem interemerant, tyrannos, inter quos Methymnaeorum Aristonicum et Stesilaum, popularibus suis tradidit: quos illi ob iniurias tortos necaverunt.

Atheniensium deinde, Rhodiorum et Chiorum legatos audit. Athenienses victoriam gratulabantur et, ut captivi Graecorum suis restituerentur, orabant; Rhodii et Chii de praesidio querebantur. Omnes aequa desiderare visi inpetraverunt. Mytilenaeis quoque ob egregiam in partes fidem et pecuniam,

nions Sohn Hektor, ein junger Mann, der vor Tatendrang nur so strotzte und zu Alexanders erklärten Lieblingen zählte, auf die Idee, sich zu ihm zu gesellen. Also bestieg der ein kleines Schiff mit mehr Leuten an Bord, als dessen Tragfähigkeit entsprach. Das Boot ging unter, so dass die Passagiere allesamt in den Wellen trieben. Hektor kämpfte lange gegen die Strömung, und obwohl sein durchnässtes Gewand und die Schnürsandalen an seinen Füßen ihn am Schwimmen hinderten, konnte er sich schließlich doch halbtot ans Ufer in Sicherheit bringen; kaum aber ging sein Atem, den Angst und Gefahr beschleunigt hatten, etwas ruhiger, da raffte es ihn hin: es war keine Hilfe zur Stelle, denn die anderen hatten sich in die Gegenrichtung gerettet. Der Verlust des jungen Mannes erfüllte Alexander mit tiefer Wehmut, und als der Leichnam entdeckt wurde, ließ er ihn pompös bestatten.

Dieser Schmerz wurde noch verstärkt durch die Nachricht vom Ableben des Andromachos, seines Statthalters in Syrien: bei lebendigem Leib verbrannt hatten ihn die Samariter. Im Eilmarsch, so schnell wie nur möglich, verfügte sich Alexander vor Ort, dessen Tod zu ahnden, und bei seiner Ankunft wurden ihm die Urheber dieser schrecklichen Greueltat ausgeliefert. Daraufhin setzte er Menon an die Stelle von Andromachos, und nachdem die Satrapenmörder hingerichtet worden waren, gab er neben anderen Tyrannen auch Aristonikos und Stesilaos aus Methymna in die Hände ihrer Landsleute: Folter und Tod bescherte ihnen ihre Unrechtspolitik.

Danach gewährte er den Gesandten aus Athen, Rhodos und Chios Audienz. Die Athener gratulierten ihm zu seinem Sieg und baten um Rückführung der griechischen Gefangenen zu den Ihren; die Botschafter aus Rhodos und Chios führten Klage über die Besatzungsmacht. Angesichts der Rechtmäßigkeit ihrer Ansprüche konnten beide sie durchsetzen. Aufgrund besonderer Parteitreue zu ihm erstattete er überdies den Mytile-

quam in bellum inpenderant, reddidit et magnam regionem finitimam adiecit. Cypriorum quoque regibus, qui et a Dareo defecerant ad ipsum et oppugnanti Tyrum miserant classem, pro merito honos habitus est.

Amphoterus deinde, classis praefectus, ad liberandam Cretam missus – namque et Persarum et Spartanorum armis pleraque eius insulae obsidebantur – ante omnia mare a piraticis classibus vindicare iussus: quippe obnoxium praedonibus erat bello utrimque in regem converso. His conpositis Herculi Tyrio ex auro crateram cum XXX pateris dicavit inminensque Dareo ad Euphraten iter pronuntiari iussit.

IX [35] At Dareus, cum Aegypto devertisse in Africam hostem conperisset, dubitaverat, utrumne circa Mesopotamiam subsisteret an interiora regni sui peteret, haud dubie potentior auctor praesens futurus ultimis gentibus inpigre bellum capessendi, quas aegre per praefectos suos moliebatur. Sed ut idoneis auctoribus fama vulgavit Alexandrum cum omnibus copiis, quamcumque ipse adisset regionem, petiturum, haud ignarus, quam cum strenuo res esset, omnia longinquarum gentium auxilia Babyloniam contrahi iussit. Bactriani Scythaeque et Indi convenerant iam, et ceterarum gentium copiae partibus simul adfuerunt. Ceterum cum dimidio ferme maior esset exercitus, quam in Cilicia fuerat, multis arma deerant.

näern die von ihnen erbrachte Kriegssubvention und fügte weite Gebiete des Grenzlandes ihrem Machtbereich hinzu. Auch den Königen Zyperns, die von Dareios zu ihm abgefallen waren und ihm bei der Bestürmung von Tyros Flottenunterstützung geleistet hatten, wurde verdienstgemäße Anerkennung zuteil.

Der zur Befreiung Kretas entsandte Flottenadmiral Amphoteros – die Insel war in der Tat fast ganz in der Hand persischer und spartanischer Truppen – erhielt jetzt Order, sich auf die Säuberung des Meeres von Korsarenverbänden zu konzentrieren: diese Räuber konnten dort ungehindert ihr Unwesen treiben, denn der Krieg fokussierte sich auf die beiden Monarchen. Nachdem das geregelt war, weihte Alexander dem Herkules in Tyros einen Mischkrug aus Gold mit dreißig Trinkschalen, hierauf erging Marschbefehl Richtung Euphrat zu einem erneuten Schlag gegen Dareios.

IX [35] Der aber war auf die Kunde, Alexander habe von Ägypten aus einen Abstecher nach Afrika unternommen, zunächst unschlüssig gewesen, ob er sich weiter im Geviert Mesopotamiens aufhalten oder das Innere seines Reiches aufsuchen solle, schließlich würde persönliche Präsenz die Kriegsbereitschaft der Grenznationen, die er durch seine Satrapen kaum motivieren konnte, ohne jeden Zweifel erhöhen. Sobald sich freilich die Nachricht verbreitete, und das aus berufenem Munde, ganz gleich welche Region er wähle, Alexander werde ihm mit der Gesamtarmee nachsetzen, begriff er wohl, mit was für einem dynamischen Gegner er es zu tun hatte, und ließ die Hilfstruppen der fernen Völkerschaften allesamt in Babylon konzentrieren. Baktrer, Skythen sowie Inder waren bereits versammelt, dann stießen die Verbände der restlichen Nationen in einem Pulk dazu. Im übrigen war das Heer fast doppelt so groß wie seinerzeit in Kilikien, und folglich gab es für viele keine Waffen. Die wurden nun mit höchster Sorgfalt

Quae summa cura comparabantur: equitibus equisque tegumenta erant ex ferreis lamminis serie inter se conexis; quis antea praeter iacula nihil dederat, scuta gladiique adiciebantur, equorumque domandi greges peditibus distributi sunt, ut maior pristino esset equitatus. Ingensque, ut credebat, hostium terror ducentae falcatae quadrigae, unicum illarum gentium auxilium, secutae sunt. Ex summo temone hastae praefixae ferro eminebant, utrimque a iugo ternos direxerant gladios, inter radios rotarum plura spicula eminebant in adversum; aliae deinde falces summissae rotarum orbibus haerebant et aliae in terram demissae, quidquid obvium concitatis equis fuisset, amputaturae.

[36] Hoc modo instructo exercitu ac perarmato Babylone copias movit. A parte dextra erat Tigris, nobilis fluvius, laevam tegebat Euphrates, agmen Mesopotamiae campos inpleverat. Tigri deinde superato cum audisset haud procul abesse hostem, Satropaten, equitum praefectum, cum mille delectis praemisit. Mazaeo praetori sex milia data, quibus hostem transitu amnis arceret; eidem mandatum, ut regionem, quam Alexander esset aditurus, popularetur atque ureret: quippe credebat inopia debellari posse nihil habentem, nisi quod rapiendo occupasset; ipsi autem commeatus alii terra, alii Tigri amne subvehebantur. Iam pervenerat Arbela, vicum nobilem sua clade facturus. Hic commeatuum sarcinarumque maiore

bereitgestellt: Reiter und Pferde wurden mit Panzern aus reihenweise zusammengefügten Eisenplättchen geschützt; jene, die zuvor nur Wurfspieße zugeteilt bekommen hatten, erhielten zusätzlich Schild und Schwert; auf die Infanterie verteilte man massenhaft Pferde mit dem Auftrag, sie zuzureiten, um dadurch die Kavallerie im Verhältnis zu damals zu stärken. Es folgten, nach Dareios' Meinung der schiere Graus für den Feind, zweihundert sichelbewehrte Vierspänner, eine einzigartige Errungenschaft jener Völkerschaften. Vorne aus der Deichsel ragten Stangen mit Eisenspitzen daran, rechts und links im Jochbalken steckten je drei Schwerter, zwischen den Radspeichen lugten mehrere Spieße heraus, und zuletzt waren Sicheln, teils nach oben gerichtet, teils zu Boden gesenkt, in die Naben der Räder eingelassen, die alles, was den Pferden beim Galopp in den Weg kam, absäbeln sollten[33].

[36] Als das Heer derart aufgerüstet und seine Bewaffnung perfekt war, ließ Dareios die Verbände aus Babylon abrücken. Zu seiner Rechten lag der bekannte Fluss Tigris, links bot der Euphrat Deckung, mit Marschkolonnen bedeckt waren Mesopotamiens Ebenen. Nach Überschreiten des Tigris hatte er dann Kunde erhalten, der Feind sei nicht fern, und so schickte er den Reiteroberst Satropates mit tausend Elitekämpfern als Spähtrupp aus. Dem Satrapen Mazaios unterstellte er sechstausend Mann, mit denen der ein Übersetzen des Feinds verhindern sollte; zudem erhielt er Weisung, die vor Alexander liegende Region zu verwüsten und in Asche zu legen. Dareios war nämlich der Meinung, er könnte diesen Gegner, dessen einzige Ressource ja die Beute aus Plünderungen war, durch Aushungern kleinkriegen, wohingegen sein eigener Verpflegungsnachschub teils über Land, teils via Tigris nicht abriss. Schon war er bis Arbela vorgestoßen, einem Dörfchen, dem er durch seine Niederlage zu Berühmtheit verhelfen sollte[34]. Der größte Teil des Proviants und Gepäcks wurde hier deponiert,

parte deposita Lycum amnem ponte iunxit et per dies quinque sicut ante Euphraten traiecit exercitum. Inde octoginta fere stadia progressus ad alterum amnem – Boumelo nomen est – castra posuit. Opportuna explicandis copiis regio erat, equitabilis et vasta planities: ne stirpes quidem et brevia virgulta operiunt solum, liberque prospectus oculorum etiam ad ea, quae procul recessere, permittitur. Itaque, si qua campi eminebant, iussit aequari totumque fastigium extendi.

[37] Alexandro, qui numerum copiarum eius, quantum procul coniectari poterat, aestimabant, vix fecerunt fidem tot milibus caesis maiores copias esse reparatas. Ceterum omnis periculi et maxime multitudinis contemptor undecimis castris ad Euphraten pervenit. Quo pontibus iuncto equites primos ire, phalangem sequi iubet Mazaeo, qui ad inhibendum transitum eius cum sex milibus equitum occurrerat, non auso periculum sui facere. Paucis deinde non ad quietem, sed ad praeparandos animos diebus datis militi strenue hostem insequi coepit metuens, ne interiora regni sui peteret sequendusque esset per loca omni solitudine atque inopia vasta. Igitur quarto *decimo* die praeter Armeniam penetrat ad Tigrin. Tota regio ultra amnem recenti fumabat incendio: quippe Mazaeus, quaecumque adierat, haud secus quam hostis urebat. Ac primo caligine, quam fumus effuderat, obscurante lucem insidiarum metu substitit; deinde ut speculatores praemissi tuta omnia nuntia-

als nächstes ließ er eine Brücke über den Lykos schlagen, und binnen fünf Tagen wie schon zuvor beim Euphrat war das Heer am anderen Ufer. Von dort ging es achtzig Stadien voran zu einem weiteren Fluss namens Boumelos, wo kampiert wurde. Für eine Entfaltung der Streitkräfte war das Gelände ideal, eine sich weithin dehnende Ebene, wie geschaffen für die Kavallerie; nicht einmal Wurzelwerk oder niedriges Gestrüpp bedeckte den Boden, bis zum Rand des Horizonts hatte man freie Sicht, und außerdem ordnete Dareios an, eventuelle Geländeunebenheiten auf ein einheitliches Niveau zu planieren.

[37] Beobachter, die die Stärke der Persertruppen, soweit eine solche Schätzung aus der Ferne möglich war, taxierten, hatten ihre liebe Not, Alexander davon zu überzeugen, dass Dareios trotz seiner vieltausendfachen Verluste die Armee noch aufgestockt hatte. Jener freilich wischte wie immer jede Gefahr beiseite, die Übermacht erst recht, und marschierte in elf Etappen zum Euphrat. Hier wurde eine Brücke gelegt, auf der befehlsgemäß zuerst die Kavallerie, im Anschluss die Phalanx passierte, ohne dass Mazaios, der mit sechstausend Berittenen losgezogen war, ihm den Übergang zu verwehren, es riskiert hätte, sich zu exponieren. Jetzt gewährte Alexander seinen Soldaten noch ein paar Tage nicht der Rast, sondern der mentalen Vorbereitung, dann machte er sich energisch an die Verfolgung des Gegners, da er befürchtete, der setze sich ins Reichsinnere ab und ihm bleibe nichts übrig, als ihm durch die öden, menschenleeren Wüsten, wo kein Halm gedieh, nachzujagen. So drang er an Armenien vorbei am vierzehnten Tag bis zum Tigris. Über dem ganzen Land jenseits des Stroms hingen die Rauchschwaden kürzlicher Brandschatzung, denn wo er ging und stand, fackelte Mazaios wie ein feindlicher Aggressor alles ab. Angesichts des Qualms, der den Tag zur Nacht machte, stoppte Alexander zunächst aus Furcht vor einem Hinterhalt, sobald aber vom Aufklärungstrupp Entwarnung kam, schickte

verunt, paucos equitum ad temptandum vadum fluminis praemisit. Cuius altitudo primo summa equorum pectora, mox, ut in medium alveum ventum est, cervices quoque aequabat. Nec sane alius *amnis* ad Orientis plagam tam violentus invehitur multorum torrentium non aquas solum, sed etiam saxa secum trahens. Itaque a celeritate, qua defluit, Tigri nomen est inditum, quia Persica lingua tigrin sagittam appellant.

[38] Igitur pedes velut divisus in cornua circumdato equitatu, levatis super capita armis haud aegre ad ipsum alveum penetrat. Primus inter pedites rex egressus in ripam vadum militibus manu, quando vox exaudiri non poterat, ostendit. Sed gradum firmare vix poterant, cum modo saxa lubrica vestigium fallerent, modo rapidior unda subduceret. Praecipuus erat labor eorum, qui humeris onera portabant: quippe cum semetipsos regere non possent, in rapidos gurgites incommodo onere auferebantur, et dum sua quisque spolia consequi studet, maior inter ipsos quam cum amni orta luctatio est, cumulique sarcinarum passim fluitantes plerosque perculerant. Rex monere, ut satis haberent arma retinere, cetera se redditurum. Sed neque consilium neque imperium accipi poterat: obstrepebat hinc metus, praeter hunc invicem luctantium mutuus clamor. Tandem, qua leniore tractu amnis aperit vadum, emersere, nec quicquam praeter paucas sarcinas desideratum est.

Deleri potuit exercitus, si quis vincere ausus esset, sed perpetua fortuna regis avertit inde hostem. Sic Granicum tot milibus equitum peditumque in ulteriore stantibus ripa superavit,

er eine kleine Schwadron Reiter aus, eine Furt im Fluss zu finden. In Ufernähe reichte der den Pferden bis oben an die Brust, bald, inmitten des Bettes, stieg er ihnen tatsächlich bis zum Hals. Wahrlich, mit solcher Wucht, nicht nur die Wasser zahlreicher Sturzbäche mit sich reißend, sondern auch Geröll, schießt kein anderer Strom in den Gefilden des Ostens dahin. Und so heißt er aufgrund seiner Fließgeschwindigkeit Tigris, auf Persisch bedeutet das ja »Pfeil«.

[38] Kurz und gut, gleichsam zu Flügeln auseinandergezogen, flankiert von Kavallerie, die Waffen über dem Kopf erhoben, durchwatete die Infanterie ohne Probleme den Fluss, bis dessen Bett sich senkte. Der erste unter ihnen, der seinen Fuß ans Ufer setzte, war der König; mit der Hand wies er den Soldaten die Furt, da die Stimme nicht so weit trug. Doch festen Tritt zu fassen war nahezu unmöglich, denn bald kamen sie auf den schlüpfrigen Steinen ins Rutschen, bald riss eine heftigere Welle sie um. Für jene mit Lasten auf dem Rücken war das eine noch größere Schinderei: in ihren Bewegungen beeinträchtigt, gerieten sie durch ihre unbequeme Bürde in den Sog der reißenden Strudel, und während jeder hinter seinem Beutegut her war, kämpften sie weniger gegen den Strom als gegeneinander; überall trieben Gepäckhaufen, die hatten viele unter sich begraben. Der König mahnte sie, nur an den Waffen festzuhalten: den Rest werde er ersetzen. Doch weder Rat noch Befehl fanden Gehör: zum einen wurden sie durch das Angstgeschrei übertönt, dazu kam noch die Hin-und-Her-Brüllerei der miteinander Ringenden. Am Ende tauchten sie an seichterer Stelle mit geringerer Strömung wieder auf, und außer ein paar Gepäckstücken gab es keine Verluste.

Ein Mann voll wagemutigen Siegeswillens hätte die Armee vernichten können, aber bei den Feinden ließ das beständige Glück des Königs derlei Gedanken gar nicht aufkommen. Dank ihm überschritt er trotz der abertausend Kavalleristen und In-

sic angustis in Ciliciae callibus tantam multitudinem hostium. Audaciae quoque, qua maxime viguit, ratio minui potest, quia numquam in discrimen venit, an temere fecisset. Mazaeus, qui, si transeuntibus flumen supervenisset, haud dubie oppressurus fuit incompositos, in ripa demum ad iam perarmatos adequitare coepit. Mille admodum equites praemiserat. Quorum paucitate Alexander explorata, deinde contempta praefectum Paeonum equitum Aristona laxatis habenis invehi iussit. Insignis eo die pugna equitum et praecipue Aristonis fuit: praefectum equitatus Persarum Satropaten directa in guttur hasta transfixit fugientemque per medios hostes consecutus ex equo praecipitavit et obluctanti gladio caput dempsit; quod relatum magna cum laude ante regis pedes posuit.

X [39] Biduo ibi stativa rex habuit; in proximum deinde pronuntiari *iter* iussit. Sed prima fere vigilia luna deficiens primum nitorem sideris sui condidit, deinde sanguinis colore suffuso lumen omne foedavit, sollicitisque sub ipsum tanti discriminis casum ingens religio et ex ea formido quaedam incussa est. Dis invitis in ultimas terras trahi se querebantur: iam nec flumina posse adiri nec sidera pristinum servare fulgorem, vastas terras, deserta omnia occurrere; in unius hominis iactatio-

fanteristen, die am jenseitigen Ufer in Stellung gegangen waren, den Granikos, dank ihm bezwang er an den Passstraßen Kilikiens die zahllose Übermacht des Gegners; sogar sein Hauptcharakteristikum, der Heldenmut, spielt vielleicht nur eine untergeordnete Rolle, da bei keiner Gelegenheit zur Debatte stand, ob er nicht einfach auf gut Glück agierte. Wäre Mazaios über die Makedonen hergefallen, als sie den Fluss durchquerten, hätte er sie bei dem herrschenden Chaos mit Sicherheit zermalmt, doch erst, als jene schon in voller Montur am Ufer bereitstanden, ritt er los. Nur tausend Reiter hatte er als Vortrab losgeschickt. Als Alexander entdeckte, wie wenige das waren, fand er diesen Minitrupp lächerlich und erteilte Ariston, dem Hauptmann der päonischen Schwadron, den Befehl, mit verhängten Zügeln wider ihn zu preschen. An jenem Tag lieferten die Kavalleristen, allen voran Ariston, einen grandiosen Kampf. Mit einem gezielten Lanzenstich durchbohrte er dem persischen Reiteroberst Satropates die Kehle; als der floh, sprengte er ihm mitten durch die feindlichen Reihen hinterher, katapultierte ihn vom Ross und schlug ihm trotz Gegenwehr den Kopf ab. Den nahm er mit und legte ihn unter großem Applaus dem König zu Füßen.

X [39] Zwei Tage lagerte Alexander dort am Tigris, dann ließ er verkünden, morgen sei Abmarsch. Doch ungefähr zur ersten Nachtwache ereignete sich eine Mondfinsternis: zuerst erlosch des Gestirnes Glanz, dann verdunkelte sich sein ganzes Licht zu blutrot unterlaufener Schwärze. Da packte die Männer, die bereits ob des so wichtigen Entscheidungskampfes angespannt waren, eine massive abergläubische Furcht, und daraus entwickelte sich eine Art Panik. Gegen den Willen der Götter zerre man sie ans Ende der Welt, so jammerten sie: schon widersetzten sich ihnen die Flüsse, die Gestirne verlören ihr einstiges Leuchten, vor ihnen breite sich Ödland, nichts als Wüstenei. Für eines Einzelnen Großmannssucht werde das

nem tot milium sanguinem inpendi, fastidio esse patriam, abdicari Philippum patrem, caelum vanis cogitationibus petere. Iam pro seditione res erat, cum ad omnia interritus duces principesque militum frequentes adesse praetorio iubet Aegyptiosque vates, quos caeli ac siderum peritissimos esse credebat, quid sentirent expromere iubet. At illi, qui satis scirent temporum orbes inplere destinatas vices lunamque deficere, cum aut terram subiret aut sole premeretur, rationem quidem ipsis perceptam non edocent vulgus; ceterum adfirmant solem Graecorum, lunam esse Persarum, quotiensque illa deficiat, ruinam stragemque illis gentibus portendi, veteraque exempla percensent Persidis regum, quos adversis dis pugnasse lunae ostendisset defectio. Nulla res multitudinem efficacius regit quam superstitio: alioqui inpotens, saeva, mutabilis, ubi vana religione capta est, melius vatibus quam ducibus suis paret. Igitur edita in vulgus Aegyptiorum responsa rursus ad spem et fiduciam erexere torpentes.

[40] Rex impetu animorum utendum ratus secunda vigilia castra movit: dextra Tigrim habebat, a laeva montes, quos Gordyaeos vocant. Hoc ingressis iter speculatores, qui praemissi erant, sub lucis ortum Dareum adventare nuntiaverunt. Instructo igitur milite et conposito agmine antecedebat. Sed Persarum moratores erant, mille ferme, qui speciem magni agmi-

Blut Tausender und Abertausender vergeudet, die Heimat habe der satt, Philipp, seinen Vater, verleugne er, in seinen verstiegenen Träumen strebe dieser König empor zum Himmel. Die Situation drohte zur Revolte zu eskalieren, da ließ Alexander von all dem unbeeindruckt Generäle und Offiziere in großer Zahl im Hauptquartier antreten; gleichzeitig forderte er die ägyptischen Seher, die er für die besten Experten in Himmelskunde und Astronomie hielt, auf, ihre Ansicht darzulegen. Dass der Zyklus der Zeit wechselnde vorprogrammierte Phasen durchläuft und der Mond sich verfinstert, wenn er in den Erdschatten tritt oder von der Sonne verdunkelt wird, war jenen durchaus geläufig, doch wollten sie ihr erworbenes Wissen der Masse nicht mitteilen[35]. Stattdessen versicherten sie, die Sonne sei das Schutzgestirn der Griechen, der Mond das der Perser, und immer wenn dieser sich verfinstere, bedeute das für jene Nationen Untergang und Sterben; dazu listeten sie alte Beispiele von Perserkönigen auf, in deren Fall eine Mondfinsternis Indikator dafür gewesen sei, dass ihre Kriegsunternehmungen göttlichen Segens entbehrten. Nichts beeinflusst Massen drastischer als Aberglaube: ohnedies schon frenetisch, ungestüm und ohne Standpunkt, folgen sie im Banne religiösen Irrglaubens Weissagern eher als ihren Führern. Sobald daher die Bewertung der Ägypter in Umlauf gebracht worden war, erwachten die Makedonen aus ihrer Schreckensstarre und fassten wieder Hoffnung und Vertrauen.

[40] Weil der König glaubte, diese Begeisterung nutzen zu müssen, trat er zur zweiten Nachtwache den Weitermarsch an. Zu seiner Rechten hatte er den Tigris, links die sogenannten kurdischen Berge. Gegen Tagesanbruch meldeten ihnen unterwegs die vorausgeschickten Kundschafter, Dareios sei im Anzug. Die Soldaten waren gerüstet, die Reihen formiert mit Alexander an der Spitze. Es handelte sich allerdings nur um ungefähr tausend persische Marodeure, die den Eindruck eines

nis fecerant: quippe ubi explorari vera non possunt, falsa per metum augentur. His cognitis rex cum paucis suorum adsecutus agmen refugientium ad suos alios cecidit, cepit alios; equitesque praemisit speculatum, simul ut ignem, quo barbari cremaverant vicos, extinguerent. Quippe fugientes raptim tectis acervisque frumenti iniecerant flammas, quae cum in summo haesissent, ad inferiora nondum penetraverant. Extincto igitur igne plurimum frumenti repertum est; copia aliarum quoque rerum abundare coeperunt. Ea res ipsa militi ad persequendum hostem animum incendit: quippe urente et populante eo terram festinandum erat, ne incendio cuncta praeciperet. In rationem ergo necessitas versa est: quippe Mazaeus, qui antea per otium vicos incenderat, iam fugere contentus pleraque inviolata hosti reliquit. Alexander haud longius CL stadiis Dareum a se abesse conpererat. Itaque ad satietatem quoque copia commeatuum instructus quadriduo in eodem loco substitit.

Interceptae deinde Darei litterae sunt, quibus Graeci milites sollicitabantur, ut regem aut interficerent aut proderent, dubitavitque, an eas pro contione recitaret, satis confisus Graecorum quoque erga se benevolentiae ac fidei. Sed Parmenio deterruit *non* esse talibus promissis inbuendas aures militum

gewaltigen Heerzugs erweckt hatten, denn wo die Wahrheit sich entzieht, wird Phantasiertes durch Furcht noch aufgebauscht. Darüber informiert, war der König auch schon mit ein paar Mann bei dem Persertrupp, der sich zu den Seinen in Sicherheit bringen wollte: die einen brachte er um, die anderen nahm er gefangen; überdies wurden Reiter zur Beobachtung abkommandiert, die nebenbei das Feuer löschen sollten, das die Barbaren in den Dörfern gelegt hatten. Auf ihrer Flucht hatten die nämlich in aller Hast Brandsätze auf die Dächer und Getreidestapel geschleudert, so dass die Flammen zunächst die oberen Teile ergriffen hatten, während die unteren bislang verschont blieben. Dementsprechend gelang die Löschaktion, und man entdeckte eine Riesenmenge Getreide, auch andere Dinge stellten sich langsam im Überfluss ein. Just dieser Brand motivierte die Soldaten, dem Feind nachzusetzen: in Anbetracht der Tatsache, dass der sengend und Vernichtung säend durchs Land zog, war ja Eile geboten, damit nicht vor ihrem Eintreffen bereits alles abgefackelt war. Damit machten sie aus der Not eine Tugend, denn Mazaios, der zuvor die Dörfer in aller Gemütsruhe in Asche gelegt hatte, beschränkte sich jetzt darauf, das Weite zu suchen, und überließ dem Gegner das meiste unversehrt. Mittlerweile hatte Alexander Kenntnis erhalten, dass ihn nur noch hundertfünfzig Stadien von Dareios trennten. Proviant stand ihm reichlich zur Verfügung, sogar mehr als genug, und deshalb machte er vier Tage am selben Ort Station.

Dann wurde ein Schreiben des Dareios abgefangen, in dem er die Soldaten aus Griechenland zu Mord oder Verrat am König aufhetzte; beinahe hätte dieser den Brief vor versammelter Mannschaft vorgelesen, so viel Vertrauen setzte er in die Sympathie und Loyalität auch der Griechen ihm gegenüber. Parmenion aber hielt ihn davon ab mit dem Hinweis, derlei Versprechungen seien nichts für Söldnerohren; bereits ein einziger

adfirmans: patere vel unius insidiis regem, nihil nefas esse avaritiae. Secutus consilii auctorem castra movit.

[41] Iter facienti spado e captivis, qui Darei uxorem comitabantur, deficere eam nuntiat et vix spiritum ducere. Itineris continui labore animique aegritudine fatigata inter socrus et virginum filiarum manus conlapsa erat, deinde et extincta. Id ipsum nuntians alius supervenit. Et rex, haud secus quam si parentis mors nuntiata esset, crebros edidit gemitus lacrimisque obortis, quales Dareus profudisset, in tabernaculum, in quo mater erat Darei defuncto adsidens corpori, venit. Hic vero renovatus est maeror, ut prostratam humi vidit. Recenti malo priorum quoque admonita receperat in gremium adultas virgines, magna quidem mutui doloris solacia, sed quibus ipsa deberet esse solacio. In conspectu erat nepos parvulus, ob id ipsum miserabilis, quod nondum sentiebat calamitatem ex maxima parte ad ipsum redundantem. Crederes Alexandrum inter suas necessitudines flere et solacia non adhibere, sed quaerere. Cibo certe abstinuit omnemque honorem funeri patrio Persarum more servavit, dignus, hercule, qui nunc quoque tantae et mansuetudinis et continentiae ferat fructum. Semel omnino eam viderat, quo die capta est, nec ut ipsam, sed ut Darei matrem videret, eximiamque pulchritudinem formae eius non libidinis habuerat invitamentum, sed gloriae.

genüge, einen Anschlag auf den König zu verüben: Gier schrecke vor keinem Frevel zurück. Alexander folgte seinem bewährten Berater und hob das Lager auf.

[41] Unterwegs meldete ihm einer der gefangenen Eunuchen aus dem Gefolge von Dareios' Gemahlin, seine Herrin sieche dahin und atme kaum mehr. Erschöpft von den Strapazen des ununterbrochenen Marschs und von ihrem Herzenskummer war sie in den Armen von Schwiegermutter und Töchtern zusammengebrochen und dann verschieden[36]. Ein anderer erschien mit der nämlichen Botschaft. Sofort, als handelte es sich um die Nachricht vom Tod seiner Mutter, entrang sich dem König ein Ächzen, wieder und wieder; Tränen, wie nur Dareios sie hätte vergießen können, rannen ihm aus den Augen, und er eilte ins Zelt, wo Dareios' Mutter neben dem Leichnam kauerte. Als er die Tote auf dem Erdboden hingestreckt sah, überkam ihn eine neue Welle des Schmerzes. Für die Königinmutter hatte das letzte Unglück all die früheren wieder heraufbeschworen, umschlungen hielt sie die Mädchen, die, ihres Trostes bedürftig, doch zugleich ihr selbst mächtiger Trost waren im geteilten Leid. In Reichweite befand sich ihr Enkelchen, ein bedauernswertes Geschöpf allein deswegen, weil es von dieser Tragödie, deren Hauptleidtragender es war, nichts mitbekam. Es sah fast so aus, als ob Alexander dort im Kreis seiner Liebsten weinte, als heischte er Trost, statt ihn zu spenden. Wahrlich, er enthielt sich der Speise, und die Beisetzung ließ er mit allem Gepränge nach persischem Landesbrauch vollziehen, und so verdient er, beim Herkules, für solch überwältigende Güte und Mäßigung bis heute Anerkennung. Nur ein einziges Mal am Tag ihrer Gefangennahme hatte er die Königin gesehen, dabei wollte er nicht einmal sie selbst besuchen, sondern des Dareios Mutter, und ihre vollendete Schönheit war nicht Anreiz für seine Begierde gewesen, sondern Ansporn zu rühmlichem Verhalten.

[42] E spadonibus, qui circa reginam erant, Tyriotes inter trepidationem lugentium elapsus per eam portam, quae, quia ab hoste aversa erat, levius custodiebatur, ad Darei castra pervenit exceptusque a vigilibus in tabernaculum regis perducitur gemens et veste lacerata. Quem ut conspexit Dareus, multiplici doloris expectatione commotus et, quid potissimum timeret, incertus: »Vultus«, inquit, »tuus nescio quod ingens malum praefert, sed cave miseri hominis auribus parcas: didici esse infelix, et saepe calamitatis solacium est nosse sortem suam. Num, quod maxime suspicor, eloqui timeo, ludibria meorum nuntiaturus es mihi et, ut credo, ipsis quoque omni tristiora supplicio?« Ad haec Tyriotes: »Istud quidem procul abest«, inquit, »quantuscumque enim reginis honos ab his, qui parent, haberi potest, tuis a victore servatus est. Sed uxor tua paulo ante excessit e vita.« Tunc vero non gemitus modo, sed etiam eiulatus totis castris exaudiebatur. Nec dubitavit Dareus, quin interfecta esset, quia nequisset contumeliam perpeti, exclamatque amens dolore: »Quod ego tantum nefas commisi, Alexander? quem tuorum propinquorum necavi, ut hanc vicem *redderes* saevitiae meae? Odisti me non quidem provocatus; sed finge iustum intulisse te bellum: cum feminis ergo agere debueras?« Tyriotes adfirmare per deos patrios nihil in eam gravius esse consultum: ingemuisse etiam Alexandrum morti et non parcius flevisse, quam ipse lacrimaret. Ob haec ipsa amantis animus in sollicitudinem suspicionemque revolu-

[42] Inmitten der Verstörtheit der Trauergemeinde war Tyriotes, einer der Eunuchen aus dem Umfeld der Königin, durch ein weniger scharf bewachtes Tor an der vom Feind abgewandten Seite entschlüpft; der schlug sich ins Lager des Dareios durch, wurde dort von den Wachen aufgegriffen und ins Zelt des Königs geführt, seufzend und mit zerrissenem Gewand. Sobald Dareios seiner ansichtig wurde, überkamen ihn schmerzvolle Vorahnungen unterschiedlichster Natur; unsicher, was er am meisten fürchten solle, sprach er zu ihm: »Deine Miene kündet irgendein schreckliches Unheil, aber hüte dich, eines Unseligen Ohren zu schonen! Ich stehe mit dem Leid auf vertrautem Fuß, und oft ist es im Unglück ein Trost, sein Los zu kennen. Meine ärgsten Befürchtungen, ich wage sie kaum auszusprechen: hat man die Ehre der Meinen besudelt, was für mich und, so glaube ich, auch für sie schlimmer wäre als jede Folter, willst du mir das etwa mitteilen?« Darauf entgegnete Tyriotes: »Weit gefehlt: höchste Achtung, wie sie sonst Untertanen ihren Herrscherinnen bezeigen, erweist der Sieger den Deinen. Doch deine Gattin ist vor kurzem aus dem Leben geschieden.« Da hallte nicht nur Ächzen, nein, Heulen und Wehklagen durch das ganze Lager. Dareios zweifelte nicht, man habe sie umgebracht, weil sie gegen ihre Schändung rebellierte. Außer sich vor Schmerz rief er aus: »Was für ein furchtbares Vergehen habe ich denn begangen, Alexander? Wen von deinen Anverwandten habe ich getötet, dass du solche Vergeltung für meine Grausamkeit übst? Du hasst mich, ohne dass ich dich provoziert habe. Selbst unterstellt, dein Krieg mit mir erfolgte zu Recht, musstest du dann auch noch Frauen befehden?« Bei den Göttern seines Landes beteuerte Tyriotes, sie sei keinerlei Übergriffen ausgesetzt gewesen, sogar Alexander habe ihren Tod beseufzt und nicht weniger Tränen vergossen, als es Dareios selbst nun tue. Just diese Tatsache ließ dessen liebend Herz in neuem Argwohn erbeben,

tus est, desiderium captivae profecto a consuetudine stupri ortum esse coniectans. Summotis igitur arbitris, uno dumtaxat Tyriote retento iam non flens, sed suspirans: »Videsne«, inquit, »Tyriote, locum mendacio non esse? Tormenta iam hic erunt, sed ne expectaveris per deos, si quid tibi tui regis reverentiae est: num, quod et scire expeto et quaerere pudet, ausus est et dominus et iuvenis?« Ille quaestioni corpus offerre, deos testes invocare caste sancteque habitam esse reginam. Tandem ut fides facta est vera esse, quae adfirmaret spado, capite velato diu flevit manantibusque adhuc lacrimis, veste ab ore reiecta, ad caelum manus tendens: »Di patrii«, inquit, »primum mihi stabilite regnum; deinde, si de me iam transactum est, precor, ne quis potius Asiae rex sit quam iste tam iustus hostis, tam misericors victor.«

XI [43] Itaque quamquam frustra pace bis petita omnia in bellum consilia converterat, victus tamen continentia hostis ad novas pacis condiciones ferendas X legatos, cognatorum principes, misit; quos Alexander consilio advocato introduci iussit. E quibus maximus natu: »Dareum«, inquit, »ut pacem a te iam hoc tertium peteret, nulla vis subegit, sed iustitia *tua* et continentia expressit. Matrem, coniugem, liberos eius, nisi quod si-

denn er wähnte, Alexanders Wehmut wegen einer Kriegsgefangenen rühre aus einer verbotenen Bettgeschichte. Also entfernte er alle Anwesenden, nur Tyriotes durfte bleiben; nicht länger weinend, holte er tief Atem und setzte dem zu: »Tyriotes, begreifst du, dass Lügen hier fehl am Platze sind? Gleich werden die Folterinstrumente zur Stelle sein, doch, bei den Göttern, wenn du noch irgendwelchen Respekt vor deinem König hast, dann warte nicht so lange! Hat er das Unsagbare, was ich unbedingt wissen muss und mich schäme zu fragen, etwa gewagt, schließlich ist er der Herr und obendrein jung?« Der peinlichen Befragung wolle er sich gern unterziehen, erklärte jener, auch rief er die Götter zu Zeugen dafür an, dass die Königin, fern jeder unsittlichen Belästigung, unangetastet geblieben sei. Endlich glaubte Dareios, dass die Versicherungen des Eunuchen der Wirklichkeit entsprachen, und gleich verhüllte er sein Haupt und weinte lange; die Tränen waren immer noch nicht versiegt, da befreite er seinen Kopf aus dem Gewand, reckte die Hände zum Himmel und rief: »Ihr Götter der Heimat, mein erster Wunsch ist, erhaltet mir die Herrschaft! Meine nächste Bitte aber wäre, falls mein Schicksal besiegelt ist, gehe Asiens Krone an niemanden sonst als an jenen, der als Feind so gerecht, als Sieger so voll Erbarmen ist!«

XI [43] Und so ließ sich Dareios, nach Scheitern seiner zwei Friedensangebote ein verbissener Kriegsverfechter, von der maßvollen Verhaltensweise seines Gegners überwältigen und entsandte eine zehnköpfige Delegation, die aus seinen engsten Verwandten bestand, neue Friedensvorschläge zu unterbreiten. Nachdem Alexander seinen Beraterkreis einberufen hatte, gewährte er ihnen Audienz. Der Älteste der Gruppe ergriff das Wort: »Dass Dareios dir jetzt zum drittenmal ein Friedensangebot macht, geschieht nicht unter dem Druck irgendeiner höheren Gewalt, nein, deine Gerechtigkeit und Mäßigung haben ihn dazu getrieben. Nur daran, dass Mutter, Gattin und Kinder

ne illo sunt, captos esse non sensimus: pudicitiae earum, quae supersunt, curam haud secus quam parens agens reginas appellas, speciem pristinae fortunae retinere pateris. Vultum tuum video, qualis Darei fuit, cum dimitteremur ab eo; et ille tamen uxorem, tu hostem luges. Iam in acie stares, nisi cura te sepulturae eius moraretur. Ecquid mirum est, si tam ab amico animo pacem petit? Quid opus est armis, inter quos odia sublata sunt? Antea imperio tuo finem destinabat Halym amnem, qui Lydiam terminat; nunc, quidquid inter Hellespontum et Euphraten est, in dotem filiae offert, quam tibi tradit. Ochum filium, quem habes, pacis et fidei obsidem retine, matrem et duas virgines filias redde: pro tribus corporibus XXX milia talentum auri precatur accipias. Nisi moderationem animi tui notam haberem, non dicerem hoc esse tempus, quo pacem non dare solum, sed etiam occupare deberes. Respice, quantum post te reliqueris! Intuere, quantum petas! Periculosum est praegrave imperium: difficile est enim continere, quod capere non possis. Videsne, ut navigia, quae modum excedunt, regi nequeant? Nescio an Dareus ideo tam multa amiserit, quia nimiae opes magnae iacturae locum faciunt. Facilius *quidem* vincere quam tueri: quam, hercule, expeditius manus nostrae rapiunt quam continent! Ipsa mors uxoris Darei admonere te potest minus iam misericordiae tuae licere, quam licuit.«

des Königs alleine ohne ihn sind, konnten wir ihre Gefangenschaft merken. Wie ein Vater bist du auf die Sittsamkeit der Überlebenden unter ihnen bedacht, ›Königinnen‹ nennst du sie und belässt ihnen das Dekor ihrer einstigen Stellung. Deine Miene ruft die des Dareios in mir wach, als wir von ihm schieden, und doch trauert jener um eine Gattin, du um eine Feindin. Bereits im Felde stündest du, hieltest du dich nicht mit der Organisation ihrer Beisetzung auf. Was Wunder, wenn er einen Menschen um Frieden ersucht, dessen Herz so voll von Freundlichkeit ist? Ist der Hass zwischen den Kontrahenten beseitigt, wozu dann noch Waffen? Weiland bestimmte Dareios als Demarkationslinie deiner Domäne den Halys, Lydiens Grenzfluss, jetzt offeriert er dir das gesamte Land zwischen Hellespont und Euphrat als Mitgift seiner Tochter, die er dir zur Frau gibt. Seinen Sohn Ochos, der sich in deiner Gewalt befindet, behalte als Unterpfand für Frieden und Loyalität, seine Mutter und die beiden Fräulein, seine Töchter, aber gib zurück! Im Austausch gegen diese drei mögest du bitte dreißigtausend Talente Gold akzeptieren. Ich kenne die Besonnenheit deines Denkens, und darum erlaube ich mir die Bemerkung, dies ist für dich der Augenblick, nicht nur Frieden zu gewähren, nein, dich zu seinem Vorreiter zu machen. Wende den Blick, sieh, wie viel hinter dir liegt! Schau nach vorn, sieh, wie viel du noch willst! Ein Mammutreich stellt eine Gefahr dar, etwas Unkontrollierbares zu beherrschen ist nämlich schwierig. Siehst du nicht, wie überdimensionierte Schiffe unlenkbar werden? Vielleicht hat Dareios deshalb so viel verloren, weil übermäßige Macht gewaltigen Havarien Tür und Tor öffnet. Siegen ist in der Tat leichter als bewahren: beim Herkules, ist nicht auch für unsere Hände Raffen um etliches bequemer als Festhalten? Allein der Tod von Dareios' Gemahlin mag Mahnung genug sein, dass deiner Milde Möglichkeiten im Vergleich zu einst schon jetzt geschrumpft sind.«

[44] Alexander legatis excedere tabernaculo iussis, quid placeret, ad consilium refert. Diu nemo, quid sentiret, ausus est dicere incerta regis voluntate. Tandem Parmenio antea suasisse ait, ut captivos apud Damascum redimentibus redderet: ingentem pecuniam potuisse redigi ex his, qui multorum vincti virorum fortium occuparent manus. Et nunc magnopere censere, ut unam anum et duas puellas, itinerum agminumque inpedimenta, XXX milibus talentum auri permutet. Opimum regnum occupare posse condicione, non bello, nec quemquam alium inter Histrum et Euphraten possedisse terras ingenti*ore* spatio intervalloque discretas. Macedoniam*que* potius respiceret quam Bactra et Indos intueretur. Ingrata oratio regi fuit; itaque ut finem dicendi fecit: »Et ego«, inquit, »pecuniam quam gloriam mallem, si Parmenion essem: nunc Alexander de paupertate securus sum et me non mercatorem memini esse, sed regem. Nihil quidem habeo venale, sed fortunam meam utique non vendo. Captivos si placet reddi, honestius dono dabimus, quam pretio remittemus.«

Introductis deinde legatis ad hunc modum respondit: »Nuntiate Dareo me, quae fecerim clementer et liberaliter, non amicitiae eius tribuisse, sed naturae meae! Bellum cum captivis et feminis gerere non soleo: armatus sit oportet, quem oderim. Quodsi saltem pacem bona fide peteret, deliberarem forsitan,

[44] Nachdem Alexander die Abgesandten aus dem Zelt entlassen hatte, fragte er den Rat nach seiner Meinung. Lange wagte niemand seine Gedanken zu äußern, da man die Präferenzen des Königs nicht kannte. Endlich erklärte Parmenion, er habe schon früher für die Gefangenen von Damaskus eine Rückführung gegen Lösegeld vorgeschlagen: wie viel Geld hätte man mit ihnen machen können, stattdessen wären viele wackere Männer vollauf damit beschäftigt, sie zu bewachen! Auch jetzt sei er entschiedener Befürworter eines Tauschgeschäfts, dreißigtausend Talente Gold gegen eine einzige alte Frau und zwei Mädchen, die für Kolonnen auf dem Marsch sowieso der reinste Ballast seien. Alexander biete sich die Chance, ein mächtiges Reich zu erwerben, einfach durch Abkommen, ohne Krieg; die Länder zwischen Donau und Euphrat habe noch keiner je besessen, zu weit dehne sich der Raum, zu groß seien die Entfernungen. Er möge lieber Makedonien im Auge behalten, als auf Baktrien und Indien zu schielen. Diese Bemerkungen passten dem König nicht, deshalb sagte er, kaum war jener fertig: »Wäre ich an Parmenions Stelle, zöge auch ich dem Ruhm das Geld vor. Nun bin ich aber Alexander, und Armut ist mir einerlei; ich bin kein Händler, nein, ein König, das verliere ich nie aus den Augen. Ich besitze nichts, was man zum Verkauf feilbieten könnte, trotzdem verhökere ich mein Schicksal nicht. Für den Fall, dass wir die Gefangenen zurückgeben, wird es ehrenvoller sein, sie den Persern als Gratisgabe zu überlassen, als sie gegen Bezahlung heimzuschicken.«

Darauf wurde die Delegation wieder vorgelassen, und Alexander gab ihr folgenden Bescheid: »Teilt Dareios mit, wenn ich gnädig handelte und gütig, so geht es mir dabei nicht um Freundschaft mit ihm, ich habe nur meinem Charakter Genüge getan! Gefangene und Frauen pflege ich nicht zu bekriegen: um meinen Hass zu wecken, bedarf es eines bewaffneten Gegners. Wäre sein Friedensangebot nun aber wenigstens red-

an darem; verumenimvero, cum modo milites meos litteris ad proditionem, modo amicos ad perniciem meam pecunia sollicitet, ad internecionem mihi persequendus est, non ut iustus hostis, sed ut percussor veneficus. Condiciones vero pacis, quas adfertis, si accepero, victorem eum faciunt. Quae post Euphraten sunt, liberaliter donat. Ubi igitur me *adeatis*, nunc ipsum obliti estis: nempe ultra Euphraten sum. Liberalissimum ergo dotis, quam promittit, terminum castra mea transeunt. Hinc me depellite, ut sciam vestrum esse, quo ceditis. Eadem liberalitate dat mihi filiam suam: nempe quam scio alicui servorum eius nupturam. Multum vero mihi praestat, si me Mazaeo generum praeponit! Ite, nuntiate regi vestro, et, quae amisit, et, quae adhuc habet, praemia esse belli! Hoc regente utriusque terminos regni, id quemque habiturum, quod proximae lucis adsignatura fortuna est.« Legati respondent, cum bellum in animo sit, facere eum simpliciter, quod spe pacis non frustraretur. Ipsos petere, ut quam primum dimittantur ad regem: eum quoque bellum parare debere. Dimissi nuntiant adesse certamen.

XII [45] Ille quidem confestim Mazaeum cum tribus equitum milibus ad itinera, quae hostis petiturus erat, occupanda praemisit. Alexander corpori uxoris eius iustis persolutis omnique graviore comitatu intra eadem munimenta cum modico prae-

lich gemeint, erwägte ich vielleicht eine positive Antwort. In Wirklichkeit freilich hetzt er in einem Schreiben meine Soldaten auf, mich zu verraten, stiftet mit Geld meine Freunde an, mich zu ermorden: darum muss ich ihn bis zur totalen Vernichtung verfolgen, nicht wie einen geradeheraus agierenden Feind, sondern wie einen Meuchelmörder, einen Giftmischer. Obendrein machen die von euch vorgetragenen Friedensbedingungen bei Ratifizierung ihn zum Sieger. Wie großzügig, er überlässt mir die Gebiete hinter dem Euphrat! Offenbar ist euch entgangen, wo ihr mich hier aufsucht. Ich befinde mich doch wohl jenseits des Euphrat, nicht wahr? Damit liegt mein Lager längst hinter der so überaus freigebig festgesetzten Linie der versprochenen Mitgift. Verjagt mich von hier, damit ich weiß, dass das, was ihr abtretet, euch auch gehört! Mit ebensolcher Großzügigkeit trägt er mir seine Tochter an, und das, obwohl mir bekannt ist, dass die einen seiner Untertanen heiraten sollte. Was für eine Ehre, dass er mich als Schwiegersohn einem Mazaios vorzieht! Geht und sagt eurem König: was er bislang verlor, was er noch besitzt, es muss errungen werden im Krieg; der bestimmt die Grenzen unserer beider Reiche, jeder wird das bekommen, was das Schicksal des nächsten Tages für ihn bereithält.« Die Botschafter erwiderten, sie nicht umsonst in Friedenshoffnungen zu wiegen sei angesichts seiner Kriegsentschlossenheit offen und ehrlich gehandelt. Was sie angehe, so möge er sie bitte möglichst schnell zu ihrem König entlassen, auch der müsse Kriegsvorbereitungen treffen. Man verabschiedete sie, und sie kündeten, jetzt gebe es Kampf.

XII [45] Dareios seinerseits schickte augenblicklich einen Vortrupp von dreitausend Kavalleristen unter Mazaios los, die anvisierte Route des Gegners zu besetzen. Alexander erwies dessen verstorbener Gemahlin die letzten Ehren, ließ den allzu schwerfälligen Tross samt und sonders mit einem angemessenen Schutztrupp im nämlichen Lager zurück und machte sich

sidio relicto ad hostem contendit. *In* duo cornua diviserat peditem utrique lateri equite circumdato; inpedimenta sequebantur agmen. Praemissum deinde cum *suis* equitibus Menidan iubet explorare, ubi Dareus esset. At ille, cum Mazaeus haud procul consedisset, non ausus ultra procedere, nihil aliud quam fremitum hominum hinnitumque equorum exaudisse nuntiat. Mazaeus quoque conspectis procul exploratoribus in castra se recepit, adventus hostium nuntius. Igitur Dareus, qui in patentibus campis decernere optabat, armari militem iubet aciemque disponit. In laevo cornu Bactriani ibant equites, mille admodum, Dahae totidem, et Arachosii Susianique quattuor milia explebant. Hos centum falcati currus sequebantur. Proximus quadrigis erat Bessus cum VIII milibus, equitibus item Bactrianis. Massagetae duobus milibus agmen eius claudebant. Pedites his plurium gentium non inmixtos, sed suae cuiusque nationis iunxerat copias. Persas deinde cum Mardis Sogdianisque Ariobarzanes et Orontobates ducebant. Illi partibus copiarum, summae Orsines praeerat, a septem Persis oriundus, ad Cyrum quoque nobilissimum regem originem sui referens. Hos aliae gentes ne sociis quidem satis notae sequebantur. Post quas L quadrigas Phradates magno Caspiorum agmine antecedebat. Indi ceterique Rubri maris accolae, nomina verius quam auxilia, post currus erant. Claudebatur hoc agmen aliis falcatis curribus, quis peregrinum militem adiunxerat. Hunc Armenii,

auf Richtung Feind. Die Infanterie hatte er auf zwei Flügel verteilt mit Kavallerie auf beiden Flanken; das Gepäck folgte hinterdrein. Dann schickte er Menidas mit seinen Reitern los, auszuspähen, wo sich Dareios befinde. Menidas aber traute sich nicht weit vor, weil Mazaios in der Nähe Position bezogen hatte, und so meldete er, außer Menschenlärm und Pferdegewieher habe er nichts gehört. Auch Mazaios kehrte, nachdem er die Kundschafter von fern ausgemacht hatte, ins Hauptlager zurück und meldete die Ankunft der Feinde. Daher gab Dareios, der auf eine Schlacht auf offenem Gelände setzte, Befehl an die Truppen, sich zu waffnen, und formierte seine Linien. Auf dem linken Flügel standen die Baktrer, ungefähr tausend, und ebenso viele Daher, während die Arachoten und Susianer viertausend Mann zusammenbekamen. Auf diese folgten hundert Sichelwagen. Direkt an die Vierspänner schloss sich Bessos an mit achttausend Reitern ebenfalls aus Baktra. Die Massageten mit ihrer zweitausendköpfigen Schar bildeten das Ende seiner Abteilung. Diesen hatte Dareios Fußvolk aus mehreren Völkerschaften zur Seite gestellt, nicht als vermischten Haufen, sondern nach Nationalverbänden sortiert. Danach kamen die Perser im Verein mit den Marden und Sogdiern unter den Generälen Ariobarzanes und Orontobates. Die fungierten als Divisionskommandanten, der Oberbefehl aber oblag Orsines, der seine Abstammung von den Sieben Persern[37] herleitete, ja sogar auf Kyros, den hochberühmten König, zurückführte. Auf diese folgten noch andere Völker, die nicht einmal ihren Verbündeten ein Begriff waren. Im Anschluss fuhren fünfzig Vierspänner auf, vorneweg Phradates mit einer gewaltigen Kolonne von Kaspiern. Hinter den Wagen waren die Inder und die übrigen Anrainer des Roten Meeres positioniert, eine rein nominelle, nicht tatkräftige Verstärkung. Diese Abteilung wurde durch weitere Sichelwagen abgeschlossen, denen Dareios Truppen aus anderen Ländern zugeordnet hatte. Dann reih-

quos minores appellant, Armenios Babylonii, utrosque Belitae et, qui montes Cossaeorum incolebant, sequebantur. Post hos ibant Gortuae, gentis quidem Euboicae, Medos quondam secuti, sed iam degeneres et patrii moris ignari. Adplicuerat his Phrygas et Cataonas. Parthyaeorum deinde gens incolentium terras, quas nunc Parthi Scythia profecti tenent, claudebant agmen. Haec sinistri cornus facies fuit. Dextrum tenebant natio maioris Armeniae Cadusiique et Cappadoces et Syri ac Medi. His quoque falcati currus L erant. Summa totius exercitus equites XLV milia, pedestris acies CC milia expleverat. Hoc modo instructi X stadia procedunt iussique subsistere armati hostem expectabant.

[46] Alexandri exercitum pavor, cuius causa non suberat, invasit: quippe lymphati trepidare coeperunt omnium pectora occulto metu percurrente. Caeli fulgor tempore aestivo ardenti similis internitens ignis praebuit speciem, flammasque ex Darei castris splendere velut inlati temere praesidiis credebant. Quodsi perculsis Mazaeus, qui praesidebat itineri, supervenisset, ingens clades accipi potuit; nunc, dum ille segnis in eo, quem occupaverat, tumulo sedet, contentus non lacessi, Alexander cognito pavore exercitus signum, ut consisterent, dari, ante ipsos arma deponere ac levare corpora iubet, admonens nullam subiti causam esse terroris, hostem procul stare. Tan-

ten sich Verbände aus dem sogenannten Kleinarmenien an, an die Armenier die Babylonier, an beide die Beliter sowie die Bewohner des Zagros-Gebirges. Hinter denen marschierten die aus Euböa stammenden Gortuer auf, die sich einst den Medern angeschlossen hatten und jetzt, bereits degeneriert, von ihren heimischen Sitten nichts mehr wussten[38], in deren Gefolge dann die Phryger und Kataonen. Diese Abteilung wurde abgerundet durch die Parthyäer, die jene Gebiete bevölkerten, die jetzt im Besitz der aus Skythien abgewanderten Parther sind. So war die Formation des linken Flügels. Den rechten bildete die Völkerschaft Großarmeniens, die Kadusier, Kappadokier, Syrer und Meder. Auch bei diesen befanden sich fünfzig Sichelwagen. Die Gesamtarmee umfasste fünfundvierzigtausend Kavalleristen und zweihunderttausend Mann Infanterie. In dieser Ordnung rückten sie zehn Stadien vor, dann gingen sie auf Befehl hin in Stellung und erwarteten in Waffen stehend den Feind.

[46] Alexanders Heer ergriff indes eine grundlose Panik: am Rande des Wahnsinns schlotterten alle, die Brust von dunkler Furcht befallen. Wie eine Feuersbrunst sah der strahlende Sommerhimmel, der an manchen Stellen wie in Brand gesteckt glühte, für sie aus; als ob sie unversehens in die persischen Linien geraten wären, wähnten sie, das Lodern käme aus des Dareios Lager. Wahrscheinlich wäre es zu einer katastrophalen Niederlage gekommen, wenn Mazaios, der für die Sicherung der Route zuständig war, sie in diesem Augenblick der Erschütterung attackiert hätte. Der hockte nun aber untätig auf der von ihm besetzten Anhöhe, beglückt, dass der Feind ihm nicht ins Gehege kam. Währenddem ließ Alexander, über die herrschende Panikstimmung informiert, das Signal zum Anhalten geben; sie sollten die Waffen ablegen und sich ausruhen, so sein Befehl: für ihre plötzliche Furcht gebe es keinerlei Anlass, die Stellungen des Feindes seien noch weit. Schließlich

dem compotes sui pariter arma et animos recepere. Nec quicquam ex praesentibus tutius visum est quam eodem loco castra munire. Postero die Mazaeus – cum delectis equitum in edito colle, ex quo Macedonum prospiciebantur castra, consederat – sive metu sive quia speculari modo iussus erat, ad Dareum rediit.

Macedones eum ipsum collem, quem deseruerat, occupaverunt: nam et tutior planitie erat et inde acies hostium, quae in campo explicabatur, conspici poterat. Sed caligo, quam circa humidi effuderant montes, univers*ae* quidem rei faciem non abstulit, ceterum agminum discrimina atque ordinem prohibuit perspici. Multitudo inundaverat campos, fremitusque tot milium etiam procul stantium aures inpleverat. Fluctuari animo rex et modo suum, modo Parmenionis consilium sera aestimatione perpendere: quippe eo ventum erat, unde recipi exercitus nisi victor sine clade non posset. Itaque dissimulato *animo* mercennarium equitem ex Paeonia praecedere iubet.

Ipse phalangem, sicut antea dictum est, in duo cornua extenderat: utrumque cornu equites tegebant. Iamque nitidior lux discussa caligine aciem hostium ostenderat, et Macedones sive alacritate sive taedio expectationis ingentem pugnantium more edidere clamorem. Redditus et a Persis nemora vallesque circumiectas terribili sono inpleverat. Nec iam contineri Macedones poterant, quin cursu quoque ad hostem contenderent.

hatten sich die Männer wieder gefasst und kehrten zu den Waffen und ihrem alten Schneid zurück. In Anbetracht der Lage schien es das Sicherste, an Ort und Stelle zu kampieren. Am folgenden Tag verdrückte sich Mazaios, der auf einem hohen Hügel mit Blick auf das Makedonenlager in Position gegangen war, aus Furcht oder weil er nur zum Spähen abkommandiert worden war, zu Dareios.

Eben jene Anhöhe, von wo jener abgezogen war, besetzten nun die Makedonen: sie bot ja mehr Schutz als die Ebene, und man konnte von dort den Aufmarsch der feindlichen Linien auf dem Feld beobachten. Doch Nebel, der aus der Feuchte der Berge rings aufstieg, machte es unmöglich, die einzelnen Heeresabteilungen und ihre Aufstellung zu erkennen; was blieb, war nur ein Gesamteindruck. Eine wahre Flut von Menschen bedeckte die Ebenen, trotz der weiten Distanz gellten die Ohren vom Getöse der Tausend und Abertausend. Hin und her überlegte der König, mit Verspätung wägte er Für und Wider bald der eigenen Entscheidung, bald von Parmenions Vorschlag: in der Tat war ja der Punkt gekommen, an dem nur ein Sieg einen desaströsen Rückzug der Armee verhindern konnte. Darum verbarg er seine Bedenken und dirigierte die berittenen Söldner aus Päonien an die Spitze seiner Kolonnen.

Wie zuvor geschildert, hatte er die Phalanx in zwei Flügeln aufgestellt mit einer Deckung aus Kavallerie für jeden. Schon war es heller geworden, das Tageslicht hatte den Nebel vertrieben und den Blick auf das feindliche Aufgebot freigegeben. Jetzt packte die Makedonen die Begeisterung, oder sie hatten einfach genug vom Warten, und so stießen sie ihr übliches Kampfgeschrei aus. Die Perser erwiderten das: Wälder und Täler ringsumher hallten von dem grauenhaften Gebrüll. Kaum mehr aufzuhalten waren die Makedonen, wider den Gegner anzurennen. Der König freilich hielt es immer noch für die bessere Option, auf besagter Anhöhe das Lager zu errich-

Melius adhuc ratus in eodem tumulo castra munire, vallum iaci iussit strenueque opere perfecto in tabernaculum, ex quo tota acies hostium conspiciebatur, secessit.

XIII [47] Tum vero universa futuri discriminis facies in oculis erat: armis insignibus equi virique splendebant, et omnia intentiore cura praeparari apud hostem sollicitudo praetorum agmina sua interequitantium ostendebat, ac pleraque inania, sicut fremitus hominum, equorum hinnitus, armorum internitentium fulgor, sollicitam expectatione mentem turbaverant. Igitur sive dubius animi sive, ut suos experiretur, consilium adhibet, quid optimum factu esset, exquirens. Parmenio, peritissimus inter duces artium belli, furto, non proelio opus esse censebat: intempesta nocte opprimi posse hostes; discordis moribus, linguis, ad hoc somno et inproviso periculo territos quando in nocturna trepidatione coituros? At interdiu primum terribiles occursuras facies Scytharum Bactrianorumque: hirta illis ora et intonsas comas esse, praeterea eximiam vastorum magnitudinem corporum. Vanis et inanibus militem magis quam iustis formidinis causis moveri. Deinde tantam multitudinem circumfundi paucioribus posse, *cum* non in Ciliciae angustiis et inviis callibus, sed in aperta et lata planitie dimicarent. Omnes ferme Parmenioni adsentiebantur: Polypercon haud dubie in eo consilio positam victoriam arbitrabatur. Quem intuens rex – namque Parmenionem nuper acrius,

ten, und darum erging Order, Palisaden zu bauen. Nachdem diese Arbeit eilfertig erledigt war, zog er sich in sein Zelt zurück, von wo aus man einen kompletten Überblick über die gegnerischen Linien hatte.

XIII [47] In diesem Moment hatte Alexander die drohende Gefahr bildhaft in ihrem Gesamtausmaß vor Augen: Rosse und Reiter funkelten im Glanz ihrer Waffen; die Umtriebigkeit der Generäle, die ihre Bataillone abritten, zeugte von der verstärkten Akribie, mit der der Feind alles vorbereitete; obendrein ließen ihm diverse Nebensächlichkeiten wie das Gelärm der Männer, das Wiehern der Pferde, das stellenweise Aufblitzen der schimmernden Waffen den Kopf schwirren, der bereits vor Anspannung fieberte. Also hielt er Kriegsrat, um zu sondieren, welche Taktik die beste sei: vielleicht war er sich ja tatsächlich unschlüssig, vielleicht wollte er auch nur die Haltung der Seinen testen. Parmenion, der gewiefteste Stratege unter den Generälen, sprach sich für eine List aus, gegen eine Schlacht: ein Überfall in tiefer, stiller Nacht, und der Feind sei am Ende. Wenn zu dem herrschenden Wirrwarr an Sitten und Sprachen noch Schlaftrunkenheit komme und Panik ob der plötzlichen Gefahr, wie solle der sich inmitten des nächtlichen Tohuwabohus jemals formieren? Bei Tage hingegen hätte man als erstes die Skythen und Baktrer vor sich, diese grausen Gestalten mit ihren stoppeligen Gesichtern, ihren Haarzotteln und ihren ungeschlachten Riesenleibern. Mehr als echte Schrecknisse jagten solch dumme Belanglosigkeiten Soldaten ins Bockshorn. Zweitens sei die gewaltige Übermacht in der Lage, ihr kleines Häuflein einzukesseln, schließlich kämpfe man nicht an den Engpässen und in den ungangbaren Gebirgspfaden Kilikiens, sondern auf offenem, freiem Feld. Fast alle schlossen sich Parmenion an; Polyperchon vertrat die Ansicht, mit dieser Taktik sei der Sieg eine sichere Sache. Parmenion über den Mund fahren wollte der König nicht, denn erst

quam vellet, increpitum rursus castigare non sustinebat –: »Latrunculorum«, inquit, »et furum ista sollertia est, quam praecipitis mihi: quippe illorum votum unicum est fallere. Meae vero gloriae semper aut absentiam Darei aut angustias locorum aut furtum noctis obstare non patiar. Palam luce adgredi certum est: malo *me* meae fortunae paeniteat, quam victoriae pudeat. Ad haec illud quoque accedit: vigilias agere barbaros et in armis stare, ut ne decipi quidem possint, conpertum habeo. Itaque ad proelium vos parate!« Sic incitatos ad corpora curanda dimisit.

[48] Dareus id, quod Parmenio suaserat, hostem facturum esse coniectans frenatos equos stare magnamque exercitus partem in armis esse ac vigilias intentiore cura servari iusserat; ergo ignibus tota eius castra fulgebant. Ipse cum ducibus propinquisque agmina in armis stantium circumibat, Solem et Mithrem sacrumque et aeternum invocans ignem, ut illis dignam vetere gloria maiorumque monumentis fortitudinem inspirarent. Et profecto, si qua divinae opis auguria humana mente concipi possent, deos stare secum. Illos nuper Macedonum animis subitam incussisse formidinem, adhuc lymphatos ferri agique arma iacientes; expetere praesides Persarum imperii debitas e vaecordibus poenas. Nec ipsum ducem saniorem esse: quippe ritu ferarum praedam modo, quam expeteret, intu-

unlängst hatte er ihn schärfer kritisiert als beabsichtigt, darum heftete er den Blick auf Polyperchon und sprach diesen an: »Was du mir da vorschlägst, sind Schliche von Räubern und Dieben, die ja nur eines im Sinn haben, im Verborgenen zu bleiben. Ich aber werde nicht dulden, dass meinem Ruhm wegen Dareios' Abwesenheit, der Enge des Geländes oder eines nächtlichen Überfalls ewig ein Makel anhaftet. Vor aller Augen greifen wir an, im Licht des Tages, so viel steht fest: ich will lieber mit dem Schicksal hadern, als mich meines Sieges schämen. Es gibt noch ein weiteres Argument: die Barbaren stellen Nachtwachen auf, sie stehen unter Waffen, so dass die Chance, sie auszutricksen, gleich Null ist, diese Erkenntnis habe ich gewonnen. Also rüstet euch zum Kampf!« Nachdem er ihnen derart eingeheizt hatte, entließ er sie, Kräfte zu tanken.

[48] Auf der Gegenseite rechnete Dareios mit just der Vorgehensweise, wie sie Parmenion befürwortet hatte, deshalb war Befehl ergangen, die Pferde voll aufgezäumt bereitzuhalten, einen Großteil der Armee unter Waffen zu lassen und des Nachts noch wachsamer zu patrouillieren, weswegen auch überall in seinem Lager Feuer loderten. Eskortiert von seinen Generälen und Verwandten, musterte er selbst reihum die kampfgerüsteten Bataillone. Die Sonne rief er an, Mithras und das heilige, ewige Feuer[39], sie mit einem Mut zu beseelen, der ihres alten Ruhmes und der Trophäen der Ahnen würdig sei: und wahrlich und wahrhaftig, soweit des Menschen beschränkter Geist die Zeichen göttlichen Waltens wahrzunehmen vermöge, die Götter stünden auf seiner Seite. Eben erst hätten sie die Herzen der Feinde mit jähem Entsetzen geschlagen, völlig durchgedreht liefen die immer noch planlos umher und schleuderten die Waffen von sich; mit gleicher Münze zahlten Persiens schützende Mächte den Makedonen ihren Wahnsinn nun heim. Sogar ihr Anführer sei genauso wenig bei Trost wie der Rest: wie ein Raubtier nur auf sein Beute-

entem in perniciem, quae ante praedam posita esset, incurrere.

Similis apud Macedones quoque sollicitudo erat, noctemque velut in eam certamine edicto metu egerunt. Alexander non alias magis territus ad vota et preces Aristandrum vocari iubet. Ille in candida veste verbenas manu praeferens capite velato praeibat preces regi Iovem Minervamque Victoriam propitianti. Tunc quidem sacrificio rite perpetrato reliquum noctis adquieturus in tabernaculum rediit. Sed nec somnum capere nec quietem pati poterat: modo e iugo montis aciem in dextrum Persarum cornu demittere agitabat, modo recta fronte concurrere hosti, interdum haesitare, an potius in laevum detorqueret agmen. Tandem gravatum animi anxietate corpus altior somnus oppressit.

[49] Iamque luce orta duces ad accipienda imperia convenerant insolito circa praetorium silentio attoniti: quippe alias accersere ipsos et interdum morantes castigare adsueverat, tunc ne ultimo quidem rerum discrimine excitatum esse mirabantur et non somno quiescere, sed pavore marcere credebant. Non tamen quisquam ex custodibus corporis intrare tabernaculum audebat. Et iam tempus instabat, nec miles iniussu ducis aut arma capere poterat aut in ordines ire. Diu Parmenio cunctatus, cibum ut caperent, ipse pronuntiat. Iamque exire necesse erat: tunc demum intrat tabernaculum saepiusque

objekt fixiert, renne der in die todbringende Falle, die davor aufgestellt sei.

Bei den Makedonen herrschte eine ähnlich überreizte Stimmung, in Angst und Furcht verbrachten sie die Nacht, als ob der Kampf auf gleich anberaumt wäre. Verzagter als je zuvor bestellte Alexander für Gelübde und Gebete Aristander zu sich. Weiß gewandet, heilige Kräuter in der Hand, das Haupt verhüllt, sprach er dem König, der sich der Huld Jupiters und Minervas, der Siegreichen, versichern wollte, die Bittformeln laut vor. Nach den erforderlichen Opferzeremonien zog sich Alexander dann in sein Zelt zurück, um sich für den Rest der Nacht auszuruhen. Schlaf finden konnte er aber nicht, und auch das bloße Herumliegen war ihm unerträglich: bald trieb er seine Armee vom Bergkamm hinab gegen den rechten Flügel der Perser, bald ließ er sie frontal angreifen in gerader Linie, zwischendrin schwankte er, ob man nicht besser gegen den linken Flügel marschieren solle. Zuletzt war er vor lauter Zagen fix und fertig und fiel in einen abgrundtiefen Schlaf.

[49] Der Tag war angebrochen, und die Generäle hatten sich schon versammelt, ihre Weisungen entgegenzunehmen: das ungewohnte Schweigen rings um das Feldherrnzelt war für sie ein Schock, war es doch normalerweise Alexander, der sie antreten ließ und ihnen manchmal auch einen Verweis für Verspätung erteilte. Dass er nicht einmal im alles entscheidenden Moment aufgewacht war, das verblüffte sie jetzt; sie glaubten nicht, dass der ruhig schlief, sondern wähnten, er hätte vor Furcht schlappgemacht. Dennoch traute sich keiner seiner Leibwächter, einen Fuß in das Zelt zu setzen. Schon drängte die Zeit, ohne Befehl des Oberkommandierenden konnte freilich kein Soldat zu den Waffen greifen oder in Reih und Glied antreten. Nach langem Zögern übernahm es Parmenion, Appell zum Essenfassen zu geben. Jetzt ließ sich das Ausrücken nicht länger verschieben, und endlich betrat er das Zelt; ein

nomine conpellatum, cum voce non posset, tactu excitavit. »Multa lux«, inquit, »est: instructam aciem hostis admovit, tuus miles adhuc inermis expectat imperium. Ubi est vigor ille animi tui? Nempe excitare vigiles soles.« Ad haec Alexander: »Credisne me prius somnum capere potuisse, quam exonerarem animum sollicitudine, quae quietem morabatur?« Signumque pugnae tuba dari iussit. Et cum in eadem admiratione Parmenio perseveraret, quod solutum se curis somnum cepisse dixisset: »Minime«, inquit, »mirum est: ego enim, cum Dareus terram ureret, vicos excinderet, alimenta corrumperet, potens mei non eram; nunc vero quid metuam, cum acie decernere paret? Hercule, votum meum inplevit. Sed huius consilii postea quoque ratio reddetur: vos ite ad copias, quibus quisque praeest, ego iam adero et, quid fieri velim, exponam.« Raro admodum, admonitu magis amicorum quam metu discriminis, *quod* adeundum erat, thorace uti solebat; tunc *utique* munimento corporis sumpto processit ad milites. Haud alias tam alacrem viderant regem et vultu eius interrito certam spem victoriae augurabantur.

[50] Atque ille proruto vallo exire copias iubet aciemque disponit. In dextro cornu locati sunt equites, quos agema appellabant; praeerat his Clitus, cui iunxit Philotae turmas, ceterosque praefectos equitum lateri eius adplicuit. Ultima Meleagri

ums andere Mal rief er Alexanders Namen, und da er ihn durch den Klang seiner Stimme nicht wecken konnte, berührte er ihn. »Es ist helllichter Tag«, sagte er, »der Feind hat seine Linien vorgeschoben, deine Mannen aber sind noch nicht bewaffnet und harren deiner Order. Wo ist deine sprichwörtliche Energie geblieben? Ansonsten pflegst du doch die Wachen zu wecken.« Darauf versetzte Alexander: »Quälende Gedanken raubten mir den Schlaf; glaubst du, ich hätte ein Auge zutun können, bevor ich mich von dieser Last befreit hatte?« Und schon ließ er die Trompete zur Schlacht blasen. Parmenion indes hörte nicht auf, über Alexanders Äußerung, er sei ohne Sorgen beruhigt eingeschlafen, zu staunen, also erklärte er jenem: »Das ist überhaupt kein Wunder. Als Dareios das Land abfackelte, die Dörfer verheerte, die Lebensmittel vernichtete, war ich ohnmächtig; nun aber, wo er eine Entscheidung im Kampf sucht, was soll ich da fürchten? Beim Herkules, meinen innigsten Wunsch hat er mir erfüllt. Der Sinn meines Handelns wird sich später noch erweisen. Ihr macht jetzt, dass ihr zu den Truppen kommt, jeder General zu seiner Einheit! Ich werde gleich zur Stelle sein und meine Instruktionen geben.« In der Regel legte er seinen Brustpanzer nur selten an, mehr auf Anraten der Freunde als aus Furcht, sich der Gefahr auszusetzen. Damals jedenfalls nahm er den Harnisch und schritt zu seinen Soldaten. Bei keiner anderen Gelegenheit hatten sie ihren König so frohgemut gesehen, und angesichts seiner unerschrockenen Miene rechneten sie sich sichere Siegeschancen aus.

[50] Und so ließ Alexander nach Abbruch der Palisaden die Truppen ausrücken und brachte sie in Schlachtordnung. Auf dem rechten Flügel wurde das Kavalleriecorps der sogenannten Elitegarde postiert[40]; das unterstand Kleitos, dem auch Philotas' Staffeln zugeteilt waren, während die Flankendeckung den übrigen Reiterobristen oblag. Den Abschluss bildete Me-

ala stabat, quam phalanx sequebatur. Post phalangem Argyraspides erant; his Nicanor, Parmenionis filius, praeerat. In subsidiis cum manu sua Coenos, post eum Orestae Lyncestaeque sunt *positi*; post illos Polypercon, *mo*x peregrini milites. Huius agminis princeps Amyntas *ab*erat: Philippus Balacri eos regebat in societatem nuper adscit*us*. Haec dextri cornus facies erat. In laevo Craterus Peloponnensium equites habebat Achaeorum et Locrensium et Malieon turmis sibi adiunctis. Hos Thessali equites claudebant Philippo duce. Peditum acies equitatu tegebatur. Frons laevi cornus haec erat. Sed ne circumiri posset a multitudine, ultimum agmen valida manu cinxerat. Cornua quoque subsidiis firmavit non recta fronte, sed a latere positis, ut, si hostis circumvenire aciem temptasset, parata pugnae forent. Hic Agriani erant, quibus Attalus praeerat, adiunctis sagittariis Cretensibus. Ultimos ordines avertit a fronte, ut totam aciem orbe muniret. Illyrii hic erant adiuncto milite mercede conducto, Thracas quoque simul obiecerat leviter armatos. Adeoque aciem versabilem posuit, ut, qui ultimi stabant, ne circumirentur, verti tamen et in frontem circumagi possent. Itaque non prima quam latera, non latera munitiora fuere quam terga.

leagers Schwadron, dann kam die Phalanx. Auf diese folgten die Silberschildträger[41] unter dem Kommando von Nikanor, Parmenions Sohn. Als Reserve war Koinos' Trupp vorgesehen, hinter dem die Orestier und Lynkester plaziert waren, danach Polyperchon und zuletzt die ausländischen Soldaten. Amyntas, der für diese Einheit Verantwortliche, war abwesend; ein erst kürzlich gewonnener Verbündeter, Philipp, Sohn des Balakros, hatte deren Führung übernommen. Derart sah der rechte Flügel aus. Auf dem linken befehligte Krateros die Berittenen von der Peloponnes, zu denen sich die Staffeln aus Achaia, Lokris und vom Malischen Meerbusen gesellten. Die thessalischen Reiter unter Philipp rundeten diese Abteilung ab. Durch die Kavallerie bekam der Infanterieblock Flankenschutz. So war der vordere Teil des linken Flügels beschaffen. Um aber einer Einkesselung durch die feindliche Übermacht vorzubeugen, hatte Alexander auch die hintersten Linien durch einen schlagkräftigen Trupp gesichert. Zudem verstärkte er die Flügel durch Reservekontingente, die nicht in gerader Linie mit den Reihen, sondern in Hakenformation aufgestellt waren, damit sie bei einem Umzingelungsversuch des Gegners sofort reagieren konnten. Hier standen die Agrianen unter Attalos' Führung zusammen mit den Bogenschützen aus Kreta. Die Schlussreihen stellte er von der Front abgewandt auf, so dass seine gesamte Aufstellung ringförmig gesichert war. Letztere Funktion erfüllten die Illyrer im Verein mit den Söldnertrupps, und zusätzlich hatte er noch die leichtbewaffneten Infanteristen aus Thrakien dafür abkommandiert. Sein Arrangement garantierte größtmögliche Mobilität der Linien: die Verbände ganz hinten konnten, um eine Umzingelung von vorn zu verhindern, trotz ihrer anderen Blickrichtung mit einer Kehrtwende in die Front einschwenken. Folglich herrschte Rundumschutz, von den vordersten Reihen über die Flanken bis zu den Linien ganz hinten.

[51] His ita ordinatis praecipit, ut, si falcatos currus cum fremitu barbari emitterent, ipsi laxatis ordinibus impetum incurrentium silentio exciperent, haud dubius sine noxa transcursuros, si nemo se opponeret; sin autem sine fremitu inmisissent, eos ipsi clamore terrerent pavidosque equos telis utrimque suffoderent. Qui cornibus praeerant, extendere ea iussi ita, ut nec circumvenirentur, si artius starent, nec tamen ultimam aciem exinanirent. Inpedimenta cum captivis, inter quos mater liberique Darei custodiebantur, haud procul acie in edito colle constituit modico praesidio relicto. Laevum cornu, sicut alias, Parmenioni tuendum datum, ipse in dextro stabat.

Nondum ad iactum teli pervenera*nt*, cum Bion quidam transfuga, quanto maximo cursu poterat, ad regem pervenit nuntians murices ferreos in terram diffudisse Dareum, qua hostem equites emissurum esse credebat, notatumque certo signo locum, ut fraus evitari a suis posset. Adservari transfuga iusso duces convocat expositoque, quod nuntiatum erat, monet, ut regionem monstratam declinent equitemque periculum edoceant.

[52] Ceterum hortantem exercitus exaudire non poterat usum aurium intercipiente fremitu duorum agminum; sed *in*

[51] Nach diesem Arrangement gab es Verhaltensregeln: bei einem mit Gebrüll verbundenen Einsatz der Sichelwagen von Barbarenseite gelte es, in den Reihen Lücken zu öffnen und den Ansturm der vorpreschenden Gefährte schweigend abzuwarten; er wusste genau, ohne Schaden anzurichten, würden die, wenn sich ihnen niemand in den Weg stelle, einfach an ihnen vorüberbrettern. Ließen die Perser die Wagen aber ohne Getöse auf sie los, dann sollten sie selbst den Gegner mit Geschrei in Angst und Schrecken versetzen und die scheuenden Pferde von links und rechts unter Beschuss nehmen. Die für die Flügel Verantwortlichen erhielten Order, diese auszudehnen, so dass einer Einkreisung wegen zu dichter Gruppierung vorgebeugt sei, dabei dürften allerdings die letzten Reihen nicht zu licht werden. Das Gepäck und die Gefangenen, darunter die Mutter und die Kinder des Dareios, ließ er auf einen hohen Hügel unweit der Front schaffen mit einem angemessenen Trupp als Bedeckung. Wie sonst auch wurde der linke Flügel Parmenions Obhut anvertraut, während er selbst sich auf dem rechten befand.

Noch hatte man sich dem Feind nicht auf Schussweite genähert, da kam ein Überläufer namens Bion, so schnell ihn seine Beine trugen, zum König gerannt und verriet ihm, Dareios habe dort, wo er den Angriff der gegnerischen Kavallerie erwarte, den Untergrund mit Fußangeln präpariert; damit seine eigenen Leute nicht in diese Falle tappten, sei die Stelle eindeutig markiert. Alexander stellte den Deserteur unter Bewachung, dann berief er seine Generäle ein. Nachdem er ihnen die Neuigkeit mitgeteilt hatte, mahnte er sie, sich von besagtem Gelände fernzuhalten und ihre Reiter auf die Gefahr hinzuweisen.

[52] Übrigens konnten die Soldaten seine anfeuernden Worte wegen des ohrenbetäubenden Lärms der zwei Armeen nicht verstehen, doch vor aller Augen ritt er die Front ab und sprach

conspectu omnium duces et proximum quemque interequitans adloquebatur: **XIV** emensis tot terras in spem victoriae, de qua dimicandum foret, hoc unum superesse discrimen. Granicum hic amnem Ciliciaeque montes et Syriam Aegyptumque praetereuntibus raptas, ingentia spei gloriaeque incitamenta, referebat. Reprehensos ex fuga Persas pugnaturos, quia fugere non possent. Tertium iam diem metu exangues, armis suis oneratos in eodem vestigio haerere. Nullum desperationis illorum maius indicium esse, quam quod urbes, quod agros suos urerent, quidquid non corrupissent, hostium esse confessi. Nomina modo vana gentium ignotarum ne extimescerent: neque enim ad belli discrimen pertinere, qui ab iis Scythae quive Cadusii appellarentur. Ob id ipsum, quod ignoti essent, ignobiles esse: numquam ignorari viros fortes, at inbelles ex latebris suis erutos nihil praeter nomina adferre. Macedonas virtute adsecutos, ne quis toto orbe locus esset, qui tales viros ignoraret. Intuerentur barbarorum inconditum agmen: alium nihil praeter iaculum habere, alium funda saxa librare, paucis iusta arma esse. Itaque illinc plures stare, hinc plures dimicaturos. Nec postulare se, ut fortiter capesserent proelium, ni ipse ceteris fortitudinis fuisset exemplum: se ante prima signa dimicaturum. Spondere pro se tot cicatrices, totidem corporis decora; scire ipsos unum paene se praedae communis

zu den Generälen und allen in seiner unmittelbaren Nähe: **XIV** nachdem sie, getragen von der Hoffnung auf einen mitnichten risikolosen Sieg, so viele Länder durchmessen hätten, liege nur mehr diese letzte Prüfung vor ihnen. Dann beschwor er, mächtige Impulse der Hoffnung und des Ruhms, den Granikos herauf, Kilikiens Berge, Syrien und Ägypten, die sie im Vorbeiziehen erobert hätten. Auf der Flucht gestellt, würden die Perser, eben weil ein Davonlaufen fortan unmöglich sei, kämpfen. Leichenblass vor Angst, von ihrer Waffen Bürde niedergedrückt, rührten die sich schon seit drei Tagen nicht vom Fleck. Dass sie Städte, dass sie Feld und Land in Asche legten, sei das sicherste Zeichen ihrer Verzweiflung, bedeute es doch das Eingeständnis, dass alles, was sie nicht zerstörten, dem Feind anheimgegeben sei. Vor den unbekannten Völkerschaften müsse ihnen nicht bange sein, das seien nur hohle Namen, für den Ausgang des Kriegs sei es nämlich ohne Relevanz, wen die Perser als Skythen bezeichneten oder als Kadusier. Schon allein die Tatsache, dass niemand die kenne, zeige, dass sie es auch nicht wert seien, gekannt zu werden: wackere Männer blieben niemals unbekannt, aus ihren Schlupflöchern aufgescheuchte Feiglinge aber reduzierten sich auf den leeren Schall ihres Namens. Die Makedonen seien dank ihrer Heldenhaftigkeit an jedem Ort auf der ganzen Welt ein Begriff. Sie sollten sich einmal den ungeordneten Haufen der Barbaren betrachten: der eine verfüge über nichts als einen Wurfspieß, der andere über eine Steinschleuder, eine ordentliche Ausrüstung besäßen nur wenige. Darum stünden auf deren Seite wohl mehr Mann, mehr Krieger aber gebe es auf der ihren. Und so fordere er auch von niemandem beherzten Einsatz in der Schlacht, ohne selbst mit mutigem Beispiel voranzugehen als Kämpfer in vorderster Front. Seine unzähligen Narben, jede davon eine Zierde seines Leibes, bürgten für ihn, und sie wüssten auch, dass er nahezu der einzige sei, der auf seinen Anteil

exortem in illis colendis ornandisque usurpare victoriae praemia. Haec se fortibus viris dicere. Si qui dissimiles eorum essent, illa fuisse dicturum: pervenisse eos, unde fugere non possent. Tot terrarum spatia emensis, tot amnibus montibusque post tergum obiectis iter in patriam et penates manu esse faciendum. Sic duces, sic proximi militum instincti sunt.

[53] Dareus in laevo cornu erat magno suorum agmine, delectis equitum peditumque, stipatus, contempseratque paucitatem hostis vanam aciem esse extentis cornibus ratus. Ceterum, sicut curru eminebat, dextra laevaque ad circumstantia agmina oculos manusque circumferens: »Terrarum«, inquit, »quas Oceanus hinc adluit, illinc claudit Hellespontus, paulo ante dominis iam non de gloria, sed de salute et, quod saluti praeponitis, libertate pugnandum est. Hic dies imperium, quo nulla amplius vidit aetas, aut constituet aut finiet. Apud Granicum minima virium parte cum hoste certavimus, in Cilicia victos Syria poterat excipere, magna munimenta regni Tigris atque Euphrates erant. Ventum est eo, unde pulsis ne fugae quidem locus est. Omnia tam diutino bello exhausta post tergum sunt: non incolas suos urbes, non cultores habent terrae. Coniuges quoque et liberi sequuntur hanc aciem, parata hostibus praeda, nisi pro carissimis pignoribus corpora opponimus.

Quod mearum fuit partium, exercitum, quem paene in-

an der gemeinsamen Beute verzichte und die Siegesprämien samt und sonders dazu verwende, sie zu ehren und reich zu machen. Dies sage er zu den Tapferen. Leuten anderen Schlags, sofern vorhanden, würde er folgendes vorhalten: am erreichten Punkt gebe es keine Flucht zurück. Nachdem sie die Weiten so vieler Länder durchzogen, so viele Ströme und Berge hinter sich gelassen hätten, gebe es keinen Weg zurück ins Vaterland zum heimischen Herd, außer mit eiserner Faust. So stachelte er die Generäle, so die Soldaten in nächster Nähe an.

[53] Dareios befand sich auf dem linken Flügel, dicht umringt von einem mächtigen Truppenkontingent, der Elite aus Kavallerie und Infanterie. Für das Häuflein an Gegnern hatte er nur Verachtung, denn aus der Breite ihrer Flügel schloss er auf fehlende Tiefe der Linien. Erhaben auf seinem Wagen, ließ er seine Augen und Hände über die rechts und links um ihn versammelten Heerscharen kreisen und sprach zu ihnen: »Eben noch Herren über all die Länder, die hier der Ozean bespült, dort der Hellespont begrenzt, müsst ihr jetzt kämpfen, nicht mehr um Ruhm und Ehre, nein, um eure Existenz und um das, was euch noch höher gilt, die Freiheit. Dieser Tag bedeutet Konsolidierung oder Aus für das kolossalste Reich, das unsere Zeit je sah. Am Granikos sind wir mit einem winzigen Bruchteil unserer Streitkräfte gegen den Feind angetreten, nach der Niederlage in Kilikien hatten wir Syrien als Rückzugsgebiet, Euphrat und Tigris waren noch mächtige Bollwerke unseres Reiches. Jetzt aber – so stehen die Dinge – bleibt uns im Falle einer Niederlage kein Winkel mehr, wohin wir fliehen könnten. Hinter uns liegt alles in Schutt und Asche durch den endlosen Krieg, ihrer Einwohner beraubt sind die Städte, das Land seiner Bauern. Außerdem folgen eure Frauen, eure Kinder dieser Armee, leichte Beute für den Gegner, wenn wir sie, das Liebste, das wir besitzen, nicht mit unseren Leibern schützen.

Ich habe meinen Teil getan und ein Heer aufgestellt, für das

mensa planities vix caperet, conparavi; equos, arma distribui; commeatus ne tantae multitudini deessent, providi; locum, in quo acies explicari posset, elegi. Cetera in vestra potestate sunt: audete modo vincere famamque, infirmissimum adversus fortes viros telum, contemnite! [54] Temeritas est, quam adhuc pro virtute timuistis; quae ubi primum impetum effudit, velut quaedam animalia emisso aculeo, torpet. Hi vero campi deprehendere paucitatem, quam Ciliciae montes absconderant. Videtis ordines raros, cornua extenta, mediam aciem vanam, exhaustam; nam ultimi, quos locavit aversos, terga iam praebent. Obteri, mehercule, equorum ungulis possunt, etiam si nihil praeter falcatos currus emisero. Et bello vicerimus, si vincimus proelio; nam ne illis quidem ad fugam locus est: hinc Euphrates, illinc Tigris prohibet inclusos. Et quae antea pro illis erant, in contrarium versa sunt. Nostrum mobile et expeditum agmen est, illud praeda grave. Inplicatos ergo spoliis nostris trucidabimus, eademque res et causa erit victoriae et fructus. Quodsi quem e vobis nomen gentis movet, cogitet Macedonum illic arma esse, non corpora. Multum enim sanguinem invicem hausimus, et semper gravior in paucitate iactura est. Nam Alexander, quantuscumque ignavis et timidis videri potest, unum animal est et, si quid mihi creditis, teme-

eine Ebene von schier unermesslichen Dimensionen kaum genug Raum bietet; Pferde und Waffen habe ich vergeben, mich um die Versorgung dieses Riesenaufgebots gekümmert, ein Gelände gewählt, auf dem das Heer sich entfalten kann. Der Rest liegt bei euch. Traut euch nur zu, den Feind zu besiegen, und gebt nichts auf sein Prestige, gegen wackere Recken ist das eine ganz und gar machtlose Waffe! [54] Was ihr bislang für Mut hieltet und gefürchtet habt, Tollkühnheit ist das in Wahrheit: erst schießt sie ungestüm vorwärts, dann erlahmt sie, wie auch manche Insekten, wenn sie gestochen haben, in Starre verfallen. Und schließlich haben diese Felder hier ans Tageslicht gebracht, wie klein ihr Häuflein ist, was Kilikiens Berge einst kaschierten. Ausgedünnt seht ihr ihre Reihen, in die Breite gezogen die Flügel, das Zentrum der Linien schwach, ohne Tiefe; in der Tat haben die Hintersten, die er frontabgewandt positioniert hat, uns schon den Rücken zugekehrt. Beim Herkules, die lassen sich unter den Pferdehufen platttreten, nur die Sichelwagen muss ich dazu auf sie losschicken. Ein Sieg in dieser Schlacht, und wir gewinnen auch den Krieg, denn für sie gibt es gleichfalls keine Rückzugsmöglichkeit mehr: zwischen Euphrat und Tigris sitzen sie in der Falle. Überdies sind ihre einstigen Vorteile ins Gegenteil umgeschlagen. Unsere Armee ist mobil und ohne überflüssigen Ballast, die ihre ist durch die Beute schwerfällig geworden. Das heißt, wir säbeln die nieder, während sie sich mit unserem einstigen Hab und Gut abschleppen: Siegursache und Belohnung sind damit eins. Wenn aber jemanden der Ruf beeindruckt, der ihrem Volk vorauseilt, dann denke er daran, nur die Waffen sind hier makedonisch, die Leute nicht! Viel Blut wurde ja vergossen von uns und von ihnen, und bei einer kleinen Schar wiegen Verluste stets schwerer. Schließlich ist Alexander, was für ein Gigant er auch in den Augen feiger Memmen sein mag, auch nur ein Mensch, und fragt ihr mich, obendrein ein tollkühner und verrückter,

rarium et vaecors, adhuc nostro pavore quam sua virtute felicius. Nihil autem potest esse diuturnum, cui non subest ratio. Licet felicitas adspirare videatur, tamen ad ultimum temeritati non sufficit. Praeterea breves et mutabiles vices rerum sunt, et fortuna numquam simpliciter indulget. Forsitan ita dii fata ordinaverint, ut Persarum imperium, quod secundo cursu per CCXXX annos ad summum fastigium evexerant, magno motu concuterent magis quam adfligerent admonerentque nos fragilitatis humanae, cuius nimia in prosperis rebus oblivio est. Modo Graecis ultro bellum inferebamus, nunc in sedibus nostris propulsamus inlatum: iactamur invicem varietate fortunae. Videlicet imperium, quia mutuo adfectamus, una gens non capit.

[55] Ceterum, etiamsi spes non subesset, necessitas tamen stimulare deberet. Ad extrema perventum est. Matrem meam, duas filias, Ochum in spem huius imperii genitum, principes, illam subolem regiae stirpis, duces vestros reorum instar vinctos habet: nisi quid in vobis *spei* est, ego maiore mei parte captivus sum. Eripite viscera mea ex vinculis, restituite mihi pignora, pro quibus ipsi mori non recusatis, parentem, liberos! Nam coniugem in illo carcere amisi. Credite nunc omnes hos tendere ad vos manus, inplorare patrios deos, opem vestram, misericordiam, fidem exposcere, ut compedibus, ut servitute, ut precario victu ipsos liberetis. An creditis aequo animo iis servire, quorum reges esse fastidiunt? Video admoveri hosti-

der seine bisherigen Erfolge eher unserer Panik als seiner Tüchtigkeit verdankt. Doch nie kann von Dauer sein, was nicht auf Vernunft basiert. Des Glückes trügerischer Beistand, am Schluss versagt er sich der Tollkühnheit. Außerdem unterliegen die Dinge der Veränderung, sind kurzlebig und wandelbar, und niemals lächelt das Glück ohne Falsch. Vielleicht ist es ja der Götter Ratschluss, das Perserreich, das sie zuvor auf stetigem Erfolgskurs über zweihundertdreißig Jahre in höchste Höhen führten, mit gewaltigem Schlag zu erschüttern, ohne es in Grund und Boden zu stürzen, um uns so an des Menschen Zerbrechlichkeit zu gemahnen, die er im Glück nur allzu sehr vergisst. Es ist nicht lange her, dass wir eine Offensive gegen die Griechen starteten, heute tobt der Krieg in unserem eigenen Land, und wir sind in der Defensive, Spielball der Launen des Schicksals. Da wir im Wechsel um sie ringen, ist die Vormacht offenbar nicht Privileg einer einzigen Nation.

[55] Doch selbst wenn uns die Hoffnung nicht trägt, müsste die Not uns Ansporn sein. Wir stehen am Rande des Abgrunds. Meine Mutter, meine zwei Töchter, Ochos, den seine Geburt zum Erben dieses Reiches bestimmte, die Edlen des Landes, Nachfahren königlichen Geblüts, eure Generäle sind in des Gegners Gewalt, wie Verbrecher in Fesseln gelegt: sie sind ein wesentlicher Teil von mir, und ohne euch bin ich selber kaum mehr denn ein Gefangener. Entreißt mein Fleisch und Blut den Ketten, gebt mir Mutter und Kinder, der Liebe Unterpfand, zurück, um deretwillen auch ihr den Tod auf euch nehmt! Die Gattin habe ich ja in jenem Kerker verloren. Glaubt es, sie alle strecken euch nun die Hände entgegen, zu den Göttern der Heimat flehen sie, inständig fordern sie eure Hilfe, euer Erbarmen, eure Treue ein, auf dass ihr sie aus den Fesseln, aus der Knechtschaft, aus einem Bettelleben errettet. Oder meint ihr, dass sie jenen, deren Könige zu sein sie anwidert, gelassenen Herzens als Sklaven dienen? Ich sehe, wie die Armee

um aciem, sed quo propius discrimen accedo, hoc minus iis, quae dixi, possum esse contentus. Per ego vos deos patrios aeternumque ignem, qui praefertur altaribus, fulgoremque solis intra fines regni mei orientis, per aeternam memoriam Cyri, qui ademptum Medis Lydisque imperium primus in Persidem intulit, vindicate ab ultimo dedecore nomen gentemque Persarum! Ite alacres et spiritus pleni, ut, quam gloriam accepistis a maioribus vestris, posteris relinquatis! In dextris vestris iam libertatem, opem, spem futuri temporis geritis. Effugit mortem, quisquis contempserit: timidissimum quemque consequitur. Ipse non patrio more solum, sed etiam, ut conspici possim, curru vehor nec recuso, quominus imitemini me, sive fortitudinis exemplum sive ignaviae fuero.«

XV [56] Interim Alexander, ut et demonstratum a transfuga insidiarum locum circumiret et Dareo, qui cornu tuebatur, occurreret, agmen obliquum incedere iubet. Dareus quoque eodem suum obvertit Besso admonito, ut Massagetas equites in laevum Alexandri cornu *a* latere invehi iuberet. Ipse ante se falcatos currus habebat, quos signo dato universos in hostem effudit. Ruebant laxatis habenis aurigae, quo plures nondum satis proviso impetu obtererent. Alios ergo hastae multum ultra temonem eminentes, alios ab utroque latere demissae falces laceravere. Nec sensim Macedones cedebant, sed effusa fuga turbaverant ordines. Mazaeus quoque perculsis metum incus-

des Feindes heranwogt, doch je näher die Stunde der Entscheidung rückt, umso stärker drängt es mich, euch noch mehr zu sagen. Bei den Göttern der Heimat, beim ewigen Feuer, das man auf dem Altar vorausträgt, beim Glanz der Sonne, die in meines Reiches Grenzen aufgeht, bei der nie verblassenden Erinnerung an Kyros, der die Lyder und Meder als erster zugunsten Persiens entmachtete[42], beschwöre ich euch, bewahrt den Namen und die Nation der Perser vor der höchsten Schmach! Nun frisch und munter voran, dass ihr den Ruhm, den euch die Vorfahren hinterließen, eurerseits an die Nachkommen weitergeben könnt! Eure Rechte ist jetzt Verfechterin der Freiheit, der Macht und des Zukunftsglaubens. Wer den Tod verachtet, entgeht ihm; wer am meisten zagt, den greift er sich. Ich selbst werde nach alter Sitte, doch auch damit ihr mich sehen könnt, auf diesem Wagen fahren: ob in Tapferkeit oder Feigheit, nehmt euch ein Beispiel an mir, ich habe nichts dagegen!«

XV [56] Um die von dem Deserteur bezeichnete Falle zu umgehen und die Offensive auf Dareios, der einen der Flügel befehligte, zu lenken, gab Alexander in der Zwischenzeit den Kolonnen Order, seitwärts vorzumarschieren. Der Perserkönig schwenkte in analogem Gegenzug, wobei Bessos Weisung erhielt, mit der massagetischen Kavallerie einen Flankenangriff auf Alexanders linken Flügel zu vollführen. Vor sich hatte Dareios die Sichelwagen, die er auf Signal hin samt und sonders gegen den Feind warf. Die Lenker ließen die Zügel schießen und jagten los mit dem Ziel, mit dieser Überraschungsattacke umso mehr Feinde plattzuwalzen. Ein Teil der Makedonen wurde denn auch von den weit aus der Deichsel ragenden Lanzen zerfleischt, ein anderer durch die nach unten gerichteten Seitensicheln. Statt sich geordnet zurückzuziehen, stoben sie in alle Richtungen davon, Auflösung herrschte in den Reihen. In diesem Chaos brachte Mazaios sie noch mehr aus der

sit mille equitibus ad diripienda hostis inpedimenta circumvehi iussis ratus captivos quoque, qui simul adservabantur, rupturos vincula, cum suos adpropinquantes vidissent. Non fefellerat Parmenionem, qui in laevo erat: propere igitur Polydamanta mittit, qui *regi* et periculum ostenderet et, quid fieri iuberet, consuleret. Ille audito Polydamante: »Abi, nuntia«, inquit, »Parmenioni, si acie vicerimus, non nostra solum nos recuperaturos, sed etiam, quae hostium sunt, occupaturos! Proinde non est, quod virium quicquam subducat ex acie, sed, ut me, ut Philippo patre dignum est, contempto sarcinarum damno fortiter dimicet.« Interim barbari inpedimenta turbaverant caesisque plerisque custodum captivi vinculis ruptis quidquid obvium erat, quo armari possent, arripiunt et adgregati suorum equitibus Macedonas ancipiti circumventos malo invadunt. Laeti, qui circa Sisigambim erant, vicisse Dareum, ingenti caede prostratos hostis, ad ultimum etiam inpedimentis exutos esse nuntiant: quippe eandem fortunam ubique esse credebant et victores Persas ad praedam discurrisse. Sisigambis hortantibus captivis, ut animum a maerore adlevaret, in eodem, quo antea fuit, perseveravit. Non vox ulla excidit ei, non oris color vultusve mutatus est: sedit inmobilis – credo, praecoqui gaudio verita inritare fortunam –, adeo ut, quid mallet, intuentibus eam fuerit incertum. Inter haec Menidas, praefectus equitum Alexandri, cum paucis turmis opem inpedimen-

Fassung: da er damit rechnete, die bei der Bagage befindlichen Gefangenen würden angesichts des Nahens der Ihren einen Ausbruchsversuch starten, hatte er tausend Reitern befohlen, zu drehen und den Tross des Feindes zu plündern. Das war Parmenion auf dem linken Flügel nicht entgangen; eilends schickte er Polydamas los, den König auf die Gefahr hinzuweisen und weitere Weisungen einzuholen. Alexander hörte Polydamas an und gebot ihm: »Geh und sage Parmenion, wenn wir in der Schlacht siegen, gewinnen wir nicht nur unser Gepäck zurück, sondern bekommen dazu noch die ganze Habe des Feindes! Deshalb besteht für ihn kein Grund, auch nur die kleinste Einheit vom Feld zu nehmen; statt sich um Sack und Pack zu scheren, soll er tapfer kämpfen, wie es meiner, wie es meines Vaters Philipp würdig ist!« Inzwischen hatten die Barbaren beim Tross wildes Durcheinander verursacht und die Wächter zum größten Teil umgebracht; da zerrissen die Gefangenen ihre Ketten und griffen sich alles, was ihnen in die Quere kam und als Waffe dienen konnte, und gleich ging es im Verbund mit der eigenen Kavallerie gegen die Makedonen, die jetzt doppelt in der Klemme steckten. Jubelnd kündete ihr Gefolge Sisigambis den Sieg des Dareios: in einem Riesenmassaker habe man die Feinde vernichtet und zuletzt gar ihres Gepäcks beraubt; jene glaubten nämlich an einen Rundum-Erfolg der Perser: den Sieg in der Tasche, sei man zum Plündern ausgeschwärmt. Ungeachtet des Zuspruchs der Gefangenen, nun den Gram aus ihrem Herzen zu tilgen, blieb Sisigambis traurig wie zuvor. Kein einziges Wort kam ihr über die Lippen, die Farbe ihrer Wangen, ihre Miene veränderten sich nicht. Reglos saß sie da, voll Angst, denke ich, zu frühe Freude könnte das Schicksal vergrätzen; das ging so weit, dass einer, der sie sah, nicht recht wusste, was ihr eigentlich lieber war. Inzwischen war Alexanders Reiteroberst Menidas mit ein paar Schwadronen dem Train zu Hilfe geeilt, ob auf Eigeninitiative oder auf

tis laturus advenerat – est incertum, suone consilio an regis imperio –, sed non sustinuit Cadusiorum Scytharumque impetum: quippe vix temptato certamine refugit ad regem, amissorum inpedimentorum testis magis quam vindex. Iam consilium Alexandri dolor vicerat, et, ne cura recuperandi sua militem a proelio averteret, non inmerito verebatur. Itaque Areten, ducem hastatorum – sarisophoros vocabant – adversus Scythas mittit.

[57] Inter haec currus, qui circa signa prima turbaverant aciem, in phalangem invecti erant: Macedones confirmatis animis in medium agmen accipiunt. Vallo similis acies erat: iunxerant hastas et ab utroque latere temere incurrentium ilia suffodiebant. Circumire deinde et currus et propugnatores praecipitare coeperunt. Ingens ruina equorum aurigarumque aciem conpleverat: hi territos regere non poterant, qui crebra iactatione cervicum non iugum modo excusserant, sed etiam currus everterant, vulnerati interfectos trahebant, nec consistere territi nec progredi debiles poterant. Paucae tamen evasere quadrigae in ultimam aciem iis, quibus inciderunt, miserabili morte consumptis: quippe amputata virorum membra humi iacebant, et, quia calidis adhuc vulneribus aberat dolor, trunci quoque et debiles quidam arma non omittebant, donec multo sanguine effuso exanimati procumberent. Interim Aretes Scytharum, qui inpedimenta diripiebant, duce occiso gravius territis instabat. Supervenere deinde a Dareo Bactriani pug-

Befehl des Königs, steht nicht fest. Jedenfalls hielt er dem Ansturm der Kadusier und Skythen nicht stand: nach einem kurzen Geplänkel floh er zurück zum König, nur Zeuge für den Verlust des Gepäcks, nicht Rächer. Schon warf Alexander seine Entscheidung von eben vor lauter Ärger über den Haufen; überdies war er zu Recht in Sorge, das Verlangen, ihr Hab und Gut wiederzubekommen, lenke die Soldaten vom Kampf ab. Also schickte er Aretes, den Hauptmann der Lanzenträger, der sogenannten »Sarisophoroi«, ins Gefecht gegen die Skythen.

[57] Die Wagen hatten mittlerweile bei den Fähnlein ganz vorn ein Chaos angerichtet und nahmen sich jetzt die Phalanx vor: mit frischem Mut empfingen die Makedonen sie im Zentrum ihres Blocks. Wie eine Palisade standen sie in Linie, Lanze an Lanze, und durchbohrten von beiden Seiten die Weichen der jäh dahingaloppierenden Rosse. Dann gingen sie dazu über, die Wagen einzukreisen und ihre Bemannung herunterzukatapultieren. Da gab es Stürze zuhauf, übersät war die Front von Pferden und Lenkern. Diese waren außerstande, die scheuenden Tiere unter Kontrolle zu halten: immer wieder schlugen die mit dem Kopf wild um sich, und so hatten sie nicht nur das Joch abgeschüttelt, sondern auch die Wagen zum Kippen gebracht; die verwundeten Rosse schleiften die getöteten mit, in ihrer Panik konnten sie nicht stoppen, vor Schwäche nicht weiterlaufen. Und doch brachen ein paar Vierspänner durch bis zu den letzten Reihen, und wen sie erwischten, den ereilte ein jämmerlicher Tod: abgetrennt lagen die Gliedmaßen der Soldaten am Boden, und weil die heißen Wunden ihnen noch nicht wehtaten, umklammerten manche, verstümmelt und versehrt wie sie waren, weiter ihre Waffen, bis sie durch den starken Blutverlust tot zusammenbrachen. Währenddem hatte Aretes den Anführer der Skythen, die das Gepäck plünderten, getötet und rückte den Verschreckten jetzt vehementer zu Leibe. Da tauchten auf Dareios' Geheiß die

naeque vertere fortunam. Multi ergo Macedonum primo impetu obtriti sunt, plures ad Alexandrum refugerunt. Tum Persae clamore sublato, qualem victores solent edere, ferociter in hostem quasi ubique profligatum incurrerunt. Alexander territos castigare, adhortari, proelium, quod iam elanguerat, solus accendere, confirmatisque tandem animis ire in hostem iubet.

[58] Rarior acies erat in dextro cornu Persarum: namque inde Bactriani discesserant ad opprimenda inpedimenta. Itaque Alexander laxatos ordines invadit et multa caede hostium invehitur. At qui in laevo cornu erant Persae, spe posse eum includi agmen suum a tergo dimicantis opponunt; ingensque periculum in medio haerens adisset, ni equites Agriani calcaribus subditis circumfusos regi barbaros adorti essent aversosque caedendo in se obverti coegissent. Turbata erat utraque acies. Alexander et a fronte et a tergo hostem habebat. Qui averso ei instabant, et ab Agrianis equitibus premebantur; Bactriani inpedimentis hostium direptis reversi ordines suos recuperare non poterant; plura simul abrupta a ceteris agmina, ubicumque alium alii fors miscuerat, dimicabant. Duo reges iunctis prope agminibus proelium accenderant. Plures Persae cadebant, par ferme utrimque numerus vulnerabatur. Curru Dareus, Alexander equo vehebatur. Utrumque delecti tueban-

Baktrer auf, wodurch das Kampfglück sich wendete. Viele Makedonen mähte schon der erste Ansturm nieder, die Mehrheit rettete sich zu Alexander. Jetzt rannten die Perser mit dem typischen Siegesgeschrei, als wäre der Feind bereits auf ganzer Linie erledigt, ungestüm gegen den an. Die Makedonen reagierten mit Panik, doch Alexander setzte ihnen den Kopf zurecht und sprach ihnen Mut zu; er allein war es, der die bereits ins Stocken geratene Schlacht wieder in Gang brachte. Schließlich ermannten sich die Makedonen, und er erteilte den Befehl zum Angriff.

[58] Auf dem rechten Flügel hatten sich die Reihen der Perser gelichtet, die Baktrer hatten sich ja abgesetzt, um über den Tross herzufallen. Diesen gelockerten Abschnitt nahm sich Alexander vor, und seine Attacke richtete unter den Feinden ein gewaltiges Blutbad an. Nun sahen aber die Perser vom linken Flügel die Möglichkeit, ihn einzuschließen, und verlegten darum ihr Kontingent hinter seine Kampflinien. Alexander, der mittendrin feststeckte, wäre aufs höchste gefährdet gewesen, doch die agrianischen Reiter spornten die Rosse zur Attacke auf die Barbaren rings um den König; von hinten droschen sie auf sie ein und zwangen sie zu einer Kehrtwende. Ein wildes Durcheinander herrschte in beiden Armeen. Alexander hatte den Feind vor und hinter sich. Die, die ihm im Nacken saßen, wurden gleichzeitig von der agrianischen Kavallerie bedrängt. Von der Plünderung des feindlichen Trosses zurückgekehrt, waren die Baktrer nicht in der Lage, zurück ins Glied zu finden, mehrere Verbände auf einmal wurden vom Rest abgeschnitten, und nun kämpften sie allenthalben gegen jedweden, mit dem der Zufall sie konfrontierte. Die zwei Könige, deren Armeen fast verschmolzen waren, hatten den Kampf neu entfacht. Bei den Persern gab es mehr Gefallene, die Zahl der Verwundeten aber war auf beiden Seiten ungefähr gleich. Dareios thronte auf seinem Wagen, Alexander war hoch zu

tur sui immemores: quippe amisso rege nec volebant salvi esse nec poterant. Ante oculos sui quisque regis mortem occumbere ducebat egregium. Maximum tamen periculum adibant, quos maxime tuebantur: quippe sibi quisque caesi regis expetebat decus.

[59] Ceterum, sive ludibrium oculorum sive vera species fuit, qui circa Alexandrum erant, vidisse se crediderunt paulum super caput regis placide volantem aquilam, non sono armorum, non gemitu morientium territam, diuque circa equum Alexandri pendenti magis quam volanti similis adparuit. Certe vates Aristander alba veste indutus et dextra praeferens lauream militibus in pugnam intentis avem monstrabat haud dubium victoriae auspicium. Ingens ergo alacritas et fiducia paulo ante territos accendit ad pugnam, utique postquam auriga Darei, qui ante ipsum sedens equos regebat, hasta transfixus est. Nec aut Persae aut Macedones dubitavere, quin ipse rex esset occisus. Ergo lugubri ululatu et incondito clamore gemituque totam fere aciem adhuc aequo Marte pugnantium turbavere cognati Darei et armigeri. Laevumque cornu in fugam effusum destituerat currum, quem a dextra parte stipati in medium agmen receperunt. Dicitur acinace stricto Dareus dubitasse, an fugae dedecus honesta morte vitaret. Sed eminens curru nondum omnem suorum aciem proelio excedentem destituere erubescebat, dumque inter spem et desperationem

Ross, beide abgeschirmt durch aufopferungsbereite Elitesoldaten: die wollten und konnten einen etwaigen Verlust ihres Monarchen nicht heil überleben. Vor den Augen ihres Königs den Tod zu finden betrachteten sie alle als die höchste Weihe. Dennoch liefen ihre optimal bewachten Schützlinge die größte Gefahr, denn ein jeder trachtete nach dem Ruhm, den gegnerischen König zu töten.

[59] Außerdem vermeinte Alexanders Bedeckung gesehen zu haben – vielleicht war es eine Sinnestäuschung, vielleicht eine wahrhaftige Erscheinung –, wie dicht über des Königs Haupt, unbeeindruckt vom Waffengeklirr und der Sterbenden Stöhnen, ein Adler mit sanftem Flügelschlag dahinglitt, wobei er über Alexanders Pferd lange in der Luft zu hängen schien, statt es zu umfliegen. Jedenfalls zeigte Aristander in seinem weißen Gewand, einen Lorbeerzweig in der Rechten, den vom Kampf voll in Beschlag genommenen Soldaten diesen Vogel, der ohne Zweifel Sieg verheiße. Nun war es vorbei mit der gerade noch herrschenden Panik, ungeheure Begeisterung und Zuversicht trieb sie zurück in den Kampf, vor allem nachdem Dareios' Kutscher, der vor ihm saß und die Pferde lenkte, von einem Speer durchbohrt worden war. Beide, Perser und Makedonen, waren sich sicher, den König selbst habe es erwischt. Mit ihrem Wehgeschrei, ihrem wilden Geheul und Geächze stifteten Dareios' Verwandte und seine Knappen daraufhin fast überall in den Linien der Perser, deren Chancen bislang gleichstanden, heillose Verwirrung. Ohne sich um den Wagen zu scheren, nahm der linke Flügel in alle Richtungen Reißaus; die Einheiten rechter Hand bargen ihn inmitten ihrer Reihen. Es geht die Kunde, Dareios habe, die Klinge in der Faust, überlegt, sich die Schande der Flucht durch einen ehrenhaften Tod zu ersparen. Oben auf seinem Wagen markante Leitfigur, wurde er jedoch schamrot bei dem Gedanken, seine Armee, die in Teilen noch auf dem Feld verharrte, im Stich zu lassen, und so wichen die Perser

haesitat, sensim Persae cedebant et laxaverant ordines. Alexander mutato equo – quippe plures fatigaverat – resistentium adversa ora fodiebat, fugientium terga. Iamque non pugna, sed caedes erat, cum Dareus quoque currum suum in fugam vertit. Haerebat in tergis fugientium victor, sed prospectum oculorum nubes pulveris, quae ad caelum efferebatur, abstulerat; ergo haud secus quam in tenebris errabant ad sonum notae vocis aut signum subinde coeuntes. Exaudiebant tamen strepitus habenarum, quibus equi currum vehentes identidem verberabantur: haec sola fugientis vestigia excepta sunt.

XVI [60] At in laevo Macedonum cornu – Parmenio, sicut ante dictum, tuebatur – longe alia fortuna utriusque partis res gerebatur. Mazaeus cum omni suorum equitatu vehementer invectus urguebat Macedonum alas. Iamque abundans multitudine aciem circumvehi coeperat, cum Parmenio equites nuntiare iubet Alexandro, in quo discrimine ipsi essent: ni mature subveniretur, non posse sisti fugam. Iam multum viae praeceperat rex inminens fugientium tergis, cum a Parmenione tristis nuntius venit. Refrenare equos iussi, qui vehebantur, agmenque constitit frendente Alexandro eripi sibi victoriam e manibus et Dareum felicius fugere quam se sequi. Interim ad Mazaeum superati regis fama pervenerat. Itaque, quamquam validior erat, tamen fortuna partium territus perculsis languidius instabat. Parmenio ignorabat quidem causam sua sponte

Schritt um Schritt zurück, außer Reih und Glied, während er noch zwischen Hoffnung und Verzweiflung schwankte. Alexander hatte bereits mehrere Gäule lahmgeritten, jetzt wechselte er erneut das Pferd, und schon bekam, wer Widerstand leistete, sein Schwert ins Gesicht, wer floh, in den Rücken. Das war kein Kampf mehr, sondern das reinste Gemetzel, da endlich riss auch Dareios seinen Wagen herum und floh. Der Sieger heftete sich den Flüchtenden an die Fersen, die zum Himmel aufwirbelnden Staubwolken aber hatten die Sicht getrübt, also tappten sie wie im Dunkeln herum, nur der Klang einer bekannten Stimme oder ein Signal scharte sie ab und an zusammen. Wenigstens drang das Klatschen der Zügel zu ihnen, die unablässig auf die Wagenpferde knallten: das war die einzige Spur, die sie von Dareios auf seiner Flucht auftun konnten.

XVI [60] Auf dem linken Flügel der Makedonen hingegen, der, wie zuvor berichtet, Parmenion unterstand, entwickelten sich die Dinge für die beiden Parteien ganz anders. Mazaios war mit der gesamten Kavallerie im Sturm vorgeprescht und trieb die gegnerischen Staffeln in die Enge. Schon war er dabei, mit seiner Übermacht deren Linien einzukreisen, da schickte Parmenion Berittene zu Alexander, um zu melden, in welch prekärer Lage sie sich befänden: ohne schnelle Unterstützung sei ein Rückzieher vorprogrammiert. Der König hatte die Fliehenden schon ein gutes Stück Weges verfolgt, als ihn die Hiobsbotschaft Parmenions erreichte. Sofort erging Befehl an die Reiter, ihre Pferde zu zügeln; auch die Infanterie stoppte ihren Vormarsch, während Alexander tobte: ein schon mit Händen greifbarer Sieg, weg sei der jetzt; Dareios auf seiner Flucht habe den besseren Part als er, sein Verfolger. Inzwischen war die Kunde von der Niederlage des Perserkönigs zu Mazaios gedrungen mit der Folge, dass dieser, obwohl zahlen- und gefechtsmäßig überlegen, dennoch vor Schreck über das Los seiner Partei seinen Angriff drosselte. Parmenion hatte zwar

pugnae remissae, sed occasione vincendi strenue est usus. Thessalos equites ad se vocari iubet: »Ecquid videtis«, inquit, »istos, qui ferociter modo instabant, pedem referre subito pavore perterritos? Nimirum nobis quoque regis nostri fortuna vicit. Omnia Persarum caede strata sunt. Quid cessatis? an ne fugientibus quidem pares estis?« Vera dicere videbatur, et spes languentis quoque erexerat. Subditis calcaribus proruere in hostem. Et illi iam non sensim, sed citato gradu recedebant, nec quicquam fugae, nisi quod nondum terga verterant, deerat. Parmenio tamen ignarus, quaenam in dextro cornu fortuna regis esset, repressit suos. Mazaeus dato fugae spatio non recto itinere, sed maiore et ob id tutiore circuitu Tigrin superat et Babylon*a* cum reliquiis devicti exercitus intrat.

[61] Dareus paucis fugae comitibus ad Lycum amnem contenderat. Quo traiecto dubitavit, an solveret pontem: quippe hostem iam adfore nuntiabatur. Sed tot milia suorum, quae nondum ad amnem pervenerant, ponte rescisso videbat hostis praedam fore. Abeuntem, cum intactum sineret pontem, dixisse constat malle se sequentibus iter dare quam auferre fugientibus. Ipse ingens spatium fuga emensus media fere nocte Arbela pervenit.

Quis tot ludibria fortunae, ducum, agminum caedem multiplicem, devictorum fugam, clades nunc singulorum, nunc uni-

keine Ahnung, warum der freiwillig die Bremse zog, nutzte diese Chance, die Oberhand zu gewinnen, aber wacker. Er beorderte die Reiter aus Thessalien herbei und heizte denen ein: »Seht ihr nicht, dass die wilden Angreifer von eben, plötzlich panisch bis ins Mark, im Weichen begriffen sind? Ohne Zweifel wirkt sich das Glück unseres Königs auch für uns positiv aus. Übersät mit getöteten Persern ist das Feld. Worauf wartet ihr noch? Oder seid ihr etwa nicht einmal Fliehenden gewachsen?« Offenkundig entsprachen seine Worte der Wahrheit, und schon hatte die Hoffnung auch die Zagenden neu beflügelt: die Sporen in den Flanken, sprengten sie wider die Feinde. Die wichen jetzt nicht mehr langsam zurück, sondern im Galopp; bis auf die Tatsache, dass sie den Makedonen noch nicht den Rücken zugekehrt hatten, grenzte das bereits an Flucht. Dennoch hielt Parmenion die Seinen im Zaum, wusste er doch nicht, wie es um den König auf dem rechten Flügel bestellt war. Damit stand Mazaios die Flucht offen, allerdings nahm er statt der geraden Route einen längeren und dadurch gefahrloseren Umweg, überquerte den Tigris und gelangte mit den Resten der zerriebenen Armee nach Babylon.

[61] Mit wenigen Fluchtbegleitern war Dareios zum Lykos gehetzt; nachdem er diesen passiert hatte, fragte er sich, ob er die Brücke einreißen solle: in der Tat erhielt er ja Meldung, der Feind werde im Nu vor Ort sein. Andererseits war ihm klar, dass ihre Zerstörung Tausende seiner Leute, die den Fluss noch nicht erreicht hatten, in des Gegners Hände gab. So ließ er sie bei seinem Abzug unversehrt mit den verbürgten Worten: besser den Verfolgern freie Bahn gewährt als den Fliehenden den Weg blockiert. Er selbst gelangte, eine enorme Fluchtstrecke hinter sich, mitten in der Nacht nach Arbela.

Wer könnte die Unzahl grausiger Spiele, die das Schicksal hier trieb, in seinem Geiste erfassen, wer sie in Worte kleiden, das massenhafte Abschlachten von Generälen und Truppen,

versorum, aut animo adsequi queat aut oratione conplecti? Propemodum saeculi res in unum illum diem pro! fortuna cumulavit. Alii, qua brevissimum patebat iter, alii devios saltus et ignotas sequentibus calles petebant. Eques pedesque confusi, sine duce, armatis inermes, integris debiles inplicabantur. Deinde misericordia in metum versa, qui sequi non poterant, inter mutuos gemitus deserebantur. Sitis praecipue fatigatos et saucios perurebat, passimque omnibus rivis prostraverant corpora praeterfluentem aquam hianti ore captantes. Quam cum avide turbidam hausissent, tendebantur extemplo praecordia premente limo resolutisque et torpentibus membris, cum supervenisset hostis, novis vulneribus excitabantur. Quidam occupatis proximis rivis deverterant longius, ut, quidquid occulti humoris usquam manaret, exciperent, nec ulla adeo avia et sicca lacuna erat, ut vestigantium sitim falleret. E proximis vero itineri vicis ululatus senum feminarumque exaudiebantur barbaro ritu Dareum adhuc regem clamantium.

[62] Alexander, ut supra dictum est, inhibito suorum impetu ad Lycum amnem pervenerat, ubi ingens multitudo fugientium oneraverat pontem, et plerique, cum hostis urgeret, in flumen se praecipitaverant gravesque armis et proelio ac fuga defetigati gurgitibus hauriebantur. Iamque non pons modo fu-

die Flucht der Besiegten, die individuellen Tragödien sowie das kollektive Desaster? Auf jenen einen Tag, o weh, hat es die Geschehnisse fast eines ganzen Zeitalters konzentriert. Die einen wählten den kürzesten Weg, die anderen suchten ihre Rettung in abgelegenen Schlüften und auf gebirgigen Pfaden, die den Verfolgern unbekannt waren. Es herrschte ein chaotisches Durcheinander von Reitern und Fußvolk ohne ihre Offiziere, ein unentwirrbares Gemenge von Bewaffneten und Unbewaffneten, von Unversehrten und Verstümmelten. Als nächstes schlug das Mitleid in Angst um: unter Weh und Ach von beiden Seiten wurden jene, die nicht weiterkonnten, aufgegeben. Erschöpft und verwundet wie sie waren, quälte sie vor allem brennender Durst: an allen Bächen weit und breit hatten sie sich niedergeworfen und schnappten mit aufgesperrtem Mund nach dem vorbeifließenden Nass. In ihrer Gier schluckten sie das mitsamt dem aufgewirbelten Dreck, und auf der Stelle quollen ihre Eingeweide unter dem Druck des Schlamms auf; dann, die Glieder entkräftet und steif, wurden sie von neuen Blessuren aufgescheucht, denn plötzlich war der Feind da. Manche hatten, weil die Bäche in der Nähe schon besetzt waren, weitere Abstecher gemacht, um jeden irgendwo verborgenen Wassertropfen aufzusaugen; jedes Loch, ganz gleich, wie abseits und ausgetrocknet es war, spürten die Dürstenden auf. Aus den Dörfern im Umkreis aber hallte das Geschrei der Greise und Frauen, die nach Barbarensitte noch immer »König Dareios« brüllten.

[62] Alexander hatte, wie oben gesagt, den Vorsturm der Seinen gestoppt und war schließlich zum Lykos gelangt, wo die Brücke mit einer Riesenmenge Flüchtlinge bepackt war; den Feind im Genick, stürzten sich die meisten davon in den Fluss und wurden unter dem Gewicht ihrer Waffen, durch Kampf und Flucht entkräftet, von den Strudeln in die Tiefe gesogen. Schon konnte nicht nur die Brücke die Fliehenden nicht mehr

gientes, sed ne amnis quidem capiebat agmina sua inprovide subinde cumulantis: quippe ubi intravit animos pavor, id solum metuunt, quod primum formidare coeperunt. Alexander instantibus suis, ne inpune abeuntem hostem intermitteret sequi, hebetia esse tela et manus fatigatas tantoque cursu corpora exhausta et praeceps in noctem diei tempus causatus est; re vera de laevo cornu, quod adhuc in acie stare credebat, sollicitus reverti ad ferendam opem suis statuit. Iamque signa converterat, cum equites a Parmenione missi illius quoque partis victoriam nuntiant.

Sed nullum eo die maius periculum adiit, quam dum copias reducit in castra. Pauci eum et incompositi sequebantur ovantes victoria – quippe omnes hostes aut in fugam effusos aut in acie cecidisse credebant –, cum repente ex adverso apparuit agmen equitum, qui primo inhibuere cursum, deinde Macedonum paucitate conspecta turmas in obvios concitaverunt. Ante signa rex ibat dissimulato magis periculo quam spreto. Nec defuit ei perpetua in dubiis rebus felicitas: namque praefectum equitatus avidum certaminis et ob id ipsum incautius in se ruentem hasta transfixit; quo ex equo lapso proximum ac dein plures eodem telo confodit. Invasere turbatos amici quoque. Nec Persae inulti cadebant: quippe non universae acies quam hae tumultuariae manus vehementius iniere certamen. Tandem barbari, cum obscura luce tutior fuga videretur esse quam

fassen, auch der Strom war zu schmal, häufte sich doch unkoordiniert Einheit auf Einheit: sobald einem der Schreck einmal im Herzen sitzt, kennt die Furcht kein weiteres Objekt; auf das, was sie auslöste, bleibt sie fixiert. Alexanders Mannen drängten, dem Feind, der unbehelligt das Weite suchte, auf den Fersen zu bleiben, der aber wiegelte mit Vorwänden ab: stumpf wären ihre Geschosse, die Arme lahm, der Leib erschöpft von dem Gewaltmarsch, auch bräche gleich die Nacht herein; in Wahrheit war er wegen des linken Flügels in Sorge, den er noch im Gefecht wähnte, und darum wollte er zurück, die Seinen zu entlasten. Er hatte bereits kehrtgemacht, da erschienen Reiter von Parmenion und meldeten den Sieg auch jenes Heeressektors.

Beim Rücktransport der Truppen ins Lager aber lauerte die größte Gefahr dieses Tages auf ihn. Nur ein ungeordnetes Grüppchen eskortierte ihn; im Siegestaumel waren diese Männer, denn sie waren überzeugt, die Feinde wären allesamt auf und davon oder auf dem Feld gefallen, doch plötzlich tauchte vor ihnen ein Reiterregiment auf. Zunächst hielten sie inne, dann, angesichts des Makedonenhäufleins, spornten sie mit ihren Schwadronen auf den Gegner los. Der König ritt in vorderster Reihe, er bagatellisierte die Gefahr nicht, er ignorierte sie eher. Und auch das Glück, in kritischen Situationen sein steter Begleiter, ließ ihn nicht im Stich: mit einer Lanze durchbohrte er den feindlichen Oberst, der sich voll Kampfeslust allzu fahrlässig auf ihn geworfen hatte. Kaum war der vom Pferd gestürzt, erstach er schon dessen Nebenmann, und dann noch ein paar mehr mit ein und derselben Waffe. Auch seine Freunde attackierten den verwirrten Gegner. Die Perser aber fielen nicht ohne Gegenwehr: nicht einmal die Gesamtverbände lieferten sich ja eine heftigere Schlacht als diese beiden bunten Haufen. Am Ende, als es dunkel wurde, hielten die Barbaren eine Flucht für unbedenklicher als Kampf und machten

pugna, dispersis agminibus abiere. Rex extraordinario periculo defunctus incolumis suos reduxit in castra.

[63] Cecidere Persarum, quorum numerum victores finire potuerunt, milia XL; Macedonum minus quam CCC desiderati sunt. Ceterum hanc victoriam rex maiore ex parte virtuti quam fortunae suae debuit: animo, non, ut antea, loco vicit. Nam et aciem peritissime instruxit et promptissime ipse pugnavit et magno consilio iacturam sarcinarum inpedimentorumque contempsit, cum in ipsa acie summae rei videret esse discrimen, dubioque adhuc pugnae eventu pro victore se gessit; perculsos deinde hostis *ut* fudit, fugientes, quod in illo ardore animi vix credi potest, prudentius quam avidius persecutus est. Nam si parte exercitus adhuc in acie stante instare cedentibus perseverasset, aut culpa sua victus esset aut aliena virtute vicisset. Iam si multitudinem equitum occurrentium extimuisset, victori aut foede fugiendum aut miserabiliter cadendum fuit. Ne duces quidem copiarum sua laude fraudandi sunt; quippe vulnera, quae quisque excepit, indicia virtutis sunt: Hephaestionis bracchium hasta ictum est, Perdicca et Coenos et Menidas sagittis prope occisi. Et, si vere aestimare Macedonas, qui tunc erant, volumus, fatebimur et regem talibus ministris et illos tanto rege fuisse dignissimos.

sich in alle Himmelsrichtungen aus dem Staub. Nachdem der König diese enorme Gefahr bestanden hatte, führte er die Seinen wohlbehalten ins Lager.

[63] Von den Persern fielen vierzigtausend Mann, soweit die Sieger ihre Zahl ermitteln konnten, die Makedonen hatten weniger als dreihundert zu beklagen. Im übrigen verdankte der König diesen Sieg zum größten Teil seiner Tüchtigkeit, weniger seinem Glück: sein Genie verhalf ihm zum Erfolg, nicht wie ehedem das Gelände. In der Tat formierte er seine Linien strategisch äußerst geschickt und kämpfte selbst mit höchster Entschlossenheit; dank seines Weitblicks, dass über Wohl und Wehe an der Front entschieden werde, scherte er sich nicht um den Verlust von Sack und Pack und strahlte noch vor dem endgültigen Schlachtergebnis Siegesgewissheit aus. Sobald er den erschütterten Gegner zersprengt hatte, ging er bei der Verfolgung der Flüchtigen nicht mit blindem Eifer, vielmehr mit Besonnenheit zu Werke, was in Anbetracht seines hitzigen Temperaments schier unglaublich ist: wäre er nämlich, während ein Heeresteil noch in Kampfhandlungen verstrickt war, dem zurückweichenden Feind weiter nachgejagt, hätte ihm diese persönliche Fehlentscheidung eine Niederlage beziehungsweise nur die Leistung anderer den Sieg beschert. Und noch eins: wäre er vor der Übermacht der Kavallerie, die seinen Weg kreuzte, in Furcht geraten, so wäre ihm trotz Sieg nur die Alternative geblieben, schändlich zu fliehen oder erbärmlich zu fallen. Freilich muss man auch den Generälen seiner Truppen gebührend Lob zollen; die Wunden, die jeder erlitt, zeugen ja von deren Mut: Hephaistion traf ein Speer am Arm; Perdikkas, Koinos und Menidas wären fast von Pfeilen getötet worden. Kurz, bei angemessener Bewertung der damaligen Makedonen kommen wir zu dem Fazit: mit vollstem Recht hatte der König solche Diener und diese umgekehrt einen so grandiosen König.

Liber V

I [1] Quae interim ductu imperioque Alexandri vel in Graecis vel Illyriis ac Thraecia gesta sunt, si suis quaeque temporibus reddere voluero, interrumpendae sunt res Asiae, quas utique ad fugam mortemque Darei universas in conspectum dari et, sicut inter se cohaerent, ita opere ipso coniungi haud paulo aptius videri potest. Igitur, quae proelio apud Arbela coniuncta sunt, ordiar dicere.

Dareus media fere nocte Arbela pervenerat, eodemque magnae partis amicorum eius ac militum fugam fortuna conpulerat. Quibus convocatis exponit haud dubitare se, quin Alexander celeberrimas urbes agrosque omni copia rerum abundantes petiturus esset: praedam opimam paratamque ipsum et milites eius spectare. Id suis rebus tali in statu saluti fore: quippe se deserta cum expedita manu petiturum. Ultima regni sui adhuc intacta esse: inde bello vires haud aegre reparaturum. Occuparet sane gazam avidissima gens et ex longa fame satiaret se auro, mox futura praedae sibi: usu didicisse pretiosam supellectilem pelicesque et spadonum agmina nihil aliud fuisse quam onera et inpedimenta. Eadem trahentem Alexandrum, quibus rebus antea vicisset, inferiorem fore. Plena omnibus desperationis videbatur oratio, quippe Babylona, urbem opulentissi-

Buch V

I [1] Wollte ich die zwischenzeitlich in Griechenland, Illyrien und Thrakien unter Alexanders Führung beziehungsweise Oberbefehl erzielten Erfolge chronologisch korrekt wiedergeben, müsste ich die Ereignisse in Asien unterbrechen, die man viel besser als Einheit präsentiert, zumindest bis zu Dareios' Flucht und Tod, und bei der Berichterstattung so verknüpft, wie es ihr faktischer Zusammenhang erfordert. Also beginne ich mit den Geschehnissen, die mit der Schlacht bei Arbela im Kontext stehen.

Ungefähr um Mitternacht war Dareios in Arbela angelangt, wohin das Schicksal auch einen Großteil seiner Freunde und Soldaten auf ihrer Flucht verschlagen hatte. Die rief er zusammen und konfrontierte sie mit seiner Hypothese, Alexander werde sich jetzt ihre berühmtesten Städte vornehmen sowie die ertragreichsten Ackergebiete: er und seine Truppen seien auf fette, leichte Beute aus. Für ihn selbst sei das in seiner gegenwärtigen Lage die Rettung, er werde sich nämlich mit einem mobilen Trupp in die Wüste absetzen. Bislang seien die äußersten Gefilde seines Reiches noch von jedem Übergriff verschont geblieben: dort könne er mühelos neue Streitkräfte für den Krieg rekrutieren. Möge sich dieses Pack in seiner hemmungslosen Gier nur ruhig der Schätze Persiens bemächtigen und seinen chronischen Hunger mit Gold stillen, bald schon sei er am Zug und die Gegenseite das Opfer: die Erfahrung habe ihn gelehrt, dass kostbarer Hausrat, Haremsdamen und Schwärme von Eunuchen nichts anderes als hinderlicher Ballast seien. Just das schleppe nun aber Alexander hinter sich her, womit er jene Vorteile einbüße, die ihm einst zum Sieg verhalfen. Alle hielten Dareios' Worte für einen Ausdruck der Verzweiflung, denn sie begriffen, das war das Aus für Babylon, die unermesslich reiche Stadt; danach werde der Sieger Susa okku-

mam, dedi cernentibus: iam Susa, iam cetera ornamenta regni, causam belli, victorem occupaturum. At ille docere pergit non speciosa dictu, sed usu necessaria in rebus adversis sequenda esse: ferro geri bella, non auro, viris, non urbium tectis. Omnia sequi armatos: sic maiores suos perculsos in principio rerum celeriter pristinam reparasse fortunam. Igitur sive confirmatis eorum animis sive imperium magis quam consilium sequentibus Mediae fines ingressus est.

[2] Paulo post Alexandro Arbela traduntur regia supellectile ditique gaza repleta: IV milia talentum fuere, praeterea pretiosae vestes, totius, ut supra dictum est, exercitus opibus in illam sedem congestis. Ingruentibus deinde morbis, quos odor cadaverum totis iacentium campis vulgaverat, maturius castra movit. Euntibus a parte laeva Arabia, odorum fertilitate nobilis regio. Campestre iter est *in terra* inter Tigrin et Euphraten iacenti tam uberi et pingui, ut a pastu repelli pecora dicantur, ne satietas perimat. Causa fertilitatis est humor, qui ex utroque amne manat, toto fere solo propter venas aquarum resudante. Ipsi amnes ex Armeniae montibus profluunt ac magno deinde aquarum divortio iter, quod coeperunt, percurrunt: II milia et quingenta stadia emensi sunt, qui amplissimum intervallum circa Armeniae montes notaverunt. Idem cum Mediam et Gordyaeorum terram secare coeperunt, paulatim in artius coeunt et, quo longius manant, hoc angustius inter se spatium terrae relinquunt. Vicini maxime sunt in campis, quos incolae Meso-

pieren, dann die übrigen Perlen des Reiches, um die der Krieg sich drehte. Jener aber fuhr mit seinen Indoktrinationen unbeirrt fort: schönklingende Worte hätten im Unglück nichts verloren, da gelte es, sich an praktische Notwendigkeiten zu halten; Eisen, nicht Gold brauche man zum Kriegführen, Männer, nicht städtische Prunkresidenzen. Tapferen Kriegern falle alles in den Schoß; nach der Devise hätten seine Vorfahren trotz Rückschlägen zu Beginn ihrer Herrschaft schnell zur alten Macht zurückgefunden[1]. Vielleicht hatte er ihnen neuen Mut gemacht, vielleicht beugten sie sich eher seinem Befehl als seinen Argumenten, jedenfalls ging es nach Medien.

[2] Kurz darauf ergab sich Arbela Alexander; die Stadt war vollgestopft mit Hofinventar, dazu kam ein üppiger Schatz von viertausend Talenten[2], des weiteren kostbare Gewänder: das ganze Heeresgut war ja, wie oben berichtet, hierhergeschafft worden. Doch dann brach eine Epidemie aus, verbreitet durch den Gestank der Kadaver, die überall auf den Feldern lagen, und so hob Alexander das Lager vorzeitig auf. Linker Hand der Karawane lag Arabien[3], eine Region, die für ihre Fülle an Räucherwerk berühmt ist. Über ebenes Gelände führt der Weg zwischen Euphrat und Tigris durch ein Land, dessen Fluren so fruchtbar und fett sind, dass, so heißt es, Vieh dort nicht weiden darf, weil es sich sonst überfrisst und verendet. Ursache dieser Fruchtbarkeit ist das aus den zwei Strömen aussickernde Nass: Wasseradern lassen den ganzen Boden vor Feuchtigkeit schwitzen. Die Flüsse selbst entspringen in den Bergen Armeniens, dann setzen sie ihren Lauf sich in weitem Bogen voneinander entfernend fort; Landmesser haben ihre Höchstdistanz in der Gegend der armenischen Berge auf zweitausendfünfhundert Stadien beziffert. Danach aber auf ihrem Weg durch Medien und Kurdistan nähern sich diese Ströme einander an, und je weiter sie fließen, desto weniger Areal lassen sie zwischen sich. Am dichtesten beisammen sind sie in den von den

potamiam appellant: mediam namque ab utroque latere cludunt. Tandem per Babyloniorum fines in Rubrum mare inrumpunt. Alexander quartis castris ad Mennim urbem pervenit. Caverna ibi est, ex qua fons ingentem bituminis vim effundit, adeo ut satis constet Babylonios muros ingentis operis huius fontis bitumine interlitos esse.

[3] Ceterum Babylona procedenti Alexandro Mazaeus, qui ex acie in eam urbem confugerat, cum adultis liberis supplex occurrit urbem seque dedens. Gratus adventus eius regi fuit: quippe magni operis obsidio futura tam munitae urbis. Ad hoc vir inlustris et manu promptus famaeque etiam proximo proelio celebris et ceteros ad deditionem suo incitaturus exemplo videbatur. Igitur hunc quidem benigne cum liberis excipit; ceterum quadrato agmine, quod ipse ducebat, velut in aciem irent, ingredi suos iubet. Magna pars Babyloniorum constiterat in muris avida cognoscendi novum regem, plures obviam egressi sunt. Inter quos Bagophanes, arcis et regiae pecuniae custos, ne studio a Mazaeo vinceretur, totum iter floribus coronisque constraverat argenteis altaribus utroque latere dispositis, quae non ture modo, sed omnibus odoribus cumulaverat. Dona eum sequebantur greges pecorum equorumque, leones quoque et pardales caveis praeferebantur. Magi deinde suo more carmen canentes, post hos Chaldaei Babyloniorumque non vates modo, sed etiam artifices cum fidibus sui generis ibant,

Einheimischen Mesopotamien genannten Ebenen: von beiden Seiten schließen sie das ein. Zuletzt wälzen sie sich durch Babylonien bis ins Rote Meer. In vier Etappen gelangte Alexander nach Mennis. Dort befindet sich eine Höhle, aus der eine Quelle enorme Mengen an Bitumen zutage fördert; das ist so viel, dass die Babylonier ihren gewaltigen Mauerbau, wie allgemein bekannt, allein mit dem Ausstoß dieser Quelle verfugt haben.

[3] Wie dem auch sei, auf seinem Zug nach Babylon kam Alexander Mazaios, der sich vom Feld weg in diese Stadt gerettet hatte, mit seinen erwachsenen Kindern demutsvoll entgegen und überantwortete die Stadt und sich selbst seiner Gewalt. Sein Erscheinen war dem König willkommen, denn die Belagerung einer solchen Festung wäre ein Mammutunternehmen gewesen. Außerdem würde dieser hochkarätige, tatkräftige Mann, den die letzte Schlacht noch mehr glorifiziert hatte, wahrscheinlich auch die übrigen durch sein Beispiel zur Kapitulation bewegen. Darum nahm Alexander ihn mitsamt seinen Kindern in Gnaden auf. Nichtsdestoweniger ließ er die Seinen zum Karree formiert aufmarschieren, als zöge man in den Kampf, wobei er selbst die Führung übernahm. Gespannt auf den neuen König hatte sich ein Großteil der Babylonier auf die Mauern begeben, die Mehrzahl aber war ihm entgegengezogen. Unter ihnen befand sich auch Bagophanes, der Verwalter der Burg und des königlichen Vermögens; der wollte Mazaios an Beflissenheit nicht nachstehen, und so hatte er den ganzen Weg mit Blumen und Kränzen bestreuen und auf beiden Seiten Silberaltäre verteilen lassen, wo er Weihrauch und jeden anderen erdenklichen Duftstoff aufgehäuft hatte. Als Gaben hatte er Vieh- und Pferdeherden im Schlepptau, vorneweg wurden sogar Käfige mit Löwen und Panthern getragen[4]. Hinterdrein folgten ihre üblichen Gesänge intonierend die Magier, danach die Chaldäer und aus Babylon selbst nicht nur die Seher, sondern auch die Musiker mit der landestypischen

laudes hi regum canere soliti, Chaldaei siderum motus et statas vices temporum ostendere. Equites deinde Babylonii suo equorumque cultu ad luxuriam magis quam ad magnificentiam exacto ultimi ibant. Rex armatis stipatus oppidanorum turbam post ultimos pedites ire iussit, ipse cum curru urbem ac deinde regiam intravit. Postero die supellectilem Darei et omnem pecuniam recognovit.

[4] Ceterum ipsius urbis pulchritudo ac vetustas non regis modo, sed etiam omnium oculos in semet haud inmerito convertit. Samiramis eam condiderat, non, ut plerique credidere, Belus, cuius regia ostenditur. Murus instructus laterculo coctili bitumine interlitus spatium XXX et duorum pedum *in* latitudinem amplectitur: quadrigae inter se occurrentes sine periculo commeare dicuntur. Altitudo muri L cubitorum eminet spatio; turres denis pedibus quam murus altiores sunt. Totius operis ambitus CCCLXV stadia conplectitur: singulorum stadiorum structuram singulis diebus perfectam esse memoriae proditum est. Aedificia non sunt admota muris, sed fere spatium iugeri unius absunt. Ac ne totam quidem urbem tectis occupaverunt – per LXXX stadia habitabatur –, nec omnia continua sunt, credo, quia tutius visum est pluribus locis spargi. Cetera serunt coluntque, ut, si externa vis ingruat, obsessis alimenta ex ipsius urbis solo subministrentur. Euphrates interfluit magnaeque molis crepidinibus coercetur. Sed omnium operum magnitudinem circumveniunt cavernae ingentes, in

Lyra; diesen oblag es, das Lob der Könige zu singen, den Chaldäern, die Bewegungen der Gestirne und den periodischen Wechsel der Jahreszeiten zu erklären. Den Schluss bildeten die babylonischen Reiter, deren Ausstaffierung, die Pferde inbegriffen, mehr von Prunksucht als von Grandezza zeugte. Von Bewaffneten dicht umringt, wies der König der Prozession aus der Stadt den letzten Platz im Zug hinter dem Fußvolk zu, während er selbst hoch zu Wagen in die Stadt, dann in den Palast Einzug hielt. Am folgenden Tag inspizierte er des Dareios Palastinventar und gesamtes Vermögen.

[4] Im übrigen fesselte die Stadt durch ihre Schönheit und ihr Alter mit Recht die Blicke des Königs, aber auch all der anderen Neuankömmlinge. Semiramis[5] hatte sie gegründet, nicht, wie die meisten annehmen, Belos, dessen Burg als Sehenswürdigkeit präsentiert wird. Die Mauer besteht aus gebrannten Ziegelsteinen, sie mit Bitumen verfugt sind, und ist zweiunddreißig Fuß breit: begegneten sich dort Vierspänner, sagt man, könnten sie gefahrlos aneinander vorbei. Fünfzig Ellen ragt sie empor, wobei die Türme jeweils um zehn Fuß höher gezogen sind als der Rest. Der Umfang des Gesamtbaus beläuft sich auf dreihundertfünfundsechzig Stadien, und der Überlieferung nach brauchte man pro Stadion je einen Tag für die Errichtung. An die Mauer grenzen keine Gebäude, die finden sich erst einen Morgen[6] weit entfernt. Außerdem überziehen die Häuser auch nicht das ganze Stadtareal – das Wohngebiet beträgt achtzig Stadien –, und sie bilden zudem keinen zusammenhängenden Block, weil eine solche Zersiedelung, denke ich, sicherer erschien. Das übrige Terrain wird besät und beackert, damit im Falle eines Angriffs durch eine fremde Macht der stadteigene Boden die Belagerten mit Lebensmitteln versorgen kann. Der Euphrat, der die Stadt durchquert, ist durch mächtige Kaianlagen kanalisiert. Dieser Komplex aber wird gesäumt von Bassins, die tief in den Boden ausgeschachtet sind und dem

altitudinem pressae ad accipiendum impetum fluminis: quod ubi adpositae crepidinis fastigium excessit, urbis tecta corriperet, nisi essent specus lacusque, qui exciperent. Coctili laterculo structi sunt, totum opus bitumine adstringitur. Pons lapideus flumini inpositus iungit urbem. Hic quoque inter mirabilia Orientis opera numeratus est: quippe Euphrates altum limum vehit, quo penitus ad fundamenta iacienda egesto vix suffulciendo operi firmum reperiunt solum. Harenae autem subinde cumulatae et saxis, quis pons sustinetur, adnexae morantur amnem, qui retentus acrius, quam si libero cursu meare, inliditur.

[5] Arcem quoque ambitu XX stadia conplexam habent. XXX pedes in terram turrium fundamenta demissa sunt, ad LXXX summum munimenti fastigium pervenit. Super arcem, vulgatum Graecorum fabulis miraculum, pensiles horti sunt, summam murorum altitudinem aequantes multarumque arborum umbra et proceritate amoeni. Saxo pilae, quae totum onus sustinent, instructae sunt; super pilas lapide quadrato solum stratum est patiens terrae, quam altam iniciunt, et humoris, quo rigant terras: adeoque validas arbores sustinet moles, ut stipites earum VIII cubitorum spatium crassitudine aequent, in L pedum altitudinem emineant frugiferaeque sint, ut si terra sua alerentur. Et, cum vetustas non opera solum manu facta, sed etiam ipsam naturam paulatim exedendo perimat, haec moles, quae tot arborum radicibus premitur tan-

Zweck dienen, den Fluss bei Hochwasser aufzufangen: einmal über den Rand der Kaimauern geschwappt, würde er ohne die Auffangbecken und Reservoirs die Häuser der Stadt mit fortreißen. Die Kais sind ebenfalls aus gebrannten Ziegelsteinen, und Bitumen hält die ganze Konstruktion zusammen. Eine steinerne Brücke über den Fluss ist die Verbindungsader. Auch sie zählt zu den Wunderwerken des Orients. Der Euphrat führt nämlich unten in seinem Bett Schlamm mit sich; beim Legen der Fundamente hatte man ihn bis in die Tiefe ausgehoben und musste entdecken, dass der Boden kaum fest genug ist, einen Bau zu tragen; außerdem führen konstante Sandanschwemmungen an den Stützpfeilern der Brücke zu einer Brechung der Strömung: durch den Widerstand wird der Aufschlag der Wellen heftiger, als wenn der Strom freie Bahn hätte.

[5] Überdies gibt es in der Stadt eine Zitadelle von zwanzig Stadien Umfang. Dreißig Fuß tief liegen die Fundamente der Türme in der Erde, und bis zu den höchsten Zinnen des Bollwerks sind es achtzig. Oberhalb der Burg erstrecken sich die Hängegärten, dieses Wunder, das die Sagen der Griechen überall berühmt gemacht haben. Auf Höhe der Mauerkrone gelegen, sind sie mit ihren vielen schlanken, schattenspendenden Bäumen ein wonnevoller Ort. Die Pfeiler, die die Gesamtlast auffangen, bestehen aus Stein; auf denen ruht eine mit Quadern belegte Bodenplatte, die der dicken Erdschicht, die man daraufhäuft, und dem Nass, womit man die Schollen bewässert, standhält. Diese Konstruktion trägt äußerst mächtige Bäume: acht Ellen erreicht der Durchmesser ihrer Stämme, fünfzig Fuß ragen sie in die Höhe und sind mit Früchten behangen, wie wenn sie in mütterlicher Erde stünden. Auch dem Zahn der Zeit, der von Menschenhand Gefertigtes, ja sogar die Natur selbst durch allmähliche Abnutzung zerstört, trotzt diese Anlage, beschwert vom Wurzelwerk so vieler Bäume und

tique nemoris pondere onerata est, inviolata durat: quippe XX *pedes* lati parietes sustinent XI pedum intervallo distantes, ut procul visentibus silvae montibus suis inminere videantur. Syriae regem Babylone regnantem hoc opus esse molitum memoriae proditum est, amore coniugis victum, quae desiderio nemorum silvarumque in campestribus locis virum conpulit amoenitatem naturae genere huius operis imitari.

[6] Diutius in hac urbe quam usquam constitit rex, nec alio loco disciplinae militari magis nocuit. Nihil urbis eius corruptius moribus, nihil ad inritandas inliciendasque inmodicas cupiditates instructius. Liberos coniugesque cum hospitibus stupro coire, modo pretium flagitii detur, parentes maritique patiuntur. Convivales ludi tota Perside regibus purpuratisque cordi sunt, Babylonii maxime in vinum et, quae ebrietatem sequuntur, effusi sunt. Feminarum convivia ineuntium in principio modestus est habitus, dein summa quaeque amicula exuunt paulatimque pudorem profanant, ad ultimum – honos auribus habitus sit – ima corporum velamenta proiciunt. Nec meretricum hoc dedecus est, sed matronarum virginumque, apud quas comitas habetur vulgati corporis vilitas. Inter haec flagitia exercitus ille domitor Asiae per XXXIV dies saginatus ad ea, quae sequebantur, discrimina haud dubie debilior futurus fuit, si hostem habuisset.

Ceterum, quo minus damnum sentiret, identidem incremento renovabatur. Namque Amyntas Andromeni ab Antipa-

beladen mit dem Gewicht eines so üppigen Hains, ohne Schaden zu nehmen. In einem Abstand von elf Fuß stehen nämlich zwanzig Fuß breite Stützmauern: von fern betrachtet mutet das an wie Wälder auf richtigen Bergen. Der Überlieferung zufolge hat ein syrischer König, der in Babylon regierte, diese Gärten aus lauter Liebe zu seiner Gattin angelegt: in den ebenen Landen dort überkam sie das Heimweh nach ihren Wäldern und Forsten, und so bedrängte sie ihren Gemahl, den Zauber der Natur in Gestalt dieses Baues nachzubilden[7].

[6] In dieser Stadt verweilte der König länger als irgendwo sonst, und kein anderer Aufenthalt hatte negativere Auswirkungen auf die militärische Disziplin. Es gab nichts Verderbteres als die Sitten dieser Stadt, nichts, das mehr geschaffen war, unmäßige Begierden zu wecken und zu schüren. Kinder und Ehefrauen hurten mit den Gästen, nur der Preis für ihr schamloses Tun musste stimmen; Eltern und Gatten drückten ein Auge zu. In ganz Persien sind Könige und Höflinge versessen auf Orgien, namentlich die Babylonier frönen dem Wein und allen Ausschweifungen im Suff. Die Frauen, die an den Gelagen teilnehmen, verhalten sich zunächst reserviert, dann entblößen sie komplett ihren Busen und verlieren nach und nach jedes Schamgefühl, am Schluss – unsere Zuhörer mögen uns vergeben![8] – entledigen sie sich gar ihrer unteren Hüllen. Dieses schändliche Gebaren beschränkt sich nicht auf Dirnen, sondern findet sich auch bei verheirateten Frauen und jungen Mädchen, deren willfährige Promiskuität als gesellige Liebenswürdigkeit gilt. Nach dreiunddreißig Tagen im Rausch solcher Exzesse wäre jene glorreiche Armee, die Asien bezwungen hatte, fürwahr im Falle eines Feindkontakts für die anstehenden Kämpfe zu schlapp gewesen.

Andererseits fand dank konstanter Zuwächse eine Erneuerung der Truppen statt, so dass sich der Schaden weniger bemerkbar machte. In der Tat brachte Amyntas, des Andromenos

tro Macedonum peditum VI milia adduxit, D praeterea eiusdem generis equites, cum his DC Thracas adiunctis peditibus suae gentis III milibus D, et ex Peloponneso mercennarius miles ad IV milia advenerat cum trecentis octoginta equitibus. Idem Amyntas adduxerat L principum Macedoniae liberos adultos ad custodiam corporis: quippe inter epulas hi sunt regibus ministri idemque equos ineuntibus proelium admovent venantesque comitantur et vigiliarum vices ante cubiculi fores servant, magnorumque praefectorum et ducum haec incrementa sunt et rudimenta.

Igitur rex arci Babylonae Agathone praesidere iusso cum septingentis Macedonum trecentisque mercede conductis praetores, qui regioni Babyloniae ac Ciliciae praeessent, Menetem et Apollodorum relinquit. II milia his militum cum mille talentis data; utrique praeceptum, ut in supplementum milites legerent. Mazaeum transfugam satrapea Babylonae donat, Bagophanem, qui arcem tradiderat, se sequi iussit; Armenia Mithreni, Sardium proditori, data est. Ex pecunia deinde Babylonae tradita Macedonum equitibus sesceni denarii tributi; peregrinus eques quingenos accepit; ducen*os* pedes *domesticus, mercennarius duorum* stipendium mensum.

II [7] His ita conpositis in regionem, quae satrapea *Sittacene* vocatur, pervenit: fertilis terra copia rerum et omni commeatu abundans. Itaque diutius ibi substitit ac, ne desides otio demit-

Sohn, sechstausend makedonische Infanteristen an, die Antipater abgestellt hatte, dazu fünfhundert Mann Kavallerie derselben Nationalität, des weiteren sechshundert thrakische Reiter im Verbund mit dreitausendfünfhundert Fußsoldaten dieses Volkes, und von der Peloponnes war ein ungefähr viertausendköpfiges Söldnerheer angerückt, das auch dreihundertachtzig Berittene umfasste. Für den Dienst als königliche Knappen hatte Amyntas obendrein noch fünfzig junge Männer aus den besten Häusern Makedoniens bei sich. Die warten dem Monarchen ja bei Tisch auf, führen ihm die Pferde zu, wenn er in die Schlacht zieht, begleiten ihn auf der Jagd und stehen abwechselnd Wache an der Tür zu seinem Schlafgemach. Das sind die großen Gouverneure und Generäle von morgen, hier erwerben sie sich ihre Sporen.

Der König betraute nun Agathon mit der Kommandantur der babylonischen Zitadelle – siebenhundert Makedonen und dreihundert Söldner erhielt er dafür – und setzte als Befehlshaber des Großraums Babylon und Kilikien Menes und Apollodoros ein[9]. Zweitausend Soldaten und tausend Talente stellte er ihnen zur Verfügung mit der Weisung an beide, zusätzliche Truppen zu werben. Den Überläufer Mazaios belohnte er mit der Satrapie von Babylon; Bagophanes, der ihm die Burg ausgeliefert hatte, reihte er in sein Gefolge ein; Armenien wurde Mithrenes, dem Verräter von Sardes, unterstellt. Danach verteilte er von den Geldern, die man ihm in Babylon ausgehändigt hatte, sechshundert Denare pro Mann an die makedonische Kavallerie, jeder ausländische Reiter bekam fünfhundert, zweihundert ein Infanterist aus der Heimat, ein gedungener Fußsoldat einen Zweimonatssold.

II [7] Nachdem Alexander diese Regelungen getroffen hatte, war die nächste Etappe eine Satrapie namens Sittakene; ein fruchtbares Land ist das, wo die Fülle regiert und sich Nahrung im Überfluss findet. Deshalb machte er dort länger Station,

terent animos, iudices dedit praemiaque proposuit de virtute militari certantibus *nova*: qui fortissimi iudicati essent, singulis militum milibus praefuturi erant – chiliarchas vocabant – tunc primum in hunc numerum copiis distributis; namque antea quingenariae cohortes fuerant nec fortitudinis praemia cesserant. Ingens militum turba convenerat egregio interfutura certamini, testis eadem cuiusque factorum et de iudicibus latura sententiam: quippe verone an falso honos cuique haberetur, ignorari non poterat. Primus omnium virtutis causa donatus est Atarrhias senior, qui omissum apud Halicarnason a iunioribus proelium unus maxime accenderat, proximus ei Antigenes visus est, tertium locum Philotas Augaeus obtinuit, quartus Amyntae datus, post hos Antigonus et ab eo Lyncestes Amyntas fuit, septimum locum Theodotus, ultimum obtinuit Hellanicus. In disciplina quoque militari re*licta* a maioribus pleraque summa utilitate mutavit. Nam cum ante equites in suam quisque gentem discriberentur seorsus a ceteris, exempto nationum discrimine praefectis non utique suarum gentium, sed delectis attribuit. Tuba, cum castra movere vellet, signum dabat, cuius sonus plerumque tumultuantium fremitu exoriente haud satis exaudiebatur; ergo perticam, quae undique conspici posset, supra praetorium statuit, ex qua signum

und um eine Demoralisierung seiner Truppen durch faules Herumlungern zu verhindern, verordnete er einen Wettbewerb in soldatischer Tüchtigkeit unter der Ägide von Preisrichtern mit der Aussicht auf noch nie dagewesene Belohnungen: jene, die sich nach Urteil der Jury am wackersten bewährt hatten, sollten Befehlsgewalt über je tausend Mann erhalten, Chiliarchen nannte man die. Hiermit wurde die Einheitsstärke der Truppen erstmalig auf diese Zahl festgelegt, denn vorher hatte es fünfhundert Mann starke Kohorten gegeben, und die waren ihren Anführern nicht als Belohnung für persönliche Tapferkeit zugewiesen worden. In Massen waren die Soldaten zur Stelle, um dem Elitewettbewerb beizuwohnen; als Zeugen der einzelnen Leistungen waren sie zugleich auch Kontrollinstanz bei der Entscheidung der Richter: in der Tat konnte es ihnen unmöglich entgehen, ob die jeweilige Auszeichnung zu Recht oder zu Unrecht erfolgte. Als Allererster wurde der altgediente Atarrhias für seinen tapferen Einsatz belohnt: er allein hatte die Schlacht bei Halikarnass, die die Jungspunde schon aufgegeben hatten, wieder voll in Gang gebracht. Als Nächsten wählte man Antigenes aus, den dritten Platz erhielt Philotas aus Augaia, den vierten Amyntas, dahinter kam Antigonos, dann der Lynkester Amyntas, den siebten Rang behauptete Theodotos, Hellanikos den letzten. Auch bei den militärischen Regeln, die aus den Tagen der Vorfahren stammten, nahm Alexander etliche höchst nützliche Änderungen vor. War die Sortierung der Reiter bislang in strikter Sonderung nach Nationalitäten erfolgt, hob er diese ethnische Differenzierung jetzt auf und unterstellte sie Obersten seiner Wahl, ohne dass diese unbedingt Landsleute ihrer Untergebenen sein mussten. Den Abbruch des Lagers signalisierte man durch Trompetenfanfaren, die meistens im Getöse der allgemeinen Hektik untergingen. Darum ließ Alexander über dem Feldherrnzelt eine allseits sichtbare Stange errichten, an deren

eminens pariter omnibus conspicuum observabatur ignis noctu, fumus interdiu.

[8] Iamque Susa ei adituro Abulites, regionis eius praefectus, sive Darei iussu, ut Alexandrum praeda retineret, sive sua sponte filium obviam misit, traditurum se urbem promittens. Benigne iuvenem excepit rex et eodem duce ad Choaspin amnem pervenit, delicatam, ut fama est, vehentem aquam. Hic Abulites cum donis regalis opulentiae occurrit. Dromades cameli inter dona erant velocitatis eximiae, XII elephanti a Dareo ex India acciti, iam non terror, ut speraverant, Macedonum, sed auxilium, opes victi ad victorem transferente fortuna. Ut vero urbem intravit, incredibilem ex thesauris summam pecuniae egessit: L milia talentum argenti non signati forma, sed rudi pondere. Multi reges tantas opes longa aetate cumulaverant liberis posterisque, ut arbitrabantur, quas una hora in externi regis manus intulit. Consedit deinde in regia sella multo excelsiore quam pro habitu corporis. Itaque, cum pedes imum gradum non contingerent, unus ex regiis pueris mensam subdidit pedibus. Et cum spadonem, qui Darei fuerat, ingemiscentem conspexisset rex, causam maestitiae requisivit. Ille indicat Dareum vesci in ea solitum, seque sacram eius mensam ad ludibrium recidentem sine lacrimis conspicere non posse. Subiit ergo regem verecundia violandi hospitales deos, iamque

Spitze ein für jedermann erkennbares Signal Orientierungshilfe bot: des Nachts ein Feuer, bei Tage Rauch.

[8] Schon ging es Richtung Susa, da schickte ihm Abulites, der Satrap jener Region – vielleicht auf Befehl des Dareios, um Alexander durch einen guten Fang vom Vormarsch abzulenken, vielleicht auch aus eigenem Antrieb –, seinen Sohn entgegen mit dem Versprechen, er werde die Stadt übergeben. Der König hieß den jungen Mann gnädig willkommen und gelangte unter dessen Führung zum Choaspes mit seinen angeblich köstlichen Wassern[10]. Hier machte ihm Abulites mit Geschenken von königlicher Opulenz seine Aufwartung. Darunter befanden sich Dromedare von außerordentlicher Schnelligkeit sowie zwölf Elefanten, die sich Dareios aus Indien beschafft hatte; die waren für die Makedonen schon nicht mehr das erwartete Schrecknis, sondern eine Hilfe, denn das Schicksal spielte die Ressourcen des Besiegten jetzt dem Sieger zu. Kaum war der König dann in der Stadt, förderte Abulites aus den Schatzkammern eine unglaubliche Summe Geldes zutage, fünfzigtausend Talente Silber nicht in Münzen, sondern in Barren. Etliche Könige hatten dieses Vermögen über lange Zeit für ihre Kinder und Nachkommen, jedenfalls glaubten sie das, angehäuft, und doch genügte eine einzige Stunde, und es war in den Händen eines fremden Herrschers. Danach nahm Alexander auf dem Königsthron Platz, der für seine Größe viel zu erhaben war. Weil er mit den Füßen nicht bis zur untersten Stufe reichte, schob einer seiner Knappen ihm einen Tisch unter die Beine. Da bemerkte er, dass ein ehemaliger Eunuch des Dareios in Seufzen ausbrach, und so erkundigte er sich nach dem Grund für dessen Traurigkeit. Der erklärte, Dareios habe an diesem Tisch oft gespeist, und er könne nicht tränenlos zuschauen, wie mit dieser geweihten Tafel hier Schindluder getrieben werde. Darauf genierte sich der König ob seines Torts gegen die gastlichen Götter des Hauses[11], und schon be-

subduci iubebat, cum Philotas: »Minime vero haec feceris, rex, sed omen quoque accipe mensam, ex qua libavit hostis epulas, tuis pedibus esse subiectam!«

[9] Rex Persidis finem aditurus Susa urbem Archelao et praesidium III milium tradidit, Xenophilo arcis cura mandata est mille Macedonum aetate gravibus praesidere arcis custodiae iussis, thesaurorum Callicrati tutela permissa, satrapea regionis Susianae restituta Abulitae. Matrem quoque et liberos *Darei* in eadem urbe deponit. Ac forte Macedonicas vestes multamque purpuram dono ex Macedonia sibi missam cum iis, quae confecerant, tradi Sisigambi iubet – omni namque honore eam et filii quoque pietate prosequebatur – admonerique iussit, ut, si cordi quoque vestis esset, conficere eam neptes suas adsuefaceret; donoque se, *quae* docerent, dare. Ad hanc vocem lacrimae obortae prodidere animum aspernantis id munus: quippe non aliud magis in contumeliam Persarum feminae accipiunt quam admovere lanae manus. Nuntiant, qui dona tulerant, tristem esse Sisigambim, dignaque res et excusatione et solacio visa. Ipse ergo pervenit ad eam et: »Mater«, inquit, »hanc vestem, qua indutus sum, sororum non donum solum, sed etiam opus vides: nostri decepere me mores. Cave, obsecro, in contumeliam acceperis ignorationem meam! Quae tui moris esse cognovi, ut spero, abunde servata sunt. Scio

fahl er, den Tisch zu entfernen, doch Philotas gebot Einhalt: »Das wirst du mitnichten tun, mein König, sieh darin vielmehr auch das Omen: den Tisch, an dem dein Feind sein Mahl genoss, den hast du unter deinen Füßen!«

[9] Abmarschbereit zur Grenze der Persis[12], überantwortete der König die Stadt Susa mit einer Garnison von dreitausend Mann Archelaos, Xenophilos erhielt die Kommandantur der Zitadelle, deren Bewachung tausend betagten Makedonen übertragen wurde; die Schätze gab er in die Obhut von Kallikrates, während der Satrapenposten für den Distrikt Susa wieder an Abulites ging. Auch die Mutter und die Kinder des Dareios brachte er just in dieser Stadt unter. Zufällig hatte man ihm aus der Heimat als Geschenk makedonische Stoffe und eine Menge Purpur geschickt; auf sein Geheiß wurden sie zusammen mit den Arbeiterinnen, die sie gewebt hatten, Sisigambis übereignet: ihr ließ er ja jede Form von Ehrung bis hin zur Sohnesliebe angedeihen. Wenn die Stoffe bei ihr auf Gegenliebe träfen, so seine Botschaft, möge sie doch ihre Enkelinnen mit der Herstellung vertraut machen, als Lehrerinnen stelle er ihnen die Weberinnen zur Verfügung. Die Tränen, die Sisigambis bei dieser Offerte in die Augen schossen, verrieten, wie zuwider ihr das Präsent in innerster Seele war, die persischen Damen betrachten es nämlich als höchste Schmach, Wolle anzufassen[13]. Die Geschenkboten teilten ihm Sisigambis' Verstimmung mit, worauf sich Alexander zu einer Entschuldigung und Beschwichtigung bemüßigt fühlte. In eigener Person begab er sich daher zu ihr und sagte: »Mutter, siehst du, dieses Gewand, das ich trage, ist nicht nur eine Gabe meiner Schwestern, nein, es ist auch ihr Werk; ich habe mich durch unsere Sitten irreführen lassen. Lege meine Ignoranz bitte keineswegs als Beleidigung aus! Alle mir bekannten Gebräuche deines Landes habe ich, wie ich hoffe, voll und ganz respektiert. Ich weiß, dass es bei euch einem Sohn nicht erlaubt ist, in

apud vos filio in conspectu matris nefas esse considere, nisi cum illa permisit: quotienscumque ad te veni, donec, ut considerem, adnueres, restiti. Procumbens venerari me saepe voluisti: inhibui. Dulcissimae matri Olympiadi nomen debitum tibi reddo.«

III [10] Mitigato animo eius rex quartis castris pervenit ad Tigrim fluvium; Pasitigrim incolae vocant. Oritur in montibus Uxiorum, et per L stadia silvestribus ripis praeceps inter saxa devolvitur. Accipiunt deinde eum campi, quos clementiore alveo praeterit iam navium patiens. DC sunt stadia mollioris soli, per quod leni tractu aquarum Persico mari se insinuat. Amne superato cum IX milibus peditum et Agrianis sagittariisque *atque* Graeorum mercennariorum tribus milibus, additis mille Thracum, in regionem Uxiorum pervenit. Finitima Susis est et in primam Persidem excurrit artum inter se et Susianos aditum relinquens. Medates erat regionis praefectus, haud sane temporum homo: quippe ultima pro fide experiri decreverat. Sed periti locorum Alexandrum docent occultum iter esse per calles et aversum ab urbe: si paucos misisset leviter armatos, super capita hostium evasuros. Cum consilium placuisset, idem itinerum fuerunt duces. M et D mercede conducti et Agriani fere M Tauroni praefecto dati ac post solis occasum iter ingredi iussi. Ipse tertia vigilia castris motis circa lucis ortum

Gegenwart der Mutter unaufgefordert Platz zu nehmen: bei jedem meiner Besuche bei dir bin ich so lange stehengeblieben, bis du mir mit einem Nicken gestattet hast, mich zu setzen. Oft wolltest du mir durch Kotau huldigen, doch ich erlaubte es nicht. ›Liebste Mutter‹ nenne ich dich, ein Kosename, der eigentlich nur Olympias gebührt.«

III [10] So besänftigte der König ihr Gemüt, dann ging es in vier Etappen zum Tigris, der bei den Einheimischen »Kleiner Tigris«[14] heißt. Er entspringt in den Bergen der Uxier und schießt entlang seiner waldigen Ufer fünfzig Stadien zwischen Felsen zu Tal. Hier nehmen ihn Ebenen in ihren Schoß, die er in ruhigerem Lauf durchzieht, jetzt schon schiffbar. Nach sechshundert Stadien über schwächer nivelliertes Terrain ergießt er sich mit sachter Strömung ins Persische Meer. Alexander überquerte den Fluss und gelangte mit neuntausend Infanteristen, den agrianischen Bogenschützen sowie dreitausend griechischen Söldnern, zu denen sich noch tausend Thraker gesellten, in das Gebiet der Uxier. An Susa angrenzend, erstreckt sich dies Land bis Vorderpersien, wobei es nur eine schmale Grenzpassage mit Susiane verbindet. Der für die Region Verantwortliche war Medates, ein Mann, der sein Fähnchen mitnichten nach dem Wind richtete; in der Tat hatte er sich entschieden, für seine Treue bis zum äußersten zu gehen. Doch ortskundige Informanten wiesen Alexander auf eine verborgene Route hin, die über Gebirgspfade von hinten zur Hauptstadt führte: er müsse nur ein paar Leichtbewaffnete ausschicken, dann könnten die über den Köpfen der Feinde hereinbrechen. Diese Taktik wurde begrüßt, und dieselben Leute zeigten ihnen dann auch den Weg. Tausendfünfhundert Söldner und ungefähr tausend Agrianen unter dem Kommando von Tauron erhielten Order, sich nach Sonnenuntergang in Marsch zu setzen. Alexander selbst startete zur dritten Nachtwache und durchquerte den Engpass ungefähr bei Sonnenauf-

superat angustias caesaque materia cratibus et pluteis faciundis, ut, qui turres admoverent, extra teli iactum essent, urbem obsidere coepit. Praerupta erant omnia saxis et cotibus inpedita. Multis ergo vulneribus depulsi, ut quibus non cum hoste solum, sed etiam cum loco dimicandum esset, subibant tamen, quia rex inter primos constiterat interrogans, tot urbium victores an erubescerent haerere in obsidione castelli exigui et ignobilis, simul admonens *Tauronem mox auxilium esse laturum*. Inter haec eminus petebatur; quem testudine obiecta milites – ut decederet, *per*pellere nequierant – tuebantur.

[11] Tandem Tauron super arcem urbis se cum suo agmine ostendit; ad cuius conspectum et hostium animi labare et Macedones acrius proelium inire coeperunt. Anceps oppidanos malum urguebat, nec sisti vis hostium poterat. Paucis ad moriendum, pluribus ad fugam animus fuit, magna pars in arcem concessit. Inde XXX oratoribus missis ad deprecandum triste responsum a rege redditur non esse veniae locum. Itaque suppliciorum quoque metu perculsi ad Sisigambim, Darei matrem, occulto itinere ignotoque hostibus mittunt, qui peterent, ut ipsa regem mitigaret, haud ignari parentis eam loco diligi colique. Et Medates sororis eius filiam secum matrimonio iunxerat, Dareum propinqua cognatione contingens. Diu Sisigambis supplicum precibus repugnavit abnuens deprecatio-

gang. Zunächst ließ er Holz für die Herstellung von Faschinen und Brustwehren fällen, damit man die Türme, ohne zur Zielscheibe zu werden, in Stellung bringen könne, dann schritt er zur Belagerung der Stadt. Überall ging es nur senkrecht nach unten mit Barrieren aus Fels und Geröll. Massenhaft Verletzungen warfen die Männer aus der Bahn, machte ihnen doch nicht nur der Feind, sondern auch das Gelände zu schaffen, und trotzdem kraxelten sie weiter, denn ihr König blieb festen Fußes an der Spitze. Der fragte, ob sie nicht rot würden vor Scham: Bezwinger so vieler Städte, scheiterten sie hier an der Belagerung eines winzigen, unbekannten Gebirgsnestes! Gleichzeitig redete er ihnen gut zu, gleich werde Tauron mit Hilfe zur Stelle sein. Währenddem standen sie unter Dauerbeschuss aus der Ferne; weil die Soldaten Alexander nicht bewegen konnten, sich nach hinten zu verziehen, schützten sie ihn mit einer Mauer aus Schilden.

[11] Endlich tauchte Tauron mit seinem Zug oberhalb der Zitadelle des Ortes auf. Bei dessen Anblick geriet der Mut der Feinde ins Wanken, gleichzeitig starteten die Makedonen eine heftigere Offensive. Die in der Stadt saßen in einer Zwickmühle gefangen, und der gegnerische Ansturm war zudem nicht zu stoppen. Ein paar wählten den Tod, ein größerer Teil die Flucht, viele suchten Zuflucht in der Burg. Ihre dreißig Emissäre, die um Schonung bitten sollten, wurden vom König mit der harten Antwort abgespeist, Gnade könne es hier nicht geben. Daher schickten die Uxier in ihrer Angst unter anderem vor der Folter auf verborgenem, dem Feind unbekannten Pfad eine Delegation zu Sisigambis, des Dareios Mutter, mit der Bitte, sie möge doch durch persönliche Fürsprache den König erweichen, sie wussten nämlich genau, er liebte und ehrte sie wie eine Mutter. Zudem war Medates mit Sisigambis' Nichte schwesterlicherseits vermählt und daher eng mit Dareios versippt. Lange widerstand diese dem Drängen der Flehenden;

nem pro illis [non] convenire fortunae, in qua esset, adicitque metuere sese, ne victoris indulgentiam fatigaret, saepiusque cogitare captivam esse se quam reginam fuisse. Ad ultimum victa litteris Alexandrum ita deprecata est, ut ipsum excusaret, quod deprecaretur: petere se, ut illis quoque, si minus, sibi ignosceret; pro necessario ac propinquo suo, iam non hoste, sed supplice, tantum vitam precari. Moderationem clementiamque regis, quae tunc fuit, vel una haec res possit ostendere: non Medati modo ignovit, sed omnes et deditos et captivos [et] libertate atque inmunitate donavit, urbem reliquit intactam, agros sine tributo colere permisit. A victore Dareo plura mater non inpetrasset.

[12] Uxiorum dein gentem subactam Susianorum satrapae contribuit divisisque cum Parmenione copiis illum campestri itinere procedere iubet, ipse cum expedito agmine iugum montium cepit, quorum perpetuum dorsum in Persidem excurrit. Omni hac regione vastata tertio die Persidem, quinto angustias, quas illi Susidas pylas vocant, intrat. Ariobarzanes has cum XXV milibus peditum occupaverat, rupes abscisas, undique praeruptas, in quarum cacuminibus extra teli iactum barbari stabant de industria quieti et paventibus similes, donec in artissimas fauces penetraret agmen. Quod ubi contemptu

ein solches Gnadengesuch sei in ihrer derzeitigen Lage unangemessen, so winkte sie ab und kommentierte dies mit ihren Befürchtungen, die Nachsicht des Siegers zu sehr zu strapazieren: überhaupt besinne sie sich mehr und mehr darauf, dass sie eine Gefangene sei, nicht die Königin von einst. Am Schluss aber gab sie dennoch nach und richtete einen Bittbrief an Alexander, worin sie sich zugleich für ihr Bitten entschuldigte: für die Uxier oder wenigstens, falls das zu viel verlangt sei, für sich selbst flehe sie um Vergebung: er möge ihr nur das Leben ihres Verwandten und Freundes Medates schenken, der kein Feind mehr sei, sondern ein demütiger Bettler. Was der König jetzt tat, ist allein wohl Ausweis genug für seine damalige Mäßigung und Güte: er amnestierte nicht nur Medates, sondern gewährte allen, sowohl denen, die sich ergeben hatten, als auch den Gefangenen Freiheit und Straflosigkeit; die Siedlung ließ er heil und gestattete den Uxiern, ihr Land ohne Tributleistung zu bebauen. Mehr hätte seine Mutter von einem siegreichen Dareios auch nicht erreicht.

[12] Die unterworfene Völkerschaft der Uxier verleibte er sodann der Satrapie von Susiane ein; die Truppen teilte er unter sich und Parmenion auf mit der Order, er solle über die Ebenen weitermarschieren; er selbst hingegen, einen leichten Kampftrupp im Schlepptau, wählte den Weg über die Bergeshöhen, die sich in fortlaufender Kette bis hinein nach Persien ziehen. Nachdem er die gesamte Gegend verwüstet hatte, war er am dritten Tag in der Persis, am fünften an den sogenannten »Pforten von Susa«, einem Pass dort. Mit fünfundzwanzigtausend Mann Infanterie war Ariobarzanes hier in Stellung gegangen; außer Schussweite hatten sich die Barbaren oben auf dem nach allen Seiten jäh abfallenden Fels festgesetzt. Wie Angsthasen verhielten die sich absichtlich ruhig, damit sich der Zug derweil zur engsten Stelle des Passes vorarbeite. Kaum aber gewahrten sie, dass der, ohne sich um sie zu scheren, ein-

sui pergere vident, tum vero ingentis magnitudinis saxa per montium prona devolvunt, quae incussa saepius subiacentibus petris maiore vi incidebant nec singulos modo, sed agmina proterebant. Fundis quoque excussi lapides et sagittae undique ingerebantur. Nec id miserrimum fortibus viris erat, sed quod inulti, quod ferarum ritu veluti in fovea deprehensi caederentur. Ira igitur in rabiem versa eminentia saxa conplexi, ut ad hostem pervenirent, alius alium levantes conabantur ascendere: ea ipsa multorum simul manibus convolsa in eos, qui commoverant, recidebant. Nec stare ergo poterant nec niti, ne testudine quidem protegi, cum tantae molis onera propellerent barbari. Regem non dolor modo, sed etiam pudor temere in illas angustias coniecti exercitus angebat. Invictus ante eam diem fuerat nihil frustra ausus: inpune Ciliciae fauces intraverat, mare quoque novum in Pamphyliam iter aperuerat. Tunc haesitabat deprehensa felicitas, nec aliud remedium erat quam reverti, qua venerat. Itaque signo receptui dato densatis ordinibus scutisque super capita consertis retro evadere ex angustiis iubet. XXX fuere stadia, quae remensi sunt.

IV [13] Tum castris undique aperto loco positis non consultare modo, quid agendum esset, sed vates quoque adhibere coepit a superstitione animi. Sed quid tunc praedicere Aristander, cui tum plurimum credebat ex vatibus, poterat? Itaque

fach fürbass zog, wälzten sie kolossale Felsbrocken die Bergeshänge herab; die prallten immer wieder auf tieferliegendes Gestein, wodurch ganze Lawinen zu Tal gingen, und so zermalmten sie nicht nur einzelne, sondern ganze Haufen. Auch hagelte es Steingeschosse aus Schleudern und Pfeile. Das war für die Haudegen unten aber nicht das Schlimmste; nein, das bestand darin, dass man sie ohne Gegenwehr einfach abschlachtete wie wilde Tiere, die in der Grube gefangensaßen. Jetzt steigerte sich ihr Zorn zur Rage, sie umklammerten Felsvorsprünge, um sich zum Gegner hinaufzuhangeln, oder sie wuchteten sich gegenseitig hoch und versuchten derart, nach oben zu kommen. Aber unter dem Griff der vielen gerieten die Steine selbst ins Wackeln und prasselten auf jene, die sie losgerissen hatten. Und so konnten sie weder Fuß fassen noch emporklimmen, ja selbst die Schildkröte[15] bot keinen Schutz gegen die zentnerschweren Blöcke, die die Barbaren auf sie katapultierten. Das nagte am König, doch er schämte sich auch, das Heer blindlings in diesen Hohlweg gelotst zu haben. Bis heute hatte er keine Niederlage kassiert, niemals war sein Wagemut unbelohnt geblieben; ohne einen Denkzettel zu bekommen, hatte er seinen Fuß in Kilikiens Engpass gesetzt, sogar das Meer hatte ihm einen neuen Weg nach Pamphylien eröffnet[16]. Nun steckte sein Glück in einer Sackgasse fest, ein Rückzieher an den Ausgangsort war das einzige Mittel der Wahl. Deshalb wurde Abzug signalisiert, und er befahl, die Reihen dicht zu schließen, ein lückenloses Dach aus Schilden über den Köpfen zu bilden und kehrtmarsch zu machen hinaus aus der Schneise: dreißig Stadien ging es retour.

IV [13] Auf allseits offenem Gelände ließ er alsdann kampieren und begann, die nächsten Schritte zu bedenken, in seinem Aberglauben schon kurz davor, auch die Seher zu Rate zu ziehen. Doch was hätte ihm Aristander, der Deuter, der sein größtes Vertrauen genoss, in dieser Situation schon vorhersa-

damnatis intempestivis sacrificiis peritos locorum convocari iubet: per Mediam iter ostendebant tutum apertumque. Sed rex deserere milites insepultos erubescebat ita tradito more, ut vix ullum militiae tam sollemne esset munus quam humandi suos. Captivos ergo, quos nuper exceperat, vocari iubet. Inter quos erat quidam Graecae Persicaeque linguae peritus, qui frustra eum in Persidem montium dorso exercitum ducere adfirmat, silvestres esse calles vix singulis pervios, omnia contegi frondibus inplexosque arborum ramos silvas committere. Namque Persis ab altero latere perpetuis montium iugis clauditur. Hoc dorsum, quod in longitudinem MDC, in latitudinem CLXX stadia procurrit, a Caucaso monte ad Rubrum mare pertinet, quaque defecit mons, aliud munimentum, fretum, obiectum est. Planities deinde sub radicibus montium spatiosa procumbit, fertilis terra multisque vicis atque urbibus frequens. Araxes amnis per hos campos multorum aquas torrentium evolvit in Medum; Medus ad mare ad meridiem versus – minor amnis eo, quem accepit – evehitur, gignendaeque herbae non alius est aptior, quidquid adluit, floribus vestiens. Platani quoque et populi contegunt ripas, ita ut procul visentibus continuata videantur montibus nemora riparum. Quippe obumbratus amnis presso in solum alveo dilabitur, inminentque colles, ipsi quoque frondibus laeti, radices eorum humore subeunte. Regio non alia tota Asia salubrior habetur: temperat

gen können? Deshalb verwarf er fromme Rituale als inopportun und zitierte stattdessen Ortskundige herbei. Die zeigten ihm einen Weg durch Medien auf, der sicher und erschlossen war. Dass jedoch seine Soldaten unbestattet liegen bleiben sollten, das trieb dem König die Schamröte ins Gesicht, denn nach althergebrachter Sitte ist es im Felde nahezu die heiligste Pflicht, die Seinen zu begraben. Also hieß er die Gefangenen, die er unlängst gemacht hatte, antreten. Einer von ihnen, der des Griechischen und Persischen kundig war, bestätigte ihm, dass es in der Tat ein vergebliches Unterfangen war, die Armee über das Bergmassiv in die Persis zu führen, selbst für einzelne seien die Waldpfade schier unpassierbar, alles sei von einem Laubdach bedeckt, Wald reihe sich an Wald, ein wahres Dickicht von Gezweig. Auf einer Seite wird die Persis nämlich von einem fortlaufenden Höhenzug begrenzt. Diese Bergkette, die sich auf eine Länge von eintausendsechshundert Stadien und eine Breite von einhundertsiebzig dehnt, reicht vom Kaukasus zum Roten Meer, und wo das Gebirge endet, bilden die Fluten einen Riegel, ein weiteres Bollwerk. Am Fuß der Berge dehnen sich dann die riesigen Weiten des Tieflands mit seinem fruchtbaren Boden und der reichen Besiedelung aus Dörfern und Städten. Diese Ebenen passierend, wälzt der Araxes die Wassermassen etlicher Gebirgsbäche in den Medos; der verläuft in südlicher Richtung bis zum Meer, weniger mächtig als sein Zufluss, bringt er doch wie kein anderer üppigste Vegetation hervor: blumenübersät sind alle Gestade, die er bespült. Dazu sind die Ufer dicht bestanden mit Platanen und Pappeln; aus der Ferne betrachtet, erscheinen seine bewaldeten Ränder wie die Fortsetzung der bergigen Höhen. In der Tat gleitet der Strom in schattiges Halbdunkel getaucht in der tiefen Mulde seines Bettes dahin, beherrscht von Hügeln, die ihrerseits vor Grün nur so strotzen, da sein Nass ihren Fuß bespült. Kein Gefilde in ganz Asien gilt als gesünder; auf der

caelum hinc perpetuum iugum opacum et umbrosum, quod aestus levat, illinc mare adiunctum, quod modico tepore terras fovet.

[14] His captivus expositis interrogatus a rege, auditune an oculis conperta haberet, quae diceret, pastorem se fuisse et omnes eas calles percurrisse respondit; bis captum, semel a Persis in Lycia, iterum ab ipso. Subit animum regis memoria oraculo editae sortis: quippe consulenti responsum erat ducem in Persidem ferentis viae Lycium civem fore. Igitur promissis, quanta et praesens necessitas exigebat et ipsius fortuna capiebat, oneratum armari iubet Macedonum more et, quod bene verteret, monstrare iter quamvis arduum et praeceps: evasurum se esse cum paucis, nisi forte crederet, qua ipse pecoris causa isset, Alexandrum pro gloria et perpetua laude ire non posse. Etiam atque etiam docere captivus, quam difficile iter esset, maxime armatis. Tum rex: »Praedem«, inquit, »me accipe neminem eorum, qui sequuntur, recusaturum ire, qua duces!« Cratero igitur ad custodiam castrorum relicto cum peditibus, quis adsueverat, et iis copiis, quas Meleager ducebat, et sagittariis equitibus M praecipit, ut castrorum specie manente plures de industria ignes fieri imperet, quo magis barbari credant ipsum regem in castris esse. Ceterum, si forte Ariobarza-

einen Seite erzeugt die ununterbrochene Bergkette mit ihrem dichten Schatten, der die Hitze bricht, ein gemäßigtes Klima, auf der anderen verwöhnt das nahe gelegene Meer das Land mit lauen Temperaturen.

[14] So die Schilderung des Gefangenen. Ob er diese Beschreibung vom Hörensagen habe oder eigener Anschauung verdanke, wollte der König nun wissen, und jener erklärte, er sei Hirte gewesen und habe jeden Zipfel dieser Pfade selbst durchwandert; zweimal sei er aufgegriffen worden, das erste Mal in Lykien von den Persern, jetzt von ihm selbst. Da schoss Alexander die Erinnerung an eine Orakelprophezeiung durch den Kopf, war ihm doch, als er Rat suchte, geweissagt worden, dereinst werde ihm ein lykischer Bürger den Weg nach Persien weisen. Also versprach er jenem einen Lohn, wie er unter den obwaltenden Umständen geboten war und zugleich dem Stand des Lykiers entsprach; dann ließ er ihn nach Makedonenart rüsten und forderte ihn auf, ihnen nun auf gut Heil den Weg zu zeigen, möge er auch noch so steil und abschüssig sein; er werde den mit einer kleinen Schar schon erklimmen, oder glaube er etwa, Pfade, auf denen er wegen seiner Schafe gekraxelt sei, wären für Alexander auf seiner Suche nach Ehre und ewigem Ruhm ein Hindernis? Wieder und wieder betonte der Gefangene, wie schwierig die Route sei, vor allem für Bewaffnete, worauf der König versetzte: »Jeder meiner Leute wird ohne Murren folgen, wohin du uns führst, dafür verbürge ich mich.« Hiermit stellte er Krateros mit seinen angestammten Fußsoldaten zur Bewachung des Lagers ab, hinzu kamen noch die Einheiten, die Meleager unterstanden, sowie tausend berittene Bogenschützen; er erhielt Order, den Normalbetrieb im Camp aufrechtzuerhalten, ja sogar mit Fleiß noch mehr Feuer schüren zu lassen, um bei den Barbaren den sicheren Eindruck zu wecken, der König selbst wäre im Lager präsent. Falls Ariobarzanes von seinem Heranschleichen auf gewunde-

nes cognovisset per callium anfractus intrare *se* et ad occupandum iter suum partem copiarum temptasset opponere, Craterus eum inlato terrore retineret ad propius periculum conversurum agmen; sin autem ipse hostem fefellisset et saltum occupasset, cum trepidantium barbarorum tumultum exaudisset, persequens tum regem id ipsum iter, quo pridie pulsi fuerant, ne dubitaret ingredi: quippe vacuum fore hostibus in semet aversis.

[15] Ipse tertia vigilia silenti agmine ac ne tuba quidem dato signo pergit ad demonstratum iter callium; tridui alimenta portare militem iusserat leviter armatum. Sed praeter invias rupes ac praerupta saxa vestigium subinde fallentia nix cumulata vento ingredientis fatigabat: quippe velut in foveas delati hauriebantur et, cum a commilitonibus adlevarentur, trahebant magis adiuvantes quam sequebantur. Nox quoque et ignota regio ac dux – incertum, an satis fidus – multiplicabant metum: si custodes fefellisset, quasi feras bestias ipsos posse deprehendi. Ex unius captivi vel fide vel anima pendere et regis salutem et suam. Tandem venere in iugum. A dextra iter ad ipsum Ariobarzanen erat. Hic Philotam et Coenon cum Amynta et Polyperconte expeditam habentes manum relinquit monitos, ut, quia et eques pediti iret mixtus et quam pinguissimum esset solum et pabuli fertile, sensim procederent; duces erant

nen Pfaden aber irgendwie Wind bekomme und den Versuch unternehme, ihm mit einem Teil seiner Truppen den Weg zu verbarrikadieren, solle Krateros ihn ins Bockshorn jagen und stoppen, so dass er seine Einheiten gegen diese direktere Bedrohung wende. Sofern es ihm selbst aber gelinge, den Feind auszutricksen und den Wald zu besetzen, solle jener bei Panikgelärm der Barbaren dem König flugs hinterdrein kommen auf just dem Weg, von dem sie gestern verjagt worden seien: der liege nämlich, sobald Alexander die Feinde auf sich konzentriert habe, frei vor ihnen.

[15] Zur dritten Nachtwache ging es los über die aufgezeigte Route der Schleichpfade: kein Laut war von dem Heerzug zu hören, nicht einmal die Trompete blies Signal. Die Leichtbewaffneten hatten Weisung, Proviantrationen für drei Tage mitzunehmen. Doch zu den unwegsamen Schroffen und den jäh abfallenden Felsenwänden, die den Fuß unentwegt ins Straucheln brachten, gesellten sich noch riesige Schneewehen als weitere Strapaze für die Marschkolonne: sie wurden verschluckt, als ob sie in Gruben fielen, und wenn ihre Kameraden sie herausziehen wollten, rissen sie ihre Retter eher mit in die Tiefe, als dass sie sich hochholen ließen. Die Nacht, die unbekannte Gegend, der Führer, von dem keiner wusste, ob er verlässlich war, verdreifachten noch ihre Furcht: wenn der seine Wächter in die Irre führte, tappten sie möglicherweise wie wilde Tiere in eine Falle; an der Treue, ja an der bloßen Existenz eines einzelnen Gefangenen hinge das Überleben des Königs und ihr eigenes. Endlich hatten sie den Gebirgskamm erreicht. Zur Rechten führte ein Weg direkt zu Ariobarzanes. Hier trennte sich Alexander von Philotas, Koinos, Amyntas und Polyperchon nebst ihrem Eingreiftrupp mit der Order, gemächlich vorzurücken: bei ihrer Infanterie befänden sich auch Berittene, und der äußerst fette Boden liefere reichlich Futter; als Führer wurden ihnen einige Gefangene zur Seite gestellt. Er

itineris de captivis dati. Ipse cum armigeris et ala, quam agema appellabant, ardua semita, sed longius a stationibus hostium remota multa cum vexatione processit. Medius erat dies et fatigatis necessaria quies: quippe tantundem itineris supererat, quantum emensi erant, sed minus praecipitis atque ardui. Itaque refectis cibo somnoque militibus secunda vigilia surgit. Et cetera quidem haud aegre praeterit; ceterum, qua se montium iugum paulatim ad planiora demittit, ingens vorago concursu cavata torrentium iter ruperat. Ad hoc arborum rami alius alio inplicati et cohaerentes ut perpetuam obiecerant saepem. Desperatio igitur ingens, adeo ut vix lacrimis abstinerent, incesserat. Praecipue obscuritas terrori erat: nam etiam si qua sidera internitebant, continenti fronde tectae arbores conspicere prohibebant. Ne aurium quidem usus supererat silvas quatiente vento, qui concurrentibus ramis maiorem quam pro flatu sonum edebat. Tandem expectata lux omnia, quae terribiliora nox fecerat, minuit: circumiri brevi spatio poterat eluvies, et sibi quisque dux itineris coeperat fieri.

[16] Evadunt ergo in editum verticem; ex quo hostium statione conspecta strenue armati a tergo se ostendunt nihil tale metuentibus. Quorum pauci, qui congredi ausi erant, caesi sunt. Itaque hinc morientium gemitus, hinc ad suos recurren-

selbst arbeitete sich mit seinen Knappen und der »Agema« genannten Schwadron auf einem schwierigen Pfad, doch in größerer Distanz zu den feindlichen Stellungen mühselig vorwärts. Mittag war es, und die Erschöpften brauchten unbedingt eine Pause, vor ihnen lag nämlich noch einmal dieselbe Strecke, die sie schon hinter sich hatten, allerdings mit weniger jähen Abs und Aufs. Die Soldaten aßen und schliefen, und kaum hatten sie sich erholt, war Alexander zur zweiten Nachtwache wieder auf den Beinen. Den Rest des Wegs legte er ohne Schwierigkeiten zurück, dort aber, wo das Bergmassiv allmählich abflachte, wurde der Pfad von einer gewaltigen Kluft durchschnitten, ausgewaschen durch die zu Tal schießenden Gebirgsbäche. Zu allem Überfluss bildeten die Zweige der Bäume ein dicht verschlungenes Dickicht und versperrten den Durchgang wie eine lückenlose Hecke. Schon hatte heftigste Verzweiflung um sich gegriffen: fast wäre ihnen nach Weinen zumute gewesen. Besonders die Dunkelheit machte ihnen angst und bange, denn durch das geschlossene Laubdach der Bäume konnten sie keinen Blick auf die Sterne erhaschen, die vielleicht hier und da am Himmel prangten. Auch ihr Gehör versagte den Dienst: Wind schüttelte die Wälder, durch das Aufeinanderschlagen der Zweige erzeugte er ein Gebraus, das seine Stärke weit überstieg. Endlich nahm der ersehnte Tag den Gespenstern der Nacht ihren Schrecken. Nur ein kurzer Umweg, und man hatte einen Bogen um die Schlucht geschlagen, wobei jeder dazu übergegangen war, sein eigener Pfadfinder zu sein.

[16] So landeten sie oben auf einer Anhöhe, von wo man die Stellung des Gegners sichten konnte. Hurtig rüsteten sich da die Makedonen und warfen sich von hinten auf die Feinde, die nichts dergleichen befürchteten. Nur wenige von ihnen wagten sich ins Gefecht, und die wurden getötet. Das Röcheln und Stöhnen der Sterbenden hier, das Jammerbild der zurück zu

tium miserabilis facies integros quoque, antequam discrimen experirentur, in fugam avertit. Fremitu deinde in castra, quis Craterus praesidebat, inlato ad occupandas angustias, in quibus pridie haeserant, miles educitur. Simul et Philotas cum Polyperconte Amyntaque et Coeno diversum iter ingredi iussus alium terrorem intulit barbaris. Undique ergo Macedonum armis fulgentibus ancipiti malo oppressi memorabile tamen proelium edunt. Ut opinor, ignaviam quoque necessitas acuit, et saepe desperatio spei causa est. Nudi conplectebantur armatos et ingenti corporum mole secum ad terram detrahentes ipsorum telis plerosque fodiebant. Ariobarzanes tamen XL ferme equitibus et V milibus peditum stipatus per mediam aciem Macedonum cum multo suorum atque hostium sanguine erupit, Persepolim urbem, caput regionis, occupare festinans. Sed a custodibus urbis exclusus consecutis strenue hostibus cum omnibus fugae comitibus renovato proelio cecidit. Craterus quoque raptim agmine acto supervenit.

V [17] Rex eodem loco, quo hostium copias fuderat, castra communit. Quamquam enim undique fugati hostes victoriam concesserant, tamen praealtae praecipitesque fossae pluribus locis obiectae abruperant iter, sensimque et caute progrediundum erat iam non hostium, sed locorum fraude suspecta. Procedenti ei litterae redduntur a Tiridate, custode pecuniae regiae, indicantes eos, qui in urbe essent, audito eius adventu

den Ihren Stiebenden dort jagte auch die noch frischen Krieger in die Flucht, die wollten eine Entscheidung erst gar nicht riskieren. Jetzt drang das Getöse in das von Krateros geführte Lager, und schon rückte der mit den Truppen aus, den Engpass zu besetzen, an dem die Makedonen tags zuvor gescheitert waren. Gleichzeitig säte Philotas, der mit Polyperchon, Amyntas und Koinos weisungsgemäß dem entgegengesetzten Weg gefolgt war, weitere Panik unter den Barbaren. Überall blitzten die Waffen der Makedonen, zwischen zwei Übeln steckten die Perser, und dennoch lieferten sie einen beachtlichen Kampf. Not, glaube ich, macht auch den Feigsten beherzt, und Hoffen wird oft aus Verzweiflung geboren. Unbewaffnete umklammerten Gerüstete, rissen sie mit ihrer gewaltigen Körperfülle zu Boden und bohrten gar vielen die eigenen Speere durch den Leib. Ariobarzanes aber schlug sich, umringt von circa vierzig Reitern und fünftausend Mann Infanterie, unter hohem Blutzoll für die eigenen Leute wie auch für die Feinde mitten durch die feindlichen Linien eine Schneise, denn er hatte es eilig, Persepolis zu besetzen, die Hauptstadt des Distrikts. Die Stadtwachen gewährten ihm allerdings keinen Einlass, und der Feind hatte ihn hartnäckig verfolgt, so stellte er sich mit all seinen Fluchtbegleitern noch einmal dem Kampf und fiel. Auch Krateros' Abteilung stieß bald in Eilmärschen wieder zum Heer.

V [17] Der König errichtete sein Lager genau an dem Ort, von wo er die feindlichen Truppen vertrieben hatte. Denn obwohl der Gegner in alle Winde zersprengt war und der Sieg ihm gehörte, blieb der an vielen Stellen von abgrundtiefen, jähen Gräben unterbrochene Pfad, und darum galt es, langsam und vorsichtig weiterzumarschieren, statt einer Tücke des Feindes dräute ja nun die des Geländes. Unterwegs wurde Alexander ein Brief von Tiridates zugestellt, dem Verwalter des königlichen Vermögens; darin wurde er informiert, die Kunde seiner

diripere velle thesauros: properaret occupare thesauros dimissos; expeditum iter esse, quamquam Araxes amnis interfluat. Nullam virtutem regis iustius quam celeritatem laudaverim: relictis pedestribus copiis tota nocte *vectus* cum equitibus itineris tanto spatio fatigatis ad Araxen prima luce pervenit. Vici erant in propinquo, quibus dirutis pontem ex materia eorum subditis saxis strenue induxit.

Iamque haud procul urbe erant, cum miserabile agmen inter pauca fortunae exempla memorandum regi occurrit. Captivi erant Graeci ad IV milia fere; quos Persae vario suppliciorum modo adfecerant. Alios pedibus, quosdam manibus auribusque amputatis inustisque barbararum litterarum notis in longum sui ludibrium reservaverant; et cum se quoque alienae dicionis esse cernerent, volentes regi occurrere non prohibuerant. Invisitata simulacra, non homines videbantur, nec quicquam in illis praeter vocem poterat agnosci. Plures igitur lacrimas commovere, quam profuderant ipsi: quippe in tam multiplici variaque fortuna singulorum intuentibus similes quidem, sed tamen dispares poenas, quis maxime miserabilis esset, liquere non poterat. Ut vero Iovem illi tandem, Graeciae ultorem, aperuisse oculos conclamavere, omnes pari supplicio adfecti sibi videbantur. Rex abstersis, quas profuderat, lacrimis

Ankunft habe die Städter auf die Idee gebracht, die gehorteten Reichtümer zu plündern; er möge sich sputen, als erster Hand auf die bedrohten Schätze zu legen; obwohl der Araxes ihn kreuze, bereite der Weg keine Schwierigkeiten. Von allen Qualitäten des Königs gebührt die größte Anerkennung wohl seiner Schnelligkeit. Die Infanterie ließ er zurück, dann ritt er mit der Kavallerie die ganze Nacht durch und gelangte mit den von der Riesenstrecke erschöpften Männern im Morgengrauen zum Araxes. In der Nähe lagen Dörfer, die wurden zerstört, und aus dem Holz, das sich dort fand, ließ er hurtig über einen Sockel aus Steinen eine Brücke legen.

Schon war es nicht mehr weit bis zur Stadt, als dem König ein Elendszug entgegenkam, ein besonders drastisches Exempel, wie hart das Unglück manchmal zuschlägt. Ungefähr viertausend griechische Gefangene waren das, die die Perser auf verschiedene Art gemartert hatten. Den einen hatten sie die Füße, manchen Hände und Ohren abgetrennt oder Brandzeichen in barbarischen Lettern aufgedrückt und sie so als permanente Zielscheiben ihres Spotts aufgespart; jetzt sahen sie sich selbst unter der Knute einer fremden Macht, und darum hatten sie jene nicht gehindert, dem König entgegenzuziehen. Wie Gespenster aus einem Alptraum muteten die an, nicht wie menschliche Gestalten, bis auf die Stimme zur Unkenntlichkeit entstellt, und daher lösten sie bei ihrem Gegenüber mehr Tränen aus, als sie selber vergossen hatten. Vor einer solchen Vielfalt so unterschiedlicher Einzelschicksale ließ eine Betrachtung der sich ähnelnden und doch verschiedenen Martern wahrlich keine klare Entscheidung zu, wer denn nun der Bejammernswerteste sei. Sobald dieser Zug aber wie aus einem Munde in den Schrei ausbrach, endlich habe Jupiter, Griechenlands Rächer, die Augen geöffnet, identifizierten sich alle mit den Misshandelten. Der König wischte sich die rinnenden Tränen ab und forderte sie auf, guten Mutes

bonum habere animum iubet, visuros urbes suas coniugesque, et castra *ibi* duo ab urbe stadia communit.

[18] Graeci excesserant vallo deliberaturi, quid potissimum a rege peterent; cumque aliis sedem in Asia rogare, aliis reverti domos placeret, Euctemon Cymaeus ita locutus ad eos fertur: »Ii, qui modo etiam ad opem petendam ex tenebris et carcere procedere erubuimus, ut nunc est, supplicia nostra – quorum nos pudeat magis an paeniteat, incertum est – ostentare Graeciae velut laetum spectaculum cupimus. Atqui optime miserias ferunt, qui abscondunt, nec ulla tam familiaris est infelicibus patria quam solitudo et status prioris oblivio. Nam qui multum in suorum misericordia ponunt, ignorant, quam celeriter lacrimae inarescant. Nemo fideliter diligit, quem fastidit: nam et calamitas querula est et superba felicitas. Ita suam quisque fortunam in consilio habet, cum de aliena deliberat. Nisi mutuo miseri essemus, olim alius alii potuissemus esse fastidio: quid mirum et fortunatos semper parem quaerere? Obsecro vos, olim vita defuncti quaeramus locum, in quo haec semesa obruamus. Grati prorsus coniugibus, quas iuvenes duximus, revertemur! Liberi in flore et aetatis et rerum agnoscent patres ergastuli detrimenta! Et quota pars nostrum tot obire terras potest? Procul Europa in ultima Orientis relegati, senes,

zu sein, sie würden ihre Heimatstädte, ihre Frauen wiedersehen. Dann errichtete er zwei Stadien entfernt von der Stadt sein Lager.

[18] Draußen vor den Mauerwehren wollten die Griechen bedenken, welches ihr Hauptanliegen an den König sei: die einen plädierten für eine Niederlassung in Asien, die anderen für eine Rückkehr nach Hause, Euktemon aus Kyme aber, so heißt es, machte ihnen folgende Vorhaltungen: »Eben noch trieb es uns die Schamröte ins Gesicht, aus des Kerkers Dunkel ans Licht zu treten, um Hilfe zu suchen; wie es jetzt freilich aussieht, wollen wir unsere Verstümmelungen, deretwegen wir uns schämen und grämen, was davon mehr, das weiß ich nicht, wie ein ergötzliches Spektakel in Griechenland zur Schau stellen. Nun trägt man sein Elend aber am schicklichsten in Verborgenheit, und ein Unglücklicher fühlt sich nirgends so heimisch und wohl wie in der Einsamkeit, wo er vergisst, was er einstens gewesen. Wer nämlich auf das Mitleid der Seinen baut, verkennt, wie schnell Tränen versiegen. Für einen, der Abscheu erregt, gibt es auf Dauer keine Liebe, denn das Elend ist verdrießlich, hochfahrend dagegen das Glück. So geht ein jeder, wenn er über das Los anderer reflektiert, von seiner eigenen Warte aus. Säßen wir nicht alle im selben Boot, wären wir einander vielleicht schon längst ein Graus. Was Wunder, dass sich auch der vom Geschick Gesegnete stets seinesgleichen sucht? Ich beschwöre euch, lasst uns, die wir nur mehr lebende Leichen sind, einen Platz für uns wählen, wo wir diese halb verrotteten Glieder begraben können! Unseren Gemahlinnen, die wir als junge Männer geheiratet haben, werden wir bei unserer Rückkehr wahrlich höchst willkommen sein! Unsere Kinder, die in der Blüte ihres Lebens und ihrer Karriere stehen, werden Abfall aus einem Zuchthaus als Väter anerkennen! Und wie wenige von uns schaffen denn überhaupt noch eine Reise durch so viele Länder? Deportiert in den äußersten Ori-

debiles, maiore membrorum parte mulcati tolerabimus scilicet, quae armatos et victores fatigarunt! Coniuges deinde, quas captis fors et necessitas unicum solacium adplicuit, parvosque liberos trahimus nobiscum an relinquimus? Cum his venientes nemo agnoscere volet: relinquemus ergo extemplo praesenti*a* pignora, cum incertum sit, an visuri simus illa, quae petimus? Inter hos latendum est, qui nos miseros nosse coeperunt.« Haec Euctemon.

[19] Contra Theaetetus Atheniensis orsus est dicere: Neminem pium habitu corporis suos aestimaturum, utique saevitia hostis, non natura calamitosos. Dignum esse omni malo, qui erubesceret fortuito: tristem enim de mortalitate ferre sententiam et desperare misericordiam, quia ipse alteri denegaturus sit. Deos, quod ipsi numquam optare ausi forent, offerre: patriam, coniuges, liberos et quidquid homines vel vita aestimant vel morte redimunt. Quin illi ex hoc carcere erumperent? alium domi esse caeli haustum, alium lucis aspectum. Mores, sacra, linguae commercium etiam a barbaris expeti, quae ingenita ipsi omissuri sint sua sponte, non ob aliud tam calamitosi, quam quod illis carere coacti essent. Se certe

ent, weit entfernt von Europa, alt und gebrechlich, geschunden an den meisten unserer Glieder, werden wir die Strapazen, die ein Heer von Kriegern, noch dazu in Siegesfreude, mürbe machten, selbstverständlich durchstehen, na klar! Und die Frauen, die Zufall und Not uns als einzigen Trost in der Gefangenschaft beigesellten, die kleinen Kinder, werden wir die mitschleppen oder hier zurücklassen[17]? Wenn wir mit denen aufkreuzen, wird niemand Lust haben, uns wiederzuerkennen. Wollen wir also das, woran unser Herz im Augenblick hängt, ohne weiteres opfern, obwohl fraglich ist, ob wir die, zu denen es uns zieht, jemals zu Gesicht bekommen? Uns bleibt nur eines, uns auch fortan bei jenen zu verstecken, die uns von Anfang an als Unglücksgeschöpfe erlebten.« So weit Euktemon.

[19] Dagegen erhob Theaitetos aus Athen Einspruch: keiner, der pflichtgetreu ist, werde seine Angehörigen nach ihrer physischen Beschaffenheit taxieren, zumal wenn sie durch die Grausamkeit eines Feindes, nicht von Natur aus übel dran seien. Wer sich eines unverschuldeten Unglücks schäme, der habe jedes Unglück der Welt verdient. Euktemons trauriges Urteil über die Menschennatur, sein Pessimismus gegenüber dem Mitleid gründe nur darauf, dass er selbst es einem anderen verweigern würde. Was sie von sich aus niemals zu wünschen gewagt hätten, das rückten nun die Götter in greifbare Nähe: das Vaterland, ihre Gattinnen, ihre Kinder und was sonst noch Menschen so viel gilt wie das eigene Leben, ja, sie mit dem Tod zu erkaufen bereit sind. Warum sollten sie aus diesem Kerker nicht ausbrechen? Zu Hause sei die Luft zum Atmen anders, anders auch das Licht des Tages. Gemeinsame Sitten und Zeremonien, ihre Sprache, sogar den Barbaren seien die lieb und wert, sie dagegen wollten diese angestammten Dinge freiwillig preisgeben, und das, obwohl der notgedrungene Verzicht darauf sie jetzt unglücklicher mache als alles andere. Er jeden-

rediturum ad penates et in patriam tantoque beneficio regis usurum: si quos contubernii liberorumque, quos servitus coegisset agnoscere, amor detineret, relinquerent, quibus nihil patria carius est.

Pauci huius sententiae fuere, ceteros consuetudo natura potior vicit. Consenserunt petendum esse a rege, ut aliquam ipsis attribueret sedem. C ad hoc electi sunt. Quos Alexander ratus, quod ipse praestare cogitabat, petituros: »Iumenta«, inquit, »adsignari, quae vos veherent, et singulis vestrum milia denarium dari iussi. Cum redieritis in Graeciam, praestabo, ne qui statum suum, si haec calamitas absit, vestro credat esse meliorem.« Illi obortis lacrimis terram intuebantur nec aut erigere vultus aut loqui audebant; tandem rege tristitiae causam exigente Euctemon similia iis, quae in consilio dixerat, respondit. Atque ille non fortunae solum eorum, sed etiam paenitentiae miseretur: terna milia denarium singulis dari iussit; denae vestes adiectae sunt et armenta cum pecoribus ac frumento data, ut coli serique attributus iis ager posset.

VI [20] Postero die convocatos duces copiarum docet nullam infestiorem urbem Graecis esse quam regiam veterum Persidis regum: hinc illa inmensa agmina infusa, hinc Dareum prius, dein Xerxem Europae inpium intulisse bellum; excidio illius parentandum esse maioribus. Iamque barbari deserto oppido,

falls werde an den heimischen Herd und ins Vaterland zurückkehren und die überaus große Gunst des Königs nutzen. Was jene anbelange, die die Liebe einer wilden Ehe und zu Bankerten, die sie allein unter dem Druck ihres Sklavenstatus als legitim anerkannt hätten, hier festhalte, so sollten sie die anderen, deren höchstes Gut die Heimat sei, einfach ziehen lassen.

Dieser Meinung schlossen sich nur wenige an, beim Rest obsiegte die Gewohnheit, die der Natur Meister ist. Sie einigten sich, man müsse den König ersuchen, ihnen irgendeinen Siedlungsort zuzuweisen. Hundert Mann wurden zu diesem Behufe ausgewählt. Im Glauben, deren Bitten würden mit seinen Absichten übereinstimmen, erklärte Alexander: »Ich habe Weisung erteilt, euch Lasttiere zu eurer Beförderung zuzuteilen und jedem einzelnen von euch tausend Denare[18] auszuhändigen. Und seid ihr erst einmal zurück in Griechenland, soll keiner wähnen, er wäre besser dran als ihr, von diesem Leid hier abgesehen, dafür will ich sorgen.« Mit Tränen in den Augen blickten jene nun zu Boden, ihr Antlitz zu heben oder zu sprechen wagten sie nicht. Schließlich fragte der König nach dem Grund für ihre Traurigkeit, und Euktemon wiederholte ungefähr das, was er auch in ihrer Beratung geäußert hatte. Da dauerte Alexander nicht nur deren Schicksal, nein, auch dass sie sich dessen schämten, tat ihm leid, und er ließ einem jeden dreitausend Denare geben, dazu je zehn Gewänder, Rinder und Schafe sowie Getreide, damit sie die ihnen zugewiesenen Felder bebauen und besäen könnten.

VI [20] Am folgenden Tag bestellte er die Generäle ein und klärte sie darüber auf, dass keine Stadt den Griechen feindlicher sei als die Residenz der alten Perserkönige: von hier seien die berüchtigten Riesenarmeen ausgeströmt, von hier habe zuerst Dareios, dann Xerxes seinen niederträchtigen Krieg gegen Europa gestartet; der Ort gehöre zerstört, das schulde man den Ahnen als Totenopfer. Die Barbaren hatten die Mauern be-

qua quemque metus agebat, diffugerant, cum rex phalangem nihil cunctatus inducit. Multas urbes refertas opulentia regia partim expugnaverat, partim in fidem acceperat, sed urbis huius divitiae vicere praeterita. In hanc totius Persidis opes congesserant barbari: aurum argentumque cumulatum erat, vestis ingens modus, supellex non ad usum, sed ad ostentationem luxus conparata. Itaque inter ipsos victores ferro dimicabatur: pro hoste erat, qui pretiosiorem occupaverat praedam, et cum omnia, quae reperiebant, capere non possent, iam res non occupabantur, sed aestimabantur. Lacerabant regias vestes ad se quisque partem trahentes, dolabris pretiosae artis vasa caedebant, nihil neque intactum erat neque integrum ferebatur, abrupta simulacrorum membra, ut quisque avellerat, trahebat. Neque avaritia solum, sed etiam crudelitas in capta urbe grassata est: auro argentoque onusti vilia captivorum corpora trucidabant, passimque obvii caedebantur, quos antea pretium sui miserabilis fecerat. Multi ergo hostium manus voluntaria morte occupaverunt, pretiosissima vestium induti e muris semetipsos cum coniugibus ac liberis in praeceps iacientes. Quidam ignes, quod paulo post facturus hostis videbatur, subiecerant aedibus, ut cum suis vivi cremarentur. Tandem suos rex corporibus et cultu feminarum abstinere iussit. Ingens captivae pecuniae modus traditur, prope ut fidem excedat. Ceterum aut de

reits verlassen, auf und davon waren sie in sämtliche Richtungen, wohin die Angst sie eben trieb, und so fackelte der König nicht, sondern ließ die Phalanx einmarschieren. Mit königlichen Reichtümern vollgestopfte Städte hatte er schon zuhauf erobert oder friedlich annektiert, die Fülle in Persepolis[19] aber überbot alles Dagewesene. Die Schätze ganz Persiens hatten die Barbaren hier zusammengetragen, Berge von Gold und Silber, eine Unmenge an Stoffen, Palastinventar, das reinem Schaugepränge diente, nicht etwa praktischem Gebrauch. Darum kam es unter den Siegern selbst zu bewaffneten Auseinandersetzungen: wer sich eine kostbarere Beute gekrallt hatte, der galt als Feind. Und da sie für all die Funde gar nicht genug Arme hatten, wurde nicht mehr wahllos und hastig gerafft, sondern erst einmal taxiert. Sie zerfetzten die königlichen Gewänder, der eine zerrte ja an diesem Zipfel, der andere an jenem; die Gefäße, Kleinodien der Kunst, schlugen sie mit der Brechaxt kaputt; nichts blieb unversehrt, nichts wurde heil weggetragen; den Statuen brachen sie die Gliedmaßen ab, und jeder schleppte das Fragment hinter sich drein, das er abgerissen hatte. Doch nicht nur die Habgier, auch die Grausamkeit wütete in der besetzten Stadt. Bepackt mit Gold und Silber, metzelten die Soldaten die Gefangenen, waren die doch wertlos geworden; wer ihnen in den Weg kam, wurde abgeschlachtet, Leute, die vorher wegen des zu erwartenden Lösegelds verschont worden wären. Deshalb kamen viele durch Freitod Feindeshand zuvor und stürzten sich, angetan mit ihrer prächtigsten Garderobe, zusammen mit Frau und Kindern von der Mauer in die Tiefe. In Vorwegnahme der feindlichen Aktionen, die sie kommen sahen, hatten einige Feuer an ihre Häuser gelegt, um dort mit den Ihren bei lebendigem Leib zu verbrennen. Schließlich verbot der König seinen Männern jeden weiteren sexuellen oder räuberischen Übergriff auf die Frauen. Die erbeutete Geldmenge beziffern die Quellen auf eine exorbi-

aliis quoque dubitabimus aut credemus in huius urbis gaza fuisse C et XX *milia* talentum. Ad quae vehenda – namque ad usus belli secum portare decreverat – iumenta et camelos et a Susis et a Babylone contrahi iussit. Accessere ad hanc pecuniae summam captis Parsagadis sex milia talentum. Cyrus Parsagada urbem condiderat, quam Alexandro praefectus eius Gobares tradidit.

[21] Rex arcem Persepolis tribus milibus Macedonum praesidio relictis Nicarchiden tueri iubet. Tiridati quoque, qui gazam tradiderat, servatus est honos, quem apud Dareum habuerat. Magnaque exercitus parte et inpedimentis ibi relictis Parmeniona Craterumque praefecit. Ipse cum mille equitibus peditumque expedita manu interiorem Persidis regionem sub ipsum Vergiliarum *occasum* petiit multisque imbribus et prope intolerabili tempestate vexatus procedere tamen, quo intenderat, perseveravit. Ventum erat ad iter perpetuis obsitum nivibus, quas frigoris vis gelu adstrinxerat, locorumque squalor et solitudines inviae fatigatum militem terrebant humanarum rerum terminos se videre credentem. Omnia vasta atque sine ullo humani cultus vestigio attoniti intuebantur et, antequam lux quoque et caelum ipsos deficerent, reverti iubebant. Rex castigare territos supersedit, ceterum ipse equo desiluit pedesque per nives et concretam glaciem ingredi coepit. Erubuerunt non sequi primum amici, deinde copiarum duces, ad ultimum

tante Summe jenseits des Plausiblen. Wenn wir freilich nicht auch den Rest anzweifeln wollen, müssen wir glauben, dass sich einhundertzwanzigtausend Talente im Tresor dieser Stadt befanden. Alexander hatte entschieden, diese zur Finanzierung des Krieges mitzunehmen, und darum ließ er für ihren Transport Lasttiere und Kamele aus der Gegend von Susa und Babylon herschaffen. Weitere sechstausend Talente brachte die Einnahme von Pasargada. Das war eine Gründung des Kyros, die von Gobares, dem dortigen Kommandanten, Alexander übergeben wurde.

[21] Die Zitadelle von Persepolis belegte der König mit einer Garnison aus dreitausend Makedonen und gab sie in die Obhut von Nikarchides. Auch Tiridates, der ihm die Schatzkammer überantwortet hatte, verblieb in der hohen Position, die er bei Dareios innegehabt hatte. Einen Großteil der Armee und des Gepäcks ließ Alexander vor Ort zurück, mit Parmenion und Krateros als Verantwortlichen. Er selbst machte sich just zum Untergang der Plejaden[20] mit tausend Berittenen und einem schnellen Eingreiftrupp Infanterie nach Innerpersien auf, und trotz der Unbill ergiebiger Regenfälle und schier unerträglicher Wetterverhältnisse rückte er beharrlich weiter vor. Schließlich stießen sie auf ein Wegstück, das unter ewigem Schnee begraben lag, hart gefroren war der in der eisigen Kälte. Die Unwirtlichkeit der Landschaft und die unwegsame Einöde verschreckten die erschöpften Männer, wähnten sie sich doch am Ende der Welt. Wie betäubt ließen sie die Blicke schweifen: nichts als Ödnis weit und breit ohne die geringste Spur menschlicher Zivilisation. Da forderten sie, kehrtmarsch zu machen, bevor auch noch Licht und Luft zur Mangelware würden. In ihrer Verängstigung mochte der König sie nicht maßregeln, stattdessen schwang er sich vom Pferd und schritt nun zu Fuß fürbass durch Schneemassen und dickes Eis. Ihm nicht zu folgen schämte man sich, zuerst seine Freunde, danach die Offiziere

milites. Primusque rex dolabra glaciem perfringens iter sibi fecit; exemplum regis ceteri imitati sunt. Tandem propemodum invias silvas emensi humani cultus rara vestigia et passim errantes pecorum greges repperere. Et incolae, qui sparsis tuguriis habitabant, cum se callibus inviis saeptos esse credidissent, ut conspexere hostium agmen, interfectis, qui comitari fugientes non poterant, devios montes et nivibus obsitos petiverunt. Inde per colloquia captivorum paulatim feritate mitigata tradidere se regi, nec in deditos gravius consultum.

Vastatis inde agris Persidis vicisque conpluribus redactis in potestatem ventum est in Mardorum gentem bellicosam et multum a ceteris Persis cultu vitae abhorrentem. Specus in montibus fodiunt, in quos seque ac coniuges et liberos condunt; pecorum aut ferarum carne vescuntur. Ne feminis quidem pro naturae habitu molliora ingenia sunt: comae prominent hirtae, vestis super genua est, funda vinciunt frontem – hoc et ornamentum capitis et telum est. Sed hanc quoque gentem idem fortunae impetus domuit. Itaque tricesimo die, postquam a Persepoli profectus erat, eodem redit. Dona deinde amicis ceterisque pro cuiusque merito dedit: propemodum omnia, quae in ea urbe ceperat, distributa.

VII [22] Ceterum ingentia animi bona, illam indolem, qua omnes reges antecessit, illam in subeundis periculis constanti-

und zuletzt die einfachen Soldaten. An der Spitze vorneweg durchbrach Alexander indessen mit einer Axt die Eisschichten und schlug sich so eine Schneise frei: sein Beispiel machte Schule. Endlich, nachdem sie Wälder hinter sich hatten, wo es kaum Weg noch Steg gab, entdeckten sie einzelne Spuren menschlichen Schaffens und wild herumstreunende Herden. Die Einheimischen in ihren verstreuten Hütten hatten sich bislang wegen der unpassierbaren Pfade für gut abgeschottet gehalten; als sie jetzt den feindlichen Heerzug gewahrten, machten sie mit den Fluchtuntauglichen kurzen Prozess und stoben davon in die Unzugänglichkeit der schneebedeckten Berge. Ihre wilde Scheu wurde durch Gespräche mit Gefangenen dann langsam abgebaut, und am Ende ergaben sie sich. Nach ihrer Unterwerfung ließ man sie fast ungeschoren.

Hierauf verheerten die Makedonen die Felder der Persis, bemächtigten sich etlicher Dörfer und arbeiteten sich zu den Marden vor, einem kriegerischen Volk, dessen Lebensform von jener der anderen Perser strikt abweicht. Als Unterschlupf für sich, ihre Frauen und Kinder graben sie sich Höhlen im Gebirge; ihre Nahrung besteht aus dem Fleisch von Vieh und Wildtieren. Selbst die Frauen dort sind keine allzu zarten Wesen, wie es sonst ihrer Natur entspricht: struppig stehen ihnen die Haare zu Berge, ihr Kleid endet über den Knien, um die Stirn haben sie eine Schleuder geschlungen, Kopfputz und Waffe zugleich. Doch Alexanders Erfolgskurs hielt ungebremst an: auch dieses Volk wurde gebändigt. So geschah es, dass er neunundzwanzig Tage nach seinem Aufbruch aus Persepolis ebendorthin zurückkehrte. Jetzt belohnte er die Freunde und auch die übrigen mit Geschenken je nach persönlichem Verdienst: fast das ganze Raubgut aus der Stadt wurde verteilt.

VII [22] Seine enormen Charakterqualitäten aber, jene trefflichen Anlagen, die ihn über alle Könige erhaben machten, jene sagenhafte Standhaftigkeit unter dem Druck der Gefahr, seine

am, in rebus moliendis efficiendisque velocitatem, in deditos fidem, in captivos clementiam, in voluptatibus permissis quoque et usitatis temperantiam haud tolerabili vini cupiditate foedavit. Hoste et aemulo regni reparante cum maxime bellum, nuper subactis, quos vicerat, novumque imperium aspernantibus de die inibat convivia, quibus feminae intererant, non quidem quas violari nefas esset, quippe pelices licentius, quam decebat, cum armato vivere adsuetae. Ex his una, Thais, et ipsa temulenta maximam apud omnes Graecos initurum gratiam adfirmat, si regiam Persarum iussisset incendi: expectare hoc eos, quorum urbes barbari delessent. Ebrio scorto de tanta re ferente sententiam unus, alter, et ipsi mero onerati, adsentiuntur. Rex quoque avidior fuit quam patientior: »Quin igitur ulciscimur Graeciam et urbi faces subdimus?« Omnes incaluerant mero: itaque surgunt temulenti ad incendendam urbem, cui armati pepercerant. Primus rex ignem regiae iniecit, tum convivae et ministri pelicesque. Multa cedro aedificata erat regia, quae celeriter igne concepto late fudit incendium. Quod ubi exercitus, qui haud procul urbe tendebat, conspexit, fortuitum ratus ad opem ferendam concurrit. Sed ut ad vestibulum regiae ventum est, vident regem

Schnelligkeit bei Planung und Umsetzung von Aktionen, seine Vertragstreue gegenüber jenen, die kapitulierten, seine Milde, die er bei Kriegsgefangenen walten ließ, sein Maßhalten sogar bei erlaubten, alltäglichen Vergnügungen, all das besudelte er durch eine ausufernde Gier nach Wein. Gerade jetzt, wo sein Feind, sein Rivale um die Herrschaft wieder zum Krieg rüstete, wo die Besiegten in ihrer frischen Untertanenrolle die neue Macht noch verachteten, da veranstaltete er schon am helllichten Tag Gelage, und das in Gesellschaft von Frauen; allerdings waren das solche, bei denen Sex kein Tabu war, das heißt Freudenmädchen, die an ein hemmungsloses Zusammenleben mit den Soldaten jenseits der guten Sitten gewöhnt waren. Selbst auch benebelt, versicherte ihm Thais, eine von denen, er werde zum Liebling aller Griechen, wenn er nur die Perserresidenz abfackeln lasse[21]: die Leute, deren Städte von den Barbaren zerstört worden seien, erwarteten das von ihm. Die besoffene Hure war noch dabei, ihre Ansicht zu dieser immens wichtigen Sache kundzutun, da pflichtete ihr der eine oder andere, ebenfalls im Weinrausch, schon bei. Sogar beim König hatte die Selbstbeherrschung abgedankt, sein Begehren war stärker: »Worauf warten wir denn noch? Auf zur Rache für Griechenland und die Stadt angezündet!« Alle hatte der Wein in Wallung gebracht, und so erhoben sie sich in ihrem Suff, um die Stadt abzubrennen, die das Militär verschont hatte. Als erster legte Alexander Feuer an die Residenz der Könige, dann folgten die Saufkumpane, die Diener und die Kokotten. Der Palast war großenteils aus Zedernholz erbaut, schnell loderte das auf und trug die Flammen in jeden Winkel weiter. Sobald die Soldaten in ihren Zelten nicht weit von der Stadt das gewahrten, stürzten sie los, Hilfe zu leisten, denn sie dachten, es handle sich um einen Unglücksfall. Kaum aber waren sie auf dem Vorhof des Palastes angelangt, erblickten sie den König selbst, wie er noch immer Fackeln aufschichtete. Das Wasser,

ipsum adhuc aggerentem faces. Omissa igitur, quam portaverant, aqua ipsi aridam materiem in incendium iacere coeperunt.

[23] Hunc exitum habuit regia totius Orientis, unde tot gentes antea iura petebant, patria tot regum, unicus quondam Graeciae terror, molita M navium classem et exercitus, quibus Europa inundata est, contabulato mari molibus perfossisque montibus, in quorum specus fretum inmissum est. Ac ne tam longa quidem aetate, quae excidium eius secuta est, resurrexit. Alias urbes habuere Macedonum reges, quas nunc habent Parthi; huius vestigium non inveniretur, nisi Araxes amnis ostenderet. Haud procul moenibus fluxerat: inde urbem fuisse XX stadiis distantem credunt magis quam sciunt accolae. Pudebat Macedones tam praeclaram urbem a comissabundo rege deletam esse. Itaque res in serium versa est, et imperaverunt sibi, ut crederent illo potissimum modo fuisse delendam. Ipsum, ut primum gravato ebrietate mentem quies reddidit, paenituisse constat et dixisse maiores poenas Graecis Persas daturos fuisse, si ipsum in solio regiaque Xerxis conspicere coacti essent. Postero die Lycio, itineris, quo Persidem intraverat, duci, XXX talenta dono dedit.

Hinc in regionem Mediae transiit, ubi supplementum novorum e Cilicia militum occurrit: peditum erant V milia, equi-

das sie herbeigetragen hatten, scherte sie nicht mehr, nein, sie machten sich jetzt ihrerseits daran, trockenes Holz in das Feuer zu werfen.

[23] Derart endete das Zentrum des gesamten Orients, dessen Rechtsprechung sich vorher so viele Völker beugten, die Stammburg so vieler Könige, einst Griechenlands einziges Schrecknis, da es eine Flotte aus tausend Schiffen aufbot und eine Armee, die Europa überschwemmte, damals, als sich eine gewaltige Pontonbrücke über das Meer legte und die Fluten in Kanäle umgeleitet wurden, die man durch die Berge trieb[22]. Und in der ganzen langen Epoche, die seinem Untergang folgte, ist es auch nimmer wiedererstanden. Die makedonischen Könige haben andere Städte besessen, die jetzt im Besitz der Parther sind. Von dieser hier aber blieb keine Spur, nur der Araxes bietet noch einen Anhaltspunkt. Unweit der Mauern verlief dieser in jenen Tagen: nach der eher ungesicherten Vermutung der Einheimischen sei die Stadt von dort zwanzig Stadien entfernt gewesen. Die Makedonen waren beschämt, dass eine solch herrliche Metropole von ihrem König bei einer Sauforgie vernichtet worden war. Darum schoben sie einen seriösen Grund vor; mit Gewalt wollten sie daran glauben, dass die Art und Weise ihrer Zerstörung ein Muss war. Was Alexander selbst anbetrifft, er bereute sein Tun, sobald er, von der bleiernen Schwere seines Rausches ausgeschlafen, wieder zu Verstand gekommen war, das steht fest, wie auch seine Äußerung, effektiver wäre die Rache der Griechen gewesen, hätten die Perser ihn auf dem Thron und im Palast des Xerxes erleben müssen. Am nächsten Tag erhielt der lykische Scout, der ihm den Weg nach Persien gewiesen hatte, zur Belohnung dreißig Talente.

Von dort ging es weiter nach Medien, wo Verstärkung in Form frischer Verbände aus Kilikien bei ihm eintraf, fünftausend Mann Infanterie sowie tausend Berittene, beide unter

tes M; utrisque Platon Atheniensis praeerat. His copiis auctus Dareum persequi statuit.

VIII [24] Ille iam Ecbatana pervenerat. Caput Mediae urbs haec: nunc tenent Parthi, eaque aestiva agentibus sedes est. Adire deinde Bactra decreverat, sed veritus, ne celeritate Alexandri occuparetur, consilium iterque mutavit. Aberat ab eo Alexander stadia MD, sed iam nullum intervallum adversus velocitatem eius satis longum videbatur. Itaque proelio magis quam fugae se praeparabat. XXX milia peditum sequebantur, in quibus Graecorum erant IV milia fide *vetere* erga regem ad ultimum invicta. Funditorum quoque et sagittariorum manus IV milia expleverat. Praeter hos III milia et CCC equites erant, maxime Bactrianorum: Bessus praeerat, Bactrianae regionis praefectus. Cum hoc agmine paulum declinavit via militari iussis praecedere lixis inpedimentorumque custodibus.

Consilio deinde advocato: »Si cum ignavis«, inquit, »et pluris qualemcumque vitam honesta morte aestimantibus *me* fortuna iunxisset, tacerem potius quam frustra verba consumerem. Sed maiore, quam vellem, documento et virtutem vestram et fidem expertus magis etiam coniti debeo, ut dignus talibus amicis sim, quam dubitare, an vestri similes adhuc sitis. Ex tot milibus, quae sub imperio fuerunt meo, bis me victum, bis fugientem persecuti estis. Fides vestra et constantia, ut regem me esse credam, facit. Proditores et transfugae in urbibus meis regnant, non, hercule, quia tanto honore digni habentur, sed ut

dem Kommando von Platon aus Athen. Diese Truppenaufstockung veranlasste ihn, Dareios nachzusetzen.

VIII [24] Jener war bereits in Ekbatana angelangt. Die Hauptstadt Mediens war das: heute ist sie im Besitz der Parther, die dort ihr Sommerquartier aufschlagen[23]. Von dort wollte er ursprünglich weiter nach Baktra, da er aber befürchtete, Alexander in seiner Schnelligkeit komme ihm zuvor, änderte er seinen Plan und die Route. Eintausendfünfhundert Stadien trennten Dareios von seinem Gegner, doch bei der Geschwindigkeit, die der vorlegte, schien kein Abstand groß genug. Also richtete sich Dareios verstärkt darauf ein zu kämpfen, nicht zu fliehen. Dreißigtausend Infanteristen hatte er bei sich, darunter viertausend Griechen, die sich bis zuletzt in unverbrüchlicher Treue zu ihrem König bekannten. Dazu kam ein Kontingent von Schleuderern und Bogenschützen, das sich auf volle viertausend belief, obendrein standen noch dreitausenddreihundert Reiter bereit, größtenteils aus Baktrien. Die unterstanden Bessos, dem Satrapen besagter Region. Mit dieser Armee drehte er leicht von der Heerstraße ab, wobei Tross und Gepäckbewachung vorausziehen sollten.

Dann berief er den Rat ein und gab folgende Erklärung ab: »Hätte mich das Schicksal mit Feiglingen umgeben, die jedes noch so lausige Dasein einem ehrenhaften Tod vorziehen, würde ich eher schweigen als meine Worte sinnlos zu vergeuden. Ihr dagegen habt mir eure Tapferkeit und Loyalität mehr, als ich es wollte, bewiesen, und folglich muss ich meinerseits bestrebt sein, mich solcher Freunde würdig zu erweisen, statt mich argwöhnisch zu fragen, ob ihr immer noch dieselben seid. Von meinen abertausend Soldaten seid ihr mir trotz zweifacher Niederlage, zweifacher Flucht nicht von der Seite gewichen. Nur dank eurer Solidarität und Beständigkeit komme ich mir noch wie ein König vor. Verräter und Überläufer haben in meinen Städten das Sagen, nicht, beim Herkules, weil man sie

praemiis eorum vestri sollicitentur animi. Meam fortunam tamen quam victoris maluistis sequi, dignissimi, quibus, si ego non possim, dii pro me gratiam referant. Et, mehercule, referent. Nulla erit tam surda posteritas, nulla tam ingrata fama, quae non in caelum vos debitis laudibus ferat. [25] Itaque etiam si consilium fugae, a qua multum abhorret animus, agitassem, vestra tamen virtute fretus obviam issem hosti. Quousque enim in regno exulabo et per fines imperii mei fugiam externum et advenam regem, cum liceat experto belli fortunam aut reparare, quae amisi, aut honesta morte defungi? Nisi forte satius est expectare victoris arbitrium et Mazaei et Mithrenis exemplo precarium accipere regnum nationis unius, ut iam malit ille gloriae suae quam irae obsequi. Nec di siverint, ut hoc decus mei capitis aut demere mihi quisquam *audeat* aut condonare! *Nec* hoc imperium vivus amittam, idemque erit regni mei, qui spiritus, finis. *Vobis* si hic animus, si haec lex, nulli non parta libertas est. Nemo e vobis fastidium Macedonum, nemo vultum superbum ferre cogetur. Sua cuique dextera aut ultionem tot malorum pariet aut finem. Equidem, quam versabilis fortuna sit, documentum ipse sum nec inmerito mitiores vices eius expecto. Sed si iusta ac pia bella di aversantur, forti-

dieser Ehre für wert hält, euch soll deren Beförderung ködern. Und trotzdem habt ihr es vorgezogen, mein Los zu teilen, und euch nicht dem Sieger angeschlossen: wenn ich es nicht kann, sollen die Götter euch das vergelten, wahrlich und wahrhaftig, ihr habt es verdient. Und beim Herkules, das werden sie auch. So verstockt kann die Nachwelt nimmer sein, so undankbar nimmer die Geschichte, nein, himmelhoch loben müssen sie euch, wie es sich gebührt. [25] Selbst wenn ich also mit dem Gedanken an Flucht gespielt hätte, was mein Herz verabscheut, im Vertrauen auf eure Trefflichkeit wäre ich nichtsdestotrotz dem Feind entgegengezogen. Wie lange soll ich denn noch Exilant im eigenen Reich sein und vor einem Eindringling von draußen quer durch die Gebiete meines Machtbereichs fliehen, wo mir doch das Wagnis eines Kriegs dazu verhelfen kann, das Verlorene wiederzugewinnen, zumindest aber in Ehren zu sterben? Oder ist es etwa angezeigter, der Entscheidung des Siegers zu harren und nach dem Beispiel von Mazaios und Mithrenes eine Regentschaft auf Widerruf über eine einzelne Nation zu akzeptieren, immer vorausgesetzt, dass mein Gegenspieler sich letztendlich mehr von seinem Ruhm als von seinem Zorn leiten lassen will? Nein, die Götter dürfen nicht zulassen, dass jemand sich erdreistet, mir dieses Diadem vom Haupt zu reißen oder es mir huldvoll aufzusetzen! Solange ich lebe, werde ich mein Reich nicht aufgeben: erst mein letzter Atemzug ist auch das Ende meiner Herrschaft. Wer diese Ideen, diese Maxime teilt, ist im Genuss der Freiheit. Niemand von euch wird sich der Verachtung der Makedonen, ihren herablassenden Mienen aussetzen müssen; sich Rache für all die Greuel oder sein Ende zu verschaffen, das hat jeder in der eigenen Hand. Ich bin fürwahr der lebende Beweis für die Launenhaftigkeit des Schicksals, und nicht ohne Grund rechne ich damit, dass es sich nun gütiger zeigt. Stehen die Götter gerechten, heiligen Kriegen aber gleichgültig gegenüber, bietet sich

bus tamen viris licebit honeste mori. Per ego vos decora maiorum, qui totius Orientis regna cum memorabili laude tenuerunt, per illos viros, quibus stipendium Macedonia quondam tulit, per tot navium classes in Graeciam missas, per tot tropaea regum oro et obtestor, ut nobilitate vestra gentisque dignos spiritus capiatis, ut eadem constantia animorum, qua praeterita tolerastis, experiamini, quidquid deinde fors tulerit. Me certe in perpetuum aut victoria egregia nobilitabit aut *ruina*.«

IX [26] Haec dicente Dareo praesentis periculi species omnium simul corda animosque horrore perstrinxerat, nec aut consilium suppetebat aut vox, cum Artabazus, vetustissimus amicorum, quem hospitem fuisse Philippi supra diximus: »Nos vero«, inquit, »pretiosissimam vestem induti armisque, quanto maximo cultu possumus, adornati regem in aciem sequemur, ea quidem mente, ut victoriam speremus, mortem non recusemus.«

Adsensu excepere ceteri hanc vocem, sed Nabarzanes, qui in eodem consilio erat, cum Besso inauditi antea facinoris societate inita regem suum per milites, quibus ambo praeerant, conprehendere et vincire decreverant, ea mente, ut, si Alexander ipsos insecutus foret, tradito rege vivo inirent gratiam victoris, magni profecto cepisse Dareum aestimaturi, sin autem eum effugere potuissent, interfecto Dareo regnum ipsi occuparent bellumque renovarent. Hoc parricidium cum diu volutassent,

einem wackeren Mann gleichwohl der Ausweg eines ehrenhaften Todes. Beim Glanz der Ahnen, die so glorreich über die Länder des ganzen Orients herrschten, bei den Helden, denen Makedonien einst Tribut leistete, bei der Armada an Schiffen, die wir nicht nur einmal gegen Griechenland auslaufen ließen[24], bei den unzähligen Trophäen unserer Könige bitte und beschwöre ich euch, seid kühnen Mutes, wie es sich für edle Männer und ein edles Volk gehört, auf dass ihr den kommenden Schicksalsfügungen mit derselben Courage begegnet, die ihr bei den Prüfungen der Vergangenheit zeigtet. Ich jedenfalls werde auf ewig in die Annalen eingehen mit einem glänzenden Sieg oder mit meinem Untergang.«

IX [26] Während Dareios derart auf sie einsprach, hatte ihnen das Schreckbild der dräuenden Gefahr Herz und Seele abgeschnürt. Kein Ratschlag war zu vernehmen, kein Laut, da erhob Artabazos, Dareios' ältester Freund, der, wie oben ausgeführt, die Gastfreundschaft Philipps genossen hatte, seine Stimme: »Wohlan, legen wir unsere kostbarsten Gewänder an, und rüsten wir uns mit der größten Pracht, die uns möglich ist! So wollen wir dem König in die Schlacht folgen, das Herz von Siegeshoffnung getragen, ohne Scheu vor dem Tod!«

Dieser Appell wurde vom Rest mit Zustimmung aufgenommen. Nabarzanes aber, der ebenfalls an dem Rat teilnahm, schmiedete zusammen mit Bessos ein Komplott zu einem noch nie dagewesenen Verbrechen: diese planten, mit Hilfe der von ihnen beiden befehligten Bataillone ihren eigenen König zu arretieren und in Ketten zu legen, wobei sie so kalkulierten: sollte Alexander sie einholen, wollten sie Dareios lebendig ausliefern und sich damit den Sieger verpflichten, der diesen Fang ja sicher zu schätzen wisse; gelinge es ihnen allerdings, jenem zu entkommen, dann würden sie Dareios umbringen, selbst die Macht übernehmen und den Krieg neu beginnen. Nachdem sie diesen Königsmord lange bedacht hatten,

Nabarzanes aditum nefariae spei praeparans: »Scio me«, inquit, »sententiam esse dicturum prima specie haudquaquam auribus tuis gratam; sed medici quoque graviores morbos asperis remediis curant, et gubernator, ubi naufragium timet, iactura, quidquid servari potest, redimit. Ego tamen, non ut damnum quidem facias, suadeo, sed ut te ac regnum tuum salubri ratione conserves. Dis adversis bellum inimus, et pertinax fortuna Persas urgere non desinit: novis initiis et ominibus opus est. Auspicium et imperium interim alii trade, qui tam diu rex appelletur, donec Asia decedat hostis, victor deinde regnum tibi reddat! Hoc autem brevi futurum ratio promittit: Bactra intacta sunt, Indi et Sacae in tua potestate; tot populi, tot exercitus, tot equitum peditumque milia ad res novandas vires paratas habent, ut maior belli moles supersit quam exhausta sit. Quid ruimus beluarum ritu in perniciem non necessariam? Fortium virorum est magis mortem contemnere quam odisse vitam. Saepe taedio laboris ad vilitatem sui conpelluntur ignavi; at nihil virtus inexpertum omittit. Itaque ultimum omnium mors est, ad quam non pigre ire satis est. Proinde si Bactra, quod tutissimum receptaculum est, petimus, praefectum regionis eius, Bessum, regem temporis gratia *statuamus*; rebus conpositis iusto regi tibi fiducia*rium* restituet imperium.«

ebnete Nabarzanes dem frevelhaften Vorhaben nun den Weg mit folgenden Argumenten: »Ich weiß, der Vorschlag, den ich jetzt mache, wird in deinen Ohren zunächst wie eine Zumutung klingen. Doch bei schlimmeren Krankheiten greifen auch Ärzte zu harten Kuren, und ein Kapitän, der Schiffbruch befürchtet, nimmt, um zu retten, was zu retten ist, das Überbordwerfen der Ladung in Kauf. Ich freilich verlange keinerlei Opfer von dir, sondern nur, dass du durch eine erfolgversprechende Operation dein Überleben und das des Reiches sicherst. Wir führen einen Krieg, in dem die Götter nicht auf unserer Seite stehen; hartnäckig versetzt uns das Schicksal einen Schlag nach dem anderen. Was wir brauchen, ist ein Neustart unter anderen Vorzeichen. Delegiere den Oberbefehl und die Herrschaft für eine Weile an einen Stellvertreter! Bis der Feind aus Asien verschwindet, soll der den Königstitel tragen, danach aber, wenn er gesiegt hat, gehe die Macht zurück an dich. Das aber wird schon bald der Fall sein, wie eine einfache Rechnung belegt. Baktrien ist heil geblieben, du gebietest über die Inder und Saker; um eine Wende herbeizuführen, stehen so viele Völker als frische Reserve bereit, so viele Armeen, so viele Tausende an Reitern und Fußvolk, dass die verfügbaren Kontingente beträchtlicher sind als die verheizten. Warum stürzen wir uns wie wilde Tiere in einen vermeidbaren Untergang? Den Tod zu verachten zeichnet den Kühnen aus, nicht jedoch, das Leben zu hassen; der Feigling ist es, den die Unlust, sich zu schinden, zur Selbstvernichtung treibt. Die Tapferkeit hingegen lässt nichts unversucht. Daher ist der Tod immer nur der letzte Ausweg, und es genügt, ihm ohne Verdrossenheit entgegenzugehen. Das heißt, wenn wir Baktra erreichen, unseren sichersten Zufluchtsort, so lasst uns in Anbetracht der Situation Bessos, den dortigen Satrapen, zum König machen! Hat sich die Lage sodann beruhigt, wird er diese Interimsherrschaft wieder an dich, den rechtmäßigen König, abtreten.«

[27] Haud mirum est Dareum non temperasse animo, quamquam tam impiae voci quantum nefas *sub*esset, latebat. Itaque: »Pessimum«, inquit, »mancipium, repperisti exoptatum tibi tempus, quo parricidium aperires?« strictoque acinace interfecturus eum videbatur, ni propere Bessus Bactrianique, *quasi* deprecarentur, tristium specie, ceterum, si perseveraret, vincturi circumstetissent. Nabarzanes interim elapsus, mox et Bessus *est* secutus: copias, quibus praeerant, a cetero exercitu secedere iubent secretum inituri consilium.

Artabazus convenientem praesenti fortunae sententiam orsus mitigare Dareum temporum identidem admonens coepit: ferret aequo animo qualiumcumque, suorum tamen vel stultitiam vel errorem. Instare *iam ei* Alexandrum, gravem, etiamsi omnes praesto essent: quid futurum, si persecuti fugam ipsius alienentur? Aegre paruit Artabazo et, quamquam movere castra statuerat, turbatis tamen omnium animis eodem in loco substitit. Sed attonitus maestitia simul et desperatione tabernaculo se inclusit.

Ergo in castris, quae nullius regebantur imperio, varii animorum motus erant, nec in commune ut ante consulebatur. Dux Graecorum militum, Patron, arma capere suos iubet paratosque esse ad exequendum imperium. Persae secesserant:

[27] Kein Wunder, dass sich Dareios nicht beherrschen konnte, obwohl er von der tatsächlichen Niedertracht dieses so perfiden Vorschlags nichts ahnte. »Du hundsgemeiner Sklave!«, schrie er, »hast du endlich die heißersehnte Gelegenheit gefunden, dich offen zum verruchten Mord an deinem König zu bekennen?« Schon zückte er sein Schwert, alles sah danach aus, er würde jenen töten, Bessos hingegen und die Baktrer heuchelten Betroffenheit und umringten ihn flugs, als wollten sie Fürbitte einlegen, in Wahrheit freilich waren sie entschlossen, den König in Bande zu legen, sollte er auf seinem Vorsatz beharren. Nabarzanes hatte sich inzwischen verdrückt, und Bessos folgte ihm alsbald. In der Absicht, sich unter vier Augen zu besprechen, wiesen sie die ihnen unterstellten Truppen an, sich vom Rest der Armee abzusondern.

Artabazos hob zu einem Statement an, das der aktuellen Lage Rechnung trug, und machte sich daran, Dareios zu besänftigen, indem er ihn immer wieder mit der Realität konfrontierte: mit Gelassenheit müsse er der Dummheit oder dem Irrtum solcher Kerle begegnen; mochten die sein, wie sie wollten, sie zählten nichtsdestotrotz zu seinen Leuten. Alexander sei ihm schon dicht auf den Fersen, eine ernste Bedrohung, selbst für den Fall, ihm stünden alle Streitkräfte zu Gebote. Was, wenn seine Fluchtgefährten sich von ihm lossagten? Widerwillig fügte sich Dareios Artabazos, und obwohl er ursprünglich beschlossen hatte, das Lager aufzuheben, rührte er sich aufgrund des allgemeinen Schockzustands nicht von der Stelle. Doch vor lauter Traurigkeit und auch Verzweiflung war er wie betäubt, und so verbarrikadierte er sich in seinem Zelt.

Im Lager, das nun führerlos war, überschlugen sich jetzt die Emotionen: der eine tendierte dahin, der andere dorthin, gemeinsame Beschlüsse wie früher kamen nicht mehr zustande. Der Kommandeur der griechischen Söldner, Patron, ließ die Seinen die Waffen ergreifen: in Befehlsbereitschaft sollten sie

Bessus cum Bactrianis erat temptabatque Persas abducere, Bactra et intactae regionis opulenta simulque, quae manentibus instarent pericula, ostentans. Persarum omnium eadem fere fuit vox, nefas esse deseri regem. Inter haec Artabazus omnibus imperatoriis fungebatur officiis: ille Persarum tabernacula circumire, hortari, monere nunc singulos, nunc universos non ante destitit, quam satis constaret imperata facturos. Idem aegre a Dareo inpetravit, ut cibum caperet animumque rebus adverteret.

X [28] At Bessus et Nabarzanes olim agitatum scelus exequi statuunt regni cupiditate accensi; Dareo autem incolumi tantas opes sperare non poterant. Quippe in illis gentibus regum eximia maiestas est: ad nomen quoque barbari conveniunt, et pristinae veneratio fortunae sequitur adversam. Inflabat inpios animos regio, cui praeerant, armis virisque et spatio locorum nulli earum gentium secunda: tertiam partem Asiae tenet, multitudo iuniorum exercitus, quos amiserat Dareus, aequabat. Itaque non illum modo, sed etiam Alexandrum spernebant, inde vires imperii repetituri, si regis potiri contigisset. Diu omnibus cogitatis placuit per milites Bactrianos ad omne obsequium destinatos regem conprehendere mittique nunti-

sich halten. Die Perser hatten sich abgespalten; Bessos hielt sich bei den Baktrern auf und versuchte, die Perser für seine Partei zu gewinnen: Baktra, den Reichtum einer unberührten Region hielt er ihnen vor Augen und daneben die Gefahren, die ihnen drohten, wenn sie blieben. Fast einmütig reagierten die Perser: den König im Stich zu lassen war für sie gottlos und verbrecherisch. Artabazos übernahm in der Zwischenzeit sämtliche Funktionen eines Oberbefehlshabers; unablässig wanderte er durch die Zelte der Perser, sprach ermunternde Worte, redete bald einzelnen ins Gewissen, bald der ganzen Truppe, bis endlich gesichert war, dass sie seinen Anweisungen Folge leisten würden. Außerdem konnte er mit Müh und Not Dareios so weit bringen, etwas Nahrung zu sich zu nehmen und sich den Dingen wieder zuzuwenden.

X [28] Bessos und Nabarzanes aber fassten den Beschluss, das seit langem geplante Verbrechen in die Tat umzusetzen: heiß versessen waren die auf den Thron; solange Dareios jedoch noch lebte, konnten sie auf einen solchen Aufstieg nicht hoffen. Bei jenen Völkerschaften genießt der König nämlich einen besonders hohen Stellenwert: der bloße Klang seines Namens ruft die Barbaren auf den Plan, und die Ehrfurcht vor seinem einstigen Glück bewahrt sich auch im Unglück. Das Gebiet, das sie verwalteten, steigerte noch den Geltungswahn jener ruchlosen Gesellen, denn an Waffen, an Männern und Fläche konnte es mit jedem anderen Nationalterritorium mithalten. Ein Drittel Asiens bedeckte es, und die Menge an jungen Wehrfähigen war gleich groß wie die Armeen, die Dareios eingebüßt hatte. Deshalb flößte ihnen neben diesem auch Alexander keinen Respekt ein, denn sie hatten vor, nach erfolgreicher Ergreifung des Königs dort neue Reichstruppen zu rekrutieren. Nachdem sie alles reiflich bedacht hatten, einigten sie sich auf folgendes: die Soldaten aus Baktrien, die sich zu absolutem Gehorsam verpflichtet hatten, sollten den König arretieren,

um ad Alexandrum, qui indicaret vivum adservari eum; si, id quod timebant, proditionem aspernatus esset, occisuri Dareum et Bactra cum suarum gentium manu petituri. Ceterum propalam conprehendi Dareus non poterat tot Persarum militibus laturis opem regi; Graecorum quoque fides timebatur. Itaque, quod vi non poterant, fraude adsequi temptant: paenitentiam secessionis simulare decreverant et excusare apud regem consternationem suam. Interim, qui Persas sollicitarent, mittuntur. Hinc spe, hinc metu militares animos versant: ruinae rerum subdere illos capita, in perniciem trahi, cum Bactra pateant exceptura eos bonis et opulentia, animis quam concipere non possint.

[29] Haec agitantibus Artabazus supervenit sive regis iussu sive sua sponte adfirmans mitigatum esse Dareum et eundem illis amicitiae gradum patere apud regem. Illi lacrimantes nunc purgare se, nunc Artabazum orare, ut causam ipsorum tueretur precesque perferret. Sic peracta nocte sub lucis exortum *Bessus* et Nabarzanes cum Bactrianis militibus in vestibulo praetorii aderant titulum sollemnis officii occulto sceleri praeferentes. Dareus signo ad eundum dato currum pristino more conscendit. *Atque Bessus* ceterique parricidae procumbentes humi, quem paulo post in vinculis habituri erant, sustinuere

wobei gleichzeitig ein Bote zu Alexander zu delegieren sei mit der Mitteilung, der König befinde sich lebend in ihrem Gewahrsam. Würde jener wie befürchtet diesen Verrat verurteilen, so wollten sie Dareios umbringen und sich mit den Bataillonen ihrer Regierungsbezirke nach Baktra absetzen. Nun konnte man sich Dareios aber nicht in aller Öffentlichkeit greifen, da die Perser, und das waren Abertausende, ihm helfen würden; auch die Treue der Griechen stellte ein Problem dar. Darum versuchten sie das, was mit Gewalt nicht zu bewerkstelligen war, durch eine List zu erreichen. Sie hatten abgemacht, Reue über ihre Fahnenflucht zu heucheln und sich beim König für ihre Rebellion zu entschuldigen. In der Zwischenzeit schickten sie Agitatoren los, die Perser aufzuwiegeln. Die bearbeiteten die Herzen der Soldaten, indem sie bald Hoffnung schürten, bald Angst: sie hielten den Kopf hin, wo alles über ihnen zusammenbreche, in den Untergang ließen sie sich reißen, obwohl Baktra bereitstehe, sie mit seinem Reichtum und einer Fülle, die sie sich nicht vorstellen könnten, zu empfangen.

[29] Während jene so agitierten, erschien Artabazos und erklärte, ob nun auf königliche Anordnung hin oder von sich aus, Dareios sei beschwichtigt, sie stünden in seiner Gunst genauso hoch wie zuvor. Da weinten sie und gaben bald Rechtfertigungen von sich, bald drängten sie Artabazos, ihr Sachwalter zu sein und ihre Bitten weiterzuleiten. So verging die Nacht. Bei Sonnenaufgang aber fanden sich Bessos und Nabarzanes nebst den Soldaten aus Baktrien auf dem Vorplatz des Feldherrnzeltes ein, indem sie das Zeremoniell der Ehrfurchtsbezeigung als Tarnung ihres Verbrechens nutzten. Man gab das Signal zum Aufbruch, und Dareios bestieg nach alter Tradition seinen Wagen. Am Boden ausgestreckt, brachten es Bessos und die übrigen Königsmörder über sich, einem Mann, den sie wenig später in Banden halten wollten, ihren Respekt zu zollen, sie zer-

venerari; lacrimas etiam paenitentiae indices profuderunt: adeo humanis ingeniis parata simulatio est!

Preces deinde suppliciter admotae Dareum natura simplicem et mitem non credere modo, quae adfirmabant, sed flere etiam coegerunt. Ac ne tum quidem cogitati sceleris paenituit, cum intuerentur, qualem et regem et virum fallerent. Ille quidem securus periculi, quod instabat, Alexandri manus, quas solas timebat, effugere properabat.

XI [30] Patron autem, Graecorum dux, praecipit suis, ut arma, quae in sarcinis antea ferebantur, induerent ad omne imperium suum parati et intenti. Ipse currum regis sequebatur occasioni inminens adloquendi eum: quippe Bessi facinus praesenserat. Sed Bessus id ipsum metuens, custos verius quam comes, a curru non recedebat. Diu ergo Patron cunctatus ac saepius sermone revocatus, inter fidem timoremque haesitans regem intuebatur. Qui ut tandem advertit oculos, Bubacen spadonem inter proximos currum sequentem percontari iubet, numquid ipsi velit dicere. Patron se vero, sed remotis arbitris loqui velle cum eo respondit iussusque propius accedere sine interprete – nam haud rudis Graecae linguae Dareus erat –: »Rex«, inquit, »ex L milibus Graecorum supersumus pauci, omnis fortunae tuae comites et in hoc tuo statu idem, qui florente te fuimus, quascumque terras elegeris, pro patria et domesticis rebus petituri. Secundae adversaeque res tuae

flossen sogar in Tränen zum Zeichen ihrer Reue. Derart leicht fällt einem Menschenherz Verstellung.

Dann verlegten sie sich voll Demut aufs Bitten, und dies bewog Dareios, der von Natur aus ohne Falsch und gütig war, ihren Beteuerungen Glauben zu schenken, ja sogar zum Weinen brachte ihn das. Doch nicht einmal in diesem Moment, als sie sahen, was für einen König, was für einen Mann sie da hintergingen, verspürten die Reue ob des geplanten Verbrechens. Jener aber ahnte nichts von der drohenden Gefahr, er wollte nur eilends Alexanders Scharen entrinnen, dem einzigen, vor dem ihm bange war.

XI [30] Patron aber, der Kommandeur der Griechen, wies die Seinen an, die Waffen, die vorher mit dem Gepäck transportiert wurden, anzulegen und in höchster Alarmbereitschaft zu verharren. Er selbst folgte dem Wagen des Königs, eine Gelegenheit abpassend, diesen anzusprechen, da er Bessos' Attentat witterte. Der freilich befürchtete genau das, und deshalb entfernte er sich keinen Schritt von dem Wagen, eher Bewacher denn Begleiter. Also drückte sich Patron geraume Weile herum, immer wieder daran gehindert, den König anzureden, und hielt derweil, zwischen Pflichttreue und Furcht hin- und hergerissen, seine Augen auf ihn geheftet. Endlich blickte Dareios zu ihm hin und ließ Bubakes, einen Eunuchen aus dem nächsten Gefolge des Wagens, bei ihm anfragen, ob er ihm etwas zu sagen habe. Patron erwiderte, das wolle er in der Tat, doch ohne Zeugen. Darauf befahl ihm der König, näher heranzutreten; ohne einen Dolmetscher zu bemühen, denn Dareios war des Griechischen durchaus mächtig, erklärte nun Patron: »Mein König, von den fünfzigtausend Griechen sind nur wir, ein kleiner Haufen, noch übrig, Wegbegleiter deines Schicksals, jetzt in der Krise noch immer dieselben wie ehedem in blühenden Zeiten. Ganz gleich in welches Land du willst, es soll uns die Heimat, den häuslichen Herd ersetzen. Glück und

copulavere nos tecum. Per hanc fidem invictam oro et obtestor, in nostris castris tibi tabernaculum statue, nos corporis tui custodes esse patiaris! Omisimus Graeciam, nulla Bactra sunt nobis, spes omnis in te: utinam etiam ceteris esset! Plura dici non attinet. Custodiam corporis tui externus et alienigena non deposcerem, si crederem alium posse praestare.«

[31] Bessus quamquam erat Graeci sermonis ignarus, tamen stimulante conscientia indicium profecto Patronem detulisse credebat: et interpretes celato sermone Graeci exempta dubitatio est. Dareus autem, quantum ex voltu concipi poterat, haud sane territus percontari Patrona causam consilii, quod adferret, coepit. Ille non ultra differendum ratus: »Bessus«, inquit, »et Nabarzanes insidiantur tibi: in ultimo discrimine et fortunae tuae et vitae hic dies aut parricidis aut tibi futurus ultimus.« Et Patron quidem egregiam conservati regis gloriam tulerat. Eludant *fidem* licet, quibus forte temere humana negotia volvi agique persuasum est *nec serie* nexuque causarum latentium et multo ante destinatarum suum quemque ordinem inmutabili lege percurrere: Dareus certe respondit, quamquam sibi Graecorum militum fides nota sit, numquam tamen a popularibus suis recessurum. Difficilius sibi esse damnare quam decipi.

Unglück haben uns an dich geschmiedet. Und darum beschwöre ich dich, bei dieser unverbrüchlichen Treue, errichte dein Zelt in unserem Lager, lass uns deine Leibwächter sein! Griechenland haben wir den Rücken gekehrt, für uns gibt es kein Baktrien, auf dir beruht all unsere Hoffnung. Ach, träfe das doch auch für die übrigen zu! Mehr zu sagen ist sinnlos. Ich komme aus einem fremden Land, fremd bin ich, und so würde ich nicht beanspruchen, deine Leibwache zu stellen, wenn ich glaubte, sonst wer könnte diese Aufgabe vernünftig erfüllen.«

[31] Zwar war Bessos der griechischen Sprache unkundig, doch von seinem bösen Gewissen alarmiert, war er sich so gut wie sicher, Patron habe ihn denunziert, und jeder Zweifel wurde dadurch beseitigt, dass bei dem Gespräch mit dem Griechen keine Dolmetscher bemüht worden waren. Dareios freilich, soweit man das aus seiner Miene schließen konnte, wirkte nicht im mindesten verängstigt, er wollte von Patron nur den Grund für den Vorschlag, den er ihm da unterbreite, erfahren. Jener glaubte, die Sache länger vor sich herzuschieben sei jetzt fehl am Platz, und klärte den König auf: »Bessos und Nabarzanes planen einen Anschlag auf dich; deine Stellung, dein Leben stehen auf dem Spiel, für die Mörder oder für dich hat heute die letzte Stunde geschlagen.« Und in der Tat hatte er sich damit für seinen Teil den seltenen Ruhm errungen, seines Königs Lebensretter zu sein. Wer die Überzeugung hegt, dass das Diktat des Zufalls das Tun der Menschen ohne Sinn und Zweck vorantreibt, der soll Patrons Treue ruhig ins Lächerliche ziehen! Die Wahrheit aber ist, dass ein jeder aufgrund eines unwandelbaren Gesetzes sein persönliches Programm durchläuft nach einer Kette, einem Nexus von Ursachen, die im verborgenen liegen und von Ewigkeit vorbestimmt sind[25]. Jedenfalls erwiderte Dareios, die Loyalität der griechischen Kämpfer sei ihm durchaus bekannt, dennoch werde er sich von seinen Landsleuten niemals distanzieren. Er habe ein größeres Prob-

Quidquid fors tulisset, inter suos perpeti malle quam transfugam fieri. Sero se perire, si salvum esse milites sui nollent. Patron desperata regis salute ad eos, quibus praeerat, rediit omnia pro fide experiri paratus.

XII [32] At Bessus occidendi protinus regis impetum ceperat. Sed veritus, ne gratiam Alexandri, nisi vivum eum tradidisset, inire non posset, dilato in proximam noctem sceleris consilio agere gratias incipit, quod perfidi hominis insidias iam Alexandri opes spectantis prudenter cauteque vitasset: donum eum hosti laturum fuisse regis caput! Nec mirari hominem mercede conductum omnia habere venalia: sine pignore, sine lare, terrarum orbis exulem, ancipitem hostem ad nutum licentium circumferri. *Purganti* deinde se deosque patrios testes fidei suae invocanti Dareus vultu adsentiebatur, haud dubius, quin vera deferrentur a Graecis; sed eo rerum ventum erat, ut tam periculosum esset non credere suis quam decipi. XXX milia erant, quorum inclinata in scelus levitas timebatur, IV milia Patron habebat. Quibus si credidisset salutem suam damnata popularium fide, parricidio excusationem videbat offerri. Itaque praeoptabat inmerito quam iure violari. Besso tamen insi-

lem damit, den Stab über sie zu brechen, als verraten zu werden. Nein, zu einem Deserteur verkommen wolle er nicht, da stelle er sich doch besser inmitten der Seinen ergeben jedweder Schicksalsprüfung. Wie überfällig sei sein Tod, wenn schon seinen eigenen Soldaten nichts an seiner Unversehrtheit liege! Jetzt sah Patron die Hoffnung schwinden, den König noch retten zu können, und so kehrte er zu seinen Untergebenen zurück, bereit, im Dienste seiner Treuepflicht alles zu wagen.

XII [32] In Bessos indes war der kühne Gedanke aufgekeimt, den König schnurstracks umzubringen; er hatte nur Angst, wenn er ihn nicht lebendig ausliefere, vor Alexander keine Gnade zu finden, daher verschob er die Ausführung des Verbrechens auf die folgende Nacht und brach in Dankeshymnen aus, dass der König den Ränken eines perfiden Verräters, der schon auf die Seite der Macht zu Alexander tendiere, durch kluge Vorsicht entgangen sei: der hätte dem Feind des Königs Haupt als Geschenk präsentiert! Wen wundert es, wenn ein gedungener Söldner alles für wohlfeil halte! Ohne Angehörige, ohne Heim, nirgendwo auf der ganzen Erde zu Hause, tanze der nach der Pfeife des Höchstbietenden und sei mal gegen diesen, mal gegen jenen. Es folgten Ehrenerklärungen, die Götter der Heimat rief er auf den Plan als Zeugen seiner Treue. Nach außen hin gab Dareios ihm recht, allerdings hegte er nicht den geringsten Zweifel, dass die Bezichtigungen der Griechen den Tatsachen entsprachen, doch er steckte in einer Sackgasse, wo den Seinen zu misstrauen genauso gefährlich war wie von ihnen hintergangen zu werden. Dreißigtausend musste er fürchten, die in ihrem Wankelmut zum Verbrechen tendierten, Patron dagegen verfügte über ganze viertausend. Denen seine Sicherheit anzuvertrauen und damit die Loyalität seiner Landsleute offen anzuzweifeln hieße, das begriff er wohl, eine Rechtfertigung für den Mord zu liefern. Also wollte er lieber schuldloses Opfer sein als jemand, der einen Anschlag

diarum consilium purganti respondit Alexandri sibi non minus iustitiam quam virtutem esse perspectam. Falli eos, qui proditionis ab eo praemium expectent: violatae fidei neminem acriorem fore vindicem ultoremque. Iamque nox adpetebat, cum Persae more solito armis positis ad necessaria ex proximo vico ferenda discurrunt. At Bactriani, ut imperatum a Besso erat, armati stabant.

[33] Inter haec Dareus Artabazum acciri iubet, expositisque, quae Patron detulerat, haud dubitare Artabazus, quin transeundum esset in castra Graecorum: Persas quoque periculo vulgato secuturos. Destinatus sorti suae et iam nullius salubris consilii patiens unicam in illa fortuna opem Artabazum, ultimum illud visurus, amplectitur perfususque mutuis lacrimis inhaerentem sibi avelli iubet; capite deinde velato, ne inter gemitus digredientem velut a rogo intueretur, in humum pronum corpus abiecit. Tum vero custodiae eius adsueti, quos regis salutem vel periculis vitae tueri oportebat, dilapsi sunt, *clam* armatis, quos iam adventare credebant, haud rati se futuros pares. Ingens ergo in tabernaculo solitudo erat paucis spadonibus, quia, quo discederent, non habebant, circumstantibus regem. At ille remotis arbitris diu aliud atque aliud consilium animo volutabat. Iamque solitudinem, quam paulo ante pro solacio petiverat, perosus Bubacen vocari iubet. Quem intuens: »Ite«, inquit, »consulite vobis ad ultimum regi vestro, ut

verdient hat. Als aber Bessos jeden Attentatsgedanken strikt von sich wies, konterte der König, Alexanders Tapferkeit sei ihm bekannt, seine Gerechtigkeit indes nicht minder. Wer sich von ihm Lohn für Verrat erhoffe, verrechne sich. Niemand ahnde und räche einen Treubruch schärfer als er. Schon nahte die Nacht, und wie gewöhnlich legten die Perser ihre Rüstung ab und liefen auseinander, sich im nächstgelegenen Dorf Proviant zu verschaffen. Die Baktrer hingegen blieben auf Bessos' Befehl unter Waffen.

[33] Unterdessen ließ Dareios Artabazos zu sich kommen und eröffnete ihm die Enthüllungen Patrons. Ohne Wenn und Aber plädierte jener dafür, ins Lager der Griechen zu wechseln: über die Gefahr informiert, würden die Perser ihnen Gefolgschaft leisten. Schicksalsergeben wollte Dareios kein Wort von Rettung mehr hören; er umarmte Artabazos, seine einzige Stütze in jenem Unglück, den er hier zum letzten Mal sehen sollte; der klammerte sich an ihm fest, doch der König, von ihrer beider Tränen überströmt, befahl ihm, ihn loszulassen. Alsdann verhüllte Dareios sein Haupt: er konnte nicht mit ansehen, wie jener unter Seufzen wie von einem Grab davonschritt; bäuchlings warf er sich auf den Boden nieder. Jetzt aber machten sich die regulären Leibwächters des Königs, deren Pflicht es war, selbst unter Lebensgefahr seine Unversehrtheit zu gewährleisten, aus dem Staub, denn gegenüber den Haufen, die sich heimlich bewaffnet hatten und die sie in ihren Köpfen bereits nahen sahen, wähnten sie sich machtlos. Welch abgrundtiefe Einsamkeit herrschte nun in Dareios' Zelt! Nur ein paar Eunuchen umstanden den König noch, die wussten nämlich nicht wohin. Der aber, kaum hatte er auch diese Zeugen entfernt, grübelte lange, einen Gedanken nach dem anderen wälzte er in seinem Hirn. Schon war ihm die Einsamkeit, in der er eben noch Trost gesucht hatte, ein Graus, und darum ließ er Bubakes zu sich rufen. »Geht!« gebot er dem, »und

decebat, fide exhibita! Ego hic legem fati mei expecto. Forsitan mireris, quod vitam non finiam: alieno scelere quam meo mori malo.« Post hanc vocem spado gemitu non tabernaculum modo, sed etiam castra conplevit. Inrupere deinde alii laceratisque vestibus lugubri et barbaro ululatu regem deplorare coeperunt. Persae ad illos clamore perlato attoniti metu nec arma capere, ne in Bactrianos inciderent, nec quiescere audebant, ne inpie deserere regem viderentur. Varius ac dissonus clamor sine duce ac sine imperio totis castris referebatur.

[34] Besso et Nabarzani nuntiaverant sui regem a semetipso interemptum esse: planctus eos deceperat. Itaque citatis equis advolant sequentibus, quos ad ministerium sceleris delegerant, et, cum tabernaculum intrassent, quia regem vivere spadones indicabant, conprehendi vincirique iusserunt. Rex curru paulo ante vectus et deorum auspiciis ac su*mm*is honoribus cultus nulla externa ope admota captivus servorum suorum in sordidum vehiculum pellibus undique contectum inponitur. Pecunia regis et supellex quasi belli iure diripitur, onustique praeda per scelus ultimum parta fugam intendunt. Artabazus cum iis, qui imperio parebant, Graecisque militibus Parthienen petebat

kümmert euch um euch selbst! Bis zuletzt habt ihr eurem König Treue bewiesen, wie es sich geziemte. Ich will hier dem Verdikt meines Schicksals ins Auge blicken: Vielleicht wundert es dich, dass ich meinem Leben kein Ende bereite: soll ich durch frevlerische Hand sterben, so möge es eine fremde sein, die meinige jedenfalls nicht.« Kaum waren diese Worte verklungen, erfüllte der Eunuch nicht nur das Zelt, nein, das gesamte Lager mit Weh und Ach. Dann kamen andere angestürzt, die zerfetzten sich die Kleider und hoben an, den König mit dem kläglichen Wehgeheul der Barbaren zu bejammern. Dieses Geschrei drang zu den Persern, starr wurden die vor Furcht: sie wagten es genauso wenig, zu den Waffen zu greifen – schließlich wollten sie mit jenen aus Baktra nicht aneinandergeraten –, wie einfach ruhig zuzusehen, denn den König gewissenlos im Stich lassen mochten sie auch nicht. Im ganzen Lager gellte das chaotische Gebrüll in allen Tonlagen, ohne Auslöser griff das spontan um sich.

[34] Inzwischen war Bessos und Nabarzanes von den Ihren, die das Lamento irregeführt hatte, zugetragen worden, der König hätte Selbstmord begangen. In fliegendem Galopp preschten die heran, die ausgewählten Handlanger für ihr Verbrechen im Schlepptau. Als sie dann im Zelt von den Eunuchen erfuhren, Dareios sei am Leben, befahlen sie, ihn zu ergreifen und in Bande zu schlagen. Eben noch war der König auf stolzem Streitwagen einhergefahren, Liebling der Götter, mit den höchsten Ehren überhäuft, nun wurde er auf ein schmutziges Vehikel plaziert, ohne Zutun einer fremden Macht zum Gefangenen seiner eigenen Untertanen degradiert. Sein Geld, sein Hofinventar fielen der Plünderung zum Opfer, als ob hier Kriegsrecht griffe. Danach machten sich die Verantwortlichen aus dem Staub, beladen mit der Beute aus diesem Schwerstverbrechen. Artabazos begab sich mit den noch befehlsgehorsamen Männern sowie den griechischen Söldnern nach

omnia tutiora parricidarum contuitu ratus. Persae promissis Bessi onerati, maxime quia nemo alius erat, quem sequerentur, coniunxere se Bactrianis agmen eorum tertio adsecuti die. Ne tamen honos regi non haberetur, aureis conpedibus Dareum vinciunt nova ludibria subinde excogitante fortuna. Et ne forte cultu regio posset agnosci, sordidis pellibus vehiculum intexerant; ignoti iumenta agebant. Ne percontantibus in agmine monstrari posset, custodes procul sequebantur.

XIII [35] Alexander audito Dareum movisse ab Ecbatanis, omisso itinere, quod petebat, in Mediam, fugientem insequi pergit strenue. Tabas – oppidum est in Paraetacene ultima – pervenit: ibi transfugae nuntiant praecipitem fuga Bactra petere Dareum. Certiora deinde cognoscit ex Bagistane Babylonio: qui *nondum* vinctum regem, sed in periculo esse aut mortis aut vinculorum adfirmabat. Rex ducibus convocatis: »Maximum«, inquit, »opus, sed labor brevissimus superest. Dareus haud procul destitutus a suis aut oppressus. In illo corpore posita est nostra victoria, et tanta res celeritatis est praemium.« Omnes pariter conclamant paratos ipsos sequi: nec labori nec periculo parceret. Igitur raptim agmen cursus magis quam itineris modo ducit ne nocturna quidem quiete diurnum laborem relaxan-

Parthiene, wähnte er sich doch überall sicherer als bei der Mörderclique. Die Perser waren von Bessos mit Versprechungen überschüttet worden, vor allem aber bot sich kein anderer Führer für sie an, und darum suchten sie den Schulterschluss mit den Baktrern und taten sich zwei Tage später mit deren Kolonnen zusammen. Als kleinen Ehrersatz legte man Dareios goldene Fußfesseln an: in der Tat, im Erfinden neuer Foppereien war sein Schicksal schier unerschöpflich. Und damit ihn nicht etwa jemand an seinem Königsornat erkenne, war der Karren mit schmierigen Häuten überspannt worden; als Treiber des Gespanns hatte man völlig Ahnungslose genommen, um zu verhindern, dass er unterwegs Neugierigen präsentiert werde; in einigem Abstand folgten Wachen.

XIII [35] Auf die Kunde, Dareios habe Ekbatana geräumt, bog Alexander von der geplanten Route nach Medien ab und machte sich hurtig an die Verfolgung des Flüchtigen. In Tabai[26] angelangt – das ist eine Stadt in der hintersten Paraitakene –, zeigten ihm Überläufer an, Dareios fliehe Hals über Kopf Richtung Baktra. Dann erhielt er von Bagistanes aus Babylon verlässlichere Informationen; eine tatsächliche Gefangenschaft des Königs konnte der zwar nicht bestätigen, jedoch eine unmittelbare Gefährdung seines Lebens oder seiner Freiheit. Vor versammeltem Generalstab gab Alexander daraufhin folgendes Statement ab: »Gewaltig ist die Aufgabe, die noch vor uns liegt, allerdings ist sie ruckzuck erledigt. Dareios befindet sich ganz in der Nähe, von den Seinen im Stich gelassen oder Opfer ihrer Gewalt. Mit seiner Person steht und fällt unser Sieg, und dieser Riesenerfolg ist der Lohn für unsere Schnelligkeit.« Wie aus einem Munde schrien da alle, sie seien bereit, ihm zu folgen, ohne Rücksicht auf Mühsal und Gefahr. Und so führte er den Heereszug eilends weiter, in Laufgeschwindigkeit, nicht in Marschtempo, nicht einmal nachts gab es Pausen, sich von den Strapazen des Tages zu erholen. Auf die Weise legte er fünf-

te. Itaque D stadia processit, perventumque erat in vicum, in quo Dareum Bessus conprehenderat. Ibi Melon, Darei interpres, excipitur: corpore aeger non potuerat agmen adsequi et deprehensus celeritate regis transfugam se esse simulabat. Ex hoc acta cognoscit. Sed fatigatis necessaria quies erat. Itaque delectis equitum VI milibus CCC, quos dimachas appellabant, adiungit. Dorso hi graviora arma portabant, ceterum equis vehebantur; cum res locusque posceret, pedestris acies era*n*t.

[36] Haec agentem Alexandrum adeunt Orsines et Mithracenes: Bessi parricidium exosi transfugerant nuntiabantque stadia D abesse Persas, ipsos brevius iter monstraturos. Gratus regi adventus transfugarum fuit. Itaque prima vespera ducibus isdem cum expedita equitum manu monstratam viam ingreditur phalange, quantum festinare posset, sequi iussa. Ipse quadrato agmine incedens ita cursum regebat, ut primi coniungi ultimis possent. CCC stadia processerant, cum occurrit Brochubelus, Mazaei filius, Syriae quondam praetor. Is quoque transfuga nuntiabat Bessum haud amplius quam CC stadia abesse; exercitum, utpote prae*dae* av*idum*, inconpositum inordinatumque procedere. Hyrcaniam videri petituros. Si festinaret sequi, palantes superventurum. Dareum adhuc vivere. Strenuo alioqui cupiditatem consequendi transfuga iniecerat. Itaque

hundert Stadien zurück und erreichte schließlich jenes Dorf, in dem Bessos Dareios hatte arretieren lassen. Dort griff man Melon, Dareios' Dolmetscher, auf; aufgrund eines Gebrestens hatte der sich den Kolonnen nicht anschließen können; jetzt hatte ihn das rasante Vorrücken des Königs kalt erwischt, und darum mimte er den Deserteur. Von ihm erfuhr Alexander, was passiert war. Die Soldaten freilich waren erschöpft und brauchten Ruhe. Deshalb stockte Alexander das Elitecorps aus sechstausend Kavalleristen um dreihundert Mann auf, sogenannte Doppelkämpfer, die die schwerere Montur als Rückengepäck mit sich führten, doch zu Pferd saßen. Wenn Situation und Gelände es erforderten, waren sie auch als Fußtruppen einsetzbar.

[36] Während dieser Aktivitäten traten Orsines und Mithrakenes an ihn heran. Da ihnen der von Bessos geplante Königsmord ein Greuel war, hatten sie das Lager gewechselt und kündeten nun, noch fünfhundert Stadien betrage die Distanz zu den Persern, sie aber würden den Makedonen eine Abkürzung zeigen. Den König beglückte das Auftauchen der Überläufer. In der ersten Abenddämmerung machte er sich daher unter deren Führung mit seinem flexiblen Kavallerietrupp auf den gewiesenen Weg, die Phalanx sollte so schnell sie nur konnte folgen. Den geschlossenen Block, in dem er vorrückte, dirigierte er so, dass die Fühlung zwischen Tête und Nachtrab auf dem Ritt gewährleistet war. Dreihundert Stadien weit waren sie gekommen, als der Sohn des Mazaios, Brochubelos, der ehemalige Satrap Syriens, ihre Bahn kreuzte. Auch er war desertiert und informierte sie, Bessos sei nur mehr zweihundert Stadien entfernt, beutegierig stürme sein Heer ohne jede Formation außer Reih und Glied voran: allem Anschein nach gehe es Richtung Hyrkanien. Etwas Tempo zugelegt, und Alexander bekomme sie in dieser Desorganisiertheit zu packen. Dareios sei noch am Leben. Damit hatte der Überläufer bei dem ohnehin dynami-

calcaribus subditis effuso cursu eunt. Iamque fremitus hostium iter ingredientium exaudiebatur, sed prospectum ademerat pulveris nubes. Paulisper ergo inhibuit cursum, donec consideret pulvis. Iamque conspecti a barbaris erant et abeuntium agmen conspexerant nequaquam futuri pares, si Besso tantum animi fuisset ad proelium, quantum ad parricidium fuerat. Namque et numero barbari praestabant et robore; ad hoc refecti cum fatigatis certamen inituri erant. Sed nomen Alexandri et fama, maximum in bello utique momentum, pavidos in fugam avertit.

[37] Bessus vero et ceteri facinoris eius participes vehiculum Darei adsecuti coeperunt hortari eum, conscenderet equum et se hosti fuga eriperet. Ille deos ultores adesse testatur et Alexandri fidem inplorans negat se parricidas velle comitari. Tum vero ira quoque accensi tela coiciunt in regem multisque confossum vulneribus relinquunt. Iumenta quoque, ne longius prosequi possent, convulnerant duobus servis, qui regem comitabantur, occisis. Hoc edito facinore, ut vestigia fugae spargerent, Nabarzanes Hyrcaniam, Bessus Bactra paucis equitum comitantibus petebant. Barbari ducibus destituti, qua quemque aut spes ducebat aut pavor, dissipabantur; D tantum equites congregaverant se incerti adhuc, resistere melius esset an

schen Makedonen den Wunsch geweckt, den Perserkönig einzuholen. Folglich jagte man, die Sporen in den Flanken, vorwärts in gestrecktem Galopp. Schon drangen die Marschgeräusche der feindlichen Armee an ihre Ohren, nur die Sicht wurde durch eine Staubwolke noch getrübt. Also stoppte Alexander ein Weilchen, bis sich der Staub wieder setzte. Jetzt hatten die Barbaren die Makedonen gesichtet und diese umgekehrt den abziehenden feindlichen Haufen: wäre Bessos auf Kampf so versessen gewesen wie auf den Königsmord, hätten die anderen es mit ihnen nicht aufnehmen können, die Barbaren waren ja an Zahl und Stärke überlegen, zudem würden sie ausgeruht in den Kampf gehen gegen einen ausgelaugten Gegner. Doch der bloße Name und Ruhm Alexanders, ein ausschlaggebendes Moment zumindest im Krieg, trieb sie schlotternd in die Flucht.

[37] Bessos indes und die übrigen Attentäter begaben sich zum Karren des Dareios und bestürmten ihn, sich auf ein Pferd zu schwingen und vor dem Feind Reißaus zu nehmen. Jetzt habe die Stunde der Rachegötter geschlagen, konstatierte jener; mit Königsmördern wolle er nicht länger zusammensein, lehnte er sich auf und beschwor Alexanders Gnade. Jene kochten nun auch noch vor Wut, und so bewarfen sie den König mit einem Hagel von Spießen und ließen ihn von Stichwunden übersät einfach liegen. Danach ermordeten sie die zwei Sklaven, die ihn begleiteten, und das Gespann verletzten sie ebenfalls schwer, das sollte ihnen nicht weiter folgen. Nachdem sie dieses Verbrechen verübt hatten, suchten sie ihre Fährte zu verwischen, das heißt, Nabarzanes setzte sich Richtung Hyrkanien ab, Bessos nach Baktra, nur von ein paar Reitern eskortiert. Führungslos geworden, zerstoben die Barbaren, von Hoffnung oder Panik geleitet, in alle Winde. Nur fünfhundert Reiter hatten sich zusammengeschart und schwankten noch zwischen Widerstand und Flucht. Als Alex-

fugere. Alexander hostium trepidatione conperta Nicanorem cum equitum parte ad inhibendam fugam emittit, ipse cum ceteris sequitur. Tria ferme milia resistentia occisa sunt, reliquum agmen pecudum more intactum agebatur iubente rege, ut caedibus abstineretur. Nemo captivorum erat, qui monstrare Darei vehiculum posset: singula, ut quaeque prenderent, scrutabantur, nec tamen ullum vestigium fugae regis extabat. Festinantem Alexandrum vix III milia equitum persecuta sunt. At in eos, qui lentius sequebantur, incidebant universa fugientium agmina. Vix credibile dictu, plures captivi quam, qui caperent, erant: adeo omnem sensum territis fortuna penitus excusserat, ut nec hostium paucitatem nec multitudinem suam satis cernerent.

[38] Interim iumenta, quae Dareum vehebant, nullo regente decesserant militari via et errore delata per quattuor stadia in quadam valle constiterant aestu simulque vulneribus fatigata. Haud procul erat fons, ad quem monstratum a peritis Polystratus Macedo siti maceratus accessit ac, dum galea haustam aquam sorbet, tela iumentorum deficientium corporibus infixa conspexit. Miratusque confossa potius quam abacta esse, semivivi ho*minis gemitum percipit. Itaque more ingenii humani cupidus visendi, quid rei vehiculo isto conderetur, dimotis pellibus, quibus obtectum erat, Dareum multis vulneribus confossum repperit. Regius enim cultus et aureae catenae, quibus a*

ander von dem Chaos bei den Persern hörte, schickte er Nikanor mit einem Teil der Kavallerie los, deren Flucht zu stoppen, er selbst kam mit den übrigen hinterdrein. Ungefähr dreitausend leisteten Gegenwehr und wurden dabei getötet; die Reste der Armee trieben die Makedonen wie Vieh unversehrt vor sich her, Alexanders Befehl getreu, auf jedes Blutbad zu verzichten. Keiner von den Gefangenen war in der Lage, ihnen den Karren des Dareios zu weisen. Der Reihe nach wurden die Wagen, just wie sie ihnen in die Hände fielen, durchwühlt, es fand sich jedoch nicht der geringste Hinweis auf eine Flucht des Königs. Gerade mal dreitausend Reiter konnten bei Alexanders Geschwindigkeit mithalten. Die Nachzügler aber griffen die Flüchtigen in ganzen Kompanien auf. Es klingt unglaublich: das waren mehr Eingefangene als Fänger! Verstört wie sie waren, hatte sie dieser Schicksalsschlag aller Sinne beraubt: weder für die zahlenmäßige Unterlegenheit des Feinds noch für die eigene Übermacht hatten sie ein Auge.

[38] Inzwischen waren die Zugtiere, die Dareios beförderten, von der Heerstraße abgekommen, denn keiner lenkte sie mehr; vier Stadien weit abgeirrt, waren sie in irgendeinem Tal stehen geblieben, wegen der Hitze und ihrer Wunden am Ende ihrer Kräfte. Ganz in der Nähe lag eine Quelle. Ortskundige hatten sie dem Makedonen Polystratos gewiesen, und der begab sich nun von Durst gequält dorthin. Während er aus seinem Helm das geschöpfte Wasser schlürfte, fiel sein Blick auf die Spieße, die in den Leibern der sterbensmatten Tiere steckten. Er wunderte sich noch, warum man die durchlöchert hatte, statt sie fortzutreiben, als *er das Stöhnen eines Menschen vernahm*, der mit dem Tode rang. *Da überkam ihn, eine typisch menschliche Reaktion, die Neugier, welches Geheimnis sich wohl in jenem Karren verberge; daher entfernte er die Plane aus Häuten und entdeckte den von Stichwunden übersäten Dareios. Seine königliche Gewandung und die goldenen Fesseln, die ihm die*

parricidis vinctus erat, dubitationem eximebant. Non erat expers Graeci sermonis Dareus gratiasque agebat dis, qui post tanta mala hoc tamen indulsissent solacii, ne omnino in solitudine extremum spiritum effunderet. »Itaque te«, inquit, »quisquis es mortalium, per communem hominum sortem, a qua ne maximos quidem reges exemptos esse praesenti spectaculo moneris, rogo quaesoque, ut haec ad Alexandrum mandata perferas: nihil eorum, quae longe tristissima perpessus sum, ne hunc quidem incredibilis calamitatis exitum tam gravem mihi accidisse quam illud, quod post tanta in me meosque merita adversus clementissimum victorem inimico vivendum fuit et nunc ingrato moriendum est. Sed – si qua extremis miserorum votis apud deos vis est, et cum ipso spiritu profusas preces aliquod numen exaudit – ille quidem sospes et incolumis longeque supra sortem fortunae meae et invidiam deorum positus in solio Cyri gloriosam aetatem exigat suaeque virtutis memor eum matri liberisque meis locum apud se esse patiatur, quem illi fide et obsequio meruerint! At parricidas promptum exitium consequatur, quod Alexander inrogabit, si non misericordia infelicis hostis, saltem odio facinorum, et ne inpunita in aliorum etiam regum suumque ipsius exitium erumpant!« Post haec cum siti angeretur, adlata per Polystratum aqua recreatus: »Ergo«, inquit, »hanc etiam tantis calamitatibus extremam accedere oportuit, ut bene merito gratiam referre non possim; at referet Alexander, Alex-

Mörder angelegt hatten, ließen keinerlei Zweifel aufkommen. Dareios war der griechischen Sprache durchaus kundig, und also dankte er den Göttern, dass sie ihm nach diesen vielen Nackenschlägen den Trost gewährten, nicht völlig allein ohne eine Menschenseele seinen letzten Atemzug tun zu müssen. »Was für ein Erdensohn auch immer du bist«, sprach er Polystratos an, »bei der Menschheit gemeinsamem Los, das nicht einmal die größten Könige ausnimmt, wie dich das traurige Schauspiel hier lehrt, bitte und beschwöre ich dich, trag diese Botschaft zu Alexander! Mein Leidensweg in seinem maßlosen Jammer, ja sogar dieses unglaublich trostlose Ende hier sind nichts gegen die Tatsache, dass ich nach all seinen immensen Huldbezeigungen gegen mich und die Meinen genötigt war, mit dem gütigsten Sieger in Feindschaft zu leben, und mir nur mehr bleibt, in Undank zu sterben. Doch wenn die letzten Wünsche eines Elenden bei den Göttern nicht wirkungslos verhallen, wenn irgendeine himmlische Macht die schon im Tode gehauchten Bitten erhört, so soll jener wohlbehalten und unversehrt, in lichten Höhen meinem Schicksalslos und der Götter Neid entrückt, ein Leben in Glanz auf dem Throne von Kyros genießen; seines hohen Sinnes eingedenk, möge er dann meiner Mutter und meinen Kindern bei sich den Platz gewähren, der ihrer Treue, ihrem Gehorsam angemessen ist! Den ruchlosen Mördern aber soll Alexanders Verdikt ein schnelles Ende bereiten, wofern nicht aus Mitleid mit seinem unglückseligen Gegner, wenigstens aus Abscheu vor Verbrechen, damit die nicht ungeahndet weiter um sich greifen und auch andere Könige bis hin zu ihm selbst vernichten.« Nach diesen Worten brachte Polystratos ihm Wasser, denn der Durst schnürte ihm die Kehle zu. Erquickt fuhr Dareios fort: »Zu diesen so gewaltigen Tragödien musste sich nun auch noch die letzte gesellen, dass ich außerstande bin, ihm all seine guten Taten zu vergelten. Anders Alexander, er wird Gleiches mit Gleichem lohnen, und das werden die Götter auch ihm.« Jetzt streckte er seinem Gegenüber

andro vero di.« Dextram deinde protendit eamque Alexandro fidei regiae pignus ferri iubens adprehensa Polystrati manu animam efflavit.

Alexander num spiranti adhuc supervenerit, incertum est; illud constat miserabili regis opulentissimi exitu conperto plurimas lacrimas profudisse statimque chlamyde sibi detracta corpus operuisse et magno cum honore ad suos deferri iussisse, ut regio Persarum more curatum monumentis maiorum inferretur. Perfidiam hominum, a quibus pro summis beneficiis crudelissimum exitium Dareus pertulit, quamquam suapte natura horrendam et execrabilem, insigniore ad posteritatem infamia notavit canis cuiusdam mira fides, qui ab omnibus familiaribus destituto solus adfuit et eandem, quam vivo, adulationem morienti praestitit. Hunc vitae finem sortitus est ille, quem modo contumelia adfici putabant, nisi regem regum et deorum consanguineum salutarent; magnoque denuo experimento conprobatum est neminem magis patere fortunae, quam qui plurimis eius beneficiis ornatus iugum eius tota cervice receperit.

die Rechte hin und trug ihm auf, diesen Handschlag Alexander als Unterpfand seines königlichen Wortes zu überbringen. Und sobald Polystratos sie ergriffen hatte, hauchte Dareios seine Seele aus.

Es ist nicht gesichert, ob Alexander ihn noch atmend erlebte, eines aber steht fest: als er vom erbärmlichen Abgang dieses so überreichen Königs erfuhr, flossen seine Tränen in Strömen, er riss sich den Mantel herunter und bedeckte damit den Leichnam; dann sorgte er dafür, dass jener unter großen Ehren zu den Seinen überführt wurde, auf dass er mit allem Pomp, der Perserkönigen traditionsgemäß zuteilwird, in den hehren Hallen der Vorfahren beigesetzt werde. Die Perfidie jener Menschen, die Dareios zum Lohn für die höchsten Gunstbeweise den grausamsten Abgang bescherten, ist an sich schon abscheulich und verdammenswert, doch die wundersame Treue eines namenlosen Hundes ließ deren ganze Verwerflichkeit bei der Nachwelt in noch kruderem Licht erscheinen: der wich als einziger dem von allen Anhängern Verlassenen nicht von der Seite und bewahrte ihm im Sterben dieselbe Ergebenheit wie im Leben. Dieses Ende war einem Mann beschieden, dessen Majestät bis eben noch schon als beleidigt galt, wurde er nicht als König der Könige und Spross der Götter gegrüßt, ein weiterer mächtiger Beweis dafür, dass dem Schicksal die volle Breitseite bietet, wer, mit seinen Gunstbeweisen überhäuft, sein Joch voll aufs Genick gedrückt bekommt.

Liber VI

Dum haec in Asia geruntur, ne in Graecia quidem Macedoniaque tranquillae res fuere. Regnabat apud Lacedaemonios Agis, filius Archidami, qui Tarentinis opem ferens occiderat eodem die, quo Philippus Athenienses ad Chaeroneam vicit: is Alexandri virtutis aemulus cives suos stimulabat, ne Graeciam servitute Macedonum diutius premi paterentur; nisi in tempore libertatis memores futuros. Sic instinctis animis occasionem belli movendi captabant. Prospero igitur eventu Memnonis invitati consilia cum eo miscere adgressi sunt et, postquam ille rerum laetarum initia intempestiva morte destituit, nihilo remissius providerent, idem iugum ad ipsos transiturum. Adnitendum igitur, dum aliquae Persis ad resistendum vires essent: illis oppressis adversus inmanem potentiam frustra avitae agebant. Sed ad Pharnabazum et Autophradaten profectus Agis triginta argenti talenta decemque triremes inpetravit, quas Agesilao fratri misit, ut in Cretam navigaret, cuius insulae cultores inter Lacedaemonios et Macedonas diversis studiis distrahebantur. Legati quoque ad Dareum missi sunt, qui ad bellum ampliorem vim pecuniae pluresque naves peterent. Atque haec eorum consilia clades ad Issum – nam ea intervenerat – adeo non interpellavit, ut etiam adiuvaret. Quippe fugientem insecutus Alexander in loca in dies longinquiora rapiebatur, et ex ipso proelio mercennariorum in-

Buch VI

Während sich die Dinge in Asien derart gestalteten, herrschte auch in Griechenland und Makedonien keine Ruhe. Bei den Spartanern war Agis an der Macht, der Sohn des Archidamos, der im Hilfseinsatz für Tarent am nämlichen Tag gefallen war, an dem Philipp die Athener bei Chaironeia besiegte[1]. *Der wollte genauso ein Held sein wie Alexander, und daher agitierte er bei seinen Mitbürgern, sie dürften nicht dulden, dass Griechenland länger unter der Knute der Makedonen stehe. Ohne rechtzeitige Gegenmaßnahmen bekämen sie dasselbe Joch bald selbst zu spüren. Solange die Perser noch über irgendwelche Widerstandsreserven verfügten, müssten sie in dieser Richtung aktiv werden; sobald die aus dem Feld geschlagen seien, hätten sie es mit einer Großmacht zu tun, und die Freiheit der Ahnen sei nur mehr eitler Wahn. Die Gemüter erhitzten sich, und man suchte nach einer Gelegenheit loszuschlagen. Geködert vom Erfolg Memnons, visierten die Spartaner einen Pakt mit diesem an, und als dessen vorzeitiges Ende jede erfolgversprechende Zusammenarbeit schon im Keim erstickte, setzten sie ihre Umtriebe dennoch unvermindert fort. Immerhin verschaffte sich Agis durch einen Besuch bei Pharnabazos und Autophradates dreißig Talente Silber und zehn Triremen, die er seinem Bruder Agesilaos für eine Expedition nach Kreta überließ, dessen Bewohner sich in einem Interessenkonflikt zwischen Spartanern und Makedonen befanden. Auch zu Dareios schickte man eine Delegation mit der Bitte, eine höhere Summe Geldes und eine größere Anzahl an Schiffen für den Krieg zur Verfügung zu stellen. Die Niederlage bei Issos – die hatte sich nämlich inzwischen ereignet – konterkarierte ihre Pläne nicht nur nicht, nein, die kam ihnen sogar zupass: die Verfolgung des Flüchtigen entführte Alexander ja in immer weiter entfernte Gebiete, und eine Riesenmenge an Söldnern hatte sich unmittelbar aus der Schlacht nach*

gens multitudo in Graeciam fuga se receperat: quorum octo milia pecunia conduxit Agis eorumque opera plerasque Cretensium urbes recepit. Cum deinceps Menon in Thraciam ab Alexandro missus barbaros ad defectionem inpulisset atque Antipater ad eam conprimendam exercitum ex Macedonia in Thraciam duxisset, opportunitate temporis strenue usi Lacedaemonii totam Peloponnesum paucis urbibus exceptis ad suas partes traxerunt confectoque exercitu viginti milium peditum cum duobus milibus equitum Agidi summam imperii detulerunt. Antipater ea re conperta bellum in Thracia, quibus potest condicionibus, conponit raptimque in Graeciam regressus ab amicis sociisque civitatibus auxilia cogit. Quibus convenientibus ad quadraginta milia militum recensuit. Advenerat etiam ex Peloponneso valida manus, sed quia dubiam eorum fidem cognoverat, dissimulata suspicione gratias egit, quod ad defendendam a Lacedaemoniis Alexandri dignitatem adfuissent: scripturum se id regi gratiam in tempore relaturo. In praesens nihil opus esse maioribus copiis: itaque domos redirent foederis necessitate expleta. Nuntios deinde ad Alexandrum mittit de motu Graeciae certiorem facturus. Atque illi regem apud Bactra demum consecuti sunt, cum interim Antipatri victoria et nece Agidis in Arcadia res transacta esset. Rex iam pridem tumultu Lacedaemoniorum cognito, quantum tot terrarum spatiis discretus potuit, providerat: Amphoterum cum Cypriis et Phoeniciis navibus in Peloponnesum navigare, Meneta tria milia talentum ad mare deferre iusserat, ut ex propinquo pecuniam Antipatro subministraret, quanta illi opus esse cognovisset. Probe enim perspexerat,

Griechenland abgesetzt. Agis heuerte achttausend von ihnen an und gewann mit ihrer Hilfe die meisten kretischen Städte für sich. Dann wurde Menon von Alexander nach Thrakien abkommandiert und machte seinem König die Barbaren dort abspenstig, worauf, um diesen Abfall rückgängig zu machen, Antipater mit einem Heer aus Makedonien in Thrakien einmarschierte[2], eine Chance, die die Spartaner hurtig nutzten: die gesamte Peloponnes mit Ausnahme weniger Städte zogen sie auf ihre Seite und formierten eine Armee bestehend aus zwanzigtausend Infanteristen sowie zweitausend Berittenen mit Agis an der Spitze. Als Antipater davon Kunde erhielt, stellte er die Kriegshandlungen in Thrakien zu den bestmöglichen Konditionen ein, kehrte schnurstracks nach Griechenland zurück und rekrutierte Hilfstruppen aus befreundeten und verbündeten Städten. Die Zählung dieser vereinten Kräfte ergab um die vierzigtausend Mann. Auch von der Peloponnes war eine starke Einheit angerückt. In Kenntnis, dass die dort hin und her lavierten, spielte er den Arglosen und dankte ihnen für ihre Bereitschaft, Alexanders Ruhm und Ehre gegen die Spartaner zu verteidigen: er werde das dem König schriftlich mitteilen, damit er sich bei Gelegenheit erkenntlich zeige. Derzeit benötige man keine weiteren Verbände, sie sollten nur heimkehren, ihre Bündnisverpflichtungen seien hiermit erfüllt. Sodann schickte er Boten zu Alexander, um ihn über die Unruhen in Griechenland zu informieren. In Baktra endlich erreichten diese den König, während die Lage inzwischen durch Antipaters Sieg und Agis' Tod in Arkadien bereinigt worden war. Der König war über das Aufbegehren der Spartaner schon längst auf dem laufenden und hatte reagiert, soweit ihm das aus der Distanz über unzählige Länder hinweg möglich war: Amphoteros hatte Weisung erhalten, mit den Schiffen aus Zypern und Phönizien zur Peloponnes zu segeln, Menetas sollte dreitausend Talente zur Küste befördern, um Antipater vor Ort mit den nach seinem Ermessen nötigen Finanzmitteln auszu-

quanti ad omnia momenti motus istius inclinatio futura esset: quamquam postea accepto victoriae nuntio cum suis rebus illam dimicationem conparans murium eam pugnam fuisse cavillatus est. Ceterum principia eius belli haud inprospera Lacedaemoniis fuere. Iuxta Corrhagum, Macedoniae castellum, cum Antipatri militibus congressi victores extiterant, et rei bene gestae fama etiam, qui dubiis mentibus fortunam spectaverant, societati eorum se adiunxerunt. Una ex Eleis Achaeisque urbibus Pellene foedus aspernabatur et in Arcadia Megalopolis, fida Macedonibus propter Philippi memoriam, a quo beneficiis adfecta fuerat. Sed haec circumsessa non multum a deditione aberat, nisi tandem Antipater subvenisset. Is postquam castra castris contulit seque numero militum alioque apparatu superiorem conspexit, quam primum de summa rerum proelio contendere statuit; neque Lacedaemonii detrectavere certamen.

Ita commissa est pugna, quae rem Spartanam maiorem in modum adflixit. Cum enim angustiis locorum, in quibus pugnabatur, confisi, ubi hosti nullum multitudinis usum futurum credebant, fortissime congressi essent, ac Macedones inpigerrime resisterent, multum sanguinis fusum est. Sed postquam Antipater integram subinde manum laborantibus suis subsidio misit, inpulsa Lacedaemoniorum acies gradum paulisper retulit. Quod conspicatus Agis cum cohorte regia, quae ex fortissimis constabat, se in medium I [1] pugnae discrimen inmisit obtruncatisque, qui promptius resistebant, magnam partem ho-

statten. Alexander hatte nämlich richtig erkannt, welch gewaltigen Einfluss die Entwicklung dieser Rebellion auf das Ganze haben könnte; später freilich, nach Erhalt der Siegesnachricht, als er seine eigenen Schwierigkeiten mit jenem Scharmützel verglich, sprach er spöttisch von einem Zwergenaufstand. Im übrigen waren die ersten Kampfhandlungen für die Spartaner durchaus vielversprechend. Aus dem Gefecht gegen Antipaters Mannen in der Nähe der makedonischen Festung Korrhagon waren sie als Sieger hervorgegangen, und die Kunde dieses Erfolgs hatte ihnen gar zusätzliche Verbündete gewonnen, die den Verlauf der Dinge bislang nur abwartend betrachtet hatten. Von den Städten in Elis und Achaia trat einzig Pellene dem Pakt nicht bei, und in Arkadien hielt Megalopolis weiter treu zu den Makedonen im Gedenken an Philipp, seinen großen Gönner. Die Stadt wurde dann aber belagert; fast hätte sie kapituliert, als endlich Antipater zu ihrer Entsetzung erschien. Ein Vergleich zwischen beiden Lagern mündete in der Feststellung der eigenen Überlegenheit, was Kopfzahl und sonstige Ausrüstung anbetraf, und daher beschloss Antipater, baldigst zum alles entscheidenden Schlag auszuholen; auch die Gegenseite war zum Kampf mehr als bereit.

So wurde die Schlacht eröffnet, die für die Sache der Spartaner zum größeren Fiasko wurde. Im Vertrauen auf die Enge des Kampfgeländes, wo der Feind ihrer Meinung nach keine Vorteile aus seiner Übermacht ziehen konnte, attackierten sie mit vollstem Einsatz, während die Makedonen wackerst Widerstand leisteten: ein gewaltiges Blutvergießen war das. Als aber Antipater, kaum kamen die Seinen ins Hintertreffen, eine frische Einheit nach der anderen zur Entlastung auf den Plan warf, gerieten die spartanischen Linien unter Druck und traten Schritt für Schritt den Rückzug an. Agis gewahrte das und stürmte mit der königlichen Garde, einer Elite der Tapfersten, ins dichteste I [1] Getümmel; wer sich ihm zu entschlossen in den Weg stellte, den

stium propulit. Coeperant fugere victores *et*, donec avidius sequentes in planum deduxere, inulti cadebant; sed ut primum locus, in quo stare possent, fuit, aequis viribus dimicatum est. Inter omnes tamen Lacedaemonios rex eminebat, non armorum modo et corporis specie, sed etiam magnitudine animi, quo uno vinci non potuit. Undique nunc comminus, nunc eminus petebatur diuque arma circumferens alia tela clipeo excipiebat, corpore alia vitabat, donec hasta femina perfossa plurimo sanguine effuso destituere pugnantem. Ergo clipeo suo exceptum armigeri raptim in castra referebant iactationem vulnerum haud facile tolerantem. Non tamen omisere Lacedaemonii pugnam et, ut primum sibi quam hosti aequiorem locum capere potuerunt, densatis ordinibus effuse fluentem in se aciem excepere. Non aliud discrimen vehementius fuisse memoriae proditum est. Duarum nobilissimarum bello gentium exercitus pari Marte pugnabant: Lacedaemonii vetera, Macedones praesentia decora intuebantur; illi pro libertate, hi pro dominatione pugnabant; Lacedaemoniis dux, Macedonibus locus deerat. Diei quoque unius tam multiplex casus modo spem, modo metum utriusque partis augebat velut de industria inter fortissimos viros certamen aequante fortuna. Cete-

haute er um, und so trieb er einen Großteil der Feinde vom Feld. Die Sieger des Anfangs hatten die Flucht angetreten; bis sie ihren Gegner, der ihnen mit wachsender Verbissenheit nachsetzte, unten auf ebenem Terrain hatten, fielen sie einfach, ohne einen Gegenschlag zu tun; doch sobald ihnen das Gelände erlaubte, Fuß zu fassen, kam es zum Patt. Unter all den Spartanern aber stach der König heraus, nicht nur durch den Schmuck der Waffen und seine bloße Gestalt, nein, auch durch eine unübertreffliche Einsatzfreude. Zielscheibe von vorn und von hinten, von links und von rechts, aus der Nähe, aus der Ferne, kämpfte und wehrte er sich nach allen Seiten; teils fing er die Geschosse mit seinem Schild ab, teils wich er ihnen aus, doch schließlich bohrte sich ein Speer durch beide Oberschenkel, die machten im Gefecht nicht mehr mit, in Strömen entquoll ihnen das Blut. Also betteten ihn die Knappen auf seinen Schild und trugen ihn eilends zurück ins Lager, wobei er die Erschütterungen wegen der Wunden kaum aushielt. Dennoch stellten die Lakedämonier den Kampf nicht ein, und als sie ein Gelände besetzen konnten, das ihnen mehr zupass kam als dem Feind, empfingen sie die Makedonenarmee, die halb in Auflösung gegen sie heranflutete, sofort in dicht geschlossenen Reihen. Den Quellen nach ist das die heftigste Schlacht gewesen, die man jemals austrug. Die Heere der zwei namhaftesten Kriegsnationen standen sich chancengleich gegenüber: die Spartaner hatten ihre Glanztaten aus vergangenen Tagen vor Augen, die Makedonen ihre aktuellen, jene stritten für die Freiheit, die anderen für ihre Vormachtstellung, den Spartanern machte das Fehlen ihres Kommandeurs zu schaffen, den Makedonen die Beschaffenheit des Ortes. Im Lauf eines einzigen Tages kippte die Lage immer wieder und ließ hüben und drüben bald die Hoffnung, bald die Furcht anschwellen, als ob das Schicksal mit voller Absicht ein Gleichgewicht in diesem Kampf der Tapfersten herstellen wollte.

rum angustiae loci, in quo haeserat pugna, non patiebantur totis ingredi viribus: spectabant ergo plures, quam inierant proelium, et qui extra teli iactum erant, clamore invicem suos accendebant.

[2] Tandem Laconum acies languescere lubrica arma sudore vix sustinens, pedem deinde referre coepit. Ut urgente hoste apertius fugere, insequebatur dissipatos victor et emensus cursu omne spatium, quod acies Laconum obtinuerat, ipsum Agin persequebatur. Ille ut fugam suorum et proximos hostium conspexit, deponi se iussit; expertusque membra, an impetum animi sequi possent, postquam deficere sensit, poplitibus semet excepit galeaque strenue sumpta clipeo protegens corpus hastam dextera vibrabat ultro vocans hostem, si quis iacenti spolia demere auderet. Nec quisquam fuit, qui sustineret comminus congredi: procul missilibus adpetebatur ea ipsa in hostem retorquens, donec lancea nudo pectori infixa est. Qua ex vulnere evolsa inclinatum ac deficiens caput clipeo paulisper excepit, dein linquente spiritu pariter ac sanguine moribundus in arma procubuit. Cecidere Lacedaemoniorum V milia et CCC, ex Macedonibus haud amplius M; ceterum vix quisquam nisi saucius revertit in castra.

[3] Haec victoria non Spartam modo sociosque eius, sed etiam omnis, qui fortunam belli spectaverant, fregit. Nec fallebat

Davon abgesehen erlaubte es die Enge des Terrains, wo die Schlacht feststeckte, nicht, mit den gesamten Streitkräften vorzurücken. Und so gab es mehr Zuschauer als tatsächliche Kämpfer, und hier wie dort feuerten jene, die sich außer Schussweite befanden, die Ihren mit lautem Gebrüll an.

[2] Endlich begannen die Linien der Lakonier zu erlahmen, die konnten ihre schweißnassen Waffen kaum mehr halten; dann setzte der Rückzug ein. Sobald unter dem Druck der Gegner die Fluchtbewegung zunahm, klebten sie, nun siegreich, an des Gegners Fersen; im Laufschritt ging es über die gesamte Distanz, die die spartanische Front überzogen hatte, auf zur Verfolgung von Agis selbst. Als der sah, dass die Seinen flohen und die Feinde schon in nächster Nähe waren, ließ er sich augenblicklich absetzen und versuchte, ob seine Beine mit seinem Enthusiasmus mithalten könnten. Er musste aber spüren, wie die unter ihm nachgaben, und da hockte er sich auf die Knie. Hurtig nahm er seinen Helm, hielt sich den Schild vor den Leib und schwang mit der Rechten den Speer, eine bewusste Provokation des Feindes: sollte sich doch einer trauen, ihm, mochte er auch am Boden kauern, die Rüstung zu rauben! Nicht einer freilich wollte das Risiko eingehen, sich ihm Mann gegen Mann zu stellen. Aus der Ferne bewarf man ihn mit Geschossen, die er auf die Angreifer zurückschleuderte; am Ende drang ihm ein Speer in die ungedeckte Brust. Den riss er sich aus der Wunde; ein Weilchen stützte er sein Haupt, das kraftlos heruntersank, auf den Schild, dann brach er sterbend über seinen Waffen zusammen: mit seinem Blut entwich zugleich auch das Leben. Fünftausenddreihundert Spartaner fielen dort gegenüber nur tausend Makedonen, allerdings kehrte kaum einer unverletzt ins Lager zurück.

[3] Dieser Sieg demoralisierte nicht nur Sparta und seine Verbündeten, sondern auch all jene, die die Entwicklung des Kriegs beobachtet hatten. In der Tat entging Antipater nicht,

Antipatrum dissentire ab animis gratulantium vultus; sed bellum finire cupienti opus erat decipi et, quamquam fortuna rerum placebat, invidiam tamen, quia maiores res erant, quam quas praefecti modus caperet, metuebat. Quippe Alexander hostes vinci voluerat, Antipatrum vicisse ne tacitus quidem indignabatur suae demptum gloriae existimans, quidquid cessisset alienae. Itaque Antipater, qui probe nosset spiritus eius, non est ausus ipse agere arbitria victoriae, sed concilium Graecorum, quid fieri placeret, consuluit. A quo Lacedaemonii nihil aliud quam ut oratores mittere ad regem liceret, Tegeatae veniam defectionis praeter auctores inpetraverunt, Megalopolitanis, quorum urbs obsessa erat a defectionis sociis, Achaei et Elei centum XX talenta dare iussi sunt. Hic fuit exitus belli, quod repente ortum prius tamen finitum est, quam Dareum Alexander apud Arbela superaret.

II [4] Sed ut primum instantibus curis laxatus est animus militarium rerum quam quietis otiique patientior, excepere eum voluptates, et quem arma Persarum non fregerant, vitia vicerunt: tempestiva convivia et perpotandi pervigilandique insana dulcedo ludique et greges pelicum. Omnia in externum lapsa morem; quem *ille* aemulatus quasi potiorem suo ita popularium animos oculosque pariter offendit, ut a plerisque

dass die Mienen der Gratulanten mitnichten ihren wahren Gedanken und Gefühlen entsprachen. Doch er wollte den Krieg beenden, und so musste er sich dumm stellen; überdies, obwohl ihm die derzeitige Glückssträhne behagte, hatte er Angst vor Neid, denn seine Unternehmungen überstiegen die Kompetenzen eines Statthalters um etliches. Natürlich hatte sich Alexander einen Sieg über die Feinde gewünscht, dass aber Antipater den errungen hatte, darüber empörte er sich lautstark, für ihn bedeutete nämlich der Erfolg eines anderen eine Schmälerung seines eigenen Ruhms. Antipater, der seinen Stolz genau kannte, wagte es denn auch nicht, nach eigenem Gutdünken die Siegesbedingungen zu diktieren, stattdessen holte er diesbezüglich die Meinung des Panhellenischen Rats[3] ein. Die Lakedämonier erwirkten dort nur die Erlaubnis, eine Delegation zum König zu entsenden; die Tegeaten erzielten eine Amnestie ihrer Rebellion, die Rädelsführer ausgenommen; die aus Achaia und Elis erhielten die Auflage, den Megalopolitanern, deren Stadt von der Aufständischenallianz belagert worden war, einhundertzwanzig Talente zu zahlen. Das war das Ende dieses Krieges, der, plötzlich ausgebrochen, doch schon beigelegt war, bevor der König bei Arbela über Dareios triumphierte.

II [4] Kaum aber war Alexander in seinem Kopf, der gegen militärischen Stress gefeiter war als gegen Entspannung und Nichtstun, die drückenden Sorgen los, da gab er sich einem Leben in Saus und Braus hin, und über den, den die Waffen der Perser nicht zerbrochen hatten, gewann nun das Laster die Oberhand: Gelage, die schon in der Früh begannen, die unsinnige Manie, zu saufen und die Nächte durchzumachen, Amusements, Huren in Fülle; sein ganzer Charakter verkam, der exotische Lebensstil riss ihn mit. Den ahmte er nach, als wäre er besser als der heimische, eine Beleidigung für die Gemüter und Augen seiner Landsleute: den meisten seiner

amicorum pro hoste haberetur. Tenaces quippe disciplinae suae solitosque parco ac parabili victu ad inplenda naturae desideria defungi in peregrina et devictarum gentium mala inpulerat. Hinc saepius conparatae in caput eius insidiae, secessio militum et liberior inter mutuas querelas dolor, ipsius deinde nunc ira, nunc suspiciones, quas excitabat inconsultus pavor, ceteraque his similia, quae deinde dicentur.

[5] Igitur cum tempestivis conviviis dies pariter noctesque consumeret, satietatem epularum ludis interpellabat non contentus artificum, quos e Graecia exciverat, turba: quippe captivae iubebantur suo ritu canere inconditum et abhorrens peregrinis auribus carmen. Inter quas unam rex ipse conspexit maestiorem quam ceteras et producentibus eam verecunde reluctantem. Excellens erat forma, et formam pudor honestabat: deiectis in terram oculis et, quantum licebat, ore velato suspicionem praebuit regi nobiliorem esse, quam ut inter convivales ludos deberet ostendi. Ergo interrogata, quaenam esset, neptim se Ochi, qui nuper regnasset in Persis, filio eius genitam esse respondit, uxorem Hystaspis fuisse. Propinquus hic Darei fuerat, magni et ipse exercitus praetor. Adhuc in animo regis tenues reliquiae pristini moris haerebant. Itaque fortunam regia stirpe genitae et tam celebre nomen [neptem] Ochi reveri-

Freunde erschien er wie ein Verräter an der eigenen Nation. Das waren ja Männer, die an ihren Prinzipien hingen und gewohnt waren, sich zur Stillung ihrer natürlichen Bedürfnisse mit karger Schlichtkost zu begnügen, und die hatte er zu den Exzessen fremder und zudem besiegter Völker verdonnert. Das Resultat waren vermehrte Anschläge auf sein Leben, versuchte Meuterei bei den Soldaten, Unmutsbekundungen auf allen Seiten, die sich nur allzu frei Luft machten, bei ihm selbst dementsprechend bald Zornesausbrüche, bald Verdächtigungen, die sich aus unbewussten Ängsten nährten; dazu gesellten sich weitere vergleichbare Konsequenzen, von denen noch die Rede sein wird.

[5] So beugte er bei seinen schwelgerischen Gelagen, die sich über Tage und Nächte dehnten, einem Überdruss am Essen durch Unterhaltungseinlagen vor. Die Künstler, die er scharenweise aus Griechenland geholt hatte, reichten ihm dabei nicht, und deshalb wurden die weiblichen Gefangenen aufgefordert, Lieder im Stil ihres Landes zu singen, für fremde Ohren die reinste Katzenmusik. Darunter zog eine die Blicke des Königs auf sich: sie wirkte betrübter als die übrigen und weigerte sich verschämt, sich vorführen zu lassen. Eine wahre Schönheit war das, und ihre Züchtigkeit adelte noch ihre Anmut. Die Augen niedergeschlagen, das Antlitz, solange sie durfte, verhüllt, weckte sie im König die Vermutung, sie sei zu hochgeboren, um den Zechern als Glanznummer präsentiert zu werden. Also fragte er sie, wer sie denn sei, und jene erwiderte, sie sei die Enkelin des früheren Perserkönigs Ochos, nämlich die Tochter seines Sohnes, Hystaspes' einstige Gemahlin. Der war ein Verwandter des Dareios gewesen und hatte selbst auch an der Spitze eines mächtigen Heeres gestanden. Im Herzen des Königs hafteten noch ein paar spärliche Reste seines alten Wesens. Aus Respekt vor dem Rang dieser Dame königlichen Geblüts und dem so berühmten Namen Ochos erklärte er sie

tus non dimitti modo captivam, sed etiam restitui ei suas opes iussit, virum quoque requiri, ut reperto coniugem redderet.

Postero autem die praecepit Hephaestioni, ut omnes captivos in regiam iuberet adduci. Ibi singulorum nobilitate spectata secrevit a vulgo, quorum eminebat genus. M hi fuerunt; inter quos repertus est Oxyathres, Darei frater, non illius fortuna quam indole animi sui clarior. XXVI *milia* talentum proxima praeda redacta erant: e quis duodecim milia in congiarium militum absumpta sunt, par huic pecuniae summa custodum fraude subtracta est. Oxydates erat nobilis Perses, qui a Dareo capitali supplicio destinatus cohibebatur in vinculis; huic liberato satrapeam Mediae attribuit, fratremque Darei recepit in cohortem amicorum omni vetustae claritatis honore servato.

[6] Hinc in Parthienen perventum est, tunc ignobilem gentem, nunc caput omnium, qui post Euphraten et Tigrim amnes siti Rubro mari terminantur. Scythae regionem campestrem ac fertilem occupaver*a*nt, graves adhuc accolae. Sedes habent et in Europa et in Asia: qui super Bosphorum colunt, adscribuntur Asiae, at qui in Europa sunt, a laevo Thraciae latere ad Borysthenem atque inde ad Tanaim [alium amnem] recta plaga attinent. Tanais Europam et Asiam medius interfluit. Nec dubitatur, quin Scythae, qui Parthos condidere, non a Bosphoro, sed ex Europae regione penetraverint. Urbs erat ea tempestate clara Hecatompylos, condita a Graecis; ibi stativa rex habuit

nicht nur für frei, sogar ihren Besitz ließ er ihr erstatten und nach ihrem Gatten fahnden, um das Paar, fände man jenen, wieder zu vereinen.

Am folgenden Tag aber erhielt Hephaistion Weisung, alle Kriegsgefangenen ins Quartier des Königs zu verbringen. Dort registrierte Alexander den Stand eines jeden und trennte die Hochgeborenen von der gemeinen Masse. Tausend waren das, darunter Oxyathres, des Dareios Bruder, dessen Ansehen nicht auf der Stellung des Perserkönigs gründete, sondern auf seinen persönlichen Talenten. Der Gewinn aus der letzten Beute wurde auf sechsundzwanzigtausend Talente beziffert, zwölftausend davon wurden als Boni für die Soldaten verbraucht und eine ebenso hohe Summe betrügerisch von den Wächtern unterschlagen. Oxydates, ein vornehmer Perser, der, von Dareios zum Tode verurteilt, noch in Gefangenschaft schmachtete, wurde von Alexander in die Freiheit entlassen und mit dem Gouverneursposten von Medien betraut; den Bruder des Dareios aber integrierte er unter Wahrung aller Ehren seiner einstigen glanzvollen Stellung in den Stab seiner Freunde.

[6] Dann ging es weiter nach Parthiene, zu jener Zeit ein unbedeutender Flecken, jetzt das führende Land unter allen Nationen jenseits von Euphrat und Tigris bis hin zum Roten Meer[4]. Damals waren die fruchtbaren Ebenen dort von den Skythen okkupiert, deren Nachbarschaft bis heute eine Bedrohung darstellt. Sowohl in Europa haben sie ihre Siedlungen als auch in Asien: zu letzterem gehören die nordöstlich des Bosporos sesshaften, während sich ihr europäischer Ableger von der Nordgrenze Thrakiens in gerader Linie bis zum Borysthenes und von da zum Tanais erstreckt[5]. Dieser bildet die Scheide zwischen Europa und Asien. Zweifelsfrei kamen jedoch jene Skythen, die das Partherreich begründeten, nicht vom Bosporos, sondern aus dem europäischen Teil. In jenen Tagen befand sich hier die berühmte Stadt Hekatompylos, eine Kolonie der

commeatibus undique advectis. Itaque rumor, otiosi militis vitium, sine auctore percrebruit regem contentum rebus, quas gessisset, in Macedoniam protinus redire statuisse. Discurrunt lymphatis similes *in* tabernacula et itineri sarcinas aptant: signum datum crederes, ut vasa colligerent totis castris. Tumultus hinc contubernales suos requirentium, hinc onerantium plaustra perfertur ad regem. Fecerant fidem rumori temere vulgato Graeci milites redire iussi domos; quorum equitibus singulis denarium sena milia *cum data essent, peditibus singula milia,* ipsis quoque finem militiae adesse credebant.

Haud secus quam par erat territus, qui Indos atque ultima Orientis peragrare statuisset, praefectos copiarum in praetorium contrahit obortisque lacrimis ex medio gloriae spatio revocari se victi magis quam victoris fortunam in patriam relaturum conquestus est; nec sibi ignaviam militum obstare, sed deum invidiam, qui fortissimis viris subitum patriae desiderium admovissent paulo post in eandem cum maiore laude famaque redituris. Tum vero pro se quisque operam suam offerre, difficillima quaeque poscere, polliceri militum quoque obsequium, si animos eorum leni et apta oratione permulcere voluisset: numquam infractos et abiectos recessisse, quotiens ipsius alacritatem et tanti animi spiritus haurire potuis-

Griechen. Dort errichtete Alexander sein Standquartier, wohin aus allen Richtungen Proviant zusammenfloss. So verbreitete sich völlig unmotiviert das Gerücht, eine typische Fehlentwicklung bei militärischem Leerlauf, der König wäre mit dem Erreichten zufrieden und hätte beschlossen, unverzüglich nach Makedonien zurückzukehren. Da stürzten die Männer wie die Wahnsinnigen zu ihren Zelten und schnürten ihre Bündel für den Marsch: es war, als hätte man fürs ganze Lager Signal zum Packen gegeben. Die einen suchten ihre Zeltgenossen, die anderen beluden die Wagen, ein Chaos und Gelärm, das bis zum König drang. Die Tatsache, dass die griechischen Söldner den Heimmarsch antreten sollten, hatte dem aufs Geratewohl ausgestreuten Gerücht Glaubwürdigkeit verliehen; jeder Reiter aus deren Staffel war mit sechstausend Denaren entlohnt worden, jeder Infanterist mit tausend, und folglich meinten auch die übrigen, ihr Wehrdienst wäre jetzt vorüber.

Der König, dessen Ziel es ja war, Indien und den Hinteren Orient zu durchziehen, war der Lage entsprechend alarmiert. Er bestellte die Offiziere in sein Feldherrnzelt, und mit Tränen in den Augen führte er Klage: mitten auf der Leiter des Erfolgs heiße es für ihn kehrtmarsch, das traurige Los eines Besiegten im Gepäck statt das Glück eines Siegers, so müsse er heimkehren. Nicht die Feigheit der Soldaten stelle das Problem dar, nein, der Neid der Götter sei es[6], hätten sie doch in den so wackeren Haudegen plötzlich das Heimweh geschürt, und das, obwohl man schon bald mit noch mehr Glanz und Gloria sowieso nach Hause ziehen werde. Voll Dienstbeflissenheit reklamierte nun jeder Offizier die schwierigsten Kommandos für sich, ja sie garantierten sogar für den Gehorsam der Soldaten, sofern er nur geruhe, mit netten, geschickten Worten an deren Herzen zu appellieren: nie zuvor seien sie deprimiert und verzagt zurückgewichen, wenn sie Kraft aus seiner Begeisterung hätten schöpfen können und von seinem Helden-

sent. Ita se facturum esse respondit; illi modo vulgi aures praepararent sibi.

Satisque omnibus, quae in rem videbantur esse, conpositis vocari ad contionem exercitum iussit, apud quem talem orationem habuit: III [7] »Magnitudinem rerum, quas gessimus, milites, intuentibus vobis minime mirum est et desiderium quietis et satietatem gloriae occurrere. Ut omittam Illyrios, Triballos, Boeotiam, Thraciam, Spartam, Achaeos, Peloponnesum, quorum alia ductu meo, alia imperio auspicioque perdomui, ecce orsi bellum ab Hellesponto Ionas, Aeolidem servitio barbariae inpotentis exemimus, Cariam, Lydiam, Cappadociam, Phrygiam, Paphlagoniam, Pamphyliam, Pisidas, Ciliciam, Syriam, Phoenicen, Armeniam, Persidem, Medos, Parthienen habemus in potestate. Plures provincias conplexus sum, quam alii urbes ceperunt, et nescio an enumeranti mihi quaedam ipsarum rerum multitudo subduxerit. Itaque si crederem satis certam esse possessionem terrarum, quas tanta velocitate domuimus, ego vero, milites, ad penates meos, ad parentem sororesque et ceteros cives vel retinentibus vobis erumperem, ut ibi potissimum parta vobiscum laude et gloria fruerer, ubi nos uberrima victoriae praemia expectant, liberum, coniugum parentumque laetitia, pax, quies, rerum per virtutem partarum secura possessio. Sed in novo et, si verum fateri volumus, precario imperio adhuc iugum eius rigida cervice subeuntibus barbaris tempore, milites, opus est, dum mitioribus ingeniis inbuuntur et efferatos melior consuetudo permulcet.

mut inspiriert worden seien. Alexander begrüßte den Vorschlag: bloß Gehör bei den Mannschaften müssten sie ihm verschaffen.

Nachdem alles Sachdienliche geregelt war, berief er eine Heeresversammlung ein, wo er folgende Rede hielt: III [7] »Soldaten, angesichts der gewaltigen Leistungen, die hinter uns liegen, ist es in der Tat kein Wunder, dass ihr euch nach Ruhe sehnt und den Ruhm über habt. Von Illyrien, den Triballern, Böotien, Thrakien, Sparta, Achaia, der Peloponnes, Ländern, deren Bezwingung sich teils meiner persönlichen Führung verdankt, teils meinem Oberbefehl und meinen glücklichen Direktiven, will ich gar nicht erst sprechen. Doch schaut, nachdem wir unseren Feldzug am Hellespont starteten, haben wir Ionien und Äolien von der Knute despotischer Barbarei befreit, und jetzt sind Karien, Lydien, Kappadokien, Phrygien, Paphlagonien, Pamphylien, Pisidien, Kilikien, Syrien, Phönizien, Armenien, die Persis, Medien, Parthiene in unserer Gewalt! Andere vermochten nicht so viele Städte einzunehmen, wie ich Provinzen eroberte, und vielleicht ist meine Aufzählung aufgrund der Menge an Fakten hier und da lückenhaft. Wenn ich den Besitz dieser Länder, die wir in solchem Eiltempo unterworfen haben, für gesichert erachtete, dann wäre ich selbst es, Soldaten, wahrlich und wahrhaftig, der zum heimischen Herd stürmte, zur Mutter, zu den Schwestern und den übrigen Landsleuten, sogar ihr würdet mich nicht halten können: nur dort wollte ich mich meiner Glorie, meines Ruhms, den ich im Verein mit euch errang, erfreuen, wo die Freude unserer Kinder, der Gattinnen, der Eltern, wo Ruhe und Frieden, der sorgenfreie Genuss der Güter, die uns die Tapferkeit gewann, als die kostbarste Siegesprämie unser harrt. Doch in einem jungen und, um bei der Wahrheit zu bleiben, ungefestigten Reich, in dem die Barbaren noch unter ihrem Joch bocken, da ist Zeit erforderlich, bis sie friedsameren Gemütes werden und zivili-

Fruges quoque maturitatem statuto tempore expectant: adeo etiam illa sensus omnis expertia tamen sua lege mitescunt. Quid? creditis tot gentes alterius imperio ac nomine adsuetas, non sacris, *non* moribus, non commercio linguae nobiscum cohaerentes eodem proelio domitas esse, quo victae sunt? Vestris armis continentur, non suis moribus, et qui praesentes metuunt, in absentia hostes erunt. Cum feris bestiis res est, quas captas et inclusas, quia ipsarum natura non potest, longior dies mitigat.

[8] Et adhuc sic ago, tamquam omnia subacta sint armis, quae fuerunt in dicione Darei. Hyrcaniam Nabarzanes occupavit, Bactra non possidet solum parricida Bessus, sed etiam minatur; Sogdiani, Dahae, Massagetae, Sacae, Indi sui iuris sunt. Omnes hi, simul terga nostra viderint, insequentur: illi enim eiusdem nationis sunt, nos alienigenae et externi. Suis *quis*que autem placidius paret, etiam cum is praeest, qui magis timeri potest. Proinde aut, quae cepimus, omittenda sunt aut, quae non habemus, occupanda. Sicut in corporibus aegris, milites, nihil, quod nociturum est, medici relinquunt, sic nos quidquid obstat imperio recidamus! Parva saepe scintilla contempta magnum excitavit incendium. Nil tuto in hoste despicitur:

siertere Sitten ihre Wildheit bändigen. Auch die Früchte des Feldes brauchen bis zu ihrer Reife eine bestimmte Frist: sogar ein völlig fühlloses Etwas wird, einem inneren Gesetz gehorchend, genießbar. Was ist mit euch los? Bildet ihr euch wirklich ein, bei diesen unzähligen Völkerschaften, für die eines anderen Autorität und Name ihre gewohnte Welt war, die sich obendrein von uns in religiösem Brauchtum, in Kultur und Sprache unterscheiden, gingen militärische Niederlage und Unterwerfung Hand in Hand? Die Macht eurer Waffen macht die gefügig, nicht ihre innere Überzeugung; solange wir vor Ort sind, fürchten sie uns, sind wir weg, wird ihre Feindseligkeit zum Ausbruch kommen. Wir haben es mit wilden Tieren zu tun; gefangen und in Käfige gesperrt, zähmt sie nur die Zeit wider ihre eigene Natur.

[8] Und noch eins, bis jetzt tue ich so, als hätten wir Dareios' gesamten Machtbereich bereits erobert. Nun hat aber Nabarzanes Hyrkanien in Beschlag genommen, der Königsmörder Bessos begnügt sich nicht mit dem Besitz von Baktra: er droht uns. Die Sogdier, die Daher, die Massageten, Saker[7] und Inder sind schlicht ihr eigener Herr. Sobald die uns von hinten sehen, werden sie sich samt und sonders auf deren Seite schlagen, denn das sind Angehörige ein und derselben Nation, wir dagegen sind von anderer Abstammung und sind Fremdlinge hier. Nun gehorcht aber jeder bereitwilliger den eigenen Landsleuten, selbst wenn der Mann an der Spitze eher Anlass zur Furcht ist. Daher müssen wir entweder die eingenommenen Gebiete aufgeben oder aber das, was noch nicht in unserem Besitz ist, okkupieren. Wie Ärzte alles, was einem kranken Leib schaden könnte, ausmerzen, so wollen wir, Soldaten, jedes Hindernis unserer Herrschaft mit Stumpf und Stiel beseitigen! Schon oft hat ein kleiner Funke, den man nicht beachtete, einen gewaltigen Brand entfacht. Einen Feind auch nur im geringsten zu unterschätzen, ist gefährlich: der Verachtete ge-

quem spreveris, valentiorem neglegentia facias. Ne Dareus quidem hereditarium Persarum accepit imperium, sed in sedem Cyri beneficio Bagoae, castrati hominis, admissus: ne vos magno labore credatis Bessum vacuum regnum occupaturum!

[9] Nos vero peccavimus, milites, si Dareum ob hoc vicimus, ut servo eius traderemus imperium, qui ultimum ausus scelus regem suum, etiam externae opis egentem, certe cui nos victores pepercissemus, quasi captivum in vinculis habuit, ad ultimum, ne a nobis conservari posset, occidit. Hunc vos regnare patiemini? Quem equidem cruci adfixum videre festino omnibus regibus gentibusque et fidei, quam violavit, meritas poenas solventem. At, hercules, si mox eundem Graecorum urbes aut Hellespontum vastare nuntiatum erit vobis, quo dolore adficiemini Bessum praemia vestrae occupavisse victoriae? Tunc ad repetendas res festinabitis, tunc arma capietis. Quanto autem praestat territum adhuc et vix mentis suae compotem opprimere! Quadridui nobis iter superest, qui tot proculcavimus nives, tot amnes superavimus, tot montium iuga transcucurrimus. Non mare illud, quod exaestuans iter fluctibus occupat, euntes nos moratur, non Ciliciae fauces et angustiae includunt: plana omnia et prona sunt. In ipso limine victoriae stamus. Pauci nobis fugitivi et domini sui interfectores supersunt. Egregium, mehercule, opus et inter prima gloriae vestrae

winnt durch den Leichtsinn des Gegners womöglich an Stärke. Auch Dareios ist die persische Monarchie nicht als legitimes Erbe zugefallen, er sitzt auf Kyros' Thron als König von Bagoas' Gnaden, und das war ein Kastrat[8]; gebt euch also nicht dem Wahn hin, Bessos werde sich anstrengen müssen, das herrenlose Reich in seine Gewalt zu bekommen!

[9] Was für ein Schlag ins Wasser wäre das, Soldaten, hätten wir Dareios nur zu dem Zweck besiegt, um die Macht an einen seiner Sklaven abzutreten, den kriminellsten Verbrecher, der sich erdreistet hat, seinen König, der bereits auf fremde Hilfe angewiesen war und den wir bei einem Sieg mit Sicherheit verschont hätten, wie einen Gefangenen in Fesseln zu halten und am Ende gar umzubringen, damit wir ihn nicht retten könnten! Und den Kerl wollt ihr regieren lassen? Ich jedenfalls kann es nicht erwarten, ihn am Kreuz hängen zu sehen als gerechte Vergeltung für alle Könige, alle Völker und für Treu und Glauben, die er verletzte. Doch beim Herkules, vielleicht meldet man euch schon bald, dieser Schuft verheere Griechenlands Städte oder den Hellespont. Wie werdet ihr ausrasten vor Schmerz, dass ein Bessos sich den Lohn eures Sieges unter den Nagel gerissen hat! Dann werdet ihr losstürzen, euren Besitz zurückzugewinnen, dann werdet ihr zu den Waffen greifen. Wie viel besser ist es da, den auszuschalten, solange er noch verschreckt ist und kaum weiß, wo ihm der Kopf steht! Durch wie viel Schnee sind wir gestapft, wie viele Flüsse haben wir überquert, wie viele Bergkämme bezwungen, was bleibt, ist eine Strecke von vier Tagen! Kein tosendes Meer, dessen Fluten uns den Weg abschneiden, verzögert den Marsch, keine Schluchten und Engpässe wie in Kilikien schließen uns ein: nur ebene Fläche neigt sich vor uns. Wir stehen an der Schwelle zum Sieg. Ein paar flüchtige Königsattentäter sind noch übrig. Beim Herkules, etwas Besonderes, ein wahres Glanzstück eurer Heldenlaufbahn werdet ihr den Legenden der Nachwelt

numerandum posteritati famaeque tradetis, Dareum quoque hostem finito post mortem illius odio parricidae *caede* esse vos ultos, neminem impium effugisse vestras manus. Hoc perpetrato quanto creditis Persas obsequentiores fore, cum intellexerint vos pia bella suscipere et Bessi sceleri, non nomini suo irasci?«

IV [10] Summa militum alacritate iubentium, quocumque vellet, duceret, oratio excepta est. Nec rex moratus impetum tertioque per Parthienen die ad fines Hyrcaniae penetrat Cratero relicto cum iis copiis, quibus praeerat, et ea manu, quam Amyntas ducebat, additis DC equitibus et totidem sagittariis, ut ab incursione barbarorum Parthienen tueretur. Erigyium inpedimenta modico praesidio dato campestri itinere ducere iubet. Ipse cum phalange et equitatu CL stadia emensus castra in valle, qua Hyrcaniam adeunt, communit. Nemus praealtis densisque arboribus umbrosum est pingue vallis solum rigantibus aquis, quae ex petris imminentibus manant. Ex ipsis radicibus montium Ziobetis amnis effunditur, qui tria fere stadia in longitudinem universus fluit, deinde saxo, quod alveolum interpellat, repercussus duo itinera velut dispensatis aquis aperit. Inde torrens et saxorum, per quae incurrit, asperitate violentior terram praeceps subit. Per CCC stadia conditus labitur rursusque velut ex alio fonte conceptus editur et novum alveum intendit priore sui parte spatiosior – quippe in latitudi-

vermachen, wenn ihr, den Hass wider ihn mit seinem Tode begrabend, sogar euren Feind Dareios mit dem Blut des Königsmörders rächt und keinen der Frevler ungeschoren lasst! Wie viel gefügiger, was glaubt ihr, werden die Perser nach dieser Aktion wohl sein, wenn sie begreifen, dass die Kriege, die ihr führt, gerecht sind und euer Zorn Bessos' Verbrechen, nicht ihrer Nation gilt?«

IV [10] Die Soldaten quittierten diese Rede mit größter Begeisterung und bestürmten ihn, er möge sie führen, wohin auch immer er wolle. Der König bremste ihren Enthusiasmus nicht und gelangte nach Durchquerung von Parthiene am dritten Tag an die Grenze Hyrkaniens; zur Sicherung Parthienes gegen eine Barbarenoffensive stationierte er dort Krateros mit den ihm unterstellten Truppen sowie die Einheit von Amyntas, dazu eine Verstärkung aus sechshundert Reitern und ebenso vielen Bogenschützen. Erigyios sollte mit einer bescheidenen Bedeckung das Gepäck auf einer Route über die Ebene transportieren. Er selbst legte mit der Phalanx und der Kavallerie einhundertfünfzig Stadien zurück und errichtete dann das Lager in einem Tal, das Zugang nach Hyrkanien gewährte. Hier erhebt sich ein schattiger Wald, dicht an dicht ragen die Bäume himmelwärts, fett ist der Boden der Talsohle, befeuchtet von Bächen, die aus dem darüber ragenden Gesteinsmassiv herabkommen. Just am Fuß der Berge entspringt der Ziobetis; ungefähr drei Stadien weit fließt er ungeteilt dahin, dann bricht er sich an einem Fels, der sein schmales Bett blockiert, und erschließt sich sozusagen mit halbierten Wassermassen zwei Passagen. Danach wird er zum Sturzbach, und durch das rauhe, steinige Gelände, das er durchströmt, immer reißender geworden, verschwindet er jählings in der Erde. Über dreihundert Stadien gleitet er unterirdisch dahin, schließlich kommt er wieder ans Licht, ganz so, als entsprösse er einer anderen Quelle, und bahnt sich ein neues Bett, das mit einer

nem X et trium stadiorum diffunditur – rursusque angustioribus coercitus ripis iter cogit. Tandem in alterum amnem cadit: Rhidagno nomen est. Incolae adfirmabant, quaecumque demissa essent in cavernam, quae propior est fonti, rursus, ubi aliud os amnis aperitur, existere. Itaque Alexander duos *boves*, qua subeunt aquae terram, praecipitari iubet, quorum corpora, ubi rursus erumpit, expulsa videre, qui missi erant, ut exciperent.

[11] Quartum iam diem eodem loco quietem militi dederat, cum litteras Nabarzanis, qui Dareum cum Besso interceperat, accepit, quarum sententia haec erat: se Dareo non fuisse inimicum, immo etiam, quae credidisset utilia esse, suasisse et, quia fidele consilium regi dedisset, prope occisum ab eo. Agitasse Dareum custodiam corporis sui contra ius fasque peregrino militi tradere damnata popularium fide, quam per ducentos et triginta annos inviolatam regibus suis praestitissent. Se in praecipiti et lubrico stantem consilium a praesenti necessitate repetisse: Dareum quoque, cum occidisset Bagoan, hac excusatione satisfecisse popularibus, quod insidiantem interemisset. Nihil esse miseris mortalibus spiritu carius: amore eius ad ultima esse propulsum. Sed ea magis esse secutum quam op-

Ausdehnung von dreizehn Stadien in der Breite mächtiger ist als sein Oberlauf. Noch einmal aber nähern sich die Ufer einander an, und dazwischen eingezwängt, verengt sich seine Rinne, bis er am Ende in einen anderen Fluss, den Rhidagnos, mündet. Nach Zeugnis der Einheimischen tauchte alles, was man in den Schlund nahe der Quelle warf, an der zweiten Austrittsstelle, die der Fluss sich geschaffen hat, wieder auf. Wo die Wasser in der Erde verschwinden, ließ Alexander deshalb zwei Rinder in die Tiefe werfen, und tatsächlich wurden deren Kadaver an dem Punkt, wo der Fluss erneut hervorschießt, vor den Augen jener, die man ausgeschickt hatte, sie einzusammeln, hochgespült.

[11] Seit vollen drei Tagen an ein und demselben Ort genossen die Soldaten die ihnen gewährte Pause, da erhielt Alexander einen Brief von Nabarzanes, der im Verein mit Bessos Dareios beseitigt hatte. Sein Inhalt lautete wie folgt: er persönlich habe nie etwas gegen Dareios gehabt, nein, im Gegenteil, als Ratgeber habe er nach bestem Wissen dessen Interessen gewahrt, und zum Dank für diese treuen Dienste hätte der König ihn beinahe umgebracht. Wider menschliches Gesetz und göttliche Ordnung habe der erwogen, ausländische Söldner zu seiner Leibgarde zu küren und damit seinen Landsleuten jede Loyalität abgesprochen, und das, nachdem sie diese zweihundertdreißig Jahre lang ihren Königen unverbrüchlich bezeugten. Dadurch sei er vor einem Abgrund gestanden, den Boden unter den Füßen habe er verloren, und so seien seine Entschlüsse nur aus der Not des Augenblicks geboren gewesen: auch Dareios habe ja Bagoas' Ermordung vor seinen Untertanen mit dem Argument gerechtfertigt, er habe einen Attentäter ausgeschaltet. Der Mensch, dieses arme, sterbliche Geschöpf, hänge an nichts in dem Maße wie am Leben: dieses Kleben an der Existenz habe ihn zum Äußersten getrieben. Er habe sich aber nur hinreißen lassen, gewollt habe er das alles

tasse. In communi calamitate suam quemque habere fortunam. Si venire se iuberet, sine metu esse venturum. Non timere, ne fidem datam tantus rex violaret: deos a deo falli non solere. Ceterum si, cui fidem daret, videretur indignus, multa exilia patere fugienti: patriam esse, ubicumque vir fortis sedem sibi elegerit. Nec dubitavit Alexander fidem, quo Persae modo accipiebant, dare, inviolatum, si venisset, fore.

[12] Quadrato tamen agmine et conposito ibat speculatores subinde praemittens, qui explorarent loca. Levis armatura ducebat agmen, phalanx eam sequebatur, post pedites erant inpedimenta. Et gens bellicosa et naturae situs difficilis aditu curam regis intenderat. Namque perpetua vallis iacet usque ad mare Caspium patens, *quo* terrae eius velut bracchia excurrunt: media flexu modico sinum faciunt lunae maxime similem, cum eminent cornua nondum totum orbem sidere inplente. Cercetae et Mossyni et Chalybes a laeva sunt et ab altera parte Leucosyri et Amazonum campi; et illos, qua vergit ad septentrionem, hos ad occasum conversa prospectat. Mare Caspium dulcius ceteris ingentis magnitudinis serpentes alit; piscium in eo longe diversi ab aliis colores. Quidam Caspium, quidam Hyrcanium appellant; alii sunt, qui Maeotiam paludem in id cadere putent et argumentum adferant aquam, quod dulcior sit quam cetera maria, infuso paludis humore mites-

nicht. Inmitten einer universellen Katastrophe habe jeder sein individuelles Päckchen zu tragen. Wenn Alexander ihm befehle zu erscheinen, werde er dem ohne Bedenken Folge leisten. Einen Wortbruch seitens eines so bedeutenden Königs fürchte er mitnichten: dass ein Gott die Götter täusche, sei ein Unding. Sollte ihn Alexander aber für unwert befinden, ihm sein Wort zu geben, auch gut: auf der Flucht finde er Asyl in Hülle und Fülle; überall, wo ein wackerer Mann seinen Wohnsitz aufschlage, sei für ihn Heimat. Gemäß den persischen Formalien garantierte ihm Alexander schnurstracks Sicherheit der Person im Falle seines Erscheinens.

[12] Nichtsdestoweniger wurde in geschlossenem Block marschiert, in dichten Reihen, und immer wieder schickte er Spähtrupps aus, die Gegend zu erkunden. Vorneweg zogen die leichtbewaffneten Einheiten, es folgte die Phalanx und dahinter das Gepäck. Sowohl die kriegerische Bevölkerung wie auch die schwer zugängliche Geländeformation hielten den König in Atem. Ein Tal war das, in einem Zug dehnt es sich bis hin zum Kaspischen Meer, wohin die Bergketten des Landes ihre Ausläufer zwei Armen gleich strecken. Der mittlere Teil schwingt sich in leichtem Bogen ganz so wie die Sichel des Mondes, bevor seine Scheibe sich rundet. Zur Linken hausen die Kerketen, Mossyner und Chalyber, rechts liegen die ebenen Gefilde der Leukosyrer und Amazonen; erstere grenzen im Norden an das Tal, letztere Richtung Westen. Die Wasser des Kaspi-Sees sind süßer als die der übrigen Meere, darin leben Riesenschlangen, und seine Fische weisen ganz andere Farben auf als sonst wo. Sein Name differiert zwischen Kaspischem beziehungsweise Hyrkanischem Meer. Manche vertreten auch die Ansicht, der Mäotische See[9] fließe hierhin ab, und das mit der Begründung, der im Vergleich zu den restlichen Meeren geringere Salzgehalt sei auf die Süßwasserzufuhr von dort zurückzuführen. Im Norden trifft das Meer auf eine ge-

cere. A septentrione ingens in litus mare incumbit longeque agit fluctus et magna parte exaestuans stagnat. Idem alio caeli statu recipit in se fretum eodemque impetu, quo effusum est, relabens terram naturae suae reddit. Et quidam credidere non Caspium mare esse, sed ex India in Hyrcaniam cadere, cuius fastigium, ut supra dictum est, perpetua valle submittitur.

[13] Hinc rex XX stadia processit semita propemodum invia, cui silva inminebat, torrentesque et eluvies iter morabantur. Nullo tamen hoste obvio penetrat, tandemque ad cultiora perventum est. Praeter alios commeatus, quorum tum copia regio abundabat, pomorum quoque ingens modus nascitur, et uberrimum gignendis uvis solum est. Frequens arbor faciem quercus habet, cuius folia multo melle tinguntur, sed, nisi solis ortum incolae occupaverint, vel modico tepore sucus extinguitur.

XXX hinc stadia processerat, cum Phrataphernes ei occurrit seque et eos, qui post Darei mortem profugerant, dedens; quibus benigne exceptis ad oppidum Arvas pervenit. Hic ei Craterus et Erigyius occurrunt. Praefectum Tapurorum gentis, Phradatem, adduxerant; hic quoque in fidem receptus multis exemplo fuit experiendi clementiam regis. Satrapen deinde Hyrcaniae dedit Aminaspin: exul hic regnante Ocho ad Philippum pervenerat. Tapurorum quoque gentem Phradati reddidit.

waltige Küstenfläche, tief hinein ins Land treibt es seine Wellen: weit rollt es ins Innere und stagniert da. Dann wieder zu anderer Zeit des Tages tritt Ebbe ein, und ebenso schnell weichend, wie sie stieg, gibt die Flut das Land sich selbst zurück. Einige haben sogar vermutet, das sei gar nicht das Kaspische Meer, sondern ein Busen des Indischen Ozeans, fällt doch Hyrkanien von seinen Höhen, wie oben gesagt, in fortlaufender Talsenke ab.

[13] Auf einem nahezu unpassierbaren Pfad mitten durch den Wald, behindert durch Sturzbäche und Schluchten, rückte der König von hier zwanzig Stadien weit vor. Da aber kein Feind ihm den Weg verstellte, kam er voran und gelangte schließlich in Gebiete mit mehr Landwirtschaft. Außer anderen Lebensmitteln, über die die Gegend im Überfluss verfügte, brachte sie Obst in Hülle und Fülle hervor, und der Boden war wie geschaffen für die Kultur von Trauben. Dort wächst überall ein Baum, der an eine Eiche erinnert; seine Blätter triefen von Honig, doch wenn die Einheimischen nicht vor Sonnenaufgang aktiv werden, vertrocknet der Saft selbst bei mäßigen Temperaturen[10].

Dreißig Stadien weiter entfernt machte Phrataphernes dem König seine Aufwartung und überantwortete sich und jene, die nach des Dareios Tod die Flucht ergriffen hatten, seiner Gewalt. Alexander bereitete ihnen einen freundlichen Empfang, die nächste Station war die Stadt Arvai. Hier stieß er auf Krateros und Erigyios. Die hatten Phradates, den Satrapen der Tapurer, mitgebracht, auch dieser wurde in Gnaden aufgenommen, und sein Beispiel motivierte etliche, von des Königs Güte Gebrauch zu machen. Danach bestimmte er Amminapes zum Gouverneur von Hyrkanien; unter König Ochos war der verbannt worden und hatte sich zu Philipp durchgeschlagen. Außerdem bekam Phradates seine Tapurer zurück.

V [14] Iamque ultima Hyrcaniae intraverat, cum Artabazus, quem Dareo fidissimum fuisse supra diximus, cum propinquis Darei ac suis liberis modicaque Graecorum militum manu occurrit. Dextram venienti obtulit rex: quippe et hospes Philippi fuerat, cum Ocho regnante exularet, et hospitii pignora in regem suum ad ultimum fides conservata vincebat. Comiter igitur exceptus: »Tu quidem«, inquit, »rex, deos quaeso, perpetua felicitate floreas! Ego ceteris laetus hoc uno torqueor, quod praecipiti senectute diu frui tua bonitate non possum.« Nonagesimum et quintum annum agebat. Novem iuvenes, omnes eadem matre geniti, patrem comitabantur; hos Artabazus dexterae regis admovit precatus, ut tam diu viverent, donec utiles Alexandro essent. Rex pedibus iter plerumque faciebat; tunc admoveri sibi et Artabazo equos iussit, ne ipso ingrediente pedibus senex equo vehi erubesceret.

[15] Ut deinde castra sunt posita, Graecos, quos Artabazus adduxerat, convocari iubet; at illi, nisi fides Lacedaemoniis quoque et Sinopensibus daretur, respondent se, quid agendum ipsis foret, deliberaturos. Legati erant Lacedaemoniorum missi ad Dareum; quo victo adplicuerant se Graecis mercede apud Persas militantibus. Rex omissis sponsionum fideique pignori-

V [14] Schon war er bis ins hinterste Hyrkanien vorgedrungen, da wurde Artabazos vorstellig, von dessen unerschütterlicher Loyalität zu Dareios oben die Rede war; bei sich hatte er die Verwandten des Perserkönigs, dazu seine eigenen Kinder nebst einer kleinen Eskorte aus griechischen Söldnern. Bei seinem Erscheinen bot ihm der König die Rechte, denn einst, als jener unter Ochos' Herrschaft geächtet wurde, hatte ihm Philipp gastlich Unterkunft gewährt; mehr als die Unterpfande der Gastfreundschaft aber wog für Alexander dessen unverbrüchliche, niemals endende Treue zu seinem Monarchen. Und so erwiderte Artabazos auf die freundliche Begrüßung, die ihm zuteilward: »Mit ewigem Glück gesegnet mögest du, mein König, sein, dafür bete ich zu den Göttern; ich selbst bin rundum froh, nur eines gibt es, das mich quält: alt bin ich, kurz vor dem Ende, und darum ist es mir nicht beschieden, deine Güte lange zu genießen.« Artabazos stand in seinem fünfundneunzigsten Jahr. Neun junge Männer, die alle von ein und derselben Mutter stammten, begleiteten den Vater. Diese führte er heran und hieß sie des Königs Rechte ergreifen, mit der Bitte, ihr Leben möge so lange währen, wie sie jenem von Nutzen seien. Der König war meistens zu Fuß unterwegs; jetzt erteilte er Weisung, für sich und Artabazos Rosse bereitzustellen: der Greis sollte sich nicht schämen, zu Pferd zu sitzen, während er selbst marschierte.

[15] Sobald dann das Lager errichtet war, ließ er die Griechen aus Artabazos' Gefolge zusammentrommeln. Jene aber protestierten: erst müsse die Amnestierung der Spartaner und Sinopenser erfolgen, sonst bräuchten sie Bedenkzeit, welcher Kurs nun einzuschlagen sei. Die aus Sparta zu Dareios delegierten Botschafter hatten sich nämlich nach dessen endgültiger Niederlage den griechischen Söldnern angeschlossen, die für die Perser operierten. Statt eine definitive Zusage oder eine Sicherheitsgarantie zu geben, bestand der König auf ihrem Er-

bus venire eos iussit, fortunam, quam ipse dedisset, habituros. Diu cunctantes plerisque consilia variantibus tandem venturos se pollicentur. At Democrates Atheniensis, qui maxime Macedonum opibus semper obstiterat, desperata venia gladio se transfigit. Ceteri, sicut constituerant, dicioni Alexandri ipsos se permittunt. M et D milites erant, praeter hos legati ad Dareum missi XC. In supplementum distributus miles, ceteri remissi domum praeter Lacedaemonios, quos tradi in custodiam iussit.

[16] Mardorum erat gens confinis Hyrcaniae, cultu vitae aspera et latrociniis adsueta; haec sola nec legatos miserat nec videbatur imperata factura. Itaque rex indignatus, si una gens posset efficere, ne invictus esset, inpedimentis cum praesidio relictis valida manu comitante procedit. Noctu iter fecerat, et prima luce hostis in conspectu erat. Tumultus magis quam proelium fuit. Deturbati ex collibus, quos occupaverant, barbari profugerunt, proximique vici ab incolis deserti capiuntur. Interiora regionis eius haud sane adiri sine magna vexatione exercitus poterant: iuga montium praealtae silvae rupesque inviae saepiunt; ea, quae plana sunt, novo munimenti genere inpedierant barbari. Arbores densae sunt de industria consitae, quarum teneros adhuc ramos manu flectunt, quos intortos rursus inserunt terrae; inde velut ex alia radice laetiores virent trunci. Hos, qua natura fert, adolescere non sinunt, quippe ali-

scheinen: er allein werde entscheiden, wie ihr Schicksal aussehe. Lange zögerten sie, denn die Mehrzahl stimmte bald so, bald wieder anders, doch endlich versprachen sie zu kommen. Demokrates aus Athen aber, der immer ein erbitterter Widersacher der makedonischen Vorherrschaft gewesen war, durchbohrte sich, bar jeder Hoffnung auf Gnade, mit seinem Schwert. Die übrigen ergaben sich wie beschlossen in Alexanders Hände. Eintausendfünfhundert Soldaten waren das, dazu die neunzigköpfige Dareios-Delegation. Die Kämpfer wurden als Verstärkung dem Heer eingegliedert, der Rest bis auf die Spartaner heimgeschickt, die nahm man auf Alexanders Befehl in Gewahrsam.

[16] Nachbarn Hyrkaniens waren die Marden, ein Volk von rauhen Sitten, überdies gewohnheitsmäßige Räuber. Nur sie allein hatten keine Unterhändler entsandt und tendierten offensichtlich zur Auflehnung. Voll Empörung, dass ein einziges Volk seine Unbesiegbarkeit zuschanden machen konnte, ließ Alexander das Gepäck unter Bewachung vor Ort und rückte jenen mit einer starken Einheit zu Leibe. Nach einem nächtlichen Marsch stand er in der Morgendämmerung dem Feind Aug in Aug gegenüber. Das war keine Schlacht, nur ein Chaos. Aufgescheucht aus ihren Höhenstellungen, suchten die Barbaren das Weite; die umliegenden Dörfer, die von ihren Bewohnern verlassen worden waren, wurden eingenommen. Ein Vordringen ins Innere des Gebietes aber nötigte der Armee gewaltige Strapazen ab. Turmhohe Wälder, unwegsame Felsen blockierten die Bergkämme, und das ebene Terrain hatten die Barbaren auf eine neue Art und Weise verschanzt. Mit voller Absicht pflanzt man dicht an dicht Bäume und biegt dann die noch zarten Zweige mit der Hand, um sie, so gekrümmt, erneut ins Erdreich zu stecken: daraus sprossen Stämmchen, üppiger, wie aus einer anderen Wurzel. Die lassen sie nicht, so wie die Natur will, in die Höhe schießen: knotenförmig wer-

um alii quasi nexu conserunt; qui ubi multa fronde vestiti sunt, operiunt terram. Itaque occulti ramorum velut laquei perpetua saepe iter cludunt. Una ratio erat caedendo aperire saltum, sed hoc quoque magni operis. Crebri namque nodi duraverant stipites, et in se inplicati arborum rami suspensis circulis similes lento vimine frustrabantur ictus. Incolae autem ritu ferarum virgulta subire soliti tum quoque intraverant saltum occultisque telis hostem lacessebant.

[17] Ille venantium modo latibula scrutatus plerosque confodit; ad ultimum circumire saltum milites iubet, ut, si qua pateret, inrumperent. Sed ignotis locis plerique oberrabant, exceptique sunt quidam, inter quos equus regis – Bucephalam vocabant –, quem Alexander non eodem quo ceteras pecudes animo aestimabat. Namque ille nec in dorso insidere suo patiebatur alium et regem, cum vellet escendere, sponte genua submittens excipiebat credebaturque sentire, quem veheret. Maiore ergo, quam decebat, ira simul ac dolore stimulatus equum vestigari iubet et per interpretem pronuntiari, ni reddidissent, neminem esse victurum. Hac denuntiatione territi cum ceteris donis equum adducunt. Sed ne sic quidem mitigatus caedi silvas iubet adgestaque humo e montibus planitiem ramis inpeditam exaggerari. Iam *in* aliquantum altitudinis opus creverat,

den sie miteinander verflochten. Stehen sie erst einmal voll im Laub, ist der Boden darunter verborgen. Dadurch versperrt eine fortlaufende Hecke aus unsichtbarem Gezweig den Weg, ganz so, als lägen Fallstricke aus. Die einzige Möglichkeit war, sich mit der Machete den Weg freizuhauen, aber auch das war ein gar mühseliges Unterfangen, denn durch die vielen Knoten waren die Stämme verhärtet, und die verschlungenen Baumzweige, aufgehängten Ringen gleich, boten den Schlägen, flexibel wie sie waren, keine feste Angriffsfläche. Die Einheimischen freilich, die es gewohnt waren, wie wilde Tiere unter dem Verhau durchzukriechen, waren auch damals in den Gebirgswald vorgestoßen und setzten jetzt dem Feind durch Beschuss aus dem Hinterhalt hart zu.

[17] Nach Jägermanier durchstöberte Alexander deren Schlupflöcher und brachte einen Großteil von ihnen zur Strecke; schließlich gab er den Soldaten Order, den Wald zu umrunden, um vielleicht durch eine Schneise vorzupreschen. Doch in dem unbekannten Gelände irrten die meisten sinnlos umher. Manche schnappte sich der Gegner, auch das Pferd des Königs, Bukephalas mit Namen, das Alexander mehr bedeutete als alle übrigen Tiere[11]. Das duldete nämlich keinen anderen Reiter auf seinem Rücken, und wenn er es besteigen wollte, ging es von selbst in die Knie und ließ ihn aufsitzen; daher unterstellte man ihm, es erspüre, wen es da befördere. Rasend vor Wut und Schmerz, die jedes ziemliche Maß überstiegen, befahl er, eine Suchaktion nach seinem Ross zu starten; außerdem sollte ein Dolmetscher den Marden zu verstehen geben, entweder er bekomme es zurück oder es werde keine Überlebenden geben. Eingeschüchtert durch diese Androhung, brachten die ihm das Pferd nebst weiteren Geschenken. Aber nicht einmal das besänftigte ihn, nein, er ordnete an, die Wälder zu fällen und die mit Gezweig verbaute Ebene mittels Erdreich aus den Bergen aufzuschütten. Die Schicht türmte sich

cum barbari desperato regionem, quam occupaverant, posse retineri gentem suam dedidere. Rex obsidibus acceptis Phradati parere eos iussit.

[18] Inde quinto die in stativa revertitur. Artabazum deinde geminato honore, quem Dareus habuerat ei, remittit domum. Iam ad urbem Hyrcaniae, in qua regia Darei fuit, ventum erat; ibi Nabarzanes accepta fide occurrit dona ingentia ferens. Inter quae Bagoas erat, specie singulari spado atque in ipso flore pueritiae, cui et Dareus adsuetus fuerat et mox Alexander adsuevit; eiusque maxime precibus motus Nabarzani ignovit.

[19] Erat, ut supra dictum est, Hyrcaniae finitima gens Amazonum, circa Thermodonta amnem Themiscyrae incolentium campos. Reginam habebant Thalestrin, omnibus inter Caucasum montem et Phasin amnem imperitantem. Haec cupidine visendi regis accensa finibus regni sui excessit et, cum haud procul abesset, praemisit indicantes venisse reginam adeundi eius cognoscendique avidam. Protinus facta potestate veniendi, ceteris iussis subsistere, trecentis feminarum comitata processit atque, ut primum rex in conspectu fuit, equo ipsa desiluit duas lanceas dextera praeferens. Vestis non tota Amazonum corpori obducitur: nam laeva pars ad pectus est nuda, cetera deinde velantur. Nec tamen sinus vestis, quem nodo

schon ziemlich hoch, da gaben die Barbaren jede Hoffnung auf, das besetzte Terrain länger halten zu können, und erklärten die Kapitulation ihres Volkes. Nachdem der König Geiseln genommen hatte, verpflichtete er sie zum Gehorsam gegenüber Phradates.

[18] Vier Tage später kehrte er von dort in sein Standquartier zurück. Danach schickte er Artabazos nach Hause, wobei er ihm doppelt so viel Ehren erwies, wie es einst Dareios tat. Schon war man in Hyrkaniens Hauptstadt angelangt, wo sich ein Palast des Perserkönigs erhob. Nachdem er eine Sicherheitsgarantie erhalten hatte, fand sich Nabarzanes hier ein und brachte gewaltige Geschenke an, darunter den Eunuchen Bagoas, der von beispielloser Schönheit war und just in der Blüte seiner Jugend stand; Dareios hatte seinen Spaß daran gehabt, es mit dem zu treiben, und bald ging es Alexander genauso, und darum geschah es vor allem auf Bitten von Bagoas, dass er Nabarzanes verzieh.

[19] An Hyrkanien grenzte, wie oben erwähnt, das Volk der Amazonen, das die Ebenen von Themiskyra am Thermodon bewohnt. Ihre Königin war Thalestris, Herrscherin über das ganze Land zwischen dem Kaukasusgebirge und dem Fluss Phasis. Glühend vor Begierde, den König zu sehen, reiste sie aus ihrem Reich an, und als sie nicht mehr weit entfernt war, ließ sie ihre Ankunft bei ihm melden: eine Königin sei da, voller Erwartung, sich ihm nähern zu dürfen und seine Bekanntschaft zu machen. Augenblicklich wurde ihr Zutritt zu ihm gewährt. Da machte sich Thalestris, nur von dreihundert Frauen begleitet – der Rest ihres Gefolges musste zurückbleiben –, auf den Weg. Kaum wurde sie des Königs ansichtig, war sie es, die vom Pferd sprang, zwei Speere in der Rechten. Das Gewand der Amazonen verhüllt ihren Leib nicht ganz: die linke Seite einschließlich des Busens ist nackt, alles darunter aber bedeckt. Die Falten ihres Kleides, das sie mit einem Knoten raffen, rei-

colligunt, infra genua descendit. Altera papilla intacta servatur, qua muliebris sexus liberos alant; aduritur dextera, ut arcus facilius intendant et tela vibrent. Interrito vultu regem Thalestris intuebatur habitum eius haudquaquam rerum famae parem oculis perlustrans: quippe omnibus barbaris in corporum maiestate veneratio est, magnorumque operum non alios capaces putant, quam quos eximia specie donare natura dignata est. Ceterum interrogata, num aliquid petere vellet, haud dubitavit fateri ad communicandos cum rege liberos se venisse, dignam, ex qua ipse regni generaret heredes; feminini sexus se retenturam, marem reddituram patri. Alexander, an cum ipso militare vellet, interrogat; *at* illa causata sine custode regnum reliquisse petere perseverabat, ne se inritam spei abire pateretur. Acrior ad venerem feminae cupido quam regis, ut paucos dies subsisteret, perpulit. XIII dies in obsequium desiderii eius absumpti sunt. Tum illa regnum suum, rex Parthienen petiverunt.

VI [20] Hic vero palam cupiditates suas solvit continentiamque et moderationem, in altissima quaque fortuna eminentia bona, in superbiam ac lasciviam vertit. Patrios mores disciplinamque Macedonum regum salubriter temperatam et civilem habitum velut leviora magnitudine sua ducens Persicae regiae par deorum potentiae fastigium aemulabatur. Iacere humi venerabundos ipsum paulatimque servilibus ministeriis tot vic-

chen freilich nicht übers Knie. Die eine Brust erhalten sie sich unversehrt, um die Babys weiblichen Geschlechts zu stillen, die rechte brennen sie aus, denn so können sie leichter die Bogen spannen und Speere schwingen. Mit furchtloser Miene sah Thalestris den König an: von oben bis unten musterten ihre Augen seine Gestalt, die dem Ruhm seiner Taten mitnichten entsprach. Bei allen Barbaren steht ja ein majestätischer Wuchs hoch im Kurs, und nur die Lieblinge der Natur, die mit imposanter Schönheit begabt sind, halten sie großer Leistungen für fähig, andere nicht. Und dennoch gestand Thalestris auf die Frage, ob sie ein Anliegen habe, ohne Vorbehalt, sie habe die Reise unternommen, um Kinder vom König zu bekommen, sei sie doch würdig, die Mutter der Reichserben zu werden: ein Mädchen wolle sie behalten, einen Knaben in die Obhut des Vaters geben. Alexander erkundigte sich, ob sie geneigt sei, ihm Militärdienste zu leisten, sie aber lehnte ab mit dem Argument, ihr Land sei schutzlos zurückgeblieben, und beharrte stattdessen auf ihrer Bitte: er dürfe sie, in ihren Hoffnungen getrogen, nicht einfach so gehen lassen. Das Liebesbegehren der Frau war heftiger als das des Königs; es trieb ihn dazu, ein paar Tage Pause zu machen: dreizehn Tage verwandte er darauf, ihr Verlangen zu befriedigen. Dann begab sich jene heim in ihr Reich und der König zurück nach Parthiene.

VI [20] Hier freilich ließ er seinen Begierden ganz offen freien Lauf und tauschte Selbstbeherrschung und Mäßigung, der Tugenden höchste, zumal auf dem Gipfel des Glücks, gegen Anmaßung und Zügellosigkeit. Die heimischen Sitten, die zum Segen aller beschränkte Gewalt der makedonischen Könige, ihre bürgerliche Gewandung hielt er angesichts seiner Größe für unzureichend, und darum orientierte er sich an der absolutistischen, göttergleichen Macht der Persermonarchie. Er gierte danach, die Sieger über so viele Völker in Ehrfurchtshaltung vor seiner Person im Staub liegen zu sehen, sie nach und

tores gentium inbuere et captivis pares facere expetebat. Itaque purpureum diadema distinctum albo, quale Dareus habuerat, capiti circumdedit vestemque Persicam sumpsit, ne omen quidem veritus, quod a victoris insignibus in devicti transiret habitum. Et ille se quidem spolia Persarum gestare dicebat, sed cum illis quoque mores induerat, superbiamque habitus animi insolentia sequebatur. Litteras quoque, quas in Europam mitteret, veteris anuli gemma obsignabat, iis, quas in Asiam scriberet, Darei anulus inprimebatur, ut adpareret unum animum duorum non capere fortunam. Amicos vero et equites – hi namque principes militum – aspernantes quidem, sed recusare non ausos Persicis oneraverat vestibus. Pelices CCC et LXV, totidem quot Darei fuerant, regiam inplebant; quas spadonum greges, et ipsi muliebria pati adsueti, sequebantur.

[21] Haec luxu et peregrinis infecta moribus veteres Philippi milites, rudis natio ad voluptates, palam aversabantur, totisque castris unus omnium sensus ac sermo erat plus amissum victoria quam bello esse quaesitum: cum maxime vinci ipsos deditos alienis moribus et externis. Quo tandem ore domos quasi in captivo habitu reversuros? Pudere iam sui: regem victis quam victoribus similiorem ex Macedoniae imperatore Darei

nach an Sklavendienste zu gewöhnen und sie auf die Stufe von Gefangenen herabzusetzen. Deshalb umgab er sein Haupt mit einem Diadem, wie es Dareios getragen hatte, purpurfarben mit Weiß als Kontrast, und übernahm die Kleidung der Perser; nicht einmal das böse Omen, dass er die Nationaltracht des Siegers doch gegen die Mode des Besiegten tausche, machte ihm Angst. Zwar erklärte er wiederholt, was er an sich trage, seien nur persische Trophäen, in Wahrheit hatte er sich gleichzeitig die Sitten dieses Volkes angeeignet, und die Hoffart des Gewandes ging mit Vermessenheit des Geistes Hand in Hand. Dazu kam, dass er Briefe nach Europa mit seinem alten Siegelring markierte, für Asien bestimmte Schreiben aber mit dem Ring des Dareios siegelte, ein Beweis dafür, dass eine einzige Menschenseele dem Geschick zweier nicht gerecht zu werden vermag. Des weiteren hatte er nach und nach seine Freunde und die berittene Garde – das nämlich war die Elite – mit Perserkleidung ausstaffiert; die mochten das nicht, aber Protest zu erheben wagten sie auch nicht. Dreihundertfünfundsechzig Haremsdamen, ebenso viele, wie Dareios gehabt hatte, füllten seinen Palast mit Schwärmen von Eunuchen im Gefolge, die es selbst für normal hielten, sich wie eine Frau nehmen zu lassen.

[21] Die Veteranen Philipps, Kerle vom alten Schlag, sinnlichen Genüssen nicht zugetan, hielten mit ihrer Kritik an dieser Verseuchung durch Exzesse und Exotensitten nicht hinterm Berg, und im gesamten Lager gab es einhellig nur eine Meinung, einen Slogan: dieser Sieg bringe mehr Schaden als der ganze Krieg Nutzen; von nun an stünden sie, einer fremden, ausländischen Lebensart ausgeliefert, selbst als Besiegte da. Sollten sie wirklich die Stirn haben, sozusagen in der Maskerade gefangener Perser heimzukehren? Am liebsten verkröchen sie sich jetzt schon vor Scham: ihr König gleiche eher den Besiegten als den Siegern, vom Herrscher Makedoniens sei er zu

satrapen factum. Ille non ignarus et principes amicorum et exercitum graviter offendi gratiam liberalitate donisque reparare temptabat; sed, opinor, liberis pretium servitutis ingratum est. Igitur, ne in seditionem res verteretur, otium interpellandum erat bello, cuius materia opportune alebatur. Namque Bessus veste regia sumpta Artaxerxen appellari se iusserat Scythasque et ceteros Tanais accolas contrahebat. Haec Satibarzanes nuntiabat, quem receptum in fidem regioni, quam antea obtinuerat, praefecit. Et cum grave spoliis apparatuque luxuriae agmen vix moveretur, suas primum, deinde totius exercitus sarcinas exceptis admodum necessariis conferri iussit in medium. Planities spatiosa erat, in quam vehicula onusta perduxerant. Expectantibus cunctis, quid deinde esset imperaturus, iumenta iussit abduci suisque primum sarcinis face subdita ceteras incendi praecepit. Flagrabant exurentibus dominis, quae ut intacta ex urbibus hostium raperent, saepe flammas restinxerant, nullo sanguinis pretium audente deflere, cum regias opes idem ignis exureret. Brevi deinde ratio mitigavit dolorem, habilesque militiae et ad omnia parati laetabantur sarcinarum potius quam disciplinae fecisse iacturam.

einem Satrapen des Dareios verkommen. Dem König entging nicht, dass er seine wichtigsten Freunde und die Armee schwer brüskiert hatte, und darum versuchte er, sich durch Großzügigkeit, insbesondere durch Geschenke, wieder beliebt zu machen. Doch Knechteslohn ist einem freien Menschen, denke ich, unwillkommen. Um zu verhindern, dass der Unmut in eine Revolte umschlug, brauchte es kriegerische Aktivitäten anstelle des Nichtstuns, und für die bot sich gerade passend auch Zündstoff. Bessos hatte ja den Königsornat angelegt und sich den Namen Artaxerxes zugelegt; nun war er dabei, die Skythen und die anderen Anrainer des Tanais zusammenzuscharen. So die Information von Satibarzanes, den Alexander in Gnaden aufnahm und mit demselben Distrikt betraute, den er schon zuvor verwaltet hatte. Durch die viele Beute und den ganzen Luxuskram beschwert, kamen die Kolonnen nur schleppend voran; aus diesem Grund ließ der König zuerst sein persönliches Gepäck, dann das des gesamten Heeres mit Ausnahme des Allernotwendigsten auf einen Haufen tragen. Die beladenen Karren hatte man auf flaches Gelände geschafft, das sich weithin dehnte. Alle harrten der kommenden Befehle, da forderte er sie auf, die Zugtiere beiseitezuführen, und steckte zuerst sein eigenes Gepäck in Brand mit der weiteren Order, auch das restliche anzuzünden. So gingen die Beutestücke in Rauch auf, ihre Besitzer brannten die nieder, sie, die oft Brände hatten löschen müssen, um ihr Raubgut in unversehrtem Zustand aus den Städten der Feinde herauszubekommen. Doch keiner wagte, dem mit seinem Blut erkauften Lohn hinterherzuweinen: dasselbe Feuer verbrannte schließlich auch die Schätze des Königs zu Asche. Bei vernünftiger Betrachtung legte sich das Bedauern dann alsbald: wieder tauglich für den Felddienst und in jeder Lage einsatzbereit, waren die Soldaten froh, nur ihr Gepäck eingebüßt zu haben, nicht ihre Disziplin.

[22] Igitur Bactrianam regionem petebant. Sed Nicanor, Parmenionis filius, subita morte correptus magno desiderio sui adfecerat cunctos. Rex ante omnes maestus cupiebat quidem subsistere funeri adfuturus, sed penuria commeatuum festinare cogebat: itaque Philotas cum duobus milibus et DC relictus, ut iusta fratri persolveret; ipse contendit ad Bessum.

Iter facienti ei litterae adferuntur a finitimis satraparum, e quibus cognoscit Bessum quidem hostili animo occurrere cum exercitu, ceterum Satibarzanen, quem satrapeae Ariorum ipse praefecisset, defecisse ab eo. Itaque quamquam Besso imminebat, tamen *ad* Satibarzanen opprimendum praeverti optimum ratus levem armaturam et equestres copias educit totaque nocte itinere strenue facto inprovisus hosti supervenit. Cuius cognito adventu Satibarzanes cum duobus milibus equitum – nec plures subito contrahi poterant – Bactra perfugit; ceteri proximos montes occupaverunt. Praerupta rupes est, qua spectat occidentem; eadem, qua vergit ad orientem, leniore summissa fastigio multis arboribus obsita perennem habet fontem, ex quo large aquae manant. Circuitus eius XXX et duo stadia conprehendit. In vertice herbidus campus: in hoc multitudinem inbellem considere iubent; ipsi, qua rupes *sedit*, arborum truncos et saxa obmoliuntur. XIII milia armata erant. In quorum obsidione Cratero relicto ipse Satibarzanen sequi festinat.

[22] Genug davon, sie machten sich auf Richtung Baktrien. Dann aber wurde Nikanor, Parmenions Sohn, von einem jähen Tod hinweggerafft, und dieser Verlust hatte alle in tiefe Trauer gestürzt. Bekümmerter noch als der Rest, wollte der König einen Halt einlegen, um der Bestattung beizuwohnen, Proviantprobleme zwangen ihn allerdings zu einem schnellen Vorrücken. Deshalb ließ er Philotas mit zweitausendsechshundert Mann an Ort und Stelle, der sollte dem Bruder die letzte Ehre erweisen, während er selbst eilends weiterzog gegen Bessos.

Unterwegs erhielt er Schreiben, worin ihn die Satrapen der Umgebung in Kenntnis setzten, dass Bessos in feindseliger Absicht mit einer Armee heranmarschiere und dass im übrigen Satibarzanes, den er doch selbst mit der Satrapie von Aria[12] betraut habe, von ihm abgefallen sei. Deshalb hielt er es trotz seiner Offensive gegen Bessos für das beste, erst einmal Satibarzanes zur Strecke zu bringen. Mit der leichtbewaffneten Infanterie und den Reitertruppen ging es die ganze Nacht im Eiltempo vorwärts, dann erfolgte der Überraschungsschlag auf den ahnungslosen Gegner. Auf die Meldung von Alexanders Eintreffen setzte sich Satibarzanes mit zweitausend Kavalleristen – mehr hätte er auf die Schnelle sowieso nicht zusammentrommeln können – nach Baktra ab, der Rest bezog Stellung in den Bergen der Umgebung. Dort ragt ein Felsmassiv auf, das gegen Westen steil abstürzt, während es im Osten sanfter ansteigt. Üppiger Wald wächst da, und aus einer unversiegbaren Quelle sprudelt Wasser in Fülle. Zweiunddreißig Stadien misst sein Umkreis. Den Gipfel bedeckt eine grasige Fläche. Hierhin wurden die vielen kriegsuntauglichen Zivilisten evakuiert. Die Soldaten hingegen verschanzten die weniger abschüssige Seite mit Baumstämmen und Steinen. Dreizehntausend Bewaffnete waren das. Die zu belagern, wurde Krateros abgestellt, Alexander selbst jagte Satibarzanes hinterdrein.

[23] Et quia longius abesse eum cognoverat, ad expugnandos eos, qui edita montium occupaverant, redit. Ac primo repurgari iubet, quidquid ingredi possent; deinde, ut occurrebant inviae cotes praeruptaeque rupes, inritus labor videbatur obstante natura. Ille, ut erat animi semper obluctantis difficultatibus, cum et progredi arduum et reverti periculosum esset, versabat se ad omnes cogitationes aliud atque aliud – ita ut fieri solet, ubi prima quaeque damnamus – subiciente animo. Haesitanti, quod ratio non potuit, fortuna consilium subministravit. Vehemens favonius erat, et multam materiam ceciderat miles aditum per saxa molitus. Haec vapore torrido *flamma arserat*; ergo adgeri alias arbores iubet et igni dari alimenta, celeriterque stipitibus cumulatis fastigium montis aequatum est. Tunc undique ignis iniectus cuncta conprehendit. Flammam in ora hostium ventus ferebat, fumus ingens velut quadam nube absconderat caelum. Sonabant incendio silvae, atque ea quoque, quae non incenderat miles, concepto igne proxima quaeque adurebant. Barbari suppliciorum ultimum, si qua intermoreretur ignis, effugere temptabant; sed, qua flamma dederat locum, hostis obstabat. Varia igitur caede consumpti sunt: alii in medios ignes, alii petris praecipitavere se, quidam hostium manibus obtulerunt, pauci semustulati venere in potestatem.

[23] Doch auf die Kunde, dass der schon zu weit weg war, machte er kehrt, um jene auf der Felsenhöhe oben aus ihren Stellungen zu werfen. Zunächst ließ er jeden zugänglichen Meter Weges freischaufeln; das freilich erwies sich angesichts der ungangbaren Steinwände und der jähen Schroffen als vergeudete Mühe: die Natur machte ihnen einen Strich durch die Rechnung. Normalerweise packte Alexander Schwierigkeiten beherzt an, nun aber vor dem Dilemma einer strapaziösen Kletterei oder eines gefährlichen Abstiegs zermarterte er sich das Hirn mit allen möglichen Gedanken: jetzt riet ihm sein Kopf dies, dann wieder jenes, wie es die Regel ist, wenn man einen Plan nach dem anderen über den Haufen wirft. Er schwankte noch immer, da löste der Zufall das Problem, bei dem rationales Denken versagt hatte. Heftig blies der Zephyr, und das Militär hatte, als es sich eine Schneise durch die Felsen bahnte, eine Menge Holz gefällt; das war in der sengenden Hitze in Brand geraten. Also ließ er weitere Bäume aufschichten als Nahrung für die Flammen, und schnell türmten sich die aufgestapelten Stämme bis hinauf zum Gipfel des Berges. An allen Ecken und Enden geschürt, griff das Feuer um sich und verschonte nichts. Der Wind trieb die Flammen den Feinden direkt ins Gesicht, eine Riesenrauchwolke hatte den Himmel überzogen. Die Wälder ächzten unter der Feuersbrunst, und selbst das, was die Soldaten nicht in Brand gesteckt hatten, entzündete sich und erfasste alles in seinem Umkreis. Immer wenn das Feuer sich an irgendeiner Stelle legte, ergriffen die Barbaren die Chance, dieser schrecklichsten aller Qualen zu entfliehen, doch wo die Flammen den Weg frei gaben, stand drohend der Feind. So kamen sie auf unterschiedliche Weise um: die einen stürzten sich mitten hinein ins Feuer, andere herab von den Felsen, manche fielen durch die bewaffnete Hand des Gegners, ein paar wenige wurden halbverbrannt aufgegriffen.

[24] Hinc ad Craterum, qui Artacana obsidebat, redit. Ille omnibus praeparatis regis expectabat adventum captae urbis titulo, sicut par erat, cedens. Igitur Alexander turres admoveri iubet, ipsoque aspectu barbari territi e muris supinas manus tendentes orare coeperunt: iram in Satibarzanen, defectionis auctorem, reservaret, supplicibus semet dedentibus parceret. Rex data venia non obsidionem modo solvit, sed omnia sua incolis reddidit.

Ab hac urbe digresso supplementum novorum militum occurrit: Zoilus D equites ex Graecia adduxerat, III milia ex Illyrico Antipater miserat, Thessali equites C et XXX cum Philippo erant, ex Lydia II milia et sescenti, peregrinus miles, advenerant, CCC equites gentis eiusdem sequebantur. Hac manu adiecta *adit* Drangas: bellicosa natio est. Satrapes erat Barzaentes, sceleris in regem suum particeps Besso: is suppliciorum, quae meruerat, metu profugit in Indiam.

VII [25] Iam nonum diem stativa erant, cum externa vi non tutus modo rex, sed invictus intestino facinore petebatur. Dymnus, modicae apud regem auctoritatis et gratiae, exoleti, cui Nicomacho erat nomen, amore flagrabat obsequio uni sibi dediti corporis vinctus. Is, quod ex vultu quoque perspici poterat, similis attonito remotis arbitris cum iuvene secessit in templum arcana se et silenda adferre praefatus suspensumque

[24] Von hier ging es zurück zu Krateros, der Artakana belagerte. Nachdem der alle Vorbereitungen getroffen hatte, wartete er nur noch auf die Ankunft des Königs, da er, wie es sich gehörte, das Verdienst, die Stadt einzunehmen, ihm überließ. Also gab Alexander Befehl, die Türme heranzurollen; durch den bloßen Anblick bereits in Panik, streckten die Barbaren von den Mauern herab im Bittgestus ihre Hände aus und flehten ihn an, seinen Zorn auf Satibarzanes zu beschränken, den Anstifter des Verrats, jene aber, die sich in Demut ergäben, zu verschonen. Der König ließ Gnade walten, er hob die Belagerung auf, sogar all ihren Besitz gab er den Einwohnern zurück.

Nach seinem Abzug aus dieser Stadt stieß eine Verstärkung frischer Kräfte zu ihm: aus Griechenland hatte ihm Zoilos fünfhundert Mann Kavallerie zugeführt, Antipater hatte aus Illyrien dreitausend geschickt, einhundertdreißig Berittene kamen mit Philipp aus Thessalien, aus Lydien war eine ausländische Einheit von zweitausendsechshundert Infanteristen eingetroffen, gefolgt von dreihundert Reitern derselben Nationalität. Mit diesen zusätzlichen Truppen nahm er sich das kriegerische Volk der Dranger vor. Der dortige Satrap war Barzaentes, der in Bessos' verbrecherisches Komplott gegen den eigenen König verstrickt war. Aus Angst vor der verdienten Strafe machte der sich nach Indien aus dem Staub.

VII [25] Bereits acht Tage war das Heer im Standquartier, da wurde der König, den keine äußere Macht gefährdete, geschweige denn je bezwang, zur Zielscheibe eines Attentats aus den eigenen Reihen. Dymnos, ein Mann, der bei ihm mäßiges Ansehen und Sympathie genoss, war heiß verliebt in einen Lustknaben namens Nikomachos: nur ihm gab er sich hin, und diese Ausschließlichkeit fesselte ihn an jenen. Mit einer Miene, die tiefe Verstörtheit verriet, zog sich Dymnos eines Tages, nachdem er alle Zeugen entfernt hatte, mit dem Jungen in einen Tempel zurück. Er schleppe Geheimnisse mit sich her-

expectatione per mutuam caritatem et pignora utriusque animi rogat, ut adfirmet iureiurando, quae commisisset, silentio esse tecturum. Et ille ratus nihil, quod etiam cum periurio detegendum foret, indicaturum per praesentes deos iurat. Tum Dymnus aperit in tertium diem regi insidias comparatas seque eius consilii fortibus viris et inlustribus esse participem. Quibus iuvenis auditis se vero fidem in parricidio dedisse constanter abnuit nec ulla religione, ut scelus tegat, posse constringi. Dymnus et amore et metu amens dexteram exoleti conplexus et lacrimans orare primum, ut particeps consilii operisque fieret; si id sustinere non posset, attamen ne proderet se, cuius erga ipsum benevolentiae praeter alia hoc quoque haberet fortissimum pignus, quod caput suum permisisset fidei adhuc inexpertae. Ad ultimum aversari scelus perseverantem mortis metu terret: ab illo capite coniuratos pulcherrimum facinus incohaturos. Alias deinde effeminatum et muliebriter timidum, alias proditorem amatoris appellans, nunc ingentia promittens, interdumque regnum quoque, versabat animum tanto facinore procul abhorrentem. Strictum deinde gladium modo illius, modo suo admovens iugulo, supplex idem et infestus, expressit tandem, ut non solum silentium, sed etiam operam

um, Dinge, die niemand wissen dürfe, so seine Ouvertüre. Bei ihrer wechselseitigen Liebe, bei den Unterpfändern ihrer beider Gefühle füreinander bestürmte er sodann sein Gegenüber, das vor Neugier schon platzte, fest zu schwören, dass kein Sterbenswort von dem, was er ihm anvertraue, je über seine Lippen komme. Im Glauben, der werde ihm schon nichts eröffnen, für dessen Aufdeckung man gar einen Meineid in Kauf nähme, schwor jener bei den anwesenden Göttern. Jetzt enthüllte ihm Dymnos, man habe ein Attentat auf den König vor, für heute in zwei Tagen sei das geplant, er selbst sowie treffliche, hochkarätige Persönlichkeiten seien an dem Komplott beteiligt. Als er das hörte, protestierte der junge Mann energisch: für den Fall von Königsmord habe er nichts gelobt, kein Schwur vor den Göttern könne ihn verpflichten, ein derartiges Verbrechen zu decken. Verrückt vor Liebe und Furcht fasste Dymnos die Hand seines Süßen und flehte ihn unter Tränen zuerst einmal an, sich doch an dem Komplott und dem Anschlag zu beteiligen. Wenn das aber unzumutbar für ihn sei, möge er ihn zumindest nicht verraten, ihn, der ihm nach all den anderen Zeichen einen äußersten Liebesbeweis erbracht habe, indem er in blindem Vertrauen sein Haupt in seine Hände legte. Jener freilich blieb hartnäckig bei seiner ablehnenden Haltung, und da übte Dymnos zuletzt Druck aus und drohte ihm mit dem Tod: ihn würden die Verschwörer zuallererst einen Kopf kürzer machen, als Auftakt ihres glorreichen Werkes. Dann wieder beschimpfte er ihn, mal als Weichei und weibische Memme, mal als Verräter am liebenden Freund, und indem er ihn mit gewaltigen Versprechungen bis hin zum Thron verlockte, versuchte er, dessen Herz, dem vor einem so schlimmen Verbrechen wahrlich grauste, zu manipulieren. Am Ende zückte er sein Schwert und hielt es bald jenem, bald sich selbst an die Gurgel, dazu kam ein Mix aus Bitten und Drohen, und am Ende presste er Nikomachos nicht nur das Gelöbnis zu

polliceretur. Namque abunde constantis animi et dignus, qui pudicus esset, nihil ex pristina voluntate mutaverat, sed captum Dymni amore simulabat nihil recusare. Sciscitari inde pergit, cum quibus tantae rei societatem inisset: plurimum referre, quales viri tam memorabili operi admoturi manus essent. Ille et amore et scelere male sanus simul gratias agit, simul gratulatur, quod fortissimis iuvenum non dubitasset se adiungere, Demetrio, corporis custodi, Peucolao, Nicanori; adicit his Aphobetum, Iolaum, Theoxenum, Archepolim, Amyntam.

[26] Ab hoc sermone dimissus Nicomachus ad fratrem – Cebalino erat nomen –, quae acceperat, defert. Placet ipsum subsistere in tabernaculo, ne, si regiam intrasset non adsuetus adire regem, coniurati proditos se esse resciscerent. Ipse Cebalinus ante vestibulum regiae – neque enim propius aditus ei patebat – consistit opperiens aliquem ex prima cohorte amicorum, *a* quo introduceretur ad regem. Forte ceteris dimissis unus Philotas, Parmenionis filius, – incertum quam ob causam – substiterat in regia. Huic Cebalinus ore confuso magnae perturbationis notas prae se ferens aperit, quae ex fratre conpererat, et sine dilatione nuntiari regi iubet. Philotas conlaudato eo protinus intrat ad Alexandrum multoque invicem de aliis rebus sermone consumpto nihil eorum, quae ex Cebalino co-

schweigen ab, sondern auch das, aktiv mitzuwirken. In Wahrheit hatte sich allerdings an der ursprünglichen Einstellung dieses über die Maßen standhaften Jungen, der ein ehrenwertes Leben verdient gehabt hätte, nichts geändert; der tat nur so, als könnte er Dymnos aus lauter Liebe nichts abschlagen. Danach fragte er ihn genauer aus, wer denn seine Komplizen bei diesem kolossalen Unternehmen seien: was für Männer ihre Hand zu einer derart denkwürdigen Tat reichten, sei schließlich von immenser Bedeutung. Dymnos, der vor Liebe und Verbrechenswahn nicht mehr ganz bei Trost war, dankte ihm, wobei er ihn in einem Atemzug zu seinem prompten Anschluss an so treffliche junge Leute wie den Leibwächter Demetrios, Peukolaos und Nikanor beglückwünschte; außerdem nannte er Aphobetos, Iolaos, Theoxenos, Archepolis und Amyntas.

[26] Nach dieser Unterhaltung suchte Nikomachos seinen Bruder – Kebalinos hieß der – auf und hinterbrachte ihm das Gehörte. Die beiden verabredeten, Nikomachos solle in seiner Unterkunft bleiben, damit die Verschwörer bei seinem Erscheinen im Königszelt nicht Lunte röchen, denn er zählte nicht zum Kreis der Intimi des Monarchen. Kebalinos seinerseits baute sich vor dem Zelteingang auf – weiter vorzutreten war ihm verwehrt – und wartete auf jemanden aus der ersten Schwadron der Nobelgarde, der ihm Zutritt zum König verschaffen sollte. Der Zufall wollte, dass Alexander alle entlassen hatte und sich nur noch Philotas, Parmenions Sohn, aus undefinierbarem Grund dort befand. Mit verstörter Miene und allen Anzeichen kompletter Fassungslosigkeit teilte er ihm die Enthüllungen seines Bruders mit und forderte ihn auf, dem König unverzüglich Meldung zu machen. Philotas belobigte ihn und verfügte sich gleich hinein zu Alexander; lange unterhielten sich die beiden über andere belanglose Dinge, Kebalinos' Informationen aber brachte Philotas nicht zur Sprache.

gnoverat, nuntiat. Sub vesperam eum prodeuntem in vestibulo regiae excipit iuvenis, an mandatum executus foret, requirens. Ille non vacasse sermoni suo regem causatus discessit. Postero die Cebalinus venienti in regiam praesto est intrantemque admonet pridie communicatae cum ipso rei. Ille curae sibi esse respondet: ac ne tum quidem regi, quae audierat, aperit. Coeperat Cebalino esse suspectus. Itaque non ultra interpellandum ratus nobili iuveni – Metron erat ei nomen – super armamentarium posito, quod scelus pararetur, indicat. Ille Cebalino in armamentario abscondito protinus regi corpus forte curanti, quid index detulisset, ostendit.

[27] Rex ad conprehendendum Dymnum missis satellitibus armamentarium intrat. Ibi Cebalinus gaudio elatus: »Habeo te«, inquit, »incolumem ex inpiorum manibus ereptum.« Percontatus deinde Alexander, quae noscenda erant, ordine cuncta cognoscit. Rursusque institit quaerere, quotus dies esset, ex quo Nicomachus ad eum detulisset indicium. Atque illo fatente iam tertium esse, existimans haud incorrupta fide tanto post deferre, quae audierat, vinciri eum iussit. Ille clamitare coepit eodem temporis momento, quo audisset, ad Philotan decucurrisse: ab eo *operiri* conperta. Rex identidem quaerens, an Philotan adisset, an institisset ei, ut pervenirent ad se, perseverante eo adfirmare, quae dixerat, manus ad caelum tendens manantibus lacrimis hanc sibi a carissimo quondam amicorum

Gegen Abend fing der junge Mann ihn am Zelteingang ab und erkundigte sich, ob er seine Sache erledigt habe. Jener redete sich heraus, der König hätte für ein Gespräch keine Zeit gehabt, und entfernte sich. Am folgenden Tag war Kebalinos wieder zur Stelle, als Philotas sich zum Zelt begab, und erinnerte ihn beim Eintritt an das gestern Besprochene. Jener erwiderte, er werde sich darum kümmern, doch auch jetzt erstattete er dem König keinerlei Bericht über das, was ihm zu Ohren gekommen war. Allmählich wurde er Kebalinos suspekt. In der Überzeugung, dass der die falsche Instanz war, entdeckte er das geplante Attentat Metron, einem jungen Adligen, der das Waffenarsenal verwaltete. Jener versteckte Kebalinos in der Rüstkammer und setzte den König, der gerade ein Bad nahm, augenblicklich von der Anzeige in Kenntnis.

[27] Alexander schickte Wachen aus, Dymnos festzunehmen, und begab sich ins Waffenlager. Hier war Kebalinos vor Freude außer sich. »Ist es mir gelungen, habe ich dich unversehrt den Händen der Frevler entrissen!« jauchzte er auf. Dann verhörte ihn Alexander über wichtige Einzelheiten und erfuhr alles Punkt für Punkt, worauf er erneut mit Fragen in ihn drang, wie viele Tage es her sei, dass Nikomachos bei ihm mit dieser Sache herausgerückt sei. Als jener gestand, vorgestern sei das gewesen, kamen Alexander aufgrund der so verspäteten Meldung Zweifel an Kebalinos' Treue, daher gab er Befehl, ihn zu verhaften. Jener freilich protestierte lauthals, er sei doch im selben Augenblick, wo er von der Sache gehört habe, zu Philotas gelaufen, nur halte der mit diesen Informationen hinterm Berg. Immer wieder stellte der König dieselben Fragen, ob er wirklich an Philotas herangetreten sei, ob er insistiert habe, eine Audienz zu erhalten, als aber jener stur bei seinen Behauptungen blieb, da hob er die Hände gen Himmel und klagte, während ihm die Tränen herunterliefen, das sei nun der Dank von einem Mann, der einst sein teuerster Freund war.

relatam gratiam querebatur. Inter haec Dymnus haud ignarus, quam ob causam accerseretur a rege, gladio, quo forte erat cinctus, graviter se vulnerat occursuque satellitum inhibitus perfertur in regiam. Quem intuens rex: »Quod«, inquit, »in te, Dymne, tantum cogitavi nefas, ut tibi Macedonum regno dignior Philotas me quoque ipso videretur?« Illum iam defecerat vox; itaque edito gemitu vultuque a conspectu regis averso subinde conlapsus extinguitur.

[28] Rex Philota venire in regiam iusso: »Cebalinus«, inquit, »ultimum supplicium meritus, si in caput meum praeparatas insidias biduo texit, huius criminis Philotan reum substituit, ad quem protinus indicium detulisse se adfirmat. Quo propiore gradu amicitiae me contingis, hoc maius est dissimulationis tuae facinus, et ego Cebalino magis quam Philotae id convenire fateor. Faventem habes iudicem, si, quod admitti non *oportuit*, saltem *negari* potest.« Ad haec Philotas haud sane trepidus, si animus vultu aestimaretur, Cebalinum quidem scorti sermonem ad se detulisse, sed ipsum tam levi auctore nihil credidisse respondit, veritum, ne iurgium inter amatorem et exoletum non sine risu aliorum detulisset: cum Dymnus semet interemerit, qualiacumque erant, non fuisse reticenda. Conplexusque regem orare coepit, ut praeteritam vitam

Unterdessen fügte sich Dymnos, dem klar war, warum der König ihn holen ließ, mit seinem Schwert, das er zufällig am Gurt trug, eine schwere Wunde zu, das Einschreiten der Wachen aber unterbrach sein Tun, und er wurde zum Zelt des Königs geschleift. Den Blick auf ihn geheftet, stellte der ihm die Frage: »Welch entsetzlichen Tort, Dymnos, habe ich dir denn angetan, dass du sogar Philotas für würdiger hältst, über Makedonien zu herrschen, als mich selbst?« Schon versagte jenem die Stimme, nur ein Stöhnen entrang sich ihm; sein Antlitz vom König abwendend, brach er auf der Stelle zusammen und verschied.

[28] Alexander beorderte jetzt Philotas in sein Zelt. »Wenn Kebalinos«, sinnierte er, »das gegen mich geplante Attentat wirklich zwei Tage lang verschwieg, hat er die Todesstrafe verdient, nur macht der für diesen Fehler Philotas verantwortlich: dem habe er unverzüglich Anzeige erstattet, so beteuert er. Auf der Skala der Freundschaft bist du mir einer der nächsten, wodurch das Vergehen, dass du die Sache vertuschtest, nur umso schwerer wiegt; offen gestanden sähe das eher einem Kebalinos ähnlich als einem Philotas. Du hast einen Richter, dessen Sympathien auf deiner Seite sind, allerdings musst du für dein Fehlverhalten, das nicht hätte passieren dürfen, zumindest eine triftige Rechtfertigung ins Feld führen.« Darauf konterte Philotas völlig unbeeindruckt, hätte man aus seiner Miene auf seine Gemütsverfassung schließen wollen, ja, Kebalinos habe ihm das Geschwätz eines Strichjungen weitergegeben, angesichts einer derart unzuverlässigen Quelle habe er freilich kein Wort geglaubt, er habe vielmehr befürchtet, sich mit einem Rapport von den Zänkereien zwischen einem Lover und seinem Lustknaben bei anderen zum Gespött zu machen. Nun sei Dymnos' Selbstmord in der Tat der Beweis, dass er diese Informationen, ob nun belanglos oder nicht, keineswegs hätte verschweigen dürfen. Er umarmte den König und flehte

potius quam culpam, silentii tamen, non facti ullius, intueretur. Haud facile dixerim, credideritne ei rex an altius iram suppresserit; dexteram reconciliatae gratiae pignus obtulit et contemptum magis quam celatum indicium esse videri sibi dixit.

VIII [29] Advocato tum consilio amicorum, cui tamen Philotas adhibitus non est, Nicomachum introduci iubet. Is eadem, quae detulerat *frater* ad regem, ordine exposuit. Erat Craterus regi carus in paucis et eo Philotae ob aemulationem dignitatis adversus neque ignorabat saepe Alexandri auribus nimia iactatione virtutis atque operae gravem fuisse et ob ea non quidem sceleris, sed contumaciae tamen esse suspectum. Non aliam premendi inimici occasionem aptiorem futuram ratus odio suo pietatis praeferens speciem: »Utinam«, inquit, »in principio quoque huius rei nobiscum deliberasses! Suasissemus, si Philotae velles ignoscere, patereris potius ignorare eum, quantum deberet tibi, quam usque ad mortis metum adductum cogeres saepius de periculo suo quam de tuo cogitare beneficio. Ille enim semper insidiari tibi poterit, tu non semper Philotae poteris ignoscere. Nec est, quod existimes eum, qui tantum ausus est, venia posse mutari. Scit eos, qui misericordiam consumpserunt, amplius sperare non posse. At ego, etiam si ipse vel paenitentia vel beneficio tuo victus quiescere volet, patrem

ihn an, sein bisheriges Leben höher zu gewichten als seine Schuld, die doch nur in einer Unterlassungssünde bestehe, nicht in einem kriminellen Akt. Vielleicht hat der König ihm geglaubt, vielleicht hat er seinen Zorn auch nur tiefer in sich hineingefressen, ich könnte es nicht sagen. Jedenfalls reichte er ihm als Versöhnungsgeste die Hand mit dem Kommentar, für ihn stelle sich die Sache so dar, dass Philotas die Anzeige nicht geflissentlich unterschlagen, sondern eher schlicht für dummes Zeug gehalten habe.

VIII [29] Dann berief er den Rat der Freunde ein, freilich ohne Philotas, und ließ Nikomachos vorführen. Der berichtete Punkt für Punkt genau dasselbe wie schon zuvor dem Bruder. Unter den Intimi des Königs war Krateros, ein erbitterter Rivale des Philotas in puncto Prestige. Er wusste genau, dass dieser Alexander oft die Ohren vollgeschwätzt hatte, indem er sich großspurig mit seiner Tapferkeit und seinen Diensten brüstete und dadurch zwar nicht in den Ruch verbrecherischer Neigungen geraten war, aber doch in den der Geltungssucht. Nun sah er die beste Gelegenheit gekommen, den Konkurrenten auszuschalten, und so sagte er, seinen Hass hinter Pflichtbewusstsein verbergend: »Hättest du diese Affäre bloß von Anfang an mit uns erörtert! Für den Fall, du wolltest hier Pardon gewähren, hätten wir dir geraten, Philotas in absoluter Unkenntnis darüber zu belassen, wie viel er dir verdankt. Stattdessen hast du ihm Todesfurcht eingejagt und ihn damit genötigt, mehr über seine eigene Gefährdung zu reflektieren als über deine Güte: in der Tat wird er immer wieder Ränke wider dich schmieden können, du aber kannst Philotas nicht immer vergeben. Du hast keinen Grund anzunehmen, Gnade könnte einen Mann, der sich zu solchem Tun erfrecht, verwandeln. Er weiß, dass, ist dein Erbarmen einmal erschöpft, nichts mehr zu hoffen bleibt. Ich aber weiß etwas anderes: selbst wenn er willens ist, Ruhe zu geben, sei es aus Reue, sei es aufgrund deiner

eius Parmenionem, tanti ducem exercitus et inveterata apud milites suos auctoritate haud multum infra magnitudinis tuae fastigium positum, scio non aequo animo salutem filii sui debiturum tibi. Quaedam beneficia odimus. Meruisse mortem confiteri pudet: superest, ut malit videri iniuriam accepisse quam vitam. Proinde scito tibi cum illis de salute esse pugnandum! Satis hostium superest, ad quos persequendos ituri sumus: latus a domesticis hostibus muni! Hos si submoves, nihil metuo ab externo.« Haec Craterus.

[30] Nec ceteri dubitabant, quin coniurationis indicium suppressurus non fuisset nisi auctor aut particeps. Quem enim pium et bonae mentis, non amicum modo, sed ex ultima plebe, auditis, quae ad eum delata erant, non protinus ad regem fuisse cursurum? ne Cebalini quidem exemplo, qui ex fratre conperta ipsi nuntiasset, Parmenionis filium, praefectum equitatus, omnium arcanorum regis arbitrum! Simulasse etiam non vacasse sermoni suo regem, ne index alium internuntium quaereret. Nicomachum religione quoque deum adstrictum conscientiam suam exonerare properasse: Philotam consumpto per ludum iocumque paene toto die gravatum esse pauca verba pertinentia ad caput regis tam longo et forsitan supervacuo inserere sermoni. At *eum* non credidisse talia deferentibus pueris! Cur igitur extraxisset biduum, tamquam indicio haberet fidem? Dimittendum fuisse Cebalinum, si delationem eius

Huld, wird es seinen Vater Parmenion nichtsdestotrotz verdrießen, dir die Rettung seines Sohnes zu verdanken, und der ist General einer riesigen Armee, eine Autorität bei seinen Soldaten, wodurch ihn nicht mehr viel vom Zenit deiner Größe trennt. Manche Wohltaten hassen wir. Man schämt sich einzugestehen, den Tod verdient zu haben; daher hat Philotas, will er nicht dastehen wie einer, dem man das Leben schenkte, nur die Alternative, sich als Opfer eines Unrechts zu präsentieren. Wisse also, dir steht ein Kampf gegen jene bevor, und darin geht es um dein Leben! Es gibt noch genug Feinde draußen, deren Verfolgung ansteht: sichere also deine Flanke gegen Widersacher aus den eigenen Reihen! Beseitigst du sie, ist mir vor keinem äußeren Gegner bange.« So weit Krateros.

[30] Auch die übrigen hegten keinen Zweifel, nur ein Rädelsführer oder Komplize würde eine solche Anzeige unterdrücken. Welcher pflichtbewusste, aufrechte Mann unter den Freunden, ja selbst aus den niedrigsten Chargen wäre denn nicht sofort nach Erhalt dieser Informationen zum König geeilt? Nicht so Parmenions Sohn, der Oberst der Reiterei, des Königs Vertrauter bei all seinen Geheimnissen, und das, obwohl Kebalinos es ihm mit der Weiterleitung von seines Bruders Bericht vormachte! Er habe gar vorgespiegelt, dem König mangelte die Zeit für eine Unterredung mit ihm, nur, damit sich der Informant keinen anderen Zwischenträger suchte. Trotz seines heiligen Eids vor den Göttern habe es Nikomachos eilig gehabt, sein Gewissen zu erleichtern. Philotas freilich, der sich fast den ganzen Tag nur mit Spaß und Scherz verlustiert habe, schien es zu viel, in eine so lange und vielleicht seichte Unterhaltung ein paar Worte einzuflechten, die des Königs Leben betrafen! Aber selbstverständlich, die Aussagen von Sklavenjungs seien ihm unglaubwürdig erschienen! Warum dann diese Hinhaltetaktik von zwei Tagen, als ob er die Anzeige doch für voll genommen hätte? Wären ihm die Vor-

damnabat. In suo quemque periculo magnum animum habere, cum de salute regis timeretur, credulos esse debere, vana quoque deferentis admittere. Omnes igitur quaestionem de eo, ut participes sceleris indicare cogeretur, habendam esse decernunt. Rex admonitos, uti consilium silentio premerent, dimittit.

[31] Pronuntiari deinde iter in posterum iubet, ne qua novi initi consilii daretur nota. Invitatus est etiam Philotas ad ultimas ipsi epulas, et rex non cenare modo, sed etiam familiariter conloqui cum eo, quem damnaverat, sustinuit. Secunda deinde vigilia luminibus extinctis cum paucis in regiam coeunt Hephaestion et Craterus et Coenus et Erigyius, hi ex amicis, ex armigeris autem Perdiccas et Leonnatus. Per hos imperatum, ut, qui *ad* praetorium excubabant, armati vigilarent. Iam ad omnes aditus dispositi erant equites, itinera quoque obsidere iussi, ne quis ad Parmenionem, qui tum Mediae magnisque copiis praeerat, occultus evaderet. Atarrhias autem cum CCC armatis intraverat regiam; huic decem satellites [tr]ad*d*untur, quorum singulos deni armigeri sequebantur. Hi ad alios coniuratos conprehendendos distributi sunt; Atarrhias cum trecentis ad Philotam missus clausum aditum domus moliebatur L iuvenum promptissimis stipatus: nam ceteros cingere undique domum iusserat, ne occulto aditu Philotas posset elabi. Illum sive securitate animi sive fatigatione resolutum somnus

würfe haltlos erschienen, hätte er Kebalinos fortschicken müssen. Bei Gefahr für sich selbst dürfe jeder nonchalant handeln, wenn man hingegen um die Sicherheit des Königs fürchte, müsse man alles glauben und sogar unbedeutende Anzeigen berücksichtigen. Einstimmig beschloss man daher, Philotas zu verhören, damit er unter Druck seine Komplizen preisgebe. Darauf verabschiedete sie der König mit der Auflage, ihre Pläne geheim zu halten.

[31] Damit von dem neuen Beschluss nichts durchsickerte, ließ er darauf für morgen den Abmarsch verkünden. Sogar Philotas wurde zum Essen eingeladen, zu seiner Henkersmahlzeit, und der König brachte es über sich, nicht nur mit dem bereits Verurteilten zu tafeln, nein, sogar freundschaftlich mit ihm zu plaudern. In der zweiten Nachtwache dann, als die Lichter gelöscht waren, versammelte sich eine kleine Gruppe im Königszelt, darunter Alexanders Freunde Hephaistion, Krateros, Koinos und Erigyios, dazu die Leibgardisten Perdikkas und Leonnatos. Die gaben an die Wachen draußen vor dem Feldherrnzelt den Befehl aus, für den Nachtdienst in Waffen zu bleiben. Schon hatte man an allen Zugängen Reiter postiert mit der Order, auch die Wege zu blockieren: keiner sollte sich unbemerkt zu Parmenion absetzen, dem damals Medien sowie ein gewaltiges Truppenkontingent unterstanden. Im Zelt befand sich Atarrhias mit dreihundert Bewaffneten, zu denen noch zehn Angehörige der Leibgarde kamen mit je zehn Knappen im Gefolge. Diese wurden zur Arretierung weiterer Verschwörer eingeteilt, während Atarrhias mit den dreihundert Philotas auf den Hals geschickt wurde. Mit einer fünfzigköpfigen Jungmannschaft der größten Draufgänger sprengte jener die verschlossene Tür des Quartiers: den Rest hatte er, damit Philotas nicht durch einen geheimen Ausgang entwischen könne, das Gebäude umstellen lassen. Philotas aber war völlig entspannt in aller Gemütsruhe oder schlicht vor Ermüdung

oppresserat; quem Atarrhias torpentem adhuc occupat. Tandem ei sopore discusso cum inicerentur catenae: »Vicit«, inquit, »bonitatem tuam, rex, inimicorum meorum acerbitas.« Nec plura elocutum capite velato in regiam adducunt.

[32] Postero die rex edixit, omnes armati coirent. VI milia fere militum venerant, praeterea turba lixarum calonumque inpleverant regiam. Philotan armigeri agmine suo tegebant, ne ante conspici posset a vulgo, quam rex adlocutus milites esset. De capitalibus rebus vetusto Macedonum modo inquirebat *rex, iudicabat* exercitus – in pace erat vulgi – et nihil potestas regum valebat, nisi prius valuisset auctoritas. Igitur Dymni primum cadaver infertur plerisque, quid parasset quove casu extinctus esset, ignaris.

IX Rex deinde in contionem procedit vultu praeferens dolorem animi. Amicorum quoque maestitia expectationem haud parvam rei fecerat. Diu rex demisso in terram vultu attonito stupentique similis stetit. Tandem recepto animo: »Paene«, inquit, »milites, hominum scelere vobis ereptus sum: deum providentia et misericordia vivo. Conspectusque vestri venerabilis coegit, ut vehementius parricidis irascerer, quoniam is primus, immo unus vitae meae fructus est, tot fortissimis viris et

eingeschlummert. Noch benommen war er, da fiel Atarrhias über ihn her. Endlich schüttelte er seinen Tiefschlaf ab und sagte, als man ihn in Fesseln legte: »Deine Güte, mein König, ist der Unversöhnlichkeit meiner Rivalen zum Opfer gefallen.« Mehr äußerte er nicht; das Haupt verhüllt, wurde er ins Königszelt abgeführt.

[32] Am folgenden Tag rief der König alle Bewaffneten zusammen. Ungefähr sechstausend Soldaten hatten sich eingefunden, außerdem füllte eine Menge Marketender und Trossknechte das Zelt. Die Leibgardisten scharten sich um Philotas und schirmten ihn vor den Blicken der Massen ab, bis der König zum Militär gesprochen hatte. Nach altem makedonischem Gesetz war es der Monarch, der bei Kapitalverbrechen das Verhör anstellte, während das Urteil von der Armee, in Friedenszeiten vom Volk, gefällt wurde, und die Fülle der Königsmacht nützte nichts, war es ihm zuvor nicht gelungen, seiner Sicht Gewicht zu verschaffen. Daher wurde zunächst Dymnos' Leichnam herangeschleppt, denn die meisten hatten keine Ahnung von dessen Umtrieben und seinem verhängnisvollen Ende.

IX Danach trat der König vor die Versammlung, die Miene gezeichnet vom Schmerz seiner Seele. Auch die traurige Bedrücktheit seiner Freunde hatte alle in immense Spannung versetzt, was jetzt kommen werde. Lange stand Alexander, das Haupt zur Erde gesenkt, wie vom Donner gerührt und betäubt da, dann endlich, wieder bei sich, ergriff er das Wort[13]: »Es hätte nicht viel gefehlt, Soldaten, und ich wäre euch durch verbrecherische Menschenhand entrissen worden, doch dank göttlicher Vorsehung und Erbarmung weile ich noch unter den Lebenden. Euer respektgebietender Anblick hat meine Rage wider die Hochverräter nur gesteigert, denn meines Daseins vorrangiger, ja einziger Nutzen, bis jetzt und auch fortan, besteht darin, so viele heldenhafte Männer, die sich um mich

de me optime meritis referre adhuc gratiam posse.« Interrupit orationem militum gemitus, obortaeque sunt omnibus lacrimae. Tum rex: »Quanto«, inquit, »maiorem in animis vestris motum excitabo, cum tanti sceleris auctores ostendero! Quorum mentionem adhuc reformido et, tamquam salvi esse possint, nominibus abstineo. Sed vincenda est memoria pristinae caritatis et coniuratio impiorum civium detegenda. Quomodo autem tantum nefas sileam? Parmenio, illa aetate, tot meis, tot parentis mei meritis devinctus, omnium nobis amicorum vetustissimus, ducem se sceleri tanto praebuit. Minister eius Philotas Peucolaum et Demetrium et hunc Dymnum, cuius corpus aspicitis, ceterosque eiusdem amentiae in caput meum subornavit.« [33] Fremitus undique indignantium querentiumque tota contione obstrepebat, qualis solet esse multitudinis et maxime militaris, ubi aut studio agitur aut ira.

Nicomachus deinde et Metron et Cebalinus producti, quae quisque detulerat, exponunt. Nullius eorum indicio Philotas ut particeps sceleris destinabatur. Itaque indignatione expressa vox *invicem* silentio excepta est. Tum rex: »Qualis«, inquit, »ergo animi vobis videtur, qui huius rei delatum indicium ad ipsum suppressit? Quod non fuisse vanum Dymni exitus declarat. Incertam rem deferens tormenta non timuit Cebalinus, *nec*

höchst verdient gemacht haben, belohnen zu können.« Ein Aufstöhnen ging durch die Truppen und unterbrach seine Rede, allen schossen die Tränen in die Augen. Dann fuhr Alexander fort: »Was für einen Aufruhr werde ich in euren Herzen erst entfesseln, wenn ich euch die Anstifter dieses ungeheuerlichen Verbrechens nenne! Noch scheue ich mich, sie preiszugeben, und halte mit ihren Namen, als ob sie ungeschoren davonkommen könnten, hinterm Berg. Jetzt aber gilt es, die Erinnerung an einstige Freundschaft zu ersticken und die Verschwörung der Frevler zu enttarnen. Wie sollte ich auch bei einer so gottlosen Schandtat Schweigen bewahren? Parmenion, dieser alte Mann, er, den eine Unzahl an Gunstbezeigungen meinerseits, eine Unzahl auch seitens meines Vaters verpflichteten, hat sich zum Rädelsführer eines solchen Kapitalverbrechens hergegeben. Sein Spießgeselle Philotas hat mir Peukolaos, Demetrios, diesen Dymnos, dessen Leichnam ihr hier seht, und weitere, die vom selben Wahnsinn befallen sind, auf den Hals gehetzt, mich zu vernichten.« [33] Da rauschte eine donnernde Welle der Empörung und des Schmerzes durch die ganze Versammlung, alle riss sie mit, ein typisches Massenphänomen bei Ausbrüchen von Sympathie oder Wut, was besonders fürs Militär gilt.

Als nächstes ließ man Nikomachos, Metron und Kebalinos vorführen, von denen jeder das wiederholte, was er schon im Verhör erklärt hatte. In keiner ihrer Aussagen erschien Philotas eindeutig als Komplize des Anschlags. Und so wurden nach der Entrüstung, die sich anfänglich Luft gemacht hatte, deren Äußerungen nun im Gegenteil mit Schweigen quittiert. Darauf erhob der König erneut seine Stimme: »Wenn jemandem Derartiges zugetragen wird und er unterschlägt diese Information, wes Geistes Kind ist der dann wohl, was meint ihr? Dass es sich nicht um Hirngespinste handelt, beweist Dymnos' Ende. Ohne eine hochnotpeinliche Befragung zu scheuen, melde-

Metron ne momentum quidem temporis distulit exonerare se, ut eo, ubi lavabar, inrumperet: Philotas solus nihil timuit, nihil credidit. O magni animi virum! Iste regis periculo commoveretur, vultum mutaret, indicem tantae rei sollicitus audiret! Subest nimirum silentio facinus, et avida spes regni praecipitem animum ad ultimum nefas inpulit. Pater Mediae praeest; ipse apud multos copiarum duces meis praepotens viribus maiora, quam capit, spirat. Orbitas quoque mea, quod sine liberis sum, spernitur. Sed errat Philotas: in vobis liberos, parentes, consanguineos habeo; vobis salvis orbus esse non possum.«

[34] Epistulam deinde Parmenionis interceptam, quam ad filios Nicanorem et Philotan scripserat, recitat haud sane indicium gravioris consilii praeferentem. Namque summa eius haec erat: »Primum vestri curam agite, deinde vestrorum! Sic enim, quae destinavimus, efficiemus.« Adiecitque rex sic esse scriptam, ut, sive ad filios pervenisset, a consciis posset intellegi, sive intercepta esset, falleret ignaros: »At enim Dymnus, cum ceteros participes sceleris indicaret, Philotan non nominavit! Hoc quidem illius non innocentiae, sed potentiae indicium est, quod sic ab iis timetur etiam, a quibus prodi potest, ut, cum de se fateantur, illum tamen celent. Ceterum Philotan ip-

te Kebalinos einen unbestätigten Sachverhalt, auch Metron hat keinen einzigen Augenblick gezögert, sich die Angelegenheit von der Seele zu reden, zu mir ins Bad ist er gestürmt. Nur Philotas befürchtete nichts und glaubte nichts. O was für ein Ausbund an Mut! Sollte der ob einer Gefahr für seinen König in Aufregung geraten, ein bestürztes Gesicht machen und beim Anhören einer solchen Schreckensnachricht geschockt sein? Unter seinem Schweigen verbirgt sich in Wahrheit eine verbrecherische Absicht: die Gier nach Herrschaft hat diesen impulsiven Charakter zum schlimmsten Frevel bewogen. Sein Vater steht an der Spitze Mediens, kraft meiner mächtigen Unterstützung verfügt er bei vielen Truppengenerälen über gewaltigen Einfluss, und darum überschätzt er sich in seinen Aspirationen nach Höherem. Auch dass ich aufgrund meiner Kinderlosigkeit allein dastehe, ist ein Stein des Anstoßes. Doch Philotas irrt. Ihr habt bei mir den Platz von Kindern, Eltern, Brüdern inne; solange ihr gesund und munter seid, kann ich gar nicht allein dastehen.«

[34] Hierauf las er einen abgefangenen Brief Parmenions an seine Söhne Nikanor und Philotas vor, dem allerdings keinerlei Straftatbestand zu entnehmen war, sein Fazit lautete nämlich: »Sorgt zuerst für euch selbst, dann für die Euren, auf die Weise erreichen wir unsere Ziele!« Des Königs Kommentar dazu lautete, das Schreiben sei derart verfasst, dass es im Falle seines Eintreffens bei den Söhnen für Mitwisser verstehbar sei, für Uneingeweihte aber unverständlich, sollte es abgefangen werden. »Was denn, Dymnos hat doch, als er seine übrigen Komplizen nannte, kein Wort über Philotas verloren! In der Tat, das ist kein Beweis für seine Unschuld, nein, es zeigt seine Macht: sogar von jenen, die es in der Hand haben, ihn zu verraten, wird er ja so sehr gefürchtet, dass sie ihn selbst bei ihrem eigenen Tatgeständnis außen vor lassen. Außerdem entlarvt den Philotas sein eigener Lebenswandel. Niemand anderer als

sius indicat vita. Hic Amyntae, qui mihi consobrinus fuit et in Macedonia capiti meo impias conparavit insidias, socium se et conscium adiunxit. Hic Attalo, quo graviorem inimicum non habui, sororem suam in matrimonium dedit. Hic, cum scripsissem ei pro iure tam familiaris usus atque amicitiae, qualis sors edita esset Iovis Hammonis oraculo, sustinuit rescribere mihi se quidem gratulari, quod in numerum deorum receptus essem, ceterum misereri eorum, quibus vivendum esset sub eo, qui modum hominis excederet. Haec sunt et iam pridem animi alienati a me et invidentis gloriae meae indicia. Quae equidem, milites, quamdiu licuit, in animo meo pressi; videbar enim mihi partem viscerum meorum abrumpere, si, in quos tam magna contuleram, viliores mihi facerem. Sed iam non verba punienda sunt: linguae temeritas pervenit ad gladios. Hos, si mihi creditis, Philotas in me acuit, si ipsi, admisit. Quo me conferam, milites? Cui caput meum credam? Equitatui, optimae exercịtus parti, principibus nobilissimae iuventutis, *eum* praefeci; salutem, spem, victoriam meam fidei eius tutelaeque commisi. Patrem in idem fastigium, in quo me ipsi posuistis, admovi; Mediam, qua nulla opulentior regio est, et tot civium sociorumque milia imperio eius dicionique subieci. Unde praesidium petieram, periculum extitit. Quam feliciter in acie occidissem, potius hostis praeda quam civis victima!

er war der Verbündete und Spießgeselle von Amyntas, meinem Vetter, der in Makedonien einen gewissenlosen Anschlag auf mein Leben plante. Niemand anderer als er hat Attalos, meinem ärgsten Feind[14], seine Schwester zur Frau gegeben. Niemand anderer als er hat sich, als ich ihm, unserer so innigen Vertrautheit und Freundschaft Rechnung tragend, von der Orakelprophezeiung Jupiter Hammons schrieb, die Antwort herausgenommen, zwar möchte er mich zu meiner Aufnahme unter die Götter beglückwünschen, nur täten ihm die Untertanen eines Königs, der Menschenmaß überstiegen habe, leid. Das alles spricht dafür, dass er sich im Herzen bereits lange von mir gelöst hat und neidisch ist auf meinen Ruhm. Fürwahr, Soldaten, solange es ging, habe ich das aus meinem Bewusstsein verdrängt. Denn jene, die ich mit Gunst überschüttet hatte, vor mir selbst herabzusetzen, das kam mir vor, als risse ich mir einen Teil meiner Eingeweide heraus. Aber nun geht es nicht mehr um unbotmäßige Äußerungen: die dreiste Zunge war nur der Anfang, jetzt greift man zu den Schwertern. Wenn ihr mir glauben wollt, dann hat Philotas diese Männer wider mich aufgewiegelt, glaubt ihr dagegen ihm, so hat er sie zumindest einfach gewähren lassen. Wohin, Soldaten, soll ich mich wenden? Wem soll ich noch mein Haupt anvertrauen? Diesem Mann habe ich das Kommando über die Kavallerie, die beste Heeresabteilung, die Elite des so trefflichen Jungvolks, überantwortet, mein Heil, meine Hoffnungen, meinen Sieg seiner Treue, seiner Obhut anheimgegeben. Zu der gleichen hohen Stellung, auf die ihr selbst mich setztet, habe ich seinem Vater verholfen, seiner Befehlsgewalt und Gerichtsbarkeit Medien, von allen Regionen die reichste, mitsamt Abertausenden von Bürgern und Verbündeten unterstellt. Dort, wo ich Schutz suchte, droht nun Gefahr. Was für ein Glück wäre es gewesen, in der Schlacht zu fallen, denn besser eines Feindes Beute als eines Landsmannes Opfer! Den einzigen Gefahren, die ich

Nunc servatus ex periculis, quae sola timui, in haec incidi, quae timere non debui. Soletis identidem a me, milites, petere, ut saluti meae parcam. Ipsi mihi praestare potestis, quod suadetis, ut faciam. Ad vestras manus, ad vestra arma confugio: invitis vobis salvus esse nolo, volentibus non possum, nisi vindicor.«

[35] Tum Philotan religatis post tergum manibus obsoleto amiculo velatum iussit induci. Facile adparebat motos esse tam miserabili habitu non sine invidia paulo ante conspecti. Ducem equitatus pridie viderant, sciebant regis interfuisse convivio: repente reum quidem, sed etiam damnatum, immo vinctum intuebantur. Subibat animos Parmenionis quoque, tanti ducis, tam clari civis fortuna, qui [quo] modo duobus filiis, Hectore ac Nicanore, orbatus cum eo, quem reliquum calamitas fecerat, absens diceret causam. Itaque Amyntas, regius praetor, inclinatam ad misericordiam contionem rursus aspera in Philotan oratione commovit: proditos eos esse barbaris, neminem ad coniugem suam in patriam et ad parentes *suos esse* rediturum, velut truncum corpus dempto capite sine spiritu, sine nomine aliena terra ludibrium hostis futuros. Haudquaquam pro spe ipsius Amyntae oratio grata regi fuit, quod coniugum, quod patriae admonitos pigriores ad cetera munia exsequenda fecisset.

fürchtete, entkommen, bin ich in andere hineingeraten, mit denen ich nichts zu schaffen haben dürfte. Unentwegt bedrängt ihr mich, Soldaten, auf mein Leben zu achten. Diesen Rat könnt ihr nun selbst an meiner Stelle in die Tat umsetzen. Eure Hände, eure Waffen seien meine Zuflucht! Habe ich euch gegen mich, ist mir an meinem Heil nichts gelegen, seid ihr aber auf meiner Seite, ist eure Rache dessen einzige Garantie.«

[35] Hierauf befahl er Philotas vorzuführen; in einen schäbigen Mantel war der gehüllt, die Hände auf den Rücken gebunden. Dieses so armselige Gewand bei einem Mann, dem kurz zuvor nur neidvolle Blicke gegolten hatten, löste allgemeine Rührung aus, das war leicht zu erkennen. Noch gestern hatten sie den Reiteroberst gesehen, und sie wussten, dass er an einem Bankett des Königs teilgenommen hatte. Und plötzlich präsentierte sich ihren Blicken ein Mensch, der nicht nur angeklagt, sondern verdammt war, und dazu noch in Fesseln. Auch an das Schicksal Parmenions mussten sie denken: eben erst hatte dieser so hervorragende General, dieser so hochgeschätzte Bürger, zwei Söhne, Hektor und Nikanor, verloren, und nun wurde ihm zusammen mit jenem, den das Unglück verschont hatte, in Abwesenheit der Prozess gemacht. Schon tendierte die Versammlung zum Mitleid, und deshalb goss Amyntas, einer der königlichen Generäle, durch einen drakonischen Anwurf gegen Philotas wieder Öl ins Feuer: sie alle habe man den Fängen der Barbaren ausgeliefert; niemand hätte die Heimat wiedergesehen, seine Gattin, seine Eltern; in fremden Landen wären sie wie ein des Hauptes beraubter, verstümmelter Leib seelen- und namenlos zum Spielball der Feinde geworden. Entgegen den Erwartungen von Amyntas behagte seine Ansprache dem König mitnichten, denn dessen Meinung nach war die Erinnerung an Ehefrauen und Vaterland der Motivation der Soldaten, sich den noch anstehenden Aufgaben zu stellen, eher abträglich.

[36] Tum Coenus, quamquam Philotae sororem matrimonio secum coniunxerat, tamen acrius quam quisquam in Philotan invectus est parricidam esse regis, patriae, exercitus clamitans saxumque, quod forte ante pedes iacebat, *cor*ripuit emissurus in eum, ut plerique crediderunt, tormentis subtrahere cupiens. Sed rex manum eius inhibuit, dicendae prius causae debere fieri potestatem reo nec aliter iudicari passurum se adfirmans. Tum dicere iussus Philotas, sive conscientia sceleris sive periculi magnitudine amens et attonitus, non attollere oculos, non hiscere audebat. Lacrimis deinde manantibus linquente animo in eum, a quo tenebatur, incubuit abstersisque amiculo eius oculis paulatim recipiens spiritum ac vocem dicturus videbatur. Iamque rex intuens eum: »Macedones«, inquit, »de te iudicaturi sunt: quaero, an patrio sermone sis apud eos usurus.« Tum Philotas: »Praeter Macedonas«, inquit, »plerique adsunt, quos facilius, quae dicam, percepturos arbitror, si eadem lingua fuero usus, qua tu egisti non ob aliud, credo, quam ut oratio tua intellegi posset a pluribus.« Tum rex: »Ecquid videtis adeo etiam sermonis patrii Philotan taedere? Solus quippe fastidit eum discere. Sed dicat sane, utcumque ei cordi est, dum memineritis aeque illum a nostro more quam sermone abhorrere.« Atque ita contione excessit.

[36] Koinos war mit einer Schwester des Philotas vermählt, dennoch ging er jenen jetzt heftiger an als irgendwer sonst. Ein Hochverräter sei das, am König, am Vaterland, an der Armee, brüllte er, dann packte er sich einen Stein, der zufällig zu seinen Füßen lag, in der Absicht, den auf den Beschimpften zu schleudern – nach Ansicht der Mehrheit wollte er ihm die Folter ersparen –, doch der König ergriff seinen Arm und erklärte, zuerst müsse dem Beklagten Gelegenheit zur Verteidigung gewährt werden, eine Urteilsfällung, die auf einer anderen Verfahrensweise basiere, werde er nicht dulden. Daraufhin erteilte man Philotas das Wort; der aber war kopflos und wie betäubt, vielleicht aufgrund seines schlechten Gewissens, vielleicht auch wegen seiner höchst bedrohlichen Lage, und so traute er sich nicht, den Blick zu heben und den Mund aufzutun. Schließlich sprudelten die Tränen, und er brach ohnmächtig an der Brust des Schergen, der ihn festhielt, zusammen. Mit seinem Mantel wischte man ihm die Augen ab, und allmählich kehrten seine Sinne mitsamt der Stimme zurück: er schien sprechen zu wollen. Jetzt schaute ihn der König an und sagte: »Makedonen werden deine Richter sein. Ich frage dich, willst du mit ihnen in ihrer Landessprache kommunizieren?« Da versetzte Philotas: »Neben den Makedonen gibt es hier viele, die meines Erachtens meinen Äußerungen leichter folgen können, wenn ich mich der Sprache bediene, in der auch du dich, nur damit, denke ich, deine Rede von mehr Leuten verstanden wird, ausgedrückt hast.« Darauf der König: »Seht ihr jetzt, wie weit Philotas' Ekel geht! Sogar von unserer Muttersprache ist er angewidert! In der Tat hält er sich als einziger für zu fein, sie zu erlernen. Aber er soll seinem Herzen ruhig Luft machen, wenn ihr nur im Gedächtnis speichert, dass er auf unsere Sitten genauso allergisch reagiert wie auf unsere Sprache.« Damit verließ Alexander die Versammlung.

X [37] Tum Philotas: »Verba«, inquit, »innocenti reperire facile est, modum verborum misero tenere difficile. Itaque inter optimam conscientiam et iniquissimam fortunam destitutus ignoro, quomodo et animo meo et tempori paream. Abest quidem optimus causae meae iudex: qui cur me ipse audire noluerit, non, mehercule, excogito, cum illi utrimque cognita causa tam damnare me liceat quam absolvere, non cognita vero liberari *ab* absente non possum, qui a praesente damnatus sum. Sed quamquam vincti hominis non supervacua solum, sed etiam invisa defensio est, qui iudicem non docere videtur, sed arguere, tamen, utcumque licet me dicere, memet ipse non deseram nec committam, ut damnatus etiam mea sententia videar.

Equidem, cuius criminis reus sim, non video: inter coniuratos nemo me nominat, de me Nicomachus nihil dixit, Cebalinus plus, quam audierat, scire non potuit. Atqui coniurationis caput me fuisse credit rex! Potuit ergo Dymnus eum praeterire, quem sequebatur, praesertim cum quaerenti socios vel falso fuerim nominandus, quo facilius, qui temptabatur, posset inpelli? Non enim detecto facinore nomen meum

X [37] Nun rechtfertigte sich Philotas: »Worte zu finden fällt einem Unschuldigen leicht, sich in seiner Wortwahl zu mäßigen einem Elenden schwer. Aufgerieben zwischen einem Gewissen, das völlig rein ist, und einem Schicksal, wie es ungerechter nicht sein kann, weiß ich nicht aus noch ein und sehe keine Chance, meinen Gefühlen und der Situation gleichermaßen gerecht zu werden. Fürwahr, der beste Richter in meiner Sache glänzt durch Abwesenheit; warum er sich weigert, mich anzuhören, das, beim Herkules, entzieht sich meiner Kenntnis: nach Anhörung meines Falls mit seinem Für und Wider hätte er ja die freie Wahl, mich zu verurteilen oder freizusprechen; da er sich aber erst gar kein Bild macht, kann es für mich, nachdem ich von ihm höchstselbst schon abgeurteilt wurde, in seiner Abwesenheit keinen Freispruch mehr geben. Wenn ein Mensch in Fesseln sich verteidigt, ist das per se nicht nur unnütz, nein, es erzeugt Unmut, weil der Eindruck entsteht, statt zur Klärung beizutragen, mache er den Richter zum Angeklagten, und dennoch werde ich, ganz gleich unter welchen Beeinträchtigungen, meine Sache bis zuletzt verfechten: zumindest will ich für den Schuldspruch nicht mitverantwortlich erscheinen.

Ich sehe wahrhaftig nicht, welchen Verbrechens man mich bezichtigen könnte; von keinem wird mein Name in der Liste der Verschwörer genannt: Nikomachos hat nichts über mich verlauten lassen, Kebalinos' Wissen beschränkt sich auf das Gehörte. Und da glaubt der König, ich wäre das Haupt des Komplotts gewesen! Wie konnte Dymnos über seinen angeblichen Anführer Stillschweigen wahren? Sogar fälschlicherweise hätte der sich ja, als Nikomachos ihn nach Helfershelfern befragte, auf mich berufen müssen, um jenen mit seinem Rekrutierungsversuch umso leichter zu ködern! Der ließ meinen Namen tatsächlich nicht erst nach Enttarnung des Verbrechens außen vor, woraus man hätte schließen können, er decke ei-

praeteriit, ut possit videri socio pepercisse: Nicomacho, quem taciturum arcana de semet ipso cręedebat, confessus aliis nominatis me unum subtrahebat. Quaeso, commilitones, si Cebalinus me non adisset, nihil me de coniuratis scire voluisset, num hodie dicerem causam nullo me nominante? Dymnus sane *ut* vivat adhuc et velit mihi parcere, quid ceteri? Qui de se confitebuntur, me videlicet subtrahent! Maligna est calamitas, et fere noxius, cum suo supplicio crucietur, adquiescit alieno. Tot conscii ne[c] in eculeum quidem inpositi verum fatebuntur? Atqui nemo parcit morituro nec cuiquam moriturus, ut opinor.

[38] Ad verum crimen et ad unum praevertendum mihi est: cur rem delatam ad te tacuisti? Cur tam securus audisti? Hoc, qualecumque est, confesso mihi, ubicumque es, Alexander, remisisti: dexteram tuam amplexus, reconciliati pignus animi, convivio quoque interfui. Si credidisti mihi, absolutus sum, si pepercisti, dimissus: vel iudicium tuum serva! Quid hac proxima nocte, qua digressus sum a mensa tua, feci? Quod novum facinus delatum ad te mutavit animum tuum? Gravi sopore adquiescebam, cum me malis indormientem meis inimici vinciendo excitaverunt. Unde et parricidae et proditori tam alti quies somni? Scelerati conscientia obstrepente condormire

nen Komplizen: als er Nikomachos sein eigenstes Geheimnis beichtete im Glauben, der werde es für sich behalten, zählte er eine ganze Reihe Leute auf, nur mich erwähnte er nicht. Darum, Kameraden, meine Frage: wäre Kebalinos nicht an mich herangetreten, hätte er mich über die Verschwörer in Unkenntnis gelassen, stünde ich dann heute vor Gericht, ich, dessen Name niemals zur Anzeige kam? Nehmen wir aber einmal an, Dymnos lebte noch und wollte mich schonen, was ist dann mit den übrigen? Klar doch, ihre eigene Beteiligung werden sie zugeben, nur über mich werden sie kein Sterbenswörtchen verlieren! Das Unglück ist schadenfroh, und gemeinhin tröstet sich ein Schuldiger bei der eigenen Straftortur mit den Qualen, die ein anderer leidet. Und dennoch sollen all diese vielen Mitwisser nicht mit der Wahrheit herausrücken, selbst wenn man sie auf die Folter spannt? Niemand freilich schont einen Sterbenden und umgekehrt, davon bin ich überzeugt, auch ein Sterbender niemanden.

[38] Also heißt es zum eigentlichen und einzigen Vergehen zurückzukehren: warum hast du die Anzeige, die bei dir einging, verschwiegen, warum sie so fahrlässig abgetan? Dieses Faktum, wie auch immer es zu definieren sein mag, habe ich zugegeben, und du, Alexander, ganz gleich, wo du jetzt bist, hast mir verziehen: zum Zeichen der Versöhnung hielt ich deine Hand umfasst, und bei deinem Bankett weilte ich als Gast. Für den Fall, dass du mir geglaubt hast, bedeutet das Freispruch, für den Fall, dass du Nachsicht geübt hast, Straferlass. Jetzt stehe wenigstens zu deinem Urteil! Was habe ich letzte Nacht, als ich von deiner Tafel schied, denn verbrochen? Worin besteht die neue Denunziation, die diese Kehrtwende in dir bewirkt hat? Ich lag in bleiernem Schlaf, vergessen ließ der mich mein Unglück, da scheuchten mich meine Rivalen auf, um mich in Fesseln zu legen. Ein Königsmörder, ein Verräter, kann der so tief und ruhig schlummern? Kriminelle finden des

non possunt: agitant eos Furiae, *cogitato modo, nedum consummato* parricidio. At mihi securitatem primum innocentia mea, deinde tua dextera obtulerat: non timui, ne plus alienae crudelitati apud te liceret quam clementiae tuae. Sed ne te mihi credidisse paeniteat, res ad me deferebatur a puero, qui non testem, non pignus indicii exhibere poterat, inpleturus omnes metu, si coepisset audiri. Amatoris et scorti iurgio interponi aures meas credidi infelix et fidem eius suspectam habui, quod non ipse deferret, sed fratrem potius subornaret. Timui, ne negaret mandasse se Cebalino et ego viderer multis amicorum regis fuisse periculi causa. Sic quoque, cum laeserim neminem, inveni, qui mallet perire me quam incolumem esse: quid inimicitiarum creditis excepturum fuisse, si insontes lacessissem? At enim Dymnus se occidit! Num igitur facturum eum divinare potui? Minime. Ita, quod solum indicio fidem fecit, id me, cum a Cebalino interpellatus sum, movere non poterat.

[39] At hercules, si conscius Dymno tanti sceleris fuissem, biduo illo proditos esse nos dissimulare non debui: Cebalinus ipse tolli de medio nulloque negotio potuit. Denique post delatum indicium, *quod* operturus eram, cubiculum regis solus intravi, ferro quidem cinctus: cur distuli facinus? An sine

Nachts keine Ruhe, weil ihr Gewissen Alarm schlägt: die Furien treiben sie um, schon beim Schmieden eines solchen Kapitalverbrechens, ganz zu schweigen davon, wenn es verübt ist. Ich aber war erstens dank meiner Unschuld, zweitens durch die Hand, die du mir botest, im Genuss inneren Friedens, ich ahnte ja nicht, dass eines anderen Grausamkeit dein Handeln mehr beeinflussen könnte als deine eigene Güte. Damit du nicht bedauerst, mir geglaubt zu haben, noch einmal: die Anzeige erfolgte durch ein Jüngelchen, das weder über einen Zeugen noch einen handfesten Beweis verfügte; jedes Auf-ihn-Eingehen hätte allgemeine Panikstimmung erzeugt. Ich Armer war der Überzeugung, er schwatze mir die Ohren mit den Zänkereien eines Lovers und seines Süßen voll; zudem war mir seine Glaubwürdigkeit suspekt, weil er nicht selbst Anzeige erstattete, sondern seinen Bruder vorschickte. Ich fürchtete, er werde leugnen, Kebalinos beauftragt zu haben, und man mache dann mich zum Sündenbock dafür, viele Freunde des Königs in Schwierigkeiten gebracht zu haben. Sogar jetzt, obwohl ich niemandem einen Tort tat, ist einer zur Stelle, dem mein Untergang lieber wäre als meine Rettung. Wie viel böses Blut hätte ich erst mit Anwürfen auf Unschuldige erzeugt! Einwand: Dymnos hat sich doch umgebracht! Ja konnte ich das denn vorhersehen? Nein und nochmals nein. Das heißt, der einzige Umstand, der die Anzeige untermauert hätte, konnte für mich, als ich von Kebalinos kontaktiert wurde, nicht maßgeblich sein.

[39] Andererseits, beim Herkules, hätte ich als Dymnos' Komplize bei einem solchen Kapitalverbrechen ihm bestimmt nicht zwei Tage lang verheimlichen dürfen, dass wir aufgeflogen seien, und was Kebalinos anbetrifft, so wäre es ein Leichtes gewesen, den aus dem Weg zu räumen. Dann, nach diesen Informationen, die ich unterschlagen wollte, bin ich allein ins Zelt des Königs getreten, mein Schwert am Gurt. Warum bin

Dymno non sum ausus? Ille igitur princeps coniurationis fuit, sub illius umbra Philotas latebam, qui regnum Macedonum adfecto! Ecquis e vobis corruptus est donis? Quem ducem, quem praefectum inpensius colui? Mihi quidem obicitur, quod societatem patrii sermonis asperner, quod Macedonum mores fastidiam: sic ego imperio, quod dedignor, immineo. Iam pridem nativus ille sermo commercio aliarum gentium exolevit: tam victoribus quam victis peregrina lingua discenda est. Non, mehercule, ista me magis laedunt, quam quod Amyntas, Perdiccae filius, insidiatus est regi. Cum quo quod amicitia fuerit mihi, non recuso defendere, si fratrem regis non oportuit diligi a nobis. Sin autem in illo fortunae gradu positum etiam venerari necesse erat, utrum, quaeso, quod non divinavi, reus sum, an impiorum amicis insontibus quoque moriendum est? Quod si aequum est, cur tam diu vivo? si iniustum, cur nunc demum occidor?

At enim scripsi misereri me eorum, quibus vivendum esset sub eo, qui se Iovis filium crederet. Fides amicitiae, veri consilii periculosa libertas, me decepistis! vos, quae sentiebam, ne reticerem, inpulistis! Scripsisse me haec fateor regi, non de rege scripsisse. Non enim faciebam invidiam, sed pro eo timebam. Dignior mihi Alexander videbatur, qui Iovis stirpem tacitus

ich da nicht gleich zur Tat geschritten? Habe ich mich ohne Dymnos etwa nicht getraut? Also war der das Haupt der Verschwörung, und ich, Philotas, ehrgeiziger Aspirant auf den makedonischen Thron, stand verborgen in dessen Schatten. Wen von euch habe ich denn mit Geschenken bestochen, welchen General, welchen Satrapen über die Maßen hofiert? Dabei wird mir aber Geringschätzung unserer gemeinsamen Nationalsprache vorgeworfen und Abneigung gegen die Lebensart der Makedonen. Genau das ist es, ich trachte nach einem Reich, das ich verachte! Bereits seit langem ist unsere Muttersprache durch die Begegnung mit anderen Völkern obsolet geworden, nicht nur die Besiegten müssen eine ihnen fremde Sprache erlernen, die Sieger nicht minder. Das lässt sich nicht gegen mich verwenden, genauso wenig wie das Komplott, das Amyntas, der Sohn des Perdikkas, gegen den König angezettelt hat. Für meine freundschaftliche Verbundenheit mit ihm will ich mich gerne entschuldigen, sofern unsere Wertschätzung für den Bruder des Königs eine Verfehlung war. Falls aber dessen hoher Stand automatisch auch Respekt heischte, dann frage ich, wessen man mich bezichtigt, etwa dass ich nicht hellsehen kann, oder vielleicht müssen die Freunde von Übeltätern ja gleich mitbüßen, Unschuld hin oder her? Wenn das recht und billig ist, warum bin ich dann noch am Leben? Ist es aber ungerecht, warum werde ich erst jetzt hingerichtet?

Kommen wir zum nächsten Punkt, meinem schriftlichen Kommentar, mir täten die Untertanen eines Königs leid, der sich für einen Jupiterspross halte. Freundestreue, gefährliche Freiheit der offenen Meinungsäußerung, ihr habt mich zum Narren gehalten: ermuntert habt ihr mich, mit meiner Ansicht nicht hinterm Berg zu halten! Ja, zugegeben, ich habe diese Worte geschrieben, allerdings an den König, nicht über ihn. Ich habe nicht versucht, ihn unbeliebt zu machen, im Gegenteil, ich hatte Angst um ihn. Mir schien es einem Alexander

agnosceret, quam qui praedicatione iactaret. Sed quoniam oraculi fides certa est, sit deus causae meae testis: retinete me in vinculis, dum consulitur Hammo, num arcanum et occultum scelus inierim! Qui regem nostrum dignatus est filium, neminem eorum, qui stirpi suae insidiati sunt, latere patietur. Si certiora oraculis creditis esse tormenta, ne hanc quidem exhibendae veritatis fidem deprecor.

[40] Solent rei capitis adhibere vobis parentes. Duos fratres ego nuper amisi, patrem nec ostendere possum nec invocare audeo, cum et ipse tanti criminis reus sit. Parum est enim tot modo liberum parentem, in unico filio adquiescentem, eo quoque orbari, nisi ipse in rogum meum inponitur. Ergo, carissime pater, et propter me morieris et mecum. Ego tibi vitam adimo, ego senectutem tuam extinguo. Quid enim me procreabas infelicem adversantibus diis? an ut hos ex me fructus perciperes, qui te manent? Nescio, adulescentia mea miserior sit an senectus tua: ego in ipso robore aetatis eripior, tibi carnifex spiritum adimet, quem, si fortuna expectare voluisset, natura poscebat. Admonuit me patris mei mentio, quam timide et cunctanter, quae Cebalinus detulerat ad me, indicare debuerim. Parmenio

angemessener, seine Herkunft von Jupiter still und leise anzuerkennen, als in der Öffentlichkeit lauthals damit zu prahlen. Doch da die Verlässlichkeit des Orakels außer Frage steht, sei der Gott Zeuge in meinem Prozess! Haltet mich weiter in Banden, nur befragt derweil Hammon, ob ich ein dunkles, geheimes Verbrechen im Schilde führte! Er, der unseren König zu seinem Sohn erhob, wird keinen unentdeckt lassen, der ein Attentat auf seinen Sprössling plante. Vielleicht vertraut ihr auch der Folter mehr als Orakelsprüchen, nicht einmal gegen dieses Mittel der Wahrheitsfindung erhebe ich Einspruch.

[40] In der Regel ziehen Angeklagte, die die Todesstrafe zu gewärtigen haben, ihre nächsten Blutsverwandten vor euch als Beistand hinzu. Nun, zwei Brüder habe ich gerade erst verloren, meinen Vater hier zu präsentieren ist mir unmöglich, zudem wage ich es nicht, ihn um Hilfe zu bitten, da er dieses kolossalen Verbrechens mitangeklagt ist. Wahrlich und wahrhaftig, es reicht nicht, dass dieser Mann, der bis eben Vater so vieler Kinder war, jetzt auch noch des einzigen Sohnes beraubt wird, der ihm als Stütze und Trost blieb: nein, er selbst soll den Scheiterhaufen mit ihm teilen! Wohlan, mein teuerster Vater, meinetwegen und gemeinsam mit mir wirst du sterben. Ich, dein Sohn, nehme dir das Leben, ich, dein Sohn, beende deine alten Tage. Warum nur hast du mich gezeugt, wenn ich durch der Götter Fluch zum Unglück verdammt bin? Wolltest du etwa das von mir zum Lohn, was dich ohnehin erwartet? Ich weiß nicht, was bedauernswerter ist, meine Jugend oder deine greisen Jahre: ich werde in einem Alter, das vor Kraft strotzt, aus dem Dasein gerissen, dich wird der Henker ins Jenseits befördern, was die Natur selbst getan hätte, wäre das Schicksal nur etwas langmütiger gewesen. Dass jetzt mein Vater zur Sprache kam, hat mich noch einmal gemahnt, wie viel Behutsamkeit und Bedacht die Weiterleitung von Kebalinos' Informationen erforderte. Als Parmenion nämlich einst Kunde von

enim, cum audisset venenum a Philippo medico regi parari, deterrere eum voluit epistula scripta, quominus medicamentum biberet, quod medicus dare constitueret. Num creditum est patri meo? num ullam auctoritatem eius litterae habuerunt? Ego ipse quotiens, quae audieram, detuli et cum ludibrio credulitatis repulsus sum! Si et, cum indicamus, invisi et, cum tacemus, suspecti sumus, quid facere nos oportet?« Cumque unus e circumstantium turba exclamasset: »Bene meritis non insidiari!«, Philotas: »Recte«, inquit, »quisquis es, dicis. Itaque si insidiatus sum, poenam non deprecor, et finem facio dicendi, quoniam ultima verba gravia sunt visa auribus.« Abducitur deinde ab iis, qui custodiebant eum.

XI [41] Erat inter duces manu strenuus Bolon quidam, pacis artium et civilis habitus rudis, vetus miles, ab humili ordine ad eum gradum, in quo tunc erat, promotus; qui tacentibus ceteris stolida audacia ferox admonere eos coepit, quotiens suis quisque deversoriis, quae occupassent, proturbatus esset, ut purgamenta servorum Philotae reciperentur eo, unde commilitones expulissent. Auro argentoque vehicula eius onusta totis vicis stetisse, ac ne in viciniam quidem deversorii quemquam commilitonum receptum esse, sed per dispositos, quos supra somnum habebat, omnis procul relegatos, ne femina illa murmurantium inter se silentio verius quam sono excitaretur. Ludibrio ei fuisse rusticos homines Phrygasque et Paphlagonas appellatos, qui non erubesceret, Macedo natus, homines lin-

dem Gift erhalten hatte, das der Arzt Philipp für den König mischte, warnte er Alexander in einem Brief, dieses vom Doktor verordnete Gebräu zu schlucken. Hat man etwa auf meinen Vater gehört? Hat sein Brief irgendetwas bewirkt? Ich selbst bin ja, sooft ich Mitteilungen weitergab, auf Ablehnung gestoßen und für meine Leichtgläubigkeit sogar verspottet worden. Was freilich soll man noch tun, wenn man sich durch Anzeigen unbeliebt und durch Schweigen verdächtig macht?« – »Kein Attentat auf seine Wohltäter planen«, kam da ein Zwischenruf aus der Menge ringsum, worauf Philotas konterte: »Wer auch immer du bist, recht hast du. Bin ich also tatsächlich ein Attentäter, so akzeptiere ich die Strafe und beende meine Rede hiermit, da meine letzten Worte für eure Ohren anscheinend eine Zumutung waren.« Daraufhin wurde er von seinen Wächtern abgeführt.

XI [41] Unter den Generälen befand sich ein gewisser Bolon, ein Haudegen, unbeleckt von feiner Bildung und gesittetem Benimm friedlicher Bürger, ein Veteran, der sich vom gemeinen Soldaten zu dem Rang, den er jetzt bekleidete, hochgedient hatte. In einem wilden Ausbruch tumber Dreistigkeit warf der nun in die schweigende Menge, sie sollten sich nur erinnern, wie oft man sie alle aus den besetzten Quartieren hinausgeworfen habe, damit Philotas' Dreckssklaven sich dort anstelle der an die Luft gesetzten Kameraden einnisten konnten. Ganze Straßen weit hätten seine Wagen voll Gold und Silber geparkt und nicht einmal in die Nähe seiner Unterkunft habe ein Kampfesbruder den Fuß setzen dürfen, die seien vielmehr samt und sonders von den Dienern, die über seinen Schlaf wachten, des Ortes verwiesen worden, um dieses Weichei nicht durch das Geräusch, oder besser die Stille, ihrer geflüsterten Unterhaltung aufzuwecken. Über die Bauerntölpel seiner Heimat habe der sich mokiert, sie als Phryger und Paphlagonier beschimpft, ja, als gebürtiger Makedone sei er nicht einmal

guae suae per interpretem audire. Nunc *eum* Hammonem consuli velle! *At* eundem Iovis arguisse mendacium Alexandrum filium agnoscentis, scilicet veritum, ne invidiosum esset, quod dii offerrent. Cum insidiaretur capiti regis et amici, non consuluisse eum Iovem: nunc ad oraculum mittere, dum pater eius sollicitet, quis praesit in Media, et pecunia, cuius custodia commissa sit, perditos homines ad societatem sceleris impellat. Ipsos missuros ad oraculum, non qui Iovem interrogent, quod ex rege cognoverint, sed qui gratias agant, qui vota pro incolumitate regis optimi persolvant.

Tum vero universa contio accensa est, et a corporis custodibus initium factum clamantibus discerpendum esse parricidam manibus eorum. Id quidem Philotas, qui graviora supplicia metueret, haud sane iniquo animo audiebat. [42] Rex in contionem reversus, sive ut in custodia quoque torqueret, sive ut diligentius cuncta cognosceret, concilium in posterum diem distulit et, quamquam in vesperam inclinabat dies, tamen amicos convocari iubet. Et ceteris quidem placebat Macedonum more obrui saxis, Hephaestio autem et Craterus et Coenos tormentis veritatem exprimendam esse dixerunt, et illi quoque, qui aliud suaserant, in horum sententiam transeunt. Consilio ergo dimisso Hephaestion cum Cratero et Coeno ad quaestionem de Philota habendam consurgunt. Rex Cratero accersito et sermone habito, cuius summa non edita est, in intimam deversorii partem secessit et remotis arbitris in multam noctem quaestionis expectavit eventum.

schamrot geworden, zur Verständigung mit Menschen seiner eigenen Muttersprache einen Dolmetscher zu bemühen. Jetzt wolle er, dass man Hammon konsultiere, und dennoch habe ein und derselbe Mann Jupiter der Lüge bezichtigt, weil der Alexander als Sohn anerkannte, das, aber gewiss doch, nur aus Furcht, dass ein Göttergeschenk böses Blut erregen könne! Als er ein Komplott gegen seinen König, seinen Freund, schmiedete, habe er Jupiter auch nicht um Rat gefragt. Nun müsse eine Delegation zum Orakel, nur damit sein Vater Zeit gewinne, seine Untertanen in Medien aufzuwiegeln und mit dem ihm anvertrauten Geld Banditen als Handlanger seines Verbrechens zu dingen. Sie selbst sollten Abgesandte zum Orakel schicken, nicht um Jupiter über das zu befragen, was Alexander ihnen enthüllt habe, sondern um ihm die für die Rettung des besten aller Könige gelobten Weihgeschenke darzubringen.

Die ganze Menge kochte nun, los ging es bei den Leibgardisten, die brüllten, der Hochverräter gehöre in Stücke gerissen, eigenhändig wollten sie das besorgen. Philotas, der härtere Strafen befürchtete, hörte das keineswegs ungern. [42] Doch jetzt tauchte der König wieder auf; sei es, um jenen im Gefängnis erst zu foltern, sei es, um ihn einem noch intensiveren Verhör zu unterziehen, er verschob die Verhandlung auf morgen, und obwohl der Tag sich schon neigte, zitierte er dennoch die Freunde zu sich. Die große Mehrzahl war dafür, Philotas nach Makedonenbrauch zu steinigen, nur Hephaistion, Krateros und Koinos vertraten die Ansicht, man müsse durch Tortur die Wahrheit aus ihm herauspressen[15]. Dieser Meinung schlossen sich dann selbst jene an, die ein anderes Prozedere empfohlen hatten. So erhoben sich am Ende der Sitzung selbige drei, um Philotas auszuquetschen. Der König nahm Krateros zu einem Gespräch vertraulichen Inhalts beiseite, danach verschwand er im hintersten Trakt seines Quartiers und wartete bis tief in die Nacht mutterseelenallein auf den Ausgang der Befragung.

Tortores in conspectum Philotae omnia crudelitatis instrumenta proponunt. Et ille ultro: »Quid cessatis«, inquit, »regis inimicum, interfectorem confitentem occidere? Quid quaestione opus est? Cogitavi, volui.« Craterus exigere, ut, quae confiteretur, in tormentis quoque diceret. Tum corripitur et, dum obligantur oculi, dum vestis exuitur, deos patrios, gentium iura nequiquam apud surdas aures invocabat. Per ultimos deinde cruciatus, utpote et damnatus et inimicis in gratiam regis torquentibus, laceratur. Ac primo, quamquam hinc ignis, illinc verbera iam non ad quaestionem, sed ad poenam ingerebantur, non vocem modo, sed etiam gemitus habuit in potestate; sed postquam intumescens corpus ulceribus flagellorum ictus nudis ossibus incussos ferre non poterat, si tormentis adhibituri modum essent, dicturum se, quae scire expeterent, pollicetur. Sed finem quaestioni fore iurare eos per Alexandri salutem volebat removerique tortores. Et utroque inpetrato: »Cratere«, inquit, »dic, quid me velis dicere!« Illo indignante ludificari eum rursusque revocante tortores tempus petere coepit, dum reciperet spiritum, cuncta, quae sciret, indicaturus. Interim equites, nobilissimus quisque et ii maxime, qui Parmenionem propinqua cognatione contingebant, postquam Philotan torqueri fama vulgaverat, legem Macedonum veriti, qua cautum erat, ut propinqui eorum, qui regi insidiati essent,

Die Folterknechte stellten all ihre Martergeräte vor den Augen von Philotas zur Schau. Jener aber sagte spontan: »Warum zögert ihr, den Feind des Königs, den Attentäter zu exekutieren, da er doch geständig ist? Wozu noch eine hochnotpeinliche Befragung? Ich habe mit Vorbedacht und voller Absicht gehandelt.« Krateros forderte, er müsse dieses Geständnis unter der Folter wiederholen. Darauf wurde er gepackt, und während man ihm die Augen verband, auch als man ihm das Gewand abstreifte, rief er die Götter der Heimat an, beschwor die Gesetze der Menschlichkeit: es fruchtete nichts, er stieß nur auf taube Ohren. Dann quälte man ihn aufs entsetzlichste, bis sein Fleisch in Fetzen hing, er war ja bereits verurteilt, und seine Widersacher, die ihn marterten, wollten sich beim König lieb Kind machen. Man griff zu Feuer, man griff zu Schlägen, nicht zum Zwecke der Inquisition, nein, zur bloßen Peinigung, und doch ließ er sich anfangs kein Wort, ja nicht einmal einen Seufzer entlocken. Als aber sein verwundeter Leib Blasen warf und die Peitschenhiebe, die auf die blanken Knochen trafen, unerträglich wurden, versprach er, ihnen die geforderten Aussagen zu liefern, wenn sie nur seinen Qualen ein Ende setzten. Dass die Folter aufhöre, müssten sie allerdings bei Alexanders Leben beschwören und außerdem die Folterknechte entfernen, so seine Bedingung. Beides wurde ihm zugestanden. Darauf fragte er: »Nun sag, Krateros, was willst du von mir hören?« Voll Ingrimm über die Possen, die jener mit ihm trieb, rief der schon die Schergen zurück, da bat sich Philotas eine Schonfrist aus, bis er wieder zu Atem gekommen sei, um danach alles, was er wisse, preiszugeben. In der Zwischenzeit war die Kunde von dessen hochnotpeinlicher Befragung durchgesickert, und jetzt wurde den Reitern, das heißt dem gesamten Hochadel und insbesondere jenen, die Parmenion durch enge Blutsbande nahestanden, angst und bange ob des makedonischen Gesetzes, das für Verwandte von Königsatten-

cum ipsis necarentur, alii se interficiunt, alii in devios montes vastasque solitudines fugiunt ingenti per tota castra terrore diffuso, donec rex tumultu cognito legem se *de* supplicio coniunctorum sontibus remittere edixit.

[43] Philotas verone an mendacio liberare se a cruciatu voluerit, anceps coniectura est, quoniam et vera confessis et falsa dicentibus idem doloris finis ostenditur. Ceterum: »Pater«, inquit, »meus Hegelocho quam familiariter usus sit, non ignoratis; illum dico Hegelochum, qui in acie cecidit: omnium malorum nobis fuit causa. Nam cum primum Iovis filium se salutari iussit rex, id indigne ferens ille: ›Hunc igitur regem agnoscimus‹, inquit, ›qui Philippum dedignatur patrem? Actum est de nobis, si ista perpeti possumus. Non homines solum, sed etiam deos despicit, qui postulat deus credi. Amisimus Alexandrum, amisimus regem: incidimus in superbiam nec dis, quibus se exaequat, nec hominibus, quibus se eximit, tolerabilem. Nostrone sanguine deum fecimus, qui nos fastidiat? qui gravetur mortalium adire concilium? Credite mihi, et nos, si viri sumus, a dis adoptabimur! Quis proavum huius Archelaum, quis deinde Alexandrum, quis Perdiccan occisos ultus est? Hic quidem interfectoribus patris ignovit.‹ Haec Hegelochus dixit super cenam; et postero die prima luce a pa-

tätern ebenso die Todesstrafe forderte, und darum brachten sich manche um, andere suchten Zuflucht in entlegenen Gebirgen und menschenleeren, öden Steppen: im ganzen Lager machte sich Panik breit. Schließlich erfuhr der König von dem Chaos und verkündete die Aussetzung des Artikels, demzufolge den Schuldigen Nahestehende gleichfalls der Todesstrafe anheimfielen.

[43] Ob Philotas die Wahrheit sagte oder log, um sich der Quälerei zu entziehen, darüber herrschen nur unbewiesene Vermutungen, denn sowohl bei ehrlichen Geständnissen als auch bei Falschaussagen lockt dieselbe Verheißung: ein Ende der Leiden. Wie dem auch sei, hier seine Beichte: »Ihr wisst um den freundschaftlichen Umgang, den mein Vater mit Hegelochos pflegte; ich spreche von jenem Hegelochos, der auf dem Schlachtfeld gefallen ist. Der ist schuld an all dem Übel. Kaum bestand der König beim Gruß auf der Anrede ›Sohn Jupiters‹, geriet er ja in Harnisch und regte sich auf: ›Wollen wir diesen Mann, der seinen Vater Philipp als seiner unwürdig verleugnet, wirklich als König anerkennen? Wenn wir uns mit einer solchen Unverschämtheit abfinden, dann ist es aus mit uns. Wer Anspruch erhebt, als Gott zu gelten, verachtet nicht nur die Menschen, sondern sogar die Götter. Für uns existiert kein Alexander mehr, kein König: wir sind konfrontiert mit einer Hybris, die unerträglich ist sowohl für die Götter, denen er sich gleichsetzt, wie auch für die Menschen, zu denen er nimmer gehören will. Ist das der Lohn für das Blut, das wir ließen, einen Gott geschaffen zu haben, der sich unseretwegen schämt und Widerwillen hat, sich in den Kreis der Sterblichen zu integrieren? Glaubt mir, wenn wir Männer sind, werden die Götter uns ebenso adoptieren. Wer hat denn die Tötung seines Onkels Alexander gerächt, wer die von Archelaos, wer die von Perdikkas[16]? Er hier hat den Mördern seines Vaters sogar verziehen!‹ So erging sich Hegelochos beim Abendessen; am

tre accersor. Tristis erat et me maestum videbat: audieramus enim, quae sollicitudinem incuterent. Itaque, ut experiremur, utrumne vino gravatus effudisset illa an altiore concepta consilio, accersi eum placuit. Advenit eodemque sermone ultro repetito adiecit, se, sive auderemus duces esse, proximas a nobis partes vindicaturum, sive deesset animus, consilium silentio esse tecturum. Parmenioni vivo adhuc Dareo intempestiva res videbatur: non enim sibi, sed hosti esse occisuros Alexandrum, Dareo vero sublato praemium regis occisi Asiam et totum Orientem interfectoribus esse cessura. Adprobatoque consilio in haec fides et data est et accepta. Quod ad Dymnum pertinet, nihil scio, et haec confessus intellego non prodesse mihi, quod praesentis sceleris expers sum.« Illi rursus tormentis admotis, cum ipsis quoque hastis os oculosque eius everberarent, expressere, ut hoc quoque crimen confiteretur. Exigentibus deinde, ut ordinem cogitati sceleris exponeret, cum diu Bactra retentura regem viderentur, timuisse respondit, ne pater LXX natus annos, tanti exercitus dux [tantus], tantae pecuniae custos, interim extingueretur, ipsique spoliato tantis viribus occidendi regis causa non esset. Festinasse ergo se, dum praemium in manibus haberet, repraesentare consilium;

nächsten Tag im Morgengrauen ließ mich der Vater holen. Selbst bedrückt, bemerkte er meine Niedergeschlagenheit, schließlich hatten wir höchst beunruhigende Dinge vernommen. Um herauszufinden, ob es sich um Geschwafel eines Betrunkenen handelte oder um ausgereifte Pläne, beschlossen wir, jenen einzubestellen. Er kam, wiederholte unaufgefordert seine Äußerungen vom Vortag und krönte sie mit der Anmerkung, wenn wir genug Mumm hätten, die Führungsrolle zu übernehmen, dann beanspruche er Platz Nummer zwei, fehle uns aber der Schneid, so wolle er seine Ränke still und leise weiterspinnen. Dareios lebte noch, und daher schien Parmenion der Zeitpunkt schlecht gewählt: Alexander umzubringen bringe momentan nur dem Feind einen Vorteil, nicht ihnen selbst; nach Dareios' Beseitigung hingegen würde den Tätern als Ausbeute des Königsmords Asien, überhaupt der gesamte Osten in den Schoß fallen. Diese Strategie wurde akzeptiert, und alle vereinbarten durch gegenseitiges Ehrenwort, sich daran zu halten. Zur Affäre Dymnos weiß ich absolut nichts, und dennoch ist mir klar, dass es mir nach meinem Bekenntnis gerade nichts nützt, an diesem aktuellen Verbrechen völlig unbeteiligt zu sein.« Und wieder wurde er gefoltert; sogar mit den bloßen Lanzen zielten sie immer wieder aufs Gesicht und die Augen, und auf die Art erpressten sie ein Geständnis auch dieses Vergehens. Danach forderten sie ihn auf, der Reihe nach zu schildern, welche Überlegungen zu dem Komplott geführt hätten, und jener gab ihnen Auskunft: angesichts des verlängerten Aufenthalts Alexanders in Baktra habe er befürchtet, sein siebzigjähriger Vater, General einer riesigen Armee und zugleich Verwalter eines kolossalen Schatzes, könne inzwischen das Zeitliche segnen, und mit dem Fehlen einer derart mächtigen Unterstützung sei die Grundlage für den Königsmord dahin. Also habe er sich gesputet, seinen Plan in die Tat umzusetzen, solange der Lohn noch greifbar war. Sein Vater

cui[us] patrem *a*fuisse nisi crederent, tormenta, quamquam iam tolerare non posset, tamen non recusare.

[44] Illi conlocuti satis quaesitum videri ad regem revertuntur, qui postero die et, quae confessus erat Philotas, recitari et ipsum, quia ingredi non poterat, iussit adferri. Omnia agnoscente eo Demetrius, qui proximi sceleris particeps esse arguebatur, producitur. Multa adfirmatione animique pariter [et] constantia et vultus abnuens, quicquam sibi in regem cogitatum esse, tormenta etiam deposcebat in semetipsum, cum Philotas circumlatis oculis, ut incidere in Calin quendam haud procul stantem, propius eum iussit accedere. Illo perturbato et recusante transire ad eum: »Patieris«, inquit, »Demetrium mentiri rursusque me excruciari?« Calin vox sanguisque defecerant, et Macedones Philotan inquinare innoxios velle suspicabantur, quia nec a Nicomacho nec ab ipso Philota, cum torqueretur, nominatus esset adulescens. Qui ut praefectos regis circumstantes se vidit, Demetrium et semetipsum id facinus cogitasse confessus est. Omnes ergo a Nicomacho nominati more patrio dato signo saxis obru*ti s*unt.

Magno non salutis, sed etiam invidiae periculo liberatus erat Alexander: quippe Parmenio et Philotas, principes amicorum, nisi palam sontes, sine indignatione totius exercitus non potu-

habe damit aber nichts zu tun gehabt, und wenn sie ihm das nicht glaubten, so sei er bereit, sich noch einmal der Folter zu unterziehen, obwohl das seine Kräfte übersteige.

[44] Jene kamen nun zu dem Schluss, es sehe ganz danach aus, als habe man ihn nun genug befragt. Also suchten sie den König auf, und der ließ am folgenden Tag Philotas' Geständnis verlesen und ihn selbst herbeischleppen, denn gehen konnte der nicht. Er bestätigte noch einmal all seine Aussagen, woraufhin Demetrios, der der Teilnahme am letzten Komplott bezichtigt war, vorgeführt wurde. Unter einer Flut von Beteuerungen stritt dieser hartnäckig mit unbewegter Miene jedwede Konspiration seinerseits gegen den König ab, sogar unter der Folter wollte er das beweisen. Da ließ Philotas seine Blicke in die Runde schweifen, bis sie auf einen gewissen Kalas fielen, der in der Nähe stand, und den forderte er auf näherzutreten. Als jener sich perplex weigerte, zu ihm zu kommen, fragte ihn Philotas: »Macht es dir gar nichts aus, dass Demetrios lügt und ich wieder gefoltert werde?« Kalas versagte die Stimme, sein Blut stockte, und die Makedonen hegten den Verdacht, Philotas wolle Unschuldige mit in den Schmutz ziehen, denn niemand, weder Nikomachos, ja nicht einmal Philotas unter der Folter, hatte den Namen des jungen Mannes fallen lassen. Sobald der sich aber von den engsten Gefolgsleuten des Königs umstellt sah, gab er zu, Demetrios und er selbst seien in die Attentatspläne eingeweiht gewesen. Das Ende vom Lied war, dass die von Nikomachos Genannten samt und sonders auf ein Signal hin gesteinigt wurden, wie es makedonischem Usus entsprach.

Alexander war nicht nur aus höchster Lebensgefahr heil davongekommen, sondern auch aus einer kritischen Situation, die ihn in Misskredit hätte bringen können: wären nämlich Parmenion und Philotas, die Ersten unter den Freunden des Königs, nicht offensichtlich schuldig gewesen, hätte ihre Ver-

issent damnari. Itaque anceps quaestio fuit: dum infitiatus est facinus, crudeliter torqueri videbatur; post confessionem etiam Philotae amicorum misericordia *vana erat*.

urteilung allgemeine Empörung in der Armee nach sich gezogen. Die Verhörmethode ließ sich so oder so bewerten: solange jener das Verbrechen leugnete, hielt man die Anwendung der Folter in der Tat für einen grausamen Willkürakt, nach dem Geständnis freilich machte auch das Mitleid der Freunde keinen Sinn mehr.

Liber VII

I [1] Philotan sicut recentibus sceleris eius vestigiis iure adfectum supplicio censuerant milites, ita, postquam desierat esse, quem odissent, invidia in misericordiam vertit. Moverat et claritas iuvenis et patris eius senectus atque orbitas. Primus Asiam aperuerat regi, omnium periculorum eius particeps semper alterum in acie cornu defenderat, Philippo quoque ante omnes amicus et ipsi Alexandro tam fidus, ut occidendi Attalum non alio ministro uti mallet. Horum cogitatio subibat exercitum, seditiosaeque voces referebantur ad regem. Quis ille haud sane motus satisque prudens otii vitia negotio discuti edicit, ut omnes in vestibulo regiae praesto sint. Quos ubi frequentes adesse cognovit, in contionem processit. Haud dubie ex conposito Atarrhias postulare coepit, ut Lyncestes Alexander, qui multo ante quam Philotas regem voluisset occidere, exhiberetur. A duobus indicibus, sicut supra diximus, delatus tertium iam annum custodiebatur in vinculis. Eundem in Philippi quoque caedem coniurasse cum Pausania pro conperto fuit, sed quia primus Alexandrum regem salutaverat, supplicio magis quam crimini fuerat exemptus; tum quoque Antipatri soceri eius preces iustam regis iram morabantur. Ceterum recruduit suppuratus dolor: quippe veteris periculi memoriam

Buch VII

I [1] Noch beeindruckt von den manifesten Indizien seines Verbrechens, hatten die Soldaten Philotas' Exekution zunächst für berechtigt gehalten, kaum aber war ihr Hassobjekt beseitigt, machte ihre feindselige Haltung Mitgefühl Platz. Der Nimbus des jungen Mannes, das hohe Alter seines Vaters, der nun kinderlos dastand, hatte sie sentimental werden lassen. Als Pionier hatte Parmenion Asien für seinen König erschlossen; alle Gefahren hatte er mit ihm geteilt, denn in der Schlacht kommandierte er stets den linken Flügel. Auch Philipps bester Freund war er gewesen, und Alexander hatte seine Treue so hoch veranschlagt, dass er bei der Ausschaltung von Attalos seine erste Wahl war. Daran musste das Heer nun denken, und dem König wurden aufrührerische Parolen zugetragen. Den scherte das nicht, er wusste aus Erfahrung, dass Arbeit des Müßiggangs Laster vertreibt, und darum beraumte er eine Generalversammlung auf dem Vorplatz seines Zeltes an. Sobald er die Männer zahlreich beisammen sah, trat er hinaus zu den Scharen. Atarrhias, der zweifelsohne mit ihm unter einer Decke steckte, erhob sogleich die Forderung, Alexander den Lynkester herzuschaffen, der sich ja lange vor Philotas schon mit der Absicht getragen habe, den König umzubringen. Wie oben berichtet, hatten den zwei Zuträger denunziert, und er schmachtete bereits das dritte Jahr im Kerker. Es war auch erwiesen, dass er im Verbund mit Pausanias ein Komplott zur Beseitigung Philipps geschmiedet hatte; weil er aber der erste gewesen war, der Alexander mit dem Titel König grüßte, war ihm nicht die Anklage, zumindest aber die Hinrichtung erspart geblieben[1]; überdies hatten die Bitten seines Schwiegervaters Antipater den König in seinem gerechten Zorn gebremst. Trotzdem hatte die Wunde seines Grolls immerzu geschwärt und brach jetzt wieder auf, da Sorge und Not der

praesentis cura renovabat. Igitur Alexander ex custodia educitur iussusque dicere, quamquam toto triennio meditatus erat defensionem, tamen haesitans et trepidus pauca ex his, quae conposuerat, protulit, ad ultimum non memoria solum, sed etiam mens eum destituit. Nulli erat dubium, quin trepidatio conscientiae indicium esset, non memoriae vitium. Itaque ex iis, qui proximi adstiterant, obluctantem adhuc oblivioni lanceis confoderunt.

[2] Cuius corpore ablato rex introduci iussit Amyntam et Simian; nam Polemon, minimus ex fratribus, cum Philotan torqueri conperisset, profugerat. Omnium Philotae amicorum hi carissimi fuerant, ad magna et honorata ministeria illius maxime suffragatione producti, memineratque rex summo studio ab eo conciliatos sibi nec dubitabat huius quoque ultimi consilii fuisse participes: igitur olim sibi esse suspectos matris suae litteris, quibus esset admonitus, ut ab his salutem suam tueretur; ceterum se invitum deteriora credentem nunc manifestis indiciis victum iussisse vinciri. Nam pridie quam detegeretur Philotae scelus, quin in secreto cum eo fuissent, non posse dubitari. Fratrem vero, qui profugerit, cum de Philota quaereretur, aperuisse fugae causam. Nuper praeter consuetudinem officii specie amotis longius ceteris admovisse semetipsos lateri

aktuellen Gefahr die Erinnerung an die Bedrohung von einst wieder wachriefen. Also wurde Alexander aus der Haft vorgeführt; man gebot ihm, seine Verteidigung vorzutragen, doch obwohl er volle drei Jahre darüber gegrübelt hatte, blieb er stecken und brachte zitternd nur ein paar Brocken von dem heraus, was er sich zurechtgelegt hatte; zuletzt ließ ihn nicht nur sein Gedächtnis im Stich, nein, sein ganzer Verstand. Alle waren überzeugt, diese Konfusion sei nicht bloß Vergesslichkeit, vielmehr beweise sie seine Schuld. Und so erstachen ihn einige der Nächststehenden mit ihren Lanzen, während er noch immer gegen seinen Blackout kämpfte.

[2] Sein Leichnam wurde abtransportiert, und der König gab Weisung, Amyntas und Simmias zu holen; Polemon, der jüngste der Brüder, hatte ja, sobald er über Philotas' Folterung Bescheid wusste, das Weite gesucht. Von allen Freunden des Philotas waren diese ihm die liebsten gewesen, hauptsächlich durch seine Fürsprache waren sie in wichtige, ehrenvolle Positionen befördert worden; der König konnte sich noch erinnern, mit welchem Eifer jener sie ihm angepriesen hatte, und er hegte keinen Zweifel, dass sie auch an seiner letzten Intrige beteiligt waren. Daher sein Anwurf: seit langem schon seien sie ihm verdächtig, denn seine Mutter habe ihm in einem Brief eingeschärft, vor ihnen auf der Hut zu sein. Nun neige er nicht dazu, stets das Schlimmste anzunehmen, jetzt aber habe er aufgrund handfester Beweise nicht anders gekonnt, als sie arretieren zu lassen. Schließlich sei es eine erwiesene Tatsache, dass sie sich am Tag vor der Aufdeckung von Philotas' Machenschaften mit diesem zu einer geheimen Unterredung getroffen hätten. Ihr Bruder sei just zum Zeitpunkt von Philotas' Verhör auf und davon, woraus sein Fluchtmotiv klar erhelle. Erst kürzlich habe es einen außergewöhnlichen Vorfall gegeben: ohne plausiblen Grund hätten die nämlich in scheinbarer Pflichterfüllung als Ersatz für die anderen, die abgezogen worden seien,

suo nulla probabili causa, seque mirantem, quod non vice sua tali fungerentur officio, et ipsa trepidatione eorum perterritum strenue ad armigeros, qui proxime sequebantur, recessisse. Ad haec accedere, quod, cum Antiphanes, scriba equitum, Amyntae denuntiasset, pridie quam Philotae scelus deprehensum esset, ut ex suis equis more solito daret iis, qui amisissent equos, superbe respondisset, nisi incepto desisteret, brevi sciturum, quis ipse esset. Iam linguae violentiam temeritatemque verborum, quae in semetipsum iacularentur, nihil aliud esse quam scelesti animi indicem ac testem. Quae si vera essent, idem meruisse eos, quod Philotan, si falsa, exigere ipsum, ut refellant. Productus deinde Antiphanes de equis non traditis et adiectis etiam superbe minis indicat.

[3] Tum Amyntas facta dicendi potestate: »Si nihil«, inquit, »interest regis, peto ut, dum díco, vinculis liberer.« Rex solvi utrumque iubet desiderantique Amyntae, ut habitus quoque redderetur armigeri, lanceam dari iussit. Quam ut laeva conprehendit, evitato eo loco, in quo Alexandri corpus paulo ante iacuerat: »Qualiscumque«, inquit, »exitus nos manet, rex, confitemur prosperum tibi debituros, tristiorem fortunae inputaturos. Sine praeiudicio dicimus causam liberis corporibus animisque; habitum etiam, in quo te comitari solemus, reddidisti. Causam non possumus, fortunam timere desine-

selbst als seine Leibwächter fungiert; über diesen unplanmäßigen Dienst sei er zunächst nur verwundert gewesen, dann aber habe sich just ihre Nervosität auf ihn übertragen und er habe flugs Anschluss an die Knappen in seinem unmittelbaren Gefolge gesucht. Ein zusätzlicher Punkt komme hinzu: am Vortag der Enthüllung von Philotas' Komplott habe Antiphanes, der Regimentsschreiber, Amyntas aufgefordert, an jene, die ihre Pferde verloren hatten, wie üblich Tiere aus seinem Bestand abzutreten; der freilich habe dreist erwidert, von dem Gedanken solle er sich verabschieden, sonst werde er bald merken, mit wem er es zu tun habe. Ferner seien die Verbalattacken, die kecken Worte, mit denen er ihn, Alexander, angegriffen habe, ein überdeutliches Zeichen seiner verbrecherischen Absichten, nichts weiter. Falls diese Vorwürfe stimmten, hätten jene dasselbe verdient wie Philotas, seien sie aber unzutreffend, so erwarte er von ihnen eine Widerlegung. Daraufhin holte man Antiphanes herbei, der über die nicht erfolgte Übergabe der Pferde und die arroganten Drohungen, die diese Weigerung krönten, aussagte.

[3] Alsdann erhielt Amyntas das Wort. »Wenn es dem König nichts ausmacht«, sagte er, »möge man mich bitte, solange ich spreche, von meinen Fesseln befreien!« Da ließ Alexander beide Brüder losbinden und Amyntas, der seine volle Knappenmontur zurückbegehrte, eine Lanze reichen. Kaum hatte er die mit der Linken gepackt, umging er die Stelle, wo der Leichnam des Lynkesters eben noch gelegen hatte, und erklärte: »Diese Geschichte mag für uns ausgehen, wie sie will, ein glückliches Ende, mein König, werden wir dir zu verdanken haben, das geben wir offen zu, ein eher trauriges hingegen auf das Konto des Schicksals buchen. Du hast uns nicht vorverurteilt, damit vertreten wir unsere Sache frei von physischem und psychischem Druck: sogar das Statussymbol, das wir als deine Eskorte gewöhnlich tragen, hast du mir zurückgegeben. Was unseren Fall

mus. Et, quaeso, permittas mihi id primum defendere, quod a te ultimum obiectum est. Nos, rex, sermonis adversus maiestatem tuam habiti nullius conscii sumus nobis. Dicerem iam pridem vicisse te invidiam, nisi periculum esset, ne alia malignius dicta crederes blanda oratione purgari. Ceterum etiam si militis tui vel in agmine deficientis et fatigati vel in acie periclitantis vel in tabernaculo aegri et vulnera curantis aliqua vox asperior esset accepta, merueramus fortibus factis, ut malles ea tempori nostro inputare quam animo. Cum quid accidit tristius, omnes rei sunt: corporibus nostris, quae utique non odimus, infestas admovemus manus; parentes, liberis si occurrant, et ingrati et invisi sunt. Contra cum donis honoramur, cum praemiis onusti revertimur, quis ferre nos potest? quis illam animorum alacritatem continere? Militantium nec indignatio nec laetitia moderata est. Ad omnes adfectus impetu rapimur: vituperamus, laudamus, miseremur, irascimur, utcumque praesens movit adfectio. Modo Indiam adire et Oceanum libet, modo coniugum et liberorum patriaeque memoria occurrit. Sed has cogitationes, has inter se conloquentium voces signum tuba datum finit: in suos quisque ordines currimus, et quidquid irarum in tabernaculo conceptum est, in ho-

anbetrifft, können wir unbesorgt sein, und um unser weiteres Los werden wir uns fortan schlicht keinen Kopf mehr machen. Bitte erlaube mir nun, bei meiner Gegendarstellung mit deinem letzten Anklagepunkt zu beginnen! Wir, mein König, sind uns keiner Schuld bewusst: mit keinem einzigen Wort haben wir deine Majestät je beleidigt. Ich würde so weit gehen zu behaupten, dass du seit langem schon den Neid besiegt hast, doch dann könntest du glauben, ja, diese Gefahr bestünde, hier werde mit Schmeicheleien boshafteres Gerede beschönigt. Doch nehmen wir an, einer deiner Soldaten hätte im Zustand der Erschöpfung und Ausgelaugtheit vom Marsch oder als er auf dem Feld in Gefahr geriet oder siech in seinem Zelt lag und seine Wunden kurierte, irgendwelche Injurien ausgestoßen: nicht unserer Gesinnung solltest du das anlasten, sondern eher der momentanen Stimmung im Lager, darauf dürfen wir ob unseres wackeren Einsatzes Anspruch erheben. Ereignet sich ein Unheil, beschuldigt man Gott und die Welt, sogar gegen unseren eigenen Leib, den wir gewiss nicht hassen, erheben wir in einem solchen Augenblick feindlich die Hand; selbst die Eltern, die Kinder, die uns vielleicht entgegeneilen, sind uns zuwider, ein Stein des Anstoßes. Wenn wir dagegen mit Geschenken geehrt werden, wenn wir mit Belohnungen beladen heimkehren, wer kann es dann mit uns aushalten, wer den Überschwang unserer Begeisterung zügeln? Weder in ihrem Ärger noch in ihrer Freude kennen Soldaten Maß und Ziel; zu Gefühlsausbrüchen jeder Art lassen die sich hinreißen. Wir loben, wir kritisieren, wir haben Mitleid, wir zürnen, je nach momentaner Gemütslage; bald wollen wir nach Indien und zum Ozean, bald taucht in der Erinnerung das Bild der Gattin, der Kinder, der Heimat auf. Doch erschallt die Trompetenfanfare, ist es mit diesen Gedanken, dem Gerede untereinander vorbei: wir laufen los, ein jeder ins rechte Glied, und all die Wut, die im Zelt aufwallte, prasselt auf die Köpfe

stium effunditur capita. Utinam Philotas quoque intra verba peccasset!

[4] Proinde ad id praevertar, propter quod rei sumus. Amicitiam, quae nobis cum Philota fuit, adeo non eo infitias, ut expetisse quoque nos magnosque ex ea fructus percepisse confitear. An vero Parmenionis, quem tibi proximum esse voluisti, filium omnes paene amicos tuos dignatione vincentem cultum a nobis esse miraris? Tu, hercules, si verum audire vis, rex, huius nobis periculi es causa. Quis enim alius effecit, ut ad Philotan decurrerent, qui placere vellent tibi? Ab illo traditi ad hunc gradum amicitiae tuae ascendimus. Is apud te fuit, cuius et gratiam expetere et iram timere possemus. Si non propemodum *in* tua verba, *at* tui omnes te praeeunte iuravimus eosdem nos inimicos amicosque habituros esse, quos tu haberes. Hoc sacramento pietatis obstricti aversaremur scilicet, quem tu omnibus praeferebas! Igitur, si hoc crimen est, paucos innocentes habes, immo, hercules, neminem. Omnes enim Philotae amici esse voluerunt, sed totidem, quot volebant esse, non poterant. Ita, si a consciis amicos non dividis, ne ab amicis quidem separabis illos, qui idem esse voluerunt. Quod igitur conscientiae adfertur indicium? Ut opinor, quia pridie familiariter et sine arbitris locutus est nobiscum. At ego purgare non possem, si pridie quicquam ex vetere vita ac more mutassem. Nunc vero,

der Feinde nieder. Wäre des Philotas Vergehen doch auch nur verbaler Natur!

[4] Darum will ich jetzt zum eigentlichen Grund der Anklage zurückkehren. Aus unserer Freundschaft mit Philotas mache ich kein Hehl, ja ich gebe sogar zu, dass wir sie gesucht und große Vorteile daraus gezogen haben. Das war der Sohn Parmenions, des Mannes, dem du in der Hierarchie den zweiten Platz nach dir eingeräumt hast, im Rang stand er höher als fast all deine anderen Freunde, und da wunderst du dich, dass wir ihn hofierten? Falls du die Wahrheit hören willst, mein König, so bist du selbst, beim Herkules, die eigentliche Ursache für den Schlamassel, in dem wir stecken. Wer sonst ist denn schuld, dass wir, weil wir dir gefallen wollten, Philotas' Fürsprache bemüht haben? Der hat uns bei dir eingeführt, und dadurch sind wir in deiner Freundschaft so hoch hinaufgeklettert. Seine Position bei dir machte ihn zu einer Instanz, deren Gunst man suchte und deren Zorn man fürchtete. Wenn auch nicht mit genau denselben Worten wie du, haben wir doch, ganz die Deinen, auf die Eidesformel, die du uns vorsprachst, gelobt, Freund und Feind mit dir zu teilen. Deinem erklärten Liebling aber hätten wir trotz Bindung an diesen heiligen Schwur selbstverständlich die kalte Schulter zeigen sollen! Ist das ein Vergehen, findest du wenig Unschuldige, ja, beim Herkules, keinen einzigen. Alle nämlich wollten mit Philotas befreundet sein, nur überstieg die Zahl der Interessenten seine Kapazität. Das heißt, eine Vermengung von Komplizen und Freunden bedeutet zugleich, Freunde und willfährige Aspiranten in einen Topf zu werfen. Welcher Beweis für unsere Mittäterschaft existiert also? Ich glaube, das kann nur das vertrauliche Gespräch sein, das er am Vortag ohne Zeugen mit uns führte. Hier mein Einwand: jede Entschuldigung wäre sinnlos, hätte ich just da meine alten Lebensgewohnheiten in irgendeiner Weise geändert. Taten wir aber an jenem verdächtigen Tag

si, ut omnibus diebus, illo quoque, qui suspectus est, fecimus, consuetudo diluet crimen.

[5] Sed equos Antiphani non dedimus, et pridie quam Philotas detectus est. Hic mihi cum Antiphane res erit. Qui si nos suspectos facere vult, quod illo die equos non dederimus, semetipsum, quod eos desideraverit, purgare non poterit. Anceps enim crimen est inter retinentem et exigentem, nisi quod melior est causa suum non tradentis quam poscentis alienum. Ceterum, rex, equos decem habui, e quibus Antiphanes octo iam distribuerat iis, qui amiserant suos, omnino duos ipse habebam; quos cum vellet abducere homo superbissimus, certe iniquissimus, nisi pedes militare vellem, retinere cogebar. Nec infitias eo liberi hominis animo locutum esse me cum ignavissimo et hoc unum militiae ius usurpante, ut alienos equos pugnaturis distribuat. Huc enim malorum ventum est, ut verba mea eodem tempore et Alexandro excusem et Antiphani.

At, hercule, mater de nobis inimicis tuis scripsit! Utinam prudentius esset sollicita pro filio et non inanes quoque species anxio animo figuraret! Quare enim non adscribit metus sui causam, denique non ostendit auctorem? Quo facto dictove nostro mota tam trepidas tibi litteras scripsit? O miseram con-

dasselbe wie an allen übrigen, wird diese Routine den Anklagepunkt in sich zusammenfallen lassen.

[5] Aber wir haben Antiphanes die Pferde verweigert, und wieder einen Tag, bevor Philotas aufflog. Geht es hier um eine Sache zwischen mir und Antiphanes? Wenn der darauf aus ist, uns in Misskredit zu bringen, weil wir an jenem Tag keine Pferde an ihn abtraten, so wird er seinerseits freilich auch keinerlei Rechtfertigung für diese Requirierung vorbringen können. Wer einer Forderung nicht nachkommt, kann im Unrecht sein, wer sie stellt, allerdings nicht minder; einer, der sein Eigentum nicht hergibt, befindet sich bloß von vornherein in einer besseren Position als jener, der fremdes Gut für sich reklamiert. Im übrigen, mein König, habe ich ursprünglich einmal zehn Pferde besessen; acht davon hatte Antiphanes bereits an die verteilt, die die ihren eingebüßt hatten, und damit blieben mir selbst ganze zwei. Die wollte dieser Kerl, ein Ausbund an Arroganz oder zumindest an Ungerechtigkeit, nun noch zusätzlich abschleppen, und da war ich einfach gezwungen, auf ihrem Besitz zu beharren, sonst hätte ich ja als Fußsoldat ins Feld gemusst. Ich gebe auch zu, im Gespräch mit diesem Oberfeigling, für den sich der Dienst mit der Waffe auf das Recht reduziert, die Pferde anderer an Einsatzbereite zu verteilen, habe ich den freien Mann herausgekehrt. Das zeigt, wie weit es mit mir gekommen ist, ich muss meine Worte gleichzeitig vor Alexander und einem Antiphanes rechtfertigen!

Jetzt weiter, beim Herkules: deine Mutter hat dir geschrieben, wir wären deine Feinde. Hätte die in ihrer Sorge um den Sohn nur ihren Verstand etwas mehr eingeschaltet, statt sich in ihrem angsterfüllten Geist Hirngespinste auszudenken! Warum schreibt sie nicht auch, weshalb sie sich fürchtet, warum gibt sie ihre Quelle nicht preis? Mit welcher Tat, welcher Äußerung haben wir sie derart in Schrecken versetzt, dass sie mit diesem panischen Brief reagiert hat? Was für eine ver-

dicionem meam, quia forsitan non periculosius est tacere quam dicere! Sed utcumque cessura res est, malo tibi defensionem meam displicere quam causam. Agnosces autem, quae dicturus sum: quippe meministi, cum me ad perducendos ex Macedonia milites mitteres, dixisse te multos integros iuvenes in domo tuae matris abscondi. Praecepisti igitur mihi, ne quem praeter te intuerer, sed detrectantes militiam perducerem ad te. Quod equidem feci et liberius, quam expediebat mihi, exsecutus sum tuum imperium. Gorgiam et Hecataeum et Gorgatan, quorum bona opera uteris, inde perduxi. Quid igitur iniquius est quam me, qui, si tibi non paruissem, iure daturus fui poenas, nunc perire, quia parui? Neque enim ulla alia matri tuae persequendi nos causa est, quam quod utilitatem tuam muliebri praeposuimus gratiae. VI milia Macedonum peditum et DC equites adduxi, quorum pars secutura me non erat, si militiam detrectantibus indulgere voluissem. Sequitur ergo, ut, quia illa propter hanc causam irascitur nobis, tu mitiges matrem, qui irae eius nos obtulisti.«

II [6] Dum haec Amyntas agit, forte supervenerunt, qui fratrem eius Polemonem, de quo ante est dictum, fugientem consecuti vinctum reducebant. Infesta contio vix inhiberi potuit, quin protinus suo more saxa in eum iaceret. Atque ille sane interritus: »Nihil«, inquit, »pro me deprecor, modo ne fratrum innocentiae fuga inputetur mea. Haec si defendi non potest, meum crimen sit! Horum ob id ipsum melior est causa,

trackte Situation: für mich ist Schweigen womöglich gefährlicher als Reden! Doch ganz gleich, wie das hier ausgeht, wenn dir meine Verteidigung missfällt, ist mir das lieber, als wenn es meine Sache täte. Meinen folgenden Bemerkungen wirst du jedenfalls beipflichten müssen: du erinnerst dich gewiss, als du mich losschicktest, Soldaten in Makedonien zu rekrutieren, hast du gemeint, das Haus deiner Mutter berge eine Menge kraftstrotzender junger Männer. Also hast du mir dringend empfohlen, nur deine Interessen im Auge zu behalten und diese Wehrdienstverweigerer herzuschaffen. Das habe ich getan und bei der Ausführung deines Auftrags mehr Eigeninitiative gezeigt, als gut für mich war. Gorgias habe ich von dort mitgebracht, Hekataios und Gorgatas, die dir so gute Dienste leisten. Daher ist es wohl der Gipfel der Ungerechtigkeit, wenn ich, der ich mit Recht für Ungehorsam von dir bestraft worden wäre, nun wegen meines Gehorsams zugrunde gehe. Der einzige Grund, den deine Mutter hat, uns zu verfolgen, liegt nämlich darin, dass ich deinen Vorteil über die Huld einer Frau gestellt habe. Sechstausend Mann Infanterie und sechshundert Reiter habe ich für dich aus Makedonien geholt; ein Teil davon wäre mir nicht gefolgt, hätte ich die Drückeberger verschont. Da deine Mutter uns deswegen grollt, ist es nur logisch, dass du, der du uns ihrem Grimm anheimgabst, sie auch besänftigst.«

II [6] Während Amyntas dies ausführte, tauchten plötzlich Soldaten auf, die seinen Bruder Polemon, von dem zuvor die Rede war, auf der Flucht eingeholt hatten: in Fesseln brachten sie ihn zurück. Voll feindseliger Aggressionen, war die Versammlung kaum zu bremsen, um ein Haar hätten ihn die Männer schnurstracks gesteinigt, wie es bei ihnen Usus war. Jener aber zeigte sich völlig unbeeindruckt und erklärte: »Für mich selbst erflehe ich keine Gnade von euch, nur lastet bitte meinen Brüdern meine Flucht nicht an! Falls eine solche Reaktion unverzeihlich ist, will ich der allein Verantwortliche sein. Mei-

quod ego, qui*a* profugi, suspectus sum.« At haec elocuto universa contio adsensa est; lacrimae deinde omnibus manare coeperunt adeo in contrarium repente mutatis, ut solum pro eo esset, quod maxime laeserat. Iuvenis erat primo aetatis flore pubescens, quem inter equites tormentis Philotae conturbatos alienus terror abstulerat. Desertum eum a comitibus et haesitantem inter revertendi fugiendique consilium, qui secuti erant, occupaverunt. Is tum flere coepit et os suum converberare maestus non suam vicem, sed propter ipsum periclitantium fratrum. Moveratque iam regem quoque, non contionem modo, sed unus erat inplacabilis frater, qui terribili vultu intuens eum: »Tum«, ait, »demens, lacrimare debueras, cum equo calcaria subderes, fratrum desertor et desertorum comes. Miser, quo et unde fugiebas? Effecisti, ut reus capitis accusatoris uterer verbis.« Ille peccasse ses*e* gravius in fratres quam in semetipsum fatebatur. Tum vero neque lacrimis neque adclamationibus, quibus studia sua multitudo profitetur, temperaverunt. Una vox erat pari emissa consensu, ut insontibus et fortibus viris parceret. Amici quoque data misericordiae occasione consurgunt flentesque regem deprecantur. Ille silentio facto: »Et ipse«, inquit, »Amyntan mea sententia fratresque eius absolvo. Vos autem, iuvenes, malo beneficii mei oblivisci quam

ne Flucht lenkt den Verdacht auf mich, und schon dadurch steht deren Sache besser.« Im Unterschied zu vorher wurde dieser Kommentar von der Versammlung mit einhelliger Zustimmung quittiert. Die Tränen schossen allen in die Augen, ins komplette Gegenteil war die Stimmung umgeschlagen: selbst das, was am meisten gegen ihn gesprochen hatte, wirkte sich jetzt zu seinen Gunsten aus. Ein halbes Kind war das, in der ersten Blüte der Jugend, an der Schwelle zum Mannesalter; der war bei den Reitern gewesen, die Philotas' Folterung verschreckt hatte, und die Panik der anderen hatte ihn mitgerissen; dann hatten ihn seine Gefährten verlassen, und er schwankte noch zwischen Rückkehr und Flucht, als ihn die Verfolger aufgriffen. Jetzt begann er zu weinen, er ohrfeigte sich, sein Kummer galt jedoch nicht ihm selbst, nur den Brüdern, die seinetwegen in Bedrängnis waren. Schon hatte er nicht nur die Versammlung, sondern auch den König erweicht, einzig sein Bruder blieb unversöhnlich; mit Zornesblick schaute der ihn an und rief aus: »In jenem Augenblick, du Wahnsinniger, wäre Weinen angebracht gewesen, als du, Verräter an deinen Brüdern und Genosse von Verrätern, deinem Ross die Sporen gabst. Du Unglückseliger, wohin wolltest du fliehen und vor wem? Was für eine Leistung: deinetwegen formuliere ich, der ich eines Kapitalverbrechens beschuldigt bin, hier eine Anklagerede!« Und jener gab seine Schuld zu, die seine Brüder ärger treffe als ihn selbst. Nun aber ging es erst richtig los, es strömten die Tränen, es hagelte Zurufe, womit eine Masse ihr Engagement bekundet. Wie aus einem einzigen Munde erschallte der Ruf nach Schonung für diese unschuldigen, diese wackeren Männer. Sogar die Freunde nutzten die Chance, ihr Mitleid zu demonstrieren: sie erhoben sich und baten den König weinend um Gnade. Als erneut Schweigen eingekehrt war, kündete der: »Auch ich bin dafür, Amyntas und seine Brüder freizusprechen. Für euch, meine Jungen, aber wünsche ich mir

periculi vestri meminisse. Eadem fide redite in gratiam mecum, qua ipse vobiscum revertor! Nisi, quae delata essent, excussissem, valde dissimulatio mea sup*pu*rare potuisset. Sed satius est purgatos esse quam suspectos. Cogitate neminem absolvi posse, nisi qui dixerit causam! Tu, Amynta, ignosce fratri tuo! Erit hoc simpliciter etiam mihi reconciliati animi tui pignus.«

[7] Contione deinde dimissa Polydamanta vocari iubet. Longe acceptissimus Parmenioni erat, proximus lateri in acie stare solitus. Et quamquam conscientia fretus in regiam venerat, tamen, ut iussus est fratres suos exhibere admodum iuvenes et regi ignotos ob aetatem, fiducia in sollicitudinem versa trepidare coepit, saepius, quae nocere possent, quam quibus eluderet, reputans. Iam armigeri, quibus imperatum erat, produxerant eos, cum exanguem metu Polydamanta propius accedere iubet summotisque omnibus: »Scelere«, inquit, »Parmenionis omnes pariter adpetiti sumus, maxime ego ac tu, quos amicitiae specie fefellit. Ad quem persequendum puniendumque – vide, quantum fidei tuae credam! – te ministro uti statui. Obsides, dum hoc peragis, erunt fratres tui. Proficiscere in Mediam et ad praefectos meos litteras scriptas manu mea perfer! Velocitate opus est, qua celeritatem *famae* antecedas. Noctu pervenire illuc te volo, postero die, quae scripta erunt, exequi.

eines: vergesst ruhig meine Güte, die Hauptsache ist, ihr belastet euch nicht mit der Erinnerung an die Gefahr, in der ihr hier schwebtet! Seid mir fortan wieder in alter Treue zugetan, genauso wie auch ich euch gewogen sein werde! Ich musste die Anzeigen entkräften, sonst hättet ihr mir latenten Groll unterstellen können, und so ist es für euch ohnehin besser, rehabilitiert zu sein, als weiter unter Verdacht zu stehen. Denkt daran, ein Freispruch setzt stets ein Verfahren voraus! Du, Amyntas, verzeih deinem Bruder! Dieser Akt wird auch für mich der Beweis sein, dass du wahrhaft aus vollem Herzen versöhnt bist.«

[7] Als die Versammlung entlassen war, bestellte Alexander Polydamas zu sich. Der war Parmenions Favorit, in der Schlacht stand er gewöhnlich Seite an Seite mit ihm. Auf sein gutes Gewissen bauend, war er ins königliche Zelt gekommen; als man ihn allerdings aufforderte, seine Brüder herzuschaffen, halbe Knaben, von denen der König wegen ihrer Jugend noch keine Notiz genommen hatte, verkehrte sich sein Selbstvertrauen in Besorgnis: er geriet ins Zittern, wobei ihn die Frage, was wohl gegen ihn spreche, weit mehr beherrschte als die, wie er seine Lage entschärfen könne. Schon hatten die Knappen jene wie befohlen vorgeführt, da hieß der König den schreckensbleichen Polydamas nähertreten, und nachdem alle Zeugen entfernt waren, sagte er: »Uns alle trifft Parmenions Verbrechen gleichermaßen, vor allem mich und dich, die er durch Vorgaukeln von Freundschaft betrogen hat. Ich möchte, dass du – schau, wie sehr ich mich auf deine Treue verlasse! – bei seiner Verfolgung und Bestrafung mein verlängerter Arm bist. Für die Zeit dieser Mission werden deine Brüder als Geiseln hierbleiben. Mach dich nach Medien auf und überbring den hohen Offizieren dort Schreiben von meiner Hand! Eile ist geboten: du musst schneller sein als jedes Gerücht. Ich will, dass deine Ankunft auf die Nacht fällt und am folgenden Tag dann die Umsetzung deiner schriftlichen Order erfolgt. Auch

Ad Parmeniona quoque epistulas feres, unam a me, alteram Philotae nomine scriptam. Signum anuli eius in mea potestate est. Si pater credit a filio inpressum, cum te viderit, nihil metuet.«

[8] Polydamas tanto liberatus metu inpensius etiam, quam exigebatur, promittit operam conlaudatusque et promissis oneratus deposita veste, quam habebat, Arabica induitur. Duo Arabes, quorum interim coniuges ac liberi, vinculum fidei, obsides apud regem erant, dati comites. Per deserta etiam ob siccitatem loca camelis undecimo die, quo destinaverat, perveniunt. Et priusquam ipsius nuntiaretur adventus, rursus Polydamas vestem Macedonicam sumit et in tabernaculum Cleandri – praetor hic regius erat – quarta vigilia pervenit. Redditis deinde litteris constituerunt prima luce ad Parmenionem coire. *I*amque ceteris quoque litteras regis attulerat, iam ad eum venturi erant, cum Parmenioni Polydamanta venisse nuntiaverunt. Qui dum laetatur adventu amici, simulque noscendi, quae rex ageret, avidus – quippe longo intervallo nullam ab eo epistulam acceperat – Polydamanta requiri iubet. Deversoria regionis illius magnos recessus habent amoenosque nemoribus manu consitis; ea praecipue regum satraparumque voluptas erat. Spatiabatur in nemore Parmenion medius inter duces, quibus erat imperatum litteris regis, ut occiderent. Agendae autem rei constituerant tempus, cum Parmenion a Polydamante litteras traditas legere coepisset. Polydamas procul veni-

Parmenion wirst du Briefe zustellen, einen von mir, einen zweiten von Philotas als vermeintlichem Absender. Dessen Siegelring befindet sich in meinem Gewahrsam. Fällt der Vater auf das Petschaft seines Sohnes herein, wird dein Anblick keinerlei Argwohn bei ihm wecken.«

[8] Jetzt fiel Polydamas ein gewaltiger Stein vom Herzen, und mit überschwenglichem Eifer gelobte er, sein Bestes zu tun. Belobigt und mit Versprechungen überhäuft, entledigte er sich des Gewandes, das er trug, und hüllte sich in Beduinentracht. Als Begleitung gab man ihm zwei Araber mit, deren Frauen und Kinder in der Zwischenzeit als Geiseln beim König für deren Verlässlichkeit hafteten. Auf Kamelen ging es quer durch die Wüste, wo man schon wegen der Trockenheit auf keinen Menschen traf, und am elften Tag kamen sie an ihrem Zielort an. Bevor sich die Kunde von seinem Erscheinen verbreitete, legte Polydamas wieder seine Makedonentracht an und begab sich zur vierten Nachtwache in das Zelt von Kleander, dem zweithöchsten Verantwortlichen dort. Nach Übergabe des Schreibens beschloss man, im Morgengrauen gemeinsam Parmenion aufzusuchen. Schon waren auch den übrigen die Briefe des Königs ausgehändigt, gleich würden die Besucher Parmenion treffen, da erst wurde diesem Polydamas' Kommen gemeldet. Voll Freude über die Ankunft des Freundes und erpicht, Neuigkeiten vom König zu erfahren, von dem er ja geraume Weile kein Schreiben mehr erhalten hatte, ließ dieser Polydamas zu sich bringen. Die Schlösser jener Gegend verfügen über ausgedehnte Lustgärten[2], Rückzugsorte, die ihren Reiz künstlich angelegten Wäldern verdanken; sie waren ein besonderes Steckenpferd der Könige und Satrapen. Inmitten der Offiziere, die durch die schriftliche Order des Königs mit seiner Ermordung beauftragt waren, lustwandelte Parmenion durch seinen Forst. Die wollten losschlagen, sobald er sich in die Lektüre des von Polydamas überreichten Briefs ver-

ens, ut a Parmenione conspectus est, vultu laetitiae speciem praeferente ad conplectendum eum cucurrit mutua*que salutatione facta* Polydamas epistulam a rege scriptam ei tradidit, Parmenion vinculum epistulae solvens, quidnam rex ageret, requirebat. Ille ex ipsis litteris cogniturum esse respondit. Quibus Parmenion lectis: »Rex«, inquit, »expeditionem parat in Arachosios. Strenuum hominem et numquam cessantem! Sed tempus saluti suae tanta iam parta gloria parcere.« Alteram deinde epistulam Philotae nomine scriptam laetus, quod ex vultu notari poterat, legebat. Tum eius latus gladio haurit Cleander, deinde iugulum ferit; ceteri exanimum quoque confodiunt.

[9] Et armigeri, qui ad aditum nemoris adstiterant, cognita caede, cuius causa ignorabatur, in castra perveniunt et tumultuoso nuntio milites concitant. Illi armati ad nemus, in quo perpetrata caedes erat, coeunt et, ni Polydamas ceterique eiusdem noxae participes dedantur, murum circumdatum nemori eversuros denuntiant omniumque sanguine duci parentaturos. Cleander primores eorum intromitti iubet litterasque regis scriptas ad milites recitat, quibus insidiae Parmenionis in regem precesque, ut ipsum vindicarent, continebantur. Igitur cognita regis voluntate non quidem indignatio, sed tamen seditio conpressa est. Dilapsis pluribus pauci remanserunt, qui, saltem ut corpus ipsius sepelire permitterent, precabantur. Diu id

tieft habe. Kaum sah Parmenion jenen von fern mit scheinbar freudestrahlendem Gesicht auf sich zukommen, lief er los, ihn in seine Arme zu schließen; die beiden begrüßten einander, dann überreichte Polydamas das Schreiben des Königs. Während Parmenion die Schnur, die den Brief zusammenhielt, löste[3], erkundigte er sich nach den Aktionen des Königs, und sein Gegenüber erwiderte, das könne er dem Brief selbst entnehmen. Also las Parmenion ihn durch und konstatierte: »Der König bereitet einen Feldzug gegen die Arachoten vor. Was für ein dynamischer Mann, weder Ruh noch Rast kennt er! Jetzt aber, angesichts des gewaltigen Ruhms, den er sich erworben hat, ist es höchste Zeit, dass er an seine Sicherheit denkt.« Danach studierte er die in Philotas' Namen verfassten Zeilen, seine Miene spiegelte noch seine Freude darüber, da stieß ihm Kleander das Schwert in die Seite, ein zweiter Stich in die Kehle folgte; er hatte bereits den Geist aufgegeben, als die anderen ihrerseits zustachen.

[9] Sobald die Wachen am Eingang des Parks diesen Anschlag aus heiterem Himmel mitbekamen, stürzten sie ins Lager und entfesselten mit ihrer Hiobsbotschaft einen Aufruhr unter den Soldaten. Im Pulk zogen die bewaffnet zu dem Park, wo der Mord verübt worden war, und drohten, entweder Polydamas und die übrigen Attentäter ergäben sich oder sie würden die Mauer um den Forst niederwalzen und ihren Chef mit dem Blut der Übeltäter rächen. Kleander gewährte den Offizieren Einlass und las ihnen das königliche Schreiben an die Truppen vor; darin war die Rede von Parmenions Machenschaften gegen den Monarchen, verbunden mit dem Ruf nach Vergeltungsmaßnahmen. Aufgrund der Verlautbarung des königlichen Willens brach zwar die Rebellion in sich zusammen, doch der Unmut schwelte weiter. Die meisten trollten sich, ein paar aber blieben an Ort und Stelle und baten, man möge ihnen wenigstens Parmenions Leichnam zur Bestattung freigeben. Weil

negatum est Cleandri metu, ne offenderet regem. Pertinacius deinde precantibus materiem consternationis subtrahendam ratus capite deciso truncum humare permisit; ad regem caput missum est.

Hic exitus Parmenionis fuit, militiae domique clari viri. Multa sine rege prospere, rex sine illo nihil magnae rei gesserat. Felicissimo regi et [ad] omnia ad fortunae suae exigenti modum satisfecit. LXX natus annos iuvenis ducis et saepe etiam gregarii militis munia explevit, acer consilio, manu strenuus, carus principibus, vulgo militum acceptior. Haec inpulerint illum ad regni cupiditatem an tantum suspectum fecerint, ambigi potest, quia, Philotas ultimis cruciatibus victus verane dixerit, quae facta probari non poterant, an falsis tormentorum petierit finem, re quoque recenti, cum magis posset liquere, dubitatum est.

[10] Alexander, quos libere mortem Parmenionis conquestos esse conpererat, separandos a cetero exercitu ratus in unam cohortem secrevit ducemque his Leonidam dedit, et ipsum Parmenioni quondam intima familiaritate coniunctum. Fere idem erant, quos alioqui rex habuerat invisos. Nam cum experiri vellet militum animos, admonuit, qui litteras in Macedoniam ad suos scripsisset, iis, quos ipse mittebat, perlaturis cum fide traderet. Simpliciter ad necessarios suos quisque scripserat, quae sentiebat: aliis gravis erat, plerisque non ingrata militia. Ita et

Kleander fürchtete, den König zu verärgern, wurde das lange verweigert. Als jene dann aber hartnäckiger insistierten, wollte er einer Revolte keinen Zündstoff liefern, und darum ließ er der Leiche den Kopf abtrennen und überließ ihnen den Torso zur Beerdigung; das Haupt wurde zu Alexander expediert.

So endete Parmenion, eine Koryphäe im Krieg wie im Frieden. Viele Erfolge hatte er ohne den König erzielt, dieser ohne ihn bis dato nichts Epochemachendes unternommen. Er genügte den Ansprüchen eines Königs, der der reinste Liebling des Schicksals war und alles am Maßstab des eigenen Glückes bewertete. Noch mit siebzig bewältigte er die Pflichten eines jungen Offiziers, oft sogar die eines gemeinen Soldaten, resolut im Planen, dynamisch im Handeln, beliebt bei den Führenden und noch populärer bei den einfachen Soldaten. Ob ihn das nach dem Thron greifen ließ oder einfach nur verdächtig machte, darüber kann man streiten, denn unmittelbar nach den Ereignissen kam mit zunehmender Klarheit auch der Zweifel: hatte Philotas, gebrochen durch schrecklichste Qualen, die Wahrheit gesagt, die allerdings durch Fakten nicht zu erhärten war, oder hatte er durch Falschaussage bloß die Folterungen beenden wollen?

[10] Alexander jedenfalls war überzeugt, dass jene, die Parmenions Tod erwiesenermaßen offen beklagt hatten, vom Rest der Armee zu trennen seien, und so fasste er sie in einer Spezialkohorte unter General Leonidas, einem einstigen engen Freund Parmenions, zusammen. Die hatten sich fast ausnahmslos schon zu anderer Gelegenheit seinen Groll zugezogen. Im Rahmen eines Gesinnungschecks bei seinen Soldaten hatte er nämlich alle, die nach Makedonien an die Ihren geschrieben hatten, aufgefordert, sie sollten doch ihre Briefe ruhigen Gewissens seinen eigenen Kurieren mitgeben. Unbefangen hatte ein jeder Freunden und Verwandten seine Gedanken geoffenbart: den einen war der Kriegsdienst eine Last,

agentium gratias et querentium litterae exceptae sunt. Et, qui forte taedium laboris per litteras erant questi, hanc seorsus cohortem a ceteris tendere ignominiae causa iubet, fortitudine usurus in bello, libertatem linguae ab auribus credulis remoturus. Et consilium, temerarium forsitan – quippe fortissimi iuvenes contumelia inritati erant –, sicut omnia alia felicitas regis excepit. Nihil illis ad bella promptius fuit: incitabat virtutem et ignominiae demendae cupido et quia fortia facta in paucis latere non poterant.

III [11] His ita conpositis Alexander Ar*same Drangarum* satrape constituto iter pronuntiari iubet in Arimaspos, quos iam tunc mutato nomine Euergetas appellabant, ex quo frigore victusque penuria Cyri exercitum adfectum tectis et commeatibus iuverant. Quintus dies erat, ut in eam regionem pervenerat. Cognoscit Satibarzanem, qui ad Bessum defecerat, cum equitum manu inrupisse rursus in Arios. Itaque Caranum *et* Erigyium cum Artabazo et Andronico *eo misit*; VI milia Graecorum peditum, DC equites sequebantur.

Ipse LX diebus gentem Euergetarum ordinavit magna pecunia ob egregiam in Cyrum fidem donata. Relicto deinde, qui iis praeesset, Amedine – scriba is Darei fuerat – Arachosios, quo-

die meisten hatten nichts dagegen. Entsprechend wurden Briefe abgefangen, die zum Teil von Dankbarkeit zeugten, zum Teil von Unzufriedenheit. Jene, die sich in ihrem Schreiben zufällig beklagten, wie genug sie von der Schinderei hätten, zwang er nun, um sie an den Pranger zu stellen, ausgegrenzt vom Rest, als Sonderkohorte zu kampieren: im Krieg wollte er sich deren Kühnheit durchaus zunutze machen, leichtgläubige Ohren aber nicht ihren unverblümten Äußerungen aussetzen. Mochte das Projekt auch riskant sein, schließlich hatte die Ehrenkränkung diese höchst couragierten Jungen in Rage gebracht, das dem König in allen Dingen eigene Glück blieb ihm auch hierbei hold. Kampfwilliger als sie war keine andere Einheit: das Verlangen, die Schmach zu tilgen, aktivierte ihre Kräfte sowie der Umstand, dass Heldentaten innerhalb einer so kleinen Gruppe zwangsläufig auf Beachtung stießen.

III [11] Nachdem das geregelt war, bestimmte Alexander Arsames zum Satrapen über die Dranger; alsdann erging Marschbefehl ins Land der Arimasper[4], die, seit sie Kyros' Heer Unterkunft und Verpflegung gewährt hatten, als es vor Kälte und Proviantmangel am Ende war, mit neuem Namen »Euergetai«, Wohltäter, hießen. Bereits vier volle Tage weilten sie in dieser Region, als Alexander die Information erhielt, dass Satibarzanes, der zu Bessos übergelaufen war, mit einer Reiterschwadron schon wieder einen Überfall auf die Arier unternommen hatte. Deshalb schickte er Karanos und Erigyios im Verein mit Artabazos und Andronikos dorthin; diesen folgten sechstausend Infanteristen aus Griechenland sowie sechshundert Mann Kavallerie.

Der König selbst sorgte binnen sechzig Tagen für Ruhe und Ordnung bei den Euergeten, denen er in Anerkennung ihrer vorbildlichen Solidarität mit Kyros eine hohe Summe auszahlte. Als Regenten setzte er noch Amedines, Dareios' ehemaligen Kanzleichef, ein, dann machte er sich die Arachoten

rum regio ad Ponticum mare pertinet, subegit. Ibi exercitus, qui sub Parmenione fuerat, occurrit: sex milia Macedonum erant et CC nobiles et V milia Graecorum cum equitibus DC, haud dubie robur omnium virium regis. Arachosiis datus Menon praetor IV milibus peditum et DC equitibus in praesidium relictis.

[12] Ipse rex nationem ne finitimis quidem satis notam, quippe nullo commercio colentem mutuos usus, cum exercitu intravit. Parapamisadae appellantur, agreste hominum genus et inter barbaros maxime inconditum. Locorum asperitas hominum quoque ingenia duraverat. Gelidissimum septentrionis axem ex magna parte spectant, Bactrianis ab occidente coniuncti sunt, meridiana regio ad mare Indicum vergit. Tuguria latere ab imo struunt et, quia sterilis est terra materia [in] nudo etiam montis dorso, usque ad summum aedificiorum fastigium eodem laterculo utuntur. Ceterum structura latior ab imo paulatim incremento operis in artius cogitur, ad ultimum in carinae maxime modum coit. Ibi foramine relicto superne lumen admittunt. Vites et arbores, si quae in tanto terrae rigore durare potuerunt, obruunt penitus. Hieme defossae latent; cum discussa aperire humum coepit, caelo solique redduntur. Ceterum adeo altae nives premunt terram gelu et perpetuo paene rigore constrictae, ut ne avium quidem feraeve ullius

gefügig, deren Gebiet ans Schwarze Meer grenzt[5]. Hier traf er auf das ehedem Parmenion unterstellte Heereskontingent, sechstausend Makedonen, zweihundert Adlige, fünftausend Griechen und sechshundert Reiter: das war zweifelsfrei das Herzstück seiner Gesamtstreitkräfte. Zum Gouverneur bekamen die Arachoten Menon, dem er als Besatzung viertausend Infanteristen und sechshundert Mann Kavallerie zur Seite stellte.

[12] Er selbst aber drang mit der Armee zu einem Volk vor, das sogar seinen Nachbarn kaum bekannt war, da aufgrund fehlender Handelsbeziehungen keinerlei Austausch stattfand. Das sind die sogenannten Parapamisaden, ein derber Menschenschlag, der unzivilisierteste unter den Barbaren. Die Rauhheit der Gegend[6] hatte mit der Zeit auch den Charakter ihrer Bewohner verrohen lassen. Ein Großteil ihres Gebietes weist Richtung Nordpol mit seinem ewigen Eis, im Westen berührt es die Gefilde von Baktra, während sich die Südseite zum Indischen Ozean neigt. Aus rohen Ziegeln ziehen die Einheimischen die Wände ihrer Hütten hoch, und weil das Land kein Holz liefert – sogar die Bergrücken sind kahl –, verwenden sie eben jenes Material bis hinauf zum First ihrer Behausungen. Im übrigen ist der Bau an der Basis breiter, um sich mit zunehmender Höhe unmerklich zu verjüngen, bis er zuletzt eine Art Schiffskiel bildet. Darin befindet sich eine Öffnung, durch die von oben Licht einfällt. Die Weinstöcke und Bäume, die es in diesen so frostigen Regionen aushalten konnten, sind tief eingegraben; im Winter verstecken sie sich unter der aufgehäufelten Erde, wenn aber mit dem Tauwetter der Boden zutage tritt, recken sie sich wieder dem Himmel und der Sonne entgegen. Ansonsten liegt das Land unter hohen Schneemassen begraben, die in der nahezu permanenten Eiseskälte hart gefroren sind, so dass nicht einmal ein Vogel oder ein wildes Tier dort eine Spur hinterlässt. Tagsüber lastet ein düsteres

vestigium extet. Obscura caeli verius umbra quam lux nocti similis premit terram, vix ut, quae prope sunt, conspici possint.

[13] In hac tum omnis humani cultus solitudine destitutus exercitus, quidquid malorum tolerari potest, pertulit, inopiam, frigus, lassitudinem, desperationem. Multos exanimavit rigor insolitus nivis, multorum adussit pedes, plurimorum oculos. Praecipue perniciabilis fuit fatigatis: quippe in ipso gelu deficientia corpora sternebant, quae, cum moveri desissent, vis frigoris ita adstringebat, ut rursus ad surgendum coniti non possent. A commilitonibus torpentes excitabantur, neque aliud remedium erat, quam ut ingredi cogerentur. Tum demum vitali calore moto membris aliquis redibat vigor. Si qui tuguria barbarorum adire potuerunt, celeriter refecti sunt. Sed tanta caligo erat, ut aedificia nulla alia res quam fumus ostenderet. Illi numquam ante in terris suis advena viso cum armatos repente conspicerent, exanimati metu, quidquid in tuguriis erat, adferebant, ut corporibus ipsorum parceretur orantes. Rex agmen circumibat pedes, iacentes quosdam erigens et alios, cum aegre sequerentur, adminiculo corporis sui excipiens. Nunc ad prima signa, nunc in medio, nunc in ultimo agmine itineris multiplicato labore aderat. Tandem ad loca cultiora perventum est commeatuque largo recreatus exercitus; simul et, qui consequi non potuerant, in illa castra venerunt.

[14] Inde agmen processit ad Caucasum montem, cuius dorsum Asiam perpetuo iugo dividit. Hinc simul mare, quod

Halbdunkel, so als wäre es Nacht, über diesen Gefilden, weshalb man selbst die Dinge in nächster Nähe kaum wahrnehmen kann.

[13] Ausgesetzt in dieser Öde ohne jede menschliche Kultur, quälte sich die Armee mit allen erleidbaren Übeln herum, Hunger und Kälte, Müdigkeit und Verzweiflung. Die abnorme Eiseskälte schnürte vielen den Atem ab, bei manch anderen verursachte sie Gefrierbrand an den Füßen, bei den meisten Nekrosen auf den Augen. Besonders verhängnisvoll aber war sie für die Erschöpften: direkt aufs Eis streckten sie ja ihren ermatteten Leib, und sobald sie dann aufhörten, sich zu bewegen, machte sie der beißende Frost so steif, dass sie sich nicht wieder auf die Beine hochrappeln konnten. Die Kameraden versuchten, sie aus dieser Starre zu wecken, das einzige, was half, war nämlich, sie zum Laufen zu bringen; erst wenn die Lebenswärme wieder pulsierte, kehrte ein bisschen Kraft in ihre Glieder zurück. Wer es bis zu den Hütten der Barbaren schaffte, dem ging es flugs besser. Doch durch den dicken Nebel waren die Behausungen nur am Rauch zu erkennen. Noch nie zuvor hatten die Einheimischen einen Fremdling in ihren Landen zu Gesicht bekommen, und als sie jetzt plötzlich die Bewaffneten erblickten, schleppten sie halbtot vor Angst alles, was sie in ihren Hütten hatten, an und flehten, man möge ihnen nichts antun. Zu Fuß machte der König die Runde durch die Kolonnen: die am Boden richtete er auf, andere, die Mühe hatten, Schritt zu halten, stützte er mit seinem eigenen Leib. Ein ums andere Mal nahm er die Strapaze des Weges auf sich: jetzt war er an der Spitze, jetzt in der Mitte, jetzt am Ende des Zuges. Schließlich erreichte man zivilisiertere Gegenden, wo sich die Armee dank reichhaltiger Verpflegung erholte; gleichzeitig trafen auch die Nachzügler im dortigen Lager ein.

[14] Von da ging es weiter zum »Schneegebirge«, dessen Kamm Asien in fortgesetzter Linie durchschneidet[7]; das er-

Ciliciam subit, illinc Caspium fretum et amnem Araxen *nobilia*que regionis Scythicae deserta spectat. Taurus, secundae magnitudinis mons, committitur Caucaso; a Cappadocia se attollens Ciliciam praeterit Armeniaeque montibus iungitur. Sic inter se iuga velut serie cohaerentia perpetuum habent dorsum, ex quo Asiae omnia fere flumina alia in Rubrum, alia in Caspium mare, alia in Hyrcanium et Ponticum decidunt. XVII dierum spatio Caucasum superavit exercitus. Rupes in eo X in circuitu stadia conplectitur, IV in altitudinem excedit, in qua vinctum Promethea fuisse antiquitas tradidit. Condendae in radicibus montis urbi sedes electa est. VII milibus *subactarum nationum* et praeterea militibus, quorum opera uti desisset, permissum in nova urbe considere. Hanc quoque Alexandream incolae appellaverunt.

IV [15] At Bessus Alexandri celeritate perterritus dis patriis sacrificio rite facto, sicut illis gentibus mos est, cum amicis ducibusque copiarum inter epulas de bello consultabat. Graves mero suas vires extollere, hostium nunc temeritatem, nunc paucitatem spernere incipiunt. Praecipue Bessus ferox verbis et parto per scelus regno superbus ac vix potens mentis dicere orditur socordia Darei crevisse hostium famam. Occurrisse enim in Ciliciae angustissimis faucibus, cum retrocedendo posset perducere incautos in loca naturae situ tuta tot fluminibus obiectis, tot montium latebris, inter quas deprehensus

streckt sich einerseits zum Meer im Süden Kilikiens, andererseits Richtung Kaspisches Meer und Araxes sowie weiter nördlich zu den berühmten Steppen Skythiens. An den Kaukasus schließt sich als zweithöchstes Massiv das Taurusgebirge an: in Kappadokien steigt es auf, schlingt sich um Kilikien und geht in die Berge Armeniens über. So ziehen sich diese Bergrücken gleichsam in einer fortlaufenden Kette durch, aus der fast alle Flüsse Asiens zu Tal fließen ins Rote oder ins Kaspische Meer, ins Hyrkanische oder ins Schwarze Meer. Innerhalb von siebzehn Tagen überschritt das Heer den Kaukasus. Dort befand sich ein Felsblock von zehn Stadien Umfang und einer Höhe von über vier, an den nach alter Sage Prometheus einst gekettet war. Am Fuß des Gebirges wählte man ein Gelände zur Gründung einer Stadt. Siebentausend Aussiedler aus den unterworfenen Nationen und abgedankte Soldaten erhielten die Erlaubnis, da zu siedeln. Auch diese Niederlassung tauften die Einwohner auf den Namen Alexandria.

IV [15] Bessos aber, verschreckt durch Alexanders Schnelligkeit, brachte den heimischen Göttern feierlich ein Opfer dar und hielt dann mit Freunden und Generälen, wie es für jene Völker Brauch ist, bei einem Bankett einen Kriegsrat ab. Benebelt vom unverdünnten Wein, redeten sie sich die eigenen Kräfte schön und machten sich über den Feind lustig, bald über seinen Leichtsinn, bald über seine geringe Zahl. Vorreiter dabei war Bessos, ein rechter Maulheld, aufgeblasen wegen eines Throns, den er durch ein Verbrechen usurpiert hatte; in sinnverwirrtem Rauschzustand hob er an zu fabulieren: Dareios' Fahrlässigkeit sei schuld, dass der Ruhm des Gegners so gewachsen sei; der habe sich ja am Engpass von Kilikien zum Kampf stellen müssen, dabei hätte er die Makedonen, ehe sie es sich versahen, durch Rückzug in eine durch ihre natürlichen Bollwerke sichere Region locken können mit einer Unzahl an Flüssen, einer Unzahl an verborgenen Bergstützpunkten als

hostis ne fugae quidem, nedum resistendi occasionem fuerit habiturus. Sibi placere in Sogdianos recedere: Oxum amnem velut murum obiecturum hosti, dum ex finitimis gentibus valida auxilia concurrerent. Venturos autem Chorasmios et Dahas Sacasque et Indos et ultra Tanain amnem colentes Scythas; quorum neminem adeo humilem esse, ut humeri eius non possent Macedonis militis verticem aequare. Conclamant temulenti unam hanc sententiam salubrem esse, et Bessus circumferri merum largius iubet debellaturus super mensam Alexandrum.

[16] Erat in eo convivio Gobares, natione Medus, sed magicae artis – si modo ars est, non vanissimi cuiusque ludibrium – magis professione quam scientia celeber, alioqui moderatus et probus. Is cum praefatus esset scire servo utilius esse parere dicto quam adferre consilium, cum illos, qui pareant, idem quod ceteros maneat, qui vero suadeant, proprium *subeant* periculum, poculum etiam, quod habebat in manu, tradidit. Quo accepto Gobares: »Natura«, inquit, »mortalium hoc quoque nomine prava et sinistra dici potest, quod in suo quisque negotio hebetior est quam in alieno. Turbida sunt consilia eorum, qui sibi suadent. Obstat metus, alias cupiditas, nonnumquam naturalis eorum, quae excogitaveris, amor; nam in te superbia non cadit. Expertus es utique, quod ipse reppereris, aut solum

Barrieren; dort hätte der Gegner in der Falle gesessen ohne irgendeine Möglichkeit zur Flucht, geschweige denn zum Widerstand. Momentan plädiere er dafür, sich nach Sogdien abzusetzen; wie eine Mauer werde der Oxos den Feind stoppen, bis massive Verstärkung von den Nachbarvölkern zur Stelle sei. Kommen aber würden die Chorasmier, die Daher, die Saker, die Inder sowie die Skythen, die jenseits des Tanais wohnten; das freilich seien alles solche Riesen, dass ein makedonischer Soldat denen mit dem Scheitel gerade mal bis zur Schulter reiche. Da brüllten die Besoffenen im Chor, genau das sei es, dieser Vorschlag garantiere ihre Rettung. Darauf ließ Bessos noch üppiger Wein nachschenken, als wäre die Tafel das Schlachtfeld, wo er Alexander kleinkriegen könnte.

[16] An dem Gelage nahm auch der Meder Gobares teil, ein Vertreter der magischen Kunst – falls das überhaupt eine Kunst ist und nicht nur ein Bluff der größten Lügenbolde; mehr durch Windmacherei als durch tatsächliches Wissen war er zu einer Berühmtheit auf diesem Gebiet avanciert, ansonsten jedoch ein besonnener, aufrechter Mann. Als der nun mit der Vorbemerkung begann, nach seiner Erfahrung sei es für einen Sklaven tunlicher zu gehorchen, als zu raten, denn Fügsame erwarte nur das Schicksal der Masse, Ratgeber hingegen gingen ein persönliches Risiko ein, da reichte ihm Bessos sogar den Pokal, den er in der Hand hielt. Nachdem Gobares diesen genommen hatte, fuhr er fort: »Die menschliche Natur kann auch darum als fehlerhaft und unselig angesehen werden, weil ein jeder bei Dingen, die ihn selbst betreffen, blinder ist als bei solchen, die andere anbelangen. Wer als sein eigener Berater fungiert, dessen Plänen mangelt es an Durchblick. Bald steht Furcht im Weg, ein andermal Begehren, manchmal das ganz natürliche Eingenommensein von den eigenen Ideen, denn von Überheblichkeit kann ja bei dir nicht die Rede sein. Die individuelle Ansicht für das einzig Wahre oder Beste zu halten,

aut optimum ducere. Magnum onus sustines capite, regium insigne; hoc aut moderate perferendum est aut, quod abominor, in te ruet. Consilio, non impetu opus est.« Adicit deinde, quod apud Bactrianos vulgo usurpabant, canem timidum vehementius latrare quam mordere, altissima quaeque flumina minimo sono labi. Quae inserui, ut, qualiscumque inter barbaros potuit esse prudentia, traderetur. *Ille* his audientium expectationem suspenderat. Tum consilium aperit utilius Besso quam gratius. »In vestibulo«, inquit, »regiae tuae velocissimus consistit rex. Ante ille agmen quam tu mensam istam movebis. Nunc ab Tanai exercitum accerses et armis flumina oppones. Scilicet, qua tu fugiturus es, hostis sequi non potest! Iter utrique commune est, victori tutius. Licet strenuum metum putes esse, velocior tamen spes est. Quin validioris occupas gratiam dedisque te, utcumque cesserit, meliorem fortunam deditus quam hostis habiturus? Alienum habes regnum, quo facilius eo careas. Incipis forsitan iustus esse rex, cum ipse fecerit, qui tibi et dare potest regnum et eripere. Consilium habes fidele, quod diutius exequi supervacuum est. Nobilis equus umbra quoque virgae regitur, ignavus ne calcari quidem concitari potest.« Bessus et ingenio et multo mero ferox adeo

davon freilich kannst du ein Lied singen. Auf deinem Haupt lastet eine schwere Bürde, das Symbol der Königsmacht: entweder du trägst es mit Verstand und Mäßigung oder, was Gott verhüte, es wird dich zermalmen. Reflektiertes Verhalten ist gefordert, nicht Impulsivität.« Dann fügte er noch zwei in Baktrien verbreitete Sprichwörter hinzu: zum einen, Hunde, die bellen, beißen nicht; zum anderen, große Flüsse laufen friedlich. Ich habe sie eingeschoben, um ungeachtet des Tiefengehalts die mögliche Weisheit der Barbaren aufzuzeigen. Mit diesem Vorspann hatte Gobares die Zuhörer in Spannung versetzt, jetzt gab er seinen Rat zum besten, der, obwohl Bessos dienlich, dennoch nicht auf großen Anklang bei ihm stieß. »Im Vorhof deines Palastes dräut der schnellste aller Könige«, so sprach Gobares. »Bevor du diese Tafel da abtragen lässt, hat der seine Kolonnen in Marsch gesetzt. Und du willst ein Heer vom Tanais holen, willst Flüsse aufbieten gegen Waffen! Dir in deinen Fluchtwinkel zu folgen, das schafft der Feind gar nicht, klar doch! Für euch beide ist der Weg freilich derselbe, nur ist er für den Sieger gefahrloser. Du magst glauben, Furcht mache Beine, noch schnellfüßiger aber ist die Hoffnung. Warum kommst du der Gnade des Stärkeren nicht zuvor und gibst auf? Wie auch immer die Sache ausgeht, im Falle einer Kapitulation wird dein Los besser sein, als wenn du feindliche Aktionen startest. Das Königtum, das du innehast, gehört dir nicht, und umso leichter kannst du darauf verzichten. Vielleicht wirst du noch ein rechtmäßiger König, nachdem jener, der dir die Herrschaft übertragen oder nehmen kann, dich dazu gekürt hat. Dies mein getreulicher Rat, den weiter auszuführen reine Zeitverschwendung wäre. Ein edles Pferd reagiert bereits auf den bloßen Schatten der Gerte, ein träges Tier bringt man nicht einmal durch die Sporen in Gang.« Bessos, der schon von Natur aus zu Aggressionen neigte, was der viele Wein noch verstärkte, geriet in glühende Rage, nur mit Müh und Not konn-

exarsit, ut vix ab amicis, quominus occideret eum – nam strinxerat quoque acinacem –, contineretur. Certe convivio prosiluit haudquaquam potens mentis. Gobares inter tumultum elapsus ad Alexandrum transfugit.

[17] VIII milia Bactrianorum habebat armata Bessus. Quae quamdiu propter caeli intemperiem Indiam potius Macedonas petituros crediderant, oboedienter imperata fecerunt; postquam adventare Alexandrum conpertum est, in suos quisque vicos dilapsi Bessum reliquerunt. Ille cum clientium manu, qui non mutaverant fidem, Oxo amne superato exustisque navigiis, quibus transierat, ne isdem hostis uteretur, novas copias in Sogdianis contrahebat.

Alexander Caucasum quidem, ut supra dictum est, transierat, sed inopia frumenti quoque prope ad famem ventum erat. Suco ex sesama expresso haud secus quam oleo artus perunguebant. Sed huius suci ducenis quadragenis denariis amphorae singulae, mellis denariis trecenis nonagenis, trecenis vini aestimabantur; tritici nihil aut admodum exiguum reperiebatur. Siros vocabant barbari, quos ita sollerter abscondunt, ut, nisi qui defoderunt, invenire non possint; in his conditae fruges erant. In quarum penuria milites fluviatili pisce et herbis sustinebantur. Iamque haec ipsa alimenta defecerant, cum iumenta, quibus onera portabant, caedere iussi sunt; horum carne, dum in Bactrianos perventum, traxere vitam.

[18] Bactrianae terrae multiplex et varia natura est. Alibi mul-

ten ihn die Freunde hindern, jenen umzubringen, sogar seinen Szimitar hatte er gezückt. Eines aber tat er: nicht mehr bei Sinnen, verließ er Hals über Kopf das Bankett. In dem Durcheinander machte sich Gobares davon und floh zu Alexander.

[17] Bessos verfügte über achttausend bewaffnete Baktrer. Solange die sich im Glauben wiegten, wegen des unwirtlichen Klimas würden die Makedonen eher nach Indien ziehen, leisteten sie allen Befehlen Gehorsam; auf die sichere Kunde von Alexanders Nahen aber ließen sie Bessos Bessos sein und machten sich, ein jeder in sein Heimatdorf, aus dem Staub. Mit einer Handvoll Günstlingen von unwandelbarer Loyalität überquerte dieser den Oxos; die Boote, auf denen er übergesetzt war, legte er in Asche, damit der Feind die nicht nutzen könne; danach versuchte er, bei den Sogdiern neue Truppen zu rekrutieren.

Alexander hatte also, wie oben berichtet, den Kaukasus hinter sich, durch eine Verknappung unter anderem von Getreide drohte jedoch eine Hungersnot. Statt mit Olivenöl[8] rieben sich die Soldaten die Glieder mit einem aus Sesam gepressten Saft ein, der allerdings zu einem Kurs von zweihundertvierzig Denaren pro Amphore gehandelt wurde, Honig zu dreihundertneunzig, Wein zu dreihundert. Weizen war nicht zu bekommen außer in Minimalmengen. Die »Silos«, wie die Barbaren sie nennen, liegen äußerst schlau versteckt: niemand vermag die aufzuspüren bis auf jene, die sie selbst gegraben haben; darin speichern sie ihr Getreide. Da das nun fehlte, hielten sich die Soldaten mit Süßwasserfischen und Pflanzen über Wasser. Schon mangelte es ihnen auch an diesen Nahrungsmitteln, da erging schließlich der Befehl, die für den Lastentransport vorgesehenen Tiere zu schlachten; deren Fleisch ließ sie bis zu den Baktrern durchhalten.

[18] Das Land Baktrien ist von Natur aus geprägt von bunter Vielfalt und Gegensätzen. Hier und da findet sich reicher

ta arbor et vitis largos mitesque fructus alit. Solum pingue crebri fontes rigant; quae mitiora sunt, frumento conseruntur, cetera armentorum pabulo cedunt. Magnam deinde partem eiusdem terrae steriles harenae tenent: squalida siccitate regio non hominem, non frugem alit; cum vero venti a Pontico mari spirant, quidquid sabuli in campis iacet, converrunt. Quod ubi cumulatum est, magnorum collium procul species est, omniaque pristini itineris vestigia intereunt. Itaque qui transeunt campos, navigantium modo noctu sidera observant, ad quorum cursum iter dirigunt, et propemodum clarior est noctis umbra quam lux. Ergo interdiu invia est regio, quia nec vestigium, quod sequantur, inveniunt et nitor siderum caligine absconditur. Ceterum si quos ille ventus, qui a mari exoritur, deprehendit, harena obruit. Sed qua mitior terra est, ingens hominum equorumque multitudo gignitur; itaque Bactriani equites XXX milia expleverant. Ipsa Bactra, regionis eius caput, sita sunt sub monte Parapamiso. Bactrus amnis praeterit moenia; is urbi et regioni dedit nomen.

[19] Hic regi stativa habenti nuntiatur ex Graecia Peloponnesiorum Laconumque defectio – nondum enim victi erant, cum proficiscerentur tumultus eius principia nuntiaturi –, et alius praesens terror adfertur Scythas, qui ultra Tanaim amnem colunt, adventare Besso ferentes opem.

Bestand an Bäumen und Weinreben, die leckere Früchte im Überfluss produzieren; zahlreiche Quellen bewässern das fette Erdreich; wo der Boden lockerer ist, wird Getreide gesät, der Rest dient als Weide für die Viehherden. Einen Großteil derselben Region bedecken dann Wüsten aus Sand: aufgrund der garstigen Trockenheit kann dort kein Mensch, keine Feldfrucht gedeihen. Wenn obendrein vom Schwarzmeer die Winde landeinwärts blasen, wirbeln sie all den Sand über die Ebenen; die Verwehungen, die dabei entstehen, sehen aus der Ferne aus wie mächtige Hügel, und von Pfaden, die einst dort verliefen, verliert sich jedwede Spur. Wer diese Flächen durchwandert, muss daher einem Seefahrer gleich des Nachts die Sterne im Auge behalten, deren Bahn ihm die Richtung weist; überdies ist das nächtliche Dunkel fast klarer als das Licht des Tages. Darum ist die Gegend tagsüber unpassierbar, denn man findet keine Fährte, der man folgen könnte, und der Glanz von Sonne und Mond verschwindet hinter einem Nebelschleier. Davon abgesehen wird jeder, den der Seewind überrascht, unter dem Sand verschüttet. Wo das Land aber fruchtbarer ist, bringt es Menschen und Pferde in Riesenmengen hervor. Darum betrug die Zahl der baktrischen Reiter volle dreißigtausend Mann. Baktra selbst, die Hauptstadt des Gebietes, liegt am Fuße des Parapamisos. Der Fluss Baktros fließt an ihren Mauern vorbei. Er diente als Namensgeber für Stadt und Land.

[19] Während der König hier im Standquartier weilte, erhielt er aus Griechenland Kunde vom Verrat der Peloponnesier, insbesondere der Spartaner: zu dem Zeitpunkt, wo die Boten mit der Nachricht vom Ausbruch der Unruhen loszogen, hatte man die Aufständischen in der Tat noch nicht zur Räson gebracht. Überdies wurde ihm ein weiteres alarmierendes Ereignis von unmittelbarer Brisanz gemeldet: die jenseits des Tanais siedelnden Skythen wollten Bessos helfen und seien im Anmarsch.

Eodem tempore, quae in gente Ariorum Caranus et Erigyius gesserant, perferuntur. Commissum erat proelium inter Macedonas Ariosque. Transfuga Satibarzanes barbaris praeerat; qui cum pugnam segnem utrimque aequis viribus stare vidisset, in primos ordines adequitavit demptaque galea inhibitis, qui tela iaciebant, si quis viritim dimicare vellet, provocavit ad pugnam: nudum se caput in certamine habiturum. Non tulit ferociam barbari du*cis Erigyius*, gravis quidem aetate, sed et animi et corporis robore nulli iuvenum postferendus. Is galea dempta canitiem ostentans: »Venit«, inquit, »dies, quo aut victoria aut morte honestissima, quales amicos et milites Alexander habeat, ostendam.« Nec plura elocutus equum in hostem egit. Crederes imperatum, ut acies utraeque tela cohiberent: protinus certe recesserunt dato libero spatio, intenti in eventum non duorum modo, sed etiam suae sortis, quippe alienum discrimen secuturi. Prior barbarus emisit hastam, quam Erigyius modica capitis declinatione vitavit, atque ipse infestam sarisam equo calcaribus concitato in medio barbari gutture ita fixit, ut per cervicem emineret. Praecipitatus ex equo barbarus adhuc tamen repugnabat. Sed ille extractam e vulnere hastam rursus in os dirigit. Satibarzanes manu conplexus, quo maturius interiret, ictum hostis adiuvit. Et barbari duce amisso, quem magis necessitate quam sponte secuti erant, tunc haud imme-

Zur selben Zeit erreichte ihn ein Bericht über Karanos' und Erigyios' Aktionen bei den Ariern, wo es zu einer Schlacht mit den Makedonen gekommen war. Als der Überläufer Satibarzanes, der die Barbaren befehligte, sah, dass beide Seiten gleich stark waren und der Ausgang eines Gefechtes damit in der Schwebe hing, ritt er zu den ersten Reihen vor; dort zog er sich den Helm vom Kopf, stoppte die Speerwerfer und schleuderte dem Gegner, wer immer sich traue, eine Herausforderung zum Kampf Mann gegen Mann entgegen: mit blankem Haupt werde er in dem Duell erscheinen. Diese Unverfrorenheit des Barbarenobersten überstieg Erigyios' Toleranzgrenze, der es ungeachtet seines hohen Alters an geistiger und physischer Stärke noch mit jedem Jungspund aufnehmen konnte. Auch er zog den Helm ab, und auf sein graues Haar weisend, erklärte er: »Jetzt ist der Tag gekommen, da ich durch Sieg oder Ehrentod demonstrieren werde, was für Freunde, was für Soldaten Alexander hat.« Und ohne ein weiteres Wort trieb er sein Ross gegen den Feind. Wie auf Kommando stellten beide Armeen den Beschuss ein; augenblicklich wichen sie zurück und schufen Platz zwischen sich, voll Spannung harrend, welche Wende nicht nur das Schicksal der Duellanten, nein, auch ihr eigenes nehmen werde, denn die Entscheidung zwischen diesen beiden würde auch über ihre Zukunft bestimmen. Als erster warf der Barbar seinen Speer; mit einer leichten Neigung des Kopfes wich Erigyios dem aus, gab seinem Pferd die Sporen und bohrte dem Gegner die eingelegte lange Lanze so heftig mitten in die Gurgel, dass sie im Genick wieder austrat. Den Barbaren haute es vom Pferd, und dennoch wehrte er sich noch. Der andere aber riss seine Waffe aus der Wunde und richtete sie erneut auf Satibarzanes, jetzt aufs Gesicht. Der packte sie mit der Hand und half, um sein Ende zu beschleunigen, Erigyios' Stoß nach. Ihres Generals beraubt, erinnerten sich die Barbaren, die dem nicht freiwillig, sondern eher gezwungenermaßen gefolgt

mores meritorum Alexandri arma Erigyio tradunt. Rex his quidem laetus, de Spartanis haudquaquam securus, magno tamen animo defectum eorum tulit dicens non ante ausos consilia nudare, quam ipsum ad fines Indiae pervenisse cognossent. Ipse Bessum persequens copias movit; cui Erigyius barbari caput, opimum belli decus, praeferens occurrit.

V [20] Igitur Bactrianorum regione Artabazo tradita sarcinas et inpedimenta ibi cum praesidio relinquit, ipse cum expedito agmine loca deserta Sogdianorum intrat nocturno itinere exercitum ducens. Aquarum, ut ante dictum est, penuria prius desperatione quam desiderio bibendi sitim accendit. Per CCCC stadia ne modicus quidem humor existit. Harenas vapor aestivi solis accendit; quae ubi flagrare coeperunt, haud secus quam continenti incendio cuncta torrentur. Caligo deinde inmodico terrae fervore excitata lucem tegit, camporumque non alia quam vasti et profundi aequoris species est. Nocturnum iter tolerabile videbatur, quia rore et matutino frigore corpora levabantur. Ceterum cum ipsa luce aestus oritur, omnemque naturalem absorbet humorem siccitas; ora visceraque penitus uruntur. Itaque primum animi, deinde corpora deficere coeperunt. Pigebat et consistere et progredi. Pauci a peritis regionis admoniti praepararant aquam; haec paulisper repressit sitim, deinde crescente aestu rursus desiderium humoris accen-

waren, nun an Alexanders Großmut und lieferten Erigyios ihre Waffen aus. Diese Neuigkeiten stimmten den König froh, das Treiben der Spartaner freilich machte ihm Sorgen, und dennoch reagierte er auf deren Verrat voller Selbstvertrauen mit dem Kommentar, erst als die sicher gewesen seien, dass er weit weg an Indiens Grenzen weile, hätten sie ihre Pläne demaskiert, vorher hätten sie sich nicht getraut. Gerade wollte er seine Truppen in Marsch setzen, Bessos hinterher, da kreuzte Erigyios auf und präsentierte den Kopf des Barbaren als Feldherrntrophäe.

V [20] Nachdem also der Distrikt Baktrien Artabazos' Obhut unterstellt worden war, ließ Alexander Sack und Pack an Ort und Stelle, während er selbst mit der vom Ballast befreiten Armee die Wüstengebiete Sogdiens betrat, durch die er das Heer in Nachtmärschen führte. Angesichts des oben beschriebenen Wassermangels genügte, noch bevor der Trieb zu trinken sich regte, die bloße Angstvision, ihn nicht stillen zu können, und schon war der Durst da. Über vierhundert Stadien weit fand sich nicht einmal das kleinste Rinnsal. Die brennende Sommersonne heizte den Sand auf, und wo der zu glühen begann, wurde alles versengt wie bei einem Dauerbrand. Dann stieg aus dem überhitzten Boden Dunst auf und verschleierte das Tageslicht: wie das Meer in seiner trostlosen Weite und Tiefe wirkten darin die Ebenen. Nachts zu marschieren schien erträglich, denn Tau und Morgenkühle waren eine Erquickung für den Leib. Doch mit dem Tag kommt die Siedehitze, und die Trockenheit saugt jede natürliche Feuchtigkeit in sich auf: Münder, Eingeweide werden bis zum letzten Tropfen ausgedörrt. Folglich ist zuerst die Psyche am Ende, danach der Körper; anhalten, weiterlaufen, alles war zu viel. Ein paar hatten sich auf die Warnung von Ortskundigen hin einen Wasservorrat angelegt; damit konnte der Durst ein Weilchen gestillt werden, mit steigenden Temperaturen aber schmachteten sie er-

sum est. Ergo quidquid vini oleique erat *omnibus*, ingerebatur, tantaque dulcedo bibendi fuit, ut in posterum sitis non timeretur. Graves deinde avide hausto humore non sustinere arma, non ingredi poterant, et feliciores videbantur, quos aqua defecerat, cum ipsi sine modo infusam vomitu cogerentur egerere. Anxium regem tantis malis circumfusi amici, ut meminisset, orabant, animi sui magnitudinem unicum remedium deficientis exercitus esse, cum ex iis, qui praecesserant ad capiendum locum castris, duo occurrunt utribus aquam gestantes, ut filiis suis, quos in eodem agmine esse et aegre pati sitim non ignorabant, succurrerent. Qui cum in regem incidissent, alter ex his utre resoluto vas, quod simul ferebat, inplet porrigens regi. Ille accipit; percontatus, quibus aquam portaret, filiis ferre cognoscit. Tunc poculo pleno, sicut oblatum est, reddito: »Nec solus«, inquit, »bibere sustineo nec tam exiguum dividere omnibus possum. Vos currite et liberis vestris, quod propter illos attulistis, date!«

[21] Tandem ad flumen Oxum ipse pervenit prima fere vespera, sed exercitus magna pars non potuerat consequi. In edito monte ignes iubet fieri, ut ii, qui aegre sequebantur, haud procul castris ipsos abesse cognoscerent; eos autem, qui primi agminis erant, mature cibo ac potione firmatos inplere alios

neut in brennendem Verlangen nach etwas Nass. So schluckten sie alles an Wein und Öl, was man nur fand, und das Trinken bescherte ihnen solche Wonnen, dass sie die Furcht vor dem Durst von morgen verdrängten. Voll bis oben mit der gierig heruntergewürgten Flüssigkeit, konnten sie indes die Waffen nicht mehr halten, ja, keinen Schritt mehr vor den anderen setzen, und so schienen die ohne Wasser glücklicher dran, denn die anderen spien das, was sie haltlos in sich hineingeschüttet hatten, wohl oder übel wieder aus. Das Ausmaß der Katastrophe ängstigte den König; schon waren die Freunde um ihn herum dabei, ihn zu bitten, er möge doch daran denken, dass sein unverrückbares Selbstvertrauen jetzt das einzige Mittel sei, ein Aufgeben der Armee zu verhindern, da traf man auf zwei Mann aus dem Spähtrupp, der einen Lagerplatz ausfindig machen sollte, und die hatten Schläuche mit Wasser bei sich zur Erfrischung ihrer Söhne, die – das wussten sie genau – sich in derselben Marschkolonne wie der König befanden und vor Durst schier wahnsinnig wurden. Diese beiden stießen jetzt zufällig auf Alexander, und gleich öffnete einer von ihnen einen Schlauch, füllte ein Gefäß, das er ebenfalls mit sich führte, und reichte es dem König. Der nahm es; dann fragte er, für wen dieses Wasser bestimmt sei, und als er erfuhr, für ihre Söhne, gab er den gefüllten Becher unangetastet zurück und sprach: »Allein zu trinken ist mir zuwider, und das bisschen hier mit allen zu teilen ist mir nicht möglich, also lauft zu und gebt euren Kindern, was ihr ihretwegen angeschleppt habt!«

[21] Endlich erreichte er in der ersten Abenddämmerung den Oxos. Ein Großteil des Heers hatte allerdings nicht Schritt halten können, weshalb er befahl, auf einer gut sichtbaren Anhöhe Feuer zu entfachen als Signal für die Nachzügler, dass das Lager nicht mehr fern war; die aus der ersten Kolonne aber sollten sich hurtig mit Speis und Trank stärken, danach Schläuche und

utres, alios vasa, quibuscumque aqua portari posset, ac suis opem ferre. Sed qui intemperantius hauserant, intercluso spiritu extincti sunt, multoque maior horum numerus fuit, quam ullo amiserat proelio. At ille thoracem adhuc indutus nec aut cibo refectus aut potu, qua veniebat exercitus, constitit nec ante ad curandum corpus recessit, quam praeterierat *omne* agmen, totamque eam noctem cum magno animi motu perpetuis vigiliis egit. Nec postero die laetior erat, quia nec navigia habebat nec pons erigi poterat, *terra* circum amnem nud*a* et materia maxime sterili. Consilium igitur, quod unum necessitas subiecerat, init: utres quam plurimos stramentis refertos dividit. His incubantes transnavere amnem, quique primi transierant, in statione erant, dum traicerent ceteri. Hoc modo sexto demum die in ulteriore ripa totum exercitum exposuit.

[22] Iamque ad persequendum Bessum statuerat progredi, cum ea, quae in Sogdianis erant, cognoscit. Spitamenes erat inter omnes amicos praecipuo honore cultus a Besso, sed nullis meritis perfidia mitigari potest; quae tamen iam minus in eo invisa esse poterat, quia nihil ulli nefastum in Bessum, interfectorem regis sui, videbatur. Titulus facinori speciosus praeferebatur, vindicta Darei; sed fortunam, non scelus oderat Bessi. Namque ut Alexandrum flumen Oxum superasse cognovit, Dataphernem et Catanen, quibus a Besso maxima fides habebatur, in societatem cogitatae rei adsciscit. Illi promptius adnuunt, quam rogabantur, adsumptisque VIII fortissimis iuveni-

alle sonstigen zum Wassertransport geeigneten Gefäße füllen und den Kameraden helfen. Etliche jedoch, die hastig Unmengen in sich hineinkippten, verschluckten sich bis zur Atemblockade und starben; deren Zahl war weit höher als die Verluste jeder anderen Schlacht. Alexander seinerseits behielt den Brustpanzer an, keinen Bissen, keinen Tropfen nahm er zu sich, nein, er postierte sich dort, wo das Heer passierte, und erst nach Defilieren der gesamten Armee zog er sich zurück, um für sein leibliches Wohl zu sorgen; die ganze Nacht lang tat er tief aufgewühlt kein Auge zu. Auch am folgenden Tag war seine Stimmung nicht besser: er verfügte in der Tat weder über Schiffe, noch konnte er eine Brücke bauen, das Stromland war nämlich kahl und sehr arm an Holz. Darum fasste er den in dieser Notlage einzig naheliegenden Entschluss. Er verteilte möglichst viele strohgefüllte Schläuche an die Soldaten; die legten sich darauf und durchschwammen so den Fluss; jene, die ihn als erste hinter sich hatten, sicherten die Stellung, bis auch der Rest drüben war. Auf die Weise hatte er endlich am sechsten Tag die komplette Armee am jenseitigen Ufer.

[22] Schon war er willens, Bessos weiter zu verfolgen, da erfuhr er, was sich in Sogdien zugetragen hatte. Unter allen Freunden des Persers genoss Spitamenes dessen besondere Gunst, doch Perfidie lässt sich durch keine Wohltat entwaffnen; nur war sie bei jenem vielleicht weniger verabscheuungswürdig, weil gegen Bessos, einen Königsmörder, schließlich jedes Unrecht erlaubt schien. Seine kriminellen Machenschaften verklärte Spitamenes mit dem hehren Aushängeschild »Rache für Dareios«, in Wahrheit aber war ihm Bessos' Aufstieg zuwider, nicht sein Verbrechen. Tatsächlich weihte er auf die Kunde, Alexander habe den Oxos überschritten, Dataphernes und Katanes, denen Bessos rückhaltlos vertraute, in seine Ränke ein. Die musste man nicht lange bitten, sie stimmten schon vorher zu. Acht junge Draufgänger warben sie an und

bus talem dolum intendunt. Spitamenes pergit ad Bessum et remotis arbitris conperisse ait se insidiari ei Dataphernen et Catanen, ut vivum Alexandro traderent, agitantes; a semet occupatos esse *et* vinctos teneri. Bessus tanto merito, ut credebat, obligatus partim gratias agit, partim avidus explendi supplicii adduci eos iubet. Illi manibus sua sponte religatis a participibus consilii trahebantur. Quos Bessus truci vultu intuens consurgit manibus non temperaturus. Atque illi simulatione omissa circumsistunt eum et frustra repugnantem vinciunt derepto ex capite regni insigni lacerataque veste, quam e spoliis occisi regis induerat. Ille deos sui sceleris ultores adesse confessus adiecit non Dareo iniquos fuisse, quem sic ulciscerentur, sed Alexandro propitios esse, cuius victoriam semper etiam hostes adiuvissent. Multitudo an vindicatura Bessum fuerit, incertum est, nisi illi, qui vinxerant, iussu Alexandri fecisse ipsos ementiti dubios adhuc animi terruissent. In equum inpositum Alexandro tradituri ducunt.

[23] Inter haec rex, quibus matura erat missio, electis nongentis fere bina talenta equiti dedit, pediti terna denarium milia, monitosque, ut liberos generarent, remisit domum. Ceteris gratiae actae, quod ad reliqua belli navaturos operam pollicebantur.

heckten folgende List aus: Spitamenes suchte Bessos auf und eröffnete dem unter vier Augen ohne Zeugen, man habe ihm zugetragen, Dataphernes und Katanes schmiedeten ein Komplott gegen ihn in der Absicht, ihn lebend an Alexander auszuliefern; er aber sei ihnen zuvorgekommen, sie befänden sich in seinem Gewahrsam. Bessos, der sich aufgrund des vermeintlich so gewaltigen Dienstes verpflichtet fühlte, dankte ihm und ließ gleichzeitig Besagte vorführen, besessen davon, sie zu exekutieren. Die Hände in Fesseln, doch das freiwillig, wurden jene von den Helfershelfern der Verschwörer angeschleppt. Bessos musterte sie mit grimmer Miene, es hielt ihn nicht auf seinem Platz, zuschlagen wollte er. Da machten die ihm nicht länger etwas vor, sie umstellten ihn; umsonst setzte er sich zur Wehr, sie banden ihn, rissen ihm das Symbol der Macht vom Kopf und zerfetzten sein Gewand, ein Beutestück aus dem Besitz des ermordeten Königs, das er gerade trug. Das sei der Götter Rache für sein Verbrechen, so Bessos' kleinlauter Kommentar, wobei er hinzufügte, kontra Dareios seien jene zwar niemals gewesen, das beweise ihr Racheakt, nichtsdestoweniger pro Alexander, indem sie als Feinde zu dessen Siegesbahn das Ihre beitrügen. Vielleicht hätte die Menge Bessos die Freiheit geschenkt, doch jene, die ihn arretiert hatten, logen den Leuten vor, das alles geschehe auf Alexanders Befehl, und damit versetzten sie deren noch schwankende Gemüter in Angst und Schrecken. Sie hievten Bessos auf ein Pferd und führten ihn ab, um ihn Alexander auszuliefern.

[23] Inzwischen wählte der König ungefähr neunhundert Männer aus, deren Abschied vom Militär anstand, und zahlte denen zwei Talente je Kavallerist, dreitausend Denare je Infanterist[9]; mit der Auflage, Kinder zu zeugen, entließ er sie nach Hause. Den übrigen sprach er seinen Dank für ihr Versprechen aus, ihm bis zum Ende des Krieges ihre Dienste zur Verfügung zu stellen.

*D*um Bessu*m* per*sequ*itur, perventum erat in parvulum oppidum. Branchidae eius incolae erant. Mileto quondam iussu Xerxis, cum e Graecia rediret, transierant et in ea sede constiterant, quia templum, quod Didymeon appellatur, in gratiam Xerxis violaverant. Mores patrii nondum exoleverant; sed iam bilingues erant, paulatim a domestico externo sermone degeneres. Magno igitur gaudio regem excipiunt urbem seque dedentes. Ille Milesios, qui apud ipsum militarent, convocari iubet. Vetus odium Milesii gerebant in Branchidarum gentem. Proditis ergo, sive iniuriae sive originis meminisse mallent, liberum de Branchidis permittit arbitrium. Variantibus deinde sententiis se ipsum consideraturum, quid optimum factu esset, ostendit. Postero die occurrentibus Branchidis secum procedere iubet, cumque ad urbem ventum esset, ipse cum expedita manu portam intrat, phalanx moenia oppidi circumire iussa et dato signo diripere urbem, proditorum receptaculum, ipsosque ad unum caedere. Illi inermes passim trucidantur, nec aut commercio linguae aut supplicum velamentis precibusque inhiberi crudelitas potest. Tandem, ut deicerent, fundamenta murorum ab imo moliuntur, ne quod urbis vestigium extaret. Nemora quoque *et* lucos sacros non caedunt modo, sed

Auf den Spuren von Bessos war er in ein winziges Städtchen gelangt. Dessen Einwohner waren Nachkommen von Branchos: Xerxes hatte diesen ehedem, als er Griechenland räumte, eine Übersiedlung von Milet nach Asien erlaubt, und sie hatten sich dort niedergelassen, schließlich hatten sie ja, um sich beim Perserkönig lieb Kind zu machen, den sogenannten Didymaion-Tempel geschändet[10]. Noch war das heimische Brauchtum nicht ganz obsolet geworden, zweisprachig waren sie indes schon, und allmählich verdrängte das fremde Idiom das der Heimat. Es versteht sich, dass sie den König mit großer Freude empfingen: ihre Stadt und sich selbst gaben sie in seine Hand. Da trommelte jener die bei ihm dienstverpflichteten Milesier zusammen. Die Leute aus Milet hegten gegen Branchos' Sippe alten Groll, und daher sollten nun die einstigen Opfer des Verrats frei entscheiden, wie mit seinen Nachkommen zu verfahren sei, je nachdem welcher Gedanke im Rückblick mehr für sie zähle, der an das Unrecht oder der an ihren gemeinsamen Ursprung. Weil daraufhin die Meinungen divergierten, erklärte Alexander, er selbst werde sich überlegen, was hier das beste Prozedere sei. Am nächsten Tag, als die Branchiden vorstellig wurden, forderte er sie auf, ihn zu begleiten, und bei der Stadt angelangt, durchschritt er mit einem Einsatzkommando das Tor. Vorher aber hatte die Phalanx Order erhalten, die Mauern zu umstellen: auf Signal sollte die Stadt, dieses Nest von Verrätern, in Schutt und Asche gelegt, ihre Bewohner bis auf den letzten Mann massakriert werden. Unbewaffnet wie die waren, wurden sie ohne Unterschied der Person abgeschlachtet, und nichts konnte der Grausamkeit Einhalt gebieten, nicht die gemeinsame Sprache, nicht die Kopfbinden der Flehenden[11] noch ihre Bitten. Zuletzt untergrub man die Fundamente der Mauern, um sie zum Einsturz zu bringen, auf dass keine Spur von der Stadt mehr zu sehen sei. Auch die Wälder, die heiligen Haine fällten sie, ja, sie rissen sie aus mit Stumpf und Stiel und

etiam extirpant, ut vasta solitudo et sterilis humus ex*ustis* etiam radicibus linqueretur. Quae si in ipsos proditionis auctores excogitata essent, iusta ultio esse, non crudelitas videretur; nunc culpam maiorum posteri luere, qui ne viderant quidem Miletum, ideo et Xerxi non potuerant prodere.

[24] Inde processit ad Tanain amnem. Quo perductus est Bessus non vinctus modo, sed etiam omni velamento corporis spoliatus. Spitamenes eum tenebat collo inserta catena, tam barbaris quam Macedonibus gratum spectaculum. Tum Spitamenes: »Et te«, inquit, »et Dareum, reges meos, ultus interfectorem domini sui adduxi eo modo captum, cuius ipse fecit exemplum. Aperiat ad hoc spectaculum oculos Dareus! Existat ab inferis, qui illo supplicio indignus fuit et hoc solacio dignus est!« Alexander multum conlaudato Spitamene conversus ad Bessum: »Cuius«, inquit, »ferae rabies occupavit animum tuum, cum regem de te optime meritum prius vincire, deinde occidere sustinuisti? Sed huius parricidii mercedem falso regis nomine persolvisti tibi.« Ille facinus purgare non ausus regis titulum se usurpare dixit, ut gentem suam tradere ipsi posset: qui*ppe* si cessasset, alium fuisse regnum occupaturum. Et Alexander Oxyathren, fratrem Darei, quem inter corporis custodes habebat, propius iussit accedere tradique Bessum ei, ut cruci adfixum mutilatis auribus naribusque sagittis configerent

verbrannten die Wurzeln, damit nur wüste Öde bleibe und Brachland. Wäre man derart gegen die eigentlichen Urheber des Verrates vorgegangen, könnte das statt als Akt purer Brutalität als gerechte Vergeltungsmaßnahme gelten; so aber büßten die Nachfahren für der Vorväter Schuld: nicht einmal zu Gesicht bekommen hatten sie Milet, geschweige denn, dass es ihnen möglich gewesen wäre, es an Xerxes zu verraten.

[24] Von dort ging es weiter zum Tanais. Dahin wurde auch Bessos geschleift, in Fesseln und obendrein bar aller Hüllen. Um den Hals hatte er eine Kette, daran führte ihn Spitamenes vor, ein Spektakel, das Barbaren wie Makedonen entzückte[12]. Dann sagte der: »Rächer für meine Könige, für dich und für Dareios, bringe ich dir jenen, der seinen eigenen Herrn gemordet hat; durch Schliche, wie er selbst sie uns lehrte, habe ich ihn in meine Gewalt gebracht. Möge Dareios noch einmal seine Augen aufschlagen, sich dieses Schauspiel zu besehen! Möge er, der, schuldloses Opfer seines grausamen Endes, diesen Trost hier verdient, emporsteigen aus der Unterwelt!« Alexander beglückwünschte zunächst Spitamenes in den höchsten Tönen, danach wandte er sich an Bessos und sprach: »Welch bestialische Tollwut hat nur deinen Verstand befallen, als du dich erdreistetest, deinen König, dem du so viel zu verdanken hast, erst in Ketten zu legen und schließlich auch noch umzubringen? Aber freilich, für diesen Hochverrat hast du dich ja schadlos gehalten und den Königstitel usurpiert!« Jener traute sich nicht, eine Rechtfertigung für sein Verbrechen vorzubringen, und beschränkte sich auf die Aussage, das habe er nur deshalb getan, um sein Volk Alexander unterstellen zu können: ohne seine schnelle Reaktion hätte ein anderer die Herrschaft an sich gerissen. Darauf holte Alexander Oxyathres, des Dareios Bruder, der zu seinen Leibwächtern zählte, heran und befahl, ihm Bessos zur Kreuzigung zu übergeben: Ohren und Nase müsse man dem abschneiden, und die Barbaren sollten

barbari adservarentque corpus, ut ne aves quidem contingerent. Oxyathres cetera sibi curae fore pollicetur, aves non ab alio quam a Catane posse prohiberi adicit eximiam eius artem cupiens ostendere; namque adeo certo ictu destinata feriebat, ut aves quoque exciperet. Nunc forsitan sagittarum celebri usu minus admirabilis videri ars haec possit, tum ingens visentibus miraculum magnoque honori Catani fuit. Dona deinde omnibus, qui Bessum adduxerant, data sunt. Ceterum supplicium eius distulit, ut eo loco, in quo Dareum ipse occiderat, necaretur.

VI [25] Interea Macedones ad petendum pabulum incomposito agmine egressi a barbaris, qui de proximis montibus decurrerunt, opprimuntur, pluresque capti sunt quam occisi; barbari autem captivos prae se agentes rursus in montem recesserunt. XX milia latronum erant; fundis sagittisque pugnam invadunt. Quos dum obsidet rex, inter promptissimos dimicans sagitta ictus est, quae in medio crure fixa reliquerat spiculum. Illum quidem maesti et attoniti Macedones in castra referebant, sed nec barbaros fefellit subductus ex acie: quippe ex edito monte cuncta prospexerant. Itaque postero die misere legatos ad regem: quos ille protinus iussit admitti solutisque fasciis magnitudinem vulneris dissimulans crus barbaris ostendit. Illi iussi considere adfirmant non Macedonas quam

ihn mit Pfeilen durchlöchern und seinen Leichnam bewachen, damit nicht einmal Vögel daran pickten[13]. Oxyathres versprach, sich um alles zu kümmern, und da er Katanes' geniales Talent demonstrieren wollte, merkte er noch an, dieser sei zur Abwehr der Vögel der einzig Richtige: bei jenem landete nämlich jeder Schuss unfehlbar im anvisierten Ziel, so dass er sogar einen Vogel im Flug traf. Vielleicht erscheint diese Gabe heutzutage aufgrund der Verbreitung des Pfeilschießens weniger aufsehenerregend, damals aber war das für die Zuschauer ein unvorstellbares Wunder, das Katanes mächtig Prestige verlieh. Dann wurden alle, die Bessos hergebracht hatten, mit Geschenken belohnt. Bessos' Hinrichtung aber verschob Alexander: seine Tötung sollte just an dem Ort stattfinden, wo jener selbst einst Dareios umgebracht hatte.

VI [25] Inzwischen waren die Makedonen außer Reih und Glied zum Furagieren ausgerückt und wurden von Barbaren, die aus den Nachbarbergen hervorbrachen, überrumpelt, wobei es weniger Tote gab als Gefangene. Die vor sich hertreibend, verschwanden die Barbaren wieder in der Deckung des Gebirges. Zwanzigtausend Partisanen hockten dort: mit Schleudern und Pfeilen griffen sie an. Alexander belagerte sie, dabei kämpfte er unter den größten Haudegen, als ihn ein Pfeil erwischte: mitten in den Unterschenkel bohrte er sich, wo seine Spitze steckenblieb. Bekümmert und bestürzt trugen ihn die Makedonen ins Lager zurück; aber auch die Barbaren, die ja vom Bergkamm oben alles im Blick hatten, registrierten seinen Abtransport aus der Schlacht sehr wohl. Deshalb schickten sie am nächsten Tag eine Gesandtschaft zum König. Auf der Stelle ließ der sie vor und zeigte den Barbaren – die Verbände hatte er zuvor abgenommen – seinen Schenkel, wobei er freilich die Schwere der Blessur vor ihnen verbarg. Er forderte sie auf, Platz zu nehmen, und jene beteuerten, die Kunde von seiner Verwundung habe sie genauso getroffen wie die Makedonen; der

ipsos tristiores fuisse cognito vulnere ipsius; cuius si auctorem repperissent, dedituros fuisse: cum dis enim pugnare sacrilegos tantum. Ceterum se gentem in fidem dedere superatos vulnere illius. Rex fide data et captivis receptis gentem in deditionem accepit.

Castris inde motis lectica militari ferebatur, quam pro se quisque eques pedesque subire certabant. Equites, cum quibus rex proelia inire solitus erat, sui muneris id esse censebant; pedites contra, cum saucios commilitones ipsi gestare adsuevissent, eripi sibi proprium officium tum potissimum, cum rex gestandus esset, querebantur. Rex in tanto utriusque partis certamine et sibi difficilem et praeteritis gravem electionem futuram ratus invicem subire eos iussit.

[26] Hinc quarto die ad urbem Maracanda perventum est – LXX stadia murus urbis amplectitur; arx *a*lio cingitur muro –, ac praesidio urbis relicto proximos vicos depopulatur atque urit.

Legati deinde Abiorum Scytharum superveniunt, liberi, ex quo decesserat Cyrus, tum imperata facturi. Iustissimos barbarorum constabat: armis abstinebant nisi lacessiti; libertatis modico et aequali usu principibus humiliores pares fecerant. Hos benigne adlocutus ad eos Scythas, qui Europam incolunt, Derdam quendam misit ex amicis, qui denuntiaret his, ne Ta-

dafür Verantwortliche wäre, hätte man ihn entdeckt, ausgeliefert worden: nur Frevler erhöben die Hand wider die Götter. Im übrigen legten sie, von einer Wunde besiegt, das Schicksal ihres Volkes in seine Hand. Der König gewährte ihnen sicheren Abzug, und nach Rückführung der Gefangenen akzeptierte er ihre Kapitulation.

Dann erfolgte der Abmarsch, Alexander aber beförderte man auf einer Feldbahre. Reiter und Fußsoldaten stritten sich nach Leibeskräften darum, sie zu tragen. Die Kavallerie, in deren Mitte er in den meisten Schlachten gekämpft hatte, beanspruchte diese Aufgabe wie selbstverständlich für sich, die Infanterie dagegen, die gewohnheitsmäßig mit dem Fortschaffen verwundeter Kameraden betraut war, lamentierte, gerade jetzt, wo es um den Transport des Königs gehe, beraube man sie einer ureigenen Funktion. Weil der König angesichts des so hitzigen Streits der beiden Parteien der Ansicht war, eine Entscheidung zu fällen sei für ihn selbst schwierig, sie hinzunehmen außerdem für die Übergangenen schwer, ließ er die beiden abwechselnd seine Beförderung übernehmen.

[26] Von hier aus gelangte er drei Tage später nach Marakanda[14]. Siebzig Stadien umfassen die Stadtmauern, während die Zitadelle von einem zusätzlichen Mauerring umgeben ist. Dort postierte Alexander eine Garnison von tausend Mann, dann wurden die Dörfer in nächster Nähe verheert und abgefackelt.

Als nächstes tauchte eine Delegation der Abierskythen auf, eines seit Kyros' Ableben freien Volkes, das jetzt zur Unterwerfung bereit war. Das waren bekanntlich die gerechtesten unter den Barbaren; nur im Verteidigungsfall griffen sie zu den Waffen, ihre Freiheit nutzten sie mit Bedacht nach dem Prinzip der Gerechtigkeit und hatten dadurch zwischen Aristokratie und niederen Schichten Gleichheit geschaffen. Alexander hieß sie mit freundlichen Worten willkommen; zu den Skythen in Europa aber sandte er einen gewissen Derdas mit der

nain amnem [regionis] iniussu regis transirent. Eidem mandatum, ut contemplaretur locorum situm et illos quoque Scythas, qui super Bosphorum colunt, viseret. Condendae urbi sedem super ripam Tanais elegerat, claustrum et iam perdomitorum et, quot deinde adire decreverat. Sed consilium distulit Sogdianorum nuntiata defectio, quae Bactrianos quoque traxit. VII milia equitum erant, quorum auctoritatem ceteri sequebantur. Alexander Spitamenen et Catanen, a quibus ei traditus erat Bessus, haud dubius, quin eorum opera redigi possent in potestatem, [coercendo] qui novaverant res, iussit accersi. At illi, defectionis, ad quam coercendam evocabantur, auctores, vulgaverant fama Bactrianos equites a rege omnes, ut occiderentur, accersi, idque imperatum ipsis non sustinuisse tamen exequi, ne inexpiabile in populares facinus admitterent. Non magis Alexandri saevitiam quam Bessi parricidium ferre potuisse. Itaque sua sponte iam motos metu poenae haud difficulter ad arma concitaverunt.

[27] Alexander transfugarum defectione conperta Craterum obsidere Cyropolim iubet, ipse aliam urbem regionis eiusdem corona capit, signoque, ut puberes interficerentur, dato reliqui in praedam cessere victoris. Urbs diruta est, ut ceteri cladis eius exemplo continerentur. Memaceni, valida gens, obsidionem non ut honestiorem modo, sed etiam ut tutiorem ferre decre-

Warnung, den Tanais nicht ohne königliche Erlaubnis zu überschreiten. Außerdem erhielt er den Auftrag, die topographischen Verhältnisse zu studieren und auch jenen Skythen, die oberhalb des Bosporos siedelten, einen Besuch abzustatten. Am Ufer des Tanais hatte Alexander ein Terrain ausgewählt, eine Siedlung[15] zu gründen als Bollwerk gegen die bereits bezwungenen Völker sowie jene, die noch auf seiner Liste standen, doch die Nachricht von der Rebellion Sogdiens, welche die Baktriens nach sich zog, vereitelte fürs erste diesen Plan. Dort standen siebentausend Reiter, deren Beispiel die übrigen folgten. Überzeugt davon, die Aufständischen mit Hilfe von Spitamenes und Katanes, die ihm Bessos ausgeliefert hatten, zur Räson bringen zu können, zitierte er die beiden herbei. Nun waren aber jene, die diese Rebellion jetzt eindämmen sollten, ursprünglich die Provokateure gewesen, hatten sie doch das Gerücht ausgestreut, der König beabsichtige, Baktriens gesamter Kavallerie den Garaus zu machen, darum lasse er sie antreten: sie selbst habe man zu Vollstreckern ernannt, nur seien sie vor der Umsetzung zurückgeschreckt, ein solch irreparables Unrecht wollten sie nämlich an ihren Landsleuten nicht begehen. Die Brutalität Alexanders sei ihnen ebenso zuwider wie Bessos' Hochverrat. Damit nutzten sie die Angst vor Vergeltungsmaßnahmen, um ein Volk, in dem es sowieso schon gärte, mühelos zum bewaffneten Aufstand aufzuhetzen.

[27] Kaum hatte Alexander vom Verrat der Überläufer Kenntnis erhalten, kommandierte er Krateros zur Belagerung von Kyropolis ab. Er selbst zog einen Ring um eine andere Stadt desselben Distrikts und eroberte sie; auf Signal wurde das Jungvolk massakriert, die Überlebenden fielen dem Sieger als Kriegsbeute anheim. Die Stadt wurde dem Erdboden gleichgemacht: ihr Untergang sollte den anderen als abschreckendes Beispiel dienen. Die Memakener, ein starkes Volk, hatten sich dafür entschieden, der Belagerung standzuhalten: dieser Weg

verant. Ad quorum pertinaciam mitigandam rex L equites praemisit, qui clementiam ipsius in deditos simulque inexorabilem animum in devictos ostenderent. Illi nec de fide nec de clementia regis ipsos dubitare respondent equitesque tendere extra munimenta urbis iubent; hospitaliter deinde exceptos gravesque epulis et somno intempesta nocte adorti interfecerunt. Alexander haud secus, quam par erat, motus urbem corona circumdedit, munitiorem, quam ut primo impetu capi posset. Itaque Meleagrum et Perdiccan in obsidionem iungit, *ipse ad Craterum pergit* Cyropolim, ut ante dictum est, obsidentem. Statuerat autem parcere urbi conditae a Cyro: quippe non alium gentium illarum magis admiratus est quam hunc regem et Samiramin, quos et magnitudine animi et claritate rerum longe emicuisse credebat. Ceterum pertinacia oppidanorum iram eius accendit; itaque captam urbem diripi iussit. Deleta ea Memacenis haud iniuria infestus ad Meleagrum et Perdiccam redit. Sed non alia urbs fortius obsidionem tulit: quippe et militum promptissimi cecidere et ipse rex ad ultimum periculum venit. Namque cervix eius saxo ita icta est, ut oculis caligine offusa conlaberetur, ne mentis quidem compos; exercitus certe velut erepto i*am* eo ingemuit. Sed invictus adversus ea, quae ceteros terrent, nondum percurato vulnere acrius obsidioni in-

bringe nicht nur mehr Ehre, er berge auch weniger Risiko. Um ihren Trotz zu brechen, schickte der König fünfzig Berittene vor, die ihnen seine Gnade im Falle einer Unterwerfung, seine unerbittliche Härte bei einer Niederlage vor Augen halten sollten. Jene erwiderten, am Wort und an der Güte des Königs zweifelten sie mitnichten, und luden die Reiter ein, außerhalb der Befestigungen zu kampieren. Hierauf bewirtete man sie gastfreundlich, dann aber in tiefer Nacht – sie waren noch vollgegessen und schlaftrunken – wurden sie überfallen und niedergemetzelt. In berechtigter Empörung legte Alexander einen Belagerungsring um die Stadt, denn um sie im ersten Sturm einnehmen zu können, war sie zu gut befestigt. Also ließ er Meleager und Perdikkas die Blockade fortsetzen, während er selbst zu Krateros aufbrach, der, wie oben berichtet, Kyropolis abriegelte. Eigentlich hatte er beschlossen, diese von Kyros gegründete Siedlung zu verschonen, bewunderte er doch keine andere Persönlichkeit jener Völkerschaften mehr als eben diesen König und Semiramis: durch ihre Hochherzigkeit, durch den Glanz ihrer Taten waren das seiner Meinung nach die bei weitem herausragendsten Gestalten dort. Die Verstocktheit der Einwohner indes entflammte seinen Zorn, und darum erging Befehl, die Stadt nach Einnahme in Schutt und Asche zu legen. Kaum war die zerstört, kehrte er in seiner legitimen Wut auf die Memakener zu Meleager und Perdikkas zurück. Es gibt freilich keinen anderen Ort, der im Belagerungszustand trutziger reagierte: die größten Kämpen fielen, ja selbst der König geriet in höchste Gefahr. Mit solcher Wucht traf ihn ein Stein am Hals, dass ihm alles vor Augen schwamm und er bewusstlos zusammenbrach: auf jeden Fall ging ein Ächzen und Stöhnen durchs Heer, als wäre er schon aus ihrer Mitte gerissen. Doch was einen Normalmenschen erschreckt, zwang Alexander nicht in die Knie; seine Wunde war nicht auskuriert, da trieb er die Belagerung noch energischer voran, wobei

stitit naturalem celeritatem ira concitante. Cuniculo ergo suffossa moenia ingens nudavere spatium, per quod inrupit, victorque urbem dirui iussit.

[28] Hinc Menedemum cum tribus milibus peditum et DCCC equitibus ad urbem Maracanda misit. Spitamenes transfuga praesidio Macedonum inde deiecto muris urbis eius incluserat se haud oppidanis consilium defectionis adprobantibus; sequi tamen videbantur, quia prohibere non poterant. Interim Alexander ad Tanain amnem redit et, quantum soli occupaverat castris, muro circumdedit: LX stadiorum urbis murus fuit. Hanc quoque urbem Alexandream appellari iussit. Opus tanta celeritate perfectum est, ut XVII die, quam munimenta excitata erant, tecta quoque urbis absolverentur. Ingens militum certamen inter ipsos fuerat, ut suum quisque munus – nam divisum erat – primus ostenderet. Incolae novae urbi dati captivi, quos reddito pretio dominis liberavit. Quorum posteri nunc quoque non apud eos tam longa aetate propter memoriam Alexandri exoleverunt.

VII [29] At rex Scytharum, cuius tum ultra Tanaim imperium erat, ratus eam urbem, quam in ripa amnis Macedones condiderant, suis inpositam esse cervicibus, fratrem, Carthasim nomine, cum magna equitum manu misit ad diruendam eam proculque amne submovendas Macedonum copias. Bactrianos Tanais ab Scythis, quos Europaeos vocant, dividit; idem Asiam et Europam finis interfluit. Ceterum Scytharum gens haud procul Thracia sita ab oriente ad septentrionem se vertit, Sar-

die Rage sein angeborenes Tempo zusätzlich erhöhte. Durch einen Stollen unterminiert, stürzten die Mauern auf breiter Linie zusammen, dort brach er durch. Ausradieren solle man das Nest, so der Befehl des Siegers.

[28] Von hier schickte er Menedemos mit dreitausend Mann Infanterie und achthundert Kavalleristen nach Marakanda. Der Überläufer Spitamenes hatte die makedonische Garnison vertrieben und sich in den Mauern der Stadt verschanzt, obwohl die Bewohner von diesem Rebellionsplan nicht gerade begeistert waren; weil sie den aber nicht verhindern konnten, taten sie so, als wären sie einverstanden. Unterdessen kehrte Alexander zum Tanais zurück und ließ im Umkreis von sechzig Stadien um das Areal der einstigen Lageranlage eine Mauer hochziehen; auch diese Stadt sollte den Namen Alexandria tragen. Die Bauarbeiten erfolgten mit solcher Geschwindigkeit, dass die Stadt bis hinauf zu den Dächern sechzehn Tage nach Errichtung der Befestigungen fertig war. Unter den Soldaten hatte es einen gewaltigen Wettstreit gegeben: jeder wollte sein Werk – die Aufgaben waren aufgeteilt – als erster präsentieren. Bevölkert wurde die neue Siedlung von Kriegsgefangenen, die der König von ihren Herren freikaufte. Dank der Erinnerung an Alexander haben deren Nachfahren all die Zeit bis heute im Völkergemisch dort überdauert.

VII [29] Der König der Skythen aber, dessen Reich damals jenseits des Tanais lag, glaubte, diese makedonische Neugründung am Flussufer sitze ihm im Genick, und darum schickte er seinen Bruder Karthasis mit einer mächtigen Reiterschwadron aus, sie zu zerstören und die makedonischen Truppen vom Fluss fortzuscheuchen, weit weg. Der Tanais trennt die Baktrer von den sogenannten europäischen Skythen und bildet damit die Grenzscheide zwischen Asien und Europa. Ansonsten erstreckt sich das Land der Skythen, das fast bis Thrakien reicht, von Ost nach Nord und ist ein Teil von

matarumque, ut quidam credidere, non finitima, sed pars est. Recta deinde regione saltum ultra Istrum iacentem colit; ultima Asiae, qua Bactra sunt, stringit. Habitant, quae septentrioni propiora sunt; profundae inde silvae vastaeque solitudines excipiunt. Rursus quae Tanain et Bactra spectant, humano cultu haud disparia sunt primis. Cum hac gente non provisum bellum Alexander gesturus, cum in conspectu eius obequitaret hostis, adhuc aeger ex vulnere, praecipue voce deficiens, quam et modicus cibus et cervicis extenuabat dolor, amicos in consilium advocari iubet. Terrebat eum non hostis, sed iniquitas temporis. Bactriani defecerant, Scythae etiam lacessebant: ipse non insistere in terra, non equo vehi, non docere, non hortari suos poterat. Ancipiti periculo inplicitus deos quoque incusans querebatur se iacere segnem, cuius velocitatem nemo antea valuisset effugere: vix suos credere non simulari valetudinem.

[30] Itaque, *qui* post Dareum victum hariolos et vates consulere desierat, rursus ad superstitionem, humanarum mentium ludibri*um* revolutus Aristandrum, cui credulitatem suam addixerat, explorare eventum rerum sacrificiis iubet. Mos erat haruspicibus exta sine rege spectare et, quae portenderentur, referre. Inter haec rex, dum fibris pecudum explorantur eventus latentium rerum, propius ipsum considere de ind*ustria* amicos iubet, ne contentione vocis cicatricem infirmam adhuc rumpe-

Sarmatien, nicht, wie manche annahmen, dessen Nachbar. In gerader Linie weiter bewohnt dieses Volk auch die Gebirgsregion jenseits des Ister und berührt in der Gegend von Baktra den äußersten Teil Asiens. Feste Niederlassungen gibt es nur in den nördlicheren Gefilden, dann kommen dichte Wälder und riesige Wüsten, während sich die Gebiete Richtung Tanais und Baktra wieder auf dem Zivilisationsniveau ersterer befinden. Als Alexander, dem überraschend ein Krieg mit diesem Volk ins Haus stand, den heranreitenden Feind zu Gesicht bekam, bestellte er, noch siech von seiner Verletzung, vor allem aber schwach bei Stimme – Reduktionskost und Halsschmerzen setzten ihr zu –, die Freunde zu einer Beratung. Nicht der Gegner machte ihm Angst, sondern der ungünstige Zeitpunkt: zur Rebellion der Baktrer gesellte sich die Aggression der Skythen, er selbst konnte keinen Fuß auf den Boden setzen, nicht reiten, keine Anweisungen erteilen, keine Begeisterung verbreiten. Doppelt steckte er in der Klemme; sogar bei den Göttern beschwerte er sich und lamentierte, er, dessen Schnelligkeit zuvor keiner habe entwischen können, liege nun träge herum: es falle den Seinen schwer, sein Leiden noch für echt zu halten.

[30] Eigentlich hatte er seit seinem Sieg über Dareios aufgehört, Wahrsager und Seher zu konsultieren, jetzt freilich verfiel er erneut dem Aberglauben, dieser Wahnvorstellung des menschlichen Geistes, und forderte Aristander, dem er leichtgläubig gefolgt war, auf, unter heiligen Opfern des Schicksals Lauf zu erforschen. Bei Eingeweideschauern war es die Regel, die Innereien ohne Beisein des Königs zu betrachten und das, was diese ans Licht brachten, dann zu berichten. Während also die Entwicklung der dunklen Zukunft aus den tierischen Eingeweidefasern abgelesen wurde, nutzte Alexander die Zeit und befahl seinen Freunden, näher bei ihm Platz zu nehmen: die frische Narbe sollte durch Überanstrengung der Stimme nicht

ret. Hephaestio, Craterus et Erigyius erant cum custodibus in tabernaculum admissi.

»Discrimen«, inquit, »me occupavit meliore hostium quam meo tempore; sed necessitas ante rationem est, maxime in bello, quo raro permittitur tempora eligere. Defecere Bactriani, in quorum cervicibus stamus, et, quantum in nobis animi sit, alieno Marte experiuntur. Haud dubia fortuna: si omiserimus Scythas ultro arma inferentes, contempti ad illos, qui defecerunt, revertemur; si vero Tanaim transierimus et ubique invictos esse nos Scytharum pernicie ac sanguine ostenderimus, quis dubitabit parere etiam Europae victoribus? Fallitur, qui terminos gloriae nostrae metitur spatio, quod transituri sumus. Unus amnis interfluit: quem si traicimus, in Europam arma proferimus. Et quanti aestimandum est, dum Asiam subigimus, in alio quodammodo orbe tropaea statuere et, quae tam longo intervallo natura videtur diremisse, una victoria subito committere? At, hercule, si paulum cessaverimus, in tergis nostris Scythae haerebunt. An soli sumus, qui flumina transnare possumus? Multa in nosmetipsos recident, quibus adhuc vicimus. Fortuna belli artem victos quoque docet. Utribus amnem traiciendi exemplum fecimus nuper: hoc, ut Scythae imitari nesciant, Bactriani docebunt. Praeterea unus gentis huius exercitus adhuc venit, ceteri expectantur. Ita bel-

wieder aufplatzen. Neben den Generaladjutanten hatten Hephaistion, Krateros und Erigyios Zutritt ins Zelt erhalten.

»Unversehens befinde ich mich in einer Krise«, so Alexander, »und das zu einem Zeitpunkt, der für den Feind günstiger ist als für mich; doch Not geht über Kalkül, was besonders im Krieg gilt, wo einem selten gestattet ist, sich die Umstände auszusuchen. Bei den Baktrern, denen wir im Nacken sitzen, gärt es, außerdem können die nun in einem Krieg, der sie selbst nicht tangiert, testen, wie groß unsere Power ist. Unser Schicksal liegt auf der Hand. Lassen wir die Offensive der Skythen unerwidert, werden uns die Rebellen bei unserer Rückkehr nicht mehr für voll nehmen. Wenn wir aber den Tanais überschreiten und durch einen blutigen Untergang der Skythen unsere generelle Unbezwingbarkeit dokumentieren, wer wird zögern, den Besiegern Europas Gehorsam zu zollen? Wer unseren Ruhm nur nach dem Raum bemisst, den wir durchziehen werden, der irrt. Ein einziger Fluss bildet die Schwelle: mit seiner Überquerung tragen wir unsere Waffen nach Europa. Was für ein Erfolg, wenn wir mitten bei der Eroberung Asiens unsere Trophäen sozusagen in einer anderen Welt aufpflanzen und durch einen einzigen Sieg plötzlich eine Brücke schlagen zwischen Kontinenten, die die Natur scheinbar unendlich weit auseinanderrückte! Aber, beim Herkules, nur ein bisschen getrödelt, und wir haben die Skythen auf dem Hals. Oder sind wir etwa die einzigen, die imstande sind, Flüsse zu passieren? Vieles, was unseren bisherigen Siegeszug herbeiführte, wird negativ auf uns zurückfallen. Durch Glück und Unglück bekommen auch die Besiegten ihre Lektion in Kriegskunst. Neulich haben wir vorgemacht, wie man mit Schläuchen einen Strom durchschwimmt. Gesetzt, die Skythen sind nicht gewitzt genug, das nachzuahmen, die Baktrer werden es ihnen schon beibringen. Überdies ist erst ein einziges Kontingent dieses Volkes eingetroffen, weitere werden erwartet. Das

lum vitando alemus et, quod inferre possumus, accipere cogemur. Manifesta est consilii mei ratio. Sed an permissuri sint mihi Macedones animo uti meo, dubito, quia, ex quo hoc vulnus accepi, non equo vectus sum, non pedibus ingressus. Sed si me sequi vultis, valeo, amici. Satis virium est ad toleranda ista; aut, si iam adest vitae meae finis, in quo tandem opere melius extinguar?«

[31] Haec quassa adhuc voce subdeficiens vix proximis exaudientibus dixerat, cum omnes a tam praecipiti consilio regem deterrere coeperunt, Erigyius maxime, qui, haud sane auctoritate proficiens apud obstinatum animum, superstitionem, cuius potens non erat rex, incutere temptavit dicendo deos quoque obstare consilio magnumque periculum, si flumen transisset, ostendi. Intranti Erigyio tabernaculum regis Aristander occurrerat tristia exta fuisse significans: haec ex vate conperta Erigyius nuntiabat. Quo inhibito Alexander non ira solum, sed etiam pudore confusus, quod superstitio, quam celaverat, detegebatur, Aristandrum vocari iubet. Qui ut venit, intuens eum: »Non rex«, inquit, »sed privatus, *clam* sacrificium ut faceres, mandavi: quid eo portenderetur, cur apud alium quam apud me professus es? Erigyius arcana mea et secreta te prodente cognovit: quem certum, mehercule, habeo extorum in-

heißt, durch Vermeidungstaktik geben wir dem Krieg neue Nahrung und werden aus der Position, eine Offensive starten zu können, in die Defensive gedrängt. Die Logik meiner Argumentation ist evident, ich glaube allerdings nicht, dass mir die Makedonen erlauben werden, meine Vorstellungen umzusetzen, denn seit ich diese Verletzung erlitt, saß ich weder im Sattel, noch habe ich mich zu Fuß fortbewegt. Ihr, meine Freunde, müsst nur bereit sein, mir zu folgen, und gleich bin ich stark. Für die kommenden Strapazen habe ich genug Kraftreserven; andernfalls, wenn meine Stunde jetzt geschlagen hat, gibt es dann einen besseren Anlass zu sterben als diese Aktion?«

[31] Das hatte er am Rande der Ohnmacht mit immer noch angeschlagener Stimme artikuliert, selbst jene in unmittelbarer Nähe hatten Mühe, ihn deutlich zu verstehen, und so hoben alle an, dem König dieses Hauruck-Projekt auszureden, besonders Erigyios, doch an der Sturheit Alexanders scheiterte sein Einfluss. Darum versuchte er, den König bei seinem Aberglauben zu packen, gegen den der machtlos war: auch die Götter seien seinem Vorhaben abhold, für den Fall der Flussüberquerung künde sich große Gefahr an. Erigyios war, als er das Zelt des Königs betrat, Aristander begegnet, der ihm bedeutete, die Eingeweide hätten nichts Gutes verheißen; just diese Informationen des Sehers gab er nun preis. Alexander fiel ihm ins Wort; außer sich vor Wut, aber auch vor Scham, dass das gut gehütete Geheimnis seines Aberglaubens ans Licht gekommen war, rief er Aristander zu sich. Kaum war dieser zur Stelle, forderte er, den Blick auf ihn geheftet, Rechenschaft: »Nicht als König, als schlichter Privatmann habe ich dich diskret um ein Opferritual gebeten. Warum hast du die Zeichen, die es kündete, vor einem anderen herausposaunt, statt nur mich zu informieren? Erigyios weiß Bescheid um meine verborgenen Neigungen, meine Heimlichkeiten, verraten hast du ihm die, und ich bin, verdammt noch mal, sicher, der deutet sich die In-

terprete uti metu suo. Tibi autem, qui *sapis*, quam potest, denuntio, ipsi mihi indices, quid extis cognoveris, ne possis infitiari dixisse, quae dixeris.« Ille exanguis attonitoque similis stabat per metum etiam voce suppressa, tandemque eodem metu stimulante, ne regis expectationem moraretur: »Magni«, inquit, »laboris, non inriti discrimen instare praedixi, nec me *tam* ars mea quam benevolentia perturbat. Infirmitatem valetudinis tuae video et, quantum in uno te sit, scio. Vereor, ne praesenti fortunae tuae sufficere non possis.« Rex iussit eum confidere felicitati suae: *ut* alias sibi a*it* gloriam concedere deos. Consultanti inde cum isdem, quonam modo flumen transirent, supervenit Aristander non alias laetiora exta vidisse se adfirmans, utique prioribus longe diversa: tum sollicitudinis causas adparuisse, nunc prorsus egregie litatum esse.

[32] Ceterum, quae subinde nuntiata sunt regi, continuae felicitati rerum eius inposuerant labem. Menedemum, ut supra dictum est, miserat ad obsidendum Spitamenen, Bactrianae defectionis auctorem. Qui conperto hostis adventu, ne muris urbis includeretur, simul fretus excipi posse, qua *eum* ventu-

nereien so, wie es ihm die eigene Furcht diktiert. Du hingegen verfügst über die denkbar tiefsten Einblicke, deshalb fordere ich dich feierlich auf, sage mir, damit du deine Äußerungen später nicht revidieren kannst, Auge in Auge an, was du aus den Eingeweiden gelesen hast!« Leichenblass, wie vom Donner gerührt, stand Aristander da, die Angst war ihm auf die Stimme geschlagen, endlich aber trieb ihn die nämliche Angst, den König nicht weiter auf die Folter zu spannen, und er brachte den Mund auf: »Ich habe prophezeit, du stehest an einem kritischen Punkt, es bedürfe gewaltiger Anstrengungen, vergebens seien die jedoch nicht. Weniger die Einsichten meiner Kunst lassen mich erbeben, nein, es ist meine Zuneigung zu dir. Ich sehe, wie schlecht es um deine Gesundheit bestellt ist, und ich weiß, wie viel von deiner Person abhängt, darum meine Besorgnis, dass du der bevorstehenden Schicksalsprüfung vielleicht nicht gewachsen bist.« Alexander gebot ihm, nur auf das Glück seines Königs zu bauen: die Gnade der Götter werde ihm wie stets zum Ruhm verhelfen, dies sein Versprechen. Als er danach mit just derselben Runde beriet, auf welche Weise der Fluss überquert werden solle, tauchte Aristander wieder auf und beteuerte, noch nie habe er glückverheißendere Innereien gesehen, auf jeden Fall bestehe ein deutlicher Unterschied zu ersteren: eben hätten sich beunruhigende Symptome manifestiert, jetzt seien die Vorzeichen rundweg günstig gewesen.

[32] Nichtsdestoweniger verursachten die direkt darauf eintreffenden Nachrichten einen Knick in Alexanders andauernder Glückssträhne. Wie oben ausgeführt, hatte er Menedemos abkommandiert, Spitamenes, den Rädelsführer der baktrischen Rebellion, zu belagern. Als der von der Ankunft des Feinds Meldung erhielt, fürchtete er, in den Mauern der Stadt eingeschlossen zu werden; weil er aber zugleich fest überzeugt war, den Gegner abfangen zu können, lauerte er ihm an der

rum sciebat, consedit occultus. Silvestre iter aptum insidiis tegendis erat: ibi Dahas condidit. Equi binos armatos vehunt, quorum invicem singuli repente desiliunt, *et* equestris pugnae ordinem turbant. Equorum velocitati par est hominum pernicitas. Hos Spitamenes saltum circumire iussos pariter et a lateribus et a fronte et a tergo hosti ostendit. Menedemus undique inclusus, ne numero quidem par, diu tamen resistit clamitans nihil aliud superesse locorum fraude deceptis quam honestae mortis solacium ex hostium caede. Ipsum praevalens equus vehebat, quo saepius in cuneos barbarorum effusis habenis evectus magna strage eos fuderat. Sed cum unum omnes peterent, multis vulneribus exanguis Hypsi*cl*em quendam ex amicis hortatus est, ut in equum suum escenderet et se fuga eriperet. Haec agentem anima defecit, corpusque ex equo defluxit in terram. Hypsi*cl*es poterat quidem effugere, sed amisso amico mori statuit. Una erat cura, ne inultus occideret: itaque subditis calcaribus equo in medios hostis se inmisit et memorabili edita pugna obrutus telis est. Quod ubi videre, qui caedi supererant, tumulum paulo quam cetera editiorem capiunt; quos Spitamenes fame in deditionem subacturus obsedit. Cecidere eo proelio peditum II milia, CCC equites. Quam cla-

Route, die jener nehmen musste, auf. Ein Waldweg war das, wo eine Falle gut tarnbar war. Dort legte er die Daher in den Hinterhalt. Jedes Pferd beförderte zwei Mann, die jeweils im Wechsel unversehens absprangen und jede taktische Ordnung eines Reitergefechts durcheinanderbrachten. Der Schnelligkeit der Rosse entsprach die Behendigkeit der Reiter. Spitamenes ließ sie das Waldstück umstellen und präsentierte sie dem Gegner gleichzeitig auf den Flanken, vorn und hinten. Obwohl Menedemos rings umzingelt und den Barbaren nicht einmal zahlenmäßig ebenbürtig war, setzte er sich dennoch lange Zeit zur Wehr. Laut hallte sein Ruf, ausgetrickst seien sie durch die Tücke des Geländes, es bleibe ihnen nur mehr der Trost, ein Massaker anzurichten und danach ehrenhaft zu fallen. Er selbst ritt ein äußerst kräftiges Pferd: immer wieder war er darauf mit verhängtem Zügel gegen die keilförmigen Formationen der Barbaren vorgeprescht, hatte sie niedergemetzelt und in die Flucht geschlagen. Schließlich aber stürzte sich der geballte Haufen auf den einen; ob der vielen Wunden war er schon blutleer, und trotzdem beschwor er Hypsikles, einen seiner Freunde, sein Pferd gegen das seine zu tauschen und sich aus dem Staub zu machen. Noch während er sprach, tat er seinen letzten Atemzug, und sein Leib glitt vom Ross hinab zu Boden. Hypsikles hätte in der Tat fliehen können, doch der Verlust des Freundes weckte in ihm das Verlangen zu sterben. Nur eine einzige Sorge beseelte ihn noch: er wollte nicht ungerächt untergehen. Deshalb rammte er dem Pferd die Sporen in die Flanken und stürzte sich mitten hinein in die feindlichen Reihen: er lieferte einen denkwürdigen Kampf, am Ende brach er unter einem Hagel von Geschossen zusammen. Sobald die Überlebenden des Blutbads das gesehen hatten, besetzten sie einen Hügel, der sich leicht über das Gelände erhob. Spitamenes belagerte sie, willens sie auszuhungern und damit zur Kapitulation zu zwingen. In dieser Schlacht fielen zweitausend

dem Alexander sollerti consilio texit morte denuntiata iis, qui ex proelio advenerant, si acta vulgassent.

VIII [33] Ceterum cum animo disparem vultum diutius ferre non posset, in tabernaculum super ripam fluminis de industria locatum secessit. Ibi sine arbitris singula animi consulta pensando noctem vigiliis extraxit saepe pellibus tabernaculi adlevatis, ut conspiceret hostium ignes, e quibus coniectare poterat, quanta hominum multitudo esset. Iamque lux adpetebat, cum thoracem indutus procedit ad milites, tum primum post vulnus proxime acceptum. Tanta erat apud eos veneratio regis, ut facile periculi, quod horrebant, cogitationem praesentia eius excuteret. Laeti ergo et manantibus gaudio lacrimis consalutant eum et, quod ante recusaverant bellum, feroces deposcunt. Ille se ratibus equitem phalangemque transportaturum esse pronuntiat; super utres iubet nare levius armatos. Plura nec dici res desideravit nec rex dicere per valetudinem potuit. Ceterum tanta alacritate militum rates iunctae sunt, ut intra triduum ad XII milia effecta sint.

Iamque ad transeundum omnia aptaverant, cum legati Scytharum XX more gentis per castra equis vecti nuntiari iubent regi velle ipsos ad eum mandata perferre. Admissi in tabernaculum iussique considere in vultu regis defixerant oculos; credo, quia magnitudine corporis animum aestimantibus

Infanteristen und dreihundert Mann Kavallerie. Raffiniert kaschierte Alexander die Niederlage und drohte den Heimkehrern mit der Todesstrafe, sollten sie ausplaudern, was tatsächlich passiert war.

VIII [33] Als es ihm aber unmöglich wurde, entgegen seinen Gefühlen länger gute Miene zu bewahren, zog er sich in sein Zelt zurück, das mit Absicht am Ufer des Flusses plaziert war. Dort wägte er mutterseelenallein alle Alternativen ab, die ganze Nacht tat er kein Auge zu, immer wieder hob er die ledernen Zeltplanen, um die Feuer des Feinds zu betrachten, aus denen man Vermutungen über deren Zahl ableiten konnte. Der Tag nahte bereits, als er im Panzer hinaus zu den Soldaten schritt, das erste Mal seit seiner letzten Verwundung. So gewaltig war deren Ehrfurcht vor dem König, dass seine Gegenwart jeden Gedanken an die Gefahr, vor der ihnen graute, verdrängte. Froh und unter Freudentränen begrüßten sie ihn mit Donnerrufen, und den Krieg, gegen den sie sich zuvor sträubten, den forderten sie jetzt voll Ungestüm. Alexander verkündete, er werde die Kavallerie und die Phalanx auf Flößen ans andere Ufer befördern, die leichter Bewaffneten aber sollten auf Schläuchen hinüberschwimmen. Damit war alles Nötige gesagt, und aufgrund seiner gesundheitlichen Verfassung konnte der König mehr auch nicht artikulieren. Die Flöße bauten die Soldaten dann mit solch begeistertem Eifer, dass innerhalb von drei Tagen an die zwölftausend bereitstanden.

Alle Vorbereitungen zum Übersetzen waren schon getroffen, da kamen zwanzig Gesandte der Skythen nach Landessitte hoch zu Ross durchs Lager geritten und ließen dem König bestellen, sie hätten ihm etwas auszurichten. Nachdem man ihnen Zutritt ins Zelt gewährt und sie aufgefordert hatte, Platz zu nehmen, hielten sie ihre Augen lange auf des Königs Antlitz geheftet: weil man bei ihnen von der Körpergröße Rückschlüsse auf das Wesen eines Mannes zog, schien ihnen, denke

modicus habitus haudquaquam famae par videbatur. Scythis autem non ut ceteris barbaris rudis et inconditus sensus est: quidam eorum sapientiam quoque capere dicuntur, quantamcumque gens capit semper armata. Sic, quae locutos esse apud regem memoriae proditum est, abhorrent forsitan moribus nostris et tempora et ingenia cultiora sortitis. Sed ut possit oratio eorum sperni, tamen fides nostra non debet; quae, utcumque sunt tradita, incorrupta perferemus.

[34] Igitur unum ex his maximum natu locutum accepimus: »Si di habitum corporis tui aviditati animi parem esse voluissent, orbis te non caperet: altera manu Orientem, altera Occidentem contingeres, et hoc adsecutus scire velles, ubi tanti numinis fulgor conderetur. Sic quoque concupiscis, quae non capis. Ab Europa petis Asiam, ex Asia transis in Europam; deinde, si humanum genus omne superaveris, cum silvis et nivibus et fluminibus ferisque bestiis gesturus es bellum. Quid? tu ignoras arbores magnas diu crescere, una hora extirpari? Stultus est, qui fructus earum spectat, altitudinem non metitur. Vide, ne, dum ad cacumen pervenire contendis, cum ipsis ramis, quos conprehenderis, decidas. Leo quoque aliquando minimarum avium pabulum fuit, et ferrum robigo consumit. Nihil tam firmum est, cui periculum non sit etiam ab invalido.

ich, Alexanders mittelmäßige Erscheinung keinesfalls zu seinem Ruf zu passen. Nun kann man den Skythen nicht wie den übrigen Barbaren Unkultiviertheit und Rohheit nachsagen; es heißt sogar, einigen von ihnen eigne Weisheit, soweit ein Volk, das immerzu unter Waffen steht, hierfür überhaupt empfänglich ist. Demgemäß sind ihre uns überlieferten Worte an den König vielleicht befremdlich im Vergleich zu dem, was wir heute gewohnt sind, und stoßen unsere Redner, die das Glück haben, in einer zivilisierteren Zeit und Denkkultur zu leben, vor den Kopf. Und dennoch hat bei aller möglichen Verachtung für ihre Redekunst meine Verlässlichkeit als Historiker den Vorrang: unverfälscht werde ich das Tradierte präsentieren, ganz gleich, wie es lautet[16].

[34] Kurz und gut, der Älteste von denen ergriff das Wort: »Wenn die Götter deine physische Gestalt deiner Gier hätten anpassen wollen, wäre die ganze Welt für dich doch noch zu klein. Mit der einen Hand griffest du nach dem Osten, mit der anderen nach dem Westen, und kaum hättest du die in deinem Besitz, reizte es dich zu wissen, wohin der Glanz der Sonne, unseres großen Gottes, versinkt. Wie in diesem Gleichnis begehrst du, was du nicht zu fassen vermagst. Von Europa schreitest du nach Asien, von Asien ziehst du hinüber nach Europa. Hast du das gesamte Menschengeschlecht endlich bezwungen, wird sich deine Aggression gegen Wälder richten, gegen Schnee und Eis, Flüsse und wildes Getier. Was denn? Weißt du nicht, dass es lange Zeit braucht, bis Bäume groß gewachsen sind, aber nur eine einzige Stunde, sie mit Stumpf und Stiel auszureißen? Was für ein Dummkopf, der nur ihre Früchte im Auge hat, ohne auf ihre Höhe zu achten! Pass auf, sonst krachst du bei deiner Kletterei zum Wipfel just mit den Ästen, die du gepackt hältst, herunter! Sogar der Löwe diente schon einmal winzigen Vögelchen als Futter, und der Rost zerfrisst das Eisen. Nichts und niemand ist so stark, dass ihm nicht Gefahr

Quid nobis tecum est? Numquam terram tuam attigimus. Quis sis, unde venias, licetne ignorare in vastis silvis viventibus? Nec servire ulli possumus nec imperare desideramus. Dona nobis data sunt, ne Scytharum gentem ignores, iugum boum et aratrum, sagitta, hasta, patera. His utimur et cum amicis et adversus inimicos. Fruges amicis damus boum labore quaesitas, patera cum isdem vinum dis libamus; inimicos sagitta eminus, hasta comminus petimus. Sic Syriae regem et postea Persarum Medorumque superavimus, patuitque nobis iter usque in Aegyptum. At tu, qui te gloriaris ad latrones persequendos venire, omnium gentium, quas adisti, latro es. Lydiam cepisti, Syriam occupasti, Persidem tenes, Bactrianos habes in potestate, Indos petisti: iam etiam ad pecora nostra avaras et insatiabiles manus porrigis. Quid tibi divitiis opus est, quae esurire te cogunt? Primus omnium satietate parasti famem, ut, quo plura haberes, acrius, quae non habes, cuperes. Non succurrit tibi, quam diu circum Bactra haereas? Dum illos subigis, Sogdiani bellare coeperunt: bellum tibi ex victoria nascitur. Nam ut maior fortiorque sis quam quisquam, tamen alienigenam dominum pati nemo vult.

drohen könnte, selbst von einem Schwachen. Was haben wir überhaupt mit dir zu tun? Mit deinem Land hatten wir nie den mindesten Kontakt. Müssen Leute, die in der Einsamkeit der Wälder leben, wirklich unbedingt wissen, wer du bist und woher du kommst? Weder können wir es ertragen, jemandem dienstbar zu sein, noch haben wir den Wunsch zu herrschen. Damit du dir kein falsches Bild vom Volk der Skythen machst: wir wurden mit Gaben gesegnet, einem Ochsengespann, einem Pflug, mit Pfeil, Lanze und Trinkschale. Davon machen wir Gebrauch, zum Nutzen unserer Freunde, zum Schaden der Feinde. Freunden helfen wir mit unseren Ernten aus, die uns die Arbeit der Ochsen eingefahren hat, spenden mit ihnen gemeinsam den Göttern als Trankopfer Wein aus der Schale; unsere Feinde beschießen wir von fern mit dem Pfeil, und im Nahkampf greifen wir sie mit der Lanze an. So haben wir den König Assyriens besiegt, später den der Perser und den der Meder; bis hin nach Ägypten hatten wir freie Bahn[17]. Du rühmst dich, gegen räuberische Banditen zu Feld zu ziehen, doch für all die Völker, gegen die du vorgingst, bist du selbst der wahre Räuber. Lydien hast du dir unter den Nagel gerissen, hast Syrien okkupiert; unter deiner Knute hältst du Persien, bist Herr von Baktrien und hast dir die Inder vorgenommen; jetzt streckst du deine gierigen, unersättlichen Hände auch noch nach unseren Viehherden aus. Was nützen dir Reichtümer, wenn sie deine Gier nur steigern? Du bist der allererste, den Sattheit hungrig macht: je mehr du hast, desto heftiger begehrst du, was du nicht hast. Denkst du nicht darüber nach, wie lange du schon in Baktrien festsitzt? Während du dabei bist, jene zu unterwerfen, drohen Kampfhandlungen von den Sogdiern. Bei dir erzeugt ein Sieg neuen Krieg. Denn selbst wenn du der größte, der tapferste Mann auf der Welt wärest, einen fremden Herrn möchte niemand über sich dulden.

[35] Transi modo Tanain: scies, quam late pateant, numquam tamen consequeris Scythas. Paupertas nostra velocior erit quam exercitus tuus, qui praedam tot nationum vehit. Rursus, cum procul abesse nos credes, videbis in tuis castris. Eadem enim velocitate et sequimur et fugimus. Scytharum solitudines Graecis etiam proverbiis audio eludi; at nos deserta et humano cultu vacua magis quam urbes et opulentos agros sequimur. Proinde fortunam tuam pressis manibus tene: lubrica est nec invita teneri potest! Salubre consilium sequens quam praesens tempus ostendit melius: inpone felicitati tuae frenos, facilius illam reges! Nostri sine pedibus dicunt esse Fortunam, quae manus et pinnas tantum habet: cum manus porrigit, pinnas quoque conprehende! Denique, si deus es, tribuere mortalibus beneficia debes, non sua eripere; sin autem homo es, id quod es, semper esse te cogita! Stultum est eorum meminisse, propter quae tui obliviscaris. Quibus bellum non intuleris, bonis amicis poteris uti. Nam et firmissima est inter pares amicitia, et videntur pares, qui non fecerunt inter se periculum virium. Quos viceris, amicos tibi esse cave credas: inter dominum et servum nulla amicitia est; etiam in pace belli tamen iura servantur. Iurando gratiam Scythas sancire ne credideris: colendo fidem iurant. Graecorum ista cautio est, qui pac-

[35] Nur zu, überschreite den Tanais, und du wirst die endlose Weite unseres Landes kennenlernen, die Skythen freilich wirst du dennoch nicht zu fassen kriegen! Unsere Armut macht uns schneller als deine Armee, die die Beute so vieler Nationen mit sich schleppt. Andererseits gilt das Gegenteil: wähnst du uns weit fort, wirst du uns in deinem Lager sehen, denn ob wir jemanden verfolgen oder fliehen, unser Tempo bleibt immer gleich. Sogar in griechischen Sprichwörtern mokiert man sich, wie ich höre, über Skythiens wilde Steppen; wir sind da anders, uns zieht es in öde Gegenden und Gefilde, die von jeder Zivilisation unberührt sind, eher als in Städte und auf reiches Ackerland. Deshalb nimm dein Glück fest in die Hände: es entgleitet leicht, und wenn es nicht will, lässt es sich unmöglich halten. Hier mein Rat, dessen Wert die Zukunft klarer als die Gegenwart erweisen wird: nimm deinen Erfolg an die Kandare, dann hast du ihn besser im Griff! Bei uns zu Hause heißt es, Fortuna habe keine Füße, nur Hände und Flügel; wohlan, wenn sie dir die Hände reicht, packe sie auch bei den Flügeln! Und noch eins, bist du ein Gott, hast du die Pflicht, den Sterblichen Gutes zu tun, statt ihnen das Ihre zu rauben; bist du freilich ein Mensch, und das bist du, so bleibe dessen stets eingedenk! Es ist töricht, Einbildungen zu erliegen, die dir zu verdrängen erlauben, wer du in Wirklichkeit bist. Völker, die du bislang nicht bekriegt hast, die kannst du dir noch zu guten Freunden machen. Die stärkste Freundschaft besteht nämlich zwischen ebenbürtigen Partnern, und als ebenbürtig kommen sich jene vor, die kein Kräftemessen untereinander veranstaltet haben. Dass Besiegte dir freundlich gewogen sein könnten, das hüte dich anzunehmen! Es gibt keine Freundschaft zwischen Herr und Sklave[18], selbst im Frieden stehen sie auf Kriegsfuß miteinander. Glaube nicht, dass ein Eid die friedliche Haltung der Skythen zu garantieren vermöchte! Wort zu halten ist deren Art von Schwur. Eine derar-

ta consignant et deos invocant; nos religionem in ipsa fide ponimus: qui non reverentur homines, fallunt deos. Nec tibi amico opus est, de cuius benevolentia dubites. Ceterum nos et Asiae et Europae custodes habebis: Bactra, nisi dividat Tanais, contingimus, ultra Tanain et usque ad Thraciam colimus, Thraciae Macedoniam coniunctam esse fama fert. Utrique imperio tuo finitimos hostes an amicos velis esse, considera!« Haec barbarus.

IX [36] Contra rex fortuna sua et consiliis eorum se usurum esse respondet: nam et fortunam, cui confidat, et consilium suadentium, ne quid temere et audacter faciat, secuturum. Dimissisque legatis in praeparatas rates exercitum inposuit. In proris clipeatos locaverat iussos in genua subsidere, quo tutiores essent adversus ictus sagittarum. Post hos, qui tormenta intenderent, stabant et ab utroque latere et a fronte circumdati armatis. Reliqui, qui post tormenta constiterant, remigem lorica *non t*utum scutorum testudine armati protegebant. Idem ordo in illis quoque ratibus, quae equitem vehebant, servatus est. Maior pars a puppe nantes equos loris trahebat. At illos, quos utres stramento repleti vehebant, obiectae rates tuebantur. Ipse rex cum delectis primus ratem solvit et in ripam dirigi iussit. Cui Scythae admotos ordines equitum in primo ripae margine opponunt, ut ne adplicari quidem terrae rates possent.

tige Sicherheitsgarantie ist typisch für die Griechen, die bei der Besiegelung ihrer Pakte die Götter zu Zeugen anrufen; bei uns ist die Treue selbst heilig. Wer keinen Respekt vor den Menschen hat, der betrügt auch die Götter. Und sicherlich brauchst du keinen Freund, an dessen Wohlgesinntheit du Zweifel hegst. Im übrigen werden wir für dich als Wächter Asiens und Europas fungieren: nur die Scheidelinie des Tanais trennt uns von Baktrien; jenseits des Stroms besiedeln wir alles Land bis hin nach Thrakien; und wie es heißt, ist Makedonien Thrakiens Nachbar. Willst du an den Grenzen deines Reiches Feinde sitzen haben oder Freunde, überleg es dir!« So weit der Barbar.

IX [36] Darauf lautete des Königs Replik, er wolle seinem Schicksal und ihren Ratschlägen Rechnung tragen: in der Tat werde er seinem Geschick, auf das er baue, folgen und zugleich ihre wohlgemeinte Warnung beherzigen, keine leichtfertigen, blindwütigen Aktionen zu starten. Nach Entlassung der Gesandtschaft verfrachtete er seine Armee auf die vorbereiteten Flöße. Am Bug hatte er die Schildträger plaziert mit der Order, zur besseren Sicherung vor Pfeiltreffern in die Knie zu gehen. Dahinter standen die Artilleristen, auf beiden Flanken und vorn von Soldaten umgeben. Die übrigen, die an die Ballisten aufschlossen, deckten die nicht durch Panzer geschützten Ruderer durch ein Schilddach. Dieselbe Aufstellung fand sich auch auf den Flößen, die die Kavallerie transportierten. Während die Pferde schwammen, zogen die meisten sie vom Heck aus am Zügel hinter sich her. Jene aber, die auf den strohgefüllten Schläuchen übersetzten, schirmte die Barriere aus Flößen ab. Zusammen mit einem Elitetrupp legte der König als erster ab und befahl, das andere Ufer anzuvisieren. Die Skythen hatten Reiterkompanien herangeschafft, und damit riegelten sie nun den äußersten Rand des Gestades gegen den Angreifer ab: schon von vornherein sollte jede Landung der Flöße vereitelt

Ceterum praeter hanc speciem ripis praesidentis exercitus ingens navigantes terror invaserat: namque cursum gubernatores, cum obliquo flumine inpellerentur, regere non poterant, vacillantesque milites et, ne excuterentur, solliciti nautarum ministeria turbaverant. Ne tela quidem conati nisu vibrare poterant, cum prior standi sine periculo quam hostem incessendi cura esset. Tormenta saluti fuerunt, quibus in confertos ac temere se offerentes haud frustra excussa sunt tela. Barbari quoque ingentem vim sagittarum infudere ratibus, vixque ullum fuit scutum, quod non pluribus simul spiculis perforaretur.

[37] Iamque terrae rates adplicabantur, cum acies clipeata consurgit et hastas certo ictu, utpote libero nisu, mittit e ratibus. Et ut territos recipientesque equos videre, alacres mutua adhortatione in terram desilire *et* turbatis acriter pedem inferre coeperunt. Equitum deinde turmae, quae frenatos habebant equos, perfregere barbarorum aciem. Interim ceteri agmine dimicantium tecti aptavere se pugnae. Ipse rex, quod vigoris aegro adhuc corpori deerat, animi firmitate supplebat. Vox adhortantis non poterat audiri nondum bene obducta cicatrice cervicis, sed dimicantem cuncti videbant. Itaque ipsi quidem ducum fungebantur officio, aliusque alium adhortati in hostem salutis inmemores ruere coeperunt. Tum vero non ora,

werden. Es war indes nicht nur der Anblick dieser Ufer-Schutzarmee, der eine massive Panik bei den Übersetzenden auslöste: die Steuerleute, abgetrieben durch die seitwärts andriftende Strömung, vermochten den Kurs nicht zu halten, und außerdem hatten die Soldaten, ihres Gleichgewichts beraubt und voller Angst, von Bord geschleudert zu werden, die Manöver der Matrosen in ein Chaos verwandelt. Trotz vehementer Anstrengung brachten sie es nicht einmal zuwege, ihre Geschosse zu schleudern, waren sie doch, statt sich den Feind vorzuknöpfen, hauptsächlich darauf konzentriert, die Balance zu bewahren und dabei jedes Risiko zu vermeiden. Ihre Rettung waren die Geschütze, treffsicher schossen die auf die dichtgedrängten Formationen, die für die Projektile eine leichte Beute waren. Auch die Barbaren ließen einen gewaltigen Hagel an Pfeilen auf die Flöße niederschwirren: fast jeder Schild wurde von mehreren Spitzen auf einmal durchlöchert.

[37] Jetzt stießen die Flöße an Land, und sofort sprangen die Reihen der Schildträger auf und warfen von Bord aus die Lanzen: unfehlbar landeten sie ihre Treffer, da sie zum Schwung frei ausholen konnten. Kaum wurden sie gewahr, wie die Barbaren verschreckt die Pferde rückwärts lenkten, ging es unter gegenseitigen Anfeuerungen tatendurstig herunter von den Flößen auf zur wilden Attacke wider das gegnerische Durcheinander. Als nächstes brachen jene Reiterschwadronen, die ihre Pferde aufgezäumt gelassen hatten, durch die Barbarenfront durch. Die übrigen machten sich inzwischen hinter den Kampflinien fertig zur Schlacht. Der König seinerseits ersetzte den verletzungsbedingten Mangel an physischer Kraft durch moralische Stärke. Seine ermunternde Stimme zu hören war nicht möglich, weil sich die Narbe am Hals noch nicht vollständig geschlossen hatte, aber sehen, wie er kämpfte, das konnten alle. Also übernahmen die Soldaten selbst Feldherrnfunktion, sprachen einander Mut zu und stürzten sich auf den Gegner

non arma, non clamorem hostium barbari tolerare potuerunt omnesque effusis habenis – namque equestris acies erat – capessunt fugam. Quos rex, quamquam vexationem invalidi corporis pati non poterat, per LXXX tamen stadia insequi perseveravit. Iamque linquente animo suis praecepit, ut, donec lucis aliquid superesset, fugientium tergis inhaererent; ipse exhaustis etiam animi viribus in castra se recepit *et in* reliquum substitit. Transierant iam Liberi Patris terminos, quorum monumenta lapides erant crebris intervallis dispositi arboresque procerae, quarum stipites hedera contexerat. Sed Macedonas ira longius provexit: quippe media fere nocte in castra redierunt multis interfectis, pluribus captis, equosque M et DCCC abegere. Ceciderunt autem Macedonum equites LX, pedites C fere, M saucii fuerunt.

[38] Haec expeditio deficientem magna ex parte Asiam fama tam opportunae victoriae domuit. Invictos Scythas esse crediderant; quibus fractis nullam gentem Macedonum armis parem fore confitebantur. Itaque Sacae misere legatos, qui pollicerentur gentem imperata facturam. Moverat eos regis non virtus magis quam clementia in devictos Scythas: quippe captivos omnes sine pretio remiserat, ut fidem faceret sibi cum ferocissimis gentium de fortitudine, non de ira fuisse certamen. Benigne igitur exceptis Sacarum legatis comitem *Euxe-*

ohne Rücksicht auf Verluste. Den Barbaren wurde das jetzt alles zu viel, die Mienen der Feinde, die Waffen, das Gebrüll: samt und sonders ließen sie die Zügel schießen – es war ja eine Reiterschlacht – und nahmen Reißaus. Für den versehrten Leib des Königs waren die Erschütterungen schier unerträglich, und dennoch schaffte er es, die Skythen achtzig Stadien weit zu verfolgen. Halb ohnmächtig gab er den Seinen schließlich Order, solange man noch die Hand vor Augen sehen könne, den Fliehenden auf den Fersen zu bleiben; er selbst zog sich ins Lager zurück, denn auch seine psychischen Kräfte waren erschöpft, und verweilte dort. Die Makedonen waren bereits jenseits der von Vater Liber einst gesteckten Grenzen: markiert sind sie durch Steine und hohe Bäume, die in dichten Abständen stehen und deren Stämme von Efeu umrankt sind. Ihre Wut aber trieb sie über diese Linie hinaus: erst ungefähr um Mitternacht kehrten sie ins Camp zurück, nachdem sie viele getötet, mehr noch gefangengenommen hatten; dabei brachten sie eintausendachthundert Rosse mit. Allerdings fielen sechzig Kavalleristen der Makedonen und ungefähr hundert Mann Infanterie, außerdem gab es tausend Verwundete.

[38] Der Sieg dieser Expedition kam just im rechten Moment: seine Kunde wies Asien, das im Begriff war, sich zu erheben, wieder in seine Schranken. Die Skythen galten allgemein als unbezwingbar, nach deren Zerschlagung musste man nun eingestehen, dass kein Volk es militärisch mit Makedonien aufnehmen konnte. So schickten die Saker Gesandte mit der Zusicherung künftigen Gehorsams; dazu hatte sie die Trefflichkeit des Königs bewogen, seine Güte gegenüber den besiegten Skythen freilich nicht minder: um zu beweisen, dass ein Wetteifern um Tapferkeit seinen Kampf gegen die kriegerischsten Nationen motiviere und nicht pure Feindschaft, hatte er ja die Gefangenen allesamt ohne Lösegeld nach Hause entlassen. Entsprechend bereitete er den Botschaftern der Sa-

nippon dedit, adhuc admodum iuvenem, aetatis flore conciliatum sibi, qui cum specie corporis aequaret Hephaestionem, ei lepore haud sane virili par non erat. Ipse Cratero cum maiore parte exercitus modicis itineribus sequi iusso ad*iit* Maracanda urbem; inde Spitamenes conperto eius adventu Bactra perfugerat. Itaque quadriduo rex longum itineris spatium emensus pervenerat in eum locum, in quo Menedemo duce duo milia peditum et CCC equites amiserat. Horum ossa tumulo contegi iussit et inferias more patrio dedit. Iam Craterus cum phalange subsequi iussus ad regem pervenerat. Itaque, ut omnes, qui defecerant, pariter belli clade premerentur, copias dividit urique agros et interfici puberes iubet.

X [39] Sogdiana regio maiore ex parte deserta est: octingenta fere stadia in latitudinem vastae solitudines tenent. Ingens spatium rectae regionis est, per quam amnis – Polytimetum vocant incolae – fertur. Torrentem eum ripae in tenuem alveum cogunt, deinde caverna accipit et sub terram rapit. Cursus absconditi indicium est aquae meantis sonus, cum ipsum solum, sub quo tantus amnis fluit, ne modico quidem resudet humore. Ex captivis Sogdianorum ad regem XXX nobilissimi corporum robore eximio perducti erant. Qui *ubi* per interpretem cognoverunt iussu regis ipsos ad supplicium trahi, carmen

ker einen freundlichen Empfang und gab ihnen Euxenippos als Begleiter mit, einen Jungspund, der aufgrund seiner blühenden Jugend seine Gunst genoss, glich er doch an Schönheit Hephaistion, nur mit dem Unterschied, dass seine Anmut völlig unmännlich war. Alexander selbst verfügte sich nach Marakanda, wobei ihm Krateros mit dem Hauptteil des Heeres in langsamen Etappen folgen sollte. Spitamenes hatte sich auf die Kunde seines Nahens von dort nach Baktra abgesetzt. Und so war der König, nachdem er in vier Tagen eine Riesenstrecke zurückgelegt hatte, nun an jenem Ort angelangt, an dem Hauptmann Menedemos ihm einen Verlust von zweitausend Mann Infanterie und dreihundert Reitern eingebrockt hatte. Deren Gebeine ließ er in einem Hügelgrab beisetzen und brachte nach Sitte der Heimat das Totenopfer für sie dar. Schon hatte auch Krateros, der Order hatte, mit der Phalanx nachzukommen, den König eingeholt. Um alle Rebellen gleichermaßen die Schrecken der Niederlage spüren zu lassen, splittete er seine Truppen und befahl, die Äcker abzusengen und das Jungvolk zu massakrieren.

X [39] Sogdien ist vorwiegend Steppenregion. Auf einer Breite von circa achtzig Stadien erstrecken sich öde, menschenleere Gebiete, und immens ist die Fläche, die es in der Länge misst; ein Fluss, den die Einheimischen Polytimetos nennen, durchquert sie[19]. Von den Ufern in ein schmales Bett gepresst, braust er dahin, stürzt dann in eine Höhle und verschwindet unter der Erde. Dass er verborgen dahinströmt, davon kündet das Rauschen der fließenden Wasser, der Boden selbst aber, unter dem ein so großer Fluss verläuft, lässt keinen Tropfen Nass an die Oberfläche dringen. Von den Gefangenen aus Sogdien hatte man die dreißig vornehmsten, die über Riesenkräfte verfügten, vor den König geholt. Kaum hatte ein Dolmetscher sie aufgeklärt, jener wolle sie zur Exekution abführen lassen, stimmten sie wie Leute, die guter Dinge sind,

laetantium modo canere tripudiisque et lasciviori corporis motu gaudium quoddam animi ostentare coeperunt. Admiratus est rex tanta magnitudine animi oppetere mortem: revocari eos iussit causam tam effusae laetitiae, cum supplicium ante oculos haberent, requirens. Illi, si ab alio occiderentur, tristes morituros fuisse respondent; nunc a tanto rege, victore omnium gentium, maioribus suis redditos honestam mortem, quam fortes viri voto quoque expeterent, carminibus sui moris laetitiaque celebrare. Tum rex admiratus magnitudinem animi: »Quaero«, inquit, »an vivere velitis non inimici mihi, cuius beneficio victuri estis?« Illi numquam se inimicos ei, sed bello lacessitos se inimicos hosti fuisse respondent: si quis ipsos beneficio quam iniuria experiri maluisset, certaturos fuisse, ne vincerentur officio. Interrogantique, quo pignore fidem obligaturi essent, vitam, quam acciperent, pignori futuram esse dixerunt: reddituros, quandoque repetisset. Nec promissum fefellerunt. Nam qui remissi domos erant, fide continuere populares; quattuor inter custodes corporis retenti nulli Macedonum in regem caritate cesserunt.

[40] In Sogdianis Peucolao cum III milibus peditum – neque enim maiore praesidio indigebat – relicto Bactra pervenit. Inde Bessum Ecbatana duci iussit interfecto Dareo poenas capite persoluturum. Isdem fere diebus Ptolomaeus et Menidas pedi-

ein Lied an und gaben durch Tanzen und recht exstatische Körperbewegungen einer Art innerer Freude Ausdruck. Der König staunte, dass sie mit solcher Heldenmütigkeit in den Tod gingen, und darum zitierte er sie noch einmal zu sich, um sich nach dem Grund für eine so ausgelassene Fröhlichkeit im Angesicht ihrer Hinrichtung zu erkundigen. Darauf erwiderten jene, brächte ein anderer sie zu Tode, wären sie traurig aus dem Leben geschieden; nun aber, wo ein so großer König, Sieger über alle Nationen, sie zu ihren Ahnen befördere, feierten sie ihrem Brauchtum gemäß mit Gesang und Frohlocken diesen ehrenhaften Tod, der ja für jeden Tapferen ein Wunschtraum sei. Voll Bewunderung für ihren gewaltigen Heldensinn sagte der König: »Ich frage euch, wollt ihr weiterleben, ohne mir, dessen Gnade ihr das verdankt, fortan feindlich gesinnt zu sein?« Jene entgegneten, persönlich sei ihr Hass auf ihn nie gewesen, nur der eines Attackierten wider den Aggressor; hätte es jemand mit ihnen im Guten versucht statt durch Gewaltaktionen, sie hätten sich an Diensteifer überboten. Welches Unterpfand sie denn für ihre Treue böten, fragte sie jetzt Alexander, und jene erklärten, ihr neu geschenktes Leben, das wollten sie dafür verpfänden; wann immer er es verlange, legten sie es zurück in seine Hand. Und ihr gegebenes Wort haben sie auch nicht gebrochen; jene nämlich, die nach Hause entlassen wurden, stellten durch ihre Loyalität den Gehorsam ihrer Landsleute sicher. Vier aber behielt Alexander als Leibwächter bei sich, und diese konnten es, was die Liebe zum König anbelangt, mit jedem Makedonen aufnehmen.

[40] Vor Ort stationierte Alexander Peukolaos mit dreitausend Infanteristen, denn eine stärkere Mannschaft brauchte der nicht, während er selbst sich nach Baktra begab. Von hier ließ er Bessos nach Ekbatana schaffen, wo er für den Mord an Dareios mit dem Leben büßen sollte. Ungefähr zur selben Zeit brachten Ptolemaios und Melanidas viertausend Fußsoldaten

tum IV milia et equites M adduxerunt mercede militaturos. Asander quoque ex Lycia cum pari numero peditum et D equitibus venit. Totidem ex Syria Asclepiodorum sequebantur. Antipater Graecorum VIII milia, in quis DC equites erant, miserat. Itaque exercitu aucto ad ea, quae defectione turbata erant, conponenda processit, interfectisque consternationis auctoribus quarto die ad flumen Oxum perventum est. Hic, quia limum vehit, turbidus semper, insalubris est potui. Itaque puteos miles coeperat fodere, nec tamen humo alte egesta existebat humor. Tandem in ipso tabernaculo regis conspectus est fons, quem quia tarde notaverant, subito extitisse finxerunt, rexque ipse credi voluit *deum* donum id fuisse. Superatis deinde amnibus Ocho et Oxo ad urbem Margianam pervenit. Circa eam VI oppidis condendis electa sedes est, duo ad meridiem versa, IV spectantia orientem: modicis inter se spatiis distabant, ne procul repetendum esset mutuum auxilium. Haec omnia sita sunt in editis collibus: tum velut freni domitarum gentium, nunc originis suae oblita serviunt, quibus imperaverunt.

XI [41] Et cetera quidem pacaverat rex. Una erat petra, quam Arimazes Sogdianus cum XXX milibus armatorum obtinebat alimentis ante congestis, quae tantae multitudini vel per biennium suppeterent. Petra in altitudinem XXX eminet stadia, circuitu C et L conplectitur; undique abscisa et abrupta semita

und tausend Reiter an, die als Söldner dienen wollten. Aus Lykien traf außerdem Asander ein mit der gleichen Zahl an Infanteristen sowie fünfhundert Mann Kavallerie. Ebenso viele kamen aus Syrien mit Asklepiodoros an der Spitze. Antipater hatte achttausend Griechen, darunter sechshundert Berittene, geschickt. Nach dieser Aufstockung der Armee marschierte Alexander los, das durch die Rebellion entstandene Chaos zu beseitigen. Die Rädelsführer des Aufstands wurden getötet, dann, drei Tage später, erreichte er den Oxos. Durch den Schlamm, den dieser mit sich führt, ist er immer trüb und als Trinkwasser ungesund. Deshalb hatten sich die Soldaten angeschickt, Brunnen zu graben, doch auf Wasser stieß man trotz der tiefen Ausschachtungen nicht. Endlich aber zeigte sich eine Quelle just im Zelt des Königs. Weil man sie spät bemerkt hatte, wurde das Märchen eines plötzlichen Hervorsprudelns erfunden; auch dem König selbst war daran gelegen, dass man in ihr ein Geschenk der Götter sah. Danach ging es über den Ochos und den Oxos nach Margiana. Im Umkreis wurden Areale für sechs Stadtgründungen ausgesucht, zwei davon im Süden, vier Richtung Osten[20]; die Strecken dazwischen waren nicht allzu groß, damit sich die Siedlungen gegenseitig Hilfe leisten konnten, ohne große Distanzen überbrücken zu müssen. Alle lagen auf hohen Hügeln. Damals waren die gleichsam die Kandare der gebändigten Nationen, jetzt ist jede Erinnerung an ihren Ursprung erloschen, und sie sind jenen untertan, über die sie einstens herrschten.

XI [41] Kurz und gut, der König hatte überall für Frieden gesorgt. Nur ein Felsmassiv blieb übrig, wo der Sogdier Ariamazes mit dreißigtausend Bewaffneten hockte; bereits im Vorfeld hatte man dort einen Zwei-Jahres-Vorrat an Proviant angehäuft, der selbst für eine solche Masse an Männern reichte. Dreißig Stadien ragte dieser Adlerhorst empor, dessen Umfang einhundertfünfzig Stadien umfasste. Der einzige Zugang

perangusta aditur. In medio altitudinis spatio habet specum, cuius os artum et obscurum est; paulatim deinde ulteriora panduntur, ultima etiam altos recessus habent. Fontes per totum fere specum manant, e quibus collatae aquae per prona montis flumen emittunt. Rex loci difficultate spectata statuerat inde abire; cupido deinde incessit animo naturam quoque fatigandi. Prius tamen quam fortunam obsidionis experiretur, Cophen – Artabazi hic filius erat – misit ad barbaros, qui suaderet, ut dederent rupem. Arimazes loco fretus superbe multa respondit; ad ultimum, an Alexander etiam volare posset, interrogat. Quae nuntiata regi sic accendere animum, ut adhibitis, cum quibus consultare erat solitus, indicaret insolentiam barbari eludentis ipsos, quia pinnas non haberent; se autem proxima nocte effecturum, ut crederet Macedones etiam volare. »CCC«, inquit, »pernicissimos iuvenes ex suis quisque copiis perducite ad me, qui per calles et paene invias rupes domi pecora agere consueverant!« Illi praestantes et levitate corporum et ardore animorum strenue adducunt. Quos intuens rex: »Vobiscum«, inquit, »o iuvenes et mei aequales, urbium invictarum ante me munimenta superavi, montium iuga perenni nive obruta emensus sum, angustias Ciliciae intravi, Indiae sine lassitudine vim frigoris sum perpessus. Et mei documenta vobis dedi et vestra habeo. Petra, quam videtis, unum

inmitten der schroffen, jäh abfallenden Wände ist ein äußerst schmaler Pfad. Auf halber Höhe liegt eine Höhle mit einer engen, dunklen Öffnung, dahinter weitet sie sich allmählich und endet in hochgewölbten Räumen. Fast durch die gesamte Höhle fließen Quellen, deren gesammelte Wassermengen sich als Bach bergab ergießen. Angesichts der Schwierigkeiten des Geländes hatte der König zunächst beschlossen, von dort abzumarschieren, dann jedoch überkam ihn im Herzen die Begierde, es gar mit der Natur selbst aufzunehmen. Bevor er freilich sein Glück mit einer Belagerung versuchte, entsandte er Kophen, des Artabazos Sohn, zu den Barbaren mit der Aufforderung, ihm den Fels da zu übergeben. Ariamazes wiegte sich durch die Lage seiner Stellung in Sicherheit, und so warf er jenem als Antwort etliche Frechheiten an den Kopf; zuletzt fragte er ihn, ob sich Alexander etwa auch aufs Fliegen verstehe. Als dem König diese Äußerungen mitgeteilt wurden, versetzten die ihn gewaltig in Rage. Er versammelte seine üblichen Ratgeber und konfrontierte sie mit der Unverschämtheit des Barbaren, der sie verhöhne, weil sie keine Flügel hätten: morgen nacht wolle er ihn in der Tat lehren, dass die Makedonen fürwahr imstande seien zu fliegen. »Stellt mir aus euren jeweiligen Einheiten dreihundert junge Männer von bester Kondition bereit, die daheim jahrein jahraus, ihre Herden über Bergpfade und schier unwegsame Felsen getrieben haben!«, so seine Weisung. Und jene brachten eilfertig ein Eliteaufgebot an, was Behendigkeit und Enthusiasmus anbetrifft. Der König musterte diese und sprach: »Ich habe die Mauern von Städten überstiegen, die vor mir noch keiner besiegte, habe Bergketten durchwandert, die unter ewigem Schnee begraben liegen, habe meinen Fuß in Kilikiens Engpässe gesetzt, Indiens eisige Kälte, ohne zu erlahmen, ertragen, und überall habt ihr, meine Jungen, die ihr genauso alt seid wie ich, mich begleitet. Bewiesen habe ich euch, wer ich bin, und habe erfahren, wer ihr seid. Auf

aditum habet, quem barbari obsident, cetera neglegunt: nullae vigiliae sunt, nisi quae castra nostra spectant. Invenietis viam, si sollerter rimati fueritis aditus ferentes ad cacumen. Nihil tam alte natura constituit, quo virtus non possit eniti. Experiendo, quae ceteri desperaverint, Asiam habemus in potestate. Evadite in cacumen! Quod cum ceperitis, candidis velis signum mihi dabitis, ego copiis admotis hostem in nos a vobis convertam. Praemium erit ei, qui primus occupaverit verticem, talenta X; uno minus accipiet, qui proximus ei venerit, eademque ad decem homines servabitur portio. Certum autem habeo vos non tam liberalitatem intueri meam quam voluntatem.«

[42] His animis regem audierunt, ut iam cepisse verticem viderentur; dimissique ferreos cuneos, quos inter saxa defigerent, validosque funes parabant. Rex circumvectus petram, qua minime asper ac praeruptus aditus videbatur, secunda vigilia, quod bene verteret, ingredi iubet. Illi alimentis in biduum sumptis gladiis modo atque hastis armati subire coeperunt. Ac primo pedibus ingressi sunt; deinde, ut in praerupta perventum est, alii manibus eminentia saxa conplexi levavere semet, alii adiectis funium laqueis evasere, quidam, cum cuneos inter saxa defigerent, gradus subdidere, quis insisterent. Diem inter metum laboremque consumpserunt. Per aspera enisis duriora restabant, et crescere altitudo petrae videbatur. Illa vero mi-

den Fels dort vor euch führt nur eine einzige Kletterroute, und die halten die Barbaren besetzt, das sonstige Gelände kümmert sie nicht. Bis auf die paar, die unser Camp im Auge behalten, existieren keine Wachen. Wenn ihr die Ersteigungsmöglichkeiten des Gipfels geschickt erkundet, werdet ihr gewiss einen Pfad finden. Nichts hat die Natur so hoch aufgetürmt, dass männlicher Tatendrang es nicht erstürmen könnte. Asien haben wir in unseren Besitz gebracht, indem wir risikofreudig waren, wo andere kapitulierten. Erklimmt die Spitze des Massivs, und habt ihr die eingenommen, gebt mir mit weißen Tüchern Signal! Dann kommt mein Part: ich werde mit den Truppen nahen und damit den Feind von euch auf uns ablenken. Wer als erster oben ist, erhält eine Prämie von zehn Talenten, der zweite eines weniger, und in derselben Abstufung weiter bis zum zehnten Mann. Doch ich bin überzeugt, für euch ist mein Wunsch das Primäre, meine Großzügigkeit sekundär.«

[42] In ihrer Begeisterung wähnten jene schon beim Zuhören, der Gipfel gehöre ihnen. Kaum entlassen, bereiteten sie Eisenkeile, die sie in die Felswände treiben wollten, sowie starke Seile vor. Nachdem der König den Fels umrundet hatte, wünschte er ihnen alles Gute und befahl, den Einstieg zur zweiten Nachtwache zu starten, und zwar an der leichtesten Stelle, wo die Steigung am geringsten war. Proviant für zwei Tage im Rucksack und nur mit Schwert und Lanze bewaffnet machten sich jene ans Klettern. Zuerst konnten sie normal laufen, danach, als es in die Steilwände ging, wuchteten sich die einen hoch, indem sie sich an vorkragenden Steinen festklammerten; andere warfen ihre Seile aus, zurrten sie fest und zogen sich daran empor; manche rammten die Keile ins Gestein und schufen so eine Stufenleiter, wo sie Tritt fassen konnten. Unter Ängsten und Mühen verstrich der Tag. Sie trotzten den Schwierigkeiten, was kam, war indes noch härter, und es schien, als würde der Fels immer höher. Was für

serabilis erat facies, cum ii, quos instabilis gradus fefellerat, ex praecipiti devolverentur: mox eadem in se patienda alieni casus ostendebat exemplum. Per has tamen difficultates enituntur in verticem montis, omnes fatigatione continuati laboris adfecti, quidam mulcati parte membrorum, pariterque eos et nox et somnus oppressit. Stratis passim corporibus in inviis et asperis saxorum periculi instantis obliti in lucem quieverunt; tandemque, velut ex alto sopore excitati, occultas subiectasque ipsis valles rimantes, ignari, in qua parte petrae tanta vis hostium condita esset, fumum specu infra se ipsos evolutum notaverunt. Ex quo intellectum illam hostium latebram esse. Itaque hastis inposuere, quod convenerat signum; totoque e numero II et XXX in ascensu interisse adgnoscunt.

[43] Rex non cupidine magis potiundi loci quam vice eorum, quos ad tam manifestum periculum miserat, sollicitus toto die cacumina montis intuens restitit; noctu demum, cum obscuritas conspectum oculorum ademisset, ad curandum corpus recessit. Postero die nondum satis clara luce primus vela, signum capti verticis, conspexit. Sed, ne falleretur acies, dubitare cogebat varietas caeli, nunc internitente lucis fulgore, *nunc* condito. Verum ut liquidior lux adparuit caelo, dubitatio exempta est; vocatumque Cophen, per quem barbarorum animos

ein jammervolles Schauspiel aber war es erst, wenn welche ausrutschten und von oben jählings in die Tiefe gerissen wurden! Der Sturz des Kameraden war ja nur ein Omen für das Unglück, das einem selbst gleich bevorstand. Und dennoch kämpften sie sich durch diese Fährnisse hinauf zur Bergesspitze; von den ununterbrochenen Strapazen waren sie alle todmüde, einige auch an Arm oder Bein übel zugerichtet, darum überkam sie mit der Nacht sofort auch der Schlaf. Wild auf den Boden geworfen hatten sie sich inmitten der unwegsamen, rauhen Felsen: jeder Gedanke an die drohende Gefahr war verdrängt, sie ruhten bis zum Morgengrauen. Endlich, wie aus tiefer Betäubung erwacht, spähten sie die dunklen Täler zu ihren Füßen aus; keine Ahnung hatten sie, in welchem Sektor des Felsens eine solche Menschenmasse verborgen sein könne, da bemerkten sie Rauchschwaden, die aus einer Höhle just unter ihnen aufstiegen. Daraus schlossen sie, das müsse das Versteck des Feindes sein. Also befestigten sie das vereinbarte Zeichen an ihren Lanzen; dabei mussten sie feststellen, dass zweiunddreißig der Gesamtmannschaft beim Aufstieg den Tod gefunden hatten.

[43] Obwohl es den König drängte, den Ort in die Hand zu bekommen, machte er sich nicht minder Sorgen um das Schicksal jener, die er auf dieses Himmelfahrtskommando geschickt hatte. Folglich rührte er sich den ganzen Tag lang nicht vom Fleck, den Blick auf die Berggipfel geheftet; erst nachts, als die Dunkelheit ihm die Sicht raubte, zog er sich zurück, Kraft zu tanken. Am nächsten Tag, in früher Dämmerung, war er der erste, der die Tücher gewahrte, das Zeichen für die Einnahme der Felsspitze. Der wechselnde Himmel aber, an dem das aufklarende Tageslicht bald vorblitzte, bald hinter Wolken verschwand, brachte ihn so weit, an eine Sinnestäuschung zu glauben. Dann freilich beseitigte die zunehmende Helligkeit am Firmament jeden Zweifel. Er rief Kophen zu sich, den er

temptaverat, mittit ad eos, qui moneret, nunc saltem salubrius consilium inirent; sin autem fiducia loci perseverarent, ostendi a tergo iussit, qui ceperant verticem.

Cophes admissus suadere coepit Arimazi petram tradere gratiam regis inituro, si tantas res molientem in unius rupis obsidione haerere non coegisset. Ille ferocius superbiusque quam antea locutus abire Cophen iubet. At is prensum manu barbarum rogat, ut secum extra specum prodeat. Quo inpetrato iuvenes in cacumine ostendit *et* eius superbiae haud inmerito inludens pinnas habere ait milites Alexandri. Iamque *e* Macedonum castris signorum concentus et totius exercitus clamor audiebatur. Ea res, sicut pleraque belli, vana et inan*is*, barbaros ad deditionem traxit: quippe occupati metu paucitatem eorum, qui a tergo erant, aestimare non poterant. Itaque Cophen – nam trepidantes reliquerat – strenue revocant et cum eo XXX principes mittunt, qui petram tradant et, ut incolumibus abire liceat, paciscantur. Ille quamquam verebatur, ne conspecta iuvenum paucitate deturbarent eos barbari, tamen et fortunae suae confisus et Arimazi superbiae *infensus* nullam se condicionem deditionis accipere respondit. Arimazes desperatis magis quam perditis rebus cum propinquis nobilissimisque

bereits zuvor die Sinneshaltung der Barbaren hatte sondieren lassen, und schickte ihn erneut los mit der Mahnung, sich wenigstens jetzt zu einer besseren Entscheidung zu bekehren; blieben sie aber im Vertrauen auf das Gelände verstockt, sollte er ihnen die Männer oben auf dem Fels zeigen, die ihnen im Rücken saßen.

Kophen wurde vorgelassen und empfahl Ariamazes die Übergabe des Felsens: er dürfe sich Alexanders Gnade gewiss sein, vorausgesetzt er zwinge ihn nicht, inmitten seiner gewaltigen Projekte seine Zeit mit der Belagerung eines einzelnen Adlerhorstes zu vertrödeln. Jener reagierte mit noch frecheren und impertinenteren Worten als zuvor und befahl Kophen zu verschwinden. Der aber nahm den Barbaren bei der Hand und forderte ihn auf, mit nach draußen vor die Höhle zu kommen. Jener gab nach, und Kophen zeigte ihm die jungen Männer auf der Felsspitze; ja, die Soldaten Alexanders hätten Flügel, so witzelte er voll Spott über des Gegners Vermessenheit, und das durchaus zu Recht. Schon schallte aus dem Makedonenlager der Fanfarenchor und das Gebrüll des Gesamtaufgebots. Dieser wie vieles andere im Krieg bedeutungslose, unwesentliche Umstand trieb die Barbaren zur Kapitulation: voll im Griff hatte sie die Furcht, infolgedessen waren sie zu einer korrekten Schatzung, wie wenige ihnen eigentlich im Genick saßen, nicht in der Lage. Also riefen sie Kophen hurtig zurück – der hatte sie nämlich ihrem Entsetzen überlassen – und gaben ihm dreißig Offiziere mit, den Felsen zu überantworten und unversehrten Abzug auszuhandeln. Alexander hatte zwar Angst, die Barbaren könnten mit den jungen Leuten kurzen Prozess machen, hätten sie deren geringe Zahl erst einmal entdeckt, doch auf sein Glück vertrauend und aufgebracht über Ariamazes' anmaßende Haltung, konterte er, für ihn komme nur eine bedingungslose Kapitulation in Frage. Ariamazes verzweifelte an seiner Lage, ohne dass die verloren war, und stieg

gentis suae descendit in castra; quos omnis verberibus adfectos sub ipsis radicibus petrae crucibus iussit adfigi. Multitudo deditorum incolis novarum urbium cum pecunia capta dono data est, Artabazus in petrae regionisque, quae adposita esset ei, tutelam relictus.

mit seinen Verwandten und den Vornehmsten seines Volkes hinab ins Lager. Auf Alexanders Befehl wurden diese samt und sonders ausgepeitscht und genau am Fuß des Felsmassivs gekreuzigt. Das Gros derer, die sich ergeben hatten, und das erbeutete Geld übergab der König als Geschenk den Einwohnern der Neugründungen und unterstellte den Felsenhorst sowie die angrenzende Region der Obhut von Artabazos.

Liber VIII

I [1] Alexander maiore fama quam gloria in dicionem redacta petra, cum propter vagum hostem spargendae manus essent, in tres partes divisit exercitum. Hephaestionem uni, Coenon alteri duces dederat; ipse ceteris praeerat. Sed non eadem mens omnibus barbaris fuit: armis quidam subacti, plures ante certamen imperata fecerunt; quibus eorum, qui in defectione perseveraverant, urbes agrosque iussit attribui. At exules Bactriani cum DCCC Massagetarum equitibus proximos vicos vastaverunt. Ad quos coercendos Attinas, regionis eius praefectus, CCC equites insidiarum, quae parabantur, ignarus eduxit. Namque hostis in silvis – et erant forte campo iunctae – armatum militem condidit paucis propellentibus pecora, ut inprovidum ad insidias praeda perduceret. Itaque incomposito agmine solutisque ordinibus Attinas praedabundus sequebatur; quem praetergressum silvam, qui in ea consederant, ex inproviso adorti cum omnibus interemerunt.

Celeriter ad Craterum huius cladis fama perlata est, qui cum omni equitatu supervenit. Et Massagetae quidem iam refugerant, Dahae M oppressi sunt, quorum clade totius regionis finita defectio est. Alexander quoque Sogdianis rursus subactis Maracanda repetit. Ibi Derdas, quem ad Scythas super Bos-

Buch VIII

1 [1] Nach Bezwingung dieser Feste, einer nicht übermäßig glorreichen Aktion, die aber umso mehr von sich reden machte, teilte Alexander das Heer in drei Divisionen auf, denn der nomadisierende Gegner machte ein Divergieren seiner Scharen erforderlich. Das Kommando über die eine hatte Hephaistion erhalten, Koinos das über die zweite, die verbleibende befehligte er selbst. Doch die Barbaren waren nicht alle vom selben Schlag: während manche gewaltsam bezwungen werden mussten, gelobte die Mehrheit Gehorsam, bevor es zum Kampf kam. Denen wies er die Felder und Städte der unbekehrbaren Rebellen zu. Nichtsdestotrotz verwüsteten die der Heimat beraubten Baktrer mit einer Kavallerie aus achthundert Massageten die Dörfer im Umkreis. Um sie zur Räson zu bringen, führte Attinas, der Satrap dieses Distrikts, dreihundert Reiter ins Feld, ohne freilich die leiseste Ahnung von dem Hinterhalt zu haben, den man für ihn präparierte. In den Wäldern, die zufälligerweise direkt an die Ebene stießen, hatte der Feind nämlich versteckt Bewaffnete in Stellung gelegt, wobei ein paar Mann Vieh vor sich hertrieben, ein Köder, den arglosen Gegner in die Falle zu locken. Tatsächlich setzte Attinas denen raublustig nach: aufgelöst waren die Kolonnen, alles ritt außer Reih und Glied. Kaum war jener an dem Wald vorbei, da griffen die dort Postierten unvermittelt an und machten ihn und seine Männer allesamt nieder.

Flugs gelangte die Kunde dieser Katastrophe zu Krateros, und der erschien mit der gesamten Kavallerie auf dem Plan. Die Massageten freilich waren bereits auf und davon; es erwischte tausend Daher, und mit deren Niederlage brach dann die Rebellion im ganzen Distrikt in sich zusammen. Auch Alexander kehrte nach Marakanda zurück, nachdem er die Sogdier wieder an die Kandare gelegt hatte. Hier fand sich Derdas, den

phorum colentes miserat, cum legatis gentis occurrit. Phrataphernes quoque, qui Chorasmiis praeerat, Massagetis et Dahis regionum confinio adiunctus miserat, qui facturum imperata pollicerentur. Scythae petebant, ut regis sui filiam matrimonio sibi iungeret: si dedignaretur adfinitatem, principes Macedonum cum primoribus suae gentis conubio coire pateretur; ipsum [regum] quoque regem venturum ad eum pollicebantur. Utraque legatione benigne audita Hephaestionem et Artabazum opperiens stativa habuit. Quibus adiunctis in regionem, quae appellatur Bazaira, pervenit.

[2] Barbarae opulentiae in illis locis haud ulla sunt maiora indicia quam magnis nemoribus saltibusque nobilium ferarum greges clusi. Spatiosas ad hoc eligunt silvas, crebris perennium aquarum fontibus amoenas; muris nemora cinguntur turresque habent venantium receptacula. Quattuor continuis aetatibus intactum saltum fuisse constabat. Quem Alexander cum toto exercitu ingressus agitari undique feras iussit. Inter quas cum leo magnitudinis rarae ipsum regem invasurus incurreret, forte Lysimachus, qui postea regnavit, proximus Alexandro venabulum obicere ferae coeperat. Quo rex repulso et abire iusso adiecit tam a semet uno quam a Lysimacho leonem interfici posse. Lysimachus enim quondam, cum venarentur in Syria,

er zu den Skythen oberhalb des Bosporos entsandt hatte, bei ihm ein, begleitet von Botschaftern dieses Volkes. Desgleichen ließ Phrataphernes, der Gouverneur der Chorasmier, dessen Region an Massageten- und Daherland grenzte, durch Abgesandte eine Gehorsamserklärung abgeben. Die Skythen trugen ihm eine Heirat mit der Tochter ihres Königs an: lehne er selbst eine solche Verschwägerung ab, möge er eine Vermählung der edelsten Makedonen mit Mädchen aus den besten Familien ihrer Nation gestatten; ihr König werde ihm auch noch persönlich seine Aufwartung machen, so ihr Versprechen. Beiden Delegationen schenkte der König gnädig Gehör, danach ließ er ein Standquartier errichten: er wartete ja auf Hephaistion und Artabazos. Als die wieder bei ihm waren, ging es in eine Region namens Bazaira.

[2] In jenen Gefilden zeigt sich der üppige Lebensstil der Barbaren nirgends besser als an den Rudeln edler Wildtiere, deren Gehege große Parks und ausgedehnte Forsten bilden. Zu diesem Behuf wählen sie weitläufige Wälder, deren besonderer Liebreiz in zahlreichen Quellen mit nie versiegenden Wassern besteht. Diese Waldungen umgeben sie mit Mauern, und auf Türmen sind Unterstände für Jäger eingerichtet. Ein Gelände war bekanntermaßen seit vier Generationen in Folge unberührt. Jetzt aber fiel Alexander mit seiner Gesamtarmee dort ein und veranstaltete eine Hetzjagd auf das Wildgetier: jeder Winkel sollte durchkämmt werden. Unter diesen Tieren befand sich ein Löwe von seltener Größe. Als der zum Angriff just auf Alexander angesprungen kam, befand sich gerade Lysimachos, der später König wurde[1], direkt neben ihm; er war schon dabei, seinen Jagdspieß auf das Raubtier zu schleudern, da stoppte ihn der König und forderte ihn auf, sich zu entfernen; dabei fügte er noch an, er selbst sei Manns genug, einen Löwen zu töten, mindestens genauso gut wie Lysimachos könne er das. Einst bei einer Jagd in Syrien hatte der nämlich ohne

occiderat quidem eximiae magnitudinis feram solus, sed laevo humero usque ad ossa lacerato ad ultimum periculi pervenerat. Id ipsum exprobrans ei rex fortius quam locutus est fecit: nam feram non excepit modo, sed etiam uno vulnere occidit. Fabulam, quae obiectum leoni a rege Lysimachum temere vulgavit, ab eo casu, quem supra diximus, ortam esse crediderim. Ceterum Macedones, quamquam prospero eventu defunctus erat Alexander, tamen scivere gentis suae more, ne aut pedes venaretur aut sine delectis principum atque amicorum. Ille IV milibus ferarum deiectis in eodem saltu cum toto exercitu epulatus est.

[3] Inde Maracanda reditum est, acceptaque aetatis excusatione ab Artabazo provinciam eius destinat Clito. Hic erat, qui apud Granicum amnem nudo capite regem dimicantem clipeo suo texit et Rhosacis manum capiti regis inminentem gladio amputavit, vetus Philippi miles multisque bellicis operibus clarus. Hellanice, quae Alexandrum educaverat, soror eius, haud secus quam mater a rege diligebatur. Ob has causas validissimam imperii partem fidei eius tutelaeque commisit. Iamque iter parare in posterum iussus sollemni et tempestivo adhibetur convivio. In quo rex cum multo incaluisset mero, inmodicus aestimator sui celebrare, quae gesserat, coepit, gravis etiam eorum auribus, qui sentiebant vera memorari. Silentium

Hilfe eine Riesenbestie getötet, allerdings hatte ihm diese die linke Schulter bis auf die Knochen zerfleischt, wodurch er in Lebensgefahr geraten war. Just darauf spielte die vorwurfsvolle Zurechtweisung des Königs an, der dann ein Bravourstück vollführte, kühner noch als seine Worte. Er stellte die Bestie nicht nur, nein, er tötete sie auch mit einem einzigen Stoß. Die gedankenlos verbreitete Sage, er habe Lysimachos einem Löwen vorgeworfen, basiert, so möchte ich annehmen, auf dem gerade beschriebenen Vorfall[2]. Wie dem auch sei, obwohl diese Episode für Alexander glücklich endete, stimmten die Makedonen nach ihrer Nationalsitte ab und dekretierten, er dürfe fortan weder zu Fuß auf die Jagd noch allein ohne eine Garde aus Adligen und Freunden. Jener aber tafelte, nachdem viertausend wilde Tiere erlegt worden waren, mit seinem ganzen Heer in eben diesem Wald.

[3] Von dort ging es zurück nach Marakanda, wo er den altersbedingten Rücktritt von Artabazos akzeptierte und Kleitos zum Statthalter der Provinz bestimmte. Niemand anderer als dieser hatte beim Granikos den barhäuptig fechtenden König mit seinem Schild gedeckt und Rhosakes die Hand mit dem Schwert abgetrennt, als die dem königlichen Haupt zu nahe kam; ein altgedienter Soldat Philipps war das, ein echter Kriegsheld. Zudem war seine Schwester Hellanike Alexanders Amme gewesen und wurde von dem zärtlich geliebt wie eine Mutter. Eben darum vertraute er den bedeutendsten Reichssektor der treuen Obhut dieses Mannes an. Schon hatte er Weisung erhalten, sich am folgenden Tag reisefertig zu machen, als er zu einem feierlichen, üppigen Bankett gebeten wurde. Bei dieser Festivität begann der König, feurig durch zu viel Wein, in maßloser Selbstüberschätzung ein Loblied auf seine eigenen Taten zu singen, das selbst für die Ohren jener, die im Innern vom Wahrheitsgehalt seines Rückblicks überzeugt waren, eine Zumutung darstellte. Dennoch verharrten

tamen habuere seniores, donec Philippi res orsus obterere nobilem apud Chaeroneam victoriam sui operis fuisse iactavit ademptamque sibi malignitate et invidia patris tantae rei gloriam. Illum quidem seditione inter Macedones milites et Graecos mercennarios orta debilitatum vulnere, quod in ea consternatione acceperat, iacuisse, non alia *re* quam simulatione mortis tutiorem; se corpus eius protexisse clipeo suo, ruentesque in illum sua manu occisos. Quae patrem numquam aequo animo esse confessum, invitum filio debentem salutem suam. *At*que post expeditionem, quam sine eo fecisset ipse in Illyrios, victorem scripsisse se patri fusos fugatosque hostes nec adfuisse usquam Philippum. Laude dignos esse non qui Samothracum initia viserent, cum Asiam uri vastarique oporteret, sed eos, qui magnitudine rerum fidem antecessissent.

[4] Haec et his similia laeti audiere iuvenes, ingrata senioribus erant, maxime propter Philippum, sub quo diutius vixerant, cum Clitus, ne ipse quidem satis sobrius, ad eos, qui infra ipsum cubabant, conversus Euripidis rettulit carmen, ita ut sonus magis quam sermo exaudiri posset a rege, quo significabatur male instituisse Graecos, quod tropaeis regum dumtaxat nomina inscriberent: alieno enim sanguine partam gloriam intercipi. Itaque rex, cum suspicaretur malignius habitum

die Älteren schweigend, bis Alexander daranging, Philipps Erfolge[3] kleinzureden, und sich brüstete, der glänzende Sieg bei Chaironeia, das sei sein Werk, nur seines Vaters Bosheit und Neid hätten ihn um den Ruhm dieser Meisterleistung gebracht. In der Tat habe der ja bei den Handgreiflichkeiten zwischen makedonischem Militär und griechischen Söldnern, siech von einer Verletzung, die ihm diese Revolte beschert hatte, am Boden liegend den toten Mann markiert; das, nur das sei seine Rettung gewesen: er, Alexander, habe nämlich seinen Leib mit dem Schild geschützt und eigenhändig alle Angreifer umgebracht. Das habe der Vater niemals gelassenen Herzens zugeben können: dem Sohn sein Leben zu verdanken habe dem nicht gepasst. Auch bei seinem Feldzug gegen die Illyrer, den er allein ohne Philipp veranstaltete, habe er nach seinem Sieg den Vater nur brieflich von der Niederlage und Zerschlagung des Feinds informiert: Philipp sei daran völlig unbeteiligt gewesen. Nicht jungen Leuten, die, als es galt, Asien niederzubrennen und zu verheeren, die Initiationsriten von Samothrake[4] frequentierten, gebühre Preis und Ehre, nein, darauf hätten diejenigen Anspruch, deren Großtaten alle Erwartungen überträfen.

[4] Diesem und ähnlichem lauschten die Jungen mit Vergnügen, den Älteren ging es gegen den Strich, vor allem wegen Philipp, unter dem sie länger gelebt hatten. Das war der Augenblick, in dem Kleitos, der selbst auch nicht mehr nüchtern war, Verse von Euripides[5] zum Besten gab; dabei drehte er sich zu jenen um, die weiter unten zu Tisch lagen, so dass der König weniger die Worte, sondern nur den Klang seiner Stimme vernehmen konnte. Der Sinn der Zeilen aber war der: bei den Griechen sei es ein schlechter Brauch, auf die Siegestrophäen nur die Namen der Könige zu schreiben; damit rissen die einen Ruhm an sich, der mit dem Blut anderer erkauft sei. Kurz und gut, den König überkam der Argwohn, da werde recht bos-

esse sermonem, percontari proximos coepit, quid ex Clito audissent. Et illis ad silendum obstinatis Clitus paulatim maiore voce Philippi acta bellaque in Graecia gesta commemorat omnia praesentibus praeferens. Hinc inter iuniores senesque orta contentio est, et rex, velut patienter audiret, quis Clitus obterebat laudes eius, ingentem iram conceperat. Ceterum cum animo videretur imperaturus, si finem procaciter orto sermoni Clitus inponeret, nihil eo remittente magis exasperabatur. Iamque Clitus etiam Parmenionem defendere audebat et Philippi de Atheniensibus victoriam Thebarum praeferebat excidio, non vino modo, sed etiam animi prava contentione provectus. Ad ultimum: »Si moriendum«, inquit, »est pro te, Clitus est primus; at cum victoriae arbitrium agis, praecipuum ferunt, qui procacissime patris tui memoriae inludunt. Sogdianam regionem mihi attribuis, totiens rebellem et non modo indomitam, sed quae ne subigi quidem possit. Mittor ad feras bestias praecipitia ingenia sortitas. Sed, quae ad me pertinent, transeo. Philippi milites spernis oblitus, nisi hic Atarrhias senex iuniores pugnam detrectantes revocasset, adhuc nos circa Halicarnasum haesuros fuisse. Quomodo igitur Asiam *totam* cum istis iunioribus subegisti? Verum est, ut opinor, quod avunculum tuum in Italia dixisse constat, ipsum in viros incidisse, te in feminas.«

[5] Nihil ex omnibus inconsulte ac temere iactis regem magis moverat quam Parmenionis cum honore mentio inlata. Dolo-

haft herumgelästert, und darum fragte er jene direkt neben ihm, was sie von Kleitos' Worten verstanden hätten. Die aber schwiegen hartnäckig, während jener allmählich die Stimme anschwellen ließ und Philipps Taten und Kriege in Griechenland in Erinnerung rief, wobei er diese allesamt positiver bewertete als die Gegenwart. Das provozierte einen Streit zwischen Jung und Alt, und auch den König, der Kleitos' Schmälerungen seines Ruhms scheinbar nachsichtig anhörte, hatte eine Wahnsinnswut gepackt. Zunächst sah es so aus, als könnte er seine Emotionen unter Kontrolle halten, wenn jener mit seinem frechen Gerede nur aufhöre; weil der aber rein gar nichts ausließ, geriet Alexander immer mehr in Rage. Jetzt verstieg sich Kleitos gar dazu, Parmenion zu verteidigen, und stellte, aufgeputscht vom Wein und einer verschrobenen Rechthaberei, Philipps Sieg über die Athener über die Zerstörung Thebens[6]. Sein Fazit lautete: »Wenn es darum geht, für dich zu sterben, ist Kleitos als erster dran; wenn du aber Richter über die Verteilung der Siegesprämien spielst, dann tragen jene den Löwenanteil davon, die die Erinnerung an deinen Vater am dreistesten in den Schmutz ziehen. Die Region Sogdien, die so oft aufbegehrte und nicht nur ungebändigt, nein, überhaupt unbezwingbar ist, die weist du mir an. Zu wilden Tieren werde ich geschickt, die von Natur aus reizbar sind. Doch das betrifft nur mich, deshalb Schwamm drüber! Du verachtest Philipps Soldaten und vergisst dabei, dass wir bis heute bei Halikarnass festsäßen, hätte nicht der alte Atarrhias hier das Jungvolk, das den Kampf verweigerte, zur Ordnung gerufen[7]. Wie also erklärt sich, dass du mit diesen Jungspunden ganz Asien erobert hast? Ich glaube, das verbürgte Diktum deines Onkels damals in Italien trifft die Wahrheit: er sei auf Männer gestoßen, hat der gesagt, du auf Memmen[8]!«

[5] Keiner dieser unbedachten, blindwütigen Anwürfe hatte den König mehr aufgebracht als die hochachtungsvolle Erwäh-

rem tamen rex pressit, contentus iussisse, ut convivio excederet. Nec quicquam aliud adiecit quam forsitan eum, si diutius locutus foret, exprobraturum sibi fuisse vitam a semet ipso datam: hoc enim superbe saepe iactasse. Atque illum cunctantem adhuc surgere, qui proximi ei cubuerant, iniectis manibus iurgantes monentesque conabantur abducere. Clitus, cum abstraheretur, ad pristinam vi*n*olentiam ira quoque adiecta, suo pectore tergum illius esse defensum, nunc, postquam tanti meriti praeterierit tempus, etiam memoriam invisam esse proclamat. Attali quoque caedem obiciebat et ad ultimum Iovis, quem patrem sibi Alexander adsereret, oraculum eludens veriora se regi quam patrem eius respondisse dicebat.

Iam tantum irae conceperat rex, quantum vix sobrius ferre potuisset. Enimvero olim mero sensibus victis ex lecto repente prosiluit. Attoniti amici ne positis quidem, sed abiectis poculis consurgunt in eventum rei, quam tanto impetu acturus esset, intenti. Alexander rapta lancea ex manibus armigeri Clitum adhuc eadem linguae intemperantia furentem percutere conatus a Ptolomaeo et Perdicca inhibetur. Medium conplexi et obluctari perseverantem morabantur; Lysimachus et Leonnatus etiam lanceam abstulerant. Ille militum fidem inplorans

nung Parmenions. Allerdings unterdrückte er seinen Groll und begnügte sich damit, Kleitos aufzufordern, er möge das Bankett verlassen. Nur eines fügte er noch hinzu: vielleicht hätte er ihm bei Fortsetzung seiner Ergüsse auch noch vorgehalten, dass er, Alexander, ihm sein Leben verdanke, damit habe er sich ja oft genug voller Stolz gebrüstet. Jener freilich machte keinerlei Anstalten, sich zu erheben, und so packten ihn seine nächsten Tischnachbarn und versuchten ihn dort wegzubekommen, wobei sie ihn ins Gebet nahmen und auf ihn einredeten. Jetzt war Kleitos nicht mehr nur im Weinrausch wie eben, er war in Rage: mit der eigenen Brust habe er dem König den Rücken gedeckt, doch vorüber seien die Zeiten dieses unbezahlbaren Dienstes, sogar die Erinnerung daran errege bereits Ärgernis, zeterte er, da man ihn fortschaffte. Überdies warf er dem König die Ermordung des Attalos[9] an den Kopf, und zuletzt mokierte er sich über das Orakel Jupiters, den Alexander als Vater für sich in Anspruch nehme: seine eigenen Worte an den König enthielten mehr Wahrheit als die Erhellungen seines Vaters, lautete sein Fazit.

Inzwischen hatte sich solche Wut im König aufgestaut, dass er sie selbst in nüchternem Zustand kaum hätte zügeln können. Tatsächlich aber war er vor lauter Wein seiner Sinne schon lange nicht mehr Herr; plötzlich sprang er von seiner Lagerstatt hoch. Statt ihre Becher abzusetzen, ließen die Freunde sie verschreckt fallen, wie ein Mann schnellten sie hoch, ängstlich gespannt auf die Reaktionen, die diese unbändige Zorneswallung bei Alexander hervorrufen werde. Der riss einem Knappen die Lanze aus den Händen, damit wollte er Kleitos, der seine wilden Verbalattacken fortsetzte, durchbohren, doch Ptolemaios und Perdikkas hielten ihn auf. Sie nahmen ihn in den Schwitzkasten, und obwohl er sich hartnäckig wehrte, stoppten sie ihn; Lysimachos und Leonnatos hatten ihm sogar die Lanze abgerungen. Alexander beschwor die Treue des Mi-

conprehendi se a proximis amicorum, quod Dareo nuper accidisset, exclamat signumque tuba dari, ut ad regiam armati coirent, iubet. Tum vero Ptolomaeus et Perdiccas genibus advoluti orant, ne in tam praecipiti ira perseveret spatiumque potius animo det: omnia postero die iustius executurum. Sed clausae erant aures obstrepente ira. Itaque inpotens animi procurrit in regiae vestibulum et vigili excubanti hasta ablata constitit in aditu, quo necesse erat iis, qui simul cenaverant, egredi. Abierant ceteri, Clitus ultimus sine lumine exibat. Quem rex, quisnam esset, interrogat. Eminebat etiam in voce sceleris, quod parabat, atrocitas. Et ille iam non suae, sed regis irae memor Clitum esse et de convivio exire respondit. Haec dicentis latus hasta transfixit morientisque sanguine adspersus: »I nunc«, inquit, »ad Philippum et Parmenionem et Attalum!«

II [6] Male humanis ingeniis natura consuluit, quod plerumque non futura, sed transacta perpendimus. Quippe rex, postquam ira mente decesserat, etiam ebrietate discussa magnitudinem facinoris sera aestimatione perspexit. Videbat tunc inmodica libertate abusum, sed alioqui egregium bello virum et, nisi erubesceret fateri, servatorem sui occisum. Detestabile carnificis ministerium occupaverat rex, verborum licentiam, quae vino poterat inputari, nefanda caede ultus. Manabat toto

litärs und brüllte, seine engsten Freunde legten Hand an ihn, ihm ergehe es genauso wie neulich dem Dareios; man blase die Trompeten, so sein Befehl, die Soldaten sollten sich in Waffen vor dem königlichen Quartier sammeln. Jetzt waren Ptolemaios und Perdikkas auf die Knie gesunken und baten ihn, sich nicht von einem Wutausbruch fortreißen zu lassen und eine Bedenkpause einzulegen: morgen werde er für diese ganze Geschichte eine gerechtere Lösung finden. Seine Ohren aber blieben taub, nur Zornesrauschen erfüllte sie: außer sich stürzte er ins Vestibül des Zeltes und baute sich, nachdem er einer Wache draußen den Spieß entwunden hatte, am Eingang auf, den die Tischgesellschaft wohl oder übel passieren musste. Die übrigen waren schon fort, als letzter trat Kleitos ohne Licht hinaus ins Freie, da fragte der König, wer das sei. Selbst in der Stimme akzentuierte sich die Brutalität der geplanten Untat. Vergessen war die eigene Wut, nur der Gedanke an seines Königs Rage war haftengeblieben, als jener antwortete, Kleitos sei das, auf dem Heimweg vom Bankett. Während er das noch sagte, stieß ihm Alexander den Spieß durch die Seite und sprach, mit dem Blut des Sterbenden bespritzt: »Jetzt geh nur zu deinem Philipp, zu deinem Parmenion und Attalos!«

II [6] Schlecht hat die Natur des Menschen Geist angelegt, denn in der Regel reflektieren wir statt Zukünftigem Vergangenes. In der Tat wurde sich der König, als die Wut seinen Verstand nicht mehr trübte und sein Rausch verflogen war, der Schwere seines Vergehens bewusst. In diesem Moment sah er, wen er da umgebracht hatte, einen Mann, der zwar seine Freiheit maßlos missbraucht hatte, aber ansonsten ein ausgezeichneter Recke, ja, hätte er sich nicht geschämt, das zuzugeben, sein Lebensretter war. Zu verabscheuungswürdigen Henkersdiensten hatte er sich hergegeben, indem er freche Reden, die dem Wein zuzuschreiben waren, durch ruchlosen Mord ahndete. Gerade noch hatte jener mit ihm getafelt, nun

vestibulo cruor paulo ante convivae; vigiles attoniti et stupentibus similes procul stabant, liberioremque paenitentiam solitudo excipiebat. Ergo hastam ex corpore iacentis evolsam retorsit in semet; iamque admoverat pectori, cum advolant vigiles et repugnanti e manibus extorquent adlevatumque in tabernaculum deferunt. Ille humi prostraverat corpus gemitu eiulatuque miserabili tota personan*te* regia. Laniare deinde os unguibus et circumstantes rogare, ne se tanto dedecori superstitem esse paterentur. Inter has preces tota nox extracta est. Scrutantemque, num ira deorum ad tantum nefas actus esset, subit anniversarium sacrificium Libero Patri non esse redditum stato tempore: itaque inter vinum et epulas caede commissa iram dei fuisse manifestam. Ceterum magis eo movebatur, quod omnium amicorum animos videbat attonitos: neminem cum ipso sociare sermonem postea ausurum, vivendum esse in solitudine velut ferae bestiae terrenti alias timentique.

Prima deinde luce tabernaculo corpus, sicut adhuc cruentum erat, iussit inferri. Quo posito ante ipsum lacrimis obortis: »Hanc«, inquit, »nutrici meae gratiam rettuli, cuius duo filii apud Miletum pro mea gloria occubuere mortem, hic frater, unicum orbitatis solacium, a me inter epulas occisus est. Quo nunc se conferet misera? Omnibus eius unus supersum, quem solum aequis oculis videre non poterit. Et ego, servatorum

schwamm der ganze Eingang in seinem Blut. Starr, wie betäubt, hielten die Wachen Distanz, und in dieser Verlassenheit brach die Reue hemmungsloser hervor. Aus dem Leichnam am Boden zog Alexander den Spieß und richtete ihn wider sich selbst. Schon wollte er ihn sich in die Brust rammen, da rannten die Wachen herbei und entwanden ihn, mochte er sich auch sträuben, seinen Händen; dann richteten sie den König auf und verbrachten ihn ins Zelt. Dort wälzte er sich auf der Erde, und der gesamte königliche Pavillon hallte von seinem erbärmlichen Stöhnen, seinem Ach und Weh. Danach zerkratzte er sich das Gesicht mit den Nägeln und beschwor seine Entourage, doch zu verhindern, dass er eine solche Schmach überlebe. Mit dergleichen Verzweiflungsausbrüchen zog sich die Nacht hin. Er grübelte, ob ihn der Götter Zorn zu diesem Riesenfrevel getrieben habe, und dabei dämmerte ihm, dass das jährliche Opfer an Vater Liber nicht zu seinem festen Termin erfolgt war: dementsprechend manifestiere sich durch diesen Mord bei Wein und Tafeleien der Zorn des Bacchus. Vor allem aber machte ihm die offenkundige Fassungslosigkeit all seiner Freunde zu schaffen: ab jetzt würde es keiner mehr wagen, mit ihm zu plaudern; er sei verdammt, wie ein wildes Tier sein Leben in Einsamkeit zu fristen, bald ein Schrecknis, bald selbst voll Angst.

Im Morgengrauen ordnete er an, den Leichnam, blutig wie er war, ins Zelt zu tragen. Als er vor ihm niedergelegt wurde, schossen ihm die Tränen in die Augen. »Das«, sprach er, »ist nun der Dank, den ich meiner Amme erweise, deren Söhne beide für meinen Ruhm bei Milet ihr Leben opferten: ihren einzigen Trost für den Verlust dieser Kinder, ihren Bruder hier, habe ich bei einem Festmahl getötet. Wohin wird sie sich nun wenden, die Unglückselige? Von all den Ihren bin ich allein noch übrig, der einzige, dessen Anblick ihr unerträglich sein wird. Und ich, Verbrecher an meinen Rettern, ich werde mei-

meorum latro, revertar in patriam, ut ne dexteram quidem nutrici sine memoria calamitatis eius offerre possim!« Et cum finis lacrimis querellisque non fieret, iussu amicorum corpus ablatum est. Rex triduum iacuit inclusus. Quem ut armigeri corporisque custodes ad moriendum obstinatum esse cognoverunt, universi in tabernaculum inrumpunt diuque precibus ipsorum reluctatum aegre vicerunt, ut cibum caperet. Quoque minus caedis puderet, iure interfectum Clitum Macedones decernunt sepultura quoque prohibituri, ni rex humari iussisset.

[7] Igitur X diebus maxime ad confirmandum pudorem apud Maracanda consumptis cum parte exercitus Hephaestionem in regionem Bactrianam misit commeatus in hiemem paraturum. Quam Clito ante destinaverat provinciam, Amyntae dedit, ipse Xenippa pervenit. Scythiae confinis est regio habitaturque pluribus ac frequentibus vicis, quia ubertas terrae non indigenas modo detinet, sed etiam advenas invitat. Bactrianorum exulum, qui ab Alexandro defecerant, receptaculum fuerat; sed postquam regem adventare conpertum est, pulsi ab incolis II milia fere et D congregantur. Omnes equites erant, etiam in pace latrociniis adsueti: tum ferocia ingenia non bellum modo, sed etiam veniae desperatio efferaverat. Itaque ex inproviso ad-

ner Amme bei der Heimkehr nicht einmal die Rechte entgegenstrecken können, ohne in ihr die Erinnerung an ihr Leid heraufzubeschwören.« Da er nicht aufhörte zu weinen und zu klagen, ließen seine Freunde den Leichnam abtransportieren. Abgeschieden von der Welt, stand der König drei ganze Tage unter Schock. Sobald seine Knappen und Leibwächter begriffen hatten, dass er wild entschlossen war zu sterben, verschafften sie sich im Pulk Eintritt ins Zelt; lange blieb er gegenüber ihren Bitten verstockt, schließlich aber brachten sie ihn mit Müh und Not dazu, Nahrung zu sich zu nehmen. Um seine Beschämung über den Mord zu verringern, erklärten die Makedonen Kleitos' Tötung für rechtens; ohne des Königs Befehl, ihn zu beerdigen, hätten sie ihm sogar die Bestattung verweigert[10].

[7] Die nächsten zehn Tage in Marakanda füllte Alexander also hauptsächlich damit, seine Ehre wieder zu konsolidieren, dann schickte er Hephaistion mit einem Teil des Heeres in die Region Baktrien, Proviant für den Winter zu organisieren. Diese Provinz, die er ursprünglich Kleitos zugedacht hatte, unterstellte er nun Amyntas. Er selbst erreichte Xenippa, ein Gebiet, das an Skythien grenzt und mit reich bevölkerten Dörfern dicht besiedelt ist, denn der fruchtbare Boden hält nicht nur die Einheimischen dort fest, er lockt auch Fremde an. Hier hatten die Heimatvertriebenen aus Baktrien, die von Alexander abgefallen waren, Zuflucht gefunden. Auf die definitive Nachricht vom Erscheinen des Königs wurden sie allerdings von den Einwohnern verscheucht und rotteten sich zusammen, ungefähr zweitausendfünfhundert an der Zahl. Die waren samt und sonders beritten und sogar in Friedenszeiten gewohnheitsmäßige Räuber. Jetzt freilich waren diese wilden Gemüter noch mehr verroht zum einen durch den Krieg, zum anderen dadurch, dass sie jede Hoffnung auf Amnestierung aufgegeben hatten. Daher starteten sie einen Überraschungsangriff

orti Amyntan, praetorem Alexandri, diu anceps proelium fecerant; ad ultimum DCC suorum amissis, quorum CCC hostis cepit, dedere terga victoribus haud sane inulti: quippe LXXX Macedonum interfecerunt, praeterque eos CCC et L saucii facti sunt. Veniam tamen etiam post alteram defectionem inpetraverunt.

[8] His in fidem acceptis in regionem, quam Nautaca appellant, rex cum toto exercitu venit. Satrapes erat Sisimithres duobus ex sua matre filiis genitis: quippe apud eos parentibus stupro coire cum liberis fas est. Is armatis popularibus fauces regionis, qua in artissimum cogitur, valido munimento saepserat. Praeterfluebat torrens amnis, terga petra claudebat; hanc manu perviam incolae fecerant. Sed aditu specus accipit lucem; interiora nisi inlato lumine ob*scura* sunt. Perpetuus cuniculus iter praebet in campos ignotum nisi indigenis. At Alexander, quamquam angustias naturali situ munitas [ac] valida manu barbari tuebantur, tamen arietibus admotis munimenta, quae manu adiuncta erant, concussit fundisque et sagittis propugnantium plerosque deiecit; quos ubi dispersos fugavit, ruinas munimentorum supergressus ad petram admovit exercitum. Ceterum interveniebat fluvius coeuntibus aquis ex superiore fastigio in vallem, magnique operis videbatur tam vastam voraginem explere. Caedi tamen arbores et saxa conge-

auf Amyntas, Alexanders Satrapen, und lange Zeit hatte der Kampf unentschieden gestanden. Zuletzt beliefen sich ihre Verluste auf siebenhundert Mann, von denen dreihundert in Feindeshand geraten waren, und da ergriffen sie vor den Siegern die Flucht; nichtsdestoweniger hatten sie sich teuer verkauft: achtzig Tote gab es bei den Makedonen und zudem noch dreihundertfünfzig Verwundete. Trotz ihres zweimaligen Verrats erwirkten sie eine Begnadigung.

[8] Nach deren Kapitulation gelangte der König mit der Gesamtarmee in eine Region namens Nautaka. Der dortige Satrap war Sisimithres, der mit seiner eigenen Mutter zwei Söhne gezeugt hatte. Bei den Barbaren ist nämlich der Beischlaf zwischen Eltern und Kindern keineswegs tabu. Jener hatte seine Landsleute zu den Waffen gerufen und die Pässe der Region an ihrer schmalsten Stelle mit starken Befestigungen abgeriegelt. Daran entlang floss ein reißender Bach, und das Hinterland blockierte ein Felsmassiv, durch das die dort Ansässigen mit der Hand eine Passage gebrochen hatten: allerdings wird nur der Eingangsbereich der Höhlung vom Tageslicht erhellt; ohne Laternen ist es im Inneren finster. Der Tunnel gewährt direkten Zugang aufs freie Feld, der Weg freilich ist allein den Einheimischen bekannt. Obwohl die Engstelle ein natürliches Bollwerk bildete, das die Barbaren obendrein mit einer starken Rotte sicherten, blieb Alexander unbeeindruckt; er schaffte die Widder heran, brach in die von Menschenhand geschaffene Bastion eine Bresche und brachte die meisten Verteidiger mit Schleudern und Pfeilen zur Strecke. Kaum hatte er sie in alle Richtungen verjagt, stieg er über die Trümmer der Schanze und führte das Heer an den Fels heran. Zunächst aber kam die Barriere des Flusses, dessen gesammelte Wassermassen vom Gipfel hoch oben zu Tal rauschten, und eine so breite Kluft zuzuschütten schien ein Riesenunternehmen. Dennoch erging Befehl, Bäume zu fällen und Steine aufzuhäufen. Den Barba-

ri iussit, ingensque barbaros pavor rudes ad talia opera concusserat excitatam molem subito cernentes.

[9] Itaque rex ad deditionem metu posse conpelli ratus Oxarten misit nationis eiusdem, sed dicionis suae, qui suaderet duci, ut traderet petram. Interim ad augendam formidinem et turres admovebantur et excussa tormentis tela micabant. Itaque verticem petrae omni alio praesidio damnato petiverunt. At Oxartes trepidum diffidentemque rebus suis Sisimithren coepit hortari, ut fidem quam vim Macedonum mallet experiri neu moraretur festinationem victoris exercitus in Indiam tendentis: cui quisquis semet offerret, in suum caput alienam cladem esse versurum. Et ipse quidem Sisimithres deditionem *non* abnuebat; ceterum mater eademque coniunx morituram se ante denuntians, quam in ullius veniret potestatem, barbari animum ad honestiora quam tutiora converterat, pudebatque libertatis maius esse apud feminas quam apud viros pretium. Itaque dimisso internuntio pacis obsidionem ferre decreverat. Sed cum hostis vires suasque pensaret, rursus muliebris consilii, quod praeceps magis quam necessarium esse credebat, paenitere eum coepit, revocatoque strenue Oxarte futurum se in regis potestate respondit, unum id precatus, ne voluntatem et consilium matris suae proderet, quo facilius venia illi quoque inpetraretur. Praemissum igitur Oxarten cum matre liberisque

ren waren solche Arbeiten absolut neu, und darum hatte sie gewaltige Angst gepackt, als sie plötzlich den hochgezogenen Damm vor sich sahen.

[9] Der König schlussfolgerte daraus, die würden schon vor lauter Furcht kapitulieren, und entsandte Oxyartes, einen ihrer Landsleute, der ihm untertan war, den Kommandanten zur Übergabe der Feste aufzufordern. Inzwischen schoben sich die Türme vor, es blitzten die aus den Geschützen abgeschossenen Projektile: das sollte die Panik noch vergrößern. So verwarf der Gegner denn auch jede andere Verteidigungsmaßnahme und kletterte hinauf auf den Gipfel des Felsens. Oxyartes aber setzte dem verzagten, resignierten Sisimithres zu, den Schutzgarantien der Makedonen zu vertrauen, das sei besser, als ihr Angriffspotential zu erproben: er dürfe dieses Heer auf seinem rasanten Siegeszug gen Indien nicht bremsen; wer auch immer sich dem in den Weg stelle, lenke die Katastrophe von anderen ab auf sein eigenes Haupt. Sisimithres seinerseits war einer Kapitulation nicht abgeneigt, seine Mutter indes, die zugleich seine Gemahlin war, erklärte, sie wolle eher sterben als sich unter jemandes Knute begeben, und damit hatte sie den Barbaren zur Devise Ehre vor Sicherheit bekehrt; es machte ihn beschämt, dass Frauen Freiheit höher veranschlagten als die Männer. Und so hatte er sich schließlich durchgerungen, einer Belagerung standzuhalten, und schickte den Friedensunterhändler fort. Als er jedoch die feindlichen Streitkräfte mit seinen eigenen verglich, erfasste ihn wieder die Reue, auf solch einen Weiberrat zu hören: übers Knie gebrochen schien der ihm jetzt und in der gegenwärtigen Situation nicht opportun. Hurtig rief er Oxyartes zurück und gab ihm den Bescheid, er werde sich dem König unterwerfen, nur eine Bitte habe er noch, er möge die Absichten und den Standpunkt seiner Mutter für sich behalten, damit auch deren Begnadigung umso leichter erwirkbar sei. Oxyartes machte sich als erster auf den Weg,

et totius cognationis grege sequebatur, ne expectato quidem fidei pignore, quod Oxartes promiserat. Rex equite praemisso, qui reverti eos iuberet opperirique praesentiam ipsius, supervenit et victimis Minervae [ac] Victoriae caesis imperium Sisimithri restituit spe maioris etiam provinciae facta, si cum fide amicitiam ipsius coluisset. Duos illi iuvenes patre tradente secum militaturos sequi iussit.

[10] Relicta deinde phalange ad subigendos, qui defecerant, cum equite processit. Arduum et inpeditum saxis iter primo utcumque tolerabant, mox equorum non ungulis modo attritis, sed corporibus etiam fatigatis sequi plerique non poterant, et rarius subinde agmen fiebat pudorem, ut fere fit, inmodico labore vincente. Rex tamen subinde equos mutans sine intermissione fugientes insequebatur. Nobiles iuvenes comitari eum soliti defecerant praeter Philippum. Lysimachi erat frater, tum primum adultus et, quod facile adpareret, indolis rarae. Is pedes – incredibile dictu – per D stadia vectum regem comitatus est, saepe equum suum offerente Lysimacho, nec tamen, ut digrederetur a rege, effici potuit, cum lorica indutus arma gestaret. Idem, cum perventum esset in saltum, in quo se barbari abdiderant, nobilem edidit pugnam regemque comminus cum

dann folgte Sisimithres mitsamt Mutter und Kindern sowie seiner ganzen Sippschaft, nicht einmal die von Oxyartes versprochene Sicherheitsgarantie wartete der ab. Der König hatte einen Reiter vorausdelegiert mit dem Befehl, man möge umkehren und seiner Gegenwart harren; dann tauchte er selber plötzlich auf, und nach einem Tieropfer zu Ehren der Siegreichen Minerva setzte er Sisimithres wieder als Gouverneur ein, ja, er machte ihm sogar Hoffnung auf eine größere Provinz, wenn er nur in treuer Freundschaft zu ihm stehe. Der Vater vertraute Alexander seine beiden Söhne an, und jener nahm sie in seine militärischen Dienste.

[10] Hierauf ließ er die Phalanx vor Ort, um die Abtrünnigen zur Räson zu bringen, während er selbst mit der Kavallerie weiterzog. Steil war der Weg und von Steinen blockiert; anfangs arrangierte man sich wohl oder übel damit, doch bald hatten sich nicht nur die Hufe der Rosse abgewetzt, auch physisch waren die Tiere am Ende, und der Großteil konnte nicht mehr Schritt halten; langsam wurde der Zug immer lichter: wie es in solchen Fällen üblich ist, triumphierte nämlich die übermäßige Strapaze über soldatisches Pflichtgefühl. Der König indes wechselte wiederholt die Pferde und blieb so den Fliehenden konstant auf den Fersen. Von den adligen jungen Männern, die ihn gewöhnlich begleiteten, war nur Philipp auf dem Ritt nicht zurückgefallen. Er war Lysimachos' Bruder und gerade ins Mannesalter gekommen, wobei sich sein einmaliges Naturell deutlich abzeichnete. Über eine Distanz von fünfhundert Stadien – es ist schier unglaublich – lief er zu Fuß neben Alexander, der im Sattel saß, her; immer wieder bot Lysimachos ihm sein Pferd an, trotzdem konnte er ihn nicht dazu bringen, dem König von der Seite zu weichen, obwohl er einen Brustpanzer trug und dazu noch die Waffen. Danach, an einem Gebirgspass angelangt, wo die Barbaren lauerten, lieferte er obendrein noch einen bravourösen Kampf und deckte den

hoste dimicantem protexit. Sed postquam barbari in fugam effusi deseruere silvas, animus, qui in ardore pugnae corpus sustentaverat, liquit, subitoque ex omnibus membris profuso sudore arboris proximae stipiti se adplicuit. Deinde ne illo quidem adminiculo sustinente manibus regis exceptus est, inter quas conlapsus extinguitur. Maestum regem alius haud levis dolor excepit. Erigyius inter claros duces fuerat; quem extinctum esse paulo ante, quam reverteretur in castra, cognovit. Utriusque funus omni apparatu atque honore celebratum est.

III [11] Dahas deinde statuerat petere; ibi namque Spitamenen esse cognoverat. Sed hanc quoque expeditionem, ut pleraque alia, fortuna indulgendo ei numquam fatigata pro absente transegit. Spitamenes uxoris inmodico amore flagrabat; quam aegre fugam et nova subinde exilia tolerantem in omne discrimen comitem trahebat. Illa malis fatigata identidem muliebres adhibere blanditias, ut tandem fugam sisteret victorisque Alexandri clementiam expertus placaret, quem effugere non posset. Tres adulti erant liberi ex eo geniti; quos cum pectori patris admovisset, ut saltem eorum misereri vellet, orabat; et, quo efficaciores essent preces, haud procul erat Alexander. Ille se prodi, non moneri ratus et formae profecto fiducia cupere eam quam primum dedi Alexandro acinacem strinxit percussurus uxorem, nisi prohibitus esset fratrum eius occursu. Ceterum abire e conspectu iubet addito metu mortis, si se

König im Duell mit dem Feind. Nachdem aber die Barbaren Reißaus genommen hatten hinaus aus den Wäldern, verließ ihn der Geist, der in der Hitze des Gefechtes Motor für den Leib gewesen war. Aus allen Gliedern perlte ihm plötzlich der Schweiß, und er lehnte sich an den Stamm des nächsten Baumes. Dann, als ihm selbst diese Stütze nicht mehr den nötigen Halt gab, fing ihn der König in seinen Armen auf, wo er zusammenbrach und starb. Voll Gram war Alexander, indes, es erwartete ihn ein weiterer schwerer Schlag: kurz vor seiner Rückkehr ins Lager erfuhr er vom Tod des Erigyios, der einer seiner grandiosesten Generäle gewesen war. Beider Bestattung wurde aufs ehrenvollste mit allem Pomp vollzogen.

III [11] Das nächste Angriffsziel waren die Daher, denn bei diesen, so hatte er in Erfahrung gebracht, befand sich Spitamenes. Wie meistens nahm auch diesen Feldzug an seiner statt das Glück in die Hand, das nimmer müde wurde, sich ihm gefällig zu zeigen. Spitamenes war von brennender Leidenschaft zu seiner Gattin beseelt; obwohl ihr die Flucht und das immer wieder wechselnde Exil schwer zusetzten, schleppte er sie in alle Gefahren mit. Erschöpft von diesem Leidensweg, versuchte jene es des öfteren mit weiblichen Verführungskünsten, auf dass er sich endlich von der Flucht abwende und Alexander, dessen Güte er doch erfahren habe, gnädig stimme: dem zu entkommen sei nämlich unmöglich. Drei Kinder hatte sie ihrem Mann geboren, die bereits erwachsen waren; die drückte sie an des Vaters Brust und flehte, er möge wenigstens mit ihnen Mitleid haben. Und dass Alexander bereits in der Nähe war, verlieh diesen Bitten mehr Nachdruck. In ihrer Warnung wähnte Spitamenes nichts als Verrat: in der Tat wolle sie im Vertrauen auf ihre Schönheit so schnell wie möglich in Alexanders Hände fallen. Also zückte er seinen Szimitar; erstochen hätte er seine Frau, wären deren Brüder nicht dazwischengetreten und hätten ihn gehindert. Doch er gebot ihr, sie solle

oculis eius obtulisset, et ad desiderium levandum noctes agere inter pelices coepit. Sed penitus haerens amor fastidio praesentium accensus est. Itaque rursus uni ei deditus orare non destitit, ut tali consilio abstineret patereturque sortem, quamcumque iis fortuna fecisset: sibi mortem deditione esse leviorem. At illa purgare se, quod, quae utilia esse censebat, muliebriter forsitan, sed fida tamen mente suasisset; de cetero futuram in viri potestate. Spitamenes simulato captus obsequio de die convivium apparari iubet vinoque et epulis gravis et semisomnus in cubiculum fertur. Quem ut alto et gravi somno sopitum esse sensit uxor, gladium, quem veste occultaverat, stringit caputque eius abscisum cruore respersa servo suo conscio facinoris tradit.

[12] Eodem comitante, sicuti erat cruenta veste, in Macedonum castra pervenit nuntiarique Alexandro iubet esse, quae ex ipsa deberet agnoscere. Ille protinus barbaram iussit admitti. Quam ut respersam cruore conspexit, ratus ad deplorandam contumeliam venisse, dicere, quae vellet, iubet. At illa servum, quem in vestibulo stare iusserat, introduci desideravit. Qui, quia caput Spitamenis veste tectum habebat, suspectus scrutantibus, quid occuleret, ostendit. Confuderat oris ex-

sich aus seinem Angesicht entfernen, ja, er drohte ihr mit dem Tod, sofern sie ihm vor Augen komme, und um sich über seine Sehnsucht hinwegzutrösten, ging er dazu über, die Nächte mit Haremsdamen zu verbringen. Seine tiefwurzelnde Liebe wurde allerdings durch den Überdruss an habbaren Frauen nur geschürt. Darum wandte er sich wieder ganz der einen zu und flehte sie unablässig an, auf einen solchen Vorschlag zu verzichten, vielmehr jedwedes Los, welches das Schicksal über sie verhänge, standhaft zu ertragen; zu sterben falle ihm leichter, als sich zu ergeben. Im Gegenzug fing jene an, sich zu rechtfertigen: sie habe das geraten, was sie für nützlich halte, nach schwacher Frauen Art vielleicht, auf jeden Fall aber aus treuem Herzen; fortan werde sie sich seiner männlichen Autorität beugen. Spitamenes fiel auf diese falsche Gefügigkeit herein und ließ am helllichten Tag ein Bankett herrichten. Schließlich musste er, voll von Wein und Essen, halb weggedämmert in sein Gemach getragen werden. Als seine Frau merkte, dass er tief und fest eingeschlafen war, zog sie das Schwert, das sie unter ihrem Kleid verborgen hatte, hervor und trennte ihm das Haupt ab[11]; von des Gatten Blut besprengt, übergab sie das einem Sklaven, der bei diesem Verbrechen mit ihr im Bunde stand.

[12] In dessen Begleitung gelangte sie, immer noch in blutigem Gewand, ins Lager der Makedonen, wo sie Alexander bestellte, ihre Angelegenheit erfordere ein persönliches Gespräch mit ihm. Der gewährte der Barbarin augenblicklich Zutritt. Als er sie blutbespritzt sah, glaubte er, sie wäre gekommen, Klage wegen einer erlittenen Schandtat zu führen, und ersuchte sie, ihr Anliegen vorzutragen. Jene aber verlangte, man möge den Sklaven hereinbringen, der ihrem Befehl getreu am Eingang wartete. Weil dieser mit Spitamenes' Kopf unterm Hemd aufgefallen war, verhörte man ihn, was er da verstecke, worauf er den präsentierte. Die Leichenblässe hatte die Züge des blutlee-

anguis notas pallor, nec, quis esset, nosci satis poterat. Ergo rex, certior factus humanum caput adferre eum, tabernaculo excessit percontatusque, quid rei sit, illo profitente cognoscit. Variae hinc cogitationes invicem animum diversa agitantem commoverant. Meritum ingens in semet esse credebat, quod transfuga et proditor, tantis rebus, si vixisset, iniecturus moram, interfectus esset. Contra facinus ingens aversabatur, cum optime meritum de ipsa, communium parentem liberum, per insidias interemisset. Vicit tamen gratiam meriti sceleris atrocitas, denuntiarique iussit, ut excederet castris, ne licentiae barbarae exemplar in Graecorum mores et mitia ingenia transferret.

[13] Dahae Spitamenis caede conperta Dataphernen, defectionis eius participem, vinctum Alexandro seque dedunt. Ille maxima praesentium curarum parte liberatus convertit animum ad vindicandas iniurias eorum, quibus a praetoribus suis avare ac superbe imperabatur. Ergo Phratapherni Hyrcaniam et Mardos cum Tapuris tradidit mandavitque, ut Phradaten, cui succedebat, ad se in custodiam mitteret. Arsami, Drangarum praefecto, substitutus est Stasanor, Arsaces in Mediam missus, ut Oxydates inde discederet. Babylonia demortuo Mazaeo Stameni subiecta est.

IV [14] His conpositis tertio mense ex hibernis movit exerci-

ren Antlitzes verfremdet, und eine Identifikation war damit unmöglich. Auf die Meldung, der Sklave bringe ein Menschenhaupt an, trat der König aus seinem Zelt; er forschte jenen aus, was das zu bedeuten habe, und der setzte ihn durch eine öffentliche Beichte in Kenntnis. Ein Wust von Gedanken schwirrte jetzt durch Alexanders Hirn: bald erwog er das eine, einen Augenblick später das genaue Gegenteil. Er sah in der Tötung dieses Überläufers, dieses Verräters, der, wäre er am Leben, seine gewaltigen Projekte verzögert hätte, einen höchst verdienstvollen und für ihn nur positiven Akt; andererseits war er angewidert von dem kolossalen Verbrechen, schließlich hatte ja eine Frau ihren Mann, von dem sie nur Gutes erfahren hatte und der der Vater ihrer gemeinsamen Kinder war, meuchlings ermordet. Doch am Ende überwog die Brutalität des Vergehens gegenüber der Dankbarkeit ob des erwiesenen Dienstes, und er ließ mitteilen, sie möge sich aus dem Lager entfernen, auf dass dieses Exempel barbarischen Exzesses nicht den Charakter und das sanfte Gemüt der Griechen infiziere.

[13] Auf die Kunde von Spitamenes' Tötung lieferten die Daher Dataphernes, einen Mitverantwortlichen für die Revolte, gefesselt an Alexander aus und kapitulierten zugleich. Damit war jener die meisten seiner aktuellen Sorgen los und lenkte sein Augenmerk darauf, die Schikanen zu ahnden, die seine habgierigen, hochmütigen Satrapen ihren Untertanen zufügten. Das heißt, er vertraute Hyrkanien sowie die Marden und Tapurer der Obhut von Phrataphernes an mit der Auflage, Phradates, den Vorgänger im Amt, seinem Gewahrsam zu überstellen. Arsames, der Gouverneur der Dranger, wurde durch Stasanor ersetzt; nach Medien wurde Arsakes entsandt, Oxydates abzulösen. Babylonien überantwortete er Stamenes, da Mazaios gestorben war.

IV [14] Zwei Monate, nachdem er dies geregelt hatte, führte er die Armee aus dem Winterlager; ein Gebiet mit dem Namen

tum regionem, quae Gazaca appellatur, aditurus. Primus dies quietum iter praebuit; proximus ei nondum quidem procellosus et tristis, obscurior tamen pristino non sine minis crescentis mali praeteriit. Tertio ab omni parte caeli emicare fulgura et nunc internitente luce nunc condita non oculos modo meantis exercitus, sed etiam animos terrere coeperunt. Erat prope continuus caeli fragor, et passim cadentium fulminum species visebatur, attonitisque auribus stupens agmen nec progredi nec consistere audebat. Tum repente imber grandinem incutiens torrentis modo effunditur. Ac primo quidem armis suis tecti exceperant, sed iam nec retinere arma lubrica [et] rigentes manus poterant nec ipsi destinare, in quam regionem obverterent corpora, cum undique tempestatis violentia maior, quam vitabatur, occurreret. Ergo ordinibus solutis per totum saltum errabundum agmen ferebatur, multique prius metu quam labore defetigati prostraverant humi corpora, quamquam imbrem vis frigoris concreto gelu adstrinxerat. Alii se stipitibus arborum admoverant: id plurimis et adminiculum et suffugium erat. Nec fallebat ipsos morti locum eligere, cum immobilis vitalis calor linqueret; sed grata erat pigritia corporum fatigatis, nec recusabant extingui quiescendo. Quippe non vehemens modo, sed etiam pertinax vis mali insistebat, lucemque, naturale solacium, praeter tempestatem haud disparem nocti silvarum

Gazaka war das Ziel. Der erste Tag bescherte ihnen eine ruhige Etappe, der nächste war zwar noch nicht stürmisch und widerwärtig, aber finsterer als der vorige, und in seinem Verlauf gab es schon schlimme Anzeichen für die sich anbahnende Katastrophe. Am dritten Tag schossen Blitze aus jeder Himmelsrichtung, und der Wechsel zwischen ihrem sporadischen Aufleuchten und lichtlosem Dunkel ließ dem Heer auf dem Marsch den Schreck durch die Augen hinein ins Herz fahren. Die Atmosphäre war erfüllt von fast ununterbrochenem Donnergekrache, und allenthalben konnte man das Phänomen herabzuckender Blitze beobachten; taub auf den Ohren, wagten die entsetzten Kolonnen keinen Schritt vor den anderen zu tun, stehenzubleiben freilich auch nicht. Dann fiel Regen in Strömen, vermischt mit Hagelgeprassel. Zunächst trotzten sie dem unter dem Dach ihrer Waffen, doch schon waren die steifen Hände unfähig, die glitschigen Schilde zu greifen; sie konnten nicht mehr entscheiden, in welche Richtung sie sich drehen sollten, denn womöglich kamen sie dabei nur vom Regen in die Traufe. Und so irrte der Heerzug außer Reih und Glied überall im Wald umher. Obwohl die extreme Kälte den Regen zu festem Eis hatte gefrieren lassen, hatten sich viele, eher von Furcht gebeutelt als vor Anstrengung ermattet, auf den Boden niedergeworfen; andere waren zu Baumstämmen gelaufen, dort fanden die meisten Halt und Schutz. Es war ihnen durchaus bewusst, dass sie sich damit einen Ort zum Sterben aussuchten, denn in der Reglosigkeit erkaltete die Lebenswärme; dennoch war ihnen, fertig wie sie waren, diese körperliche Starre willkommen, und sie hatten nichts dagegen, im Schlaf zu verdämmern. Der reinste Alptraum war das ja, der obendrein nicht enden wollte, und noch eins: zu dem nachtgleichen Ungewitter gesellte sich des Waldes Dunkel und ließ das Tageslicht, diesen Trost, den die Natur im Unglück schenkt, nicht durch. Inmitten dieser gewaltigen Heim-

quoque umbra suppresserat. Rex unus tanti mali patiens circumire milites, contrahere dispersos, adlevare prostratos, ostendere procul evolutum ex tuguriis fumum hortarique, ut proxima quaeque suffugia occuparent. Nec ulla res magis saluti fuit, quam quod multiplicato labore sufficientem malis, *quis* ipsi cesserant, regem deserere erubescebant.

[15] Ceterum efficacior in adversis necessitas quam ratio frigoris remedium invenit. Dolabris enim silvas sternere adgressi passim acervos struesque accenderunt. Continenti incendio ardere crederes saltum et vix inter flammas agminibus relictum locum. Hic calor stupentia membra commovit, paulatimque spiritus, quem continuerat rigor, meare libere coepit. Excepere alios tecta barbarorum, quae in ultimo saltu abdita necessitas investigaverat, alios castra, quae in humido quidem, sed iam caeli mitescente saevitia locaverunt. Duo milia militum atque lixarum calonumque pestis illa consumpsit. Memoriae proditum est quosdam adplicatos arborum truncis et non solum viventibus, sed etiam inter se conloquentibus similis esse conspectos durante adhuc habitu, in quo mors quemque deprenderat.

Forte Macedo gregarius miles seque et arma *male* sustentans tamen in castra pervenerat; quo viso rex, quamquam ipse tum maxime admoto igne refovebat artus, ex sella sua exiluit tor-

suchung bewahrte nur der König seine Fassung; der machte die Runde unter seinen Soldaten: die Verstreuten sammelte er ein, die am Boden hob er auf; er zeigte ihnen Rauchschwaden, die aus Hütten in der Ferne aufstiegen, und trieb sie an, die nächstgelegenen Zufluchtsstätten in Beschlag zu nehmen. Ihre eigentliche Rettung freilich war die Tatsache, dass sie sich schämten, einen König im Stich zu lassen, der sich den Fährnissen, von denen sie selbst sich unterkriegen ließen, trotz seines intensiveren Einsatzes gewachsen zeigte.

[15] Wie dem auch sei, Not macht erfinderisch und ist im Unglück rationalem Denken überlegen: sie war es, die ein Mittel gegen die Kälte ersann. Mit Äxten machten sie sich ans Schlagen der Bäume, danach zündeten sie hier und da die aufgeschichteten Holzhaufen an. Man hätte meinen können, ein Flächenbrand wüte in dem Wald: zwischen den Flammen blieb kaum eine Schneise für die Kolonnen. Diese Hitze gab den steifen Gliedern neuen Schwung, und allmählich begann der Atem, den die Erstarrung gedrosselt hatte, wieder frei zu fließen. Die einen fanden Unterschlupf in Barbarenbehausungen, welche sie die Not in der Abgeschiedenheit des tiefsten Waldes hatte aufspüren lassen; andere errichteten ein Lager; zwar war das Gelände noch durchnässt, der Himmel tobte jedoch schon weniger. Zweitausend Opfer an Soldaten, Marketendern und Trossknechten forderte diese Katastrophe. Der Überlieferung nach hat man dort einige an Baumstämmen lehnen sehen, die den Eindruck erweckten, als wären sie lebendig, ja, als unterhielten sie sich sogar miteinander, denn ein jeder stand wie versteinert in derselben Pose, in der ihn der Tod überraschte.

Ein gemeiner Soldat aus Makedonien, der sich und seine Rüstung kaum vorwärtsschleppen konnte, hatte nun aber durch glückliche Fügung trotz allem das Lager erreicht. Der König war gerade dabei, seine Glieder dicht am Feuer zu wär-

pentemque militem et vix compotem mentis demptis armis in sua sede iussit considere. Ille diu nec, ubi requiesceret, nec, a quo esset exceptus, agnovit. Tandem recepto calore vitali, ut regiam sedem regemque vidit, territus surgit. Quem intuens Alexander: »Ecquid intellegis, miles«, inquit, »quanto meliore sorte quam Persae sub rege vivatis? Illis enim in sella regis consedisse capital foret, tibi saluti fuit.«

Postero die convocatis amicis copiarumque ducibus pronuntiari iussit ipsum omnia, quae amissa essent, redditurum. Et promisso fides extitit. Nam Sisimithres multa iumenta et camelorum II milia adduxit pecoraque et armenta; quae distributa pariter militem et damno et fame liberaverunt. Rex gratiam sibi relatam a Sisimithre *perlaetus* sex dierum cocta cibaria ferre milites iussit Sacas petens. Totam hanc regionem depopulatus XXX milia pecorum ex praeda Sisimithri dono dat.

[16] Inde pervenit in regionem, cui Oxyartes, satrapes nobilis, praeerat, qui se regis potestati fideique permisit. Ille imperio ei reddito haud amplius, quam ut duo ex tribus filiis secum militarent, exegit. Satrapes etiam eo, qui penes ipsum relinquebatur, tradito barbara opulentia convivium, quo regem accipiebat, instruxerat. Id cum multa comitate celebrare*tur*, introduci XXX nobiles virgines iussit. Inter quas erat filia ipsius,

men, doch kaum sah er den, sprang er von seinem Sitz hoch, befreite den kältestarren Soldaten, der schon halb bewusstlos war, von seinen Waffen und bot ihm seinen Platz an. Lange Zeit hatte dieser keine Ahnung, wo er sich da ausruhte und wer sich um ihn gekümmert hatte. Als ihn die Lebenswärme dann wieder durchströmte, gewahrte er schließlich den königlichen Sitz sowie den König selbst, und gleich fuhr er erschrocken auf. Alexander schaute ihn an und sagte: »Jetzt begreifst du es, Soldat, nicht wahr, dass ihr im Gegensatz zu den Persern mit der Monarchie das große Los gezogen habt? Denen hätte es die Todesstrafe beschert, sich auf dem Königssessel niederzulassen, dich hat es gerettet.«

Am nächsten Tag berief er Freunde und Generäle ein und ließ verkünden, alle erlittenen Schäden würden auf seine Kosten ersetzt. Und dieses Versprechen hielt er auch getreulich, Sisimithres schaffte nämlich eine Menge Zugtiere heran, dazu zweitausend Kamele sowie Klein- und Großvieh. Das wurde an die Truppen verteilt, auf einen Streich waren Verluste und Hunger beseitigt. Dass Sisimithres sich erkenntlich zeigte, wurde vom König freudigst begrüßt, danach ging es Richtung Saker, wobei die Armee Weisung erhielt, Backwerk für sechs Tage mitzuführen. Nachdem er die ganze Region verheert hatte, zweigte Alexander von der Beute dreißigtausend Stück Vieh als Geschenk für Sisimithres ab.

[16] Von hier aus gelangte er in das Hoheitsgebiet des bekannten Satrapen Oxyartes, der sich ihm auf Gnade und Ungnade unterwarf. Der König gab ihm seinen Gouverneursposten zurück mit der bescheidenen Auflage, zwei seiner drei Söhne sollten unter ihm dienen; der Satrap freilich vertraute ihm auch jenen an, der bei ihm bleiben durfte. Als Empfang für den König hatte er nach Barbarenart ein bombastisches Bankett vorbereitet; während das gar heiter und fröhlich zelebriert wurde, ließ er dreißig junge Mädchen aus adligem Haus her-

Roxane nomine, eximia corporis specie et decore habitus in barbaris raro. Quae quamquam inter electas processerat, omnium tamen oculos convertit in se, maxime regis minus iam cupiditatibus suis imperantis inter obsequia fortunae, contra quam non satis cauta mortalitas est. Itaque ille, qui uxorem Darei, qui duas filias virgines, quibus forma praeter Roxanen comparari nulla potuerat, haud alio animo quam parentis aspexerat, tunc in amorem virgunculae, si regiae stirpi compararetur, ignobilis ita effusus est, ut diceret ad stabiliendum regnum pertinere Persas et Macedones conubio iungi: hoc uno modo et pudorem victis et superbiam victoribus detrahi posse. Achillem quoque, a quo genus ipse deduceret, cum captiva coisse. Ne inferri nefas arbitrentur *victi*, matrimonii iure velle iungi. Insperato gaudio laetus pater sermonem eius excipit, et rex in medio cupiditatis ardore iussit adferri patrio more panem – hoc erat apud Macedonas sanctissimum coeuntium pignus –, quem divisum gladio uterque libabat. Credo eos, qui gentis mores condiderunt, parco et parabili victu ostendere voluisse iungentibus opes, quantulo contenti esse deberent. Hoc modo rex Asiae et Europae introductam inter convivales ludos matrimonio sibi adiunxit e captiva geniturus, qui victoribus

einbringen. Darunter war auch seine eigene Tochter, Roxane mit Namen, eine wahre Beauté von elegantem Auftreten, wie es sich bei den Barbaren nur selten findet. Inmitten erlesener Schönheiten hatte sie den Raum betreten, und dennoch zog sie aller Augen auf sich, vor allem die des Königs, der seine Begierden schon weniger unter Kontrolle hatte, war er doch vom Glück verhätschelt, dem die Menschheit nicht genug misstraut. Und so verliebte sich dieser Mann, nachdem er des Dareios Gemahlin, nachdem er dessen zwei Töchter, mit deren Anmut es keine hätte aufnehmen können bis auf Roxane, ausschließlich mit väterlichen Gefühlen betrachtet hatte, jetzt leidenschaftlich in ein kleines Fräulein, das im Verhältnis zu Königskindern niedriger Abstammung war; das ging so weit, dass er erklärte, zur Stabilisierung seiner Herrschaft müsse der Bund zwischen Persern und Makedonen durch eine Ehe besiegelt werden: nur dadurch könne man den Besiegten das Gefühl der Demütigung nehmen und den Siegern ihren Hochmut. Auch Achill, der Ahnvater seines Geschlechts, habe mit einer Kriegsgefangenen geschlafen[12]; er freilich beabsichtige, eine legale Ehe zu schließen, um bei den Besiegten den Eindruck zu vermeiden, dass des Mädchens Ehre besudelt werde. Diese Worte versetzten den Vater in Entzücken, ein unverhofftes Glück war das, und der König, lodernd vor Begierde, ließ nach Brauch der Heimat Brot bringen: bei den Makedonen war dies das heiligste Symbol der Vereinigung von Mann und Frau. Man teilte es mit dem Schwert, und beide Partner aßen dann davon. Mit diesem kärglichen, leicht erhältlichen Nahrungsmittel wollten die Sittengeber dieses Volkes, so vermute ich, jenen, die einen Hausstand gründeten, verdeutlichen, mit wie wenig sie sich begnügen sollten. Auf diese Art und Weise vermählte sich der König von Asien und Europa mit einem Mädchen, das als Einlage eines Banketts präsentiert worden war: mit dieser Kriegsgefangenen wollte er den zukünftigen

imperaret. Pudebat amicos super vinum et epulas socerum ex deditis esse delectum, sed post Cliti caedem libertate sublata vultu, qui maxime servit, adsentiebantur.

V [17] Ceterum Indiam et inde Oceanum petiturus, ne quid a tergo, quod destinata inpedire posset, moveretur, ex omnibus provinciis XXX milia iuniorum legi iussit et ad se armata perduci obsides simul habiturus et milites. Craterum autem ad persequendos Haustanen et Catanen, qui ab ipso defecerant, misit; quorum Haustanes captus est, Catanes in proelio occisus. Polypercon quoque regionem, quae Bubacene appellatur, in dicionem redegit. Itaque omnibus conpositis cogitationes in bellum Indicum vertit. Dives regio habebatur non auro modo, sed gemmis quoque margaritisque, ad luxum magis quam ad magnificentiam exculta. Periti militares auro et ebore fulgere dicebant. Itaque, necubi vinceretur, cum ceteris praestaret, scutis argenteas laminas, equis frenos aureos addidit, loricas quoque alias auro, alias argento adornavit. CXX milia armatorum erant, quae regem ad id bellum sequebantur.

Iamque omnibus praeparatis *ratus*, quod olim prava mente conceperat, tunc esse maturum, quonam modo caelestes honores usurparet, coepit agitare. Iovis filium non dici tantum se,

Herrn der Sieger zeugen! Seine Freunde schämten sich, dass mitten beim Zechen und Tafeln seine Wahl auf einen Schwiegervater aus der Riege der Unterworfenen gefallen war. Nach Kleitos' Ermordung freilich war es mit freier Meinungsäußerung vorbei, und daher heuchelten sie mit stummer Miene, dem vorzüglichsten Mittel der Liebedienerei, Zustimmung.

V [17] Im übrigen mochte Alexander auf seinem Weg nach Indien und von dort zum Ozean[13] keinen Putsch im Hinterland riskieren, der seine Pläne behindern könnte, weshalb Weisung erging, in allen Provinzen dreißigtausend Mann Jungvolk zu rekrutieren und in Waffen herbeizuschaffen: als Geiseln und Soldaten zugleich sollten sie ihm dienen. Krateros aber kommandierte er ab, Haustanes und Katanes zu verfolgen, die den Aufstand gegen ihn geprobt hatten: Haustanes geriet in Gefangenschaft, Katanes wurde im Gefecht getötet. Außerdem brachte Polyperchon eine Region namens Bubakene in seine Gewalt. Damit war allenthalben für Ruhe und Ordnung gesorgt, und Alexander konnte sich auf den Indien-Feldzug konzentrieren. Es hieß, das Land sei reich an Gold, aber auch an Edelsteinen und Perlen; seine Kultur zeuge weniger von noblem Stil, sondern ziele auf Effekthascherei. Kenner des Landes behaupteten, die Krieger dort funkelten nur so von Gold und Elfenbein. Angesichts seiner universellen Überlegenheit wollte Alexander nirgendwo überboten werden, und darum peppte er die Schilde mit Silberplatten auf, die Pferde mit güldenem Zaumzeug und ließ die Harnische teils mit Gold, teils mit Silber verzieren. Insgesamt folgten dem König einhundertzwanzigtausend Bewaffnete in diesen Krieg.

Kaum waren alle Vorbereitungen abgeschlossen, meinte Alexander, die Zeit sei nun reif, eine frühere Idee seines versponnenen Hirns zu verwirklichen, also begann er, hin und her zu überlegen, wie er sich göttliche Verehrung verschaffen könne. Es lag ihm daran, dass er nicht nur »Sohn Jupiters« ge-

sed etiam credi volebat, tamquam perinde animis imperare posset ac linguis, iussitque more Persarum Macedonas venerabundos ipsum salutare prosternentes humi corpora. Non deerat talia concupiscenti perniciosa adulatio, perpetuum malum regum, quorum opes saepius adsentatio quam hostis evertit. Nec Macedonum haec erat culpa – nemo enim illorum quicquam ex patrio more labare sustinuit – sed Graecorum, qui professionem honestarum artium malis corruperant moribus. Agis quidam Argivus, pessimorum carminum post Choerilum conditor, et ex Sicilia Cleo, hic quidem non ingenii solum, sed etiam nationis vitio adulator, et cetera urbium suarum purgamenta, quae propinquis etiam maximorumque exercituum ducibus a rege *prae*ferebantur, hi tum caelum illi aperiebant Herculemque et Patrem Liberum et cum Polluce Castorem novo numini cessuros esse iactabant.

[18] Igitur festo die omni opulentia convivium exornari iubet, cui non Macedones modo et Graeci, principes amicorum, sed etiam *hostium* nobiles adhiberentur. Cum quibus cum discubuisset rex, paulisper epulatus convivio egreditur. Cleo, sicut praeparatum erat, sermonem cum admiratione laudum eius instituit; merita deinde percensuit, quibus uno modo referri gratiam posse, si, quem intellegerent deum esse, confiterentur exigua turis inpensa tanta beneficia pensaturi. Persas quidem non pie solum, sed etiam prudenter reges suos inter

nannt wurde, nein, man sollte ihn auch wirklich dafür halten, als reichte seine Macht über die Zunge der Menschen hinaus bis in ihre Seele. Also dekretierte er, die Makedonen müssten ihn nach Persermanier ehrfurchtsvoll mit Kotau begrüßen. Diesem Trachten nach Überhöhung entsprach ein dekadentes Kriechertum, dieses unausrottbare Übel der Monarchien, für deren Sturz häufiger Liebedienerei verantwortlich ist als ein Feind von außen. Die Makedonen traf dabei keine Schuld, denn jede Dekadenz des heimischen Brauchtums war ihnen unerträglich; der Fehler lag bei den Griechen, die ihre ethisch hochstehende Kultur, von der sie laut tönten, durch schlechte Sitten entwertet hatten. Irgendein Agis aus Argos, nach Choirilos Verfasser der abgeschmacktesten Epen, Kleon aus Sizilien[14], bei dem Speichelleckerei sowohl eine angeborene als auch ethnische Untugend war, sowie anderes Pack aus ihren Städten, das der König gar seinen Verwandten und den größten Generälen vorzog, waren es denn auch, die ihm damals den Himmel öffneten und großspurig verkündeten, vor der neuen Gottheit träten Herkules, Vater Liber und Kastor mitsamt Pollux ins zweite Glied.

[18] Dementsprechend ließ Alexander an einem Festtag ein Bankett mit allem Bombast organisieren, dem nicht nur seine besten Freunde unter den Makedonen und Griechen, sondern auch die Edlen aus Feindesland beiwohnen sollten. Mit diesen hatte sich der König zu Tisch gelegt, doch nach einem kurzen Mahl entfernte er sich vom Diner. Wie vereinbart hob jetzt Kleon mit einer Lobeshymne auf seine Leistungen an. Danach erfolgte eine Auflistung der Meriten Alexanders, für die es nur einen einzigen Dank geben könne: da sie ja wüssten, dass er ein Gott sei, müssten sie ihn auch öffentlich dazu erklären und bereit sein, seine so enormen Wohltaten mit einem Quentchen Weihrauch zu vergelten. Wenn die Perser ihre Könige als Götter verehrten, zeuge das in der Tat nicht nur von Frömmig-

deos colere: maiestatem enim imperii salutis esse tutelam. Ne Herculem quidem et Patrem Liberum prius dicatos deos, quam vicissent secum viventium invidiam: tantum de quoque posteros credere, quantum praesens aetas spopondisset. Quodsi ceteri dubitent, semetipsum, cum rex inisset convivium, prostraturum humi corpus. Debere idem facere ceteros et in primis sapientia praeditos: ab illis enim cultus in regem exemplum esse prodendum. Haud perplexe in Callisthenen dirigebatur oratio. Gravitas viri et prompta libertas invisa erat regi, quasi solus Macedonas paratos ad tale obsequium moraretur.

[19] Is tum silentio facto unum illum intuentibus ceteris: »Si rex«, inquit, »sermoni tuo adfuisset, nullius profecto vox responsuri tibi desideraretur: ipse enim peteret, ne in peregrinos ritus externosque degenerare se cogeres neu rebus felicissime gestis invidiam tali adulatione contraheres. Sed quoniam abest, ego tibi pro illo respondeo nullum esse eundem et diuturnum et praecoquem fructum, caelestesque honores non dare te regi, sed auferre. Intervallo enim opus est, ut credatur deus, semperque hanc gratiam magnis viris posteri reddunt. Ego autem seram inmortalitatem precor regi, ut *et* vita diuturna sit et aeterna maiestas. Hominem consequitur aliquando, numquam comitatur divinitas. Herculem modo et Patrem Liberum

keit, nein, von Klugheit: die Erhabenheit des Staatsoberhauptes sei ja Garant der Sicherheit des einzelnen. Auch Herkules und Vater Liber seien erst nach ihrem Triumph über den Neid ihrer Umwelt vergöttlicht worden: das von Zeitgenossen Verbürgte sei schließlich für die Meinung späterer Generationen über eine Person konstitutiv. Die übrigen sollten ruhig zögern, er jedenfalls werde sich, sobald der König wieder beim Bankett erscheine, vor ihm auf den Boden werfen. Alle anderen hätten die Pflicht, es ihm gleichzutun, besonders jene, die tieferer Einsicht teilhaftig seien, denn ihnen obliege bei diesem Königskult die Vorreiterrolle. Diese Anspielung zielte ganz unverhohlen auf Kallisthenes[15]. Die Charakterfestigkeit dieses Mannes und seine freimütige Schlagfertigkeit waren für den König ein Ärgernis, als wäre jener das einzige Hindernis, das die Makedonen in ihrer Devotheit noch aufhalte.

[19] Inmitten der Stille, die sich ausgebreitet hatte, von allen begafft, ergriff dieser nun das Wort: »Wäre der König bei deinem Geschwätz zugegen gewesen, bedürfte es keines Sprachrohrs, dir zu antworten. Er selbst verbäte es sich, dass du ihn zwingen willst, sich auf das Niveau exotischer Sitten fremder Völker herabzubegeben, und dass du durch diese Art Lobhudelei seine grandiosen Erfolge in Misskredit bringst. Doch er ist nicht anwesend, und darum antworte ich an seiner Stelle: es gibt keine frühreife Frucht, die zugleich lange hält; auf die göttlichen Ehren des Königs übertragen bedeutet das, statt sie ihm zu geben, raubst du sie ihm. Es braucht nämlich zeitlichen Abstand, bis ein Gott anerkannt ist, und immer ist es die Nachwelt, die diese Huldigung großen Männern zuteilwerden lässt. Ich für meinen Teil wünsche dem König Unsterblichkeit erst in ferner Zukunft, auf dass ihm ein langes Leben vergönnt sei und ewigliche Majestät. Göttlichkeit folgt bisweilen auf das Menschsein, beides zusammen aber gibt es nicht. Eben führtest du Herkules und Vater Liber als Beispiele für die Erhebung

consecratae inmortalitatis exempla referebas. Credisne illos unius convivii decreto deos factos? Prius ab oculis mortalium amolita natura est, quam in caelum fama perveheret. Scilicet ego et tu, Cleo, deos facimus: a nobis divinitatis suae auctoritatem accepturus est rex! Potentiam tuam experiri libet: fac aliquem regem, si deum potes facere! Facilius est caelum dare quam imperium? Di propitii sine invidia, quae Cleo dixit, audierint eodemque cursu, quo fluxere adhuc res, ire patiantur! Nostris moribus velint nos esse contentos! Non pudet patriae, nec desidero, ad quem modum rex mihi colendus sit, discere *a victis*. Quos equidem victores esse confiteor, si ab illis leges, quis vivamus, accipimus.«

[20] Aequis auribus Callisthenes veluti vindex publicae libertatis audiebatur. Expresserat non adsensionem modo, sed etiam vocem, seniorum praecipue, quibus gravis erat inveterati moris externa mutatio. Nec quicquam eorum, quae invicem iactata erant, rex ignorabat, cum post aulaea, quae lectis obduxerat, staret. Igitur ad Agin et Cleonem misit, ut sermone finito barbaros tantum, cum intrasset, procumbere suo more paterentur, et paulo post, quasi potiora quaedam egisset, convivium repetit. Quem venerantibus Persis Polypercon, qui cubabat super regem, unum ex iis mento contingentem humum per ludibrium coepit hortari, ut vehementius id quateret ad terram, elicuitque iram Alexandri, quam olim animo capere non

unter die Unsterblichen an. Glaubst du, die sind zu Göttern geworden, weil man es bei einem einzigen Gelage so beschlossen hat? Bevor ihr Ruhm sie hinauf in den Himmel hob, hat der Tod sie den Blicken der Menschen entrückt. Aber ja doch, Kleon, ich und du, wir sind Göttermacher, durch uns wird der König seine Legitimation als Gottheit erhalten! Ich hätte gerne eine Kostprobe deiner Fähigkeiten: mach erst einmal einen König, du Gottschöpfer! Oder ist der Himmel leichter zu vermitteln als ein Reich? Hoffentlich haben die Götter in ihrer Gnade Kleons Gerede ohne Missgunst vernommen und belassen es beim bisherigen Lauf der Dinge! Der Himmel gebe, dass wir uns mit unseren eigenen Sitten begnügen! Ich schäme mich meiner Heimat nicht, und von Besiegten will ich keine Belehrung, auf welche Art ich meinem König zu huldigen habe. Wenn die normgebend für unser Leben werden, dann, fürwahr, muss ich anerkennen, die Sieger sind sie.«

[20] Mit Genugtuung lauschten die Zuhörer Kallisthenes, der als Verfechter der öffentlichen Freiheit erschien. Außer stiller Zustimmung hatte seine Rede auch Beifallsbekundungen ausgelöst, vor allem bei den Älteren, bei denen die ausländerfreundliche Änderung ihrer eingebürgerten Sitten hart ankam. Keine Silbe dieses Wortwechsels war dem König entgangen, der stand nämlich hinter einem Vorhang, der um die Speisediwans gezogen war. Infolgedessen erhielten Agis und Kleon Weisung, nach Beendigung des Rededuells nur die Barbaren bei seinem Eintritt traditionsgemäß ihren Kotau vollführen zu lassen. Als ob ihn eine vordringlichere Angelegenheit in Beschlag genommen hätte, erschien Alexander kurz darauf wieder bei dem Bankett. Während die Perser im Anbetungsgestus vor ihm lagen, trieb Polyperchon, der weiter oben bei Tische lag, mit einem von denen, der mit dem Kinn die Erde berührte, seinen Spaß: er forderte ihn auf, das doch noch heftiger auf den Boden zu hauen. Damit aber versetzte er den Monarchen

poterat. Itaque rex: »Tu autem«, inquit, »non veneraberis me? An tibi uni digni videmur esse ludibrio?« Ille nec regem ludibrio nec se contemptu dignum esse respondit. Tum detractum eum lecto rex praecipitat in terram et, cum is pronus corruisset: »Videsne«, inquit, »idem te fecisse, quod in alio paulo ante ridebas?« Et tradi eo in custodiam iusso convivium solvit.

VI Polyperconti quidem postea *custodito* diu ignovit; in Callisthenen olim contumacia suspectum pervicacioris irae fuit. Cuius explendae matura obvenit occasio. [21] Mos erat, ut supra dictum est, principibus Macedonum adultos liberos regibus tradere ad munia haud multum servilibus ministeriis abhorrentia. Excubabant servatis noctium vicibus proximi foribus eius aedis, in qua rex adquiescebat. Per hos pelices introducebantur alio aditu, quam quem armati obsidebant. Idem acceptos ab agasonibus equos, cum rex ascensurus esset, admovebant comitabanturque et venantem et in proeliis omnibus artibus studiorum liberalium exculti. Praecipuus honor habebatur, quod licebat sedentibus vesci cum rege. Castigandi eos verberibus nullius potestas praeter ipsum erat. Haec cohors velut seminarium ducum praefectorumque apud Macedonas fuit: hinc habuere posteri reges, quorum stirpi post multas aetates Romani opes ademerunt.

in Rage, und über die hatte dieser schon seit Zeiten keine Kontrolle mehr. »Du willst mir also im Gegensatz zu dem da keine Verehrung erweisen? Vielleicht meinst du ja als einziger, Hohn und Spott sei es, was mir gebühre?«, brauste er auf. Darauf erwiderte jener, genauso wenig wie der König Hohn und Spott verdiene er selbst eine derart despektierliche Unterstellung. Da riss ihn dieser von seinem Sofa und schleuderte ihn zu Boden, und als der, das Gesicht voran, dort gelandet war, stichelte er: »Siehst du, nun hast du das gleiche getan, worüber du gerade noch bei einem anderen lachen musstest!« Dann ließ er ihn in Gewahrsam nehmen und hob das Gastmahl auf.

VI Nach langer Haft erwirkte Polyperchon Verzeihung bei Alexander, sein Groll gegen Kallisthenes aber, der durch seine Störrischkeit schon vorher seinen Argwohn erregt hatte, war hartnäckiger. Recht bald fand sich Gelegenheit, dem Luft zu machen. [21] Beim makedonischen Adel war es, wie oben ausgeführt, Sitte, die erwachsenen Söhne in die Obhut der Monarchen zu geben, bei denen sie Funktionen, die nahezu Sklavendiensten entsprachen, übernahmen. In genau festgelegtem Turnus hielten diese des Nachts direkt an der Tür des königlichen Schlafquartiers Wache; durch einen anderen Eingang, nicht den, wo die bewaffneten Posten standen, führten sie ihm die Konkubinen zu. Von den Stallknechten holten sie die Pferde ab und führten sie heran, wenn der König aufsitzen wollte; sie eskortierten ihn auf der Jagd und in der Schlacht; dabei hatten sie eine umfassende höhere Bildung genossen. Als ihr herausragendes Privileg galt, im Sitzen mit dem König speisen zu dürfen. Nur er war autorisiert, sie mit Schlägen zu züchtigen. Diese Gruppe war bei den Makedonen eine Art Kaderschmiede für zukünftige Offiziere und Kommandeure; aus ihr rekrutierten spätere Geschlechter ihre Herrscher, deren Nachkommen erst viele Generationen später von den Römern entmachtet wurden[16].

Igitur Hermolaus, puer nobilis ex regia cohorte, cum aprum telo occupasset, quem rex ferire destinaverat, iussu eius verberibus adfectus est. Quam ignominiam aegre ferens deflere apud Sostratum coepit. Ex eadem cohorte erat Sostratus, amore eius ardens. Qui cum laceratum corpus, in quo deperibat, intueretur, forsitan olim ob aliam quoque causam regi infestus, iuvenem sua sponte iam motum data fide acceptaque perpulit, ut occidendi regem consilium secum iniret. Nec puerili impetu rem executi sunt: quippe sollerter legerunt, quos in societatem sceleris adsciscerent. Nicostratum, Antipatrum Asclepiodorumque et Philotan placuit adsumi; per hos adiecti sunt Anticles, *et Aph*tonius et Epimenes. Ceterum agendae rei haud sane facilis patebat via: opus erat eadem omnis coniuratos nocte excubare, ne ab expertibus consilii inpedirentur, forte autem alius alia nocte excubabat. Itaque in permutandis stationum vicibus ceteroque apparatu exequendae rei XXX et duo dies absumpti sunt.

[22] Aderat nox, qua coniurati excubare debebant, mutua fide laeti, cuius documentum tot dies fuerant. Neminem metus spesve mutaverat: tanta omnibus vel in regem ira vel fides inter ipsos fuit. Stabant igitur ad fores aedis eius, in qua rex vescebatur, ut convivio egressum in cubiculum deducerent. Sed fortuna ipsius simulque epulantium comitas provexit omnes ad largius vinum; ludi etiam convivales extraxere tempus, nunc

Nun hatte Hermolaos, ein vornehmer Junge aus diesem Corps königlicher Pagen, einen Keiler getroffen, den der König erlegen wollte, und wurde dafür auf dessen Befehl hin ausgepeitscht. Diese Schmach war dem arg, und so weinte er sich bei Sostratos aus, der auch zu diesem Verband gehörte und in Liebe zu dem jungen Mann entflammt war. In Fetzen sah der nun den Leib, nach dem er vor Leidenschaft verging, vielleicht hasste er den König auch noch aus einem anderen, weiter zurückliegenden Grund, jedenfalls stachelte er Hermolaos, der von sich aus schon in Harnisch war, unter wechselseitigen Treueschwüren auf, mit ihm ein Attentat auf den Monarchen zu planen. Mit jugendlichem Ungestüm gingen die fürwahr nicht zu Werke: geschickt suchten sie ihre Komplizen aus. Ihre Wahl fiel auf Nikostratos, Antipater, Asklepiodoros und Philotas; hinzu kamen Antikles, Aphthonios und Epimenes. Um das Vorhaben auszuführen, gab es freilich nur einen Weg, und der war sehr schwierig: alle Verschwörer mussten in ein und derselben Nacht Posten stehen, um eine Störung durch Nicht-Eingeweihte auszuschließen; der Zufall aber wollte, dass ihre Dienstzeiten divergierten. Den Wachturnus zu ändern und die sonstigen Vorbereitungen zu treffen kostete sie zweiunddreißig Tage.

[22] Endlich brach die Nacht an, in der die Verschwörer zusammen Wache halten mussten; wegen ihres treuen Zusammenhalts, von dem die vielen Tage Zeugnis ablegten, waren sie guten Mutes: keinen hatte Furcht oder Hoffnung zum Umfallen gebracht, so stark war bei allen teils der Zorn auf den König, teils die Solidarität untereinander. Kurz und gut, sie standen an der Tür des Gemachs, wo der König speiste, um ihn nach Verlassen des Diners ins Schlafzimmer zu geleiten. Doch Alexanders Glück sowie die ausgelassene Stimmung an der Tafel animierte die ganze Gesellschaft, reichlicher dem Wein zuzusprechen. Auch wegen der Unterhaltungseinlagen wurde es später

laetantibus coniuratis, quod sopitum adgressuri essent, nunc sollicitis, ne in lucem convivium extraheret. Quippe alios in stationem oportebat prima luce succedere ipsorum post septimum diem reditura vice, nec sperare poterant in illud tempus omnibus duraturam fidem.

Ceterum cum iam lux adpeteret, et convivium solvitur, et coniurati exceperunt regem, laeti occasionem exequendi sceleris admotam, cum mulier attonitae, ut creditum est, mentis conversari in regia solita, quia instinctu videbatur futura praedicere, non occurrit modo abeunti, sed etiam semet obiecit vultuque et oculis motum praeferens animi, ut rediret in convivium, monuit. Et ille per ludum bene deos suadere respondit revocatisque amicis in horam diei ferme secundam convivii tempus extraxit. Iam alii ex cohorte in stationem successerant ante cubiculi fores excubituri, adhuc tamen coniurati stabant vice officii sui expleta: adeo pertinax spes est, quam humanae mentes devoraverunt. Rex benignius quam alias adlocutus discedere eos ad curanda corpora, quoniam tota nocte perstitissent, iubet. Data singulis L sestertia conlaudatique, quod etiam aliis tradita vice tamen excubare perseverassent.

[23] Illi tanta spe destituti domos abeunt. Et ceteri quidem expectabant stationis suae noctem; Epimenes sive comitate regis, qua ipsum inter coniuratos exceperat, repente mutatus,

und später, so dass die Attentäter bald frohlockten, auf ein Opfer im Tiefschlaf zu treffen, bald voller Nervosität fürchteten, dass sich das Gelage bis zum Morgen hinziehen könne. Bei Tagesanbruch erfolgte ja die Wachablösung, erst in einer Woche käme dann die Reihe wieder an sie, und dass bis dahin alle bei der Stange blieben, darauf konnte man nicht bauen.

Schließlich aber, als es bereits dämmerte, ging das Festmahl zu Ende und die Verschwörer nahmen sich des Königs an, heilfroh, dass der Augenblick, die Tat zu vollbringen, jetzt nah war. Da trat dem, als er wegging, eine Frau entgegen, deren Geist, so glaubte man, sich in Verzückung befand und die, da man in ihr eine göttlich inspirierte Weissagerin sah, zum ständigen Umfeld Alexanders gehörte; sogar den Weg verstellte sie ihm und heischte, Ekstase in Miene und Blick, er solle sich zurück zu der Gesellschaft begeben. Und jener antwortete im Scherz, einen guten Rat gäben ihm da die Götter, rief die Freunde wieder herbei und dehnte das Gelage fast bis zur zweiten Stunde des Tages aus. Schon waren andere aus dem Pagencorps mit Wacheschieben vor der Tür des Schlafgemachs dran, die Verschwörer freilich standen immer noch dort, obgleich ihr Dienst vorüber war: dermaßen beharrlich ist die Hoffnung, hat des Menschen Herz erst einmal davon gekostet. Mit netteren Worten als üblich forderte der König sie auf, sich zu entfernen und auszuruhen, schließlich seien sie die ganze Nacht auf den Beinen gewesen. Jeden belohnte er mit fünfzig Sesterzen und lobte sie, dass sie trotz Ablösung ihren Wachposten nicht verlassen hätten.

[23] So zogen jene, in ihren gewaltigen Plänen frustriert, in ihre Unterkünfte ab. Alle beschlossen, ruhig auf die Nacht ihres nächsten Einsatzes zu warten, nur Epimenes war plötzlich wie umgedreht, vielleicht aufgrund der besonderen Freundlichkeit, mit der ihn der König vor den Mitverschwörern bedacht hatte, vielleicht auch weil er glaubte, die Götter seien

sive quia coeptis deos obstare credebat, fratri suo Eurylocho, quem antea expertem esse consilii voluerat, quid pararetur, aperit. Omnibus Philotae supplicium in oculis erat. Itaque protinus inicit fratri manum et in regiam pervenit excitatisque custodibus corporis ad salutem regis pertinere, quae adferret, adfirmat. Et tempus, quo venerant, et vultus haud sane securi animi index et maestitia e duobus alterius Ptolomaeum ac Leonnatum excubantes ad cubiculi limen excitaverunt. Itaque apertis foribus et lumine inlato sopitum mero ac somno excitant regem. Ille paulatim mente collecta, quid adferrent, interrogat. Nec cunctatus Eurylochus non ex toto domum suam aversari deos dixit, quia frater ipsius, quamquam impium facinus ausus foret, tamen et paenitentiam eius ageret et per se potissimum profiteretur indicium. In eam ipsam noctem, quae decederet, insidias conparatas fuisse; auctores scelesti consilii esse, quos minime crederet rex. Tum Epimenes cuncta ordine consciorumque nomina exponit.

Callisthenen non ut participem facinoris nominatum esse constabat, sed solitum puerorum sermonibus vituperantium criminantiumque regem faciles aures praebere. Quidam adiciunt, cum Hermolaus apud eum quoque verberatum se a rege quereretur, dixisse Callisthenen meminisse debere eos iam viros esse; idque ad consolandam patientiam verberum an ad in-

dem Vorhaben abhold; der eröffnete seinem Bruder Eurylochos, den er zuvor aus dem Komplott hatte heraushalten wollen, was man im Schilde führte. Jedermann schwebte noch das Martyrium des Philotas vor Augen. Deshalb schnappte sich jener spornstreichs den Bruder: schon war er beim Quartier des Königs, scheuchte die diensttuenden Generaladjutanten auf und versicherte, er habe eine Meldung, die des Königs Sicherheit betreffe. Der Zeitpunkt ihres Erscheinens, ihr Gesichtsausdruck, der ihre innere Unruhe spiegelte, die Gedrücktheit des einen waren für Ptolemaios und Leonnatos, die an der Schwelle des Schlafgemachs Wache hielten, ein Alarmsignal. Also öffneten sie die Tür, sorgten für Licht und weckten den König, der tief und fest seinen Weinrausch ausschlief. Langsam wurde er klar im Kopf und fragte, was sie ihm zu sagen hätten. Ohne sich einen Augenblick zu besinnen, erklärte Eurylochos, noch hätten die Götter seinem Haus nicht ganz und gar den Rücken gekehrt, denn ja, sein Bruder habe sich zu einem frevelhaften Verbrechen erkühnt, doch er zeige Reue und sei zu einer freiwilligen Aussage bereit, ihn habe er dabei zu seinem Sprecher erkoren: just für die soeben vergangene Nacht sei ein Anschlag geplant gewesen; die Drahtzieher dieses verbrecherischen Komplotts seien Leute, von denen der König dergleichen mitnichten für möglich halte. Danach legte Epimenes alles der Reihe nach offen, die Namen der Mitwisser eingeschlossen.

Kallisthenes wurde definitiv nicht als Beteiligter genannt, es war freilich bekannt, dass er immer wieder ein offenes Ohr für die Kritik und die Vorwürfe hatte, die die Pagen in ihren Unterhaltungen gegen den König äußerten. Manche Quellen fügen dem noch hinzu, er habe Hermolaos' Beschwerde über die vom König verfügte Auspeitschung mit dem Kommentar quittiert, sie sollten sich darauf besinnen, dass sie schon Männer seien; ungeklärt bleibe dabei allerdings, ob diese Worte da-

citandum iuvenum dolorem dictum esset, in ambiguo fuisse. Rex animi corporisque sopore discusso, cum tanti periculi, quo evaserat, imago oculis oberraret, Eurylochum L talentis et cuiusdam Tiridatis opulentis bonis protinus donat fratremque, antequam pro salute eius precaretur, restituit. Sceleris autem auctores, interque eos Callisthenen, vinctos adservari iubet. Quibus in regiam adductis toto die et nocte proxima mero ac vigiliis gravis adquievit.

[24] Postero autem frequens consilium adhibuit, cui patres propinquique eorum, de quibus agebatur, intererant, ne de sua quidem salute securi: quippe Macedonum more perire debebant omnium devotis capitibus, qui sanguine contigissent reos. Rex introduci coniuratos praeter Callisthenen iussit, atque, quae agitaverant, sine cunctatione confessi sunt. Increpantibus deinde universis eos ipse rex, quo suo merito tantum in semet cogitassent facinus, interrogat.

VII Stupentibus ceteris Hermolaus: »Nos vero«, inquit, »quoniam, quasi nescias, quaeris, occidendi te consilium iniimus, quia non ut ingenuis imperare coepisti, sed quasi in mancipia dominaris.« Primus ex omnibus pater ipsius Sopolis parricidam etiam parentis sui clamitans esse consurgit et ad os manu obiecta scelere et malis insanientem ultra negat audien-

zu gedacht waren, über die erlittenen Schläge hinwegzutrösten oder bei den jungen Männern Erbitterung zu wecken. Kaum hatte Alexander den Schlaf abgeschüttelt, so dass er geistig und physisch wieder munter war, dämmerte ihm, welch kolossaler Gefahr er da entronnen war, und so übereignete er Eurylochos auf der Stelle fünfzig Talente sowie den reichen Besitz eines gewissen Tiridates; auch den Bruder nahm er wieder in Gnaden auf, es bedurfte erst gar keiner Bitte, den zu verschonen; die verbrecherischen Intriganten aber, darunter Kallisthenes, ließ er in Fesseln legen und in Gewahrsam nehmen. Nachdem man sie in die Burg geschafft hatte, ruhte er sich, mitgenommen von Alkohol und Schlafmangel, den ganzen Tag und die folgende Nacht aus.

[24] Am nächsten Tag aber berief er einen vielköpfigen Rat ein, an dem die Väter und Verwandten der Beschuldigten teilnahmen, die auch um ihr eigenes Leben bangten: nach makedonischem Usus waren sie des Todes, denn jeder, der durch Blutsbande mit einem Angeklagten in Beziehung stand, hatte seinen Kopf verwirkt. Auf Befehl des Königs wurden die Verschwörer mit Ausnahme von Kallisthenes vorgeführt, und ohne Zögern gestanden sie ihre Ränke. Gleich hagelte es von allen Seiten Beschimpfungen, der König selbst aber fragte sie ruhig, womit er es verdient habe, dass man ein so abscheuliches Verbrechen wider ihn plane.

VII Während die übrigen wie betäubt waren, sagte ihm Hermolaos die Meinung: »Wenn du uns schon wie ein Unschuldslamm fragst, wir haben den Plan, dich umzubringen, gefasst, weil du dich neuerdings wie ein despotischer Sklavenherr gerierst, nicht mehr wie ein König über freie Männer.« Als erster von allen sprang Sopolis auf, dessen Vater, und schrie, der Sohn mache sich zum Mörder an seinem eigenen Erzeuger; mit der Hand verschloss er ihm den Mund und erklärte, einem Irrwitzigen, der vor schlechtem Gewissen und Drangsal den

dum. Rex inhibito patre dicere Hermolaum iubet, quae ex magistro didicisset Callisthene. Et Hermolaus: »Utor«, inquit, »beneficio tuo et dico, quae nostris malis didici. Quota pars Macedonum saevitiae tuae superest? quotus quidem non e vilissimo sanguine? Attalus et Philotas et Parmenio et Lyncestes Alexander et Clitus, quantum ad hostes pertinet, vivunt, stant in acie, te clipeis suis protegunt et pro gloria tua, pro victoria vulnera excipiunt. Quibus tu egregiam gratiam rettulisti. Alius mensam tuam sanguine suo adspersit, alius ne simplici quidem morte defunctus est; duces exercituum tuorum in eculeum inpositi Persis, quos vicerant, fuere spectaculo. Parmenio indicta causa trucidatus est, per quem Attalum occideras. Invicem enim miserorum uteris manibus ad expetenda supplicia et, quos paulo ante ministros caedis habuisti, subito ab aliis iubes trucidari.«

[25] Obstrepunt subinde cuncti Hermolao, pater supremum strinxerat ferrum percussurus haud dubie, ni inhibitus esset a rege: quippe Hermolaum dicere iussit petiitque, ut causas supplicii augentem patienter audirent. Aegre ergo coercitis rursus Hermolaus: »Quam liberaliter«, inquit, »pueris rudibus ad dicendum agere permittis! At Callisthenis vox carcere inclusa

Verstand verloren habe, dem dürfe man nicht weiter zuhören. Der König gebot dem Vater Einhalt und forderte Hermolaos auf darzulegen, mit was für einer Lektion ihn Kallisthenes indoktriniert habe. Darauf konterte dieser: »Ich nutze die Gunst dieses Angebots und erläutere dir umgekehrt, welche Lektion mir unser Unglück erteilt hat. Wie viele Makedonen haben deine Brutalitäten denn überlebt, welch kleiner Bruchteil, sag, wobei ich nicht von der absoluten Unterschicht spreche? Attalos, Philotas, Parmenion, Alexander der Lynkester, Kleitos gehen nicht auf das Konto der Feinde, munter und fidel wären die, unerschütterlich stünden sie in vorderster Front, deckten dich mit ihren Schilden und kassierten Wunden für deinen Ruhm, für deinen Sieg. Wie trefflich hast du ihnen das gedankt! Der eine hat deine Tafel mit seinem Blut bespritzt, der andere ist gleich etliche Tode gestorben. Auf die Folter gespannt, wurden Generäle deiner Armeen zum Spektakel für die Perser, über die sie triumphiert hatten. Ohne Möglichkeit, sich zu verteidigen, wurde Parmenion gemeuchelt, er, der Attalos für dich erledigte. Mal bedienst du dich ja des Arms dieser armen Kerle als Hinrichtungswerkzeug, mal lässt du sie, die dir eben noch als Helfershelfer bei Mord und Totschlag dienten, plötzlich von anderen metzeln.«

[25] Augenblicklich ging ein Aufschrei durch die ganze Versammlung, der Vater schwang das Schicksalsschwert: zweifellos hätte er den Sohn durchbohrt, wäre er vom König nicht gestoppt worden. Der freilich forderte Hermolaos auf, er möge sich nur äußern, wobei er sich zugleich ausbat, dessen Ausführungen, die die Gründe für seine Hinrichtung nur multiplizierten, geduldig zu lauschen. Kurz und gut, kaum waren mit Müh und Not Ruhe und Ordnung wiederhergestellt, fuhr der Page unbeirrt fort: »Welche Großmut, dass du rhetorisch unbedarften Jungen erlaubst, ihre Sache zu vertreten! Kallisthenes aber ist hinter Kerkermauern der Mund gestopft, da er der

est, quia solus potest dicere. Cur enim non producitur, cum etiam confessi audiuntur? Nempe quia liberam vocem innocentis audire metuis ac ne vultum quidem pateris. Atqui nihil eum fecisse contendo. Sunt hic, qui mecum rem pulcherrimam cogitaverunt: nemo est, qui conscium fuisse nobis Callisthenen dicat, cum morti olim destinatus sit a iustissimo et patientissimo rege. Haec ergo sunt Macedonum praemia, quorum ut supervacuo et sordido abuteris sanguine! At tibi XXX milia mulorum captivum aurum vehunt, cum milites nihil domum praeter gratuitas cicatrices relaturi sint. Quae tamen omnia tolerare potuimus, antequam nos barbaris dederes et novo more victores sub iugum mitteres. Persarum te vestis et disciplina delectat, patrios mores exosus es. Persarum ergo, non Macedonum regem occidere voluimus et te transfugam belli iure persequimur. Tu Macedonas voluisti genua tibi ponere venerarique te ut deum; tu Philippum patrem aversaris et, si quis deorum ante Iovem haberetur, fastidires etiam Iovem. Miraris, si liberi homines superbiam tuam ferre non possumus? Quid speramus ex te, quibus aut insontibus moriendum est aut, quod tristius morte est, in servitute vivendum? Tu quidem, si emendari potes, multum mihi debes. Ex me enim scire coepi-

einzig Eloquente ist. Fürwahr, warum wird er nicht vorgeführt, wo doch sogar jene hier ein offenes Ohr finden, die bereits ein Geständnis abgelegt haben? Du hast Angst davor, das freimütige Wort eines Unschuldigen zu hören, ja nicht einmal dessen Blick kannst du ertragen, genau das ist es. Gleichwohl bestehe ich vehement darauf: er hat nichts getan. Jene, die mit mir dieses so glorreiche Komplott schmiedeten, sind hier; darunter ist keiner, der behaupten wollte, Kallisthenes habe mit uns unter einer Decke gesteckt, mag ihn auch unser ach so gerechter, toleranter König schon längst zum Sterben verurteilt haben. Das also ist dein Lohn für die Makedonen, deren Blut du vergeudest, als gälte es rein gar nichts! Dein Beutegold dagegen, das transportieren dreißigtausend Mulis, nur deine Soldaten werden nichts mit heimnehmen bis auf ihre Narben, die sie sich für nichts und wieder nichts eingehandelt haben. Dennoch konnten wir uns mit all dem abfinden, solange du uns nicht den Barbaren opfertest und uns, die Sieger, durch neue Unsitten unters Joch zwangst. In Entzücken versetzen dich persische Kleidung und Zivilisation, das heimische Brauchtum ist dir verhasst. Damit galt unser Anschlag dem Perserkönig, nicht dem der Makedonen: hier gilt Kriegsrecht, wir sind hinter dir her, denn du bist ein Überläufer. Wer wollte denn, dass die Makedonen vor ihm in die Knie gingen und ihn als Gott verehrten, wer hat sich denn von seinem Vater Philipp abgekehrt und würde sich sogar Jupiters schämen, wenn irgendein Gott höher im Kurs stünde als der? Du! Und da wunderst du dich, wenn wir, die wir freie Menschen sind, deine Überheblichkeit unerträglich finden? Was haben wir von dir schon zu gewärtigen, entweder sind wir schuldlos Todeskandidaten, oder, was noch trauriger ist als der Tod, wir müssen in Knechtschaft unser Dasein fristen. Doch zurück zu dir: vermagst du dich zu bessern, dann hast du mir viel zu verdanken. Von mir nämlich hast du zum ersten Mal erfahren, was freigeborenen

sti, quid ingenui homines ferre non possint. De cetero *propinquorum* orbam senectutem suppliciis ne oneraveris! Nos iube duci, ut, quod ex tua morte petieramus, consequamur ex nostra.« Haec Hermolaus.

VIII [26] At rex: »Quam falsa sint«, inquit, »quae iste tradita a magistro suo dixit, patientia mea ostendit. Confessum enim ultimum facinus tamen non solum ipse *audivi, sed ut vos* audiretis expressi, non inprudens, cum permisissem latroni huic dicere, usurum eum rabie, qua conpulsus est, ut me, quem parentis loco colere deberet, vellet occidere. Nuper cum procacius se in venatione gessisset, more patrio et ab antiquissimis Macedoniae regum usurpato castigari eum iussi. Hoc et oportet fieri et ferunt a tutoribus pupilli, a maritis uxores; servis quoque pueros huius aetatis verberare concedimus. Haec est saevitia in ipsum mea, quam impia caede voluit ulcisci. Nam in ceteros, qui mihi permittunt uti ingenio meo, quam mitis sim, non ignoratis: commemorare supervacuum est. Hermolao parricidarum supplicia non probari, cum eadem ipse meruerit, minime, hercule, admiror. Nam cum Parmenionem et Philotan laudat, suae servit causae. Lyncestem vero Alexandrum *quamv*is insidiatum capiti meo a duobus indicibus li*tterisque suis* convictum per triennium tamen distuli, donec vos postularetis, ut tandem debito supplicio scelus lueret.

Menschen unzumutbar ist. Noch eines: mach die alten Tage unserer Verwandten, die nun ohne Nachfahren dastehen, nicht durch Strafen noch härter! Uns lass exekutieren, damit wir durch unseren Tod in den Genuss dessen kommen, was uns der deine verschaffen sollte.« So die Worte des Hermolaos.

VIII [26] Jetzt war der König dran: »Wie falsch diese Behauptungen sind, die der seinem Lehrer nachplappert, dafür ist meine Geduld der Beweis. Angehört habe ich ihn, obwohl er das schrecklichste aller Verbrechen gestanden hat, ja, darüber hinaus habe ich auch euch genötigt, das zu tun, in der weisen Voraussicht, dass dieser Hundsfott, bekäme er Gelegenheit, sich zu artikulieren, eine Kostprobe jener Tollwütigkeit liefern würde, die ihn getrieben hat, mich, den er wie einen Vater verehren müsste, umbringen zu wollen. Weil er sich auf der Jagd neulich allzu unverschämt vorgedrängt hatte, habe ich ihn nach heimischer Sitte, die schon bei den ältesten Königen Makedoniens Anwendung fand, züchtigen lassen. Diese Bestrafung ist notwendig und berechtigt; Mündel akzeptieren sie von ihrem Vormund, Ehefrauen von ihren Gatten; sogar Sklaven ermächtigen wir, Jungen dieses Alters zu schlagen. Das ist meine ganze Brutalität ihm gegenüber, die er durch frevelhaften Mord rächen wollte. Wie mild ich gegen Leute bin, bei denen ich mir gestatten darf, nach meinem Naturell zu handeln, wisst ihr genau, weshalb das nicht weiter erwähnenswert ist. Dass Hermolaos die Exekutierung von Königsmördern nicht gutheißt, weil er sie selbst verdient, das, beim Herkules, wundert mich keineswegs: indem er das Loblied eines Parmenion und Philotas singt, dient er ja nur seiner eigenen Sache. Was aber die Hinrichtung Alexanders des Lynkesters anbetrifft, jenes Attentäters, der von zwei Zeugen und seinen eigenen Briefen überführt wurde, die habe ich trotz allem drei Jahre lang ausgesetzt, bis ihr fordertet, er solle endlich für sein Verbrechen die gebührende Strafe bekommen. Attalos, ihr erin-

Attalum, antequam rex essem, hostem meo capiti fuisse meministis. Clitus utinam non coegisset me sibi irasci! Cuius temerariam linguam probra dicentis mihi et vobis diutius tuli, quam ille eadem me dicentem tulisset. Regum ducumque clementia non in ipsorum modo, sed etiam in illorum, qui parent, ingeniis sita est. Obsequio mitigantur imperia; ubi vero reverentia excessit animis et summa imis confunduntur, vi opus est, ut vim repellamus.

[27] Sed quid ego mirer istum crudelitatem mihi obiecisse, qui avaritiam exprobrare ausus sit? Nolo singulos vestrum excitare, ne invisam mihi liberalitatem meam faciam, si pudori vestro gravem fecero. Totum exercitum adspicite: qui paulo ante nihil praeter arma habebat, nunc argenteis cubat lectis, mensas auro onerant, servorum greges ducunt, spolia de hostibus sustinere non possunt.

At enim Persae, quos vicimus, in magno honore sunt apud me! *Mihi* quidem moderationis meae certissimum indicium est, quod ne victis quidem superbe impero. Veni enim in Asiam, non ut funditus everterem gentes nec ut dimidiam partem terrarum solitudinem facerem, sed ut illos, quos bello subegissem, victoriae meae non paeniteret. Itaque militant vobiscum, pro imperio vestro sanguinem fundunt, qui superbe habiti rebellassent. Non est diuturna possessio, in quam gladio induci-

nert euch, trachtete mir nach dem Leben, bevor ich König war. Bei Kleitos wünschte ich mir, er hätte meinen Zorn niemals heraufbeschworen. Ich habe ihm sein unüberlegtes Gerede, mit dem er mich und euch in den Schmutz zog, länger durchgehen lassen, als er es in der umgekehrten Situation mit mir getan hätte. Für die Güte von Königen und Anführern ist nicht nur ihr eigenes Wesen ausschlaggebend, auch die Geisteshaltung ihrer Untergebenen spielt eine Rolle. Gehorsam macht Strenge beim Herrschen entbehrlich; sobald aber die Ehrfurcht aus den Herzen gewichen ist und das Unterste zuoberst gekehrt wird, bedarf es, um der Gewalt Einhalt zu gebieten, der Gewalt.

[27] Doch was soll ich mich wundern, dass der da mir Grausamkeit vorgeworfen hat, er erfrecht sich ja auch, mich des Geizes zu zeihen! Ich möchte euch nicht einzeln als Zeugen bemühen, denn durch eine Verletzung eures Selbstwertgefühls will ich mir meine eigene Freigebigkeit nicht vergällen. Schaut euch das Heer in seiner Gesamtheit an! Noch vor kurzem besaß es nichts außer seinen Waffen, nun ruht es auf silbernen Betten; mit Goldgeschirr überladen sind die Tische, Schwärme von Sklaven werden mitgeführt, unter der dem Feind geraubten Beute bricht jeder schier zusammen.

Aber denkt nur: bei mir stehen die Perser, die wir besiegten, hoch im Kurs! Dass ich selbst über Besiegte ohne Überhebung herrsche, ist für mich allerdings der sicherste Beweis meiner Mäßigung. Ich bin nicht nach Asien gekommen, um bei den Völkern hier alles über den Haufen zu werfen und die Hälfte der Welt zur Wüstenei zu machen, nein, mein Sieg sollte für die im Krieg Bezwungenen kein Greuel sein. Darum kämpfen eben jene, die unter einer tyrannischen Herrschaft erneut den bewaffneten Aufstand geprobt hätten, jetzt an eurer Seite und vergießen für euer Reich ihr Blut. Nicht beständig ist der Besitz, den uns das Schwert verschafft, der Dank für Guttaten

mur; beneficiorum gratia sempiterna est. Si habere Asiam, non transire volumus, cum his communicanda est nostra clementia: horum fides stabile et aeternum faciet imperium. Et sane plus habemus, quam capimus. Insatiabilis autem avaritiae est adhuc inplere velle, quod iam circumfluit. *Mor*em tamen eorum in Macedonas transfundo! In multis enim gentibus esse video, quae non erubescamus imitari; nec aliter tantum imperium apte regi potest, quam ut quaedam et tradamus illis et ab isdem discamus.

[28] Illud paene dignum risu fuit, quod Hermolaus postulabat a me, ut aversarer Iovem, cuius oraculo adgnoscor. An etiam, quid di respondeant, in mea potestate est? Obtulit nomen filii mihi: recipere ipsis rebus, quas agimus, haud alienum fuit. Utinam Indi quoque deum esse me credant! Fama enim bella constant, et saepe etiam, quod falso creditum est, veri vicem obtinuit. An me luxuriae indulgentem putatis arma vestra auro argentoque adornasse? Adsuetis nihil vilius hac videre materia volui ostendere Macedonas invictos ceteris ne auro quidem vinci. Oculos ergo primum eorum sordida omnia et humilia *de*spectantium capiam et docebo nos non auri aut argenti cupidos, sed orbem terrarum subacturos venire. Quam gloriam tu, parricida, intercipere voluisti et Macedonas rege adempto devictis gentibus dedere. At nunc mones me, ut vestris parentibus parcam! Non oportebat quidem vos scire, quid de his sta-

freilich währt ewiglich. Wenn wir Asien nicht nur durchziehen, sondern es uns zu eigen machen wollen, dann müssen auch seine Bewohner von unserer Güte profitieren: ihre Loyalität sichert unsere Herrschaft auf Dauer. Und tatsächlich übersteigt das, was wir haben, unsere Kapazität. Einen schon überquellenden Becher weiter füllen zu wollen, zeugt von unersättlicher Gier. Ich jedoch schütte von einem Becher in den anderen, übertrage auf Makedonen persisches Brauchtum! Jawohl! Ich sehe nämlich bei vielen Völkern Dinge, die nachzuahmen keine Schande für uns ist, und überhaupt kann ein so gewaltiges Reich nur angemessen regiert werden, sofern wir sowohl zu Lehrern als auch zu Schülern der Besiegten werden.

[28] Nahezu lächerlich war Hermolaos' Ansinnen, ich solle Jupiter verleugnen, ihn, der mich durch sein Orakel als seinen Spross anerkennt. Unterliegen etwa die Sprüche der Götter auch schon meiner Verfügungsgewalt? Jener hat mir den Ehrentitel »Sohn« angeboten, und den anzunehmen war für unsere Vorhaben äußerst nützlich. Hoffentlich sehen die Inder ebenfalls einen Gott in mir! Denn im Krieg ist der entscheidende Faktor das Prestige, und oft schon hat ein Irrglaube als Wahrheit fungiert. Oder glaubt ihr vielleicht, ich hätte eure Waffen mit Gold und Silber dekoriert, weil ich dem Luxus fröne? Leuten, für die es normal ist, diese Metalle für den billigsten Schrott zu halten, wollte ich demonstrieren, dass nicht einmal Gold über die bislang unbesiegbaren Makedonen zu siegen vermag. Also will ich zunächst ihre Blicke fesseln, denn die verachten alles Armselige und Schäbige, und ihnen vor Augen führen, dass uns nicht die Gier nach Gold und Silber zu ihnen führt, sondern das Verlangen, uns die Erde untertan zu machen. Du aber, ruchloser Mörder, wolltest die Makedonen um diesen Ruhm bringen und sie nach Beseitigung ihres Königs den bezwungenen Nationen preisgeben. Und da mahnst du mich, eure Väter zu verschonen! In der Tat wäre es besser, euch

tuissem, quo tristiores periretis, si qua vobis parentum memoria et cura est; sed olim istum morem occidendi cum scelestis insontes propinquos parentesque solvi et profiteor in eodem honore futuros omnes eos, in quo fuerunt. Nam tuum Callisthenen, cui uni vir videris, quia latro es, scio, cur produci velis: ut coram his probra, quae in me modo iecisti, modo audisti, illius quoque ore referantur. Quem, si Macedo esset, tecum introduxissem, dignissimum te discipulo magistrum; nunc Olynthio non idem iuris est.«

[29] Post haec consilium dimisit tradique damnatos hominibus, qui ex eadem cohorte erant, iussit. Illi, ut fidem suam saevitia regi adprobarent, excruciatos necaverunt. Callisthenes quoque tortus interiit, initi consilii in caput regis innoxius, sed haudquaquam aulae et adsentantium accommodatus ingenio. Itaque nullius caedes maiorem apud Graecos Alexandro excitavit invidiam, quod praeditum optimis moribus artibusque, a quo revocatus ad vitam erat, cum interfecto Clito mori perseveraret, non tantum occiderit, sed etiam torserit indicta quidem causa. Quam crudelitatem sera paenitentia consecuta est.

IX [30] Sed ne otium serendis rumoribus natum aleret, in In-

in Unkenntnis meiner Beschlüsse zu halten, umso bitterer wäre ja, sofern ihr für eure Eltern auch nur einen Gedanken, nur ein Fünkchen Anteilnahme übrig habt, euer Ende; allerdings habe ich diese Regel, Verwandte, insbesondere Väter, trotz Unschuld mit den Übeltätern zusammen hinzurichten, längst außer Kraft gesetzt und erkläre hiermit öffentlich, die alle werden ihre jetzige Stellung behalten. Was freilich deinen Kallisthenes anbetrifft, den einzigen, der dich aufgrund der Tatsache, dass du ein Mordbube bist, für einen Mann hält, so weiß ich, warum der deiner Meinung nach vorgeführt werden soll: mit eigenem Mund soll er vor den hier Versammelten die Beleidigungen wiederholen, die du selbst wider mich ausgestoßen oder nur von ihm aufgeschnappt hast. Wäre der ein Makedone, hätte ich ihn mit dir zusammen vorladen lassen, deinen Mentor, der in dir, fürwahr, genau den Schüler hat, den er verdient; für einen aus Olynth gelten nun aber nicht dieselben gesetzlichen Bestimmungen wie für euch.«

[29] Hierauf entließ er den Rat und überantwortete die Verurteilten den Männern ihres Corps. Die wollten dem König ihre Treue durch Grausamkeit beweisen, und so brachten sie jene unter Torturen um. Auch Kallisthenes wurden Folter und Tod zuteil; an dem Attentatskomplott gegen Alexander war der nicht beteiligt, aber zu Hofschranzentum und Katzbuckelei völlig untauglich. Deshalb löste keine andere Exekution bei den Griechen größeren Hass auf Alexander aus, hatte er doch einen Mann, der moralisch und in seinem Tun absolut integer war, der ihn, als er nach Kleitos' Ermordung nur mehr ans Sterben dachte, wieder ins Leben zurückgeholt hatte, nicht nur töten, nein, obendrein noch foltern lassen, und das, ohne ihm die Möglichkeit zur Verteidigung einzuräumen. Zwar folgte dieser Grausamkeit Reue, aber da war es zu spät.

IX [30] Um jedoch dem Nichtstun, das ein idealer Nährboden für das Aussäen von Gerüchten ist, keinen Vorschub zu leis-

diam movit, semper bello quam post victoriam clarior. India tota ferme spectat orientem, minus in latitudinem quam recta regione spatiosa. Quae austrum accipiunt, in altius terrae fastigium excedunt; plana sunt cetera multisque inclitis amnibus Caucaso monte ortis placidum per campos iter praebent. Indus gelidior est quam ceteri; aquas vehit a colore maris haud multum abhorrentes. Ganges, omnium ab Oriente fluvius eximius, a*d* meridiana*m* regione*m* decurrit et magnorum montium iuga recto alveo stringit; inde eum obiectae rupes inclinant ad orientem. Uterque Rubro mari accipitur. Indus ripas multasque arbores cum magna soli parte exorbet, saxis quoque inpeditus, quis crebro reverberatur; ubi mollius solum repperit, stagnat insulasque molitur. Acesines eum auget. Ganges decursurum *Iomanen* intercipit, magnoque motu amnis uterque conliditur: quippe Ganges asperum os influenti obicit, nec repercussae aquae cedunt. Diardines minus celeber auditu est, quia per ultima Indiae currit; ceterum non crocodillos modo, uti Nilus, sed etiam delphinos ignotasque aliis gentibus beluas alit. Ethymantus crebris flexibus subinde curvatus ab accolis rigantibus carpitur; ea causa est, cur tenues reliquias iam sine nomine in mare emittat. Multis praeter hos amnibus tota regio dividitur, sed ignobil*ibus*, quia non adita interfluunt.

Ceterum quae propiora sunt mari, aquilone maxime deuruntur; is cohibitus iugis montium ad interiora non penetrat,

ten, brach der König nach Indien auf: nur im Krieg, weniger nach einem Sieg galt er ja stets als Held. Dieses Land blickt fast ganz gen Osten, wobei es sich mehr in die Länge dehnt als in die Breite[17]. Der Teil, der dem Südwind ausgesetzt ist, bildet ein Hochplateau; der Rest ist flach, und dieses Tiefland wird von vielen berühmten Flüssen, die im Kaukasus entspringen, durchzogen, freie Bahn haben die hier. Der Indus ist kälter als die übrigen, und die Farbe der Wasser, die er mit sich führt, gleicht der des Meeres. Der Ganges, der gewaltigste Strom aus dem Osten, nimmt seinen Weg direkt nach Süden vorbei an ausladenden Bergmassiven, dann lenkt eine Felsbarriere ihn um nach Osten. Beide münden ins Rote Meer. Der Indus erodiert seine Ufer: zahlreiche Bäume mitsamt einem Großteil des Bodens schwemmt er fort; häufig bricht sich die Strömung an Felsen, die seinen Lauf blockieren. Sobald er auf weicheres Gelände trifft, tritt er aus seinem Bett und schafft Inseln. Durch den Zulauf des Akesines wird er mächtiger. Er fängt den Iomanes, der zum Meer will, auf, und mit gewaltigen Wogen treffen die beiden Flüsse aufeinander, denn der Ganges erschwert den Zufluss durch eine Mündung voller Klippen, ohne die aufprallenden Wassermassen stoppen zu können. Weniger berühmt ist der Diardines, er verläuft nämlich in Hinterindien; übrigens beherbergt er nicht nur Krokodile wie der Nil, sondern auch Delphine und Getier, das in anderen Ländern unbekannt ist. Der Ethymanthos, der sich auf weiten Strecken kurvenreich dahinschlängelt, wird von den Anrainern abgeleitet zur Bewässerung; deshalb verliert sich das verbleibende Rinnsal schließlich namenlos im Meer. Außerdem durchziehen noch viele andere Wasserläufe die gesamte Region; von denen weiß man aber nichts: sie fließen mitten durch unentdecktes Terrain.

Der Teil direkt am Meer dagegen liegt in starrender Kälte unter Einfluss des Nordwinds; von Bergketten abgefangen,

ita alendis frugibus mitia. Sed adeo in illa plaga mundus statas temporum vices mutat, ut, cum alia fervore solis exaestuant, Indiam nives obruant, rursusque, ubi cetera rigent, illic intolerandus aestus existat. Nec, cur verterit se natura, causa. Mare certe, quo adluitur, ne colore quidem abhorret a ceteris: ab Erythro rege inditum est nomen, propter quod ignari rubere aquas credunt.

[31] Terra lini ferax; inde plerisque sunt vestes. Libri arborum teneri haud secus quam chartae litterarum notas capiunt. Aves ad imitandum humanae vocis sonum dociles sunt, animalia invisitata ceteris gentibus nisi invecta. Eadem terra rhinocerotas ali*is ignotos* generat. Elephantorum maior est vis quam quos in Africa domitant, et viribus magnitudo respondet. Aurum flumina vehunt, quae leni modicoque lapsu segnes aquas ducunt. Gemmas margaritasque mare litoribus infundit, neque alia illis maior opulentiae causa est, utique postquam vitiorum commercium vulgavere in exteras gentes: quippe aestimantur purgamenta exaestuantis freti pretio, quod libido constituit.

Ingenia hominum, sicut ubique, apud illos locorum quoque situs format. Corpora usque pedes carbaso velant; soleis pedes, capita linteis vinciunt; lapilli ex auribus pendent; bracchia quoque et lacertos auro colunt, quibus inter populares aut nobilitas aut opes eminent. Capillum pectunt saepius quam tondent,

kann dieser jedoch nicht ins Innere dringen, und infolgedessen ist das Klima für den Anbau von Feldfrüchten mild genug. In jenen Gefilden hat der Himmel die normale Abfolge der Jahreszeiten radikal verkehrt: wenn andere Länder unter glühender Sonne schmoren, liegt Indien im Schnee begraben; sobald aber im Rest der Welt der Frost regiert, macht sich dort unerträgliche Hitze breit. Dabei gibt es keinen ersichtlichen Grund für diese Kapriolen der Natur. Das Meer jedenfalls, das an Indiens Küsten brandet, ist genauso wie die anderen, sogar in der Farbe. Von König Erythras erhielt das seinen Namen, und deshalb stellen sich Unbedarfte vor, seine Wasser wären rot[18].

[31] Die Erde bringt viel Leinen hervor, woraus die Kleidung eines Großteils der Bevölkerung gefertigt ist. Zum Schreiben wird zarter Baumbast verwandt so wie bei uns Papyrus. Manche Vögel sind gelehrig und können die menschliche Stimme nachahmen[19]. Es gibt Tiere, die andere Völker noch nie gesehen haben, es sei denn, man hat sie importiert. Außerdem bringt das Land Nashörner, eine ansonsten unbekannte Tierart, hervor. Die Elefanten sind stärker als jene, die man in Afrika zähmt, und ihre Größe entspricht ihren Kräften. In Flüssen, die sanft und friedlich mit trägen Wassern dahinplätschern, findet sich Gold. Das Meer spült Edelsteine und Perlen an seine Gestade, und die bilden die Hauptquelle für den Reichtum des Volkes, zumal, nachdem sich der Handel mit diesen schändlichen Luxusartikeln von hier aus im Ausland verbreitet hat: für diesen Auswurf der Meeresflut gelten ja Phantasiepreise.

Wie überall formen auch dort die Bedingungen der Landschaft den Charakter der Bewohner. Bis zu den Knöcheln hüllen die den Leib in linnene Stoffe[20], an den Füßen tragen sie Schnürsandalen, den Kopf umwickeln sie mit Leinentüchern, und an ihren Ohren hängen Edelsteine. Wer durch Adel oder Reichtum über der Restbevölkerung steht, schmückt sich selbst Unter- und Oberarme mit Gold. In der Regel kämmt

mentum semper intonsum est, reliquam oris cutem ad speciem levitatis exaequant.

[32] Regum tamen luxuria, quam ipsi magnificentiam appellant, super omnium gentium vitia. Cum rex semet in publico conspici patitur, turibula argentea ministri ferunt totumque iter, per quod ferri destinavit, odoribus conplent. Aurea lectica margaritis circumpendentibus recubat; distincta sunt auro et purpura carbasa, quae indutus est; lecticam sequuntur armati corporisque custodes, inter quos ramis aves pendent, quas cantu seriis rebus obstrepere docuerunt. Regia auratas columnas habet: totas eas vitis auro caelata percurrit, aviumque, quarum visu maxime gaudent, argenteae effigies opera distinguunt. Regia adeuntibus patet, cum capillum pectit atque ornat: tunc responsa legationibus, tunc iura popularibus reddit. Demptis soleis odoribus inlinuntur pedes. Venatus maximus labor est inclusa vivario animalia inter vota cantusque pelicum figere. Binum cubitorum sagittae sunt, quas emittunt maiore nisu quam effectu: quippe telum, cuius in levitate vis omnis est, inhabili pondere oneratur. Breviora itinera equo conficit; longior ubi expeditio est, elephanti vehunt currum, et tantarum beluarum corpora tota contegunt auro. Ac ne quid perditis moribus desit, lecticis aureis pelicum longus ordo sequitur; separatum a reginae ordine agmen est aequatque luxuri-

man sich das Haar, statt es zu scheren; das Kinn bleibt immer unrasiert, die übrige Gesichtshaut schabt man spiegelglatt.

[32] Die ausufernde Prunksucht der Könige freilich, die sie selbst als Majestätsentfaltung bezeichnen, zeugt von einer Dekadenz, wie sie bei keinem Volk sonst zu finden ist. Immer wenn der König sich in der Öffentlichkeit zu zeigen geruht, tragen Diener silberne Räuchergefäße vor ihm her und verbreiten auf dem gesamten Weg, den er sich tragen lassen will, Wohlgerüche. Dabei lehnt er in einer goldenen Sänfte, die rings mit Perlen behangen ist. Mit Gold und Purpur ist der Damast seines Gewandes besetzt; bewaffnete Soldaten und Leibwächter folgen der Sänfte; bei sich haben sie Vögel, die auf Zweigen flattern: die hat man gelehrt, bei ernsthaften Geschäften für Abwechslung zu sorgen. Der Königspalast verfügt über goldene Säulen: diese sind von oben bis unten mit einem Weinrankenrelief aus Gold umwunden, und darauf sitzen silberne Vogelfigürchen[21], deren Anblick am meisten ergötzt. Wenn der König sein Haar kämmt und frisiert, steht der Palast Besuchern offen: dann kündet er Gesandtschaften seine Bescheide, dann spricht er über seine Landsleute Recht. Sobald man ihm die Sandalen ausgezogen hat, salbt man seine Füße mit duftendem Balsam. Seine Höchstleistung bei der Jagd besteht darin, unter den guten Wünschen und dem Gesinge der Haremsdamen Tiere in einer Menagerie zu erlegen. Zwei Ellen misst ein Pfeil; den zu verschießen verlangt größte Spannkraft, doch seine Wirkung ist mäßig, denn ein zu schweres Gewicht macht ein Projektil, dessen ganzer Effekt auf Leichtigkeit basiert, untauglich. Kürzere Strecken legt der Herrscher zu Pferd zurück, bei längeren Expeditionen ziehen Elefanten seinen Wagen, und die Leiber dieser Kolosse sind dabei über und über mit Gold bedeckt. Als Krönung dieser verkommenen Sitten folgen auf goldenen Sänften in langer Reihe obendrein noch die Konkubinen. Vom Gefolge der Königin ist dieser Zug ge-

am. Feminae epulas parant; ab isdem vinum ministratur, cuius omnibus Indis largus est usus. Regem mero somnoque sopitum in cubiculum pelices referunt patrio carmine noctium invocantes deos.

[33] Quis credat inter haec vitia curam esse sapientiae? Unum agreste et horridum genus est, quod sapientes vocant. Apud hos occupare fati diem pulchrum, et vivos se cremari iubent, quibus aut segnis aetas aut incommoda valetudo est. Expectatam mortem pro dedecore vitae habent, nec ullus corporibus, quae senectus solvit, honos redditur: inquinari putant ignem, nisi qui spirantes recipit. Illi, qui in urbibus publicis moribus degunt, siderum motus scite spectare dicuntur et futura praedicere. Nec quemquam admovere leti diem credunt, cui expectare interrito liceat. Deos putant, quidquid colere coeperunt, arbores maxime, quas violare capital est. Menses in quinos denos discripserunt dies, anni plena spatia servantur. Lunae cursu notant tempora, non, ut plerique, cum orbem sidus inplevit, sed cum se curvare coepit in cornua, et idcirco breviores habent menses, quia spatium eorum ad hunc lunae modum dirigunt. Multa et alia traduntur, quibus morari ordinem rerum haud sane operae videbatur.

trennt, an Luxus aber kann er durchaus mithalten. Frauen bereiten die Speisen, sie kredenzen auch den Wein, den alle Inder reichlich konsumieren. Wenn der König im Rausch in Schlaf gesunken ist, tragen ihn die Haremsdamen in sein Gemach, wobei sie mit traditionellem Hymnus die Götter der Nacht anrufen.

[33] Wer könnte glauben, dass jemand inmitten solch eines Lotterlebens an Weisheit gelegen wäre? Und doch gibt es eine Kaste, ungehobelt und primitiv, die man als Weise bezeichnet. Bei denen gilt es als lobenswert, seiner Schicksalsstunde zuvorzukommen, und so lassen sie sich, wenn ihre Lebenskraft abnimmt oder ihre Gesundheit angeschlagen ist, bei lebendigem Leib verbrennen[22]; einfach des Todes zu harren betrachten sie als eine Entweihung des ganzen Lebens, und den an Altersschwäche Gestorbenen erweisen sie keinerlei Ehre, denn nach ihrer Weltanschauung muss das Feuer atmende Wesen empfangen, da es sonst verunreinigt wird. Eine Gruppe, die in den Städten am öffentlichen Leben teilnimmt, steht im Ruf, die Sternenbahnen kompetent zu beobachten und Zukünftiges vorauszusagen[23]. Ihre Überzeugung ist es, dass niemand, dem es vergönnt ist, sein Ende getrost abzuwarten, seinen Todestag antizipieren wird. Alles, was sie einmal mit Verehrung bedachten, ist für sie göttlich, besonders Bäume, deren Verletzung ein Kapitalverbrechen darstellt[24]. Die Monate haben sie in fünfzehn Tage gegliedert, während die Jahre ihre volle Länge behalten. Dabei fußt ihre Zeitrechnung auf dem Wechsel des Mondes, beginnt jedoch nicht wie sonst üblich mit Vollmond, sondern ab der Phase, wo jener sich zur Sichel krümmt: durch die Orientierung an diesem Punkt des Mondzyklus ist die Spanne ihrer Monate entsprechend kürzer. Noch viele andere Dinge werden kolportiert, damit die Chronologie der Erzählung weiter zu unterbrechen scheint mir allerdings nicht der Mühe wert.

X [34] Igitur Alexandro finis Indiae ingresso gentium *finitimarum* reguli occurrerunt imperata facturi, illum tertium Iove genitum ad ipsos pervenisse memorantes: Patrem Liberum atque Herculem fama cognitos esse, ipsum coram adesse cernique. Rex benigne exceptos sequi iussit isdem itinerum ducibus usurus. Ceterum cum amplius nemo occurreret, Hephaestionem et Perdiccan cum copiarum parte praemisit ad subigendos, qui aversarentur imperium, iussitque ad flumen Indum procedere et navigia facere, quis in ulteriora transportari posset exercitus. Illi, quia plura flumina superanda erant, sic iunxere naves, ut solutae plaustris vehi possent rursusque coniungi. Ipse Cratero cum phalange iusso sequi equitatum ac levem armaturam eduxit eosque, qui occurrerunt, levi proelio in urbem proximam conpulit. Iam supervenerat Craterus. Itaque, ut principio terrorem incuteret genti nondum arma Macedonum expertae, praecipit, ne cui parceretur munimentis urbis, quam obsidebat, incensis. Ceterum, dum obequitat moenibus, sagitta ictus. Cepit tamen oppidum, et omnibus incolis eius trucidatis etiam in tecta saevitum est.

[35] Inde domita ignobili gente ad Nysam urbem pervenit. Forte castris ante ipsa moenia in silvestri loco positis nocturnum frigus vehementius quam alias horrore corpora adfecit, opportunumque remedium ignis oblatum est. Caesis quippe

X [34] Kurz und gut, als Alexander Indiens Grenze überschritten hatte, kamen die Rajas der Nachbarvölker an, sich ihm zu unterwerfen; er sei der dritte Spross Jupiters, der bei ihnen erscheine, so erzählten sie; von Vater Liber und Herkules[25] wüssten sie nur vom Hörensagen, wohingegen er deutlich sichtbar mitten unter ihnen weile. Der König nahm sie in Gnaden auf und befahl ihnen, sich ihm anzuschließen: als Führer sollten sie ihm dienen. Als dann keiner mehr vorstellig wurde, schickte er Hephaistion und Perdikkas mit einem Heeresteil voraus, mögliche Widerstände gegen seine Herrschaft zu brechen; insbesondere erhielten sie Weisung, bis zum Indus vorzurücken und Boote zu bauen: auf denen wollte er die Armee ans andere Ufer transportieren. Da die Überquerung mehrerer Flüsse anstand, konstruierten diese die Schiffe so, dass man ihre Einzelteile auf Wagen befördern und am Ende wieder zusammenfügen konnte. Während Krateros mit der Phalanx nachkommen sollte, nahm Alexander die Kavallerie und die leichte Infanterie mit. Aufmüpfige, die ihm den Weg verstellten, jagte er in einem Scharmützel in die nächste Stadt. Schon hatte ihn Krateros eingeholt, und es erging, um dieses Volk, das noch keine Bekanntschaft mit den Waffen der Makedonen gemacht hatte, von vornherein abzuschrecken, die Order, sobald die Befestigungen der belagerten Stadt abgefackelt seien, nichts und niemand zu verschonen. Doch als er wider die Mauern preschte, traf ihn ein Pfeil. Dennoch eroberte er die Feste, und nachdem all ihre Einwohner massakriert waren, richtete sich die Wut gegen die Gebäude.

[35] Nach Bezwingung dieser unbedeutenden Gemeinde erreichte er schließlich Nysa. Direkt vor den Mauern der Stadt in einem Waldgebiet legte er sein Lager an. Der Zufall wollte, dass die Soldaten ob der nächtlichen Kälte heftiger schlotterten als sonst, und als geeignetes Mittel, dem abzuhelfen, bot sich ein Feuer an. Also fällte man Bäume; empor loderte die Flam-

silvis flammam excitaverunt, quae lignis alita oppidanorum sepulcra conprehendit. Vetusta cedro erant facta conceptumque ignem late fudere, donec omnia solo aequata sunt. Et ex urbe primum canum latratus, deinde etiam hominum fremitus auditus est. Tunc et oppidani hostem et Macedones ad urbem ipsos venisse cognoscunt. Iamque rex eduxerat copias et moenia obsidebat, cum hostium, qui discrimen temptaverant, obruti telis sunt. Aliis ergo deditionem, aliis pugnam experiri placebat. Quorum dubitatione conperta circumsederi tantum eos et abstineri caedibus iussit; tandemque obsidionis malis fatigati dedidere se. A Libero Patre conditos se esse dicebant, et vera haec origo erat. Sita est *urbs* sub radicibus montis, quem Meron incolae appellant; inde Graeci mentiendi traxere licentiam Iovis femine Liberum Patrem esse celatum.

[36] Rex situ montis cognito ex incolis cum toto exercitu praemissis commeatibus verticem eius ascendit. Multa hedera vitisque toto gignitur monte; multae perennes aquae manant. Pomorum quoque varii salubresque suci sunt sua sponte fortuitorum germinum fruges humo nutriente. Lauri *buxi*que et m*yrti* in illis rupibus agrestis est silva. Credo equidem non divino instinctu, sed lascivia esse provectos, ut passim hederae

me und griff, genährt von den Scheiten, auf die Grabmäler der Einwohner über. Aus altem Zedernholz waren die geschnitzt, und kaum waren sie entflammt, kam es zu einem Flächenbrand, am Ende war alles dem Erdboden gleich. Aus der Stadt wurde zuerst Hundegebell laut, dann das Gekreisch von Menschen. Jetzt wussten Einwohner sowie Makedonen Bescheid, die einen, dass der Feind sie bedrohte, die anderen, dass sie vor der Stadt standen. Die Truppen waren bereits befehlsgemäß aufmarschiert, und der König belagerte die Mauern, da ging ein Hagel feindlicher Geschosse auf sie nieder, denn man wollte es drauf ankommen lassen. Das heißt, die einen bevorzugten eine Kapitulation, die anderen das Wagnis eines Kampfes. Als Alexander sich ihrer Unentschlossenheit inneward, gab er Weisung, nur einen Ring um den Ort zu ziehen, auf ein Blutbad jedoch zu verzichten. Und endlich, mürbe durch die Leiden der Belagerung, ergaben sich die Städter. Vater Liber sei der Gründer ihrer Siedlung, erklärten sie, und diese Geschichte entspricht auch der Wahrheit. Die Stadt liegt am Fuße eines Berges, den die Einheimischen Meros nennen. Von dem haben die Griechen in freier Phantasie ihr Lügenmärchen eines Bacchus gesponnen, der im Schenkel [gr. *merós*] Jupiters versteckt gewesen wäre.

[36] Die Einwohner gaben dem König genaue Informationen, wie die Anhöhe beschaffen war, worauf er, die Proviantabteilung vorneweg, mit der gesamten Armee den Gipfel bestieg. Auf dem ganzen Berg wachsen Efeu und Reben in Hülle und Fülle, nie versiegende Quellen sprudeln in reicher Zahl. Außerdem gedeiht dort Obst von diversem Geschmack mit heilkräftigem Saft, denn aus Keimlingen, die einfach so entstehen, lässt der Boden wie von selbst Früchte sprießen. Lorbeer, Buchs und Myrten entfalten sich zwischen dem Felsgestein, ein wildes Gehölz. Meiner Meinung nach war es nicht göttliche Eingebung, sondern der schiere Mutwille, der die Soldaten da-

ac vitium folia decerperent redimitique fronde toto nemore similes bacchantibus vagarentur. Vocibus ergo tot milium praesidem nemoris eius deum adorantium iuga montis collesque resonabant, cum orta licentia a paucis, ut fere fit, in omnes se repente vulgasset. Quippe velut in media pace per herbas adgestamque frondem prostravere corpora. Et rex fortuitam laetitiam non aversatus large ad epulas omnibus praebitis per X dies Libero Patri operatum habuit exercitum. Quis neget eximiam quoque gloriam saepius fortunae quam virtutis esse beneficium? Quippe ne epulantes quidem et sopitos mero adgredi ausus est hostis, haud secus bacchantium ululantiumque fremitu perterritus, quam si proeliantium clamor esset auditus. Eadem felicitas ab Oceano revertentes temulentos comissantesque inter ora hostium texit.

[37] Hinc ad regionem, quae Daedala vocatur, perventum est. Deseruerant incolae sedes et in avios silvestresque montes confugerant. Ergo Acadira transit aeque usta et destituta incolentium fuga. Itaque rationem belli necessitas mutavit: divisis enim copiis pluribus simul locis arma ostendit, oppressique, ubi non expectaverant hostem, omni clade perdomiti sunt. Ptolomaeus plurimas urbes, Alexander maximas cepit; rursusque, quas distribuerat, copias iunxit. Superato deinde Choaspe

zu hinriss, mal hier, mal da Efeu- und Weinblätter zu pflücken und, bekränzt mit diesem Laub, Bacchantinnen gleich, im ganzen Wald umherzuschweifen. Und so hallten die Berge, die Höhen wider vom Gejauchze der Abertausend, die den Gott, den Herrn dieses Hains, anriefen, denn wie es fast immer geschieht, hatte die frenetische Stimmung, von wenigen ausgelöst, plötzlich auf alle übergegriffen. Fürwahr, ins Gras und in Laubhaufen warfen sie sich wie mitten im Frieden. Dem König war diese Ausgelassenheit nicht unwillkommen, im Überfluss stellte er alles für ein Festmahl zur Verfügung und ließ das Heer zehn Tage lang Vater Liber seine Verehrung erweisen. Wer könnte leugnen, dass der Ruhm, sogar der grandioseste, häufiger auf das Konto des Glücks geht als auf das der Tüchtigkeit? Sie konnten ruhig schmausen und bewusstlos im Weinrausch liegen, der Feind wagte keinen Angriff: das tosende Gejohle der Bacchusjünger verschreckte ihn ja genauso wie das Gellen von Kriegsgeschrei. Später bei ihrer Rückkehr vom Ozean, als sie im Angesicht des Gegners volltrunken eine Orgie feierten, hielt dieses selbe Glück wieder seine schützende Hand über sie.

[37] Von hier gelangte man in eine Region namens Daidala. Die Einheimischen waren aus ihren Häusern geflohen und hatten Zuflucht in den unwegsamen, waldigen Bergen gesucht. Also ging es weiter durch Akadira, das ebenfalls niedergesengt und verlassen lag, auch hier waren die Ansässigen auf und davon. Das Gebot der Stunde war daher ein Wechsel der Strategie: Alexander splittete die Truppen und zeigte an mehreren Orten gleichzeitig militärische Präsenz; dadurch bekam er die Feinde dort, wo sie es nicht erwartet hatten, zu packen und machte sie komplett zuschanden, von keinem Greuel blieben die verschont. Die meisten Städte eroberte Ptolemaios, die größten Alexander. Danach fügte er die aufgeteilten Kontingente wieder zu einer Einheit zusammen. Nach der Überque-

amne Coenon in obsidione urbis opulentae – Beiram incolae vocant – reliquit, ipse ad Mazagas venit. Nuper Assacano, cuius regnum fuerat, demortuo regioni urbique praeerat mater eius Cleophis. XXXVIII milia peditum tuebantur urbem non situ solum, sed etiam opere munitam. Nam qua spectat orientem, cingitur amne torrenti, qui praeruptis utrimque ripis aditum ad urbem inpedit. Ad occidentem et a meridie velut de industria rupes praealtas obmolita natura est, infra quas cavernae et voragines longa vetustate in altum cavatae iacent, quaque desinunt, fossa ingentis operis obiecta est. XXXV stadium murus urbem conplectitur, cuius ima saxo, superiora crudo latere sunt structa. Lateri vinculum lapides sunt, quos interposuere, ut duriori materiae fragilis incumberet, simulque terra humore diluta. Ne tamen universa consideret, inpositae erant trabes validae, quibus iniecta tabulata muros et tegebant et pervios fecerant. Haec munimenta contemplantem Alexandrum consiliique incertum, quia nec cavernas nisi aggere poterat inplere nec tormenta aliter muris admovere, quidam e muro sagitta percussit. *Et* forte in suram incidit telum; cuius spiculo evolso admoveri equum iussit, quo vectus ne obligato quidem vulnere haud segnius destinata exequebatur. Ceterum cum crus saucium penderet et cruore siccato frigescens vulnus adgravaret dolorem, dixisse fertur se quidem Iovis filium dici, sed corporis aegri vitia sentire. Non tamen ante se

rung des Choaspes ließ er Koinos vor Ort, eine reiche Siedlung, die in der Landessprache Beira heißt, zu belagern, während er selbst Mazagai[26] erreichte. Der dortige König Assakanos war gerade gestorben, und jetzt war dessen Mutter Kleophis Herrin über die Stadt. Achtunddreißigtausend Mann Infanterie gewährleisteten den Schutz der Feste, die sowohl durch ihre natürliche Lage als durch Bastionen gesichert war. Auf ihrer Ostseite umfließt sie ein reißender Fluss, dessen Steilufer rechts und links jeden Zugang verunmöglichen. Nach Westen hin und im Süden hat die Natur wie mit Fleiß ein Bollwerk aus riesig hohen Felsen errichtet, an deren Fuß sich tiefe Kavernen und Schlünde auftun, die der Zahn der Zeit gewetzt hat; wo die enden, verlegt eine enorme Grabenausschachtung den Zugang zur Stadt. Fünfunddreißig Stadien umfasst die Ringmauer, die an ihrer Basis aus Stein gefügt ist, weiter oben aus rohen Ziegeln. Diese Schicht ist mit Zwischenbändern aus Stein durchzogen, damit das fragile Material auf härterem aufliegt, und außerdem mit Lehm verfugt. Um einen Einsturz der Gesamtkonstruktion zu verhindern, wurden starke Balken eingerammt, auf denen eine hölzerne Brustwehr errichtet ist, die die Mauern schützt und begehbar macht. Alexander war noch dabei, diese Wehranlagen zu betrachten, unschlüssig, was zu tun sei, da er zur Aufschüttung der Höhlen Schutt brauchte und sich kein anderer Weg bot, die Geschütze in Mauernähe zu verbringen, als ihn einer von oben mit einem Pfeil traf, und fatalerweise drang der ihm in die Wade. Er zog die Eisenspitze heraus, dann ließ er sich sein Pferd bringen; unverdrossen wie zuvor, ohne die Wunde auch nur zu verbinden, arbeitete er weiter an der Umsetzung seiner Pläne. Nun hing der verletzte Schenkel aber herunter, und weil das geronnene Blut die Wunde abkühlte, wurde der Schmerz schlimmer; darum soll er gesagt haben, man bezeichne ihn zwar als Jupiters Sohn, doch die Gebrechen eines versehrten Leibes, die

recepit in castra, quam cuncta perspexit et, quae fieri vellet, edixit.

[38] Ergo, sicut imperatum erat, alii extra urbem tecta demoliebantur ingentemque vim materiae faciendo aggeri detrahebant, alii magnarum arborum stipites cum *ram*is ac moles saxorum in cavernas deiciebant. Iamque agger aequaverat summae fastigium terrae. Itaque turres erigebantur, quae opera ingenti militum ardore intra nonum diem absoluta sunt. Ad ea visenda rex nondum obducta vulneri cicatrice processit laudatisque militibus admoveri machinas iussit, e quibus ingens vis telorum in propugnatores effusa est. Praecipue rudes talium operum terrebant mobiles turres, tantasque moles nulla ope, quae cerneretur, adiutas deorum numine agi credebant; pila quoque muralia et excussas tormentis praegraves hastas negabant convenire mortalibus. Itaque desperata urbis tutela concessere in arcem. Inde, quia nihil obsessis praeter deditionem patebat, legati ad regem descenderunt veniam petituri. Qua inpetrata regina venit cum magno nobilium feminarum grege aureis pateris vina libantium. Ipsa genibus regis parvo filio admoto non veniam modo, sed etiam pristinae fortunae inpetravit decus: quippe appellata regina est. Et credidere quidam plus formae quam miserationi datum. Puero

spüre er dennoch. Nichtsdestoweniger zog er sich erst nach Generalinspektion und Befehlsausgabe ins Lager zurück.

[38] Seiner Weisung folgend, zerstörten die einen die Häuser außerhalb der Stadt, wodurch eine Unmenge an Material für die Aufschüttung zusammenkam, die anderen hingegen warfen Riesenbaumstämme mitsamt Wurzelwerk und Massen an Steinen in die Kavernen. Schon waren Schutt und Erdboden auf einem Niveau, und so wurden die Türme errichtet, eine Arbeit, die dank dem enormen Elan des Militärs in weniger als neun Tagen erledigt war. Obwohl seine Wunde noch nicht vernarbt war, rückte Alexander zur Begutachtung an; er belobigte die Soldaten, dann befahl er, die Maschinen vorwärtszurollen, und jetzt ging ein wahrer Hagel an Projektilen von oben auf die Verteidiger der Mauern nieder. Weil die solches Kriegsgerät nicht kannten, versetzten die beweglichen Türme sie stärker in Panik als alles sonst; sie wähnten, die Macht der Götter schiebe diese kolossalen Gebilde an, durch irgendeine sichtbare Antriebskraft würden die ja nicht befördert. Auch die Mauergeschosse und die wuchtigen Speere, mit denen die Geschütze sie bombardierten, kamen ihnen nicht wie Menschenwerk vor. Darum ließen sie jede Hoffnung, die Stadt schützen zu können, fahren und zogen sich in die Zitadelle zurück. Da ihnen, belagert wie sie waren, nur mehr Kapitulation übrig blieb, stieg eine Delegation von dort herab zum König, seine Huld zu erflehen. Nachdem Alexander diesem Ersuchen stattgegeben hatte, erschien die Königin mit einer großen Prozession adliger Damen, die aus goldenen Schalen Wein als Trankopfer spendeten. Sie selbst schubste ihr Söhnchen vor die Knie des Königs, und da begnadigte er sie, ja er beließ ihr sogar die Ehren ihrer einstigen hohen Stellung, erhielt sie doch den Titel Königin. Freilich sind manche der Auffassung, dabei sei Alexander mehr von ihrer Schönheit motiviert gewesen als vom Mitleid. Jedenfalls gebar sie später, ob

quoque certe postea ex ea utcumque genito Alexandro fuit nomen.

XI [39] Hinc Polypercon ad urbem Horam cum exercitu missus inconditos oppidanos proelio vicit: intra munimenta conpulsos secutus urbem in dicionem redegit. Multa ignobilia oppida deserta a suis venere in regis potestatem. Quorum incolae armati petram Aorn*um* nomine occupaverunt. Hanc ab Hercule frustra obsessam esse terraeque motu coactum absistere fama vulgaverat. Inopem consilii Alexandrum, quia undique praeceps et abrupta rupes erat, senior quidam peritus locorum cum duobus filiis adiit, si pretium operae esset, aditum se monstraturum esse promittens. LXXX talenta constituit daturum Alexander et altero ex iuvenibus obside retento ipsum ad exequenda, quae obtulerat, dimisit. Leviter armatis dux datus est Myllinas, scriba regis; hos enim circuitu, quo fallerent hostem, in summum iugum placebat evadere. Petra non, ut pleraeque, modicis ac mollibus clivis in sublime fastigium crescit, sed in metae maxime modum erecta est, cuius ima spatiosiora sunt, altiora in artius coeunt, summa in acutum cacumen exurgunt. Radices eius Indus amnis subit, praealtus, utrimque asperis ripis; ab altera parte voragines eluviesque praeruptae sunt. Nec alia expugnandi patebat via, quam ut replerentur. Ad manum silva erat, quam rex ita caedi iussit, ut nudi stipites

nun von ihm oder einem anderen, einen Knaben, und der hieß Alexander.

XI [39] Im Anschluss wurde Polyperchon mit einem Truppenkontingent nach Ora abkommandiert, wo er in einem Gefecht gegen den ungeordneten Haufen der Bewohner siegte: hinter ihre Befestigungsanlagen warf er sie zurück, dann setzte er ihnen nach und brachte die Stadt in seine Gewalt. In den Besitz des Königs aber fielen zahlreiche unbedeutende Ortschaften, die von den Leuten geräumt worden waren. Diese verschanzten sich bewaffnet auf dem sogenannten Fels der Zuflucht[27]. Einer verbreiteten Sage nach hatte Herkules diesen einst vergeblich belagert und war durch ein Erdbeben zum Aufgeben gezwungen worden. Alexander wusste sich keinen Rat, denn die Felswände fielen rings senkrecht steil nach unten, da trat, begleitet von seinen zwei Söhnen, ein alter Mann an ihn heran, der sich dort auskannte, und versprach, für eine Belohnung werde er ihm einen Einstieg zeigen. Alexander war bereit, ihm dafür achtzig Talente zu zahlen, und nachdem er einen der jungen Männer als Geisel behalten hatte, verabschiedete er den Vater, auf dass der sein Angebot in die Tat umsetze. Myllenas, des Königs Sekretär, wurde das Kommando über die leichte Infanterie zuteil: die sollte auf einem Umweg den Gipfel erklimmen und auf die Weise den Feind austricksen. Nun schwingt sich dieses Felsmassiv anders als die meisten anderen nicht in mäßigen, sanften Steigungen zur Spitze hinan, sondern strebt pyramidenförmig direkt nach oben, wobei es an seiner Basis breiter ist, um sich aufsteigend zu verjüngen und schließlich in einem Kegel zu enden. An seinem Fuß fließt der Indus, sehr tief ist er hier, mit Steilufern rechts und links; auf der gegenüberliegenden Seite tun sich schroffe Abgründe und Schluchten auf. Die aufzuschütten war der einzige Weg, den Fels zu erstürmen. In greifbarer Nähe befand sich ein Wald. Den ließ der König abholzen: nur die nackten Stämme

iacerentur: quippe rami fronde vestiti inpedissent ferentes. Ipse primus truncam arborem iecit, clamorque exercitus [se], index alacritatis, secutus est nullo detrectante munus, quod rex occupavisset.

[40] Intra septimum diem cavernas expleverant, cum rex sagittarios et Agrianos iubet per ardua niti. Iuvenesque promptissimos ex sua cohorte XXX delegit; duces his dati sunt Charus et Alexander, quem rex nominis, quod sibi cum eo commune esset, admonuit. Ac primo, quia tam manifestum periculum erat, ipsum regem discrimen subire non placuit; sed ut signum tuba datum est, vir audaciae promptae conversus ad corporis custodes sequi se iubet primusque invadit in rupem. Nec deinde quisquam Macedonum substitit, relictisque stationibus sua sponte regem sequebantur. Multorum miserabilis fuit casus, quos ex praerupta rupe lapsos amnis praeterfluens hausit, triste spectaculum etiam non periclitantibus; cum vero alieno exitio, quid ipsis timendum foret, admonerentur, in metum misericordia versa non extinctos, sed semet ipsos deflebant. Et iam eo perventum erat, unde sine pernicie nisi victores redire non possent, ingentia saxa in subeuntes provolventibus barbaris, quis perculsi instabili et lubrico gradu praecipites recidebant. Evaserant tamen Alexander et Charus, quos cum XXX delectis praemiserat rex, et iam pugnare comminus

wurden aufgeschichtet, das Astwerk mit dem ganzen Laub daran hätte den Transport erschwert. Er selbst katapultierte als erster einen Baumtorso hinab in die Tiefe, und sofort ertönte, Ausdruck seines Mordseifers, das Hurra des Heeres: eine Arbeit, die der König selbst auf sich nahm, die verweigerte niemand.

[40] Noch vor Ablauf des siebten Tages waren die Schluchten aufgefüllt, und es erging Befehl an die Bogenschützen und die Agrianen, die Steilhänge hinaufzuklettern. Aus seiner eigenen Kompanie wählte Alexander dreißig äußerst behende junge Männer, die er Charos und Alexander unterstellte, dem er ihre Namensgleichheit mahnend vor Augen hielt. Angesichts der offenkundigen Gefahrenlage war es zunächst beschlossene Sache, den König außen vor zu halten, doch kaum erschallten die Trompetenfanfaren, wandte der sich, draufgängerisch wie er war, mit der Weisung, ihm zu folgen, an seine Leibgarde und stürmte allen voran hinauf auf den Brocken. Jetzt hielt es keinen der Makedonen mehr an Ort und Stelle, sie verließen ihre Posten und schlossen sich spontan ihrem König an. Viele ereilte ein jammervolles Ende: an der abschüssigen Wand rutschten sie aus, und der Fluss unten verschlang sie, ein Trauerspiel auch für die Ungefährdeten. Die gemahnte der Untergang der anderen an die Risiken, die ihnen selbst drohten, und dadurch verwandelte sich das Mitleid in Angst: nicht den Toten galten ihre Tränen, sondern dem eigenen Schicksal. Schon hatte sich die Lage derart zugespitzt, dass es kein Zurück gab, nur Sieg oder Desaster, denn die Barbaren ließen riesige Steine auf die Kletterer regnen. Bei der holprigen Kletterei ohne festen Tritt wurden sie davon schlicht umgehauen und stürzten kopfüber in die Tiefe. Trotz allem hatte letztendlich der vom König vorgeschickte dreißigköpfige Elitetrupp unter Alexander und Charos den Aufstieg geschafft und war bereits in die ersten Handgemenge mit dem Feind verstrickt; weil aber die Barba-

coeperant; sed cum superne tela barbari ingererent, saepius ipsi feriebantur, quam vulnerabant. Ergo Alexander et nominis sui et promissi memor, dum acrius quam cautius dimicat, confossus undique obruitur. Quem ut Charus iacentem conspexit, ruere in hostem omnium praeter ultionem inmemor coepit multosque hasta, quosdam gladio interemit. Sed cum tot unum incesserent manus, super amici corpus procubuit exanimis. Haud secus, quam par erat, promptissimorum iuvenum ceterorumque militum interitu commotus rex signum receptui dedit. Saluti fuit, quod sensim et intrepidi se receperunt, et barbari hostem depulisse contenti non institere cedentibus.

[41] Ceterum Alexander, cum statuisset desistere incepto – quippe nulla spes potiundae petrae offerebatur –, tamen speciem ostendit in obsidione perseverantis: nam et itinera obsideri iussit et turres admoveri et fatigatis alios succedere. Cuius pertinacia cognita Indi per biduum quidem ac duas noctes cum ostentatione non fiduciae modo, sed etiam victoriae epulati sunt tympana suo more pulsantes. Tertia vero nocte tympanorum quidem strepitus desierat audiri, ceterum ex tota petra faces refulgebant, quas accenderant barbari, ut tutior esset ipsis fuga obscura nocte per invia saxa cursuris. Rex Balacro, qui specularetur, praemisso cognoscit petram fuga Indorum esse desertam. Tum dato signo, ut universi conclamarent, in-

ren sie von oben mit Geschossen überschütteten, mussten sie mehr einstecken, als sie austeilen konnten. Eingedenk seines Namens und der damit verbundenen Verpflichtung schob Alexander jede Vorsicht beiseite und kämpfte erbittert: durchbohrt, wurde er schließlich unter einem Hagel von Projektilen begraben. Kaum sah Charos ihn am Boden, hatte er nur mehr Rache im Kopf; er stürzte sich auf die Feinde, vielen machte er mit der Lanze den Garaus, einigen auch mit dem Schwert. Freilich stand er allein gegen eine Unzahl, die mit Brachialgewalt auf ihn losging; schließlich brach er entseelt über dem Leichnam des Freundes zusammen. Gehörig erschüttert ob des Endes dieser so diensteifrigen jungen Männer und all der übrigen Soldaten, gab der König das Signal zum Rückzug. Ihre Rettung war, dass sie das Feld etappenweise ohne Panik räumten und die Barbaren, denen es genügte, die Angreifer zurückgeworfen zu haben, sie bei diesem Abzugsmanöver nicht verfolgten.

[41] Wie dem auch sei, angesichts der Tatsache, dass nicht die geringste Hoffnung bestand, das Felsennest zu erobern, entschied sich Alexander zur Aufgabe des Unternehmens, doch nach außen tat er so, als setzte er die Belagerung fort: er befahl, die Wege zu blockieren, die Türme näher heranzuschaffen und die erschöpften Soldaten durch neue auszuwechseln. Als die Inder sahen, wie hartnäckig er war, schmausten sie zwei volle Tage und Nächte lang in demonstrativem Selbstvertrauen, ja sogar unter Siegesgeprahle, wobei sie nach Landesbrauch Tamburine schlugen. In der dritten Nacht aber war das Tamburingeschelle verstummt, stattdessen leuchteten Fackeln auf dem ganzen Felsen, die die Barbaren entzündet hatten, um bei ihrer Flucht im nächtlichen Dunkel gefahrloser durch das unwegsame Gestein laufen zu können. Von Balakros, den er vorgeschickt hatte, die Lage zu sondieren, erfuhr der König, dass der Fels unbemannt war, da sich die Inder aus dem Staub gemacht hatten. Auf Signal hin brüllten nun alle Mann gleichzei-

conposite fugientibus metum incussit, multique, tamquam adesset hostis, per lubrica saxa perque invias cotes praecipitati occiderunt, plures aliqua membrorum parte mulcati ab integris deserti sunt. Rex, locorum magis quam hostium victor, tamen magnae victoriae *speciem* sacrificiis et cultu deum fecit. Arae in petra locatae sunt Minervae Victoriae[que]. Ducibus itineris, quo subire iusserat leviter armatos, etsi promissis minora praestiterant, pretium cum fide redditum est, petrae regionisque ei adiunctae Sisocosto tutela permissa.

XII Inde processit Ecbolima et, cum angustias itineris obsideri XX milibus armatorum ab Erice quodam conperisset, gravius agmen exercitus Coeno ducendum modicis itineribus tradidit. Ipse praegressus *per* funditores ac sagittarios deturbatis, qui obsederant saltum, sequentibus se copiis viam fecit. Indi sive odio ducis sive gratiam victoris inituri Ericen fugientem adorti interemerunt caputque eius atque arma ad Alexandrum detulerunt. Ille facto inpunitatem dedit, honorem denegavit exemplo.

[42] Hinc ad flumen Indum sextisdecumis castris pervenit omniaque, ut praeceperat, ad traiciendum praeparata ab Hephaestione repperit. Regnabat in ea regione Omphis, qui patri quoque fuerat auctor dedendi regnum Alexandro et post mor-

tig los und jagten damit der heillos fliehenden Horde Furcht und Schrecken ein. Viele stürzten auf den schlüpfrigen Steinen und den Kliffs ohne Pfad in den Tod, als drohte ihnen der Feind aus nächster Nähe; mehr noch wurden, an irgendeinem Körperteil verletzt, von den Unversehrten einfach im Stich gelassen. Bezwinger der Örtlichkeit, weniger des Gegners, veranstaltete der König nichtsdestoweniger ein Riesensiegesspektakel mit Opfern und anderen Götterzeremonien. Auf dem Felsmassiv errichtete man Altäre zu Ehren der Siegreichen Minerva. Die Führer, auf deren Route sich die leichte Infanterie hatte heranschleichen sollen, erhielten wie vereinbart ihre Belohnung, obwohl die erbrachte Leistung nicht an ihre Versprechen heranreichte. Hüter des Felsens und der angrenzenden Region wurde Sisikottos.

XII Von dort ging es weiter nach Ekbolima. Auf die Information, ein gewisser Erikes blockiere mit zwanzigtausend Bewaffneten eine Engstelle des Weges, vertraute der König die schwerfälligeren Truppenteile Koinos an mit der Order, die in mäßigen Etappen voranzuführen. Er selbst übernahm die Vorhut: durch Einsatz von Schleuderern und Bogenschützen verscheuchte er die Passbesetzer und schaffte damit für die nachfolgenden Abteilungen freie Bahn. Vielleicht aus Hass auf ihren Anführer, vielleicht um sich des Siegers Huld zu erringen, fielen die Inder über den flüchtigen Erikes her und töteten ihn; danach überbrachten sie Alexander dessen Kopf sowie seine Waffen. Von einer Bestrafung dieser Tat sah dieser zwar ab, allerdings verweigerte er diesem Präzedenzfall auch jede Anerkennung.

[42] Von hier gelangte er in sechzehn Etappen zum Indus und fand alles von Hephaistion weisungsgemäß für das Übersetzen arrangiert. Herrscher in jenen Gefilden[28] war Omphis, der schon seinen Vater zur Reichsübergabe an den Makedonen veranlasst hatte; als jener dann gestorben war, hatte er eine

tem parentis legatos miserat, qui consulerent eum, regnare se interim vellet an privatum opperiri eius adventum. Permissoque, ut regnaret, non tamen ius datum usurpare sustinuit. Is benigne quidem exceperat Hephaestionem gratuitum frumentum copiis eius admensus, non tamen ei occurrerat, ne fidem ullius nisi regis experiretur. Itaque venienti obviam cum armato exercitu egressus est; elephanti quoque per modica intervalla militum agmini inmixti procul castellorum fecerant speciem. Ac primo Alexander non socium, sed hostem adventare credebat iamque et ipse arma milites capere et equites discedere in cornua iusserat paratus ad pugnam. At Indus cognito Macedonum errore iussis subsistere ceteris ipse concitat equum, quo vehebatur; idem Alexander quoque fecit, sive hostis sive amicus occurreret, vel sua virtute vel illius fide tutus. Coiere, quod ex utriusque vultu posset intellegi, amicis animis; ceterum sine interprete non poterat conseri sermo. Itaque adhibito eo barbarus occurrisse se dixit cum exercitu totas imperii vires protinus traditurum nec expectasse, dum per nuntios daretur fides. Corpus suum et regnum permittere illi, quem sciret gloriae militantem nihil magis quam famam timere perfidiae. [43] Laetus simplicitate barbari rex et dexteram, fidei suae pignus, dedit et regnum restituit. LVI elephanti erant,

Gesandtschaft zu Alexander delegiert mit der Frage, ob er die Regierung interimistisch übernehmen oder als schlichter Privatmann seiner Ankunft harren solle. Obwohl der ihn als Regenten akkreditierte, brachte jener es nicht über sich, von dem gewährten Privileg Gebrauch zu machen. Hephaistion hatte er freundlich empfangen und dessen Truppen eine Gratisration Getreide zugewiesen, ihm respektvoll entgegengegangen aber war er nicht, denn für ihn gab es nur eine gültige Instanz, den König. Und so zog er zu dessen Begrüßung mit gerüsteter Armee aus, sogar Elefanten befanden sich in kleineren Abständen unter den Kolonnen: aus der Ferne sahen sie aus wie Festungen. Sogar Alexander wähnte sich zunächst einem Feind gegenüber, keinem Verbündeten; er war auf Kampf eingestellt, und daher hatten die Soldaten Weisung erhalten, zu den Waffen zu greifen, während sich die Kavallerie auf die Flanken verteilen sollte. Da freilich gebot der Inder, der die Fehleinschätzung der Makedonen bemerkt hatte, seinen Mannen Halt, nur er versetzte das Ross, das er ritt, in Galopp, und Alexander tat genau dasselbe: mochte er auf Feind treffen oder Freund, er war gefeit, sei es durch seine persönliche Tapferkeit, sei es durch die Loyalität des anderen. Ein friedliches Treffen war das, soweit sich das aus beider Mienen ablesen ließ, doch ohne Dolmetscher war ein Gespräch zwischen ihnen nicht möglich. Darum wurde einer hinzugezogen, und der Barbar erklärte sogleich, er habe sich mitsamt Heer eingefunden, Alexander die Gesamtstreitkräfte seines Reiches zu überstellen, auf Garantieerklärungen durch Mittelsmänner habe er gar nicht erst warten wollen. Ihm, dem Grandiosen, der bei seinem Kampf um Ruhm, das wisse er, nichts so sehr fürchte wie den Ruch der Wortbrüchigkeit, gebe er sich selbst und seine Macht anheim. [43] Die Treuherzigkeit des Barbaren gefiel Alexander, und als Unterpfand seiner Loyalität reichte er ihm die Rechte und bestätigte ihn als Regenten. Volle sechsundfünfzig Elefan-

quos tradidit Alexandro, multaque pecora eximiae magnitudinis, tauros ad III milia, pretiosum in ea regione acceptumque animis regnantium armentum. Quaerenti Alexandro, plures agricultores haberet an milites, cum duobus regibus bellanti sibi maiore militum quam agrestium manu opus esse respondit. Abisares et Porus erant, sed in Poro eminebat auctoritas. Uterque ultra Hydaspen amnem regnabat et belli fortunam, quisquis arma inferret, experiri decreverat. Omphis permittente Alexandro et regium insigne sumpsit et more gentis suae nomen, quod patris fuerat: Taxilen appellavere populares sequente nomine imperium, in quemcumque transiret.

Igitur cum per triduum hospitaliter Alexandrum accepisset, quarto die et, quantum frumenti copiis, quas Hephaestion duxerat, praebitum a se esset, ostendit et aureas coronas ipsi amicisque omnibus, praeter haec signati argenti LXXX talenta dono dedit. Qua benignitate eius Alexander mire laetus et, quae is dederat, remisit et M talenta ex praeda, quam vehebat, adiecit multaque convivalia ex auro et argento vasa, plurimum Persicae vestis, XXX equos ex suis cum isdem insignibus, quis adsueverant, cum ipsum veherent. Quae liberalitas sicut barbarum obstrinxerat, ita amicos ipsius vehementer offendit. E quibus Meleager super cenam largiore vino usus gratulari se Alexandro dixit, quod saltem in India repperisset dignum ta-

ten übergab jener dem König, dazu eine Menge Vieh von beträchtlicher Größe sowie an die dreitausend Stiere, Tiere, die in dieser Gegend hoch im Kurs stehen und bei den Herrschenden ein willkommenes Geschenk sind. Als Alexander ihn fragte, ob er über mehr Bauern oder Soldaten verfüge, antwortete jener, er brauche eine größere Anzahl an Militär als an Landvolk, er befinde sich ja im Krieg mit zwei Königen. Das waren Abisares und Poros[29], letzterer aber war der Mächtigere. Die herrschten beide jenseits des Hydaspes und waren entschlossen, gegen jedweden Aggressor ihr Glück im Krieg zu versuchen. Mit Alexanders Genehmigung gingen die königlichen Insignien und nach nationalem Brauch auch der Name, den einstens sein Vater trug, auf Omphis über: fortan war er für seine Landsleute Taxiles, denn dieser Benennung wurden alle Regierungsnachfolger teilhaftig.

Kurz und gut, drei Tage lang gewährte jener Alexander gastfreundliche Aufnahme, dann, am vierten, brachte er seine großzügige Getreidelieferung für die Truppen unter Hephaistions Führung zur Sprache und bedachte den König und seine sämtlichen Freunde mit goldenen Kränzen, von den achtzig Talenten silbernen Münzgeldes ganz abgesehen. Diese Liebenswürdigkeit entzückte Alexander in höchstem Maße, und darum sandte er Omphis seine Geschenke zurück, ja, er fügte noch tausend Talente aus der mittransportierten Beute hinzu sowie mannigfaches Tafelgeschirr aus Gold und Silber, eine gewaltige Menge persischer Gewänder und dreißig seiner eigenen Rosse, genauso prächtig ausstaffiert wie stets, wenn er selbst sie ritt. Solche Freigebigkeit hatte zwar den Barbaren verpflichtet, seine eigenen Freunde aber kränkte sie tief. Einer von ihnen, Meleager, ließ bei einem Essen, bei dem er dem Wein zu reichlich zugesprochen hatte, die Bemerkung fallen, er könne ihm nur dazu gratulieren, dass er wenigstens in Indien jemanden getroffen habe, der tausend Talente wert sei. Der

lentis M. Rex haud oblitus, quam aegre tulisset, quod Clitum ob linguae temeritatem occidisset, iram quidem tenuit, sed dixit invidos homines nihil aliud quam ipsorum esse tormenta.

XIII [44] Postero die legati Abisarae adiere regem. Omnia dicioni eius, ita ut mandatum erat, permittebant firmataque invicem fide remittuntur ad regem. Porum quoque nominis sui fama ratus ad deditionem posse conpelli misit ad eum Cleocharen, qui denuntiaret ei, ut stipendium penderet et in primo suorum finium aditu occurreret regi. Porus alterum ex his facturum sese respondit, ut intranti regnum suum praesto esset, sed armatus. Iam Hydaspen Alexander superare decreverat, cum Barzaentes, defectionis Arachosiis auctor, vinctus trigintaque elephanti simul capti perducuntur, opportunum adversus Indos auxilium: quippe plus in beluis quam in exercitu spei ac virium illis erat. Samaxusque, rex exiguae partis Indorum, qui Barzaenti se coniunxerat, vinctus adductus est. Igitur transfuga et regulo in custodiam, elephantis autem Taxili traditis ad amnem Hydaspen pervenit, in cuius ulteriore ripa Porus consederat transitu prohibiturus hostem. LXXX et V elephantos obiecerat eximio corporum robore, ultraque eos currus CCC et peditum XXX fere milia, in quis erant sagittarii, sicuti ante dictum est, gravioribus telis, quam ut apte excuti possent. Ipsum vehebat elephantus super ceteras beluas emi-

König war sich noch lebhaft bewusst, wie sehr er gelitten hatte, Kleitos wegen unbedachter Worte umgebracht zu haben, und deshalb zügelte er seine Wut, wobei er freilich erklärte, ein neidischer Mensch sei nichts anderes als sein eigener Henker.

XIII [44] Am nächsten Tag wurden Gesandte von Abisares bei ihm vorstellig; weisungsgemäß unterstellten sie Land und Leute seiner Oberhoheit, und nach wechselseitigen Zusicherungen wurden sie zu ihrem König zurückgeschickt. Da Alexander glaubte, durch den Nimbus seines Namens auch Poros zur Kapitulation bewegen zu können, entsandte er Kleochares, den Barbaren zur Tributleistung und zu einem Treffen mit ihm an der Grenze seines Gebietes aufzufordern. Poros konterte, zu letzterem sei er bereit, er werde dem König, wenn der sein Reich betrete, seine Aufwartung machen, allerdings bewaffnet. Schon war es für Alexander beschlossene Sache, den Hydaspes zu überqueren, da wurde ihm in Fesseln Barzaentes, der Rädelsführer der Rebellion in Arachosien, vorgeführt, dazu dreißig Elefanten, die man gleichzeitig erbeutet hatte und die eine willkommene Hilfe gegen die Inder darstellten: auf diesen Tieren basierte ja deren Hoffnung und Überlegenheit, weniger auf dem Militär. Auch Samaxos, der Herrscher eines kleinen Teildistrikts von Indien, der mit Barzaentes an einem Strang gezogen hatte, wurde in Ketten herangeschafft. Verräter und Kleinkönig wurden also in Gewahrsam genommen und die Elefanten Taxiles anvertraut, danach war man auch schon am Hydaspes, auf dessen jenseitigem Ufer Poros in Stellung gegangen war, um den Feind am Übergang zu hindern. Fünfundachtzig Elefanten von kolossaler Stärke hatte der in vorderster Front plaziert, dahinter dreihundert Wagen sowie an die dreißigtausend Mann Infanterie, darunter Bogenschützen, deren Projektile, wie zuvor bemerkt, für einen treffsicheren Schuss zu schwer waren. Er selbst thronte auf einem Elefanten, der inmitten all der anderen herausragte; und Waffen,

nens, armaque auro et argento distincta corpus rarae magnitudinis honestabant. Par animus robori corporis et, quanta inter rudes poterat esse, sapientia.

[45] Macedonas non conspectus hostium solum, sed etiam fluminis, quod transeundum erat, magnitudo terrebat. IV in latitudinem stadia diffusus profundo alveo et nusquam vada aperiente speciem vasti maris fecerat. Nec pro spatio aquarum late stagnantium impetum coercebat, sed quasi in artum coeuntibus ripis torrens et elisus ferebatur, occultaque saxa inesse ostendebant pluribus locis undae repercussae. Terribilior facies erat ripae, quam equi virique conpleverant. Stabant ingentes vastorum corporum moles et de industria inritatae horrendo stridore aures fatigabant. Hinc amnis, hinc hostis capacia quidem bonae spei pectora et saepe se experta inproviso tamen pavore percusserant: quippe instabiles rates nec dirigi ad ripam nec tuto adplicari posse credebant. Erant in medio amne insulae crebrae, in quas et Indi et Macedones nantes levatis super capita armis transibant. Ibi levia proelia conserebantur, et uterque rex parvae rei discrimine summae experiebatur eventum.

Ceterum in Macedonum exercitu temeritate atque audacia insignes fuere Hegesimachus et Nicanor, nobiles iuvenes et perpetua partium felicitate ad spernendum omne periculum accensi. Quis ducibus promptissimi iuvenum lanceis modo armati transnavere in insulam, quam frequens hostis tenebat,

die von Gold und Silber prangten, verhalfen seinem riesenhaften Leib zu noch mehr Imposanz. Der physischen Kraft entsprach sein Mut, und soweit das bei einem unzivilisierten Menschenschlag geht, war er mit Intelligenz gesegnet.

[45] Angesichts der Feinde, aber auch des gewaltigen Stroms, den es da zu überqueren galt, gerieten die Makedonen in Panik. Mit seiner Breite von vier Stadien und dem tiefen Bett ohne jede Furt hatte dieser zunächst wie ein grenzenloses Meer auf sie gewirkt. Auch verlangsamte die Fläche, auf der seine Wassermassen sich entfalteten, die Strömung mitnichten, nein, wie eingezwängt zwischen dichtstehenden Ufern schoss er nur so dahin, reißend und überschäumend, und an etlichen Stellen zeugten Brecher von verborgenen Riffs. Noch schrecklicher sah das Ufer aus, das von Pferden und Menschen übersät war. Unbeweglich erhoben sich die Elefantenkolosse mit ihren gigantischen Leibern, und ihr entsetzliches Trompeten machte die Ohren taub, mit Absicht stachelte man die Tiere nämlich auf. So hatten zum einen der Strom, zum andern der Gegner die sonst vor Optimismus strotzenden Herzen der Makedonen, die bereits viele Prüfungen hinter sich hatten, mit jäher Furcht erschüttert: die hielten es für ein Unding, ihre schaukelnden Flöße ans Ufer lenken und unbeschadet landen zu können. Mitten im Fluss lagen zahlreiche Inseln: die Waffen überm Kopf, schwammen Inder und Makedonen hinüber. Dort kam es zu leichten Scharmützeln, und beide Könige kalkulierten ihre Gesamtchance nach diesen Detailerfolgen.

In der makedonischen Armee gab es nun aber zwei ausgemachte Draufgänger voller Kühnheit, Hegesimachos und Nikanor; junge Adlige waren das, die in brennendem Enthusiasmus ob des ständigen Glücks ihrer Partei jedwede Gefahr verachteten. Die übernahmen jetzt die Führung der couragiertesten Jungkämpfer und schwammen mit ihnen, nur mit Lanzen bewaffnet, zu einer Insel, wo sich massenhaft Feinde tum-

multosque Indorum nulla re melius quam audacia armati interemerunt. Abire cum gloria poterant, si umquam temeritas felix inveniret modum; sed dum supervenientes contemptim et superbe quoque expectant, circumventi ab iis, qui occulti enaverant, eminus obruti telis sunt. Qui effugerant hostem, aut impetu amnis ablati sunt aut verticibus inpliciti.

[46] Eaque pugna multum Pori fiduciam erexit cuncta cernentis e ripa. Alexander inops consilii tandem ad fallendum hostem talem dolum intendit. Erat insula in flumine amplior ceteris, silvestris eadem et tegendis insidiis apta. Fossa quoque praealta haud procul ripa, quam tenebat ipse, non pedites modo, sed etiam cum equis viros poterat abscondere. Igitur ut a custodia huius opportunitatis oculos hostium averteret, Ptolomaeum omnibus turmis obequitare iussit procul insula et subinde Indos clamore terrere, quasi flumen transnaturus foret. Per conplures dies Ptolomaeus id fecit eoque consilio Porum quoque agmen suum ei parti, quam se petere simulabat, coegit advertere. Iam extra conspectum hostis insula erat. Alexander in diversa parte ripae statui suum tabernaculum iussit adsuetamque comitari ipsum cohortem ante id tabernaculum stare et omnem apparatum regiae magnificentiae hostium oculis de industria ostendi. Attalum etiam, aequalem sibi et haud disparem habitu oris et corporis, utique cum procul

melten: vielen Indern machten sie den Garaus, wobei der Mut ihre beste Waffe war. Mit Glanz und Gloria hätten sie abziehen können, wenn Verwegenheit im Erfolgsrausch jemals Maß und Ziel kennen würde. Während sie neuer Angreifer voll Geringschätzung, ja sogar Größenwahn harrten, umstellte sie eine Gruppe, die unbemerkt aus dem Wasser aufgetaucht war, und begrub sie von fern unter einem Hagel von Geschossen. Wer dem Feind entronnen war, den riss die Strömung mit, oder er wurde von den Strudeln verschluckt.

[46] Dieser Kampf steigerte Poros' Selbstbewusstsein gewaltig, er beobachtete ja alles vom Ufer aus. Alexander wusste nicht aus noch ein, schließlich aber griff er zu folgender List, den Feind auszutricksen: es gab in dem Fluss eine Insel, deren Fläche größer war als die der übrigen; da sie bewaldet war, bot sich die Möglichkeit, dem Gegner hier still und leise eine Falle zu stellen; zudem konnten Infanterie sowie Berittene in einer äußerst tiefen Mulde in Ufernähe auf Alexanders Seite in Deckung gehen. Also galt es, die Aufmerksamkeit der Inder von der Überwachung dieses vielversprechenden Punkts abzulenken, und darum befahl er Ptolemaios, mit allen Schwadronen weit weg von der Insel wider den Feind zu sprengen und diesen mit ununterbrochenem Geschrei, als käme er gleich über den Fluss, in Furcht und Schrecken zu versetzen. Das tat jener mehrere Tage lang, und am Ende brachte er dank dieser Taktik auch Poros dazu, mit seinen Kolonnen das vermeintliche Angriffsziel anzusteuern. Schon war die Insel dem Gesichtskreis der Feinde entrückt. An einem entfernten Ufersektor ließ Alexander sein Zelt errichten: seine angestammte Begleitkohorte sollte davor Aufstellung nehmen und den Blicken der Inder demonstrativ den gesamten Apparat seiner Königshoheit präsentieren. Außerdem verpasste er Attalos, der ebenso alt war wie er selbst und zumindest von weitem, was Antlitz und Gestalt anbelangte, als sein Ebenbild durch-

viseretur, veste regia exornat praebiturum speciem ipsum regem illi ripae praesidere nec agitare de transitu.

Huius consilii effectum primo morata tempestas est, mox adiuvit incommoda quoque ad bonos eventus vertente fortuna. Traicere amnem cum ceteris copiis in regionem insulae, de qua ante dictum est, parabat averso hoste in eos, qui cum Ptolomaeo inferiorem obsederant ripam, cum procella imbrem vix sub tectis tolerabilem effundit. Obrutique milites nimbo in terram refugerunt navigiis ratibusque desertis. Sed tumultuantium fremitus obstrepentibus ventis ab hoste non poterat audiri. Deinde momento temporis repressus est imber, ceterum adeo spissae intendere se nubes, ut conderent lucem, vixque conloquentium inter ipsos facies noscitarentur. Terruisset alium obducta nox caelo, cum ignoto amne navigandum esset, forsitan hoste eam ipsam ripam, quam caeci atque inprovidi *petebant, tenente.* At rex periculo gloriam accersens et obscuritatem, quae ceteros terrebat, suam occasionem ratus dato signo, ut omnes silentio escenderent in rates, eam, qua ipse vehebatur, primam iussit expelli. Vacua erat ab hostibus ripa, quae petebatur: quippe adhuc Porus Ptolomaeum tantum intuebatur. Una ergo navi, quam petrae fluctus inliserat, hae-

gehen konnte, königlichen Ornat: so sollte jener den Eindruck erwecken, der König höchstpersönlich habe dort seine Kommandozentrale, zu einer Überquerung mache er keine Anstalten.

Ein Unwetter verhinderte zunächst, dass diese List Wirkung zeigte, erwies sich in der Folge jedoch als hilfreich, denn das Glück ließ das Blatt sich wenden, vom Nachteil zum Erfolg. Alexander schickte sich gerade an, mit den verbleibenden Truppen den Fluss in Richtung genannter Insel zu überschreiten, während der Gegner anderwärts mit Ptolemaios' Verband beschäftigt war, der den weiter unterhalb gelegenen Ufersektor besetzt hielt, da ließ eine Sturmbö einen Platzregen niederprasseln: selbst im Unterstand war der kaum auszuhalten. Von diesem Guss erwischt, machten die Soldaten kehrt zurück an Land weg von den Booten und Flößen; allerdings übertönte das Brausen des Windes ihr chaotisches Gelärm, so dass die Feinde nichts hörten. Dann, nach einem kurzen Weilchen, hörte der Regen wieder auf, jetzt aber ballte sich dichtestes Gewölk zusammen: das Licht des Tages verdunkelte sich, und man konnte beim Gespräch kaum mehr das Gesicht seines Gegenübers erkennen. Jeder andere wäre ob der Finsternis, die den Himmel überzog, verzagt, galt es doch, einen unbekannten Strom zu durchschiffen, wo der Feind vielleicht just auf dem Uferabschnitt hockte, den man blind und arglos anpeilte. Für den König freilich war Gefahr der Quell seines Ruhms, und so hielt er die Düsternis, die die übrigen ängstigte, für eine persönliche Chance; dementsprechend wurde allen signalisiert, still und leise an Bord der Flöße zu gehen, wobei jenes, das ihn selbst trug, als erstes ablegen sollte. Auf dem anvisierten Sektor war kein Feind zu finden, Poros konzentrierte sich ja ausschließlich auf Ptolemaios. Daher zerschellte nur ein einziges Boot an einem Riff, wohin es die Strömung geworfen hatte, der Rest kam unbeschadet an Land, und Alexander be-

rente ceterae evadunt, armaque capere milites et ire in ordines iussit.

XIV [47] Iamque agmen in cornua divisum ipse ducebat, cum Poro nuntiatur armis virisque ripam obtineri et rerum adesse discrimen. Ac primo humani ingenii vitio spei suae indulgens Abisaren belli socium – et ita convenerat – adventare credebat. Mox liquidiore luce aperiente aciem hostium C quadrigas et IV milia equitum venienti agmini obiecit. Dux erat copiarum, quas praemisit, Spitaces, frater ipsius. Summa virium in curribus: senos viros singuli vehebant, duos clipeatos, duos sagittarios ab utroque latere dispositos, aurigae erant ceteri haud sane inermes, quippe iacula conplura, ubi comminus proeliandum erat, omissis habenis in hostem ingerebant. Ceterum vix ullus usus huius auxilii eo die fuit. Namque, ut supra dictum est, imber violentius quam alias fusus campos lubricos et inequitabiles fecerat, gravesque et propemodum inmobiles currus inluvie ac voraginibus haerebant. Contra Alexander expedito ac levi agmine strenue invectus est. Scythae et Dahae primi omnium invasere Indos, Perdiccam deinde cum equitibus in dextrum cornu hostium emisit. Iam undique pugna se moverat, cum ii, qui currus agebant, illud ultimum auxilium suorum rati effusis habenis in medium discrimen ruere coeperunt. Anceps id malum utrisque erat. Nam et Macedonum pedites primo impetu obterebantur, et per lubrica atque invia inmissi currus excutiebant eos, a quibus regebantur. Aliorum turbati

fahl den Soldaten, die Waffen zu ergreifen und in Reih und Glied anzutreten.

XIV [47] Der König war bereits dabei, seine zu Flügeln formierte Armee ins Gefecht zu führen, da erst wurde Poros informiert, bewaffnete Einheiten hätten das Ufer besetzt, die Stunde der Entscheidung habe geschlagen. Zuerst, eine typische Fehlreaktion des menschlichen Geistes, wiegte der sich noch in Hoffnungsträumen und wähnte, Abisares, sein Alliierter, rücke dort wie vereinbart an. Dann, als es aufklarte und die Helle seinem Blick die feindlichen Linien enthüllte, warf er den Aufmarschierenden hundert Vierspänner und viertausend Berittene entgegen. Die Stoßtrupps vorn kommandierte Spitakes, sein eigener Bruder. Das Hauptpotential bildeten die Wagen: jeder davon war mit sechs Leuten bemannt, zwei Schildträgern, zwei Bogenschützen, einem rechts, einem links; der Rest waren Lenker, und auch diese waren keineswegs unbewaffnet, denn sobald es zum Nahkampf kam, ließen sie die Zügel los und traktierten den Gegner mit einem Hagel an Wurfspießen. Nur war jenes Kampfrequisit an jenem Tag so gut wie nutzlos. Wie oben berichtet, hatte ja der anormal heftige Regen den Boden in glitschigen, pferdeuntauglichen Morast verwandelt, und dadurch blieben die schweren, kaum bewegbaren Wagen in Pfützen und Furchen stecken. Alexander dagegen mit seinem leichten, mobilen Trupp stieß schnell vor. Die Skythen und die Daher gingen als erste auf die Inder los, danach schickte er Perdikkas mit der Reiterei gegen den rechten Flügel des Gegners. Allenthalben tobte jetzt die Schlacht, als die Wagenlenker mit verhängten Zügeln mitten hinein ins Getümmel sprengten, überzeugt, das sei für die Ihren die einzige Rettung. Für beide Seiten wirkte sich das verhängnisvoll aus. In der Tat wurde die makedonische Infanterie beim ersten Ansturm plattgewalzt, doch bei der Fahrt über den rutschigen, unbefahrbaren Untergrund katapultierte es die Kutscher her-

equi non in voragines modo lacunasque, sed etiam in amnem praecipitavere curricula; pauci telis hostium exacti penetravere ad Porum acerrime pugnam cientem.

[48] Is, ut dissipatos tota acie currus vagari sine rectoribus vidit, proximis amicorum distribuit elephantos. Post eos posuerat peditem ac sagittarios *et* tympana pulsare solitos: id pro cantu tubarum Indis erat, nec strepitu eorum movebantur olim ad notum sonum auribus mitigatis. Herculis simulacrum agmini peditum praeferebatur: id maximum erat bellantibus incitamentum, et deseruisse gestantis militare flagitium habebatur. Capitis etiam sanxerant poenam iis, qui ex acie non rettulissent, metu, quem ex illo hoste quondam conceperant, etiam in religionem venerationemque converso. Macedonas non beluarum modo, sed etiam ipsius regis aspectus parumper inhibuit. Beluae dispositae inter armatos speciem turrium procul fecerant; ipse Porus humanae magnitudinis propemodum excesserat formam. Magnitudini Pori adicere videbatur belua, qua vehebatur, tantum inter ceteras eminens, quanto aliis ipse praestabat. Itaque Alexander contemplatus et regem et agmen Indorum: »Tandem«, inquit, »par animo meo periculum video: cum bestiis simul et cum egregiis viris res est.« Intuensque Coenon: »Cum ego«, inquit, »Ptolomaeo Perdiccaque et Hephaestione comitatus in laevum hostium cornu impetum fece-

unter von den Wagen. Anderen gerieten die Pferde außer Kontrolle, und die rissen die Wagen in die Bodenrillen und Schlaglöcher, selbst bis hinein in den Fluss; ein paar Rosse verschlug es, vom feindlichen Beschuss verscheucht, zu Poros, der den Kampf fanatisch anheizte.

[48] Sobald dieser die auf der ganzen Front verstreuten Wagen ohne sichere Lenkung ziellos umherschwirren sah, verteilte er die Elefanten auf die Freunde in seiner Entourage. Dahinter hatte er Fußvolk und Bogenschützen postiert sowie die Handtrommelschläger, den indischen Ersatz der Trompetenbläser. Deren Gerassel ließ die Elefanten unbeeindruckt: an den Klang gewöhnt, waren ihre Ohren längst dagegen abgestumpft. Vorneweg vor den Infanterielinien trug man eine Herkulesstatue: sie bildete für die Kämpfenden die stärkste Motivationsquelle, und ihre Träger im Stich zu lassen wurde als militärisches Vergehen betrachtet. Über jene, die sie vom Feld nicht wieder heimbrachten, hatte man sogar die Todesstrafe verhängt, so sehr hatte sich die Angst, die ihnen Herkules als ihr Feind einstens eingeflößt hatte, in heiligen Respekt und Verehrung verwandelt. Einen Moment lang bremste der Anblick der Elefanten zusammen mit dem des Königs die Makedonen: von fern hatten die Kolosse inmitten der Bewaffneten wie Türme gewirkt, und Poros seinerseits hatte nahezu übermenschliche Dimensionen angenommen. Der Elefant, der ihn beförderte, verstärkte noch den Eindruck seiner Größe: wie Poros selbst nämlich unter seinesgleichen herausstach, genauso überragte der die anderen Tiere. Alexander bemerkte denn auch, als er König und Aufgebot in Augenschein genommen hatte: »Endlich sehe ich mich einer Gefahr ganz nach meinem Herzen gegenüber: mit Untieren und Supermännern auf einmal haben wir es hier ja zu tun.« Dann schaute er Koinos an und fuhr fort: »Sobald ich selbst in Begleitung von Ptolemaios, Perdikkas und Hephaistion einen Angriff auf den linken Flügel

ro viderisque me in medio ardore certaminis, ipse dextrum move et turbatis signa infer! Tu, Antigene, et tu, Leonnate, et Tauron, invehemini in mediam aciem et urgebitis frontem. Hastae nostrae praelongae et validae non alias magis quam adversus beluas rectoresque earum usui esse poterunt: deturbate eos, qui vehuntur, et ipsas confodite! Anceps genus auxilii est et in suos acrius furit: in hostem enim imperio, in suos pavore agitur.«

Haec elocutus concitat equum primus. Iamque, ut destinatum erat, invaserat ordines hostium, cum Coenus ingenti vi *a* laev*o* cornu invehitur. Phalanx quoque mediam Indorum aciem uno impetu perrupit. [49] At Porus, qua equitem invehi senserat, beluas agi iussit; sed tardum et paene inmobile animal equorum velocitatem aequare non poterat. Ne sagittarum quidem ullus erat barbaris usus: quippe longas et praegraves, nisi prius in terra statuerunt arcum, haud satis apte et commode inponunt. Tum humo lubrica et ob id inpediente conatum molientes ictus celeritate hostium occupantur. Ergo spreto regis imperio – quod fere fit, ubi turbatis acrius metus quam dux imperare coepit – totidem erant imperatores, quot agmina errabant. Alius iungere aciem, alius dividere, stare quidam et nonnulli circumvehi terga hostium iubebant. Nihil in medium

der Feinde gestartet habe und du mich voll in der Hitze des Gefechtes siehst, bring du den rechten ins Wanken, und dann nichts wie drauf auf die verwirrten Haufen! Du, Antigenes, du, Leonnatos und du, Tauron, ihr nehmt euch den mittleren Frontabschnitt vor und übt Druck auf die vordersten Linien aus! Mit Sicherheit sind unsere überlangen, starken Lanzen am effektivsten gegen die Elefanten und ihre Treiber: kippt die Mahuts herunter und ersticht die Tiere! Die sind eine zweischneidige Waffe, die sich heftiger gegen die eigenen Leute richten kann: wider den Feind treibt sie nur ein Befehl, gegen die Ihren hetzt sie schiere Angst.«

Nach diesen Worten sprengte er als erster los. Schon hatte er die feindlichen Reihen wie geplant angegriffen, als Koinos vom linken Flügel knallhart herangestürmt kam. Überdies durchbrach die Phalanx in einem einzigen Anlauf die Mittellinie der Inder. [49] Poros hatte die Richtung des Kavallerievorstoßes ausgemacht und gab nun im Gegenzug Befehl, die Elefanten just in jene Ecke zu verlegen; doch dieses langsame und nahezu unbewegliche Tier konnte es mit der Schnelligkeit der Pferde nicht aufnehmen. Nicht einmal ihre Pfeile vermochten die Barbaren zum Einsatz zu bringen. Aufgrund ihrer Länge und ihres Gewichts lassen diese sich nämlich nur dann präzis und bequem anlegen, wenn man den Bogen zuvor auf der Erde fixiert hat; jetzt freilich war der Boden glitschig und durchkreuzte eben dadurch ihre Bemühungen: die Schützen kamen durch die Geschwindigkeit der Feinde gar nicht zum Zug. Das heißt, man scherte sich nicht um den Befehl des Königs, was meist der Fall ist, wenn im Chaos die Furcht statt des Feldherrn das Kommando übernimmt, und folglich gab es ebenso viele Generäle wie Bataillone, die nicht wussten wohin. Der eine gab Order, eine geschlossene Front zu bilden, der andere wollte eine in Teilabschnitten, manche befahlen, sich nicht vom Fleck zu rühren, einige, dem Feind in den Rücken zu fallen, ei-

consulebatur. Porus tamen cum paucis, quibus metu potior fuerat pudor, colligere dispersos, obvius hosti ire pergit elephantosque ante agmen suorum agi iubet. Magnum beluae iniecere terrorem, insolitusque stridor non equos modo, tam pavidum ad omnia animal, sed viros quoque ordinesque turbaverat. Iam fugae circumspiciebant locum paulo ante victores, cum Alexander Agrianos et Thracas leviter armatos, meliorem concursatione quam comminus militem, emisit in beluas. Ingentem hi vim telorum iniecere et elephantis et regentibus eos; phalanx quoque instare constanter territis coepit. Sed quidam avidius persecuti beluas in semet inritavere vulneribus. Obtriti ergo pedibus earum ceteris, ut parcius instarent, fuere documentum. Praecipue terribilis illa facies erat, cum manu arma virosque corriperent et super se regentibus traderent. Anceps ergo pugna nunc sequentium nunc fugientium elephantos in multum diei varium certamen extraxit, donec securibus – id namque genus auxilii praeparatum erat – pedes amputare coeperunt. Copidas vocabant gladios leviter curvatos, falcibus similes, quis adpetebant beluarum manus. Nec quicquam inexpertum non mortis modo, sed etiam in ipsa morte novi supplicii timor omittebat.

[50] Ergo elephanti vulneribus tandem fatigati suos impetu sternunt, et, qui rexerant eos, praecipitati in terram ab ipsis ob-

ne allgemein verbindliche Taktik existierte nicht. Poros freilich, nur von ein paar wenigen unterstützt, bei denen das Ehrgefühl stärker war als die Angst, gab nicht auf: unentwegt scharte er seine verstreuten Verbände zusammen, hartnäckig stellte er sich dem Gegner, wobei er die Elefanten vor die Reihen seiner Leute positionierte. Die Kolosse lösten eine Riesenpanik aus: ihr ungewohntes Trompeten hatte neben den Pferden, Tieren, die ja auf alles schreckhaft reagieren, sogar die Männer und die Reihen durcheinandergebracht. Schon blickten sich die Sieger von eben nach einer Fluchtmöglichkeit um, da ließ Alexander auf die Elefanten die Agrianen und Thraker los, leichtbewaffnete Verbände, die im Plänkeln besser waren als im Nahkampf. Die deckten Tiere und Mahuts mit einer Unmenge von Geschossen ein. Auch die Phalanx begann jetzt, den Verschreckten beharrlich Druck zu machen. Manche jedoch, die den Elefanten allzu hitzig zusetzten, lenkten durch die Wunden, die sie ihnen zufügten, deren Wut auf sich. So wurden sie unter ihren Füßen zerquetscht, eine Lehre für den Rest, maßvoller vorzugehen. Ein besonders grauenhaftes Schauspiel war es, wenn die Kolosse mit dem Rüssel Waffen und Männer packten und sie über ihren Kopf hinweg den Lenkern preisgaben. Damit herrschte bis weit in den Tag eine Pattsituation, ein ständiges Hin und Her, bei dem man den Elefanten bald hinterdreinjagte, bald vor ihnen floh. Schließlich ging man dazu über, den Tieren mit Äxten – diese Art von Gerät hatte man nämlich im Vorfeld bereitgestellt – die Füße abzuhauen. Die leicht gekrümmten, sichelähnlichen Schwerter, mit denen man ihre Rüssel attackierte, wurden Hackebeile (»Kopidai«) genannt. Man griff zu jedem Mittel aus Angst vor dem Tod, aber auch vor den damit verbundenen noch nie dagewesenen Qualen.

[50] Schließlich waren die Elefanten durch ihre Wunden am Ende ihrer Kraft, im Sturmlauf trampelten sie die Ihren nieder;

terebantur. Iamque pecorum modo magis pavidi quam infesti ultra aciem exigebantur, cum Porus destitutus a pluribus tela multa ante praeparata in circumfusos ex elephanto suo coepit ingerere multisque eminus vulneratis expositus ipse ad ictus undique petebatur. Novem iam vulnera hinc tergo, illinc pectore exceperat multoque sanguine profuso languidis manibus magis elapsa quam excussa tela mittebat. Nec segnius belua instincta rabie nondum saucia invehebatur ordinibus, donec rector beluae regem conspexit fluentibus membris omissisque armis vix compotem mentis. Tum beluam in fugam concitat sequente Alexandro; sed equus eius multis vulneribus confossus deficiensque procubuit posito magis rege quam effuso. Itaque, dum equum mutat, tardius insecutus est.

Interim frater Taxilis, regis Indorum, praemissus ab Alexandro monere coepit Porum, ne ultima experiri perseveraret dederetque se victori. At ille, quamquam exhaustae erant vires deficiebatque sanguis, tamen ad notam vocem excitatus: »Agnosco«, inquit, »Taxilis fratrem, imperii regnique sui proditoris«, et telum, quod unum forte non effluxerat, contorsit in eum, quod per medium pectus penetravit ad tergum. Hoc ultimo virtutis opere edito fugere acrius coepit; sed elephantus

die Treiber wurden zu Boden katapultiert und plattgewalzt. Schon trieb es sie, eher ängstlich als gefährlich, wie Vieh hinter die Schlachtreihen der Inder, als sich Poros, der von den meisten im Stich gelassen worden war, darauf verlegte, vom Rücken seines Elefanten aus den Ring an Feinden um ihn herum mit einem Hagel an Geschossen aus dem dafür vorgesehenen Vorrat zu bombardieren. Viele verletzte er aus der Ferne; weil er jedoch selbst eine exponierte Zielscheibe bot, beschoss man ihn von allen Seiten. Neun Wunden hatte er bereits davongetragen, teils hinten am Rücken, teils vorn auf der Brust, viel Blut hatte er vergossen, und so entglitten die Speere eher seinen schlaffen Händen, als dass er sie geschleudert hätte. Wütend raste sein Elefant, der noch unversehrt war, mit unverminderter Wucht in die feindlichen Reihen, bis der Mahut seinen König mit kraftlosen Gliedern, unfähig, seine Waffen zu halten, am Rande der Bewusstlosigkeit sah. Jetzt stachelte jener den Elefanten zur Flucht, und Alexander setzte ihm nach; weil aber sein Ross, von zahlreichen Stichen durchlöchert, völlig entkräftet war, stürzte es zu Boden, wobei es den König freilich eher absetzte als abwarf. Der nötige Pferdewechsel verzögerte die Verfolgung.

In der Zwischenzeit machte sich der Bruder des Inderkönigs Taxiles, den Alexander vorgeschickt hatte, daran, Poros ins Gewissen zu reden: statt sich darauf zu versteifen, das Äußerste zu wagen, möge er sich dem Sieger ergeben. Jener indes, obwohl seine Kräfte erschöpft waren und er kurz davor stand zu verbluten, fuhr beim Klang der bekannten Stimme auf und erwiderte: »Ich weiß, wer du bist, der Bruder von Taxiles, diesem Verräter an seinem Reich und Königtum.« Dann schleuderte er das Geschoss, das zufällig als einziges seiner Hand noch nicht entfallen war, auf ihn: mitten durch die Brust drang ihm das in den Rücken. Nach diesem letzten Bravourstück verlegte sich Poros verstärkt auf Flucht. Doch auch sein Elefant, der viele

quoque, qui multa exceperat tela, deficiebat. Itaque sistit fugam peditemque sequenti hosti obiecit. Iam Alexander consecutus erat et pertinacia Pori cognita vetabat resistentibus parci. Ergo undique et in pedites et in ipsum Porum tela congesta sunt, quis tandem gravatus labi ex belua coepit. Indus, qui elephantum regebat, descendere eum ratus more solito elephantum procumbere iussit in genua; qui ut se submisit, ceteri quoque – ita enim instituti erant – demisere corpora in terram.

[51] Ea res et Porum et ceteros victoribus tradidit. Rex spoliari corpus Pori, interemptum esse credens, iubet, et, qui detraherent loricam vestemque, concurrere, cum belua dominum tueri et spoliantes coepit adpetere levatumque corpus eius rursus dorso suo inponere. Ergo telis undique obruitur, confossoque eo in vehiculum Porus inponitur. Quem rex ut vidit adlevantem oculos, non odio, sed miseratione commotus: »Quae, malum«, inquit, »amentia te coegit rerum mearum cognita fama belli fortunam experiri, cum Taxilis esset in deditos clementiae meae tam propinquum tibi exemplum?« At ille: »Quoniam«, inquit, »percontaris, respondebo ea libertate, quam interrogando fecisti. Neminem me fortiorem esse censebam. Meas enim noveram vires, nondum expertus tuas: fortiorem esse te belli docuit eventus. Sed ne sic quidem parum

Treffer eingesteckt hatte, konnte nicht mehr. Deshalb hielt er auf seinem Rückzieher inne und warf dem nachsetzenden Feind die Infanterie entgegen. Schon hatte Alexander ihn eingeholt und befahl angesichts seiner Verbissenheit, bei Widerstand keine Schonung walten zu lassen. Jetzt prasselten von allen Seiten Projektile auf die Fußsoldaten wie auch auf Poros selbst. Das war zu viel für diesen, und so glitt er schließlich von seinem Elefanten herab. Weil der Inder, der das Tier lenkte, meinte, sein König wolle absteigen, gab er dem Elefanten wie gewöhnlich das Kommando, in die Knie zu gehen. Sobald der einknickte, ließen sich auch die übrigen – dazu hatte man sie ja dressiert – zu Boden sinken.

[51] Dieser Umstand brachte Poros mitsamt dem Rest seiner Mannen definitiv in die Gewalt der Sieger. Im Glauben, dieser wäre tot, gab der König Order, ihn seiner Rüstung zu berauben. Man eilte zusammen, jenem Panzer und Gewand auszuziehen, da schickte sich sein Elefant an, seinen Herrn zu verteidigen und die Räuber zu attackieren: in die Höhe hob er dessen Leib und setzte ihn wieder auf seinen Rücken. Darum begrub man ihn unter Pfeilen aus allen Richtungen, und als er erledigt war, bettete man Poros auf einen Wagen. Sobald der König sah, dass jener die Augen aufschlug, überkam ihn Erbarmen, nicht Hass, und er sagte zu ihm: »Welcher Wahnsinn, verdammt noch mal, hat dich, der du den Ruf meiner Erfolge kanntest, bloß dazu getrieben, das Risiko eines Kriegs einzugehen? Dabei hattest du doch ein direktes Beispiel für meine Milde gegenüber kapitulierenden Gegnern, nämlich Taxiles.« Jener aber konterte: »Da du es wissen willst, werde ich auf deine unverblümte Frage ebenso frei heraus antworten: ich war im Glauben, stärker als ich wäre niemand; in der Tat kannte ich nur meine eigenen Kräfte, Erfahrung mit den deinen hatte ich noch nicht gemacht: der Ausgang des Krieges hat nun gezeigt, der Stärkere bist du. Doch noch unter diesen Umständen bin

felix sum, secundus tibi.« Rursus interrogatus, quid ipse victorem statuere debere censeret: »Quod hic«, inquit, »dies tibi suadet, quo expertus es, quam caduca felicitas esset.« Plus monendo profecit, quam si precatus esset: quippe magnitudinem animi eius interritam ac ne fortuna quidem infractam non misericordia modo, sed etiam honore excipere dignatus est. Aegrum curavit haud secus, quam si pro ipso pugnasset; confirmatum contra spem omnium in amicorum numerum recepit, mox donavit ampliore regno, quam tenuit. Nec sane quicquam ingenium eius solidius aut constantius habuit quam admirationem verae laudis et gloriae; simplicius tamen famam aestimabat in hoste quam in cive. Quippe a suis credebat magnitudinem suam destrui posse, eandem clariorem fore, quo maiores fuissent, quos ipse vicisset.

ich glücklich zu preisen, denn der zweite Platz nach dir gehört mir.« Alexander fragte jetzt weiter, was der Sieger seiner Meinung nach mit ihm anstellen solle, und Poros erwiderte: »Tue, was dieser Tag, an dem du erlebt hast, wie vergänglich das Glück ist, dir eingibt!« Mit dieser Warnung erreichte er mehr als durch Bitten, denn die Unbeugsamkeit des Mannes, die nicht einmal das Schicksal gebrochen hatte, schien dem König über Mitleid hinaus einer ehrenvollen Behandlung würdig. Er ließ dem Versehrten dieselbe Pflege angedeihen wie einem seiner Mitstreiter. Nachdem Poros entgegen allen Erwartungen wiederhergestellt war, nahm er ihn in sein Gefolge auf und belieh ihn bald mit einem größeren Reich, als jener ursprünglich hatte. Alexanders festester, beständigster Charakterzug war ja in der Tat seine Bewunderung für wahre Leistung, wahren Ruhm; bei einem Feind jedoch beurteilte er Grandeur unbefangener als bei einem Mitbürger. Er glaubte nämlich, die Seinen bildeten eine Bedrohung seiner eigenen Größe, während die Bedeutung eines besiegten Gegners sie nur umso heller erstrahlen lasse.

Liber IX

I [1] Alexander tam memorabili victoria laetus, qua sibi Orientis finis apertos esse censebat, Soli victimis caesis milites quoque, quo promptioribus animis reliqua belli obirent, pro contione laudatos docuit, quidquid Indis virium fuisset, illa dimicatione prostratum: cetera opimam praedam fore celebratasque opes in ea regione eminere, quam peterent. Proinde iam vilia et obsoleta esse spolia de Persis: gemmis margaritisque et auro atque ebore Macedoniam Graeciamque, non suas tantum domos repleturos. Avidi milites et pecuniae et gloriae, simul quia numquam eos adfirmatio eius fefellerat, pollicentur operam; dimissisque cum bona spe navigia exaedificari iubet, ut, cum totam Asiam percucurrisset, finem terrarum, mare, viseret. Multa materia navalis in proximis montibus erat; quam caedere adgressi magnitudinis invisitatae repperere serpentes. Rhinocerotes quoque, rarum alibi animal, in isdem montibus erant. Ceterum hoc nomen beluis inditum a Graecis; sermonis eius ignari *Indi* aliud lingua sua usurpant. Rex duabus urbibus conditis in utraque fluminis, quod superaverat, ripa copiarum duces coronis et M aureis singulos donat. Ceteris quoque pro portione aut gradus, quem in amicitia obtinebant, aut navatae operae honos habitus est. Abisares, qui, priusquam cum Poro dimicaretur, legatos ad Alexandrum miserat, rursus alios misit

Buch IX

1 [1] Froh über diesen so bemerkenswerten Sieg, durch den er sich die Gefilde des Orients erschlossen glaubte, ließ Alexander Sol ein Schlachtopfer darbringen. Um die Kampfbereitschaft für den Rest des Krieges noch zu steigern, belobigte er die Männer vor versammelter Mannschaft und gab die Parole aus, dass sämtliche Streitkräfte der Inder in diesem Gefecht vernichtet worden wären: von nun an werde nur mehr fette Beute kassiert, ihre Zielregion strotze nämlich von sagenhaftem Reichtum. Darum sei alles, was sie im Perserland zusammengerafft hätten, schon jetzt belangloser Kram: Makedonien und Griechenland würden sie mit Edelsteinen und Perlen, mit Gold und Elfenbein vollstopfen, nicht nur die eigenen Häuser. Gierig auf Gewinn und Ruhm und auch, weil er ihnen mit seinen Verheißungen nie etwas vorgemacht hatte, gelobten die Männer, ihr Bestes zu geben. Voll Optimismus traten sie ab, und Alexander erteilte Order, Boote zu bauen: am Ende seines Zuges durch ganz Asien wollte er sich das Meer am Rande der Erde besehen. In den benachbarten Bergen gab es Schiffsbauholz in Hülle und Fülle. Als man sich ans Fällen machte, stieß man auf Schlangen von abnormer Größe. Auch Rhinozerosse fanden sich dort, Tiere, die sonst selten sind. Der Name »Rhinozeros« geht freilich auf die Griechen zurück, die Inder, die dieser Sprache nicht mächtig sind, verwenden ein anderes Wort ihres eigenen Idioms. Nachdem der König zwei Städte gegründet hatte, eine am rechten, eine am linken Ufer des Flusses, den er überquert hatte, belohnte er jeden seiner Generäle mit einem Kranz und tausend Goldstücken. Proportional zu ihrem Rang auf der Freundschaftsskala oder dem Beitrag, den sie geleistet hatten, wurden auch die übrigen ausgezeichnet. Abisares, der vor dem Kampf gegen Poros eine Gesandtschaft zu Alexander geschickt hatte, tat das nun erneut, wobei

pollicentes omnia facturum, quae imperasset, modo ne cogeretur corpus suum dedere: neque enim aut sine regio imperio victurum aut regnaturum esse captivum. Cui Alexander nuntiari iussit, si gravaretur ad se venire, ipsum ad eum esse venturum.

[2] Hinc praerapido amne superato ad interiora Indiae processit. Silvae erant prope in inmensum spatium diffusae procerisque et in eximiam altitudinem editis arboribus umbrosae. Plerique rami instar ingentium stipitum flexi in humum rursus, qua se curvaverant, erigebantur, adeo ut species esset non rami resurgentis, sed arboris ex sua radice generatae. Caeli temperies salubris, quippe et vim solis umbrae levant et aquae large manant e fontibus. Ceterum hic quoque serpentium magna vis erat squamis fulgorem auri reddentibus. Virus haud ullum magis noxium est: quippe morsum praesens mors sequebatur, donec ab incolis remedium oblatum est. Hinc per deserta ventum est ad flumen Hyarotim. Iunctum erat flumini nemus opacum arboribus alibi invisitatis agrestiumque pavonum multitudine frequens. Castris inde motis oppidum haud procul positum corona capit obsidibusque acceptis stipendium inponit.

[3] Ad magnam deinde, ut in ea regione, urbem pervenit, non muro solum, sed etiam palude munitam. Ceterum barbari vehiculis inter se iunctis dimicaturi occurrerunt; tela aliis hastae,

die Botschafter versprachen, er werde dessen sämtlichen Befehlen nachkommen, man möge nur bitte auf die Auslieferung seiner Person verzichten: ohne königliche Machtbefugnis zu leben sei ihm unmöglich, als Gefangener könne er freilich nicht herrschen. Ihm ließ der König mitteilen, wenn ihm ein Besuch bei ihm Verdruss bereite, so werde er eben selbst bei ihm erscheinen.

[2] Danach passierte er einen reißenden Strom und stieß weiter ins Innere Indiens vor. Über einen nahezu unermesslichen Raum erstreckten sich Wälder, die durch ihre schlanken, in immense Höhen aufragenden Bäume in Halbdunkel getaucht waren. Dick wie Stämme, neigten sich die Äste großteils zur Erde, wo sie sich krümmten und dann wieder nach oben wuchsen: nicht wie ein hochsprießender Zweig sah das aus, sondern wie ein aus gesonderter Wurzel emporschießender Baum[1]. Es herrschte ein gesundes Klima, denn der Schatten milderte das Sengen der Sonne, und aus Quellen sprudelte reichlich Wasser. Allerdings gab es auch hier Schlangen zuhauf, deren Schuppen wie Gold glänzten. Es gibt kein gefährlicheres Gift als das ihre: ihr Biss führte ja augenblicklich zum Tod, bis die Einheimischen das Gegenmittel verrieten. Von hier gelangte man durch menschenleeres Gebiet zum Hyarotis[2]. An diesen Fluss grenzte ein düsterer Wald, der reich an sonst unbekannten Bäumen war und den eine Menge wilder Pfauen bevölkerte. Die nächste Etappe war eine Ansiedlung in der Nähe: die wurde durch Belagerung erobert und nach Stellung von Geiseln von Alexander mit Tributzahlungen belegt.

[3] Hierauf erreichte er eine für diese Gegend bedeutende Stadt, die nicht nur durch eine Mauer, sondern auch durch sumpfiges Gelände geschützt war. Gleichwohl traten die Barbaren mit verkoppelten Streitwagen zum Kampf gegen ihn an. Die einen waren mit Lanzen bewaffnet, die anderen mit Äx-

aliis secures erant, transiliebantque in vehicula strenuo saltu, cum succurrere laborantibus suis vellent. Ac primo insolitum genus pugnae Macedonas terruit, cum eminus vulnerarentur. Deinde spreto tam incondito auxilio ab utroque latere vehiculis circumfusi repugnantes fodere coeperunt. Et vincula, quis conserta erant, iussit incidi, quo facilius singula circumvenirentur. Itaque VIII milibus suorum amissis in oppidum refugerunt. Postero die scalis undique admotis muri occupantur. Paucis pernicitas saluti fuit, qui cognito urbis excidio paludem transnavere *et* in vicina oppida ingentem intulere terrorem invictum exercitum et deorum profecto advenisse memorantes.

[4] Alexander ad vastandam eam regionem Perdicca cum expedita manu misso partem copiarum Eumeni tradidit, ut is quoque barbaros ad deditionem conpelleret; ipse ceteros ad urbem validam, in quam aliarum quoque confugerant incolae, duxit. Oppidani missis, qui regem deprecarentur, nihilo minus bellum parabant. Quippe orta seditio in diversa consilia diduxerat vulgum: alii omnia deditione potiora, quidam nullam opem in ipsis esse ducebant. Sed dum nihil in commune consulitur, qui deditioni inminebant, apertis portis hostem recipiunt. Alexander quamquam belli auctoribus iure poterat irasci, tamen omnibus venia data et obsidibus acceptis ad proximam

ten; mit mächtigem Sprung setzten sie von Wagen zu Wagen, wenn sie ihren Kameraden in der Not helfen wollten. Zunächst verschreckte die ungewohnte Kampftechnik die Makedonen, bekamen sie doch aus der Ferne Treffer ab; dann scherten sie sich nicht mehr um das so plumpe Manöver, kreisten die Wagen von den Flanken her ein und machten sich daran, den Feind trotz Widerstand abzustechen. Außerdem gab Alexander Befehl, die Verbindungsgurte der Wagen zu kappen, um sie einzeln umso leichter umzingeln zu können. Infolgedessen verlor der Gegner achttausend Mann und suchte schließlich Zuflucht in der Stadt. Am folgenden Tag rückte man den Mauern rings mit Leitern zu Leibe und besetzte sie. Wenige retteten sich durch schnelles Handeln: sobald sie sahen, dass die Stadt dem Untergang geweiht war, durchschwammen sie den Sumpf und lösten in den Nachbarorten gewaltige Panik aus mit ihrem Bericht, da sei ein unbesiegbares Heer aufmarschiert, eine Armee aus Göttern müsse das sein.

[4] Alexander schickte Perdikkas mit einem Einsatztrupp aus, diese Gegend zu verwüsten; einen Teil des Heeres unterstellte er Eumenes, damit der den Barbaren gleichfalls Druck mache, sich zu ergeben. Er selbst führte den Rest gegen eine Feste, in die auch die Bewohner anderer Siedlungen geflüchtet waren. Die in der Stadt schickten zwar eine Bittgesandtschaft aus, rüsteten aber nichtsdestoweniger zum Krieg. Es hatte nämlich Aufruhr gegeben, und entsprechend hatte sich die Menge in zwei Lager geteilt: die einen hielten alles für besser, als zu kapitulieren, manchen hingegen mangelte es komplett an Vertrauen in die eigene Stärke. Doch während die Beratungen ohne Konsens dahinplätscherten, öffneten die Befürworter einer Übergabe die Tore und hießen den Feind willkommen. Obwohl Alexander guten Grund gehabt hätte, gegen die Kriegstreiber zu wüten, verfügte er dennoch eine Generalamnestie und akzeptierte Geiseln, danach brach er seine Zelte

deinde urbem castra movit. Obsides ducebantur ante agmen. Quos cum ex muris agnovissent, utpote gentis eiusdem, in colloquium *incolae* vocaverunt. Illi clementiam regis simulque vim commemorando ad deditionem eos conpulere; ceterasque urbes simili modo domitas in fidem accepit.

[5] Hinc in regnum Sopithis perventum est. Gens, ut barbari credunt, sapientia excellet bonisque moribus regitur. Genitos liberos non parentum arbitrio tollunt aluntque, sed eorum, quibus spectandi infantum habitum cura mandata est. Si quos insignes aut aliqua parte membrorum inutiles notaverunt, necari iubent. Nuptiis coeunt non genere ac nobilitate coniunctis, sed electa corporum specie, quia eadem aestimatur in liberis. Huius gentis oppidum, cui Alexander admoverat copias, ab ipso Sopithe obtinebatur. Clausae erant portae, sed nulli in muris turribusque se armati ostendebant, dubitabantque Macedones, deseruissent urbem incolae an fraude se occulerent, cum subito patefacta porta rex Indus cum duobus adultis filiis occurrit multum inter omnes barbaros eminens corporis specie. Vestis erat auro purpuraque distincta, quae etiam crura velabat; aureis soleis inseruerat gemmas; lacerti quoque et bracchia margaritis ornata erant. Pendebant ex auribus insignes candore ac magnitudine lapilli. Baculum aureum berylli distinguebant. Quo tra-

Richtung Nachbarort ab. Die Geiseln ließ man an der Spitze der Kolonnen marschieren. Als nun die Einheimischen oben von der Mauer sie erkannten – sie gehörten ja zum selben Volk –, riefen sie sie zu Gesprächen herbei. Jene hielten ihnen die Milde, aber zugleich auch die Macht des Königs vor Augen und bewegten sie dadurch zur Kapitulation. Auf ähnliche Weise bezwang Alexander auch die übrigen Städte und machte sie sich untertan.

[5] Die nächste Station war das Reich von Sopeithes. Nach Ansicht der Barbaren tut sich das Volk dort durch Weisheit hervor und orientiert sich an guten Sitten. Nicht der Wille der Eltern ist entscheidend für Anerkennung und Aufzucht von Neugeborenen, sondern der von Spezialisten, die mit der Aufgabe betraut sind, den Leib der Babys zu untersuchen. Wenn sie eine Abnormität oder irgendwo ein Handicap feststellen, lassen sie die töten. Heiraten werden nicht aufgrund von Abstammung und Adel geschlossen, äußere Schönheit ist hier das Kriterium, denn danach beurteilt man auch die Kinder. Die Feste dieses Volkes, vor die Alexander mittlerweile seine Truppen verlegt hatte, wurde von Sopeithes selbst befehligt. Die Tore waren verschlossen, doch auf den Zinnen und Türmen zeigten sich keine Bewaffneten, und so wussten die Makedonen nicht recht, ob die Einheimischen den Ort verlassen hatten oder heimtückisch auf der Lauer lagen. Da plötzlich öffnete sich ein Tor, und der Inderkönig trat ihnen mit seinen zwei erwachsenen Söhnen entgegen, durch seine Schönheit eine wahre Lichtgestalt unter den Barbaren. Sein Gewand, das auch die Beine verhüllte, war reich verziert mit Gold und Purpur; in die güldenen Sandalen hatte man Edelsteine eingelassen; von oben bis unten mit Perlen geschmückt waren sogar seine Arme, an den Ohren hingen Edelsteine, deren Brillanz und Größe ins Auge fiel; sein goldenes Zepter überzogen Berylle. Das überreichte er Alexander, und mit der Bitte, dieser möge sie

dito precatus, ut sospes acciperet, se liberosque et gentem suam dedidit.

[6] Nobiles ad venandum canes in ea regione sunt; latratu abstinere dicuntur, cum viderunt feram, leonibus maxime infesti. Horum vim ut ostenderet Alexandro, in consaeptum leonem eximiae magnitudinis iussit emitti et quattuor omnino admoveri canes, qui celeriter feram occupaverunt. Tum ex iis, qui adsueverant talibus ministeriis, unus canis leoni cum aliis inhaerentis crus avellere et, quia non sequebatur, ferro amputare coepit. Ne sic quidem pertinacia victa rursus aliam partem secare institit et inde non segnius inhaerentem ferro subinde caedebat. Ille in vulnere ferae dentes moribundus quoque infixerat: tantam in illis animalibus ad venandum cupiditatem ingenerasse naturam memoriae proditum est. Equidem plura transcribo, quam credo: nam nec adfirmare sustineo, de quibus dubito, nec subducere, quae accepi. Relicto igitur Sopithe in suo regno ad fluvium Hypasin processit Hephaestione, qui diversam regionem subegerat, coniuncto.

Phegeus erat gentis proximae rex; qui popularibus suis colere agros, ut adsueverant, iussis Alexandro cum donis occurrit nihil, quod imperaret, detrectans. II [7] Biduum apud eum substitit rex. Tertio die amnem superare decreverat transitu difficilem non spatio solum aquarum, sed etiam saxis inpeditum. Percontatus igitur Phegea, quae noscenda erant, XII die-

gnädig aufnehmen, ergab er sich mitsamt seinen Kindern und seinem Volk.

[6] In dieser Gegend gibt es edle Jagdhunde. Es heißt, sobald die ein Wild erspähen, hören sie mit Bellen auf, wobei sie es besonders auf Löwen abgesehen hätten. Um Alexander deren Aggressivität zu demonstrieren, ließ der Inder in einem Gehege einen Riesenlöwen frei und nicht mehr als vier Hunde auf ihn hetzen. Hurtig packten die sich die Bestie; jetzt zog einer der Profis für solche Aktionen eines dieser Tiere, das sich mit den anderen in den Löwen verbissen hatte, am Bein, und weil es nicht lockerließ, machte er sich daran, ihm den Lauf abzuhacken. Aber nicht einmal dadurch war dessen Hartnäckigkeit zu brechen. Also fuhr jener fort und schnitt dem Hund einen weiteren Körperteil ab, und als der weiterhin nicht nachgab, zerstückelte er ihn langsam mit dem Messer; doch noch im Todeskampf blieben die Zähne tief in die Wunde des Löwen geschlagen: einen derart mächtigen Jagdtrieb, so die Überlieferung, soll die Natur jenen Tieren eingepflanzt haben[3]. Ich für meine Person schreibe hier eher nur ab, ohne ernstlich an derlei Dinge zu glauben: ich weigere mich nämlich, Zweifelhaftes als wahr darzustellen, will aber andererseits Überkommenes nicht verschweigen. Damit beließ Alexander Sopeithes in seinem Reich und zog nach Wiedervereinigung mit Hephaistion, der das abgelegene Hinterland unterworfen hatte, zum Hypasis.

Der König des nächstgelegenen Volkes war Phegeus. Der hatte seinen Landsleuten Befehl gegeben, wie sonst die Äcker zu bestellen; nun kam er Alexander als willfähriger Untertan mit Geschenken entgegen. II [7] Zwei Tage machte der König bei ihm Station. Am dritten wollte er den Fluss überqueren, ein schwieriges Unterfangen, denn der war nicht nur breit, sondern auch von Riffen blockiert. Deshalb informierte er sich bei Phegeus über wissenswerte Details und erfuhr folgendes:

rum ultra flumen per vastas solitudines iter esse cognoscit, excipere deinde Gangen, maximum totius Indiae fluminum, ulteriorem ripam colere gentes Gangaridas et Prasios eorumque regem esse Aggrammen XX milibus equitum ducentisque peditum obsidentem vias. Ad hoc quadrigarum II milia trahere et, praecipuum terrorem, elephantos, quos III milium numerum explere dicebat. Incredibilia regi omnia videbantur. Igitur Porum – nam cum eo erat – percontatur, an vera essent, quae dicerentur. Ille vires quidem gentis et regni haud falso iactari adfirmat; ceterum, qui regnaret, non modo ignobilem esse, sed etiam ultimae sortis: quippe patrem eius, tonsorem vix diurno quaestu propulsantem famem, propter habitum haud indecorum cordi fuisse reginae. Ab ea in propiorem eius, qui tum regnasset, amicitiae locum admotum interfecto eo per insidias sub specie tutelae liberum eius invasisse regnum necatisque pueris hunc, qui nunc regnat, generasse, invisum vilemque popularibus, magis paternae fortunae quam suae memorem.

Adfirmatio Pori multiplicem animo regis iniecerat curam. Hostem beluasque spernebat, situm locorum et vim fluminum extimescebat. Relegatos in ultimum paene rerum humanarum persequi terminum et eruere arduum videbatur; rursus avaritia gloriae et insatiabilis cupido famae nihil invium, nihil re-

jenseits des Stroms gehe es zwölf Tage lang durch weite Einöden, dann komme der Ganges, der größte Fluss ganz Indiens, an dessen anderem Ufer die Gangariden und Prasier hausten; deren König sei Aggrammes, mit zwanzigtausend Mann Kavallerie und zweihunderttausend Infanteristen riegle der die Wege ab. Außerdem, erklärte Phegeus, verfüge jener über zweitausend Vierspänner und, Gipfel des Schreckens, über volle dreitausend Elefanten. Dem König kam das alles unglaublich vor, und darum erkundigte er sich bei Poros, der ihn begleitete, ob diese Aussagen der Realität entsprächen[4]. Der versicherte, was die Wehrkraft jenes Volkes und Reiches betreffe, könne von Übertreibung keine Rede sein, dafür sei sein Herrscher nicht nur nicht adlig, sondern aus niedrigsten Schichten: sein Vater, ein Barbier, der von seinen Tageseinkünften gerade mal satt werden konnte, habe durch sein nicht unansehnliches Äußeres das Herz der Königin gewonnen. Von ihr sei er als enger Freund beim damaligen König eingeschleust worden; nach dessen heimtückischer Ermordung habe er unter dem Vorwand, als Regent der Kinder zu fungieren, die Herrschaft usurpiert, jene habe er dann gleichfalls beseitigt und den jetzigen Throninhaber gezeugt, der bei den Leuten unbeliebt sei und keinerlei Respekt genieße: da er sich vom einstigen Stand seines Vaters nicht lösen könne, mangele es ihm an Empfinden für die eigene Stellung.

Poros' bestätigende Worte hatten des Königs Herz mit einem ganzen Komplex von Sorgen erfüllt. Die Feinde mit ihren Elefanten waren ihm einerlei, die Topographie der Gegend und die mächtigen Ströme machten ihm Angst: Gegner zu verfolgen und aufzuspüren, die weit entfernt fast am Ende der Welt saßen, schien ihm ein heikles Unterfangen. Andererseits erlaubte ihm seine Gier nach Ruhm, seine unersättliche Sucht nach Popularität solche Bedenken nicht: etwas wie Unwegsamkeit und Abgeschiedenheit durfte es für ihn nicht geben.

motum videri sinebat. Et interdum dubitabat, an Macedones tot emensi spatia terrarum, in acie et in castris senes facti, per obiecta flumina, per tot naturae obstantes difficultates secuturi essent: abundantes onustosque praeda magis parta frui velle quam adquirenda fatigari. Non idem sibi et militibus animi: *sese* totius orbis imperium mente conplexum adhuc in operum suorum primordio stare, militem labore defetigatum proximum quemque fructum finito tandem periculo expetere.

Vicit ergo cupido rationem, et ad contionem vocatis militibus ad hunc maxime modum disseruit: [8] »Non ignoro, milites, multa, quae terrere vos possent, ab incolis Indiae per hos dies de industria esse iactata. Sed non est inprovisa vobis mentientium vanitas. Sic Ciliciae fauces, sic Mesopotamiae campos, Tigrim et Euphraten, quorum alterum vado transiimus, alterum ponte, terribiles fecerant Persae. Numquam ad liquidum fama perducitur: omnia illa tradente maiora sunt vero. Nostra quoque gloria, cum sit ex solido, plus tamen habet nominis quam operis. Modo quis beluas offerentes moenium speciem, quis Hydaspem amnem, quis cetera auditu maiora quam vero sustineri posse credebat? Olim, hercules, fugissemus ex Asia, si nos fabulae debellare potuissent. Creditisne elephantorum greges maiores esse, quam usquam armen-

Überdies war er sich nicht sicher, ob die Makedonen, die auf ihrem Zug durch so viele Länder auf dem Felde und im Lager alt und grau geworden waren, ihm über die den Weg versperrenden Ströme, über die zahllosen natürlichen Barrikaden hinweg weiter Gefolgschaft leisten würden: mehr als reich, mit Beute beladen, zögen die es wohl vor, ihr erworbenes Gut zu genießen, statt sich damit abzurackern, noch mehr zu ergattern. Seine Haltung divergiere von der seiner Männer, so seine Überlegungen: während er Weltherrschaft im Kopf habe und folglich erst am Beginn seines Werkes stehe, sei ein von Strapazen ausgelaugter Soldat nur auf eines erpicht, sich, wenn der Kampf endlich vorbei sei, den erstbesten Gewinn zu schnappen.

Kurz, sein Begehren siegte über die Vernunft, und nach Anberaumung einer Heeresversammlung hielt er eine Ansprache dieses Tenors: [8] »Ich weiß genau, Soldaten, dass die einheimischen Inder derzeit mit Fleiß eine Menge haarsträubender Dinge in Umlauf gebracht haben, aber Geschwätz von Lügenmäulern, das kennt ihr ja. Genau solche Schreckbilder haben uns die Perser von der Kilikischen Pforte gezeichnet, von den Ebenen Mesopotamiens, vom Tigris und vom Euphrat, deren einen wir durch eine Furt durchwateten, deren anderen wir mittels einer Brücke überschritten. Ein Gerücht kann nie einen korrekten Eindruck verschaffen: stets übertreibt sein Raunen den Sachverhalt. Selbst bei unserem Ruhm, der doch auf soliden Fundamenten ruht, ist der Schall größer als die tatsächliche Leistung. Wer hätte es unlängst für möglich erachtet, dass man einer wahren Mauer aus Elefanten standhalten könnte, wer, dass man dem Hydaspes gewachsen wäre und all dem übrigen, das beim Hören schrecklicher ist als in Wirklichkeit? Beim Herkules, schon vor Unzeiten wären wir aus Asien auf und davon, wenn Märchen imstande gewesen wären, uns zu bezwingen. Dass es Elefantenherden gibt, die mächtiger sind

torum sunt, cum et rarum sit animal nec facile capiatur multoque difficilius mitigetur? Atqui eadem vanitas copias peditum equitumque numeravit. Nam flumen, quo latius fusum est, hoc placidius stagnat: quippe angustis ripis coercita et in angustiorem alveum elisa torrentes aquas invehunt; contra spatio alvei segnior cursus est. Praeterea in ripa omne periculum est, ubi adplicantes navigia hostis expectat: ita, quantumcumque flumen intervenit, idem futurum discrimen est evadentium in terram.

[9] Sed omnia ista vera esse fingamus. Utrumne nos magnitudo beluarum an multitudo hostium terret? Quod pertinet ad elephantos, praesens habemus exemplum: in suos vehementius quam in nos incucurrerunt; tam vasta corpora securibus falcibusque mutilata sunt. Quid autem interest, totidem sint, quot Porus habuit, an III milia, cum uno aut altero vulneratis *videritis* ceteros in fugam declinari? Dein paucos *aegre* et incommode regunt; congregata vero tot milia ipsa se elidunt, ubi nec stare nec fugere potuerint inhabiles vastorum corporum moles. Equidem sic animalia ista contempsi, ut, cum haberem ipse, non opposuerim, satis gnarus plus suis quam hostibus periculi inferre. At enim equitum peditumque multitudo vos commovet! Cum paucis enim pugnare soliti estis et nunc primum inconditam sustinebitis turbam. Testis adversus multi-

als anderswo Rinderherden, glaubt ihr das, obwohl es sich um ein seltenes Tier handelt, das sich nicht leicht fangen und noch viel schwerer bändigen lässt? Nun waltet dieselbe Phantasterei aber auch bei den Zahlen der Infanterie- und Kavallerieregimenter. Jetzt zum Strom! Je breiter der sich ergießt, desto sanfter fließt er dahin: nur Flüsse, die zwischen engen Ufern eingeschnürt und in ein zu schmales Bett gepresst sind, führen reißende Wassermassen; umgekehrt gilt: breites Bett, langsamere Strömung. Außerdem lauert die Gefahr ausschließlich am Ufer, wo der Feind der anlandenden Schiffe harrt. Darum ist es egal, wie breit ein Strom ist, das Risiko beim Landgang bleibt immer das gleiche.

[9] Aber gut, stellen wir uns einmal vor, all dieses Gerede entspräche der Wahrheit! Was erschreckt uns dann, die Größe der Elefanten oder die Zahl der Feinde? Für erstere haben wir ein Beispiel aus jüngster Vergangenheit: auf die eigenen Leute sind die wilder losgegangen als auf uns, und mit Äxten und Sicheln konnten wir diese massigen Fleischberge verhackstücken. Was macht es da, ob das hier ebenso viele sind, wie Poros hatte, oder dreitausend, schließlich habt ihr ja gesehen, dass, kaum ist der ein oder andere verwundet, der Rest Reißaus nimmt? Und noch eines: schon über wenige wird man nur mit Müh und Not Herr; bei einer Schar von so vielen Tausend drücken diese unlenksamen Riesenkolosse, sobald ihnen kein Ausweg bleibt, weder Verharren noch Fliehen, einander schlicht selber platt. Ich persönlich halte von diesen Tieren so wenig, dass ich sie, sogar wenn sie mir zu Gebote stünden, nicht an der Front einsetzte, weil ich genau weiß, dass sie unter den eigenen Leuten mehr Schaden anrichten als beim Gegner. Aber nicht doch! Es ist die Zahl an Reitern und Fußvolk, die euch Sorgen bereitet. Gewöhnlich habt ihr es nur mit einer Handvoll Feinde zu tun, genau! Das hier ist das erste Mal, dass ihr einer chaotischen Horde Paroli bieten müsst! Dass der har-

tudinem invicti Macedonum roboris Granicus amnis et Cilicia inundata cruore Persarum et Arbela, cuius campi devictorum a nobis ossibus strati sunt. Sero hostium legiones numerare coepistis, postquam solitudinem in Asia vincendo fecistis. Cum per Hellespontum navigaremus, de paucitate nostra cogitandum fuit: nunc nos Scythae sequuntur, Bactriana auxilia praesto sunt, Dahae Sogdianique inter nos militant.

[10] Nec tamen illi turbae confido: vestras manus intueor, vestram virtutem rerum, quas gesturus sum, vadem praedemque habeo. Quamdiu vobiscum in acie stabo, nec mei nec hostium exercitus numero. Vos modo animos mihi plenos alacritatis ac fiduciae adhibete! Non in limine operum laborumque nostrorum, sed in exitu stamus. Pervenimus ad solis ortum et Oceanum; nisi obstat ignavia, inde victores perdomito fine terrarum revertemur in patriam. Nolite, quod pigri agricolae faciunt, maturos fructus per inertiam amittere e manibus! Maiora sunt periculis praemia: dives eadem et inbellis est regio. Itaque non tam ad gloriam vos duco quam ad praedam. Digni estis, qui opes, quas illud mare litoribus invehit, referatis in patriam, digni, qui nihil inexpertum, nihil metu omissum relinquatis. Per vos gloriamque vestram, qua humanum fastigium exceditis, perque et mea in vos et in me vestra merita, quibus invic*em*

te Kern der Makedonen gegen eine Masse resistent ist, das bezeugt der Granikos, dann Kilikien, das im Blut der Perser schwimmt, sowie Arbela, dessen Felder übersät sind mit den Gebeinen der von uns Bezwungenen. Nachdem ihr durch euren Siegeszug Asien menschenleer gefegt habt, fangt ihr wirklich spät damit an, die Legionen eurer Feinde zu zählen! Damals, bei der Überquerung des Hellesponts, wäre es angebracht gewesen, sich Gedanken über unsere geringe Zahl zu machen: nun folgen die Skythen unseren Fahnen, Verstärkung aus Baktra steht zur Verfügung, Daher und Sogdier kämpfen in unseren Reihen.

[10] Und dennoch, auf diese Truppen setze ich nicht; eure Kampfkraft habe ich im Visier, eure Tapferkeit ist mir Garantie und Gewähr für meine künftigen Taten. Solange ich mit euch im Felde stehe, kann ich darauf verzichten, Regimenter zu zählen, seien es meine eigenen oder die des Gegners: schenkt mir nur eure Herzen voller Begeisterung und Vertrauen! Nicht an der Schwelle unserer Expeditionen und Mühen stehen wir, nein, an ihrem Ausgang: bis zu den Gefilden des Sonnenaufgangs und zum Ozean sind wir vorgedrungen. Falls uns die Feigheit keinen Strich durch die Rechnung macht, erobern wir uns das Ende der Welt und kehren von da als Sieger in die Heimat zurück. Bringt euch nicht selbst wie faule Bauern aus Trägheit um die reife Ernte! Die Belohnung wiegt die Gefahren mehr als auf: das Gebiet ist sowohl reich als auch friedlich. Deshalb führe ich euch weniger zu Glanz und Gloria als zu einem guten Fang. Ihr habt es verdient, die Schätze, die das Meer dort an seine Küsten wirft, heim ins Vaterland zu tragen; ihr seid es euch schuldig, keine Chance von vornherein ohne Versuch fallen zu lassen, keine aus schierer Ängstlichkeit zu verpassen. Um eurer selbst und eures Ruhmes willen, der euch zu Übermenschen erhebt, bei all den Dingen, die ich für euch tat, sowie bei jenen, die ihr für mich getan habt, ein Wettkampf, in

contendimus, oro quaesoque, ne humanarum rerum terminos adeuntem alumnum commilitonemque vestrum, ne dicam regem, deseratis. Cetera vobis imperavi, hoc unum debiturus sum. Et is vos rogo, qui nihil umquam vobis praecepi, quin primus me periculis obtulerim, qui saepe aciem clipeo meo texi. Ne infregeritis in manibus meis palmam, qua Herculem Liberumque Patrem, si invidia afuerit, aequabo! Date hoc precibus meis et tandem obstinatum silentium rumpite! Ubi est ille clamor, alacritatis vestrae index? ubi ille meorum Macedonum vultus? Non agnosco vos, milites, nec agnosci videor a vobis. Surdas iamdudum aures pulso, aversos animos et infractos excitare conor.«

[11] Cumque illi in terram demissis capitibus tacere perseverarent: »Nescio quid«, inquit, »in vos inprudens deliqui, quod me ne intueri quidem vultis. In solitudine mihi videor esse. Nemo respondet, nemo saltem negat. Quos adloquor? Quid autem postulo? Vestram gloriam et magnitudinem vindicamus. Ubi sunt illi, quorum certamen paulo ante vidi contendentium, qui potissimum vulnerati regis corpus exciperent? Desertus, destitutus sum, hostibus deditus. Sed solus quoque ire perseverabo. Obicite me fluminibus et beluis et illis gentibus, quarum nomina horretis! Inveniam, qui desertum a vobis sequantur: Scythae Bactrianique erunt mecum, hostes paulo

dem wir uns wechselseitig zu überbieten suchen, bitte und beschwöre ich euch, lasst mich, euren Kameraden, euer Liebkind – euren König will ich gar nicht sagen –, jetzt nicht im Stich, wo ich den Grenzen der Welt nahe bin! Überall sonst war ich euer Befehlshaber, dies eine hier aber wird mich zu eurem Schuldner machen. Und noch etwas: diese Bitte kommt von einem Mann, der euch nie eine Order erteilte, ohne sich als erster der Gefahr auszusetzen, der seinen Schild zigmal schützend vor eure Reihen hielt. Zerbrecht die Siegespalme in meinen Händen nicht, die mich, wird der Götter Neid nicht erregt, mit Herkules und Vater Liber auf eine Stufe stellen wird! Erfüllt mir diese Bitte und gebt endlich euer eigensinniges Schweigen auf! Wo bleiben denn eure Begeisterungsschreie, wo die alten, entschlossenen Mienen meiner Makedonen? Soldaten, ich kenne euch nicht wieder, und anscheinend geht es euch mit mir nicht anders. Schon längst stoße ich auf taube Ohren, nur Ablehnung und Lethargie ist die Antwort auf meine Motivationsversuche.«

[11] Als jene mit zu Boden gesenkten Köpfen weiter hartnäckig schwiegen, insistierte Alexander: »Ich habe keine Ahnung, was ich euch versehentlich getan habe, dass ihr mich nicht einmal anblicken wollt. Ich komme mir vor wie ausgegrenzt. Keiner gibt Antwort, keiner artikuliert wenigstens ein Nein. Zu wem spreche ich hier eigentlich? Und was verlange ich denn? Um euren Ruhm geht es mir, eure Heldengröße. Wo sind die Männer hin, die ich eben noch rivalisieren sah, den Leib ihres verletzten Königs stützen zu dürfen? Einsam und verlassen stehe ich da, den Feinden preisgegeben. Doch unverdrossen werde ich meine Bahn fortsetzen, auch wenn ich alleine bin. Konfrontiert mich mit den Strömen, mit den Elefanten und den Nationen, deren bloße Namen euch zum Schlottern bringen: ich werde Leute finden, die mir, dem Mann, den ihr im Stich ließt, folgen werden. Die Skythen, die Krieger aus

ante, nunc milites nostri. Mori praestat quam precario imperatorem esse. Ite reduces domos! ite deserto rege ovantes! Ego hic a*ut* vobis desperatae victoriae aut honestae morti locum inveniam.«

III Ne sic quidem ulli militum vox exprimi potuit. Expectabant, ut duces principesque ad regem perferrent vulneribus et continuo labore militiae fatigatos non detrectare munia, sed sustinere non posse. Ceterum illi metu attoniti in terram ora defixerant. Igitur primo fremitus sua sponte, deinde gemitus quoque oritur, paulatimque liberius dolor erigi coepit manantibus lacrimis, adeo ut rex ira in misericordiam versa ne ipse quidem, quamquam cupierat, temperare oculis potuerit.

[12] Tandem universa contione effusius flente Coenus ausus est cunctantibus ceteris propius tribunal accedere significans se loqui velle. Quem ut videre milites detrahentem galeam capiti – ita enim regem adloqui mos est –, hortari coeperunt, ut causam exercitus ageret. Tum Coenus: »Dii prohibeant«, inquit, »a nobis inpias mentes! Et profecto prohibent: idem animus est tuis, qui fuit semper, ire, quo iusseris, pugnare, periclitari, sanguine nostro commendare posteritati tuum nomen.

Baktra werden an meiner Seite sein, Feinde von eben, jetzt Waffengefährten. Besser sterben als Kommandeur eines unzuverlässigen Haufens sein. Haut ab zurück nach Hause! Haut ab und frohlockt, dass ihr euren König im Stich ließt! Ich werde hier die Chance bekommen, entweder zu siegen, was ihr ja für unmöglich haltet, oder ehrenhaft zu fallen.«

[11] Indes, nicht einmal auf diese Weise vermochte er irgendeinem Soldaten einen Laut zu entlocken. Alles wartete darauf, dass die Generäle und Hochrangigen dem König zu verstehen gäben, sie weigerten sich nicht, ihre Pflicht zu tun, sie könnten einfach nicht mehr, aufgrund ihrer Blessuren und der pausenlosen Strapazen des Kriegsdienstes seien sie nämlich völlig ausgelaugt. Aber auch die Offiziere hielten, von Furcht betäubt, den Kopf zu Boden gesenkt. Zunächst erhob sich ein spontanes Gemurre, dann ging ein Aufstöhnen durch die Reihen, und nach und nach manifestierte sich der Schmerz immer ungenierter: es flossen die Tränen; schließlich konnte der König selbst, dessen Wut sich in Mitleid verkehrt hatte, den Impuls zu weinen nicht mehr unterdrücken, obwohl er sich das gewünscht hätte.

[12] Endlich, als die ganze Heeresversammlung hemmungslos schluchzte, wagte es Koinos – der Rest zauderte immer noch –, näher an das Podest des Feldherrn heranzutreten, indem er bedeutete, er wolle sich äußern. Kaum sahen die Soldaten, wie der seinen Helm absetzte – so ist es ja Sitte, wenn man das Wort an den König richtet –, bestürmten sie ihn, Fürsprecher des Heeres zu sein, worauf Koinos sein Plädoyer begann: »Mögen uns die Götter vor einer pflichtvergessenen Gesinnung bewahren, und das tun sie ja auch tatsächlich! Die Einstellung deiner Männer ist dieselbe wie eh und je: sie sind bereit zu ziehen, wohin du es ihnen befiehlst, zu kämpfen, sich in Gefahren zu stürzen und mit unserem Blut deinem Namen bei der Nachwelt Ruhm zu verschaffen. Falls du darauf bestehst,

Proinde, si perseveras, inermes quoque et nudi et exangues, utcumque tibi cordi est, sequimur vel antecedimus. Sed si audire vis non fictas tuorum militum voces, verum necessitate ultima expressas, praebe, quaeso, propitias aures imperium atque auspicium tuum constantissime secutis et, quocumque pergis, secuturis. Vicisti, rex, magnitudine rerum non hostes modo, sed etiam milites. Quidquid mortalitas capere poterat, inplevimus. Emensis maria terrasque melius nobis quam incolis omnia nota sunt. Paene in ultimo mundi fine consistimus. In alium orbem paras ire et Indiam quaeris Indis quoque ignotam. Inter feras serpentesque degentes eruere ex latebris et cubilibus suis expetis, ut plura, quam sol videt, victoria lustres. Digna prorsus cogitatio animo tuo, sed altior nostro. Virtus enim tua semper *in* incremento erit, nostra vis iam in fine est. Intuere corpora exanguia, tot perfossa vulneribus, tot cicatricibus putria! Iam tela hebetia sunt, iam arma deficiunt. Vestem Persicam induti, quia domestica subvehi non potest, in externum degeneravimus cultum. Quoto cuique lorica est? quis equum habet? Iube quaeri, quam multos servi ipsorum persecuti sint, quid cuique supersit ex praeda! Omnium victores omnium inopes sumus. Nec luxuria laboramus, sed bello in-

folgen wir dir deshalb sogar ohne Waffen, nackt und halbtot, oder wir schreiten dir voran, ganz nach deinem Belieben. Doch vielleicht liegt dir daran, die unbeschönigte Meinung deiner Soldaten zu hören, die sie nur unter dem Zwang äußerster Bedrängnis artikulieren. Wenn dem so ist, dann leih diesen Männern, die deinem Kommando, deinem Glücksstern beharrlichst gefolgt sind und folgen werden, wohin auch immer du noch willst, bitte ein gnädiges Ohr! Die Größe deiner Taten, mein König, hat nicht nur die Feinde, nein, auch deine Soldaten mürbe gemacht. Alles, was im Bereich von Sterblichen liegt, haben wir vollbracht. Wir durchmaßen Meere und Länder: überall kennen wir uns besser aus als die Einheimischen. Wir stehen nahezu am äußersten Ende der Welt. Du aber planst, in einen neuen Erdkreis vorzudringen auf der Suche nach einem Indien, das den Indern selbst ein Rätsel ist. Es verlangt dich danach, Menschen, die inmitten von wilden Tieren und Schlangengezücht ihr Leben fristen, aus ihren verborgenen Höhlen und Lagerstätten aufzuscheuchen, auf dass dein Zug dich über die Gegenden, die die Sonne bescheint, hinausführt. Deinem Denken ist dieser Plan voll und ganz angemessen, für uns freilich ist er zu hoch: deine Energie wird wachsen und wachsen, unsere Kraft hingegen ist jetzt am Ende. Schau dir unsere geschwächten Leiber an, die von so vielen Blessuren durchlöchert sind, von so vielen Narben schwären! Stumpf geworden sind schon die Geschosse, den Dienst versagt schon die Rüstung. Wir tragen die Tracht der Perser: weil ein Nachschub an heimischer Kleidung unmöglich ist, ist es so weit mit uns gekommen, dass wir in fremdländischem Putz herumlaufen. Wie wenige verfügen noch über einen Brustpanzer? Wer besitzt noch ein Pferd? Lass doch die Männer befragen, wie viele ihre Sklaven noch bei sich haben, was jedem von seiner Beute geblieben ist! So komplett wie unser Sieg, so komplett ist das Fiasko. Nicht Verschwendungssucht ist unser Problem,

strumenta belli consumpsimus. Hunc tu pulcherrimum exercitum nudum obicies beluis? Quarum ut multitudinem augeant de industria barbari, magnum tamen esse numerum etiam ex mendacio intellego. Quodsi adhuc penetrare in Indiam certum est, regio a meridie minus vasta est; qua subacta licebit decurrere in illud mare, quod rebus humanis terminum voluit esse natura. Cur circuitu petis gloriam, quae ad manum posita est? Hic quoque occurrit Oceanus. Nisi mavis errare, pervenimus, quo tua fortuna ducit. Haec tecum quam sine te cum his loqui malui, non uti inirem circumstantis exercitus gratiam, sed ut vocem loquentium potius quam gemitum murmurantium audires.«

[13] Ut finem orationi Coenus inposuit, clamor undique cum ploratu oritur regem, patrem, dominum confusis appellantium vocibus. Iamque et alii duces praecipueque seniores, quis ob aetatem et excusatio honestior erat et auctoritas maior, eadem precabantur. Ille nec castigare obstinatos nec mitigari poterat iratus. Itaque inops consilii desiluit e tribunali claudique regiam iussit omnibus praeter adsuetos adire prohibitis. Biduum irae datum est. Tertio die processit e regia *erigi*que duodecim aras ex quadrato saxo, monumentum expeditionis

der Krieg hat das zum Kriegführen notwendige Gerät aufgefressen. Willst du diese phantastische Armee nackt den Elefanten vorwerfen? Mögen die Barbaren deren Menge auch mit Absicht übertreiben, für mich ist dieses Märchen an sich bereits Indiz einer Riesenzahl. Wenn es aber beschlossene Sache ist, weiter nach Indien vorzustoßen, das Gebiet gen Süden verliert sich in weniger unermesslichen Weiten. Mit dessen Unterwerfung bekommst du die Chance, dir einen Weg zu jenem Meer zu bahnen, das die Natur als Grenze der Menschheit bestimmt hat. Warum suchst du den Ruhm, der greifbar vor dir liegt, auf Umwegen? Dort präsentiert sich dir der Ozean genauso. Und schon sind wir am Ziel, zu dem dich dein Schicksal führt, außer du ziehst planloses Herumirren vor. Ich wollte das lieber in deiner Gegenwart erörtern als ohne dich mit den Leuten hier, nicht um mich bei den rings um uns versammelten Truppen beliebt zu machen, sondern um dir die Möglichkeit zu geben, eine artikulierte Darstellung zu hören und nicht nur klägliches Gemurre.«

[13] Kaum hatte Koinos seine Darlegungen beendet, da erhob sich in der ganzen Runde ein Geschrei, dazwischen lautes Wehklagen, wobei in dem Stimmenwirrwarr die Rufe »König«, »Vater«, »Herr« laut wurden. Jetzt schlossen sich auch andere Offiziere, besonders die betagteren einflussreicheren, deren Weigerung altersbedingt weniger ehrenrührig erschien, der vorgetragenen Bitte an. Alexander hatte keine Möglichkeit, den hartnäckigen Widerstand durch Disziplinierungsmaßnahmen zu brechen, gleichzeitig war er allerdings außerstande, seine Wut zu bändigen. Deshalb schnellte er, ohne einen Plan zu haben, von seinem Sitz hoch und gab Order, das Feldherrnzelt abzuriegeln: allen mit Ausnahme seiner Vertrauten war der Zutritt verwehrt. Zwei Tage dauerte sein Zorn; am dritten trat er vor sein Zelt und gab Befehl, aus Quadersteinen als Denkmal seiner Expedition zwölf Altäre zu errichten, die Befestigungen

suae, munimenta quoque castrorum iussit extendi cubiliaque amplioris formae quam pro corporum habitu relinqui, ut speciem omnium augeret, posteritati fallax miraculum praeparans.

Hinc repetens, quae emensus erat, ad flumen Acesinen locat castra. Ibi forte Coenus morbo extinctus est; cuius morte ingemuit quidem rex, adiecit tamen propter paucos dies longam orationem eum exorsum, tamquam solus Macedoniam visurus esset. Iam in aqua classis, quam aedificari iusserat, stabat. Inter haec Menon ex Thracia in supplementum equitum V milia, praeter eos ab Harpalo peditum VII milia adduxerat armaque XXV milibus auro et argento caelata pertulerat. Quis distributis vetera cremari iussit. Mille navigiis aditurus Oceanum discordesque et vetera odia retractantes Porum et Taxilen, Indiae reges, firmatae per adfinitatem gratiae reliquit in suis regnis summo in aedificanda classe amborum studio usus. Oppida quoque duo condidit, quorum alterum Nicaeam appellavit, alterum Bucephala, equi, quem amiserat, memoriae ac nomini dedicans urbem. Elephantis deinde et inpedimentis terra sequi iussis secundo amne defluxit quadraginta ferme stadia singulis diebus procedens, ut opportunis locis exponi subinde copiae possent.

IV [14] Perventum erat in regionem, in qua Hydaspes amnis Acesini committitur. Hinc decurrit in fines Siborum. Hi de exercitu Herculis maiores suos esse memorant: aegros relic-

des Camps auszudehnen und Lagerstätten zu hinterlassen, die Menschengröße überstiegen: alles sollte überdimensioniert erscheinen, um der Nachwelt ein Wunder vorzugaukeln[5].

Dann ging er die Route von einst zurück bis zum Akesines, wo er Station machte. Der Zufall wollte, dass Koinos dort von einer Krankheit dahingerafft wurde. Zwar beklagte der König dessen Tod, doch fügte er hinzu, für die paar Tage, die ihm geblieben seien, habe der einen langen Sermon von sich gegeben, wie wenn er der einzige wäre, der Makedonien wiedersehen wollte. Schon lag die weisungsgemäß konstruierte Flotte vertäut auf dem Wasser. In der Zwischenzeit hatte Menon als Verstärkung fünftausend Mann Kavallerie aus Thrakien und überdies noch siebentausend Fußsoldaten von Harpalos herangeschafft, obendrein hatte er fünfundzwanzigtausend Rüstungen mit Gold- und Silberziselierungen mitgebracht. Die wurden verteilt mit der Auflage, die alten zu verbrennen. Alexander war kurz davor, mit tausend Schiffen seine Reise zum Ozean zu beginnen, als die einstige Feindschaft zwischen den Inderkönigen Poros und Taxiles zu neuem Zwist führte: durch Verschwägerung stiftete er Frieden zwischen ihnen und beließ sie in ihren Reichen, denn beim Bau der Flotte hatte er von ihrem Beitrag in höchstem Maße profitiert. Auch gründete er zwei Städte; die eine nannte er Nikaia, die andere Bukephala[6]: die weihte er der Erinnerung an das Pferd gleichen Namens, das er verloren hatte. Während die Elefanten und der Tross auf dem Landweg folgen sollten, legte er pro Tag auf seinem Weg flussabwärts etwa vierzig Stadien zurück, damit die Truppen bei passender Örtlichkeit immer wieder an Land gehen könnten.

IV [14] Man war bereits in dem Gebiet, wo der Hydaspes sich mit dem Akesines vereint, der von hier ins Land der Siber weiterfließt. Bei diesen geht die Sage, ihre Vorfahren entstammten Herkules' Armee: die habe man wegen ihrer desolaten

tos [esse] cepisse sedem, quam ipsi obtinebant. Pelles ferarum pro veste, clavae tela erant, multaque etiam, cum Graeci mores exolevissent, stirpis ostendebant vestigia. Hinc escensione facta CC et L stadia excessit depopulatusque regionem oppidum, caput eius, corona cepit. XL milia peditum alia gens in ripa fluminum opposuerat; quae amne superato in fugam conpulit inclusosque moenibus expugnat. Puberes interfecti sunt, ceteri venierunt. Alteram deinde urbem expugnare adortus magnaque vi defendentium pulsus multos Macedonum amisit. Sed cum in obsidione perseverasset, oppidani desperata salute ignem subiecere tectis seque ac liberos coniugesque incendio cremant. Quod cum ipsi augerent, hostes extinguerent, nova forma pugnae erat: delebant incolae urbem, hostes defendebant. Adeo etiam naturae iura bellum in contrarium mutat. Arx erat oppidi intacta, in qua praesidium dereliquit. Ipse navigiis circumvectus arcem.

[15] Quippe III flumina tota India praeter Gangen maxima munimento arcis adplicant undas: a septentrione Indus adluit, a meridie Acesines Hydaspi confunditur. Ceterum amnium coetus maritimis similes fluctus movet, multoque ac turbido limo, quod aquarum concursu subinde turbatur, iter, qua mea-

Verfassung vor Ort zurückgelassen, und so hätten sie sich in dem Land, das sie selbst nun bewohnten, angesiedelt. Ihre Kleidung besteht aus Tierhäuten, als Angriffswaffen benutzen sie Keulen[7], und trotz Schwund der griechischen Sitten zeigen sich noch Spuren ihrer Herkunft. In der nächsten Etappe ging Alexander von Bord seiner Schiffe und drang zweihundertfünfzig Stadien ins Landesinnere vor; er verwüstete die Region, zog einen Ring um ihre Hauptstadt und nahm sie ein. Inzwischen waren vierzigtausend Infanteristen eines anderen Volkes jenseits des Flusses gegen ihn in Stellung gegangen, er aber überquerte den Strom, trieb sie in die Flucht und nahm ihre Mauern, hinter denen sie sich verschanzten, im Sturm. Die wehrfähigen Männer wurden getötet, die übrigen verkaufte man. Danach machte er sich an die Bestürmung einer weiteren Stadt, was ihn etliche Makedonen kostete: die Verteidiger parierten fürwahr mit Vehemenz. Weil er die Belagerung jedoch unvermindert fortsetzte, legten die Bewohner, bar jeder Hoffnung auf Rettung, zuletzt Feuer an ihre Behausungen und überantworteten sich mitsamt ihren Kindern und Frauen dem Flammentod. Sie selbst schürten den Brand, während der Gegner sich aufs Löschen verlegte, ein neues Kampfgebaren mit den Einheimischen als Zerstörern, den Feinden als Bewahrern: ja, ins radikale Gegenteil verkehrt der Krieg die natürlichen Triebe des Menschen. Nur die Zitadelle der Stadt war unversehrt geblieben, dort stationierte Alexander eine Garnison. Er selbst umrundete die Burg zu Schiff.

[15] Wie ein Bollwerk umgaben sie nämlich die Wasser der drei vom Ganges einmal abgesehen mächtigsten Flüsse Indiens: im Norden bespülte sie der Indus, im Süden ergoss sich der Akesines in den Hydaspes. Nun erzeugt aber die Vereinigung der Flüsse eine Brandung wie auf dem Meer, und der viele schmutzige Schlick, den das Aufeinandertreffen der Wellen ständig aufwühlt, reduziert die Schifffahrtsroute zu einer

tur navigiis, in tenuem alveum cogitur. Itaque cum crebri fluctus se inveherent et navium hinc proras, hinc latera pulsarent, subducere nautae vela coeperunt. Sed ministeria eorum hinc aestu, hinc praerapida celeritate fluminum occupantur. In oculis omnium duo maiora navigia submersa sunt; leviora, cum et ipsa nequirent regi, in ripam tamen innoxia expulsa sunt. Ipse rex in rapidissimos vertices incidit, quibus intorta navis obliqua et gubernaculi inpatiens agebatur. Iam vestem detraxerat corpori proiecturus semet in flumen, amicique, ut exciperent eum, haud procul nabant, adparebatque anceps periculum tam nataturi quam navigare perseverantis. Ergo ingenti certamine concitant remos, quantaque vis humana esse poterat admota est, ut fluctus, qui se invehebant, everberarentur. Findi crederes undas et retro gurgites cedere. Quibus tandem navis erepta non tamen ripae adplicatur, sed in proximum vadum inliditur. Cum amne bellum fuisse crederes. Ergo aris pro numero fluminum positis sacrificioque facto XXX stadia processit.

[16] Inde ventum est in regionem Sudracarum Mallorumque, quos alias bellare inter se solitos tunc periculi societas iunxerat. Nonaginta milia iuniorum peditum in armis erant, praeter hos equitum X milia nongentaeque quadrigae. At Macedones, qui omni discrimine iam defunctos se esse crediderant, postquam

schmalen Rinne. Als darum die unablässig heranwogenden Brecher bald gegen das Heck, bald gegen die Flanken der Schiffe donnerten, schickten sich die Matrosen an, die Segel zu reffen. Doch die sich türmenden Wogen, zum anderen die reißende Schnelligkeit des Flusses vereitelten ihr Manöver. Vor aller Augen gingen zwei größere Boote unter; die leichteren ließen sich zwar auch nicht steuern, wurden aber dennoch unbeschädigt ans Ufer getrieben. Der König selbst geriet in die tosendsten Strudel, die sein Schiff in Schräglage, steuerlos abdriftend, herumwirbelten. In der Absicht, von Bord zu springen, hatte er sich bereits des Gewandes entledigt, und seine Freunde schwammen schon ganz in der Nähe, um ihn aufzufangen, das heißt, von beiden Seiten drohte gleich große Gefahr, egal ob er nun schwimmen würde oder an Deck bliebe. Da beschleunigten die Ruderer in gigantischem Kräftemessen das Tempo, alle menschlichen Energien, die ihnen zur Verfügung standen, legten sie an den Tag, auf die heranbrandenden Wogen einzupeitschen. Man hätte glauben können, die Wellen teilten sich, rückwärts schwappten die gurgelnden Fluten. Endlich hatte man das Schiff freibekommen, allerdings landete es nicht am Ufer, sondern lief in der nächsten Untiefe auf Grund. Der Eindruck drängte sich auf, man hätte gegen den Strom Krieg geführt. Deshalb ließ Alexander so viele Altäre errichten, wie es dort Flüsse gab, und ein Opfer zelebrieren; danach rückte er dreißig Stadien vor.

[16] Jetzt war man im Gebiet der Xudraker und Malaver angelangt, die entgegen ihrer sonstigen Gewohnheit, sich wechselseitig zu bekämpfen, unter dem Druck der gemeinsamen Gefahr zusammenhielten. Neunzigtausend Infanteristen standen unter Waffen, eine Jungmannschaft, außerdem zehntausend Kavalleristen und neunhundert Viergespanne. Die Makedonen aber, die bereits jede Gefahr hinter sich gewähnt hatten, verfielen in Panikstimmung, mussten sie doch plötzlich erkennen,

integrum bellum cum ferocissimis Indiae gentibus superesse cognoverunt, inproviso metu territi rursus seditiosis vocibus regem increpare coeperunt: Gangen amnem et, quae ultra essent, coactum transmittere non tamen finisse, sed mutasse bellum. Indomitis gentibus se obiectos, ut sanguine suo aperirent ei Oceanum. Trahi extra sidera et solem cogique adire, quae mortalium oculis natura subduxerit. Novis identidem armis novos hostes existere. Quos ut omnes fundant fugentque, quod praemium ipsos manere? caliginem ac tenebras et perpetuam noctem profundo incubantem mari, repletum inmanium beluarum gregibus fretum, inmobiles undas, in quibus emoriens natura defecerit. Rex non sua, sed militum sollicitudine anxius contione advocata docet inbelles esse, quos metuant. Nihil deinde praeter has gentes obstare, quominus terrarum spatia emensi ad finem simul mundi laborumque perveniant. Cessisse illis metuentibus Gangen et multitudinem nationum, quae ultra amnem essent; declinasse iter eo, ubi par gloria, minus periculum esset. Iam prospicere se Oceanum, iam perflare ad ipsos auram maris. Ne inviderent sibi laudem, quam peteret. Herculis et Liberi Patris terminos transituros illos, regi suo parvo inpendio inmortalitatem famae daturos. Paterentur se ex India redire, non fugere.

dass der Krieg mit den wildesten Völkern Indiens noch komplett vor ihnen lag, und also begannen sie erneut, mit aufrührerischen Parolen gegen den König zu mucken: der habe, nachdem er sich vom Ganges und den Weiten jenseits davon gezwungenermaßen verabschiedet habe, den Krieg trotzdem nicht beendet, nein, nur auf ein anderes Terrain verlagert habe er ihn. Ungezähmten Nationen werfe er sie als Futter vor, damit sie ihm mit ihrem Blut den Ozean erschlössen. Man zerre sie in Regionen, die Gestirne und Sonne nicht mehr beschienen, und zwinge sie, an Orte vorzudringen, die die Natur den Augen der Sterblichen entzogen habe. Mehr als einmal seien ihre Waffen erneuert worden, freilich nur, um immer neuen Feinden zu begegnen. Angenommen, sie schlügen die allesamt in die Flucht, was hätten sie denn davon? Nebel und Finsternis, ewige Nacht, die über den Meerestiefen hänge, Fluten voll mit Schwärmen monströser Tiere, regungslose Wellen, über die die Natur agonisierend jede Macht verloren habe[8]. Alexander selbst war nicht beunruhigt, allerdings machte ihm die gespannte Stimmung der Soldaten zu schaffen. Deshalb berief er eine Heeresversammlung ein und erklärte, ein wehrloser Haufen sei das, den sie da fürchteten: diese Völker bildeten das letzte Hindernis auf ihrem Zug durch die Weiten der Erde ans Ende der Welt und all ihrer Strapazen. Aus Rücksicht auf ihre Ängste habe er den Ganges und die Vielzahl der Nationen jenseits gemieden und seine Route in Gefilde umgelenkt, wo die Ehre gleich groß, die Gefahr jedoch geringer sei. Schon sehe er den Ozean in der Ferne, schon wehe des Meeres Brise zu ihnen herüber: um diesen Ruhm, den er erstrebe, dürften sie ihn nicht voll Selbstsucht bringen. Die Grenzen von Herkules und Vater Liber würden sie überschreiten, mit ein klein wenig Aufwand ihrem König unsterbliche Berühmtheit schenken. Statt Flucht sollten sie ihm einen freiwilligen Rückmarsch aus Indien gönnen.

[17] Omnis multitudo et maxime militaris mobilis impetu effertur: ita seditionis non remedia quam principia maiora sunt. Non alias tam alacer clamor ab exercitu est redditus iubentium, duceret dis secundis aequaretque gloria, quos aemularetur. Laetus his adclamationibus ad hostes protinus castra movit. Validissimae Indorum gentes erant et bellum inpigre parabant ducemque ex natione Sudracarum spectatae virtutis elegerant. Qui sub radicibus montis castra posuit lateque ignes, ut speciem multitudinis augeret, ostendit clamore quoque ac sui moris ululatu identidem adquiescentes Macedonas frustra terrere conatus. Iam lux adpetebat, cum rex fiduciae ac spei plenus alacres milites arma capere et exire in aciem iubet. Sed – haud traditur metune an oborta seditione inter ipsos – subito profugerunt barbari; certe avios montes et inpeditos occupaverunt. Quorum agmen rex frustra persecutus inpedimenta cepit.

[18] Perventum deinde est ad oppidum Sudracarum, in quod plerique confugerant, haud maiore fiducia moenium quam armorum. Iam admovebat rex, cum vates monere eum coepit, ne committeret aut certe differret obsidionem: vitae eius pericu-

[17] Jede Masse, besonders eine, die aus Soldaten besteht, reagiert, leicht beeinflussbar, wie sie ist, äußerst impulsiv. Darum bedarf es zur Beilegung einer Meuterei eines ebenso minimalen Anlasses wie zu ihrer Entfachung. Keine andere Entwicklung zuvor quittierte die Armee mit solchem Begeisterungsgeschrei; sie drängten Alexander, da die Götter mit ihm seien, möge er ihnen den Weg weisen und sich den gleichen Ruhm erwerben, den seine Vorbilder hätten. Erfreut über diese Akklamationen setzte der sich augenblicklich Richtung Feind in Marsch. Dabei handelte es sich um die stärksten Nationen Indiens, die den Krieg energisch vorbereiteten; zum Feldherrn hatten sie einen Xudraker erkoren, einen Mann von bewährter Tüchtigkeit. Der errichtete sein Lager am Fuß eines Gebirges, und um den Eindruck einer größeren Zahl zu vermitteln, ließ er in weitem Umkreis deutlich sichtbar Feuer entzünden, außerdem versuchte er ohne Erfolg, die Makedonen im Schlaf durch wiederholtes Gebrüll und ihr landestypisches Geheul zu verschrecken. Schon dämmerte der Tag herauf, da gab der König voll Selbstvertrauen und Optimismus seinen Soldaten, die Feuer und Flamme waren, den Befehl, die Waffen zu ergreifen und die Linien zu formieren. Mit einem Schlag aber – es ist unbekannt, ob aus Panik oder wegen eines Aufruhrs in den eigenen Reihen – nahmen die Barbaren Reißaus; auf jeden Fall verschanzten sie sich in den abgelegenen, schwer zugänglichen Bergregionen. Die Verfolgung ihres Heerhaufens endete ergebnislos, nur ihres Gepäcks konnte der König habhaft werden.

[18] Im Anschluss erreichte man die Hauptstadt der Xudraker, wohin sich die meisten geflüchtet hatten, ohne freilich auf die Mauern dort mehr zu geben als auf ihre Waffen. Der König war bereits auf dem Vormarsch, als ihm ein Seher riet, auf die Belagerung zu verzichten oder sie zumindest zu verschieben: die Zeichen kündeten Lebensgefahr für ihn. Alexander heftete

lum ostendi. Rex Demophontem – is namque vates erat – intuens: »Si quis«, inquit, »te arti tuae intentum et exta spectantem sic interpellet, non dubitem, quin incommodus ac molestus videri tibi possit.« Et cum ille ita prorsus futurum respondisset: »Censesne«, inquit, »tantas res, non pecudum fibras ante oculos habenti ullum esse maius inpedimentum quam vatem superstitione captum?« Nec diutius, quam respondit, moratus admoveri iubet scalas cunctantibusque ceteris evadit in murum. Angusta muri corona erat: non pinnae sicut alibi fastigium eius distinxerant, sed perpetua lorica obducta transitum saepserat. Itaque rex haerebat magis quam stabat in margine clipeo undique incidentia tela propulsans; nam *ipse* eminus ex turribus petebatur, nec subire milites poterant, quia superne vi telorum obruebantur. Tandem magnitudinem [telorum] periculi pudor vicit: quippe cernebant cunctatione sua dedi hostibus regem. Sed festinando morabantur auxilia. Nam dum pro se quisque certat evadere, oneravere scalas; quis non sufficientibus devoluti unicam spem regis fefellerunt. Stabat enim in conspectu tanti exercitus velut in solitudine destitutus.

V [19] Iamque laevam, qua clipeum ad ictus circumferebat, lassaverat clamantibus amicis, ut ad ipsos desiliret, stabantque excepturi, cum ille rem ausus est incredibilem atque inauditam multoque magis ad famam temeritatis quam gloriae insignem.

seinen Blick auf Demophon – so nämlich lautete des Weissagers Name – und sagte zu ihm: »Wenn dich mitten in der Ausübung deiner Profession, während du die Eingeweide studierst, jemand derart unterbräche, wäre der in deinen Augen wahrscheinlich ein lästiger Störenfried.« Als jener das zutiefst bejahte, fragte er ihn: »Glaubst du wirklich, dass ein Mann wie ich, der Großtaten vor Augen hat, nicht Tiergedärme, keine größeren Probleme hat als einen von Aberglauben geplagten Seher?« Nur die Zeit zu antworten nahm er sich, dann gab er Order, die Leitern anzulegen, und schon erstieg er die Mauer, während der Rest noch zauderte. Schmal war die Einfassung dieser Mauer, es gab keine in Abständen auf der Krone aufragenden Zinnen wie andernorts, stattdessen verhinderte eine durchgehende Brustwehr ein Überklettern. Und so saß der König oben am Rand fest, ohne sicheren Tritt fassen zu können; mit seinem Schild hielt er die Geschosse ab, die es von allen Seiten hagelte, denn aus der Distanz der Türme machten ihn die Feinde zur Zielscheibe. Auch konnten seine Soldaten nicht zu ihm hinauf, weil sie von oben mit heftigem Beschuss eingedeckt wurden. Endlich triumphierte das Pflichtgefühl über das Ausmaß der Gefahr: sie erkannten ja, dass sie mit ihrem Zögern ihren König dem Feind preisgaben. Doch ihre Hast verzögerte die Hilfe. Verbissen suchte jeder für sich hinaufzukommen, und dabei überlasteten sie die Leitern. Die barsten, die Männer krachten herunter, und damit war des Königs einzige Hoffnung zunichte: wie von allen Menschen verlassen stand der da, vor sich eine Riesenarmee.

V [19] Seine Linke, mit der er den Schild je nach Beschuss herumschwenkte, war bereits kraftlos geworden; während seine Freunde noch riefen, er solle zu ihnen herabspringen, und sich bereithielten, ihm Hilfestellung zu leisten, wagte jener eine unglaubliche, nie dagewesene Aktion, die nicht gerade glorreich war, ihm aber einen Nimbus von Draufgängertum ver-

Namque in urbem hostium plenam praecipiti saltu semet ipse inmisit, cum vix sperare posset dimicantem certe et non inultum esse moriturum: quippe antequam adsurgeret, opprimi poterat et capi vivus. Sed forte ita libraverat corpus, ut se pedibus exciperet. Itaque stans init pugnam, et, ne circumiri posset, fortuna providerat. Vetusta arbor haud procul muro ramos multa fronde vestitos, velut de industria regem protegentes, obiecerat. Huius spatioso stipiti corpus, ne circumiri posset, adplicuit clipeo tela, quae ex adverso ingerebantur, excipiens. Nam cum *summa vi* unum procul tot manus peterent, nemo tamen auder*e*t propius accedere, missilia ramis plura quam clipeo incidebant. Pugnabat pro rege primum celebrati nominis fama, deinde desperatio, magnum ad honeste moriendum incitamentum. Sed cum subinde hostis adflueret, iam ingentem vim telorum exceperat clipeo, iam galeam saxa perfregerant, iam continuo labore gravata genua succiderant. Itaque contemptim et incaute, qui proximi steterant, incurrerunt; e quibus duos gladio ita excepit, ut ante ipsum exanimes procumberent. Nec cuiquam deinde propius incessendi eum animus fuit: procul iacula sagittasque mittebant.

[20] Ille ad omnes ictus expositus non aegre tamen exceptum poplitibus corpus tuebatur, donec Indus duorum cubitorum

schaffte. Mit einem Sprung in die Tiefe katapultierte er sich mitten hinein in die von Feinden vollgestopfte Stadt, obwohl es fast utopisch war zu hoffen, er könnte wenigstens im Gefecht fallen als Soldat, der seine Gegner nicht ungeschoren davonkommen lässt, schließlich hätte man ihn, noch bevor er wieder auf den Beinen war, überwältigen und lebend gefangennehmen können. Doch unbewusst hatte er seinen Körper im Schwung so ausbalanciert, dass er auf den Füßen landete, daher ging er aufrecht in den Kampf. Und das Schicksal hatte dafür gesorgt, dass er nicht umzingelt werden konnte. In der Nähe der Mauer hielt ein alter Baum seine reich belaubten Äste ausgestreckt, als wäre es sein Streben, den König zu schützen. Um nicht umkreist zu werden, lehnte der sich mit dem Rücken an dessen wuchtigen Stamm und fing mit dem Schild den Geschosshagel von vorn auf. In der Tat zielte eine Unzahl von Armen mit aller Kraft aus der Distanz auf den einen Gegner, niemand freilich traute sich näher heran, und es trafen mehr Projektile ins Gezweig als auf den Schild. Ein Pro für den König war erstens der Ruf, der seinem berühmten Namen anhaftete, zweitens die Verzweiflung, eine mächtige Triebfeder, einen ehrenhaften Tod zu suchen. Nichtsdestoweniger wogten die Feinde unentwegt heran, schon hatte er mit dem Schild eine schiere Unmenge an Geschossen abgefangen, schon hatten Steine seinen Helm demoliert, schon waren die Knie, schwer von der pausenlosen Strapaze, eingeknickt. Deshalb hielten die in nächster Nähe ihn für erledigt, ließen Vorsicht Vorsicht sein und starteten einen Vorstoß. Zweien davon bereitete er mit seinem Schwert einen solchen Empfang, dass es sie tot vor ihm zu Boden streckte. Jetzt stand keinem mehr der Sinn danach, ihm dichter auf den Leib zu rücken: aus der Ferne schleuderten sie ihre Speere und Pfeile.

[20] In die Knie gegangen, hatte jener trotz dieses ganzen Bombardements kaum Mühe, sich zu schützen. Schließlich

sagittam – namque Indis, ut antea diximus, huius magnitudinis sagittae erant – ita excussit, ut per thoracem paulum super latus dextrum infigeret. Quo vulnere adflictus magna vi sanguinis emicante remisit arma moribundo similis adeoque resolutus, ut ne ad vellendum quidem telum sufficeret dextra. Itaque ad spoliandum corpus, qui vulneraverat, alacer gaudio accurrit. Quem ut inicere corpori suo manus sensit, credo, ultimi dedecoris indignitate commotus linquentem revocavit animum et nudum hostis latus subiecto mucrone hausit. Iacebant circa regem tria corpora procul stupentibus ceteris. Ille ut, antequam ultimus spiritus deficeret, dimicans tamen extingueretur, clipeo se adlevare conatus est et, postquam ad conitendum nihil supererat virium, dextera inpendentes ramos conplexus temptabat adsurgere. Sed ne sic quidem potens corporis rursus in genua procumbit manu provocans hostes, si quis congredi auderet.

[21] Tandem Peucestes per aliam oppidi partem deturbatis propugnatoribus muri vestigia persequens regis supervenit. Quo conspecto Alexander iam non vitae spem, sed mortis solacium supervenisse ratus clipeo fatigatum corpus excepit. Subinde Timaeus et paulo post Leonnatus, huic Aristonus supervenit. Indi quoque, cum intra moenia regem esse con-

aber schoss ein Inder einen zwei Ellen langen Pfeil auf ihn ab: wie zuvor bereits gesagt, hatten die Inder ja Geräte von solchen Dimensionen. Durch den Panzer drang dieser und blieb ein Stückchen über der rechten Hüfte stecken. Diese Wunde haute ihn um: in mächtigem Schwall spritzte sein Blut, einem Sterbenden gleich ließ er die Waffen fahren; seine Rechte besaß nicht einmal mehr die Kraft, das Geschoss herauszuziehen, so angeschlagen war er. Darum stürzte jener, der ihn verwundet hatte, im Freudenrausch herbei, ihn der Rüstung zu berauben. Kaum spürte Alexander dessen Hände auf seinem Leib, nahm er, aufzuckend unter der Schmach dieses schändlichen Übergriffs, denke ich, seine schwindenden Sinne noch einmal zusammen und rammte dem Gegner die Spitze seines Schwerts in die ungeschützte Seite. Drei Leichen lagen um den König herum verstreut, vor Staunen baff stutzte der Rest in sicherer Ferne. Im Kampf zu sterben war Alexanders Begehr, anders wollte er seinen letzten Atemzug nicht tun, und so versuchte er sich mit Hilfe seines Schilds aufzurappeln; als ihm dann keine Energie mehr blieb, sich aufzustützen, umklammerte er mit der Rechten die herunterhängenden Zweige, sich daran hochzuziehen. Indes nicht einmal jetzt gehorchte ihm sein Körper, wieder ging er in die Knie, aber noch immer provozierte er mit der Hand die Feinde, es mit ihm aufzunehmen, falls einer von ihnen sich traue.

[21] Endlich erschien Peukestas auf dem Plan: der kam auf der Suche nach dem König aus einem anderen Teil der Stadt, wo er die Mauerkämpfer aus ihren Stellungen vertrieben hatte. Bei dessen Anblick ließ der König, für den sein Erscheinen nur mehr ein Trost im Tod, nicht eine Chance war weiterzuleben, den ermatteten Leib auf den Schild sinken. Unmittelbar darauf tauchte Timaios auf, kurz danach Leonnatos, als nächster Aristonus. Als die Inder erfahren hatten, dass sich der König in ihren Mauern befand, hielt sie nichts mehr, ihrerseits stürmten

perissent, omissis ceteris illuc concurrerunt urgebantque protegentes. Ex quibus Timaeus multis adverso corpore vulneribus acceptis egregiaque edita pugna cecidit; Peucestes quoque tribus iaculis confossus non se tamen scuto, sed regem tuebatur; Leonnatus, dum avide ruentes barbaros submovet, cervice graviter icta semianimis procubuit ante regis pedes. Iam et Peucestes vulneribus fatigatus submiserat clipeum. In Aristono spes ultima haerebat. Hic quoque graviter saucius tantam vim hostium ultra sustinere non poterat. Inter haec ad Macedonas regem cecidisse fama perlata est. Terruisset alios, quod illos incitavit. Namque periculi omnis inmemores dolabris perfregere murum et, qua moliti erant aditum, inrupere in urbem Indosque plures fugientes quam congredi ausos ceciderunt. Non senibus, non feminis, non infantibus parcitur: quisquis occurrerat, ab illo vulneratum regem esse credebant. Tandemque internecione hostium iustae irae parentatum est. Ptolomaeum, qui postea regnavit, huic pugnae adfuisse auctor est Clitarchus et Timagenes; sed ipse, scilicet gloriae suae non refragatus, afuisse se missum in expeditionem memoriae tradidit. Tanta conponentium vetusta rerum monumenta vel securitas vel, par huic vitium, credulitas fuit.

[22] Rege in tabernaculum relato medici lignum sagittae corpori infixae ita, ne spiculum moveretur, abscidunt. Corpore deinde nudato animadvertunt hamos inesse telo nec aliter id

die den Platz und drängten sich um Alexanders Verteidiger. Timaios, einer aus deren Gruppe, fiel nach heroischem Kampf, die Brust von Wunden übersät; auch Peukestas war von drei Speeren durchbohrt, nichtsdestoweniger deckte er nicht sich mit dem Schild, sondern seinen König; im Versuch, die hitzige Attacke der Feinde zu stoppen, wurde Leonnatos schlimm am Hals getroffen und brach halbtot zu Alexanders Füßen zusammen. Schon hatte auch Peukestas, von Blessuren geschwächt, den Schild gesenkt; Aristonus war der letzte Hoffnungsträger. Allerdings war auch er aufgrund seiner schweren Verletzungen außerstande, dem geballten Druck des Gegners länger standzuhalten. Unterdessen gelangte das Gerücht, ihr König wäre gefallen, zu den Makedonen. Was andere in Panik versetzt hätte, elektrisierte sie. Sie scherten sich um keine Gefahr, mit ihren Picken durchbrachen sie die Mauer, und durch die Bresche ging es hinein in die Stadt, wo sie die Inder, deren Mehrzahl, statt sich wagemutig ins Gefecht zu werfen, floh, massakrierten. Weder Alte noch Frauen noch Kinder wurden verschont: wer auch immer ihnen in die Quere kam, in ihren Augen war er ein Täter, verantwortlich für die Wunden des Königs. Endlich hatten sie ihren gerechten Zorn durch das Morden gebührend gestillt. Nach Kleitarchos und Timagenes soll Ptolemaios, der später einen Thron bekam[9], an dieser Schlacht teilgenommen haben, er selbst hat allerdings, obwohl das natürlich seinem Ruhm abträglich ist, berichtet, er habe sich auf einer Expedition befunden und sei daher nicht dabei gewesen. So groß ist die Unbekümmertheit beziehungsweise die Leichtgläubigkeit, ein ebenso gravierender Fehler, bei den Kompilatoren alter Geschichtswerke.

[22] Man trug den König heim in sein Zelt, dann sägten Ärzte den Holzschaft des Pfeils, der in seinem Leib steckte, durch, ohne die Spitze zu bewegen. Als sie ihn anschließend ausgezogen hatten, stellten sie fest, dass das Geschoss mit Widerhaken

sine pernicie corporis extrahi posse, quam ut secando vulnus augerent. Ceterum, ne secantes profluvium sanguinis occuparet, verebantur: quippe ingens telum adactum erat et penetrasse in viscera videbatur. Critobulus, inter medicos artis eximiae, sed in tanto periculo territus, *manus* admovere metuebat, ne in ipsius caput parum prosperae curationis recideret eventus. Lacrimantem eum ac metu et sollicitudine propemodum exanguem rex conspexerat: »Quid«, inquit, »quodve tempus expectas et non quam primum hoc dolore me saltem moriturum liberas? An times, ne reus sis, cum insanabile vulnus acceperim?« At Critobulus tandem vel finito vel dissimulato metu hortari eum coepit, ut se continendum praeberet, dum spiculum evelleret: etiam levem corporis motum noxium fore. Rex cum adfirmasset nihil opus esse iis, qui semet continerent, sicut praeceptum erat, sine motu praebuit corpus. Igitur patefacto latius vulnere et spiculo evolso ingens vis sanguinis manare coepit linquique animo rex et caligine oculis offusa velut moribundus extendi. Cumque profluvium medicamentis frustra inhiberent, clamor simul atque ploratus amicorum oritur regem expirasse credentium. Tandem constitit sanguis, paulatimque animum recepit et circumstantes coepit agnoscere. Toto eo die ac nocte, quae secuta est, armatus exercitus regiam obsedit confessus omnes unius spiritu vivere. Nec prius reces-

gespickt war und sich ohne fatale Folgen nur durch operative Vergrößerung der Wunde entfernen ließ. Ihnen bangte aber davor, eine Blutung könne den Eingriff erschweren: was da saß, war ein Riesenprojektil, und das schien bis in die Eingeweide gedrungen zu sein. Kritobulos, der zwar eine Kapazität in Heilkunst war, angesichts des gewaltigen Risikos jedoch Bedenken hegte, scheute sich, die Operation vorzunehmen, denn er wollte im Falle eines Misslingens des Eingriffs nicht seinen Kopf hinhalten. Der König hatte bemerkt, wie der weinte und vor lauter Furcht und Anspannung halb von Sinnen war, und so fragte er ihn: »Worauf wartest du denn, auf welches Wunder, statt mich auf der Stelle wenigstens von diesem Schmerz zu befreien, sterben muss ich ja ohnehin? Oder hast du etwa Angst, man werde dich dafür verantwortlich machen, dass ich mir eine unheilbare Verletzung eingehandelt habe?« Endlich überwand Kritobulos nun seine Beklemmung, oder er verbarg sie und wies den König an, sich während der Entfernung der Pfeilspitze fixieren zu lassen: selbst eine geringfügige Bewegung des Körpers könne sich schädlich auswirken. Alexander versicherte, es bedürfe keiner Leute, ihn festzuhalten, und unterzog sich wie verordnet ohne das geringste Zucken dem Eingriff. Nachdem man also die Wunde erweitert und die Spitze herausgezogen hatte, setzte eine heftige Blutung ein, der König verlor das Bewusstsein, ein Schleier breitete sich über seine Augen, hingestreckt lag er da wie an der Schwelle des Todes. Weil der Blutfluss durch Medikamente nicht zu stoppen war, brachen seine Freunde in Geschrei vermischt mit Wehklagen aus, denn sie meinten, es wäre aus mit ihm. Endlich hörte die Blutung auf, und allmählich kam Alexander wieder zu sich und erkannte langsam die Männer um sich herum. Jenen ganzen Tag und die gesamte folgende Nacht umlagerte das Heer in Waffen das Feldherrnzelt und bekundete so, dass ihrer aller Leben geknüpft war an dieses einen

serunt, quam conpertum est somno paulisper adquiescere. Hinc certiorem spem salutis eius in castra rettulerunt.

VI [23] Rex VII diebus curato vulnere necdum obducta cicatrice, cum audisset convaluisse apud barbaros famam mortis suae, duobus navigiis iunctis statui in medium undique conspicuum tabernaculum iussit, ex quo se ostenderet perisse credentibus, conspectusque ab incolis spem hostium falso nuntio conceptam inhibuit. Secundo deinde amne defluxit aliquantum intervalli a cetera classe praecipiens, ne quies perinvalido adhuc necessaria pulsu remorum inpediretur.

Quarto postquam navigare coeperat die pervenit in regionem desertam quidem ab incolis, sed frumento et pecoribus abundantem. Placuit is locus et ad suam et ad militum requiem. Mos erat principibus amicorum et custodibus corporis excubare ante praetorium, quotiens adversa regi valetudo incidisset. Hoc tum quoque more servato universi cubiculum eius intrant. Ille sollicitus, ne quid novi adferrent, quia simul venerant, percontatur, num hostium recens nuntiaretur adventus. [24] At Craterus, cui mandatum erat, ut amicorum preces perferret ad eum: »Credisne«, inquit, »adventu magis hostium, ut iam in vallo consisterent, sollicitos esse quam cura salutis tuae, ut nunc est, tibi vilis? Quantalibet vis omnium gentium conspiret in nos, inpleat armis virisque totum orbem, classibus

Mannes Atem. Erst auf die Meldung, er sei zur Ruhe gekommen und schlafe ein bisschen, rückten sie ab ins Lager mit etwas größerer Zuversicht, er könne genesen.

VI [23] Sieben Tage lang kurierte man die Wunde, doch vernarbt war sie noch nicht, als dem König zu Ohren kam, dass sich das Gerücht seines Todes bei den Barbaren mehr und mehr durchsetzte, und darum befahl er, mitten zwischen einem Gespann aus zwei Booten von allen Seiten gut sichtbar ein Zelt zu errichten: dort wollte er sich jenen, die ihn tot wähnten, zeigen. Die Einheimischen erblickten ihn, und damit machte er der auf einer Falschmeldung gründenden Hoffnung der Gegenseite ein Ende. Danach ließ er sich vorneweg in ziemlichem Abstand zum Rest der Flotte flussabwärts treiben, damit die angesichts seiner extremen Schwäche unabdingbare Ruhe nicht durch Ruderschlag beeinträchtigt werde.

Am vierten Tag dieser Flussfahrt gelangte er in eine von den Ansässigen geräumte Gegend, wo es allerdings Weizen und Vieh zuhauf gab. Das schien ihm der geeignete Platz für sich und seine Armee, neue Kraft zu tanken. Es war Usus, dass die engsten Freunde und die Leibwächter bei angegriffener Gesundheit des Königs vor dem Feldherrnquartier Posten standen; auch jetzt hielt man sich an diese Sitte, und sie betraten im Pulk sein Zelt. Durch ihr geballtes Erscheinen alarmiert, dass sie mit Neuigkeiten ankämen, erkundigte er sich, ob Meldung von einem plötzlichen Auftauchen des Gegners vorliege. [24] Krateros jedoch, den seine Freunde zum Übermittler ihrer Bitten bestimmt hatten, entgegnete ihm: »Glaubst du wirklich, das Erscheinen des Feinds, selbst wenn der bereits innerhalb unserer Verschanzungen festen Fuß gefasst hätte, beunruhigte uns mehr als die Sorge um dein Leben, das für dich augenscheinlich ja nicht viel zählt? Mit welch riesiger Streitmacht auch immer alle Völker der Welt sich gegen uns verschwören mögen, ob sie den ganzen Erdkreis mit Waffen und

maria consternat, invisitatas beluas inducat: tu nos praestabis invictos. Sed quis deorum hoc Macedoniae columen ac sidus diuturnum fore polliceri potest, cum tam avide manifestis periculis offeras corpus oblitus tot civium animas trahere te in casum? Quis enim tibi superstes aut optat esse aut potest? Eo pervenimus auspicium atque imperium secuti tuum, unde nisi te reduce nulli ad penates suos iter est. Quodsi adhuc de Persidis regno cum Dareo dimicares, etsi nemo vellet, tamen ne admirari quidem posset tam promptae esse te ad omne discrimen audaciae: nam ubi paria sunt periculum ac praemium, et secundis rebus amplior fructus est et adversis solacium maius. Tuo vero capite ignobilem vicum emi, quis ferat non tuorum modo militum, sed ullius gentis barbarae civis, qui tuam magnitudinem novit? Horret animus cogitationem rei, quam paulo ante vidimus. Eloqui timeo invicti corporis spolia inertissimas manus fuisse infecturas, nisi te interceptum misericors in nos fortuna servasset. Totidem proditores, totidem desertores sumus, quot te non potuimus persequi. Universos licet milites ignominia notes, nemo recusabit luere id, quod, ne admitteret, praestare non potuit. Patere nos, quaeso, alio modo esse viles tibi. Quocumque iusseris, ibimus. Obscura pericula et ignobiles pugnas nobis deposcimus: temetipsum ad ea serva,

Männern füllen, die Meere mit ihren Flotten überziehen, nie gesehene Tiere gegen uns ins Feld führen, du bist es, der unsere Unbesiegbarkeit garantiert. Welcher Gott aber ist in der Lage zu gewährleisten, dass diese Säule Makedoniens, dieser Komet an seinem Himmel Bestand haben wird, wo du deinen Leib mit solcher Besessenheit evidenten Gefahren aussetzt ohne Rücksicht darauf, dass du das Leben zahlloser Bürger mit dir ins Verderben reißt? Wer will oder kann dich denn überdauern? Deinem Glücksstern und Kommando sind wir bis hierhin gefolgt: falls du uns nicht heimwärts führst, ist hier für uns alle der Punkt ohne Wiederkehr gekommen. Kämpftest du immer noch gegen Dareios um Persiens Thron, so müsste dich jeder, selbst gegen seinen Willen, für deine so entschlossene, kühne Bereitschaft, jegliche Gefahr auf dich zu nehmen, bewundern: eine Balance zwischen Risiko und Lohn verleiht bei Erfolg dem Gewinn mehr Gewicht und liefert bei Scheitern ein stärkeres Trostargument. Wer von deinen Soldaten, ja welcher Angehörige irgendeines Barbarenvolkes, der deine Größe kennt, könnte sich indes damit abfinden, dass du für ein erbärmliches Nest deinen Kopf aufs Spiel setzt? Uns steht der Verstand still, wenn wir an den Horror denken, den wir eben mit ansehen mussten. Mich schaudert es auszusprechen, dass um ein Haar feigste Hände dir, dem Unbesiegten – welche Schmach! – die Rüstung geraubt hätten, wäre das Schicksal nicht voll Erbarmen mit uns gewesen und hätte dich, als du isoliert von uns warst, gerettet. Wir alle, die wir dir nicht folgen konnten, sind Verräter, einer wie der andere, einer wie der andere Deserteure. Brandmarke deine gesamte Armee mit Schimpf und Schande! Selbst dann wird sich niemand drücken, ein Vergehen zu büßen, das unvermeidbar war. Doch ich bitte dich, zeige uns deine Verachtung auf andere Weise! Befiehl, und wir werden dir folgen, egal wohin! Gefahren, die nichts bringen, Kämpfe ohne Glanz und Gloria, die sind unser Ding. Du aber spare

quae magnitudinem tuam capiunt! Cito gloria obsolescit in sordidis hostibus, nec quicquam indignius est quam consumi eam, ubi non possit ostendi.« Eadem fere Ptolomaeus et similia his ceteri. Iamque confusis vocibus flentes eum orabant, ut tandem ex satietate laudi modum faceret ac saluti suae, id est publicae, parceret.

[25] Grata erat regi pietas amicorum; itaque singulos familiarius amplexus considere iubet altiusque sermone repetito: »Vobis quidem«, inquit, »o fidissimi piissimique civium atque amicorum, grates ago habeoque non solum eo nomine, quod hodie salutem meam vestrae praeponitis, sed quod a primordiis belli nullum erga me benevolentiae pignus atque indicium omisistis, adeo ut confitendum sit numquam mihi vitam meam fuisse tam caram, quam esse coepit, ut vobis diu frui possim. Ceterum non eadem est cogitatio eorum, qui pro me mori optant, et mea, *qui* quidem hanc benevolentiam vestram virtute meruisse me iudico. Vos enim diuturnum fructum ex me, forsitan etiam perpetuum percipere cupiatis: ego me metior non aetatis spatio, sed gloriae. Licuit paternis opibus contento intra Macedoniae terminos per otium corporis expectare obscuram et ignobilem senectutem. Quamquam ne pigri quidem sibi fata disponunt, sed unicum bonum diuturnam vitam existimantes saepe acerba mors occupat. Verum ego, qui non annos meos, sed victorias numero, si munera fortunae bene conputo, diu vixi.

dich auf für Einsätze, die deiner Größe entsprechen! Bei einem armseligen Gegner ist Ruhm schnell vertan, und nichts ist unwürdiger, als ihn dort aufs Spiel zu setzen, wo die Chance darauf Null ist.« Fast identisch äußerte sich Ptolemaios, ähnlich auch der Rest. Und schon baten sie ihn wie aus einem Munde unter Tränen, endlich seine Ruhmbegierde zu zügeln, die sei ja mehr als gestillt, und auf sein und damit gleichzeitig das öffentliche Wohl Rücksicht zu nehmen.

[25] Dem König gefiel die Fürsorglichkeit seiner Freunde, nacheinander umarmte er sie inniger als sonst und forderte sie auf, Platz zu nehmen; dann vertiefte er seine Äußerungen von vorher. »Aus vollem Herzen«, so sprach er, »danke ich euch, Mitbürger und Freunde, die ihr die Treue, das Pflichtbewusstsein in Person seid, nicht nur dafür, dass euch mein Leben heute mehr gilt als das eure, sondern dass ihr mir von Anfang des Krieges an jeden denkbaren Beweis, jedes denkbare Zeichen eurer Sympathie geliefert habt. Daher muss ich gestehen, erst der Wunsch, noch lange unter euch zu weilen, machte mir mein Leben richtig wertvoll. Und doch besteht zwischen jenen, die für mich sterben wollen, und mir selbst, der ich weiß, dass ich mir diese eure aufopfernde Liebe eben nur durch meinen Mut erworben habe, ein Unterschied im Denken. Ihr nämlich wollt Profit aus mir ziehen, langfristigen, vielleicht sogar dauerhaften, ich aber taxiere meinen Wert nicht nach der Länge meines Lebens, sondern nach der Größe meines Ruhms. Ich hätte, zufrieden mit der Macht, die mein Vater besaß, in Makedoniens Grenzen die Hände in den Schoß legen und eines belanglosen Alters ohne Ansehen harren können. Allerdings verfügen auch die Inaktiven nicht über ihr Geschick, vielmehr rafft ein vorzeitiger Tod oft gerade die hinweg, für die ein langes Leben das einzige Gut bedeutet. Ich hingegen, der ich nicht meine Jahre, sondern meine Siege zähle, habe, wenn ich alles Positive, was das Schicksal mir schenkte, korrekt addiere, lange gelebt.

Orsus a Macedonia imperium Graeciae teneo, Thraciam et Illyrios subegi, Triballis Maedisque imperito, Asiam, qua Hellesponto, qua Rubro mari subluitur, possideo. Iamque haud procul absum fine mundi, quem egressus aliam naturam, alium orbem aperire mihi statui. Ex Asia in Europae terminos momento unius horae transivi. Victor utriusque regionis post nonum regni mei, post vicesimum atque octavum annum *vitae* videorne vobis in excolenda gloria, cui me uni devovi, posse cessare? [26] Ego vero non deero et, ubicumque pugnabo, in theatro terrarum orbis esse me credam. Dabo nobilitatem ignobilibus locis, aperiam cunctis gentibus terras, quas natura longe submoverat. In his operibus extingui mihi, si fors ita feret, pulchrum est: ea stirpe sum genitus, ut multam prius quam longam vitam debeam optare.

Obsecro vos, cogitate nos pervenisse in terras, quibus feminae ob virtutem celeberrimum nomen est! Quas urbes Samiramis condidit! quas gentis redegit in potestatem! quanta opera molita est! Nondum feminam aequavimus gloria, et iam nos laudis satietas cepit? Di faveant, maiora adhuc restant. Sed ita nostra erunt, quae nondum adiimus, si nihil parvum duxerimus, in quo magnae gloriae locus est. Vos modo me ab intestina fraude et domesticorum insidiis praestate securum! Belli

Mein Ausgangspunkt war Makedonien, und nun beherrsche ich Griechenland, habe mir Thrakien und Illyrien untertan gemacht, bin Herr über die Triballer, über die Maeder und besitze Asien von den Gestaden, die der Hellespont bespült, bis hin zu jenen am Roten Meer. Gleich bin ich am Punkt, wo die Welt endet, den will ich überschreiten und jenseits eine andere Natur, eine andere Sphäre erschließen, das ist mein Vorsatz. In einer einzigen Stunde Spanne bin ich aus Asien übergesetzt an den Rand Europas. Und jetzt soll ich damit aufhören können, meinen Ruhm, dem allein ich mich weihte, zu polieren, ich, der ich im zehnten Jahr meiner Herrschaft, im neunundzwanzigsten meines Lebens diese zwei Erdteile besiegte, glaubt ihr das wirklich? [26] Sofern es an mir liegt, werde ich mich dem gewiss nicht versagen, und überall, wo ich kämpfe, werde ich glauben, ich stünde auf der Welten Bühne. Unbekannte Orte werde ich bekannt machen, für alle Nationen die Länder erschließen, die ihre Lage einst weit ins Abseits verbannte. Inmitten solcher Aktivitäten mein Leben zu lassen, wenn es das Schicksal denn so will, ist eine Ehre für mich: meine Abstammung verpflichtet mich, ein intensives Leben einem langen vorzuziehen.

Ich beschwöre euch, denkt daran, dass wir hier in Ländern sind, die ihren allbekannten Namen den Leistungen einer Frau verdanken. Welch herrliche Städte hat Semiramis gegründet, welch starke Völkerschaften bezwungen, wie viele Werke initiiert! Bis jetzt kann es unsere Berühmtheit nicht mit der einer Frau aufnehmen, und wir haben vom Ruhm schon genug? Größere Dinge liegen erst vor uns, das mögen die Götter walten! Doch nur dann, wenn wir keine Gelegenheit zu ruhmvoller Glanztat als unwesentlich abtun, wird das, was wir noch nicht in Angriff nahmen, unser werden. Sorgt ihr nur dafür, dass ich vor Verrat aus den eigenen Reihen und Attentaten meiner Entourage geschützt bin, und ich will mich dem Risiko

Martisque discrimen inpavidus subibo. Philippus in acie tutior quam in theatro fuit: hostium manus saepe vitavit, suorum effugere non valuit. Aliorum quoque regum exitus si reputaveritis, plures a suis quam ab hoste interemptos numerabitis. Ceterum, quoniam olim rei agitatae in animo meo nunc promendae occasio oblata est, mihi maximus laborum atque operum meorum erit fructus, si Olympias mater inmortalitati consecretur, quandoque excesserit vita. Hoc, si licuerit, ipse praestabo; hoc, si me praeceperit fatum, vos mandasse *me* mementote!« Ac tum quidem amicos dimisit; ceterum per conplures dies ibi stativa habuit.

VII [27] Haec dum in India geruntur, Graeci milites nuper in colonias a rege deducti circa Bactra orta inter ipsos seditione defecerant non tam Alexandro infensi quam metu supplicii. Quippe occisis quibusdam popularium, qui validiores erant, arma spectare coeperunt et Bactriana arce, quae casu neglegentius adservata erat, occupata barbaros quoque in societatem defectionis inpulerant. Athenodorus erat princeps eorum, qui regis quoque nomen adsumpserat non tam imperii cupidine quam in patriam revertendi cum iis, qui auctoritatem ipsius sequebantur. Huic Biton quidam nationis eiusdem, sed ob aemulationem infestus conparavit insidias invitatumque ad epulas per Boxum quendam Bactrianum in convivio occidit. Postero die contione advocata Bito ultro insidiatum sibi Athe-

von Krieg und Kampfgetümmel furchtlos stellen. In der Schlacht war Philipp sicherer als im Theater[10]: den Händen der Feinde entging er oft, denen der eigenen Leute vermochte er nicht zu entrinnen. Auch wenn ihr das Ende anderer Könige Revue passieren lasst, werdet ihr finden, dass mehr ihren Landsleuten zum Opfer fielen als einem äußeren Feind. Wie dem auch sei, da sich mir just die Möglichkeit bietet, eine Sache, die mir schon lange im Kopf spukt, laut zu äußern, der größte Lohn meiner Mühen und Arbeiten wäre es, wenn meine Mutter Olympias, wann immer sie aus dem Leben scheidet, feierlich in den Kreis der unsterblichen Götter erhoben würde. Sofern es mir vergönnt ist, werde ich diesen Akt selbst vollziehen; falls mich aber das Schicksal vorher hinwegrafft, vergesst nicht, was ich euch auftrug!« Nun erst entließ er seine Freunde. Freilich blieb er noch mehrere Tage lang dort im Quartier.

VII [27] Während dieser Ereignisse in Indien fielen die Soldaten, die der König unlängst in Kolonien in der Umgebung von Baktra angesiedelt hatte, nach Krawallen untereinander von ihm ab: nicht Ablehnung gegen Alexander bestimmte sie, sondern die Furcht vor harter Bestrafung. In der Tat hatten sie einige ihrer einflussreicheren Landsleute ausgeschaltet und dachten jetzt an bewaffneten Aufstand; sie hatten die Zitadelle von Baktra, die zufälligerweise zu schlecht bewacht wurde, besetzt und dadurch auch die Barbaren dazu gebracht, sich ihrem Aufruhr anzuschließen. Ihr Anführer war Athenodoros, der sich sogar den Königstitel zugelegt hatte, nicht aus Machtgeilheit, sondern aus dem Wunsch heraus, mit jenen, die seine Autorität anerkannten, in die Heimat zurückzukehren. Ein Landsmann, ein gewisser Biton, ein neidischer Rivale, schmiedete ein Komplott wider den und ließ ihn bei einem Bankett, zu dem er ihn geladen hatte, von einem Mann aus Baktra namens Boxos umbringen. Am folgenden Tag hatte Biton vor versammelter Mannschaft zwar die meisten überzeugt, Athe-

nodorum plerisque persuaserat; sed aliis suspecta erat fraus Bitonis, et paulatim in plures coepit manare suspicio. Itaque Graeci milites arma capiunt occisuri Bitonem, si daretur occasio; ceterum principes eorum iram multitudinis mitigaverunt. Praeter spem suam Biton praesenti periculo ereptus paulo post insidiatus auctoribus salutis suae. Cuius dolo cognito et ipsum conprehenderunt et Boxum. Ceterum Boxum protinus placuit interfici, Bitonem etiam per cruciatum necari. Iamque corpori tormenta admovebantur, cum Graeci – incertum ob quam causam – lymphatis similes ad arma discurrunt. Quorum fremitu exaudito, qui torquere Bitonem iussi erant, omisere veriti, ne id facere tumultuantium vociferatione prohiberentur. Ille, sicut nudatus erat, pervenit ad Graecos, et miserabilis facies supplicio destinati in diversum animos repente mutavit, dimittique eum iusserunt. Hoc modo poena bis liberatus cum ceteris, qui colonias a rege attributas reliquerunt, revertit in patriam. Haec circa Bactra et Scytharum terminos gesta.

[28] Interim regem duarum gentium, de quibus ante dictum est, C legati adeunt. Omnes curru vehebantur eximia magnitudine corporum, decoro habitu: lineae vestes intexto auro purpuraque distinctae. Ei se dedere ipsos, urbes agrosque referebant, per tot aetates inviolatam libertatem illius primum fidei

nodoros hätte ohne jede Veranlassung ein Attentat gegen ihn geplant, doch bei einem Teil erregten seine Ränke Verdacht, und der breitete sich allmählich immer mehr aus. Deshalb griffen die griechischen Söldner zu den Waffen, um Biton bei passender Gelegenheit umzubringen, allerdings brachten die Offiziere die Wütenden wieder zur Räson. So kam jener entgegen seinen eigenen Erwartungen fürs erste davon, kurz darauf freilich heckte er einen Anschlag auf seine Retter aus. Seine Heimtücke wurde ruchbar, und er wurde zusammen mit Boxos festgenommen. Während man über diesen die sofortige Exekution verfügte, sollte Biton unter der Folter sterben. Schon wollte man seinen Leib mit den Marterwerkzeugen traktieren, da stoben die Griechen – keiner weiß weshalb – wie übergeschnappt in alle Richtungen auseinander zu den Waffen. Auf das Gelärme hin gaben die mit Bitons Folterung Beauftragten ihn frei, denn sie befürchteten, dieser Krakeel sei der Versuch, sie an der Vollstreckung ihres Amtes zu hindern. Nackt wie jener war, präsentierte er sich den Griechen: bei denen bewirkte der klägliche Anblick des Todgeweihten einen plötzlichen Sinnesumschwung, und sie ließen ihn ungeschoren davonkommen. Derart entging er zweimal seiner Strafe und kehrte schließlich mit den übrigen, die nicht in den vom König zugewiesenen Kolonien bleiben wollten, in die Heimat zurück. Das waren die Ereignisse, die sich in der Gegend von Baktra und im Grenzgebiet Skythiens zutrugen.

[28] Inzwischen wurden hundert Gesandte jener beiden Völker, von denen vorher die Rede war, beim König vorstellig. Auf Wagen kamen die allesamt dahergefahren, die reinsten Riesen, edel gewandet: ihre linnenen Kleider waren mit Goldbroschierungen und Purpur verziert. Sie erklärten, mit Leib und Leben, mit Stadt und Land überantworteten sie sich Alexander, ihre jahrhundertelang unangetastete Freiheit gäben sie zum ersten Mal preis, um sie in seine treuen, mächtigen Hände

dicionique permissuros: deos sibi deditionis auctores, non metum, quippe intactis viribus iugum excipere. Rex consilio habito deditos in fidem accepit stipendio, quod Arachosiis utraque natio pensitabat, inposito. Praeterea II milia et D equites imperat, et omnia oboedienter a barbaris facta. Invitatis deinde ad epulas legatis gentium regulisque exornari convivium iussit. C aurei lecti modicis intervallis positi erant, lectis circumdederat aulaea purpura auroque fulgentia, quidquid aut apud Persas vetere luxu aut apud Macedonas nova inmutatione corruptum erat, confusis utriusque gentis vitiis in illo convivio ostendens.

[29] Intererat epulis Dioxippus Atheniensis, pugil nobilis et ob eximiam virtutem virium iam et regi pernotus et gratus. Invidi malignique increpabant per seria et ludum saginati corporis sequi inutilem beluam: cum ipsi proelium inirent, oleo madentem praeparare ventrem epulis. Eadem igitur in convivio Horratas Macedo iam temulentus exprobrare ei coepit et postulare, ut, si vir esset, postero die secum ferro decerneret: regem tandem vel de sua temeritate vel de illius ignavia iudicaturum. Et a Dioxippo contemptim militarem eludente ferociam accepta condicio est. Ac postero die rex, cum etiam acrius certamen exposcerent, quia deterrere non poterat, destinata exequi passus est. Ingens vis militum, inter quos erant Graeci,

zu legen: ihr Entschluss verdanke sich den Göttern, erwachse nicht etwa der Furcht, schließlich beugten sie sich trotz intakter Streitkräfte unters Joch. Der König beriet, dann nahm er ihre Kapitulation gnädig an, indem er sie zu der nämlichen Tributsumme verpflichtete, die beide Nationen sonst jährlich den Arachoten zahlten; außerdem mussten sie zweitausendfünfhundert Mann Kavallerie stellen. Gehorsam fügten sich die Barbaren allen Bedingungen. Darauf lud er Botschafter und Kleinkönige zu Tisch und ließ ein Galabankett für sie veranstalten. Hundert goldene Sofas waren in geringem Abstand arrangiert, um sie herum war ein Vorhang drapiert, der vor Purpur und Gold nur so funkelte: alles an dekadentem Bombast, was persisches Luxusleben seit alter Zeit bot, alles, was Makedoniens moderner Sittenwandel hergab, das entfaltete er bei jenem Diner, bei dem sich auf diese Weise die Laster zweier Nationen vermischten.

[29] Einer der Gäste war Dioxippos aus Athen, ein renommierter Faustkämpfer, der wegen seiner außerordentlichen physischen Leistungsfähigkeit auch dem König schon bekannt war und hoch bei ihm im Kurs stand. Böswillige Neider verspotteten ihn halb im Ernst, halb im Scherz, er sei ein fettes Schwein, das hinter ihnen hertrotte: seien sie auf dem Weg in die Schlacht, mäste er seinen öltriefenden Wanst durch Fressen. Bei diesem Bankett warf ihm genau das der Makedone Korragos, beschwipst wie er war, erneut an den Kopf und forderte ihn heraus, wenn er ein Mann sei, morgen zum Schwertkampf gegen ihn anzutreten; dann könne sich der König endlich über seine eigene Kühnheit beziehungsweise dessen Feigheit ein Urteil bilden. Voll verächtlichen Spotts über diese soldatische Kraftmeierei ging Dioxippos auf die Provokation ein. Am nächsten Tag insistierten die zwei noch heftiger auf ihrem Duell, und daher gab ihnen der König, da er sie ja nicht abhalten konnte, freie Hand. Eine gewaltige Menge des Mili-

Dioxippo studebant. Macedo iusta arma sumpserat, aereum clipeum hastamque – sarisam vocant – laeva tenens, dextera lanceam, gladioque cinctus, velut cum pluribus simul dimicaturus. Dioxippus oleo nitens et coronatus laeva puniceum amiculum, dextra validum nodosumque stipitem praeferebat. Ea ipsa res omnium animos expectatione suspenderat: quippe armato congredi nudum dementia, non temeritas videbatur. Igitur Macedo, haud dubius eminus interfici posse, lanceam emisit. Quam Dioxippus cum exigua corporis declinatione vitasset, antequam ille hastam transferret in dextram, adsiluit et stipite mediam eam fregit. Amisso utroque telo Macedo gladium coeperat stringere, *cu*m occupatum conplexu pedibus repente subductis Dioxippus arietavit in terram ereptoque gladio pedem super cervicem iacenti inposuit stipitem intentans elisurusque eo victum, ni prohibitus esset a rege.

Tristis spectaculi eventus non Macedonibus modo, sed etiam Alexandro fuit, maxime quia barbari adfuerant: quippe celebratam Macedonum fortitudinem ad ludibrium recidisse verebatur. Hinc ad criminationem invidorum adapertae sunt regis aures. Et post paucos dies inter epulas aureum poculum ex conposito subducitur, ministrique, quasi amisissent, quod

tärs, darunter die Griechen, war für Dioxippos. Der Makedone hatte seine regulären Waffen angelegt: mit der Linken hielt er den ehernen Schild und die Lanze, die sogenannte »Sarisa«, gepackt, mit der Rechten den Spieß, am Gurt hing das Schwert, als wollte er mit mehreren auf einmal kämpfen. Vor Öl glänzend, auf dem Kopf einen Kranz, schwenkte Dioxippos mit der Linken ein purpurrotes Mäntelchen[11] und präsentierte in der Rechten einen starken, knotigen Knüppel. Just dieser Umstand ließ allen vor Spannung den Atem stocken: dass jemand nackt und bloß einem Bewaffneten gegenübertrat, war in ihren Augen kein Draufgängertum mehr, sondern der pure Wahnsinn. Also schleuderte der Makedone in der felsenfesten Überzeugung, seinen Kontrahenten aus der Distanz fertigmachen zu können, seinen Spieß. Mit einer leichten Seitwärtsdrehung wich Dioxippos dem Projektil aus, und bevor es seinem Gegner gelang, die Lanze in die rechte Hand zu wechseln, sprang er ihn an und schlug die mit seinem Knüppel mittendurch. Weil der Makedone seine beiden Wurfwaffen eingebüßt hatte, machte er sich daran, sein Schwert zu zücken, der andere freilich kam ihm zuvor und katapultierte ihn hinunter auf die Erde, indem er mit einem Klammergriff hauruck die Beine unter ihm wegriss. Danach entwand er ihm das Schwert, setzte den Fuß auf die Kehle des am Boden Liegenden und schwang seinen Knüppel. Wäre er nicht vom König gehindert worden, hätte er den Besiegten damit erschlagen.

Der Ausgang dieses Schauspiels verstimmte nicht nur die Makedonen, sondern auch Alexander, besonders weil die Barbaren das mit angesehen hatten: damit sei die vielgepriesene Tapferkeit der Makedonen zum Gespött verkommen, fürchtete er. Und dementsprechend öffnete er den Beschwerden der Neider sein Ohr. In der Tat wurde wenige Tage darauf bei einer Tafelei der Diebstahl eines Goldpokals fingiert, und die Diener erstatteten beim König Meldung, als ob ihnen der beiseitege-

amoverant, regem adeunt. Saepe minus est constantiae in rubore quam in culpa: coniectum oculorum, quibus ut fur destinabatur, Dioxippus ferre non potuit et, cum excessisset convivio, litteris conscriptis, quae regi redderentur, ferro se interemit. Graviter mortem eius tulit rex existimans indignationis esse, non paenitentiae testem, utique postquam falso insimulatum eum nimium invidorum gaudium ostendit.

VIII [30] Indorum legati dimissi domos paucis post diebus cum donis revertuntur. CCC erant equites, MXXX currus, quos quadriiugi equi ducebant, lineae vestis aliquantum, mille scuta Indica et ferri candidi talenta C leonesque rarae magnitudinis et tigres, utrumque animal ad mansuetudinem domitum, lacertarum quoque ingentium pelles et dorsa testudinum. Cratero deinde imperat rex, haud procul amne, per quem erat ipse navigaturus, copias duceret; eos autem, qui comitari eum solebant, inponit in naves et in fines Mallorum secundo amne devehitur.

Inde Sabarcas adiit, validam Indiae gentem, quae populi, non regum imperio regebatur. LX milia peditum habebant, equitum VI milia; has copias currus D sequebantur. III duces spectatos virtute bellica elegerant. At qui in agris erant proximis flumini – frequentes autem vicos maxime in ripa habebant –, ut videre totum amnem, qua prospici poterat, navigiis constratum et tot militum arma fulgentia, territi nova facie

schaffte Gegenstand abhandengekommen wäre. Eine Schändung des guten Rufs bringt oftmals mehr aus der Fassung als tatsächliche Schuld. Für Dioxippos war es schier unerträglich, zur Zielscheibe der Blicke zu werden, die ihn zum Dieb stempelten, und so verließ er das Bankett, schrieb noch einen Brief an den König und tötete sich dann mit dem Schwert. Dem stieß dessen Selbstmord bitter auf, denn er deutete ihn als Zeichen von Protest, nicht von Reue, zumal nachdem das unbändige Gefeixe der Neider bewiesen hatte, dass jener fälschlich bezichtigt worden war.

VIII [30] Die indischen Gesandten wurden zunächst heimgeschickt, doch wenige Tage später kehrten sie mit freiwilligen Tributgaben zurück. Die bestanden aus dreihundert Reitern, eintausenddreißig von Viergespannen gezogenen Wagen, einer Vielzahl leinener Gewänder, tausend indischen Schilden, hundert Talenten geläuterten Silbers, Löwen und Tigern von seltener Größe, beide durch Dressur völlig zahm, dazu kamen noch Häute von Riesenechsen und Schildkrötenpanzer. Hierauf erteilte der König Krateros Order, die Truppen längs des Ufers vorrücken zu lassen, während er selbst den Wasserweg wählte: seine ständige Begleitmannschaft hieß er an Bord gehen und segelte flussabwärts ins Gebiet der Maller.

Von dort ging es weiter zu den Sambagrern, einer mächtigen Nation Indiens mit einer demokratischen, nicht monarchischen Regierung. Die verfügten über sechzigtausend Mann Infanterie und sechstausend Berittene, abgerundet wurde diese Armee durch fünfhundert Wagen. Zu Generälen hatte man drei erprobte Kriegshelden bestimmt. Kaum aber sahen die Leute auf den Feldern unmittelbar am Wasser – vor allem das Ufer war ja mit Dörfern dicht besiedelt – den Strom von oben bis unten, soweit das Auge nur reichte, mit Schiffen bedeckt, dazu die blitzenden Waffen so vieler Soldaten, ergriff sie Panik ob dieses ungewohnten Bildes, und sie wähnten, da zöge

deorum exercitum et alium Liberum Patrem, celebre in illis gentibus nomen, adventare credebant. Hinc militum clamor, hinc remorum pulsus variaeque nautarum voces hortantium pavidas aures inpleverant. Ergo universi ad eos, qui in armis erant, currunt furere clamitantes et cum dis proelium inituros: navigia non posse numerari, quae invictos viros veherent. Tantumque in exercitum suorum intulere terroris, ut legatos mitterent gentem dedituros.

[31] His in fidem acceptis ad alias deinde gentes quarto die pervenit. Nihilo plus animi his fuit quam ceteris fuerat. Itaque oppido ibi condito, quod Alexandream appellari iusserat, fines eorum, qui Musicani appellantur, intravit. Hic de Teriolte satrape, quem Parapamisadis praefecerat, isdem arguentibus cognovit multaque avare ac superbe fecisse convictum interfici iussit. Oxyartes, praetor Bactrianorum, non absolutus modo, sed etiam iure amoris amplioris imperii donatus est finibus. Musicanis deinde in dicionem redactis urbi eorum praesidium inposuit.

Inde *per silvas ad asperam* Indiae gentem perventum est. Porticanus rex erat, qui se munitae urbi cum magna manu popularium incluserat. Hanc Alexander tertio die, quam coeperat obsidere, expugnavit. Et Porticanus, cum in arcem confugisset, legatos de condicione deditionis misit ad regem; sed antequam adirent eum, duae turres cum ingenti fragore prociderant, per

ein Heer von Göttern auf, ein zweiter Vater Liber, und das war in diesen Gefilden ein epochemachender Begriff. Auch dröhnte ihnen das Geschrei der Soldaten, das Peitschen der Ruder, die wechselnden Kommandos, die sich die Matrosen zuwarfen, in den verschreckten Ohren. Daher stoben sie im Pulk auf und davon zu den Waffenträgern und brüllten, sie müssten verrückt sein, eine Schlacht gegen Götter stehe ihnen bevor: unzählbar seien die Schiffe mit einer Besatzung aus unbesiegbaren Recken. In solche Angst versetzten sie das Heer, dass man Unterhändler mit einem Kapitulationsangebot ausschickte.

[31] Gnädig akzeptierte Alexander ihre Unterwerfung, und drei Tage später war er bereits bei anderen Völkern. Die hatten nicht mehr Courage als der Rest; und so gründete er dort eine Stadt, die er Alexandria taufen ließ. Danach betrat er das Gebiet der sogenannten Musikaner. Dort wurde er mit der Klage der Parapamisaden gegen den von ihm ermächtigten Satrapen Tyriespis konfrontiert: diesen ließ er aufgrund der Beweislage, die ihn zahlreicher Übergriffe, begangen aus Habgier und Größenwahn, überführte, exekutieren. Oxyartes, der Gouverneur Baktriens, erhielt nach seinem Freispruch einen größeren Machtbereich, wofür vor allem die Liebe der Grund war[12]. Dann machte er sich die Musikaner untertan und belegte ihre Hauptstadt mit einer Garnison.

Durch Wälder ging es zum nächsten trutzigen Volksstamm Indiens. Mit einem mächtigen Aufgebot an Landsleuten hatte sich dessen König Portikanos in seiner Festung verbarrikadiert. Alexander erstürmte die Stadt zwei Tage nach Beginn der Belagerung. Darauf schickte Portikanos, der in der Zitadelle Zuflucht gesucht hatte, Botschafter zum König, um über Kapitulation zu verhandeln. Doch bevor diese Kontakt aufnehmen konnten, waren zwei Türme mit einem Riesengetöse eingekracht, und über deren Trümmer kletterten die Make-

quarum ruinas Macedones evasere in arcem, qua capta Porticanus cum paucis repugnans occiditur.

[32] Diruta igitur arce et omnibus captivis venundatis Sambi regis fines ingressus est multisque oppidis in fidem acceptis validissimam gentis urbem cuniculo cepit. Barbaris simile monstri visum est rudibus militarium operum: quippe in media ferme urbe armati terra existebant nullo suffossi specus ante vestigio facto. LXXX milia Indorum in ea regione caesa Clitarchus est auctor multosque captivos sub corona venisse. Rursus Musicani defecerunt, ad quos opprimendos missus est Pithon, qui captum principem gentis eundemque defectionis auctorem adduxit ad regem. Quo Alexander in crucem sublato rursus amnem, in quo classem expectare se iusserat, repetit.

Quarto deinde die secundo amne pervenit ad oppidum, quod in regno erat Sambi. Nuper se ille dediderat, sed oppidani detrectabant imperium et clauserant portas. Quorum paucitate contempta rex D Agrianos moenia subire iussit et sensim recedentes elicere extra muros hostem secuturum profecto, si fugere eos crederet. Agriani, sicut imperatum erat, lacessito hoste subito terga verterunt. Quos barbari effuse sequentes in alios, inter quos ipse rex erat, incidunt. Renovato ergo proelio

donen hinauf in die Burg. Sie wurde genommen, und Portikanos, der mit ein paar Mann Widerstand leistete, fand den Tod.

[32] Man riss die Zitadelle nieder, und als alle Gefangenen verkauft waren, drang Alexander ins Gebiet von König Sambos vor und eroberte nach Annexion vieler Ortschaften die bedeutendste Stadt des Landes durch eine Mine. Den Barbaren, denen Kriegstechnologie fremd war, kam diese wie ein Unding vor: beinahe mitten in der Stadt tauchten ja Bewaffnete aus dem Erdboden auf, ohne dass zuvor irgendein Anzeichen eines unterirdischen Stollens sichtbar gewesen wäre. Kleitarch behauptet, achtzigtausend Inder seien in dieser Region abgeschlachtet, überdies viele als Gefangene in die Sklaverei verkauft worden. Bei den Musikanern gab es allerdings eine Rebellion: um sie zur Räson zu bringen, wurde Peithon abkommandiert; der nahm den Führer dieses Volkes, der auch für den Aufruhr verantwortlich war, fest und schleppte ihn zum König. Alexander ließ ihn kreuzigen, danach machte er kehrt zurück zum Fluss, wo die Flotte wie befohlen seiner harrte.

Drei Tage später erreichte er weiter stromabwärts einen Ort, ebenfalls in Sambos' Reich. Dieser hatte sich zwar unlängst ergeben, die Einwohner hier verweigerten dennoch den Gehorsam und hatten ihre Tore verrammelt. Voller Verachtung für dieses kleine Häuflein erteilte der König fünfhundert Agrianen Order, sich den Mauern zu nähern, dann langsam zurückzuweichen und auf die Weise die Feinde zum Verlassen ihrer Feste zu bringen: wenn die ihren Angreifer auf der Flucht glaubten, würden sie ihm nachsetzen, so viel sei sicher. Wie befohlen lockten die Agrianen den Feind aus der Reserve und drehten dann unvermittelt ab. Bar jeder Ordnung stürmten die Barbaren hinterdrein und gerieten dabei an einen anderen Verband, bei dem sich der König höchstselbst befand. Also kam es zu einem neuen Gefecht mit dem Ergebnis, dass von

ex III milibus barbarorum DC caesi sunt, M capti, ceteri moenibus urbis inclusi.

[33] Sed non ut prima specie laeta victoria, ita eventu quoque fuit: quippe barbari veneno tinxerant gladios. Itaque saucii subinde expirabant, nec causa tam strenuae mortis excogitari poterat a medicis, cum etiam leves plagae insanabiles essent. Barbari autem speraverant incautum et temerarium regem excipi posse, *sed* forte inter promptissimos dimicans intactus evaserat. Praecipue Ptolomaeus, laevo humero leviter quidem saucius, sed maiore periculo quam vulnere adfectus, regis sollicitudinem in se converterat. Sanguine coniunctus erat, et quidam Philippo genitum esse credebant; certe pelice eius ortum constabat. Idem corporis custos promptissimusque bellator et pacis artibus quam militiae maior et clarior, modico civilique cultu, liberalis inprimis adituque facili nihil ex fastu regiae adsumpserat. Ob haec regi an popularibus carior esset, dubitari poterat. Tum certe primum expertus suorum animos, adeo ut fortunam, in quam postea ascendit, in illo periculo Macedones ominati esse videantur: quippe non levior illis Ptolomaei fuit cura quam regi. Qui et proelio et sollicitudine fatigatus cum Ptolomaeo adsideret, lectum, in quo ipse adquiesceret, iussit inferri. In quem ut se recepit, protinus altior insecutus est somnus. Ex quo excitatus per quietem vidisse se

den dreitausend Barbaren sechshundert Mann getötet, tausend gefangengenommen und die restlichen in den Mauern eingeschlossen wurden.

[33] Der auf den ersten Blick glückliche Sieg wurde freilich durch Spätfolgen getrübt: die Barbaren hatten ihre Schwerter in Gift getaucht. Daher starben die Verwundeten wie die Fliegen, ohne dass die Ärzte einen Grund für diese jähe Mortalität ausmachen konnten, denn sogar leichte Blessuren waren inkurabel. In der Tat hatten die Barbaren gehofft, den König in seiner Unbekümmertheit und Verwegenheit erwischen zu können, doch obwohl der Seite an Seite mit den größten Haudegen gefochten hatte, wollte es das Schicksal, dass er unversehrt davonkam. Dieser bangte vor allem um Ptolemaios: der war an der linken Schulter verletzt, zwar nur oberflächlich, allerdings war die Wunde ja nicht die Hauptgefahr. Er war blutsverwandt mit Alexander, und einige hielten ihn für einen Spross Philipps, jedenfalls stand fest, dass seine Mutter zu dessen Konkubinen gehörte. Generaladjutant und Kriegsheld in einer Person, im zivilen Leben fast noch brillanter und berühmter als im Kriegshandwerk, führte er das bescheidene Dasein eines Normalbürgers, wobei seine Großzügigkeit und Leutseligkeit besonders hervorstachen; vom höfischen Pomp hatte er nichts übernommen. Ob ihn deswegen der König lieber hatte oder seine Landsleute, darüber ließ sich streiten, zumindest spürte er jetzt zum ersten Mal, welche Gefühle seine Leute ihm entgegenbrachten: es war beinahe so, als hätten die Makedonen in dieser bedrohlichen Situation geahnt, in welch glanzvolle Stellung er später aufsteigen sollte, ihre Sorge um Ptolemaios war nämlich genauso groß wie die um den König. Erschöpft von Kampf und Kümmernis wachte der an dessen Seite; schließlich ließ er eine Bettstatt hereintragen, um selbst der Ruhe zu pflegen. Kaum hatte er sich niedergelegt, schlief er auf der Stelle tief und fest ein. Wieder wach, berichtete er, ihm sei im

exponit speciem draconis oblatam herbam ferentis ore, quam veneni remedium esse monstrasset; colorem quoque herbae referebat agniturum, si quis repperisset, adfirmans. Inventam deinde – quippe a multis simul erat requisita – vulneri inposuit, protinusque dolore finito intra breve spatium cicatrix quoque obducta est. Barbaros ut prima spes fefellerat, se ipsos urbemque dediderunt.

[34] Hinc in proximam gentem Pataliam perventum est. Rex erat Moeris, qui urbe deserta in montes profugerat. Itaque Alexander oppido potitur agrosque populatur. Magnae inde praedae actae sunt pecorum armentorumque, magna vis reperta frumenti. Ducibus deinde sumptis amnis peritis defluxit ad insulam medio ferme alveo enatam.

IX Ibi diutius subsistere coactus, quia duces socordius adservati profugerant, misit, qui conquirerent alios; nec repertis pervic*it* cupido visendi Oceanum adeundique terminos mundi sine regionis peritis flumini ignoto caput suum totque fortissimorum virorum salutem permittere. Navigabant ergo omnium, per quae ferebantur, ignari. Quantum inde abesset mare, quae gentes colerent, quam placidum amnis os, quam patiens longarum navium esset, anceps et caeca aestimatio augurabatur. Unum erat temeritatis solacium perpetua felicitas. Iam CCCC stadia processerant, cum gubernatores agnoscere ipsos

Traum ein Drache erschienen mit einem Kraut im Maul: das habe er ihm als Gegengift gewiesen; er erwähnte sogar die Farbe des Krauts und beteuerte, er werde es wiedererkennen, wenn man es finde. Dann, als man es entdeckt hatte – schließlich hatten sich viele gleichzeitig auf die Suche begeben –, legte er es auf die Wunde, und sogleich ebbte der Schmerz ab, und binnen kurzem schloss sich auch die Narbe. In ihrer anfänglichen Hoffnung getrogen, ergaben sich die Barbaren mitsamt ihrer Stadt auf der Stelle.

[34] Von hier gelangte Alexander ins Nachbarland Patalien. Dort herrschte König Moeris, der nach Evakuierung der Hauptstadt in die Berge geflohen war. Folglich bemächtigte sich Alexander der Ortschaft und verwüstete die Felder. Eine gewaltige Beute an Klein- und Großvieh trieb man von da weg und fand große Mengen an Weizen. Mit flusskundigen Lotsen ging es danach stromabwärts zu einer Insel, die sich ungefähr in der Mitte der Wasserrinne erhob.

IX Da die Führer wegen ungenügender Bewachung das Weite gesucht hatten, musste er dort länger Station machen und schickte Leute aus, Ersatz für sie zu suchen. Als man nicht fündig wurde, gewann seine Begierde, den Ozean zu sehen und die Grenzen der Welt zu erreichen, die Oberhand: sie trieb ihn, auf Ortskundige zu verzichten und seinen eigenen Kopf und das Leben so vieler heldenhafter Soldaten auf dem unbekannten Strom zu riskieren. Folglich segelten sie dahin ohne die geringste Kenntnis der Gegenden, durch die ihre Fahrt sie führte. Wie weit das Meer noch entfernt lag, welche Völkerschaften da hausten, wie sanft der Strom an seiner Mündung war, wie befahrbar für Kriegsschiffe, darüber gab es nur ungewisse, dunkle Vermutungen: ihr ständiges Glück war der einzige Halt bei diesem Wahnsinnsunterfangen. Schon waren sie vierhundert Stadien weit vorgedrungen, als die Kapitäne dem König meldeten, sie spürten die Meeresbrise, nicht mehr

auram maris et haud procul videri sibi Oceanum abesse indicant regi. Laetus ille hortari nauticos coepit, incumberent remis: adesse finem laboris omnibus votis expetitum. Iam nihil gloriae deesse, nihil obstare virtuti, sine ullo Martis discrimine, sine sanguine or*a*m terrae ab illis capi. Ne naturam quidem longius posse procedere: brevi incognita nisi immortalibus esse visuros. Paucos tamen navigio emisit in ripam, qui agrestes vagos exciperent, e quibus certiora nosci posse sperabat. Illi scrutati omnia tuguria tandem latentes repperere. Qui interrogati, quam procul abessent mari, responderunt nullum ipsos mare ne fama quidem accepisse; ceterum tertio die perveniri posse ad aquam amaram, quae corrumperet dulcem. Intellectum est mare destinari ab ignaris naturae eius. Itaque ingenti alacritate nautici remigant, et proximo quoque die, quo propius spes admovebatur, crescebat ardor animorum. Tertio iam die mixtum flumini subibat mare leni adhuc aestu confundente dispares undas. Tum aliam insulam medio amni sitam evecti paulo lentius, quia cursus aestu reverberabatur, adplicant classem et ad commeatus petendos discurrunt, securi casus eius, qui supervenit ignaris.

[35] Tertia ferme hora erat, cum stata vice Oceanus exaestuans invehi coepit et retro flumen urgere. Quod primo coercitum, deinde vehementius pulsum maiore impetu adversum agebatur, quam torrentia praecipiti alveo incurrunt. Ignota

fern scheine ihnen der Ozean. Voller Freude feuerte er die Matrosen an, sich in die Riemen zu legen: das so heiß ersehnte Ende der Mühen sei greifbar, vollkommen sei nun ihr Ruhm, unangefochten ihr Heldentum, ohne kriegerische Auseinandersetzung, ohne Blutvergießen falle der Erde Rand ihnen zu; nicht einmal der Arm der Natur reiche weiter, bald erblickten sie unbekannte Dinge, um die nur die Unsterblichen wüssten. Ein paar Mann schickte er jedoch von Bord ans Ufer, die sollten versprengte Bauern aufgreifen, von denen er sich klarere Informationen erhoffte. Nachdem sie Hütte für Hütte durchsucht hatten, stöberten sie endlich einige in ihren Verstecken auf. Gefragt, wie weit sie noch vom Meer entfernt seien, antworteten diese, von einem Meer sei ihnen noch nie etwas zu Ohren gekommen: zwei Tage weit weg könne man aber ein bitteres Gewässer finden, das das Süßwasser ungenießbar mache. Man begriff, dass diese Leute, die von der Beschaffenheit des Ozeans keine Ahnung hatten, damit das Meer meinten. Also gaben die Matrosen beim Rudern ihr Bestes, und von Tag zu Tag, je näher das Ziel der Träume rückte, wuchs ihre Begeisterung. Am dritten Tag schließlich rollten ihnen die Meereswogen, in den Fluss schwappend, entgegen, wobei der Wellengang, der die zwei unterschiedlichen Wasser mischte, noch leicht war. Jetzt ging es wieder zu einer Insel mitten im Strom, deren Anlaufen sie etwas mehr Zeit kostete, weil die Brandung ihre Schiffe wiederholt zurückwarf. Zum Furagieren stoben sie dort in alle Richtungen ohne die leiseste Furcht vor dem Unglück, das wie aus heiterem Himmel über sie hereinbrach.

[35] Es war ungefähr zur dritten Stunde, da begann der Ozean, im üblichen Auf und Ab anwachsend, aufzuwogen und den Fluss zurückzudrängen. Zunächst nur in seinem Lauf gebremst, dann heftiger rückwärts gepeitscht, wurde er in die Gegenrichtung getrieben und dabei reißender als Sturzbäche, die jäh zu Tal schießen. Dem Gros war das Gesetz der Gezeiten

vulgo freti natura erat, monstraque et irae deum indicia cernere videbantur, identidem intumescens mare et in campos paulo ante siccos descendere superfusum. Iamque levatis navigiis et tota classe dispersa, qui expositi erant, undique ad naves trepidi et inproviso malo attoniti recurrunt. Sed in tumultu festinatio quoque tarda est. Hi contis navigia pellebant, hi, dum remos aptari prohibebant, consederant; quidam enavigare properantes, sed non expectatis, qui simul esse debebant, clauda et inhabilia navigia languide moliebantur; aliae navium inconsulte ruentes non receperant, pariterque et multitudo et paucitas festinantes morabatur. Clamor hinc expectare, hinc ire iubentium dissonaeque voces nusquam idem atque unum tendentium non oculorum modo usum, sed etiam aurium abstulerant. Ne in gubernatoribus quidem quicquam opis erat, quorum nec exaudiri vox a tumultuantibus poterat nec imperium a territis incompositisque servari. Ergo conlidi inter se naves abstergerique invicem remi et alii aliorum navigia urgere coeperunt. Crederes non unius exercitus classem vehi, sed duorum navale inisse certamen. Incutiebantur puppibus prorae, premebantur a sequentibus, qui antecedentes turbaverant; iurgantium ira perveniebat etiam ad manus.

[36] Iamque aestus totos circa flumen campos inundaverat tumulis dumtaxat eminentibus velut insulis parvis, in quos

unbekannt, sie vermeinten, Wunder zu schauen, Zeichen für den Zorn der Götter. Ein ums andere Mal schwoll das Meer an und ergoss seine Wellen über die kurz zuvor noch trockenen Felder. Schon rannten die Landgänger von allen Seiten zu den Schiffen, zitternd und wie betäubt von diesem plötzlichen Schreckensereignis, doch in die Höhe gehoben hatte es die Boote, und verstreut war die gesamte Flotte. Im Chaos aber gilt, wer zu sehr eilt, kommt spät ans Ziel. Die einen versuchten die Schiffe durch Staken fortzubewegen; andere hatten sich auf den Bänken niedergelassen und verhinderten dadurch das Einlegen der Ruder; einige warteten vor lauter Hast loszusegeln nicht auf die Restmannschaft, die sie dazu brauchten, und konnten dadurch die einseitig besetzten, unlenksamen Schiffe nur mit halber Kraft manövrieren; andere Boote dagegen hatten die blindlings an Bord Stürzenden nicht fassen können: beides, die Überzahl und die Unterbesetzung, bremste ein schnelles Vorwärtskommen. Das Gebrüll, mal halt, mal los voran, der Offiziere, das Durcheinanderschreien der Besatzung, die nirgends am selben Strang zog, hatte die Ohren taub gemacht, etwas zu sehen war sowieso unmöglich. Nicht einmal die Kapitäne waren eine Hilfe: in dem Durcheinander fand ihre Stimme keinerlei Gehör, der Schreck und das Drunter und Drüber ließ ihre Kommandos unbeachtet verhallen. Folglich kollidierten die Schiffe, gegenseitig rasierten sie sich die Ruder ab und setzten einander außer Gefecht. Man hätte glauben können, es handele sich nicht um den Flottenverband einer einzigen Armee, sondern zwei Geschwader lieferten sich hier eine Seeschlacht. Bug krachte auf Heck, der Hintermann fuhr auf den vor ihm, der seinerseits seinen Vordermann aus dem Takt gebracht hatte: in der Wut der Wortwechsel kam es sogar zu Schlägereien.

[36] Schon hatte die Flut die gesamten Felder rings am Strom überrollt, wie kleine Inseln ragten nur noch die Hügel heraus:

plerique trepidi omissis navigiis enare properant. Dispersa classis partim in praealta aqua stabat, qua subsederant valles, partim in vado haerebat, utcumque inaequale terrae fastigium occupaverant undae, cum subito novus et pristino maior terror incutitur. Reciprocari coepit mare magno tractu aquis in suum fretum recurrentibus reddebatque terras paulo ante profundo salo mersas. Igitur destituta navigia alia praecipitantur in proras, alia in latera procumbunt. Strati erant campi sarcinis, armis, avulsarum tabularum remorumque fragmentis. Miles nec egredi in terram nec in nave subsistere audebat identidem praesentibus graviora, quae sequerentur, expectans. Vix, quae perpetiebantur, videre ipsos credebant, in sicco naufragia, in amni mare. Nec finis malorum: quippe aestum paulo post mare relaturum, quo navigia adlevarentur, ignari famem et ultima sibimet ominabantur. Beluae quoque fluctibus destitutae terribiles vagabantur.

[37] Iamque nox adpetebat, et regem quoque desperatio salutis aegritudine adfecerat. Non tamen invictum animum curae obruunt, quin tota nocte persederet in speculis equitesque praemitteret ad os amnis, ut, cum mare rursus exaestuare sensissent, praecederent. Navigia quoque et lacerata refici et eversa

so ließen die meisten die Schiffe Schiffe sein und schwammen in ihrer Panik eiligst auf die zu. Verstreut dümpelte die ganze Flotte teils in tiefem Wasser, dort wo sich zuvor Talsenken befunden hatten, teils war sie in Untiefen auf Grund gelaufen je nach Niveauunterschied des Geländes, das die Wellen überspült hatten. Plötzlich wurden sie mit einem neuen Schrecknis konfrontiert, das noch schlimmer war als das erste. Unter mächtigem Sog wichen die Wassermassen in ihr angestammtes Revier, das Meer begann sich zurückzuziehen und gab das Land, das kurz zuvor in den salzigen Fluten versunken war, wieder frei. Dadurch aber kippte es die gestrandeten Schiffe nach vorn auf den Bug, oder sie gingen in Schräglage. Übersät mit Gepäckteilen waren die Felder, mit Waffen, mit Bruchstücken weggerissener Planken und Ruder. Aus lauter Furcht, es könne noch schlimmer kommen als im Augenblick, wagten die Soldaten weder den Fuß auf festen Boden zu setzen noch auf den Schiffen zu bleiben. Die trauten kaum ihren eigenen Augen angesichts der Fährnisse, die sie da erlitten: Schiffbruch auf dem Trockenen, das Meer in einem Fluss. Doch das war noch nicht das Ende des Albtraums: weil sie ja nicht wussten, dass die Flut das Meer binnen kurzem zurückbringen werde, wodurch die Schiffe wieder flott würden, wähnten sie sich dem Verhungern, überhaupt dem ärgsten Desaster nahe. Überdies krauchten, von den Wassermassen angespült, schreckliche Tiere umher.

[37] Die Nacht zog bereits herauf, und sogar der König war in Schwermut verfallen, da er nur mehr geringe Chancen auf Rettung sah. Dennoch konnten die Sorgen seinen unbezwinglichen Mut nicht unterkriegen und ihn davon abhalten, die ganze Nacht pausenlos auf Posten zu sein und einen berittenen Aufklärungstrupp zur Flussmündung zu expedieren, um im voraus Meldung zu erstatten, sobald sich ein erneutes Ansteigen der Meeresflut bemerkbar mache. Außerdem erteilte er

fluctibus erigi iubet paratosque esse et intentos, cum rursus mare terras inundasset. Tota ea nocte inter vigilias adhortationesque consumpta celeriter et equites ingenti cursu refugere et secutus est aestus. Qui primo aquis leni tractu subeuntibus coepit levare navigia, mox totis campis inundatis etiam inpulit classem. Plaususque militum nauticorum*que* insperatam salutem inmodico celebrantium gaudio litoribus ripisque resonabat. Unde tantum redisset subito mare, quo pridie refugisset, quaenam esset eiusdem elementi natura modo discors, modo imperio temporum obnoxia, mirabundi requirebant. Rex cum ex eo, quod acciderat, coniectaret post solis ortum statum tempus esse, media nocte, ut aestum occuparet, cum paucis navigiis secundo amne defluxit evectusque os eius CCCC stadia processit in mare tandem voti sui compos. Praesidibusque et maris et locorum dis sacrificio facto ad classem rediit.

X [38] Hinc adversum flumen subit classis et altero die adpulsa est haud procul lacu salso, cuius incognita natura plerosque decepit temere ingressos aquam. Quippe scabies corpora invasit, et contagium morbi etiam in alios vulgatum est. Oleum remedio fuit. Leonnato deinde praemisso, ut puteos foderet, qua terrestri itinere ducturus exercitum videbatur – quippe sicca

Order, die ramponierten Schiffe auszubessern, und jene, die beim Zurückweichen der Fluten gekentert waren, wieder auf Kiel zu legen; die Matrosen aber sollten gerüstet und auf dem Quivive sein, wenn es erneut »Land unter« heiße. Nachdem er die Nacht restlos mit Wachen und Mahnen zugebracht hatte, kamen die Reiter in wildem Galopp zurückgesprengt, die Flut auf den Fersen. Die gab zunächst durch einen leichten Anstieg des Wasserpegels den Schiffen Auftrieb, dann, als die Felder ringsum überflutet waren, machte sie sie sogar wieder flott. Vom Begeisterungsgeschrei der Soldaten und Matrosen, die ob der unerwarteten Rettung ein Freudentaumel erfasste, hallten Küsten und Ufer. Staunend fragten die sich, woher das Meer plötzlich wieder so riesig angeschwollen sei, wohin es sich gestern zurückgezogen habe und welches Wesen denn einem Element eigne, das, obwohl ein und dasselbe, sich dennoch bald in wildem Aufruhr befinde, bald dem Diktat eines zeitlichen Ablaufs unterworfen sei. Aus den Ereignissen des Vortags folgerte der König, dass der Fixpunkt für die Flut nach Sonnenaufgang liege, der wollte er zuvorkommen, und so ging es um Mitternacht mit wenigen Booten flussabwärts über die Mündung hinaus vierhundert Stadien weit auf hohe See: endlich war er am Ziel seiner Wünsche. Er brachte den Schutzgöttern des Meeres und der Region ein Opfer dar, danach kehrte er zur Flotte zurück.

X [38] Die machte sich jetzt wieder auf den Weg stromaufwärts und ging am folgenden Tag in der Nähe eines Salzsees vor Anker. Ihre Unkenntnis, was es mit dem auf sich hatte, kam die Meisten, die leichtsinnigerweise ein Bad genommen hatten, teuer zu stehen, sie holten sich nämlich die Krätze, und diese Infektionskrankheit griff auch auf andere über. Als Heilmittel wirkte Öl[13]. Am Ende wurde Leonnatos als Pionier losgeschickt, entlang der geplanten Landroute des Heeres Brunnen zu bohren – die Gegend war ja wasserarm –, während

erat regio –, ipse cum copiis subsistit vernum tempus expectans. Interim et urbes plerasque condidit *et* Nearcho atque Onesicrito nauticae rei peritis imperavit, ut validissimas navium deducerent in Oceanum progressique, quoad tuto possent, naturam maris noscerent: vel eodem amne vel Euphrate subire eos posse, cum reverti ad se vellent.

[39] Iamque mitigata hieme et navibus, quae inutiles videbantur, crematis terra ducebat exercitum. Nonis castris in regionem Arabiton, inde totidem diebus in Gedrosiorum perventum est. Liber hic populus concilio habito dedidit se, nec quicquam deditis praeter commeatus imperatum est. Quinto hinc die venit ad flumen: Arabum incolae appellant. Regio deserta et aquarum inops excipit. Quam emensus in Horitas transit. Ibi maiorem exercitus partem Hephaestioni tradidit, levem armaturam cum Ptolomaeo Leonnatoque partitus est. Tria simul agmina populabantur Indos, magnaeque praedae actae sunt: maritimos Ptolomaeus, ceteros ipse rex et ab alia parte Leonnatus urebant. In hac quoque regione urbem condidit, deductique sunt in eam Arachosii.

[40] Hinc pervenit ad maritimos Indos. Desertam vastamque regionem late tenent ac ne cum finitimis quidem ullo commercii iure miscentur. Ipsa solitudo natura quoque inmitia efferavit ingenia: prominent ungues numquam recisi, comae hirsu-

Alexander selbst in Erwartung des Frühjahrs mit den Truppen haltmachte. In dieser Zeit gründete er zahlreiche Städte. Nearchos und Onesikritos[14], Experten für Seefahrt, aber erhielten Befehl, mit den stärksten Booten den Strom hinab zum Ozean zu segeln, sich, soweit das ohne Risiko möglich sei, hinauszuwagen und dabei die Beschaffenheit des Meeres zu erforschen: wenn sie zu ihm zurückwollten, könnten sie entweder denselben Strom oder aber den Euphrat flussaufwärts nehmen.

[39] Schon hatte die Strenge des Winters nachgelassen, die Schiffe, die jetzt nur mehr als Ballast erschienen, hatte man verbrannt, und also führte Alexander die Kolonnen auf dem Landweg. In neun Etappen gelangte man in das Gebiet der Arabiter, von dort in ebenso vielen Tagen in das der Gedrosier. Dieses freie Volk rief eine Versammlung ein und kapitulierte dann, worauf ihm als einzige Tributleistung die Stellung von Proviant auferlegt wurde. Vier Tage später erreichte er einen Fluss, den die Einheimischen Arabos nennen. Dahinter erstreckte sich eine menschenleere Öde ohne Wasser. Nachdem er die durchzogen hatte, landete er bei den Oriten. Hier überantwortete er den Hauptteil der Armee Hephaistion, das Kontingent an Leichtbewaffneten aber splittete er auf mit Ptolemaios, Leonnatos und ihm selbst an der Spitze. Drei Heerhaufen auf einmal zogen nun marodierend durch indisches Gebiet und brachten dabei eine Riesenbeute zusammen: Ptolemaios sengte den Landstrich am Meer nieder, das Hinterland übernahm der König selbst bis auf Leonnatos' Sektor. Wiederum gründete er eine Stadt, wo Arachoten angesiedelt wurden.

[40] Hierauf ging es zu den Indern an der Küste. Die verteilten sich über eine weite, gottverlassene Wüstenregion, nicht einmal mit ihren Nachbarn unterhielten sie irgendwelche geregelten Handelsbeziehungen. Die Abgeschiedenheit an und für sich reichte, sie verwildern zu lassen; freilich waren das von Natur aus schon rohe Gesellen. Ihre Fingernägel, die sie

tae et intonsae sunt. Tuguria conchis et ceteris purgamentis maris instruunt. Ferarum pellibus tecti piscibus sole duratis et maiorum quoque beluarum, quas fluctus eiecit, carne vescuntur. Consumptis igitur alimentis Macedones primo inopiam, deinde ad ultimum famem sentire coeperunt radices palmarum – namque sola ea arbor gignitur – ubique rimantes. Sed cum haec quoque alimenta defecerant, iumenta caedere adgressi ne equis quidem abstinebant; et cum deessent, quae sarcinas veherent, spolia de hostibus, propter quae ultima Orientis peragraverant, cremabant incendio. Famem deinde pestilentia secuta est: quippe insalubrium ciborum novi suci, ad hoc itineris labor et aegritudo animi vulgaverant morbos, et nec manere sine clade nec progredi poterant; manentes fames, progressos acrior pestilentia urgebat. Ergo strati erant campi paene pluribus semivivis quam cadaveribus. Ac ne levius quidem aegri sequi poterant: quippe agmen raptim agebatur tantum singulis ad spem salutis ipsos proficere credentibus, quantum itineris festinando praeciperent. Igitur, qui defecerant, notos ignotosque, ut adlevarentur, orabant; sed nec iumenta erant, quibus excipi possent, et miles vix arma portabat, imminentisque et ipsis facies mali ante oculos erat. Ergo saepius re-

niemals schneiden, springen vor wie Krallen, struppig stehen ihnen die Haare vom Kopf, ohne je geschoren zu werden. Ihre Hütten bauen sie aus Muscheln und anderem Treibgut. Gehüllt sind sie in Häute und ernähren sich von Stockfisch und sogar vom Fleisch größerer Tiere, die die Fluten an Land spülen[15]. Nachdem ihr Proviant verzehrt war, erlebten die Makedonen nach anfänglicher Rationierung am Ende eine Hungersnot, und sie durchwühlten den Boden allerorten nach den Wurzeln von Palmen, denn nur dieser Baum gedieh dort. Als dann selbst diese Nahrung knapp wurde, verfielen sie darauf, die Lasttiere zu schlachten, sogar vor den Pferden machten sie nicht halt. Dadurch aber war der Transport des Gepäcks unmöglich geworden, und so verbrannten sie die dem Feind abgerungene Beute, um deretwillen sie den hintersten Osten durchzogen hatten. Dem Hunger folgte eine Seuche, denn die ungewohnten Säfte der schlecht verträglichen Nahrung, zu denen die Strapazen des Zugs sowie Defätismus kamen, hatten zu einer Epidemie geführt, das heißt, ohne drastische Verluste konnte man weder an Ort und Stelle bleiben noch weiterziehen: zu bleiben bedeutete, vom Hunger gepeinigt zu sein, weiterzuziehen, von einem neuen Seuchenschub heimgesucht zu werden. Mit Leichen übersät waren dementsprechend die Felder, auch Halbtote lagen da, und das waren fast noch mehr. Selbst die leichter Erkrankten waren nicht imstande, den Anschluss zu halten: die Armee marschierte nämlich in rasantem Tempo, glaubte doch jeder, seine Rettungschancen wüchsen parallel zu den durcheilten Meilen, die er zwischen sich und die Gefahr bringe. Jene, die kraftlos zusammengesunken waren, baten deshalb die Kameraden, ob bekannt, ob unbekannt, ihnen aufzuhelfen, aber es gab keine Lasttiere zu ihrem Transport, und den Soldaten ging allein das Tragen ihrer Waffen an die Substanz, auch sahen die sich selbst bereits genauso im Dreck sitzen. Folglich war alles Rufen vergebens, schon den

vocati ne respicere quidem suos sustinebant misericordia in formidinem versa. Illi relicti deos testes et sacra communia regisque inplorabant opem, cumque frustra surdas aures fatigarent, in rabiem desperatione versi parem suo exitum similesque ipsis amicos et contubernales precabantur.

[41] Rex dolore simul ac pudore anxius, quia causa tantae cladis ipse esset, ad Phrataphernen, Parthyaeorum satrapen, misit, qui iuberet camelis cocta cibaria adferri, aliosque finitimarum regionum praefectos certiores necessitatis suae fecit. Nec cessatum est ab his. Itaque fame dumtaxat vindicatus exercitus tandem in Gedrosiae fines perducitur. Omnium rerum solo fertili regio est, in qua stativa habuit, ut vexatos milites quiete firmaret. Hic Leonnati litteras accepit conflixisse ipsum cum VIII milibus peditum et CCCC equitibus Horitarum prospero eventu. A Cratero quoque nuntius venit Ozinen et Zariaspen, nobilis Persas, defectionem molientes oppressos a se in vinculis esse.

Praeposito igitur regioni Sibyrtio – namque Menon, praefectus eius, nuper interierat morbo – in Carmaniam ipse processit. Astaspes erat satrapes gentis, suspectus res novare voluisse, dum in India rex est. Quem occurrentem dissimulata ira

Blick zurückzuwenden war zu viel für die Männer: in blanken Horror hatte sich ihr Mitleid verkehrt. Die anderen, ihrem Schicksal ausgeliefert, riefen die Götter als Zeugen an; dass heilige Bräuche sie miteinander verbänden, wimmerten sie und flehten um die Hilfe des Königs. Ihre Litanei stieß indes auf taube Ohren ohne die geringste Reaktion, und da trieb sie die Verzweiflung zur Raserei, und sie beteten, die übrigen sollten ebenso verrecken wie sie mit genau solchen Freunden und Kameraden an ihrer Seite.

[41] Dem König schnürten Schmerz und Scham zugleich das Herz ab, schließlich war er ja die Ursache dieser gewaltigen Katastrophe[16]; in seiner Not ließ er an Phrataphernes, den Satrapen der Parthyäer, Order ergehen, auf Kamelen Backwerk heranzuschaffen; auch andere Gouverneure in den Nachbarregionen setzte er von seiner prekären Situation in Kenntnis. Die wurden augenblicklich aktiv. So hatte wenigstens der Hunger ein Ende, und er konnte das Heer endlich ins Gebiet der Gedrosier führen. Dieses Land ist mit einem fruchtbaren Boden gesegnet, der alles hervorbringt. Genau dort errichtete Alexander sein Standquartier: die geschundenen Soldaten sollten sich ausruhen und Kraft tanken. Hier informierte ihn ein Schreiben von Leonnatos, es habe einen siegreichen Kampf gegen die Oriten gegeben, achttausend Mann Fußvolk und vierhundert Kavalleristen. Auch von Krateros traf eine Nachricht ein, er habe die Rebellion von zwei vornehmen Persern, Ozines und Zariaspes, vereitelt, die seien dingfest gemacht.

Nachdem Alexander Sibyrtios mit der Verwaltung des Distrikts betraut hatte – der bisherige Gouverneur Menon war nämlich unlängst an einer Krankheit gestorben –, zog er weiter nach Karmanien. Der Satrap dieses Landes war Astaspes, der im Verdacht stand, während der Indienexpedition des Königs einen Umsturz geplant zu haben. Als jener ihm nun entgegenkam, verbarg Alexander seinen Zorn hinter freundlichen Wor-

comiter adlocutus, dum exploraret, quae delata erant, in eodem honore habuit. [42] Cum inde praefecti, sicut imperatum erat, equorum iumentorum*que* iugalium vim ingentem ex omni, quae sub imperio erat, regione misissent, quibus deerant inpedimenta, restituit. Arma quoque ad pristinum refecta sunt cultum: quippe haud procul a Perside aberant non pacata modo, sed etiam opulenta.

Igitur, ut supra dictum est, aemulatus Patris Liberi non gloriam solum, quam ex illis gentibus deportaverat, sed etiam *pomp*am, sive illud triumphus fuit ab eo primum institutus, sive bacchantium lusus, statuit imitari animo super humanum fastigium elato. Vicos, per quos iter erat, floribus coronisque sterni iubet, liminibus aedium creterras vino repletas et alia eximiae magnitudinis vasa disponi, vehicula deinde constrata, ut plures capere milites possent, in tabernaculorum modum ornari, alia candidis velis, alia veste pretiosa. Primi ibant amici et cohors regia variis redimita floribus coronisque – alibi tibicinum cantus, alibi lyrae sonus audiebatur – item vehiculis pro copia cuiusque adornatis comissabundus exercitus armis, quae maxime decora erant, circumpendentibus. Ipsum convivasque currus vehebat creterris aureis eiusdemque materiae ingentibus poculis praegravis. Hoc modo per dies VII bacchabundum agmen incessit, parata praeda, si quid victis saltem adversus comissantes animi fuisset: mille, hercule, viri modo et sobrii VII dierum crapula graves in suo triumpho capere potuerunt. Sed fortuna, quae rebus famam pretiumque constituit, hoc

ten und beließ ihn für die Zeit der Ermittlungen auf seinem Posten. [42] Da die Statthalter inzwischen seinem Befehl gehorsam scharenweise Pferde und Zugvieh aus allen ihnen unterstellten Gegenden angeliefert hatten, stattete er jene, die ihre Gespanne eingebüßt hatten, mit neuen aus. Desgleichen wurde die Bewaffnung wieder auf Hochglanz getrimmt, man befand sich ja in der Nähe Persiens, einer befriedeten Region, die vor allem reich war.

Wie oben berichtet, eiferte der König Vater Liber nach, nicht nur was den Ruhm anbelangt, den dieser aus jenen Gefilden heimbrachte, sondern auch in puncto Pomp, und so beschloss er, in einem übermenschlichen Höhenflug auch dessen Triumph zu imitieren, ob jener den nun selbst initiiert hatte oder ob er eine Vergnügungspartie von Bacchanten war. In den Dörfern, durch die ihr Weg führte, ließ er Blumen und Kränze ausstreuen, an den Türschwellen der Häuser Krüge mit Wein und andere mächtige Gefäße aufstellen, dann Planwagen mit Kapazität für eine größere Menge Soldaten wie Zelte teils mit weißen Tüchern, teils mit kostbaren Stoffen schmücken. An der Spitze ritten die Freunde und die königliche Kohorte, das Haupt umflochten mit bunten Blumen und Kränzen. Hier erklangen Flötentöne, dort Lautenschlag. Des weiteren, auf Wagen, die jeder nach seinen persönlichen Mitteln ausstaffiert hatte, schlossen sich die Truppen dem Umzug an, rings behangen mit ihren Prachtwaffen. Alexander und seine Runde fuhren auf einem Wagen, der mit goldenen Krügen und gewaltigen Pokalen aus demselben Metall überladen war. Derart bewegte sich die ausgelassene Prozession sieben Tage lang durchs Land, eine leichte Beute für die Besiegten, hätten sie wenigstens gegenüber diesem Korso etwas Courage bewiesen. Beim Herkules, nur tausend Mann hätte es bedurft, und zwar nüchtern, jenen Haufen im Vollrausch von sieben Tagen bei seinem eigenen Triumph zu überwältigen! Das Schicksal aber, das den

quoque militiae probrum vertit in gloriam. Et praesens aetas et posteritas deinde mirata est per gentes nondum satis domitas incessisse temulentos barbaris, quod temeritas erat, fiduciam esse credentibus. Hunc apparatum carnifex sequebatur: quippe satrapes Astaspes, de quo ante dictum est, interfici iussus est; adeo nec luxuriae quicquam crudelitas nec crudelitati luxuria obstat.

Dingen Ruhm und Lohn zumisst, wandelte auch dieses skandalöse Verhalten des Militärs in eine Heldentat. Das damalige Zeitalter und die folgenden Generationen hegten für diesen Zug von Trunkenen durch Völkerschaften, die noch nicht völlig unterworfen waren, Bewunderung, und die Barbaren hielten diesen Leichtsinn für Selbstbewusstsein. Doch am Ende des fröhlichen Gepränges lauerte der Henker, denn der Satrap Astaspes, von dem vorher die Rede war, wurde der Hinrichtung überstellt: so sehr gilt, dass Grausamkeit mit Saus und Braus Hand in Hand geht und Saus und Braus mit Grausamkeit.

Liber X

I [1] Isdem fere diebus Cleander et Sitalces et cum Agathone Heracon superveniunt, qui Parmenionem iussu regis occiderant. V milia peditum cum equitibus M, sed et accusatores eos e provincia, cui praefuerant, sequebantur; nec tot facinora, quot admiserant, conpensare poterat caedis perquam gratae regi ministerium. Quippe cum omnia profana spoliassent, ne sacris quidem abstinuerant, virginesque et principes feminarum stupra perpessae corporum ludibria deflebant. Invisum Macedonum nomen avaritia eorum ac libido barbaris fecerat. Inter omnes tamen eminebat Cleandri furor, qui nobilem virginem constupratam servo suo pelicem dederat. Plerique amicorum Alexandri non tam criminum, quae palam obiciebantur, atrocitatem quam memoriam occisi per illos Parmenionis, quod tacitum prodesse reis apud regem poterat, intuebantur laeti recidisse iram in irae ministros nec ullam potentiam scelere quaesitam cuiquam esse diuturnam. Rex cognita causa pronuntiavit ab accusatoribus unum et id maximum crimen esse praeteritum, desperationem salutis suae: numquam enim talia ausuros, qui ipsum ex India sospitem aut optassent reverti aut credidissent reversurum. Igitur hos quidem vinxit, DC au-

Buch X

I [1] Ungefähr zur selben Zeit tauchten Kleander, Sitalkes sowie Herakon, begleitet von Agathon, wieder auf, die, wie vom König befohlen, Parmenion ausgeschaltet hatten. Neben fünftausend Mann Fußvolk und tausend Kavalleristen hatten sie auch Leute aus der von ihnen verwalteten Provinz im Gefolge, die Beschwerde gegen sie erhoben. Ihre Henkersdienste, die dem König durchaus willkommen waren, konnten die Unzahl der begangenen Verfehlungen nicht wettmachen. Nachdem jene sich nämlich an jedwedem profanen Gut vergriffen hatten, machten sie auch vor dem, was tabu ist, nicht halt: sie vergewaltigten Mädchen und Frauen aus vornehmstem Haus, die ob dieser Schändung vor Tränen vergingen. Ihre Raffgier, ihre Geilheit hatte bei den Barbaren Hass auf alles, was Makedonen hieß, ausgelöst. Als größter Wüterich hatte sich Kleander erwiesen, der ein adliges Mädchen erst missbraucht und dann an seinen Sklaven als Lustobjekt weitergereicht hatte. Die meisten Freunde Alexanders schauten nicht so sehr auf die Scheußlichkeit der Verbrechen, auf die sich die offizielle Anklage stützte, sie hatten den Mord an Parmenion im Kopf, den jene verübt hatten und der ihnen beim König insgeheim Pluspunkte hätte bescheren können; darum registrierten sie mit Freude, dass die Werkzeuge seines Zorns von selbigem nicht verschont blieben und eine durch Untat erworbene Machtposition für keinen von langer Dauer war. Nachdem der König mit dem Sachverhalt vertraut gemacht hatte, erklärte er, die Ankläger hätten einen Aspekt, und zwar den gewichtigsten, außer Acht gelassen, nämlich den radikalen Vertrauensverlust in seinen, Alexanders, Erfolg: wenn sich die Beschuldigten gewünscht oder auch nur daran geglaubt hätten, er werde heil aus Indien zurückkehren, hätten sie sich zu dergleichen ja niemals erdreistet. Also ließ er sie in Fesseln legen und obendrein sechs-

tem militum, qui saevitiae eorum ministri fuerant, interfici iussit. Eodem die sumptum est supplicium de iis quoque, quos auctores defectionis Persarum Craterus adduxerat.

[2] Haud multo post Nearchus et Onesicritus, quos longius in Oceanum procedere iusserat, superveniunt. Nuntiabant autem quaedam audita, alia conperta: insulam ostio amnis obiectam auro abundare, inopem equorum esse; singulos eos conpererant ab iis, qui ex continenti traicere auderent, singulis talentis emi. Plenum esse beluarum mare: aestu secundo eas ferri magnarum navium corpora aequantes, *tubae* cantu deterritas sequi classem cum magno aequoris strepitu velut demersa navigia subisse aquas. Cetera incolis crediderant, inter quae: Rubrum mare non a colore undarum, ut plerique crederent, sed ab Erythro rege appellari; esse haud procul a continenti insulam palmetis frequentibus consitam et in medio fere nemore columnam eminere, Erythri regis monumentum, litteris gentis eius scriptam. Adiciebant navigia, quae lixas mercatoresque vexissent, famam auri secutis gubernatoribus in insulam esse transmissa nec deinde ab iis postea visa. Rex cognoscendi plura cupidine accensus rursus eos terram legere iubet, donec ad Euphratis *os* adpellerent classem, inde adverso amne Babylona subituros.

[3] Ipse animo infinita conplexus statuerat omni ad orientem maritima regione perdomita ex Syria petere Africam, Cartha-

hundert Mann, die Handlanger der Brutalitäten gewesen waren, hinrichten. Am selben Tag wurden auch die Rädelsführer des Perseraufstands exekutiert, die Krateros vorgeführt hatte.

[2] Kurz darauf trafen Nearchos und Onesikritos ein, die Weisung erhalten hatten, weiter auf den Ozean hinauszufahren. Die taten nun ihre eigenen Erkenntnisse kund vermischt mit dem, was sie aus anderen Quellen erfahren hatten: der Flussmündung sei eine Insel vorgelagert, die quelle über von Gold, doch Pferde seien dort Mangelware. Vor Ort hatten sie nämlich herausgefunden, dass man die jenen, die sich vom Festland hinüberwagten, für ein Talent das Stück abkaufte. Das Meer sei voller Seeungetiere, riesig wie der Rumpf von Schiffen, wenn sie getragen von der Flut dahinglitten; durch Trompetengeschmetter habe man diese abgeschreckt, der Flotte hinterherzuschwimmen, und so seien sie versinkenden Booten gleich in den gurgelnden Meereswassern abgetaucht. Den Rest hatten sie von den Einheimischen auf Treu und Glauben übernommen, darunter folgendes: das Rote Meer trage seinen Namen nicht aufgrund der Farbe seiner Wogen wie allgemein vermutet, sondern sei nach König Erythras benannt[1]; nicht weit vom Festland entfernt liege eine Insel, übersät von Palmhainen, und ungefähr in der Mitte dieses Waldes erhebe sich eine Säule zu dessen Gedächtnis, darauf eine Inschrift in den landesüblichen Lettern. Sie merkten noch an, dass Schiffe mit Marketendern und Händlern an Bord, deren Kapitäne von Goldgier besessen waren, die Insel angelaufen hätten, freilich habe man die danach nie wiedergesehen. Brennend vor Verlangen, mehr zu erfahren, befahl ihnen der König, erneut die Küste entlangzufahren, bis die Flotte die Mündung des Euphrat erreiche, von dort sollten sie stromaufwärts nach Babylon segeln.

[3] Da die gesamte Küstenregion bis tief in den Osten bezwungen war, hatte er selbst in einem Gedankenflug über alle

gini infensus, inde Numidiae solitudinibus peragratis cursum Gadis dirigere – ibi namque columnas Herculis esse fama vulgaverat –, Hispanias deinde, quas Hiberiam Graeci a flumine Hibero vocabant, adire et praetervehi Alpes Italiaeque oram, unde in Epirum brevis cursus est. Igitur Mesopotamiae praetoribus imperavit [ut] materia in Libano monte caesa devectaque ad urbem Syriae Thapsacum septingentarum carinas navium ponere: septemremis omnes esse deducique Babylona. Cypriorum regibus imperatum, ut aes stuppamque et vela praeberent.

Haec agenti Pori et Taxilis regum litterae traduntur Abisaren morbo, Philippum, praefectum ipsius, ex vulnere interisse oppressosque, qui vulnerassent eum. Igitur Philippo substituit Eudaemonem – dux erat Thracum –, Abisaris regnum filio eius attribuit.

[4] Ventum est deinde Parsagada: Persica est gens, cuius satrapes Orsines erat, nobilitate ac divitiis inter omnes barbaros eminens. Genus ducebat a Cyro, quondam rege Persarum; opes et a maioribus traditas habebat et ipse longa imperii possessione cumulaverat. Is regi cum omnis generis donis, non ipsi modo ea, sed etiam amicis eius daturus, occurrit. Equorum domiti greges sequebantur currusque argento et auro adornati, pretiosa supellex et nobiles gemmae, aurea magni ponderis vasa vestesque purpureae et signati argenti talentum III

Grenzen hinweg den Entschluss gefasst, von Syrien aus Afrika anzupeilen, denn er war ein Feind Karthagos, dann die numidische Wüste zu durchqueren mit Zielrichtung Gades, wo sich nach landläufiger Annahme die Säulen des Herkules befanden, als nächste Etappe Spanien anzuvisieren, das die Griechen nach dem Fluss Ebro Iberien nannten, und schließlich seine Route entlang der Alpen und der italienischen Küste zu nehmen, von wo aus man auf kurzem Weg nach Epeiros gelangt. Daher erging Order an die Verwaltung Mesopotamiens, Holz aus Fällungen auf dem Libanon nach Thapsakos in Syrien zu transportieren und mit dem Bau von siebenhundert Schiffen zu beginnen, ausnahmslos Siebenruderern, die nach Babylon verlegt werden sollten. Die Könige von Zypern wurden zur Lieferung von Bronze, Werg und Segeln verpflichtet.

Während Alexander mit diesen Dingen beschäftigt war, teilten ihm die Könige Poros und Taxiles in einem Schreiben mit, Abisares sei an einer Krankheit, der Satrap Philipp hingegen an einer Verletzung gestorben, deren Verursacher man zur Strecke gebracht habe. Also setzte er den thrakischen General Eudaimon auf Philipps Posten und belehnte Abisares' Sohn mit dem Reich des Vaters.

[4] Die nächste Station war Pasargada, ein persischer Landstrich, der unter dem Satrapen Orsines stand, die Creme de la Creme unter allen Barbaren, was Adel und Reichtum anbetrifft. Seine Abstammung führte er auf Kyros zurück, den einstigen Perserkönig; seine gewaltigen Besitztümer hatte er teils von den Vorfahren geerbt, teils selbst während seiner langen Amtszeit angehäuft. Mit Geschenken aller Art nicht nur für Alexander selbst, sondern auch für dessen Freunde machte er dem König seine Aufwartung. Herdenweise brachte er dressierte Pferde mit, Wagen bedeckt mit Gold- und Silberzier, kostbares Mobiliar und wertvolle Edelsteine, massive Goldgefäße, Purpurstoffe sowie dreitausend Talente an silbernem

milia. Ceterum tanta benignitas barbaro causa mortis fuit. Nam cum omnes amicos regis donis super ipsorum vota coluisset, Bagoae spadoni, qui Alexandrum obsequio corporis devinxerat sibi, nullum honorem habuit, admonitusque a quibusdam *Bagoam* Alexandro cordi esse respondit amicos regis, non scorta se colere, nec moris esse Persis mares ducere, qui stupro effeminarentur. His auditis spado potentiam flagitio et dedecore quaesitam in caput nobilissimi et insontis exercuit. Namque gentis eiusdem levissimos falsis criminibus adstruxit monitos tum demum ea deferre, cum ipse iussisset. Interim quotiens sine arbitris erat, credulas regis aures inplebat dissimulans causam irae, quo gravior criminantis auctoritas esset. Nondum suspectus erat Orsines, iam tamen vilior. Reus enim in secreto agebatur latentis periculi ignarus. Et inportunissimum scortum, ne in stupro quidem et dedecoris patientia fraudis oblitum, quotiens amorem regis in se accenderat, Orsinen modo avaritiae, interdum etiam defectionis arguebat.

[5] Iam matura erant in perniciem innocentis mendacia, et fatum, cuius inevitabilis sors est, adpetebat. Forte enim sepulchrum Cyri Alexander iussit aperiri, in quo erat conditum

Münzgeld. Diese so gewaltige Großzügigkeit bescherte ihm jedoch den Tod. Sämtliche Freunde des Königs hofierte er nämlich mit Präsenten, die ihre Wünsche noch überstiegen, den Eunuchen Bagoas aber, der Alexander durch sexuelle Gefügigkeit an sich gebunden hatte, würdigte er in keinster Weise, und als ihn einige darauf hinwiesen, das sei dessen besonderer Liebling, konterte er, seine Wertschätzung gelte Freunden des Königs, nicht Strichjungen; außerdem sei es bei den Persern nicht Sitte, jemanden, der sich wie ein Weib bespringen lasse, als Mann zu betrachten. Das kam dem Eunuchen zu Ohren, und da rückte er diesem so vornehmen und überdies unschuldigen Menschen mit der Macht, die er sich durch schändliche Unzucht erworben hatte, auf den Leib. Er zimmerte sich falsche Beschuldigungen zurecht und trichterte die dem Abschaum von Orsines' Landsleuten ein mit der Auflage, sie erst vorzubringen, wenn er selbst das anordne. In der Zwischenzeit schwatzte er bei jeder Gelegenheit, wo es keine Zeugen gab, den allzu leichtgläubigen König zu; dabei verbarg er den Grund seines Grolls, um seinen Anwürfen umso größeres Gewicht zu verleihen. Zwar stand noch kein direkter Verdacht gegen Orsines im Raum, sein Ansehen freilich war schon angekratzt: ohne von der lauernden Gefahr irgendeine Ahnung zu haben, wurde er hinter vorgehaltener Hand bereits wie ein Angeklagter behandelt. So arbeitete jener Widerling von käuflicher Tunte weiter an seiner perfiden Intrige sogar beim Geschlechtsverkehr und bei seinen anstößigen Liebesdiensten, und jedesmal, wenn der Eunuch beim König die Leidenschaft zum Kochen gebracht hatte, bezichtigte er Orsines bald der Gier, manchmal auch rebellischer Tendenzen.

[5] Die Lügen waren bereits so weit gereift, einen Mann ohne Schuld zu vernichten, und es nahte die Stunde des Schicksals, dessen Verdikt niemand zu entrinnen vermag. Es geschah, dass Alexander das Grabmal des Kyros öffnen ließ, wo dessen

eius corpus, cui dare volebat inferias. Auro argentoque conditorium repletum esse crediderat – quippe ita fama Persae vulgaverant –, sed praeter clipeum eius putrem et arcus duos Scythicos et acinacem nihil repperit. Ceterum corona aurea inposita amiculo, cui adsuerat ipse, solium, in quo corpus iacebat, velavit miratus tanti nominis regem tantis praeditum opibus haud pretiosius sepultum esse, quam si fuisset e plebe. Proximus erat lateri spado, qui regem intuens: »Quid mirum«, inquit, »est inania sepulchra esse regum, cum satraparum domus aurum inde egestum capere non possint? Quod ad me attinet, ipse hoc bustum antea non videram, sed ex Dareo ita accepi III milia talentum condita esse cum Cyro. Hinc illa benignitas in te, ut, quod inpune habere non poterat Orsines, donando etiam gratiam iniret.« Concitaverat iam animum in iram, cum ii, quibus negotium idem dederat, superveniunt. Hinc Bagoas, hinc ab eo subornati falsis criminibus occupant aures. Antequam accusari se suspicaretur, Orsines in vincula est traditus. Non contentus supplicio insontis spado ipse morituro manum iniecit. Quem Orsines intuens: »Audieram«, inquit, »in Asia olim regnasse feminas; hoc vero novum est, regnare castratum!« Hic fuit exitus nobilissimi

Leichnam bestattet war: den wollte er mit einem Totenopfer ehren. Er hatte geglaubt, die Grabkammer sei gefüllt mit Gold und Silber, denn diese Legende kursierte bei den Persern, aber abgesehen von Kyros' morschem Schild, zwei skythischen Bogen und einem Szimitar fand er nichts. Er legte jedoch einen goldenen Kranz auf den Sarkophag, worin der Leichnam gebettet lag, und verhüllte ihn mit dem Mantel, den er gewöhnlich trug, voll Staunen, dass das Grabmal eines derart illustren Königs, der mit solch gewaltigen Reichtümern gesegnet war, nicht mehr Pomp aufwies als das eines einfachen Mannes aus dem Volk. Direkt neben ihm stand der Eunuch und bemerkte, den Blick auf den König geheftet: »Kein Wunder, wenn die Gräber der Monarchen leer sind, schließlich quellen ja die Häuser der Satrapen über von dem Gold, das sie daraus fortgeschleppt haben! Was mich betrifft, ich habe diese Stätte persönlich bislang nicht gesehen, von Dareios aber weiß ich, dass Kyros' Bestattungsbeigabe aus dreitausend Talenten bestand. Hier ist auch der tiefere Grund für jene grandiose Großzügigkeit dir gegenüber zu suchen: was Orsines unangefochten nicht länger besitzen konnte, hat er dir zum Geschenk gemacht, um sich dadurch auch noch deinen Dank zu erwerben.« Schon hatte er im Herzen des Königs den Zorn geweckt, da tauchten obendrein jene auf, die Öl ins Feuer gießen sollten. Mit ihren falschen Beschuldigungen bliesen nun hier Bagoas, dort die von ihm angeheuerten Subjekte Alexander die Ohren voll. Bevor Orsines den leisesten Verdacht hegte, ihm drohe eine Anklage, steckte man ihn ins Gefängnis. Die Hinrichtung eines Unschuldigen reichte dem Eunuchen freilich nicht: als jener schon mit dem Tode rang, legte er selbst noch Hand an ihn. Darauf blickte Orsines ihn an und sagte: »Dass in Asien einst Frauen herrschten, habe ich gehört, dass aber ein Kastrat herrscht, das ist neu!« Dies war das Ende des vornehmsten aller Perser, eines Mannes, der nicht nur ohne Fehl, sondern

Persarum nec insontis modo, sed eximiae quoque benignitatis in regem.

Eodem tempore Phradates regnum adfectasse suspectus occiditur. Coeperat esse praeceps ad repraesentanda supplicia, item ad deteriora credenda: scilicet res secundae valent commutare naturam, et raro quisquam erga bona sua satis cautus est. Idem enim paulo ante Lyncestem Alexandrum delatum a duobus indicibus damnare non sustinuerat, humiliores quoque reos contra suam voluntatem, quia ceteris videbantur insontes, passus absolvi, hostibus victis regna reddiderat: ad ultimum *vitae tantum* a semetipso degeneravit, ut in*victi* quondam adversus libidinem animi arbitrio scorti aliis regna daret, aliis adimeret vitam.

[6] Isdem fere diebus litteras a Coeno accipit de rebus in Europa et Asia gestis, dum ipse Indiam subegit. Zopyrio, Thraciae praepositus, cum expeditionem in Getas faceret, tempestatibus procellisque subito coortis cum toto exercitu oppressus erat. Qua cognita clade Seuthes Odrysas, populares suos, ad defectionem conpulerat. Amissa propemodum Thracia ne Graecia quidem *tumultibus inconcussa mansit. Nam Alexander punita insolentia satraparum quorundam, qui, dum in extremo orbe Indorum armis retinetur, summa scelera atque flagitia in provinciales exercuerant, ceteris metum iniecerat. Hi in paribus delictis eandem facinorum poenam veriti ad mercennariorum militum fidem confugerunt illorum manibus, si ad supplicium*

überdies von enormer Großzügigkeit gegenüber dem König gewesen war.

Zur selben Zeit exekutierte man Phradates, der im Verdacht eines Machtputsches stand. Alexander fackelte jetzt nicht mehr lange, Hinrichtungen vorzunehmen und das Schlimmste zu glauben: in der Tat vermag Erfolg das Wesen eines Menschen zu verändern, und selten ist jemand gegen die Gefahren seines Glückes gefeit. Vor kurzem hatte er es nicht über sich gebracht, Alexander den Lynkester trotz zweifacher Denunziation zu verurteilen, auch dem Freispruch unbedeutenderer Angeklagter hatte er gegen seinen Willen, da der Rest sie für unschuldig hielt, zugestimmt, besiegten Feinden ihre Reiche wiedergegeben; am Ende seines Lebens aber war so wenig von seiner positiven Seite übriggeblieben, dass er, dessen Geist früher Sieger über seine Triebe war, nach den Capricen einer käuflichen Tunte Königreiche verschenkte oder Leben nahm.

[6] Ungefähr in diesen Tagen erhielt er auch ein Schreiben von Koinos, der ihn über die Geschehnisse in Europa und Kleinasien während der Bezwingung Indiens informierte. Zopyrion, der Gouverneur Thrakiens, war bei einem Feldzug gegen die Geten[2] in plötzlich aufkommende Unwetter und Stürme geraten und mit seiner gesamten Armee vernichtet worden. Auf die Kunde dieser Niederlage hatte Seuthes die Odrysier[3], seine Landsleute, zu einem Putsch aufgewiegelt. Um ein Haar wäre Thrakien verlorengegangen, und selbst Griechenland *wurde von Unruhen erschüttert. Mit seinen Sanktionen gegen eine Reihe unverschämter Satrapen, die, als er am Ende der Welt durch bewaffnete Auseinandersetzungen mit den Indern festgehalten wurde, die ärgsten Verbrechen und Greuel an der Provinzbevölkerung verübten, hatte Alexander nämlich auch die übrigen in Schrecken versetzt. Angesichts gleichen Tatbestands fürchteten die dieselben Vergeltungsmaßnahmen und verpflichteten daher Söldnerscharen, die sie im Falle einer Ab-*

poscerentur, se tutaturi aut pecunia, quanta poterat, coacta fuga salutem petiverunt. Qua re cognita litterae ad omnes Asiae praetores missae sunt, quibus inspectis e vestigio omnes peregrinos milites, qui stipendia sub ipsis facerent, dimittere iubebantur. Erat inter eos Harpalus, quem Alexander, quod propter ipsius amicitiam olim a Philippo eiectus solum verterat, inter fidissimos habebat et post Mazaei mortem satrapeam Babyloniae attribuerat thesaurorumque custodiae praefecerat. Is igitur cum fiduciam, quam in singulari regis gratia habere poterat, magnitudine flagitiorum consumpsisset, quinque milia talentorum ex gaza regia abstulit conductaque sex milium mercennariorum manu in Europam evasit. Iampridem enim luxu et libidinibus in praeceps tractus desperataque regis venia adversus iram eius alienum subsidium circumspexerat et Athenienses, quorum cum potentiam et auctoritatem apud ceteros Graecos, tum occultum in Macedonas odium norat, sedulo coluerat. Itaque spem suis ostendit Athenienses adventu suo cognito copiisque et pecuniis, quas adduceret, coram inspectis protinus arma consiliaque esse sociaturos. Nam a populo inperito et mobili per homines inprobos et venales omnia se muneribus consecuturum existimabat.

II [7] Igitur XXX navibus Sunium transmittunt – promunturium est Atticae terrae –, unde portum urbis petere decreverant. His cognitis rex Harpalo Atheniensibusque iuxta infestus classem parari iubet Athenas protinus petiturus. Quod consili-

rechnung schützen sollten, oder sie rafften so viel Geld wie möglich zusammen und suchten ihr Heil in der Flucht. Auf diese Nachrichten hin ergingen Schreiben an alle Gouverneure Asiens mit dem Befehl, sofort nach Kenntnisnahme alle ausländischen Soldaten in ihren Diensten zu entlassen. Darunter befand sich Harpalos, in Alexanders Augen einer seiner treuesten Anhänger, war der doch aufgrund der Freundschaft zu ihm einst von Philipp exiliert worden und emigriert; nach Mazaios' Tod hatte ihn der König mit der Verwaltung Babylons betraut und zum obersten Hüter der Schatzkammer ernannt. Durch das Ausmaß seiner Vergehen konnte jener nun aber nicht weiter auf diesen besonderen Dankbarkeitsbonus seines Monarchen zählen, und daher entwendete er fünftausend Talente aus dem Königsschatz, heuerte einen Haufen von sechstausend Söldnern an und setzte sich nach Europa ab. Durch Exzesse und Lüste auf die schiefe Bahn gerissen, bar jeder Hoffnung auf Alexanders Huld, hatte er sich ja schon längst anderswo nach einem Rückhalt gegen dessen Zorn umgeschaut und die Athener geflissentlich hofiert, denn er wusste um ihre Macht und ihren Einfluss bei den anderen Griechen, insbesondere um ihren verborgenen Groll auf die Makedonen. Für die Seinen entwarf er entsprechend eine optimistische Zukunftsperspektive: die Athener würden auf die Kunde von seiner Ankunft, sobald sie die mitgebrachten Truppen und Geldmittel mit eigenen Augen gesichtet hätten, gemeinsame Sache mit ihnen machen, militärisch und politisch. Er wähnte nämlich, charakterlose, käufliche Subjekte könnten das Volk in seiner Dummheit und seinem Wankelmut mit Bestechung zu allem bewegen.

II [7] So ging es mit dreißig Schiffen nach Sunion, einem Vorgebirge Attikas, von wo aus sie den Hafen Athens anlaufen wollten. Darüber informiert, ordnete der König, voll Erbitterung gegen Harpalos und auch die Athener, an, die Flotte in Bereitschaft zu versetzen, in der Absicht, Athen auf der Stelle

um clam agitanti litterae redduntur: Harpalum intrasse quidem Athenas, pecunia conciliasse sibi principum animos; mox concilio plebis habito iussum urbe excedere ad Graecos milites pervenisse, *nav*ibus *inde Cretam transvectum amico* quodam auctore interemptum per insidias. His laetus in Europam traiciendi consilium omisit, sed exules praeter eos, qui civili sanguine aspersi erant, recipi ab omnibus Graecorum civitatibus, quis pulsi erant, iussit. Et Graeci haud ausi imperium aspernari, quamquam solvendarum legum id principium esse censebant, bona quoque, quae extarent, restituere damnatis. Soli Athenienses, non su*i* modo, sed etiam *Graeciae* vindices, colluvionem ordinum hominumque aegre ferebant non regio imperio, sed legibus moribusque patriis regi adsueti. Prohibuere igitur exules finibus omnia potius toleraturi, quam purgamenta quondam urbis suae, tunc etiam exilii, admitterent.

[8] Alexander senioribus militum in patriam remissis XIII milia peditum et II milia equitum, quae in Asia retineret, eligi iussit existimans modico exercitu continere posse Asiam, quia pluribus locis praesidia disposuisset nuperque conditas urbes colonis replesset res *retinere* cupientibus. Ceterum priusquam

anzugreifen. Während er noch in aller Stille dieses Projekt vorbereitete, erhielt er ein Schreiben, Harpalos habe sich zwar Zugang in Athen verschafft und mit Geld die Sympathien der Einflussreichen dort erkauft, dann aber habe eine Volksversammlung stattgefunden, die ihn der Stadt verwiesen habe; darauf habe er sich zu seinen griechischen Truppen begeben und sei, nachdem er mit seinem Geschwader Kreta angelaufen habe, auf Anstiften eines seiner Freunde hinterhältig ermordet worden. Froh über diese Entwicklung nahm Alexander von seinem Vorhaben, nach Europa hinüberzufahren, Abstand; die Griechenstädte jedoch wurden ausnahmslos angewiesen, die Verbannten wiederaufzunehmen mit Ausnahme jener, die das Blut ihrer Mitbürger vergossen hatten. Die Griechen wagten es nicht, diesem Dekret zu trotzen, obwohl sie darin den Anfang vom Ende ihrer Gesetze sahen, und erstatteten den Verurteilten sogar ihre Besitztümer, soweit noch vorhanden, zurück. Nur für die Athener, Verfechter nicht nur ihrer eigenen Selbständigkeit, sondern der von ganz Hellas, war dieses Chaos an Parteien, diese Unterwanderung mit negativen Elementen nicht hinnehmbar, denn für sie waren seit altersher die Gesetze und Sitten der Väter normgebend, nicht die Befehlsgewalt eines Monarchen. Folglich ließen sie die Exilierten nicht auf ihr Stadtgebiet, eher bereit, alle Sanktionen auf sich zu nehmen, als diesen einstigen Abschaum ihrer eigenen Stadt und nun der Verbannungsorte nicht minder, bei sich aufzunehmen[4].

[8] Nachdem Alexander die Veteranen in ihre Heimat entlassen hatte, ließ er dreizehntausend Infanteristen und zweitausend Kavalleristen auswählen, um sie bei sich in Asien zu stationieren; da er an verschiedenen Orten Garnisonen errichtet und seine Neugründungen mit Siedlern bevölkert hatte, die daran interessiert waren, dass alles beim Alten blieb, glaubte er nämlich, mit einem geringen Truppenkontingent die Stabilität dort gewährleisten zu können. Bevor er aber seinen

excerneret, quos erat retenturus, edixit, ut omnes milites aes alienum profiterentur. Grave plerisque esse conpererat et, quamquam ipsorum luxu contractum erat, dissolvere tamen ipse decreverat. Illi temptari ipsos rati, quo facilius ab integris sumptuosos discerneret, prolatando aliquantum extraxerant temporis. Et rex satis gnarus professioni aeris pudorem, non contumaciam obstare, mensas totis castris poni iussit et X milia talentum proferri. Tum demum *cum* fide facta professio est. Nec amplius ex tanta pecunia quam C et XXX talenta superfuere. Adeo ille exercitus tot divitissimarum gentium victor plus tamen victoriae quam praedae deportavit ex Asia.

[9] Ceterum ut cognitum est alios remitti domos, alios retineri, perpetuam eum regni sedem in Asia habiturum rati vaecordes et disciplinae militaris inmemores seditiosis vocibus castra conplent regemque ferocius quam alias adorti omnes simul missionem postulare coeperunt deformia ora cicatricibus canitiemque capitum ostentantes. Nec aut praefectorum castigatione aut verecundia regis deterriti tumultuoso clamore et militari violentia volentem loqui inhibebant palam professi nusquam inde nisi in patriam vestigium esse moturos. Tandem silentio facto, magis quia motum esse credebant quam quia ipsi moveri poterant, quidnam acturus esset, expectabant.

Resttrupp selektierte, forderte er alle Soldaten auf, ihre Schulden zu beziffern, die, wie er erfahren hatte, bei den meisten beträchtlich waren; obwohl die Schuldner durch ihre Verschwendungssucht selbst dafür verantwortlich waren, hatte er beschlossen, die Summen nichtsdestoweniger aus eigener Tasche zu begleichen. Jene hielten das für einen Test, Verschwender und gute Haushalter leichter zu differenzieren, und hatten durch Verschleppung einiges an Zeit herausgeschunden. Wohl wissend, dass das Eingeständnis der Schulden nicht durch Insubordination verhindert wurde, sondern weil sie sich schämten, befahl der König, im gesamten Lager Tische aufzustellen und darauf zehntausend Talente zu präsentieren. Erst jetzt erfolgte eine rückhaltlose Angabe, und am Ende blieben von dem so gewaltigen Betrag nur hundertdreißig Talente übrig. Trotz ihrer Siege über unzählige schwerreiche Nationen hatte ja diese Armee viel mehr Siegesruhm aus Asien im Gepäck als Beutegut.

[9] Kaum aber hatten die Männer herausgefunden, dass die einen heimgeschickt, die anderen hierbehalten würden, drehten sie durch, ohne jede Rücksicht auf Militärdisziplin, denn sie glaubten, der König wolle seinen ständigen Regierungssitz in Asien aufschlagen, und so wurden überall im Lager aufrührerische Parolen laut, rabiater als je zuvor gingen sie den König an und forderten alle im Chor ihre Entlassung, wobei sie auf ihre von Narben entstellten Gesichter und das Grau ihrer Häupter wiesen. Weder die Zurechtweisung ihrer Vorgesetzten brachte sie zur Räson noch der Respekt vor dem König: mit Revoltegebrüll und soldatesker Gewalttätigkeit schnitten sie ihm das Wort ab, indem sie lauthals erklärten, nirgendwohin setzten sie von hier ihren Fuß außer in die Heimat. Endlich wurde es still, nicht weil sie selbst eingelenkt hätten, sondern weil sie meinten, der König tue das, und so warteten sie, was er nun vorhabe.

Ille: »Quid haec«, inquit, »repens consternatio et tam procax atque effusa licentia denuntiat? Eloqui metuo palam certe: rupistis imperium, et precario rex sum, cui non adloquendi, non noscendi monendique aut intuendi vos ius reliquistis. Equidem cum alios dimittere in patriam, alios mecum paulo post deportare statuerim, tam illos adclamantes video, qui abituri sunt, quam hos, cum quibus praemissos subsequi statui. Quid hoc est rei? Dispari in causa idem omnium clamor est. Pervelim scire, utrum, qui discedunt, an qui retinentur, de me querantur.« Crederes uno ore omnes sustulisse clamorem: ita pariter ex tota contione responsum est omnes queri.

[10] Tum ille: »Non, hercule«, inquit, »potest fieri, ut adducar querendi simul omnibus hanc causam esse, quam ostenditis, in qua maior pars exercitus non est, utpote cum plures dimiserim, quam retenturus sum. Subest nimirum altius malum, quod omnes avertit a me. Quando enim regem universus deseruit exercitus? Ne servi quidem uno grege profugiunt dominos, sed est quidam in illis pudor a ceteris destitutos relinquendi. Verum ego tam furiosae consternationis oblitus remedia insanabilibus conor adhibere. Omnem, hercule, spem, quam ex vobis conceperam, damno nec ut cum militibus meis – iam enim esse desistis –, sed ut cum ingratissimis operis agere decrevi. Secundis rebus, quae circumfluunt vos, insanire

Jetzt fuhr es aus ihm heraus: »Was soll diese plötzliche Rebellion, diese freche, anarchische Disziplinlosigkeit? Ich scheue mich, es auszusprechen, zumindest in aller Öffentlichkeit: ihr habt meine Autorität zerstört, ich bin ein König auf wackligem Thron, dem ihr das Recht zu sprechen, zu prüfen, zu mahnen oder das, euch zu mustern, verweigert. Ob meiner Entscheidung, die einen ins Vaterland zu entlassen und die anderen wenig später selbst dorthin mitzunehmen, sehe ich laute Empörung bei beiden Teilen, sowohl bei denen, die abziehen sollen, wie auch bei jenen, mit denen ich ersteren folgen will. Was hat das zu bedeuten? Trotz Differenz in der Sache bei jeder Gruppe dasselbe Gebrüll! Ich möchte zu gern wissen, wer sich eigentlich über mich beschwert, die Abrückenden oder die Stationierten.« Wie ein einstimmiger Aufschrei aus einem Mund erscholl da von versammelter Mannschaft ein und dieselbe Antwort, allesamt hätten sie von ihm genug.

[10] Darauf konterte Alexander: »Ihr könnt mich keineswegs davon überzeugen, dass dieser Vorwand der eigentliche Grund für euren generellen Krakeel ist: einen Großteil des Heeres betrifft er gar nicht, da ich ja mehr Mann freigestellt habe, als ich hier festhalten will. Zweifellos sitzt das Übel, das euch alle mir entfremdet, tiefer. Wann hat denn eine Gesamtarmee schon einmal ihrem König die Gefolgschaft gekündigt? Nicht einmal Sklaven kehren im Pulk ihren Herren den Rücken, sondern genieren sich irgendwie, auch noch abzuhauen, wenn jene vom Rest der Welt verlassen sind. Ich will aber an diese dermaßen hysterische Meuterei keinen weiteren Gedanken verschwenden, sondern versuchen, Unheilbare zu kurieren. Beim Herkules, fort mit all den Hoffnungen, die ich in euch setzte! Mein Entschluss steht fest: nicht wie mit meinen Soldaten – das seid ihr nämlich nicht mehr – werde ich mit euch verfahren, nein, wie mit schnödestem Handlangergesindel. Das Glück, in dem ihr schwimmt, hat euch um den Verstand gebracht, eure Mise-

coepistis obliti status eius, quem beneficio exuistis meo, digni, hercule, qui in eodem consenescatis, quoniam facilius est vobis adversam quam secundam regere fortunam. En *insolentiam*! Illyriorum paulo ante et Persarum tributariis Asia et tot gentium spolia fastidio sunt! Modo sub Philippo seminudis amicula ex purpura sordent, aurum et argentum oculi ferre non possunt! Lignea enim vasa desiderant et ex cratibus scuta rubiginemque gladiorum. Hoc cultu nitentes vos accepi et D talenta aeris alieni, cum omnis regia supellex *esset* haud amplius quam LX talenta, *me*orum mox operum fundamenta: quibus tamen – absit invidia – imperium maximae terrarum parti inposui. Asiaene pertaesum est, quae vos gloria rerum gestarum dis pares fecit? In Europam ire properatis rege deserto, cum pluribus vestrum defuturum viaticum fuerit, ni aes alienum luissem, nempe in Asiatica praeda. Nec pudet profundo ventre devictarum gentium spolia circumferentes reverti velle ad liberos coniugesque, quibus pauci praemia victoriae potestis ostendere: nam ceterorum, dum etiam spei vestrae obviam istis, arma quoque pignori sunt. Bonis vero militibus cariturus sum, pelicum suarum concubinis, quibus hoc solum ex tantis opibus superest, in quod inpenditur! Proinde fugientibus me pateant limites: facessite hinc ocius, ego cum Persis

re, aus der ich euch freundlicherweise befreite, habt ihr vergessen, und doch verdient ihr, verdammt noch mal, darin alt und grau zu werden, weil es euch eher gelingt, Elend zu bewältigen als Wohlergehen. Was für eine Unverschämtheit! Arme Schlucker, die noch vor kurzem den Illyrern und Persern tributpflichtig waren, tun so, als ob Asien und die Beute, die so vielen Nationen abgerungen wurde, nichts wären! Purpurmäntel kotzen sie an, sie, die unter Philipp eben halbnackt waren! Nach hölzernen Näpfen sehnen sie sich, nach Schilden aus Weidengeflecht und Rost auf den Schwertern! Das war euer grandioser Lebensstandard, als ich euch übernahm, ach ja, und Schulden in Höhe von fünfhundert Talenten, denn das gesamte königliche Vermögen belief sich auf nicht mehr als sechzig Talente: das war das Fundament, auf dem meine späteren Leistungen aufbauen mussten. Und dennoch habe ich eben auf dieser Basis, mit Verlaub gesagt, die Herrschaft über den größten Teil der Welt errichtet. Asien, das euch an Tatenruhm den Göttern gleich machte, ekelt euch also an? Ihr habt es eilig, nach Europa zu kommen, und lasst euren König im Stich, obwohl die meisten von euch keinen Pfennig für unterwegs gehabt hätten, wenn ich eure Schulden nicht bezahlt hätte, und das wohlgemerkt trotz des Beuteguts aus Asien. Nachdem ihr euren Bauch, der wie ein Loch ist, mit all den Dingen, die den besiegten Völkern geraubt wurden, gemästet habt, schämt ihr euch nicht, zu Frau und Kindern heimkehren zu wollen, denen nur wenige einen Siegeslohn präsentieren können, denn ihr anderen, ihr habt sogar eure Waffen verpfändet und euch somit auch noch um die Chance gebracht, eure Lage jemals zu verbessern. Auf was für wackere Soldaten muss ich doch verzichten, Hurenböcke, denen von ihrem ganzen Riesenreichtum als einziges das bleibt, was Kosten macht! Gut, wenn ihr von mir wegwollt, soll der Weg euch weit offenstehen. Haut ab, schnell! Ich werde mit den Persern euren Rückzieher de-

abeuntium terga tutabor. Neminem teneo: liberate oculos meos, ingratissimi cives! Laeti vos excipient parentes liberique sine vestro rege redeuntes; obviam ibunt desertoribus transfugisque! Triumphabo, mehercule, de fuga vestra et, ubicumque ero, expetam poenas hos, cum quibus me relinquitis, colendo praeferendoque vobis. Iam autem scietis, et quantum sine rege valeat exercitus et quid opis in me uno sit.« [11] Desiluit deinde frendens de tribunali et in medium armatorum agmen se inmisit, notatos quoque, qui ferocissime oblocuti erant, singulos manu corripit nec ausos repugnare XIII adservandos custodibus corporis tradidit.

III Quis crederet saevam paulo ante contionem obtorpuisse subito metu, et cum ad supplicium videret trahi nihilo ausos graviora quam ceteros? Sive nominis, quod gentes, quae sub regibus *vivunt, reges* inter deos colunt, sive propria ipsius veneratio sive fiducia tanta vi exercentis imperium conterruit eos: singulare certe ediderunt patientiae exemplum adeoque non sunt accensi supplicio commilitonum, cum sub noctem interfectos esse cognossent, ut nihil omiserint, quod singuli magis oboedienter et pie facerent. Nam cum postero die prohibiti aditu venissent Asiaticis modo militibus admissis, lugubrem totis castris edidere clamorem denuntiantes protinus sese morituros, si rex perseveraret irasci.

cken. Ich halte niemanden auf: befreit meine Augen von eurem Anblick, ihr undankbarsten aller Bürger! Einen freudigen Empfang werden euch Eltern und Kinder bereiten, wenn ihr ohne euren König zurückkehrt! Deserteuren und Fahnenflüchtigen werden sie entgegenziehen! Beim Herkules, am Ende eurer Flucht stehe ich als Sieger da: indem ich jene, mit denen ihr mich hier sitzenlasst, ehre und euch vorziehe, werde ich euch strafen, wo immer ich bin. Schon bald werdet ihr erkennen, was eine Armee ohne König wert ist und wie groß mein Solobeitrag war.« [11] Darauf sprang er wütend vom Podest und bahnte sich seinen Weg mitten durch die Bewaffneten; die wildesten Protestler hatte er bereits ins Auge gefasst und schnappte die sich jetzt einen nach dem anderen: dreizehn Mann übergab er in den Gewahrsam seiner Leibwache, ohne dass sie es wagten, Widerstand zu leisten.

III Wer hätte das geglaubt? Die gerade noch tobende Heeresversammlung war plötzlich vor Furcht wie gelähmt, sogar als sie mit ansehen musste, wie Leute, die sich nicht mehr herausgenommen hatten als der Rest, zur Exekution abgeführt wurden. Vielleicht war es Ehrfurcht vor dem Königstitel, der sie einschüchterte, denn in Monarchien vergöttert das Volk seine Herrscher, oder es war der Respekt vor Alexanders eigener Person, wenn nicht einfach das Selbstvertrauen eines Mannes, der seine Macht mit solcher Power ausübte, jedenfalls gaben sie ein Musterbeispiel an Fügsamkeit ab. Das Leid ihrer Kameraden, von deren Hinrichtung sie gegen Abend erfuhren, ließ sie völlig kalt, ja sie überboten sich sogar an gesteigertem Gehorsam und Pflichteifer. Als ihnen zum Beispiel am nächsten Tag der Zugang zu Alexander verwehrt wurde und nur noch Soldaten aus Asien ihn kontaktieren durften, veranstalteten sie quer durchs Lager ein klägliches Lamento und verkündeten, falls ihnen der König weiterhin zürne, wollten sie auf der Stelle sterben.

[12] At ille pervicacis ad omnia, quae agitasset, animi peregrinorum militum contionem advocari iubet Macedonibus intra castra cohibitis et, cum frequentes coissent, adhibito interprete talem orationem habuit: »Cum ex Europa traicerem in Asiam, multas nobiles gentes, magnam vim hominum imperio meo me additurum esse sperabam. Nec deceptus sum, quod de his credidi famae. Sed ad illa hoc quoque accessit, quod video fortes viros erga reges suos pietatis invictae. Luxu omnia fluere credideram et nimia felicitate mergi in voluptates. At, hercules, munia militiae hoc animorum corporumque robore aeque inpigre toleratis et, cum fortes viri sitis, non fortitudinem magis quam fidem colitis. Hoc ego *vero* nunc primum profiteor, sed olim scio. Itaque et dilectum e vobis iuniorum habui et vos meorum militum corpori inmiscui. Idem habitus, eadem arma sunt vobis, obsequium vero et patientia imperii longe praestantior est quam ceteris. Ergo ipse Oxyartis Persae filiam mecum in matrimonio iunxi non dedignatus ex captiva liberos tollere. Mox deinde cum stirpem generis mei latius propagare cuperem, uxorem Darei filiam duxi proximisque amicorum auctor fui ex captivis generandi liberos, ut hoc sacro foedere omne discrimen victi et victoris excluderem. Proinde genitos esse vos mihi, non ascitos milites credite! Asiae et Eu-

[12] Jener aber, unnachgiebig bei allem, was er einmal beschlossen hatte, ließ die ausländischen Soldaten in versammelter Mannschaft antreten, während die Makedonen im Lager bleiben mussten; dann zog er einen Dolmetscher hinzu und hielt vor der aufgerückten Masse folgende Rede: »Als ich von Europa nach Asien übersetzte, hegte ich die Hoffnung, viele angesehene Nationen, eine große Menge an Menschen meinem Reich einverleiben zu können. Und mein Glaube an die hierüber kursierenden Legenden hat mich nicht getrogen. Eines freilich ist hinzugekommen: ich habe die Tapferkeit der Männer hier kennengelernt, ihre unverbrüchliche Liebe zu ihren Königen. Meine ursprüngliche Vorstellung war, da schwelge alles nur in Saus und Braus und versinke in Lüsten im Exzess des Glücks; doch, beim Herkules, eure moralische und physische Stärke befähigt euch auch, die Pflichten des Militärdienstes wacker zu erfüllen, und bei all eurer Mannhaftigkeit gilt euch Treue genauso viel wie Mut. Es ist das erste Mal, dass ich das öffentlich ausspreche, wissen tue ich es schon lange. Deshalb habe ich junge Männer aus euren Reihen rekrutiert und euch in meine Armee inkorporiert. Ihr habt die gleiche Uniform, die gleichen Waffen wie der Rest, euer Gehorsam, eure Subordinationsbereitschaft aber übertreffen die der anderen bei weitem. Aus diesem Grund habe ich mich mit der Tochter von Oxyartes, einem Perser, vermählt und es nicht für unter meiner Würde gehalten, mit einer Kriegsgefangenen Kinder zu zeugen. Bald darauf, im Wunsch, den Stammbaum meines Geschlechts zu erweitern, habe ich des Dareios Tochter geheiratet[5] und meine nächsten Freunde angehalten, sich mit den Gefangenen fortzupflanzen[6]: durch dieses heilige Band wollte ich jeden Unterschied zwischen Besiegten und Siegern tilgen. Damit seid ihr nicht irgendwelche fremden Soldaten, vielmehr meine angestammten Truppen, davon dürft ihr überzeugt sein. Asien und Europa sind ein und dasselbe Reich,

ropae unum atque idem regnum est. Macedonum vobis arma do, inveteravi peregrinam novitatem: et cives mei estis et milites. Omnia eundem ducunt colorem: nec Persis Macedonum morem adumbrare nec Macedonibus Persas imitari indecorum. Eiusdem iuris esse debent, qui sub eodem rege victuri sunt.«

Hac oratione habita Persis corporis sui custodiam credidit, Persas satellites, Persas apparitores fecit. Per quos cum Macedones, qui huius seditionis principes erant, vincti ad supplicia traherentur, unum ex iis auctoritate et aetate gravem ad regem ita locutum ferunt: **IV** [13] »Quousque«, inquit, »animo tuo etiam per supplicia et quidem externi moris obsequeris? Milites tui, cives tui incognita causa et captivis suis ducentibus trahuntur ad poenam. Si mortem meruisse iudicas, saltem ministros supplicii muta!« Amico animo, si veri patiens fuisset, admonebatur, sed in rabiem ira pervenerat. Itaque rursus – nam parumper, quibus imperatum erat, dubitaverant – mergi in amnem, sicut vincti erant, iussit. Nec hoc quidem supplicium seditionem militum movit. Namque copiarum duces atque amicos eius manipuli adeunt petentes, ut, si quos adhuc pristina noxa iudicaret esse contactos, iuberet interfici: offerre se corpora irae, trucidaret. *Tandem prae dolore vix mentis compotes universi concurrunt ad regiam armisque ante fores proiectis tunicati astantes, ut nuda et obnoxia poenis corpora admitte-*

ich gebe euch die Waffen der Makedonen; so habe ich eurem frischen Ausländerstatus Wurzeln in alten Traditionen gegeben: ihr seid meine Mitbürger, meine Soldaten. Die Nuancen verschwimmen: für die Perser ist es angebracht, sich den Sitten der Makedonen anzupassen, für die Makedonen, die Perser zu imitieren. Für jeden Untertan, der unter demselben König leben will, muss dasselbe Gesetz gelten.«

Nach dieser Rede vertraute er seine Leibwache den Persern an, sie waren es, die er zu seinen Trabanten und Vollzugsgehilfen erhob. Als die makedonischen Rädelsführer jener Meuterei in Fesseln von ihnen zur Hinrichtung geschleppt wurden, soll ein einflussreicher Veteran dem König folgendes entgegengeworfen haben: **IV** [13] »Bis wohin willst du es in deinem Groll noch treiben, selbst mit Foltermethoden einer fremden Kultur?«, so fragte der. »Ohne Prozess, von jenen, die sie einst selbst zu ihren Gefangenen machten, werden deine Soldaten, deine Mitbürger zur Exekution geschleift. Wenn du meinst, sie verdienten den Tod, dann nimm wenigstens andere Schergen!« Ein gutgemeinter Rat wäre das gewesen, hätte Alexander die Wahrheit ertragen, doch seine Wut hatte sich zur Rage gesteigert. Und da die beauftragten Henkersknechte kurz gezögert hatten, befahl er erneut, die Verurteilten in ihren Ketten in den Strom zu tauchen. Nicht einmal diese grausame Tötungsart löste bei den Soldaten eine Rebellion aus. Tatsächlich wandten die sich in ganzen Kompanien an die Truppengeneräle und seine Freunde mit der Bitte, der König solle ruhig jeden ausschalten, der seinem Urteil nach weiterhin vom Virus des alten Fehlverhaltens infiziert sei: sie seien bereit, seinen Zorn am eigenen Leib zu erfahren, einfach umlegen solle er sie. *Am Ende, vor Schmerz kaum noch Herr ihrer Sinne, stürzten sie im Pulk zum königlichen Quartier, schleuderten vor dem Eingang ihre Waffen von sich und flehten so, nur in ihre Tuniken gehüllt, unter Tränen, er möge sie doch vorlassen, da sie sich waffenlos*

rentur, flentes orabant. Non se deprecari, quin suppliciis sontium expiarentur, quae per contumaciam deliquissent. Regis iracundiam sibi morte tristiorem esse.

Cumque dies noctesque ante regiam persistentes miserabili clamore habituque paenitentiam suam adprobarent, biduum tamen adversus humillimas suorum preces iracundia regis duravit. Tertio die victus constantia supplicum processit incusataque leniter exercitus inmodestia non sine multis utrimque lacrimis in gratiam se cum ipsis redire professus est. Digna tamen res visa est, quae maioribus hostiis expiaretur. Itaque sacrificio magnifice perpetrato Macedonum simul Persarumque primores invitavit ad epulas. Novem milia eo convivio excepisse proditum est memoriae eosque omnes invitante rege ex eadem creterra libavisse, Graecis barbarisque vatibus cum alia fausta vota praeeuntibus, tum inprimis, ut utriusque imperii societas in idem corpus coalita perpetua esset. Maturata deinde est missio, et infirmissimus quisque exauctorati. Amicorum quoque seniorum quibusdam commeatum dedit. Ex quibus Clitus cognomine Albus Gorgiasque et Polydamas et Antigenes fuere. Abeuntibus non modo praeteriti temporis stipendia cum fide persolvit, verum etiam talentum adiecit in singulos milites viatici nomine. Filios ex Asiaticis uxoribus susceptos – ad decem milia fuisse traduntur – apud se relinqui iussit, ne in Macedoniam

der Bestrafung stellten. Nicht um Schonung gehe es ihnen, denn ihre pflichtvergessene Insubordination sei mit Hinrichtung der Schuldigen mitnichten abgegolten. Des Königs Groll wiege für sie schwerer als der Tod.

Obwohl sie Tag und Nacht vor der Unterkunft ausharrten und durch Lamento und ihren Aufzug demonstrierten, dass ihre Reue echt war, ließ sich der Zorn des Königs dennoch zwei Tage lang nicht durch solch devotes Flehen der Seinen besänftigen. Am dritten, begütigt durch die Ausdauer der Zerknirschten, trat er hinaus, beschwerte sich noch einmal in sachlichem Ton über die Disziplinlosigkeit der Armee, um schließlich unter vielen Tränen auf beiden Seiten seine Bereitschaft zur Versöhnung zu künden. Der Vorfall schien allerdings gravierend genug für ein Sühneopfer in Gestalt ausgewachsener Tiere. Und so wurde dieser Ritus mit großem Pomp vollzogen, und danach lud Alexander die Elite sowohl der Makedonen als auch der Perser zu einem Bankett. Es ist tradiert, er habe neuntausend Gäste bei diesem Mahl empfangen und die hätten allesamt auf seine Aufforderung hin aus ein und demselben Mischgefäß ein Trankopfer dargebracht, während ihnen griechische und barbarische Seher etliche Segenswünsche soufflierten, vor allem jenen, dass die zu einem Ganzen zusammengewachsene Reichsgemeinschaft beider Völker auf ewig Bestand haben möge. Im Anschluss wurde die Verabschiedung der Soldaten beschleunigt vorangetrieben, wobei man besonders die Schwächsten entließ. Auch einige seiner Freunde, die schon älter waren, stellte Alexander frei, darunter Kleitos, der den Beinamen der Weiße trug, Gorgias, Polydamas und Antigenes. Den Abziehenden zahlte er nicht nur den korrekten Sold für die abgeleistete Wehrzeit, sondern außerdem pro Mann ein Talent als Wegegeld. Die Söhne aus ihren Beziehungen mit Asiatinnen – an die zehntausend, sagt man, waren das – sollten bei ihm zurückbleiben, weil deren Übersiedlung nach Makedonien zusammen mit ihren Vätern sowie ihre Inte-

cum parentibus transgressi et coniugibus liberisque prioribus permixti familias contentionibus et discordiis inplerent: sibi curae fore pollicitus, ut patrio more instituti militiae artes edocerentur. Ita plus decem milia veteranorum dimissa sunt, additusque est, qui eos deduceret, Craterus, ex praecipuis regis amicis. Cui si quid humani accidisset, Polyperchonti parere iussi sunt. Litteris etiam ad Antipatrum scriptis honorem emeritis haberi iussit, ut, quotiens ludi atque certamina ederentur, in primis ordinibus coronati spectarent, utque fato functorum liberi inpuberes in paterna stipendia succederent.

Craterum Macedoniae finitimisque regionibus cum imperio praeesse placuit, Antipatrum autem cum supplemento iuniorum Macedonum ad regem venire. Verebatur enim, ne per discordiam praefecti cum Olympiade gravis aliqua clades acciperetur. Nam multas ad Alexandrum epistulas mater, multas Antipater miserat, vicissimque alter alterum adroganter et acerbe pleraque facere criminabantur, quae ad dedecus aut detrimentum regiae maiestatis pertinerent. Postquam enim rumor occisi regis temere vulgatus in Macedoniam manavit, mater eius sororque Cleopatra tumultum moverant, et haec quidem paternum regnum, Olympias Epirum occupaverat. Forte, dum eiusmodi litterae redduntur, Hephaestion, qui omnium arcanorum particeps haberetur, resignatas ab Alexandro simul inspiciebat. Neque retinuit eum rex, sed detractum digito anulum ori legentis admovit nihil eorum, quae perscripta essent, in alios efferen-

gration in den Kreis der vorigen Frauen und Kinder zu Zank und Zwist in den Familien geführt hätte. Er versprach, dafür Sorge zu tragen, dass sie nach heimischer Sitte erzogen würden und eine profunde militärische Ausbildung erhielten. Derart wurden mehr als zehntausend Veteranen aus dem Dienst entlassen, denen als verantwortlicher Führer Krateros beigesellt wurde, einer der ganz speziellen Freunde des Königs: falls dem etwas Menschliches zustoße, seien die Weisungen Polyperchons zu befolgen. In einem Schreiben legte er überdies Antipater die besondere Ehrung der Exsoldaten ans Herz: bei allen Spielen und Wettkämpfen sollten sie bekränzt in den ersten Reihen sitzen und beim Tod der Ausgemusterten noch unmündige Söhne hätten Anspruch auf Fortzahlung des väterlichen Solds.

Er befand es für gut, Krateros als Regenten Makedoniens und der angrenzenden Regionen einzusetzen, Antipater aber zusammen mit den jungen makedonischen Rekruten zu sich abzuberufen. Er fürchtete in der Tat, das Zerwürfnis zwischen dem Gouverneur und Olympias könne zu irgendwelchen schlimmen Kalamitäten führen. Viele Briefe hatte nämlich die Mutter an Alexander geschickt, viele auch Antipater, und darin beschuldigten sie sich abwechselnd gegenseitig zahlreicher Übergriffe und Greueltaten, die eine Verunglimpfung und Schädigung der Majestät des Königs bedeuteten. Nachdem sich jedenfalls, ohne dass etwas dahintersteckte, das Gerücht, der König wäre ermordet worden, bis hin nach Makedonien verbreitete, hatten seine Mutter und seine Schwester Kleopatra geputscht, letztere hatte das väterliche Reich usurpiert, Olympias aber Epeiros. Just während dieser Zeit, als der König Schreiben dieses Inhalts erhielt, warf auch Hephaistion, den er ja in alle Geheimnisse einweihte, zufällig einen Blick in die schon geöffnete Post. Der König hinderte ihn nicht daran, sondern zog den Ring von seinem Finger und drückte ihn dem Lesenden auf den Mund zur Besiegelung, dass kein Wort, das dort stehe, an Dritte durchsickern dürfe. Er be-

dum significans. Incusasse autem ambos fertur et matris insolentia permotus exclamasse eam pro habitatione decem mensium, quam in utero sibi praebuisset, gravem mercedem exigere, Antipatrum vero suspectum habuisse parta ex Spartanis victoria tollere animos et imperio tot iam annos prorogato supra praefecti modum esse elatum. Itaque cum eius gravitas atque integritas a quibusdam praedicaretur, respondit exterius quidem album videri, sed si penitus introspiceretur, totum esse purpureum. Pressit tamen suspicionem suam neque ullum manifestius abalienati animi indicium protulit. Credidere tamen plerique Antipatrum arcessi se supplicii causa ratum inpiis insidiis mortis regis, quae paulo post secuta est, auctorem extitisse.

Interea rex, ut inminuti exercitus detrimenta sarciret, optimum quemque Persarum in Macedonicos ordines adlegit: mille etiam praestantissimos segregavit ad corporis custodiam, aliam hastatorum manum, haud pauciores decem milibus, ad regium tabernaculum excubias agere iussit. Haec agenti Peucestes supervenit cum viginti milibus sagittariorum funditorumque, quos ex sua provincia coegerat. His per exercitum distributis profectus est Susis et Pasitigri amne traiecto apud Caras castra metatus est. Inde quadriduo per Sittacenen ductis copiis Sambana processit ibique per septem dies substitit. Tridui deinde itinere emenso Celonas perventum est. Oppidum hoc tenent Boeotia profecti, quos Xerxes ex sedibus suis excitos in Orientem trans-

schwerte sich freilich über die beiden Kontrahenten, heißt es, und im Schock über die Dreistigkeit seiner Mutter sei ihm der Aufschrei entfahren, für die zehn Monate, die sie ihn in ihrem Schoß beherbergt habe, fordere sie einen stattlichen Lohn. Antipater aber soll er verdächtigt haben, aufgrund seines Siegs über die Spartaner dem Größenwahn verfallen zu sein und sich nach jahrelanger Verlängerung seiner Befugnisse über seine Kompetenz als Statthalter erhoben zu haben. So konterte er, als sich einige in Lobeshymnen über dessen Charakterfestigkeit und Integrität ergingen, nach außen erscheine der zwar weiß, wenn man allerdings tiefer blicke, sei er durch und durch purpurn. Er hielt jedoch mit seinem Argwohn hinterm Berg und ließ sich die Antipathie, die er jetzt wider ihn empfand, nicht weiter anmerken. Dennoch tendierten die meisten zu der Ansicht, Antipater habe im Glauben, man zitiere ihn nur herbei, um ihn hinzurichten, durch einen frevelhaften Giftanschlag den Tod des Königs provoziert, der wenig später erfolgte.

In der Zwischenzeit wählte Alexander, um die Lücken der geschrumpften Armee zu füllen, die Elite der Perser aus und ergänzte damit die makedonischen Reihen; tausend der definitiv Besten wählte er sogar für seine Leibwache; außerdem ließ er eine Kompanie Hastaten von nicht weniger als zehntausend Mann vor dem Königszelt Wache stehen. Während er diese Maßnahmen vorantrieb, traf Peukestas mit zwanzigtausend Bogenschützen und Schleuderern ein, die er in seiner Provinz rekrutiert hatte. Die verteilte Alexander auf die Heeresabteilungen, dann brach er aus Susa auf, setzte über den Kleinen Tigris und kampierte in Karai. Von dort führte er die Truppen in einer Vier-Tages-Etappe durch Sittakene und von hier nach Sambana, wo er eine Woche lang Station machte. Nach dreitägigem Marsch war der nächste Halt Kelonai. Diese Stadt wird von ehemaligen Böotiern bewohnt, die Xerxes einst aus ihrer Heimat vertrieb und in den Osten umsiedelte[7]*. Als Beweis ihres*

tulit: servabantque argumentum originis peculiarem sermonem ex Graecis plerumque vocibus constantem, ceterum propter commercii necessitatem finitimorum barbarorum lingua utebantur. Inde in Bagistanen ingressus est, regionem opulentam et abundantem arborum amoeno et fecundo fetu ceterisque ad vitae non usum modo, verum etiam delectationem pertinentibus.

Gravis inter haec Eumeni cum Hephaestione simultas inciderat. Nam servos Eumenis e deversorio, quod pro domino suo occupaverant, Hephaestio proturbavit, ut Euius tibicen eo reciperetur. Neque multo post, cum iam sopita odia viderentur, nova orta contentione adeo recruduerunt, ut etiam in atrox iurgium et acerba utrimque convicia prorumperent. Sed Alexandri intercessione imperioque inimicitiae saltem in speciem abolitae sunt, cum ille Hephaestioni etiam minatus esset, qui in summa regis gratia Eumenem quamvis cupidum reconciliationis pertinacius aversabatur.

Perventum deinde est in Mediae campos, ubi maximi equorum greges alebantur: Nisaeos appellant, magnitudine et specie insignes. Plus quinquaginta milia ibi reperta esse, cum Alexander eo transiret, a comitibus eius adnotatum est: olim triplicem numerum fuisse, sed inter bellorum turbas maximam eorum partem praedones abegisse. Ad triginta dies ibi substitit rex. Eo Atropates, Mediae satrapes, centum barbaras mulieres adduxit equitandi peritas peltisque et securibus armatas: unde quidam

Ursprungs pflegten sie ein besonderes Idiom, das hauptsächlich aus griechischen Wörtern bestand, ansonsten bedienten sie sich entsprechend den Erfordernissen des Handels der Sprache der benachbarten Barbaren. Weiter ging es nach Bagistane, einer strotzenden Region, die reich gesegnet ist mit einer lieblichen, üppigen Baumflora und auch allem anderen, Dingen des Lebensbedarfs wie des Genusses.

Unterdessen war es zu beträchtlichen Rivalitäten zwischen Eumenes und Hephaistion gekommen. Der hatte nämlich die Sklaven des Eumenes aus dem Quartier, das sie für ihren Herrn in Beschlag genommen hatten, verscheucht, um dort den Flötenspieler Euios unterzubringen. Kurz darauf, als es schon so aussah, als wäre ihr Hass eingeschlafen, brach erneut ein Streit aus, bei dem der so heftig wieder aufflammte, dass sie sich in einem wüsten Wortwechsel und herben Schimpfworten Luft machten. Durch das Einschreiten und ein Machtwort Alexanders wurde aber ihre Feindschaft zumindest dem Anschein nach aus der Welt geschafft, obwohl Eumenes sogar Drohungen gegen Hephaistion ausgestoßen hatte. Als absoluter Favorit des Königs nahm sich dieser allerdings heraus, verbissen bei seiner ablehnenden Haltung zu bleiben, mochte der andere auch noch so sehr auf Versöhnung aus sein.

Die nächste Etappe waren die Ebenen Mediens, wo riesige Pferdeherden ihren Weideplatz hatten: Nisäer hießen sie und waren Prachtexemplare an Imposanz und Gestalt. Den Aufzeichnungen seiner Gefährten zufolge betrug deren Zahl bei Alexanders Ankunft in jenen Gefilden fünfzigtausend: früher sei das die dreifache Menge gewesen, nur hätten Räuber in den Kriegswirren den größten Teil fortgetrieben. Ungefähr dreißig Tage hielt sich der König in dieser Gegend auf. Dort kam Atropates, der Satrap Mediens, mit hundert Barbarinnen zu ihm, erfahrenen Reiterinnen, die mit Halbmondschilden und Streitäxten bewehrt waren, weshalb manche sie für einen versprengten

crediderunt Amazonum ex gente reliquias fuisse. Septimis deinde castris Ecbatana, Mediae caput, pervenit. Ibi sollemnia dis sacrificia fecit ludosque edidit et conviviis festisque diebus laxavit animum, ut ad nova opera validior esset.

Sed ista volventem velut iniecta manu fatum alio traxit vitamque carissimo amicorum eius neque multo post ipsi quoque regi eripuit. Pueros in stadio certantes spectabat, cum nuntiatum est deficere Hephaestionem, qui ex crapula septimum iam diem aeger cubabat. Exterritus amici periculo statim surrexit et ad hospitium eius celeriter se contulit. Neque tamen prius eo pervenit, quam illum mors occupavit. Id regi omnium, quae in vita pertulerat, adversorum luctuosissimum accidisse certum habetur eumque magnitudine doloris in lacrimas et lamenta victum multa animi de gradu deiecti argumenta edidisse. Sed ea quidem varie traduntur: illud inter omnes constat, Alexandrum, ut quam decentissimas exequias ei duceret, noluisse Ecbatanis eum sepeliri, sed Babylonem, quo ipse profecturus esset, a Perdicca deferri: ibique funus inaudito exemplo duodecim milibus talentum locavisse. Per universum certe imperium lugeri eum iussit et, ne memoria eius in exercitu exolesceret, equitibus, quibus praefuerat, nullum praefecit ducem, sed Hephaestionis alam appellari voluit et, quae ille signa instituisset, ea non inmutari. Funebria certamina ludosque, quales numquam editi fuissent, meditatus tria milia artificum coegit: qui non multo post in ipsius exequiis certasse traduntur.

Teil der Amazonen hielten. Nach sieben Stationen war er dann in Ekbatana, der Hauptstadt Mediens. Hier veranstaltete er Opferfeiern für die Götter, organisierte Spiele und entspannte sich bei Gelagen und Festtagen, um den Kopf für neue Aufgaben freizubekommen.

Doch während er die noch bedachte, packte ihn des Schicksals Hand und zog ihn in eine andere Richtung: seinem liebsten Freund raubte es das Leben und kurz darauf auch dem König selbst. Er sah gerade den jungen Burschen beim Wettkampf auf der Rennbahn zu, als man ihn informierte, mit Hephaistion gehe es bergab: schon seit sechs Tagen lag der mit Schwindel krank darnieder. Panisch ob des kritischen Zustands seines Freundes sprang Alexander auf und eilte zu dessen Quartier. Aber noch ehe er da war, raffte der Tod jenen dahin. Das war der herbste Schlag, den der König in seinem Leben erlitten hatte, so viel ist sicher, auch dass er, von enormem Schmerz überwältigt, weinte und klagte und durch viele Reaktionen zeigte, dass sein Geist komplett aus der Bahn geworfen war. Allerdings äußern sich die Quellen diesbezüglich unterschiedlich, eines freilich ist für alle Tatsache: um die Beisetzung mit allem schuldigen Respekt zu gestalten, wollte er Hephaistion nicht in Ekbatana bestatten, sondern ließ ihn von Perdikkas nach Babylon, seinem nächsten Ziel, überführen: dort richtete er für zwölftausend Talente ein bis dato einmaliges Leichenbegängnis aus. Über das ganze Reich verhängte er Staatstrauer, und damit in der Armee die Erinnerung an jenen nicht verblasste, bekam die von ihm befehligte Kavallerie keinen neuen General, stattdessen sollte sie auf Alexanders Wunsch hin fortan »Hephaistions Schwadron« heißen und die von ihm eingeführten Feldzeichen unverändert weiter führen. Er inszenierte Leichenspiele, wie sie noch nie dagewesen waren, mit Wettkampf und Theater, dreitausend Artisten engagierte er dafür; die suchten sich dann wenig später, so wird kolportiert, bei seiner eigenen Bestattung noch zu überflügeln.

Nec amici tam effuso adfectu ad conciliandam eius gratiam segniter usi certatim repperere, per quae memoria defuncti clarior honoratiorque fieret. Eumenes igitur cum se ob simultatem cum Hephaestione in regis indignationem incurrisse sensisset, multis auctor fuit seque et arma sua Hephaestioni consecrandi pecuniasque ad cohonestandum funus large contulit. Hoc exemplum imitati sunt ceteri: eoque processit adsentantium inpudentia, ut regi maerore et desiderio defuncti insanienti persuasum tandem sit deum esse Hephaestionem. Quo quidem tempore ex copiarum ducibus Agathocles Samius in extremum periculum venit, quod eius tumulum praeteriens inlacrimasse visus est. Ac nisi Perdiccas venanti sibi Hephaestionem adparuisse ementitus per deos omnes ipsumque Hephaestionem deierasset, ex ipso se cognovisse Agathoclem non ut mortuum et vanae divinitatis titulis frustra ornatum flevisse, verum propter memoriam pristinae sodalitatis lacrimas non tenuisse, vir fortis et de rege bene meritus pietatis in amicum graves poenas innoxius pependisset.

Ceterum ut paulisper a luctu avocaret animum, in Cossaeorum terram expeditionem suscepit. Iuga Mediae vicina Cossaei tenent, aspera et bellicosa et rapto vivere adsueta gens. Ab his Persarum reges annuo tributo pacem redimere solebant,

Die Freunde nutzten indes seine überbordende Sentimentalität wacker aus, sich bei ihm beliebt zu machen: um die Wette ersannen sie Dinge, die dem Toten in der Erinnerung noch mehr Glanz und Ehre verliehen. Dementsprechend brachte Eumenes, der ja spürte, dass er wegen seines gespannten Verhältnisses zu Hephaistion den Unwillen des Königs erregt hatte, viele dazu, sich und ihre Waffen diesem Mann zu weihen, und stellte überdies großzügig Mittel zur Verfügung, die Beisetzungsfeierlichkeiten zu einem grandiosen Ereignis zu gestalten. Die anderen folgten seinem Beispiel. Die schamlose Frechheit der Speichellecker nahm solche Formen an, dass sie dem König, der vor Trauer und Sehnsucht nach dem Verstorbenen ganz von Sinnen war, vorgaukelten, Hephaistion wäre ein Gott. Und wahrlich geriet in jenen Tagen Agathokles aus Samos, einer der Truppengeneräle, in die größte Bredouille, weil man ihn hatte weinen sehen, als er an dessen Grabhügel vorüberschritt. Für seine Freundesliebe wäre dieser treffliche Mann, der sich hohe Verdienste um den König erworben hatte, um ein Haar trotz Unschuld schwer bestraft worden, Perdikkas jedoch flunkerte, Hephaistion wäre ihm auf der Jagd erschienen und hätte ihm bei allen Göttern einschließlich seiner eigenen Wesenheit Stein und Bein geschworen, nicht darüber, dass er tot sei und man ihn sinnlos mit albernen Göttertiteln ehre, habe Agathokles geweint, nein, die Erinnerung an ihre alte Kameradschaft habe ihm die Tränen in die Augen getrieben, und das wisse er, Hephaistion, durch einen Blick in dessen Herz.

Um nun aber seine Trauer für eine Weile zu verdrängen und auf andere Gedanken zu kommen, unternahm der König eine Expedition ins Land der Kossäer. Diese sitzen in den an Medien angrenzenden Bergzügen, ein rauhes, kriegerisches Volk, das von gewohnheitsmäßigem Raub lebt. Für die Perserkönige war es normal, sich ein friedliches Zusammenleben mit ihnen durch eine jährliche Abgabe zu erkaufen; dadurch sollte verhindert

ne in subiectam terram decurrentes latrociniis regionem facerent infestam. Nam vim temptantes Persas facile reppulerant asperitate locorum defensi, in quae se recipiebant, quotiens armis superati erant. Idem muneribus quotannis placabantur, ut regi Ecbatanis, ubi aestiva solebat agere, Babylonem remigranti tutus per ea loca transitus esset. Hos igitur Alexander bipartito agmine adgressus intra quadraginta dies perdomuit. Nam ab ipso rege et Ptolomaeo, qui partem exercitus ducebat, saepe victi, ut captivos suos reciperent, permisere se victori. Ille validas urbes opportunis locis condi iussit, ne abducto exercitu fera gens iugum exueret. Motis inde castris, ut militem expeditione recenti fessum reficeret, lento agmine Babylonem processit.

Iamque vix triginta ab urbe stadia aberat, cum Nearchus occurrit, quem per Oceanum et Euphratis ostia Babylonem praemiserat, oravitque, ne fatalem sibi urbem vellet ingredi. Conpertum id sibi ex Chaldaeis, qui multarum iam praedictionum eventu artis suae fidem abunde probavissent. Rex fama eorum hominum constantique adseveratione motus dimissis in urbem amicorum plerisque alia via praeter Babylonem ducit ac ducenta inde stadia stativa conlocat. Sed ab Anaxarcho philoso-

werden, dass sie ins Tiefland hinabstürmten und die Gegend durch Überfälle verwüsteten. Gewaltsame Sanktionen der Perser hatten jene nämlich einfach ins Stocken gebracht, geschützt durch die unwegsame Gebirgsregion, in die sie sich nach jeder Niederlage zurückzogen. Außerdem stellte man sie Jahr für Jahr mit Geschenken ruhig, um dem König eine sichere Durchreise durch ihr Gebiet zu ermöglichen, wenn er aus seiner Sommerresidenz in Ekbatana nach Babylon zurückkehrte. Darum schritt Alexander jetzt zur Attacke, wobei er die Armee in zwei Kolonnen splittete, und in vierzig Tagen machte er die Kossäer völlig fertig. Eine Schlappe nach der anderen fügte ihnen der König selbst zu oder Ptolemaios, der Befehlshaber der zweiten Abteilung, und deshalb unterwarfen sie sich schließlich, um ihre Kriegsgefangenen wieder freizubekommen, dem Sieger. Der ließ an geeigneter Stelle feste Städte gründen, damit das wilde Volk nach Abzug des Heeres nicht aus dem Hochland abwanderte. Danach rückte er ab, und um der von dem gerade erfolgten Feldzug erschöpften Armee Erholung zu gönnen, ging es in langsamem Marschtempo Richtung Babylon.

Schon war Alexander keine dreißig Stadien mehr von der Stadt entfernt, da stellte sich ihm Nearchos in den Weg, den er über die Route Ozean – Euphratmündung nach Babylon vorausgeschickt hatte, und beschwor ihn, doch bitte keinen Fuß in diesen für ihn fatalen Ort zu setzen. Den Rat habe er von den Chaldäern bekommen, und die hätten ja die Verlässlichkeit ihrer Kunst mehr als genug bewiesen, seien doch schon viele ihrer Prophezeiungen tatsächlich eingetroffen. Der Ruf dieser Männer und Nearchos' hartnäckiges Insistieren verfehlten ihre Wirkung nicht: nachdem Alexander dem Großteil seiner Freunde Stadturlaub gewährt hatte, führte er die Armee auf einem anderen Weg an Babylon vorbei und errichtete zweihundert Stadien von dort entfernt sein Standquartier. Dann aber belehrte ihn der Philosoph Anaxarchos[8] eines Besseren, und infolgedessen ver-

pho edoctus contemptis Chaldaeorum monitis, quorum disciplinam inanem aut supervacuam arbitrabatur, urbem intrat. Legationes eo ex universo ferme orbe confluxerant. Quibus per conplures dies studiose auditis deinceps ad Hephaestionis exequias animum advertit. Quae summo omnium studio ita celebratae sunt, ut nullius ad id tempus regis feralia magnitudine sumptuum apparatusque celebritate non vicerint.

Post haec cupido incessit regi per Pallacopam amnem ad Arabum confinia navigandi: quo delatus urbi condendae commoda sede reperta Graecorum aetate aut vulneribus invalidos et, si qui sua sponte remanserant, ibi conlocat. Quibus ex sententia perfectis iam futuri securus Chaldaeos inridebat, quod Babylonem non ingressus tantum esset incolumis, verum etiam excessisset. Verum enimvero revertenti per paludes, quas Euphrates in Pallacopam effusus efficit, foedum omen oblatum est. Quippe rami desuper inpendentes detractum capiti regis diadema proiecerunt in fluctus. Cum deinde alia atque alia prodigia nuntiarentur, procurandis eis Graeco simul barbaroque ritu continua sacra facta sunt. Neque tamen expiari nisi morte regis potuere. Qui cum Nearchum excepisset convivio iamque cubitum iturus esset, Medii Larisaei obnixis precibus dedit, ut ad eum comissatum veniret. Ubi postquam tota nocte perpotavit, male habere coepit. Ingravescens deinde morbus adeo omnes vires intra sextum diem exhausit, ut ne vocis quidem potestas esset. Interea milites sollicitudine desiderioque eius anxii, quamvis ad-

warf er die Warnungen der Chaldäer, deren Credo er jetzt für Unsinn oder besser für unnützes Zeug hielt, und betrat die Stadt. Gesandtschaften aus nahezu der ganzen Welt hatten sich hier eingefunden. Mehrere Tage schenkte er denen aufmerksam Gehör, danach galt sein Augenmerk dem Leichenbegängnis Hephaistions. Durch höchsten Einsatz aller Beteiligten wurde das zu einem einmaligen Ereignis, der an Kostenaufwand und an feierlichem Pomp jede Königsbestattung, die es bis dato gab, übertrumpfte.

Danach überkam den König die Anwandlung, auf dem Pallakotas bis an die arabische Grenze zu segeln. Hier angekommen, siedelte er die durch ihr Alter oder ihre Verletzungen wehruntauglichen Griechen und alle, die freiwillig bleiben wollten, an einem passenden Bauplatz für eine Neugründung an. Kaum hatte das wunschgemäß geklappt, wiegte er sich in Optimismus und mokierte sich über die Chaldäer: nach Babylon sei er nicht nur heil hineingekommen, sondern sogar wieder heraus. Auf dem Rückmarsch durch die Sümpfe, die beim Austritt des Euphrat in den Pallakotas entstehen, wurde ihm indes ein entsetzliches Omen zuteil: von oben herabhängende Zweige streiften das Diadem von des Königs Haupt jäh hinab in die Fluten. Weil sodann ein Unglückszeichen nach dem anderen gemeldet wurde, zelebrierte man, um den Fluch zu bannen, Opfer nach dem Zeremoniell der Griechen wie auch der Barbaren. Nur der Tod des Königs aber war noch Sühne genug. Nach dem Empfangsbankett für Nearchos, als er sich bereits zur Ruhe betten wollte, lud ihn Medios aus Larissa auf ein Trinkgelage zu sich, und Alexander willfahrte seinem Drängen. Nachdem er dort die ganze Nacht durchzecht hatte, überkam ihn ein Unwohlsein. Im folgenden verschlimmerte sich seine Hinfälligkeit, binnen sechs Tagen verzehrte die all seine Kräfte, sogar seine Stimmgewalt büßte er ein. Inzwischen trieb die Soldaten die Sorge um ihn um, ängstlich vermissten sie ihren König, und darum erzwangen sie

monentibus ducibus, ne valitudinem regis onerarent, expresserunt, ut in conspectum eius admitterentur.

V [14] Intuentibus lacrimae obortae praebuere speciem iam non regem, sed funus eius visentis exercitus. Maeror tamen circumstantium lectum eminebat; quos ut rex aspexit: »Invenietis«, inquit, »cum excessero, dignum talibus viris regem?« Incredibile dictu audituque, in eodem habitu corporis, in quem se conposuerat, cum admissurus milites esset, durasse, donec a toto exercitu illud ultimum persalutatus est. Dimissoque vulgo velut omni vitae debito liberatus fatigata membra reiecit propiusque adire iussis amicis – nam et vox deficere iam coeperat – detractum anulum digito Perdiccae tradidit adiectis mandatis, ut corpus suum ad Hammonem ferri iuberent. Quaerentibusque his, cui relinqueret regnum, respondit ei, qui esset optimus; ceterum providere iam se ob id certamen magnos funebres ludos parari sibi. Rursus Perdicca interrogante, quando caelestes honores haberi sibi vellet, dixit tum velle, cum ipsi felices essent. Suprema haec vox fuit regis, et paulo post extinguitur.

[15] Ac primo ploratu lamentisque et planctibus tota regia personabat; mox velut in vasta solitudine omnia tristi silentio muta torpebant ad cogitationes, quid deinde futurum esset, dolore converso. Nobiles pueri custodiae corporis eius adsueti

sich direkten Zugang zu ihm; alles Mahnen der Generäle, seinen Zustand nicht ärger zu machen, fruchtete nichts.

V [14] Bei seinem Anblick schossen ihnen die Tränen in die Augen: sie wirkten nicht, als ob sie ihrem Monarchen einen Besuch abstatteten, sondern wie Teilnehmer an einer Beerdigung; noch umstanden sie sein Lager, doch die Trauer stand ihnen im Gesicht. Kaum gewahrte der sie, rang er sich die Worte ab: »Werdet ihr nach meinem Scheiden je wieder einen König finden, der Männer wie euch verdient hat?« Man möchte es gar nicht sagen, dermaßen unglaublich klingt es: in derselben Körperhaltung, die er zur Audienz mit den Soldaten eingenommen hatte, harrte er aus, bis das gesamte Heer ihm ein letztes Mal salutiert hatte. Erst als die Menge verabschiedet war, ließ er seine ermatteten Glieder mit einem Ruck zurücksinken, ganz so, als hätte er seine Pflicht und Schuldigkeit dem Leben gegenüber nun erfüllt. Er bat die Freunde näher zu sich heran, denn auch seine Stimme wurde bereits brüchig. Vom Finger zog er den Ring und reichte ihn Perdikkas mit der Weisung, man möge seinen Leichnam zu Hammon überstellen. Und auf ihre Frage, wen er zum Erben seines Reiches küre, erwiderte er, das solle an den Besten unter ihnen gehen: im übrigen lehre ihn ein Blick in die Zukunft, dass ihm ihr Konkurrenzkampf um die Herrschaft pompöse Leichenspiele bescheren werde. Perdikkas stellte nun die umgekehrte Frage, wann er denn göttlicher Verehrung teilhaftig zu werden wünsche, und seine Antwort lautete, das wolle er in jenem Augenblick, da sie selbst glücklich seien. Das waren des Königs letzte Worte, kurz darauf entschlief er.

[15] Zuerst hallte der ganze Königspalast von Weinen, Jammern und Ächzen, danach wurde es still wie in einer einsamen Wüste, alles erstarrte in trostlosem Schweigen: was würde jetzt werden, dieser Gedanke beherrschte nun ihren Gram. Für die edlen Pagen war der Schmerz zu groß, er überstieg ihre

nec doloris magnitudinem capere nec se ipsos intra vestibulum regiae tenere potuerunt: vagique et furentibus similes tantam urbem luctu ac maerore conpleverant nullis questibus omissis, quos in tali casu dolor suggerit. Ergo qui extra regiam adstiterant Macedones pariter barbarique concurrunt, nec poterant victi a victoribus in communi dolore discerni. Persae iustissimum ac mitissimum dominum, Macedones optimum ac fortissimum regem invocantes certamen quoddam maeroris edebant. Nec maestorum solum, sed etiam indignantium voces exaudiebantur, tam viridem et in flore aetatis fortunaeque invidia deum ereptum esse rebus humanis. Vigor eius et vultus educentis in proelium milites, obsidentis urbes, evadentis in muros, fortes viros pro contione donantis occurrebant oculis. Tum Macedones divinos honores negasse ei paenitebat, inpiosque et ingratos fuisse se confitebantur, quod aures eius debita appellatione fraudassent.

[16] Et cum diu nunc in veneratione nunc in desiderio regis haesissent, in ipsos versa miseratio est. Macedonia profecti ultra Euphraten *in* mediis hostibus novum imperium aspernantibus destitutos se esse cernebant: sine certo regis herede, sine herede regni publicas vires ad se quemque tracturum. Bella deinde civilia, quae secuta sunt, mentibus augurabantur: iterum, non de regno Asiae, sed de rege ipsis sanguinem esse fun-

Kräfte, und es hielt sie nicht in der Vorhalle des Palastes: wie von Sinnen irrten sie umher und hatten bald die riesige Stadt mit ihrem lauten Weh und Ach erfüllt; jedwede Klage, die der Schmerz bei solchem Unglück eingibt, wurde dort laut. Daraufhin lief alles, was außerhalb des Palastes Aufstellung genommen hatte, zusammen, Makedonen und Barbaren gleichermaßen. In ihrem gemeinsamen Leid war jeder Unterschied zwischen Besiegten und Siegern verblasst: die Perser schrien nach ihrem Herrn, dem gerechtesten, dem mildesten, die Makedonen nach ihrem König, dem trefflichsten, dem wackersten, und so lieferten sie sich sozusagen einen Wettstreit im Trauern. Inmitten des Lamentos aber erhoben sich auch Rufe der Empörung: in voller Manneskraft, in der Blüte des Lebens, auf dem Gipfel des Erfolgs habe ihn der Götter Neid der Welt entrissen. Lebhaft vor Augen hatten sie seine Stärke, seinen Gesichtsausdruck, wenn er die Soldaten in die Schlacht führte, Städte belagerte, Mauern erklomm, Tapferkeit vor versammelter Mannschaft belohnte. Jetzt bereuten es die Makedonen, ihm göttliche Huldigung verweigert zu haben; seinen Ohren die geschuldete Anrede zu missgönnen, das sei respektlos und undankbar von ihnen gewesen, dies ihr Schuldeingeständnis.

[16] Geraume Weile taten sie nichts anderes, als ihren König in den Himmel zu heben oder ihn voll Bedauern zurückzuwünschen, dann packte sie umgekehrt das Selbstmitleid. Weit fort von Makedonien, jenseits des Euphrat, inmitten von Feinden, die das neue Regime ablehnten, wurden sie sich ihrer Verlassenheit bewusst: da ein klarer Erbe des Monarchen, ein Erbe des Reiches fehle, werde jeder versuchen, die Staatsgewalt an sich zu reißen. Im Geiste nahmen sie die Bürgerkriege schon vorweg, die ja auch wirklich bald darauf folgten: erneut müssten sie ihr Blut vergießen, doch nicht für die Herrschaft über Asien, nein, eines Potentaten wegen; um frischen Wunden

dendum, novis vulneribus veteres rumpendas cicatrices: senes, debiles, modo petita missione *a* iusto rege, nunc morituros pro potentia forsitan satellitis alicuius ignobilis.

Has cogitationes volventibus nox supervenit terroremque auxit. Milites in armis vigilabant, Babylonii alius e muris, alius culmine sui quisque tecti prospectabant quasi certiora visuri. Nec quisquam lumina audebat accendere. Et quia oculorum cessabat usus, fremitus vocesque auribus captabant ac plerumque vano metu territi per obscuras semitas alius alii occursantes invicem suspecti ac solliciti ferebantur. Persae comis suo more detonsis in lugubri veste cum coniugibus ac liberis non ut victorem et modo [ut] hostem, sed ut gentis suae iustissimum regem vero desiderio lugebant. Ac sueti sub rege vivere non alium, qui imperaret ipsis, digniorem fuisse confitebantur.

[17] Nec muris urbis luctus continebatur, sed proximam regionem ab ea, deinde magnam partem Asiae cis Euphraten tanti mali fama pervaserat. Ad Darei quoque matrem celeriter perlata est. Abscissa ergo veste, quam induta erat, lugubrem sumpsit laceratisque crinibus humi corpus abiecit. Adsidebat ei altera ex neptibus nuper amissum Hephaestionem, cui nupserat, lugens propriasque causas doloris in communi maestitia retractabat. Sed omnium suorum mala Sisigambis una capiebat: illa suam, illa neptium vicem flebat. Recens dolor etiam

Platz zu machen, brächen die alten Narben wieder auf; sie, die eben noch ihren legitimen König um ihre Entlassung ersucht hätten, würden nun alt und invalid fallen, und das vielleicht nur für irgendeinen unbedeutenden Trittbrettfahrer.

Während sie diese Gedanken wälzten, überraschte sie die Nacht und verstärkte noch ihr Entsetzen. Voll gerüstet verharrten die Soldaten in Alarmbereitschaft, die Babylonier, teils auf den Mauern postiert, teils auf den Giebeln ihrer Häuser, lenkten den Blick in die Ferne, als ob ihnen von dort Erhellung zuteilwerden könnte. Keiner wagte es, Fackeln zu entzünden, und da man schließlich die Hand vor Augen nicht mehr sah, horchten sie auf Geräusche, auf Stimmen, und immer wieder, von Hirngespinsten geängstigt, rempelten sie in den dunklen Gassen im Laufschritt aneinander, ein Hin und Her von Sich-Verdächtig-Machen und panischem Schreck. Die Perser hatten sich ihrem Brauchtum gemäß die Haare geschoren und weinten, in Trauergewänder gehüllt, mit Frauen und Kindern Alexander in aufrichtigem Bedauern nach, nicht wie einem Eroberer, der eben noch ihr Feind war, im Gegenteil, wie dem rechtmäßigsten König, den ihr Volk je hatte; von altersher Untertanen einer Monarchie, erkannten sie an, dass kein anderer je würdiger gewesen war, über sie zu herrschen.

[17] Zu eng für die Trauer waren die Mauern der Stadt, schon war die Kunde von dieser Tragödie in die nächste Umgebung, dann in einen Großteil Asiens diesseits des Euphrat gedrungen. Schnell erreichte sie auch des Dareios Mutter: da zerriss sie das Kleid, das sie trug, und legte Trauergewandung an; sie raufte sich die Haare und warf sich zu Boden. Eine ihrer beiden Enkelinnen stand ihr zur Seite, die klagte um Hephaistion, ihren Gemahl, den sie vor kurzem erst verlor, und demzufolge beschwor der allgemeine Kummer ihr eigenes Unglück wieder herauf. Doch der Liebsten Leid zusammen traf nur Sisigambis, sie allein: ihr eigenes Los beweinte sie, beweinte das ihrer En-

praeterita revocaverat. Crederes modo amissum Dareum et pariter miserae duorum filiorum exequias esse ducendas. Flebat simul mortuos vivosque. Quem enim puellarum acturum esse curam? quem alium futurum Alexandrum? iterum esse se captas, iterum excidisse regnum. Qui mortuo Dareo ipsas tueretur, repperisse; qui post Alexandrum respiceret, utique non reperturas. Subibat inter haec animum LXXX fratres suos eodem die ab Ocho, saevissimo regum, trucidatos adiectumque stragi tot filiorum patrem; e septem liberis, quos genuisset ipsa, unum superesse; ipsum Dareum floruisse paulisper, ut crudelius posset extingui. Ad ultimum dolori succubuit obvolutoque capite accidentes genibus suis neptem nepotemque aversata cibo pariter abstinuit et luce. Quinto, postquam mori statuerat, die extincta est. Magnum profecto Alexandri indulgentiae in eam iustitiaeque in omnes captivos documentum est mors huius, quae cum sustinuisset post Dareum vivere, Alexandro esse superstes erubuit.

[18] Et, hercule, iuste aestimantibus regem liquet bona naturae eius fuisse, vitia vel fortunae vel aetatis. Vis incredibilis animi, laboris patientia propemodum nimia, fortitudo non inter reges modo excellens, sed inter illos quoque, quorum haec

kelinnen. Dazu hatte der frische Schmerz die Vergangenheit wachgerufen. Man hätte meinen können, der Verlust des Dareios läge gar nicht weit zurück und die Unglückselige müsse nun zwei Söhne auf einmal zu Grabe tragen. Sie weinte über die Toten und die Lebenden zugleich. Wer würde sich denn fortan um die jungen Frauen kümmern? Wer ein zweiter Alexander sein? Wieder seien sie Gefangene, wieder sei der königliche Status für sie dahin. Als Dareios nicht mehr war, hätten sie Schutz und Schirm gefunden; noch einen Alexander, der Rücksicht auf sie nähme, den fänden sie nimmermehr. Während sie so grübelte, tauchte in ihrem Geiste das Bild ihrer achtzig Brüder auf, wie sie an ein und demselben Tag von Ochos, dem schrecklichsten aller Despoten, abgeschlachtet worden waren, wie nach so vielen Söhnen auch der Vater dem Gemetzel zum Opfer fiel[9]; sie dachte daran, dass von den sieben Kindern, die sie selbst geboren hatte, nur eines noch am Leben war, dass sogar des Dareios Glückssträhne doch nur dem Ziel eines grausameren Endes diente. Schließlich gewann der Schmerz die Oberhand: sie verhüllte ihr Haupt, wollte nichts mehr wissen von Enkelin und Enkel, die sich vor ihre Knie warfen, verweigerte jede Nahrung, jedes Sonnenlicht. Vier Tage, nachdem sie beschlossen hatte zu sterben, verschied sie. Für Alexanders Huld ihr gegenüber und damit generell für die Gerechtigkeit, die er allen Kriegsgefangenen zuteilwerden ließ, ist der Tod dieser Frau der beste Beweis: nach Dareios noch weiterzuleben hatte sie geschafft, Alexander zu überdauern aber schämte sie sich.

[18] Und beim Herkules, bei einer vorurteilsfreien Bewertung des Königs wird deutlich, dass seine Qualitäten Teil seines angeborenen Wesens, seine Laster hingegen Auswüchse seines Erfolgs und jugendlichen Alters sind. Unglaubliche Power; nahezu übersteigertes Durchhaltevermögen; eine Tapferkeit, die ihn nicht nur unter Königen, sondern auch unter den

sola virtus fuit, liberalitas saepe maiora tribuens, quam a dis petuntur, clementia in devictos, tot regna aut reddita, quibus *ademerat* bello, aut dono data, mortis, cuius metus ceteros exanimat, perpetua contemptio, gloriae laudisque ut iusto maior cupido, ita *in* iuvene et in tantis *neglegenda* rebus; iam pietas erga parentes, quorum Olympiada inmortalitati consecrare decreverat, Philippum ultus erat, iam in omnes fere amicos benignitas, erga milites benevolentia, consilium par magnitudini animi et, quantam vix poterat aetas eius capere, sollertia, modus inmodicarum cupiditatum, veneris intra naturale desiderium usus nec ulla nisi ex permisso voluptas ingenii profecto dotes erant. Illa fortunae: dis aequare se et caelestes honores accersere et talia suadentibus oraculis credere et dedignantibus venerari ipsum vehementius, quam par esset, irasci, in externum habitum mutare corporis cultum, imitari devictarum gentium mores, quos ante victoriam spreverat. Nam iracundiam et cupidinem vini sicuti iuventa inritaverat, ita senectus mitigare potuisset. Fatendum est tamen, cum plurimum virtuti debuerit, plus debuisse fortunae, quam solus omnium mortalium in potestate habuit. Quotiens illum a morte revocavit! quotiens temere in pericula vectum perpetua felicitate

Musterbildern dieser einen Tugend auszeichnete; eine Großzügigkeit, die oft Größeres gewährte, als man von Göttern zu erbitten wagt; Milde für die Besiegten, das heißt unzählige Reiche, die den Verlierern des Kriegs entweder zurückgegeben oder zum Geschenk gemacht wurden; konstante Todesverachtung im Gegensatz zu der lähmenden Furcht, die der Rest der Welt vor dem Sterben empfindet; ein den Rahmen des Zulässigen sprengendes Verlangen nach Ruhm und Ehre, was jedoch bei seiner Jugend und in Anbetracht der Dimensionen seiner Unternehmungen unmaßgeblich erscheint; ferner die Liebe zu den Eltern, Olympias wollte er ja zur unsterblichen Göttin erheben, und Philipp hatte er gerächt; nicht zu vergessen die Liebenswürdigkeit, mit der er fast all seine Freunde behandelte; seine fürsorgliche Haltung gegenüber seinen Soldaten; taktische Klugkeit, wie sie seiner hohen Intelligenz entsprach; eine Findigkeit, die mit seinem Alter kaum vereinbar war; Kontrolle unkontrolliert wilder Begierden; eine Sexualität innerhalb der Grenzen natürlicher Triebe, dazu eine Lustbefriedigung, die nur aus Erlaubtem schöpfte: all diese Dinge waren fürwahr seine charakterlichen Vorzüge. Seiner Stellung als Glückskind aber sind die folgenden Fehler zuzuschreiben: sich den Himmlischen gleichzusetzen und göttliche Huldigung zu beanspruchen; den Orakeln, die ihm das rieten, Glauben zu schenken, und jenen, die ihm ihre Anbetung verweigerten, mit unbilliger Heftigkeit zu zürnen; seine Tracht gegen ausländischen Putz zu tauschen und besiegten Nationen ihre Sitten abzuschauen, die er vor seinem Sieg noch verachtet hatte. Denn seinen Jähzorn und seine Weinsucht, diese Jugendsünden, hätte das Alter dämpfen können. Und dennoch, obwohl er seiner Tüchtigkeit sehr viel verdankte, muss man eingestehen, dass er dem Schicksal doch noch mehr schuldete, dessen Herr und Meister er als einziger unter allen Menschen gewesen ist. Wie oft hat es ihn dem Tod entrissen! Wie oft ihn, wenn er sich

protexit! Vitae quoque finem eundem illi quem gloriae statuit. Expectavere eum fata, dum Oriente perdomito aditoque Oceano, quidquid mortalitas capiebat, inpleret.

Huic regi ducique successor quaerebatur, sed maior moles erat, quam ut unus subire eam posset. Itaque nomen quoque eius et fama rerum in totum propemodum orbem reges ac regna diffudit, clarissimique sunt habiti, qui etiam minimae parti tantae fortunae adhaeserunt.

VI [19] Ceterum Babylone – inde enim devertit oratio – corporis eius custodes in regiam principes amicorum ducesque copiarum advocavere. Secuta est militum turba cupientium scire, in quem Alexandri fortuna esset transitura. Multi duces frequentia militum exclusi regiam intrare non poterant, cum praeco exceptis, qui nominatim citarentur, adire prohiberet. Sed precarium spernebatur imperium. Ac primum eiulatus ingens ploratusque renovatus est, deinde futuri expectatio inhibitis lacrimis silentium fecit. Tunc Perdicca regia sella in conspectum volgi data, in qua diadema vestisque Alexandri cum armis erant, anulum sibi pridie traditum a rege in eadem sede posuit. Quorum aspectu rursus obortae omnibus lacrimae integravere luctum. Et Perdicca: »Ego quidem«, inquit, »anulum, quo ille regni atque imperii [vi]res obsignare erat solitus, tra-

tollkühn in Gefahr begab, durch eine glückliche Fügung nach der anderen geschützt! Auch sein Leben ließ es erst in dem Moment enden, als der Zenit des Ruhmes erreicht war: des Geschickes Mächte gewährten ihm Frist, bis er mit der Bezwingung des Orients und dem Erreichen des Ozeans alles verwirklichen konnte, was die conditio humana erlaubte.

Für diesen König, diesen Feldherrn wurde nun ein Nachfolger gesucht, für die Schultern eines Einzelnen freilich war die Last der Aufgabe zu gewaltig. Und so ließ sein bloßer Name und der Ruf seiner Taten fast überall auf der ganzen Welt Könige und Reiche aus dem Boden schießen, und jene, die sich einen Anteil, selbst noch den winzigsten, an einem solchen Erfolg zu sichern wussten, waren angesagte Größen.

VI [19] Wie dem auch sein mag, in Babylon – dort war mein Bericht ja vor diesem Exkurs – beriefen die Generaladjutanten die wichtigsten Freunde des Königs und die Truppenkommandeure in den Palast. Begierig zu erfahren, wer Alexanders Stellung nun einnehmen werde, drängten die Soldaten zuhauf nach. Die Masse versperrte den Weg, und daher konnten etliche Generäle nicht ins Palais gelangen, obwohl ein Herold sich bemühte, jeden, der nicht namentlich aufgerufen wurde, am Betreten zu hindern. Allerdings machten die prekären Machtverhältnisse jeden Respekt zunichte. Infolgedessen erhob sich zunächst eine neue Welle ungeheuren Wehklagens und Jammerns, danach brachte die Spannung, was jetzt kommen werde, die Tränen zum Versiegen und ließ Schweigen einkehren. Vor den Augen der Menge präsentierte sich der Königssessel, darauf Alexanders Diadem und sein Gewand mitsamt Waffen; just auf diesen Thron legte jetzt Perdikkas zudem den Ring, den ihm der König am Vortag überreicht hatte. Der Anblick dieser Dinge bewirkte einen erneuten allgemeinen Tränenausbruch, wieder wallte die Trauer hoch. Da sprach Perdikkas: »Diesen Ring, mit dem er alle Verfügungen der Krone und des

ditum ab ipso mihi reddo vobis. Ceterum quamquam nulla clades huic, qua adfecti sumus, par ab iratis dis excogitari potest, tamen magnitudinem rerum, quas egit, intuentibus credere licet tantum virum deos adcommodasse rebus humanis, quarum sorte conpleta cito repeterent eum suae stirpi. Proinde quoniam nihil aliud ex eo superest, quam quod semper ab inmortalitate seducitur, corpori nominique quam primum iusta solvamus haud obliti, in qua urbe, inter quos simus, quali praeside ac rege spoliati. Tractandum est, commilitones, cogitandumque, ut victoriam partam inter hos, de quibus parta est, obtinere possimus. Capite opus est: hoc *nominare* in vestra potestate est. Illud scire debetis, militarem sine duce turbam corpus esse sine spiritu. Sextus mensis est, ex quo Roxane praegnans est. Optamus, ut marem enitatur, cuius regnum dis adprobantibus futurum, quandoque adoleverit. Interim, a quibus regi velitis, destinate!« Haec Perdicca.

[20] Tum Nearchus Alexandri modo sanguinem ac stirpem regiae maiestati convenire neminem ait posse *infitiari*; ceterum expectari nondum ortum regem et, qui iam sit, praeteriri, nec animis Macedonum convenire nec tempori rerum. Esse e Barsine filium regis: huic diadema dandum. Nulli placebat ora-

Reiches zu siegeln pflegte, hat der König selbst in meine Hand gelegt, und trotzdem gebe ich ihn an euch zurück. Doch zu einem anderen Punkt! Vermag der Götter Zorn auch kein Unglück zu ersinnen, das mit dem, welches uns heimsucht, vergleichbar wäre, angesichts der Größe seiner Leistungen darf man dennoch getrost daran glauben, dass dieser so geniale Mann der Menschheit von den Göttern nur geliehen ward, ihn nach Erfüllung seiner irdischen Mission flugs heimzuholen zu seinem wahren Ursprung. Da uns also nur die Überreste noch bleiben, denen Unsterblichkeit stets versagt ist, wollen wir seinem Leichnam und Namen möglichst bald die letzte Ehre erweisen und dabei wohl beachten, in welcher Stadt wir uns befinden, unter welchen Leuten, und was für ein Anführer, was für ein König uns geraubt wurde! Wir müssen Maßnahmen ergreifen, Kameraden, müssen Vorsorge treffen, dass wir den errungenen Sieg inmitten jener, über die wir ihn errangen, auch behaupten können. Wir brauchen einen Anführer: den zu ernennen liegt in eurer Macht. Ein militärischer Haufen ohne General ist ein Körper ohne Leben, das müsst ihr wissen. Seit sechs Monaten ist Roxane schwanger. Hoffentlich gebiert sie einen Sohn, der mit dem Segen der Götter, wenn er herangewachsen ist, die Herrschaft antreten wird! Für die Zwischenzeit wählt euch einen Regenten nach eurem Geschmack!« So weit Perdikkas.

[20] Nun erklärte Nearchos, niemand könne in Abrede stellen, nur das Blut und die Nachkommenschaft Alexanders sei für die Königswürde erhaben genug; es passe aber nicht zur Mentalität der Makedonen und zur derzeitigen Situation, auf einen König zu warten, der nicht einmal das Licht der Welt erblickt habe, und dafür einen anderen, der bereits existiere, zu übergehen. Es gebe einen Sohn des Königs aus der Verbindung mit Barsine: dem gebühre das Diadem. Diese Äußerungen fanden bei niemandem Anklang, und darum veranstalte-

tio. Itaque suo more hastis scuta quatientes obstrepere perseverabant iamque prope ad seditionem pervenerant Nearcho pervicacius tuente sententiam. Tum Ptolomaeus: »Digna prorsus est suboles«, inquit, »quae Macedonum imperet genti, Roxanes vel Barsines filius, cuius nomen quoque Europam discere pigebit maiore ex parte captivi! Est, cur Persas vicerimus, ut stirpi eorum serviamus, quod iusti illi reges Dareus et Xerxes tot milium agminibus tantisque classibus nequiquam petiverunt? Mea sententia haec est, ut sede Alexandri in regia posita, qui consiliis eius adhibebantur, coeant, quotiens in commune consulto opus fuerit, eoque, quod maior pars eorum decreverit, stetur; duces praefectique copiarum his pareant!«

Ptolomaeo quidam, pauciores Perdiccae adsentiebantur. Tum Aristonus orsus est dicere Alexandrum consultum, cui relinqueret regnum, voluisse optimum deligi; iudicatum autem ab ipso optimum Perdiccam, cui anulum tradidisset. Neque enim unum eum adsedisse morienti, sed circumferentem oculos ex turba amicorum delegisse, cui traderet. Placere igitur summam imperii ad Perdiccam deferri. Nec dubitare, quin vera censeret. Itaque universi procedere in medium Perdiccam et regis anulum tollere iubebant. Haerebat inter cupiditatem pudoremque et, quo modestius, quod expectabat, adpeteret, per-

ten die Soldaten ein nicht enden wollendes Getöse, indem sie nach heimischer Sitte die Lanzen gegen die Schilde schlugen, und weil Nearchos immer sturer auf seiner Ansicht beharrte, hätte es beinahe einen Aufstand gegeben, doch nun schaltete sich Ptolemaios ein: »Ein Sohn von Roxane oder einer von Barsine, deren bloße Namen sich zu merken Europa schon Widerwillen haben wird, schließlich sind die in erster Linie Kriegsgefangene, das ist in der Tat eine exquisite Nachkommenschaft, um über das Volk der Makedonen zu herrschen! Haben wir die Perser etwa deshalb besiegt, damit wir die Sklaven ihrer Brut werden? Daran sind einst bereits deren legitime Könige Dareios und Xerxes trotz ihrer abertausend Bataillone, ihrer so gewaltigen Flotten gescheitert. Mein Vorschlag ist, man stelle Alexanders Thron im Palast auf, dort sollen seine früheren ständigen Berater zusammentreten, wenn Entscheidungen von genereller Bedeutung zu fällen sind, und am Ende gelte der Beschluss der Mehrheit; Truppengeneräle und Offiziere haben diesem Gremium Gehorsam zu leisten.«

Einige stimmten Ptolemaios zu, eine kleinere Gruppe Perdikkas. Jetzt ergriff Aristonus das Wort und erklärte, Alexanders Wunsch sei es gewesen, dass man den Besten küre, so habe er sich auf die Frage nach einem Reichserben geäußert; er selbst freilich habe Perdikkas für den Besten gehalten, denn ihm habe er seinen Ring übergeben. Schließlich habe der nicht allein am Bett des Sterbenden gesessen, nein, nach einem Blick in die Runde habe dieser sich aus der großen Schar der Freunde die Person, der er den Ring anvertrauen wollte, bewusst ausgesucht. Daher votiere er dafür, Perdikkas mit allen Machtkompetenzen auszustatten. Das Gros war von der Richtigkeit dieser Empfehlung überzeugt. Deshalb forderte man Perdikkas im Chor auf, vorzutreten und den Ring des Königs an sich zu nehmen. Der war hin und hergerissen zwischen Gier und Scheu und glaubte, je größer seine Zurückhaltung bei der Ver-

vicacius oblaturos esse credebat. Itaque cunctatus diuque, quid ageret, incertus ad ultimum tamen recessit et post eos, qui sed*i* erant proximi, constitit.

[21] At Meleager, unus e ducibus, confirmato animo, quem Perdiccae cunctatio erexerat: »Nec di sierint«, inquit, »ut Alexandri fortuna tantique regni fastigium in istos humeros ruat: homines certe non ferent. Nihil dico de nobilioribus, quam hic est, sed de viris tantum, quibus invitis nihil perpeti necesse est. Nec vero interest, Roxanes filium, quandoque genitus erit, an Perdiccan regem habeatis, cum iste sub tutelae specie regnum occupaturus sit. Itaque nemo ei rex placet, nisi qui nondum natus est, et in tanta omnium festinatione non iusta modo, sed etiam necessaria exactos menses solus expectat et iam divinat marem esse conceptum. Quem vos dubitetis paratum esse vel subdere? Si, me dius fidius, Alexander hunc nobis regem pro se reliquisset, id solum ex iis, quae imperasset, non faciendum esse censerem. Quin igitur ad diripiendos thesauros discurritis? Harum enim opum regiarum utique populus est heres.« Haec elocutus per medios armatos erupit, et, qui abeunti viam dederant, ipsum ad pronuntiatam praedam sequebantur.

folgung seines Ziels wäre, desto mehr würden jene ihm ihr Angebot aufdrängen. Daher zögerte er und stellte sich lange unschlüssig, was er tun solle, schließlich jedoch trat er zurück und stellte sich hinter jene, die dem Thronsessel am nächsten waren.

[21] Festen Sinnes – Perdikkas' Zaudern hatte ihn in seiner Überzeugung bestärkt – erhob jetzt aber Meleager, einer der Generäle, Einspruch: »Mögen die Götter verhindern, dass Alexanders Macht und sein so gewaltiges Reich auf dem Höhepunkt der Entfaltung einen solchen Sturz erleben und auf diesen Schultern da landen! Dagegen werden sich die Menschen gewiss verwahren. Dabei spreche ich nicht von jenen, die edler sind als der, sondern nur von all den Männern, die es nicht nötig haben, etwas gegen ihren Willen einfach hinzunehmen. In der Tat macht es keinen Unterschied, ob ihr nun Roxanes Sohn, ist er erst einmal geboren, oder Perdikkas zum König habt, denn dieser wird die Herrschaft unter dem Vorwand der Regentschaft an sich reißen. Aus dem Grund mag er nur einen König, der noch nicht das Licht der Welt erblickt hat, und ist inmitten der allgemeinen Hast, die nicht nur berechtigt, sondern dringend geboten ist, der einzige, der auf das Ende der Schwangerschaft wartet und schon im voraus ahnt, dass das Baby im Mutterleib ein Junge ist. Bis zur Kindsunterschiebung ginge er, oder möchtet ihr etwa daran zweifeln? Bei Treu und Glauben, hätte uns Alexander den Mann als Thronfolger hinterlassen, wäre das der einzige seiner Befehle, der nicht befolgt werden dürfte, davon bin ich überzeugt. Warum lauft ihr also nicht los, die öffentlichen Schatzkammern zu plündern? Auf diesen Königsbesitz hat ja allemal das Volk Erbanspruch.« Nach dieser Tirade brach er sich Bahn mitten durch die Bewaffneten, und wer ihm bei seinem Abzug noch Platz gemacht hatte, folgte nun hinterdrein, sich die verheißene Beute zu holen.

VII [22] Iamque armatorum circa Meleagrum frequens globus erat in seditionem ac discordiam versa contione, cum quidam plerisque Macedonum ignotus ex infima plebe: »Quid opus est«, inquit, »armis civilique bello habentibus regem, quem quaeritis? Arrhidaeus, Philippo genitus, Alexandri paulo ante regis frater, sacrorum caerimoniarumque consors modo, nunc solus heres, praeteritur a vobis. Quo suo merito? Quidve fecit, cur etiam gentium communi iure fraudetur? Si Alexandro similem quaeritis, numquam reperietis, si proximum, hic solus est.« His auditis contio primo silentium velut iussa habuit; conclamant deinde pariter Arrhidaeum vocandum esse mortemque meritos, qui contionem sine eo habuissent.

Tum Pithon plenus lacrimarum orditur dicere nunc vel maxime miserabilem esse Alexandrum, qui tam bonorum civium militumque fructu et praesentia fraudatus esset: nomen enim memoriamque regis sui tantum intuentes ad cetera caligare eos. Haud ambigue in iuvenem, cui regnum destinabatur, in*fensus*; probra, quae obiecerat, magis ipsi odium quam Arrhidaeo contemptum attulerunt: quippe dum miserentur, etiam favere coeperunt. Igitur non alium regem se quam eum, qui ad hanc spem genitus esset, passuros pertinaci adclamatione declarant vocarique Arrhidaeum iubent. Quem Meleager infestus

VII [22] Schon hatte sich ein dichtgedrängtes Knäuel von Soldaten um Meleager geschart, die Heeresversammlung löste sich nämlich in Tumult und Krakeel auf, als sich ein Niemand aus dem niedersten Volk, der den meisten Makedonen unbekannt war, Gehör verschaffte: »Was sollen denn Waffen und Bürgerkrieg, ihr habt doch den König, den ihr sucht. Ihr vergesst Arrhidaios, Philipps Sohn[10], Alexanders, eures unlängst verstorbenen Königs, Bruder, der bis eben bei Opfern und religiösen Ritualen bereits neben ihm fungierte und jetzt alleiniger Erbe ist. Womit hat er eine derartige Behandlung verdient? Was hat er verbrochen, dass man ihm sogar ein Recht vorenthält, das bei jedwedem Volk Anerkennung findet? Wenn ihr einen zweiten Alexander sucht, so werdet ihr einen solchen niemals finden, sucht ihr aber den ihm Nächststehenden, gibt es nur diesen einen Mann.« Als sie das hörte, verharrte die Heeresversammlung zunächst wie auf Kommando in Stillschweigen, dann wurden überall Rufe nach Arrhidaios laut und in einem Atemzug damit die Drohung, jene, die die Versammlung ohne ihn veranstaltet hätten, verdienten den Tod.

Tränenüberströmt setzte jetzt Peithon zu dem Kommentar an, wie sehr Alexander doch just in diesem Moment zu beklagen sei, da er um den Genuss der Gegenwart so vieler trefflicher Bürger und Soldaten gebracht werde! Besessen vom Namen und der Erinnerung an ihren König, seien sie für alles andere blind. Ganz eindeutig hatte er damit den jungen Mann im Visier, dem man die Herrschaft antrug; statt aber Verachtung für Arrhidaios zu wecken, machte er sich mit seinen insinuierten Vorwürfen eher selbst unbeliebt, denn Mitleid ist auch der Anfang von Sympathie. Durch obstinates Geschrei bekundete die Menge deutlich, dass sie nur jenen, der von Geburt an dazu bestimmt sei, als ihren König dulden werde; man solle Arrhidaios holen, dies ihre Forderung. Eilfertig brachte ihn Meleager, der eine auf Gegenseitigkeit beruhende Antipathie

invisusque Perdiccae strenue perducit in regiam, et milites Philippum consalutatum regem appellant.

[23] Ceterum haec vulgi erat vox, principum alia sententia. E quibus Pithon consilium Perdiccae exequi coepit tutoresque destinat filio ex Roxane futuro Perdiccam et Leonnatum, stirpe regia genitos. Adiecit, ut in Europa Craterus et Antipater res administrarent. Tum iusiurandum a singulis exactum futuros in potestate regis geniti Alexandro. Meleager – haud iniuria metu supplicii territus cum suis secesserat – rursus Philippum trahens secum inrupit regiam clamitans suffragari spei de novo rege paulo ante conceptae robur aetatis: experirentur modo stirpem Philippi, et filium ac fratrem regum duorum; sibimet ipsis potissimum crederent. Nullum profundum mare, nullum vastum fretum et procellosum tantos ciet fluctus, quantos multitudo motus habet, utique si nova et brevi duratura libertate luxuriat. Pauci Perdiccae modo electo, plures Philippo, quem spreverant, imperium dabant. Nec velle nec nolle quicquam diu poterant, paenitebatque modo consilii, modo paenitentiae ipsius. Ad ultimum tamen in stirpem regiam inclinavere studiis. Cesserat ex contione Arrhidaeus principum auctoritate conterritus, et abeunte illo conticuerat magis quam elanguerat militaris favor. Itaque revocatus vestem fratris, eam ipsam, quae in sella posita fuerat, induitur. Et Meleager thorace

gegenüber Perdikkas hegte, in den Palast, und die Soldaten begrüßten ihn laut mit dem Namen Philipp und riefen ihn zum König aus.

[23] Das war allerdings nur die Stimme des Volkes, die Großen sahen die Sache anders. Für die machte sich Peithon stark, Perdikkas' Plan in die Tat umzusetzen: jenem und Leonnatos, die beide aus königlichem Geblüt waren, übertrug er die Vormundschaft für den kommenden Sohn Roxanes, mit der Einschränkung, dass die Regierung Europas von Krateros und Antipater übernommen werden solle. Darauf musste jeder gesondert dem von Alexander gezeugten König Gehorsam schwören. Meleager trieb die Angst um, man könne ihn exekutieren, und deshalb hatte er sich mit seinen Leuten entfernt. Jetzt stürmte er wieder in den Palast, Philipp im Schlepptau, und schrie, dessen Jugendkraft rechtfertige alle eben geweckten Hoffnungen bezüglich des neuen Königs; man möge es mit Philipps Spross, dem Sohn beziehungsweise Bruder zweier Könige, zumindest versuchen: nur ihr eigenes Urteil zähle. Kein Meer, egal wie tief, keine See, egal wie weit und stürmisch, wogt so heftig wie eine Masse, die hochkocht, zumal in der Ekstase einer neuen, kurzlebigen Freiheit. Nur eine kleine Gruppe sprach die Herrschaft dem gerade gekürten Perdikkas zu, die Mehrheit entschied sich für den bislang verachteten Philipp. Nur waren sie nicht imstande, lange bei ihrem Pro oder Kontra zu bleiben: bald überkam sie die Reue ob ihrer Entscheidung, bald bereuten sie eben dieses Reuegefühl. Zuletzt aber tendierten sie zur Favorisierung des Königssprosses. Eingeschüchtert durch die Autorität der Oberen, hatte sich Arrhidaios aus der Versammlung zurückgezogen: durch sein Verschwinden hörten die Sympathien des Militärs, ohne abzunehmen, freilich nur auf, sich zu artikulieren; so rief man ihn zurück und kleidete ihn in seines Bruders Gewand, das nämliche, das auf dem Thron gelegen hatte. Meleager nahm den

sumpto capit arma, novi regis satelles. Sequitur phalanx hastis clipeos quatiens, expletura se sanguine illorum, qui adfectaverant nihil ad ipsos pertinens regnum. In eadem domo familiaque imperii vires remansuras esse gaudebant: hereditarium imperium stirpem regiam vindicaturam; adsuetos esse nomen ipsum colere venerarique, nec quemquam id capere nisi genitum, ut regnaret.

[24] Igitur Perdicca territus conclave, in quo Alexandri corpus iacebat, obserari iubet. DC cum ipso erant spectatae virtutis; Ptolomaeus quoque se adiunxerat ei puerorumque regia cohors. Ceterum haud difficulter a tot milibus armatorum claustra perfracta sunt. Et rex quoque inruperat stipatus satellitum turba, quorum princeps Meleager. Iratusque Perdicca hos, qui Alexandri corpus tueri vellent, sevocat, sed qui inruperant eminus tela in ipsum iaciebant. Multisque vulneratis tandem seniores demptis galeis, quo facilius nosci possent, precari eos, qui cum Perdicca erant, coepere, ut absisterent bello regique et pluribus cederent. Primus Perdicca arma deposuit, ceterique idem fecere. Meleagro deinde suadente, ne a corpore Alexandri discederent, insidiis locum quaeri rati diversa regiae parte ad Euphraten fugam intendunt. Equitatus, qui ex nobilissimis iuvenum constabat, Perdiccam et Leonnatum frequens sequebatur, placebatque excedere urbe et tendere in campis. Sed Per-

Brustpanzer an sich und ergriff die Waffen, Protektor des neuen Königs. Die Phalanx folgte ihm, indem sie die Lanzen gegen die Schilde schlug, entschlossen, sich am Blut jener zu laben, die völlig unberechtigt Ansprüche auf die Herrschaft erhoben hatten. Alles freute sich, dass die Machtgewalt im selben Haus, in derselben Familie verbliebe; die königliche Linie würde eine Erbmonarchie konstituieren: nach altem Brauch zollten sie dem bloßen Titel Respekt und Reverenz und der gebühre niemandem außer einem durch Geburt zum Königtum Legitimierten.

[24] Darüber beunruhigt, ließ Perdikkas den Saal, in dem der Leichnam Alexanders aufgebahrt lag, verriegeln; sechshundert erprobte Recken befanden sich bei ihm, Ptolemaios hatte sich ebenfalls an seine Seite gestellt, außerdem das königliche Pagencorps. Indes war es für die Abertausend bewaffneter Soldaten eine Kleinigkeit, die versperrte Tür aufzubrechen. Auch der König, umringt von einer Eskorte mit Meleager an der Spitze, hatte sich gewaltsam Zutritt verschafft, weshalb Perdikkas jene, die Alexanders Leichnam schützen wollten, vom Eingang abzog. Die Eindringlinge aber schleuderten von fern ihre Geschosse auf ihn. Viele wurden verwundet, doch am Schluss nahmen die Veteranen zur leichteren Identifikation ihre Helme ab und bedrängten die Anhänger des Perdikkas, auf weitere Feindseligkeiten zu verzichten: sie sollten sich dem König und der Mehrheit unterordnen. Als erster legte Perdikkas die Waffen nieder, und die übrigen taten es ihm nach. Als Meleager sie dann aufforderte, bei Alexanders Leichnam zu verharren, wähnten sie, man suche nur nach einer Gelegenheit, über sie herzufallen, und flohen durch das andere Ende des Palastes Richtung Euphrat. Die Kavallerie, eine Formation junger Männer vornehmster Herkunft, folgte Perdikkas und Leonnatos zuhauf: die wollte aus der Stadt hinaus und auf den Ebenen kampieren. Nichtsdestoweniger hatte Perdikkas die Hoffnung

dicca ne pedites quidem secuturos ipsum desperabat; itaque, ne abducendo equites abrupisse a cetero exercitu videretur, in urbe subsistit.

VIII [25] At Meleager regem monere non destitit ius imperii Perdiccae morte sanciendum esse: ni occupetur inpotens animus, res novaturum. Meminisse eum, quid de rege meruisset; neminem autem ei satis fidum esse, quem metuat. Rex patiebatur magis quam adsentiebatur. Itaque Meleager silentium pro imperio habuit misitque regis nomine, qui Perdiccam accerserent; isdem mandatum, ut occiderent, si venire dubitaret. Perdicca nuntiato satellitum adventu sedecim omnino pueris regiae cohortis comitatus in limine domus suae constitit castigatosque et Meleagri mancipia identidem appellans sic animi vultusque constantia terruit, ut vix mentis compotes fugerint. Perdicca pueros equos iussit conscendere et cum paucis amicorum ad Leonnatum pervenit iam firmiore praesidio vim propulsaturus, si quis inferret.

Postera die indigna res Macedonibus videbatur Perdiccam ad mortis periculum adductum, et Meleagri temeritatem armis ultum ire decreverant. *** Atque ille seditione provisa, cum regem adisset, interrogare eum coepit, an Perdiccam conprehendi ipse iussisset. Ille Meleagri instinctu se iussisse respondit; ceterum non debere tumultuari eos, Perdiccam enim vive-

noch nicht aufgegeben, dass die Infanterie sich ihm gleichfalls anschließen werde; darum blieb er in der Stadt, denn durch den Abzug der Reiter sollte nicht der Eindruck entstehen, er habe das Band zwischen denen und der Restarmee zerschnitten.

VIII [25] Meleager indes redete unablässig auf den König ein, er müsse seinen Herrschaftsanspruch durch Ausschaltung von Perdikkas absichern: wenn man diesem frechen Ehrgeizling keinen Riegel vorschiebe, werde er eine Revolution anzetteln; der sei sich darüber im klaren, was er vom König zu gewärtigen habe, einer gefürchteten Instanz gegenüber aber gebe es keine rechte Treue. Ohne sein direktes Einverständnis zu bekunden, nahm der König eine Position von Laissez-faire ein. Sein Schweigen wertete Meleager als Befehl und schickte in seinem Namen nach dem Kontrahenten mit der Weisung, ihn umzubringen, falls er sich sträube zu kommen. Kaum hatte man diesen vom Erscheinen der Büttel informiert, da nahm er, eskortiert von nicht mehr als sechzehn Pagen der Königsgarde, auf der Schwelle seines Hauses Aufstellung und kanzelte die Ankömmlinge ab, wobei er sie mehrfach als Sklaven Meleagers beschimpfte. Seine unbeugsame Haltung und Miene schüchterten sie so ein, dass sie die Nerven verloren und das Weite suchten. Perdikkas hieß die Pagen sich aufs Pferd schwingen und begab sich, von wenigen Freunden begleitet, zu Leonnatos, um fortan dank vereinter Wehrkraft gegen alle etwaigen Attacken gefeit zu sein.

Am nächsten Tag schien es den Makedonen eine Gemeinheit, dass jener beinahe getötet worden wäre, und sie waren schon entschlossen, Meleagers Dreistigkeit mit Waffengewalt zu rächen. *** Dieser, der die Proteste bereits vorausgeahnt hatte, trat jetzt an den König heran und fragte ihn, ob er Perdikkas' Verhaftung nicht höchstpersönlich befohlen habe. Der antwortete, das habe er, doch nur auf Drängen Meleagers; im übrigen gebe es keinen Grund für einen Aufstand, Perdikkas

re. [26] Igitur contione dimissa Meleager equitum maxime defectione perterritus inopsque consilii – quippe in ipsum periculum reciderat, quod inimico paulo ante intenderat – triduum fere consumpsit incerta consilia volvendo.

Et pristina quidem regiae species manebat, nam et legati gentium regem adibant et copiarum duces aderant et vestibulum satellites armatique conpleverant. Sed ingens sua sponte maestitia ultimae desperationis index erat, suspectique invicem non adire propius, non conloqui audebant secretas cogitationes intra se quoque volvente, et ex conparatione regis novi desiderium excitabatur amissi. Ubi ille esset, cuius imperium, cuius auspicium secuti erant, requirebant. Destitutos se inter infestas indomitasque gentes expetituras tot suarum cladium poenas, quandoque oblata esset occasio. His cogitationibus animos exedebant, cum adnuntiatur equites, qui sub Perdicca essent, occupatis circa Babylona campis frumentum, quod in urbem vehebatur, retinuisse. Itaque inopia primum, deinde fames esse coepit, et, qui in urbe erant, aut reconciliandam cum Perdicca gratiam aut armis certandum esse censebant.

Forte ita acciderat, ut, qui in agris erant, populationem villarum vicorumque veriti confugerent in urbem, oppidani, cum ipsos alimenta deficerent, urbe ex*cederent*, utrique generi tutior aliena sedes quam sua videretur. [27] Quorum consterna-

sei nämlich am Leben. [26] Nachdem sich der Tumult durch ein Machtwort des Königs aufgelöst hatte, war Meleager zutiefst bestürzt, vor allem, weil die Kavallerie übergelaufen war; nicht aus noch ein wusste er, denn er steckte nun in den gleichen Schwierigkeiten, die er gerade eben seinem Rivalen bereitet hatte, darum verbrachte er fast drei Tage damit, Pläne zu schmieden und wieder zu verwerfen.

Tatsächlich bot der Palast dasselbe Bild wie zuvor: Gesandte der Nationen sprachen beim König vor, die Truppengeneräle waren zugegen, Garden und Soldaten füllten die Vorhalle. Doch eine spontane Welle tiefster Traurigkeit zeigte, wie ungeheuer verzweifelt sie waren; der eine war dem anderen suspekt, und daher wagten sie nicht, aufeinander zuzugehen und sich zu unterhalten, stattdessen wälzte jeder einsam für sich seine Gedanken, und beim Vergleich weckte der neue König nur die Sehnsucht nach dem verlorenen. Immer wieder fragten sie sich, wo jener, dessen Kommando und Glücksstern sie gefolgt waren, jetzt wohl sei: auf verlassenem Posten stünden sie inmitten feindlicher, aufmüpfiger Nationen, die ihnen, wann immer sich eine Gelegenheit biete, die vielen erlittenen Greuel heimzahlen würden. Mit solchem Gegrübel zermarterten sie sich das Hirn, da erging Meldung, die Kavallerie unter Perdikkas halte die Ebenen um Babylon besetzt und blockiere den Getreidetransport in die Stadt. Nach anfänglicher Verknappung brach denn auch eine Hungersnot aus, und für die drinnen stellte sich nur eine Alternative: friedliche Einigung mit Perdikkas oder bewaffneter Kampf.

Nun hatte der Zufall gewollt, dass die Landbevölkerung aus Angst vor Verwüstung ihrer Häuser und Dörfer Zuflucht in der Stadt gesucht hatte, die Städter hingegen wegen des Lebensmittelmangels die Mauern verließen, schien doch beiden Gruppen der Wohnort der anderen mehr Sicherheit zu bieten. [27] Weil die Makedonen Ausschreitungen befürchteten,

tionem Macedones veriti in regiam coeunt, quaeque ipsorum sententia esset, exponunt. Placebat autem legatos ad equites mitti [et] de finienda discordia armisque ponendis. Igitur a rege legatur Pasas Thessalus et Amissus Megalopolitanus et Perilaus. Qui cum mandata regis edidissent, non aliter posituros arma equites, quam si rex discordiae auctores dedidisset, tulere responsum. His renuntiatis sua sponte arma milites capiunt.

Quorum tumultu e regia Philippus excitus: »Nihil«, inquit, »seditione est opus; nam inter se certantium praemia, qui quieverint, occupabunt. Simul mementote rem esse cum civibus, quibus spem gratiae cito abrumpere ad bellum civile properantium est! Altera legatione, an mitigari possint, experiamur! Et credo nondum regis corpore sepulto ad praestanda ei iusta omnis esse coituros. Quod ad me attinet, reddere hoc imperium malo quam exercere civium sanguine, et si nulla alia concordiae spes est, oro quaesoque, eligite potiorem!« Obortis deinde lacrimis diadema detrahit capiti dexteram, qua id tenebat, protendens, ut, si quis se digniorem profiteretur, acciperet. Ingentem spem indolis ante eum diem fratris claritate suppressae tam moderata excitavit oratio. Itaque cuncti instare coeperunt, ut, quae agitasset, exequi vellet. Eosdem rursus legat petituros, ut Meleagrum tertium ducem acciperent. Haud

sammelten sie sich im Palast zu einer eigenen Stellungnahme. Ihre Option war, eine Gesandtschaft zu den Reitern zu schicken mit der Aufforderung, die Zwistigkeiten zu beenden und die Waffen niederzulegen. Mit dieser Mission betraute der König Pasas aus Thessalien, Amissos aus Megalopolis und Perilaos. Diese unterbreiteten das Angebot des Königs, allerdings kamen sie mit der Antwort heim, nur wenn jener die für den Konflikt Verantwortlichen ausliefere, würden die Reiter die Waffen strecken, sonst nicht. Nach diesem Bescheid ergriffen die Soldaten aus eigenem Antrieb die Waffen.

Der Tumult, den sie veranstalteten, trieb Philipp aus dem Palast. »Eine Kollision bringt nichts«, sagte er, »denn die Belohnungen der Streithähne werden die einheimsen, die keinen Finger krumm gemacht haben. Denkt auch daran, dass es hier um Mitbürger geht! Ihnen von vornherein die Hoffnung auf eine Aussöhnung zu nehmen heißt, sich in einen Bürgerkrieg stürzen. Wir wollen es mit einer zweiten Gesandtschaft versuchen, vielleicht geben sie ja doch nach. Auch bin ich davon überzeugt, dass jene alle wie ein Mann erscheinen werden, um dem König, dessen Leichnam noch der Bestattung harrt, die letzte Ehre zu erweisen. Was mich betrifft, will ich diese Macht lieber niederlegen, als sie inmitten von Mord und Totschlag meiner Mitbürger ausüben, und wenn die einzige Aussicht auf Eintracht darin besteht, jemanden zu wählen, der mehr kann als ich, so tut das, ich bitte und beschwöre euch!« Mit Tränen in den Augen nahm er jetzt das Diadem von seinem Haupt; mit der Rechten reichte er es dar: wer auch immer sich würdiger dünke, solle es empfangen. Diese so maßvollen Worte weckten gewaltige Erwartungen an ein Talent, das bislang durch des Bruders Berühmtheit in den Schatten gestellt worden war. Darum bestürmten ihn alle, er möge mit Verlaub seine Pläne in die Tat umsetzen. Erneut entsandte er dieselbe Delegation, nun mit der Bitte, man möge Meleager als dritten General ak-

aegre id impetratum est; nam et abducere Meleagrum Perdicca a rege cupiebat et unum duobus inparem futurum esse censebat. Igitur Meleagro cum phalange obviam egresso Perdicca equitum turmas antecedens occurrit. Utrumque agmen mutua salutatione facta coit in perpetuum, ut arbitrabantur, concordia et pace firmata.

IX [28] Sed iam fatis admovebantur Macedonum genti bella civilia; nam et insociabile est regnum et a pluribus expetebatur. Primum ergo conlisere vires, deinde disperserunt; et cum pluribus corpus, quam capiebat, *capitibus* onerassent, cetera membra deficere coeperunt, quodque imperium sub uno stare potuisset, dum a pluribus sustinetur, ruit. Proinde iure meritoque populus Romanus salutem se principi suo debere profitetur, qui noctis, quam paene supremam habuimus, novum sidus inluxit. Huius, hercule, non solis ortus lucem caliganti reddidit mundo, cum sine suo capite discordia membra trepidarent. Quot ille tum extinxit faces! quot condidit gladios! quantam tempestatem subita serenitate discussit! Non ergo revirescit solum, sed etiam floret imperium. Absit modo invidia, excipiet huius saeculi tempora eiusdem domus utinam perpetua, certe diuturna posteritas.

Ceterum, ut ad ordinem, a quo me contemplatio publicae felicitatis averterat, redeam, Perdicca unicam spem salutis suae

zeptieren. Das ließ sich ohne weiteres erreichen, denn zum einen wollte Perdikkas Meleager dem König abspenstig machen, zum anderen war er der Meinung, einer allein könne gegen zwei nichts ausrichten. An der Spitze der Reiterschwadronen ritt er darum Meleager entgegen, der sich mit der Phalanx zu ihm hinausbegeben hatte. Nach wechselseitigem Salut vereinigten sich die beiden Armeen, weil, wie sie meinten, Eintracht und Friede nun für ewig gesichert seien.

IX [28] Doch schon rückte des Schicksals Fügung das makedonische Volk ein Stück weit mehr an einen Bürgerkrieg heran, denn das Königtum ist unteilbar, und es gab mehrere Prätendenten. Also kam es zunächst zu einer Kollision der Kräfte, dann zu einem Auseinanderdriften, das heißt, weil man dem Staatsorganismus mehr Köpfe aufgesetzt hatte, als er zu tragen vermochte, begannen alle anderen Glieder zu schwächeln, und das Reich, das unter einem Einzigen hätte Bestand haben können, zerbrach unter der Ägide der Vielzahl. Deshalb bekennt das römische Volk mit Fug und Recht, dass es sein Heil seinem Kaiser verdankt, diesem neuen Stern, der inmitten der Nacht, die fast unsere letzte gewesen wäre, erstrahlte. Beim Herkules, sein Erscheinen war es, nicht der Sonne Aufgang, das der Welt in ihrer Dunkelheit das Licht wiederbrachte, als die zerstrittenen Glieder, ihres Hauptes beraubt, ängstlich zitterten. Wie viele Brandfackeln hat er damals gelöscht, wie viele Schwerter zurück in die Scheide getrieben, welch gewaltiges Ungewitter plötzlich zu heiterem Wetter umschlagen lassen und damit verjagt! So ist das Reich nicht nur wiederergrünt, nein, es blüht. Fern sei nur der Götter Neid, und auf ewig oder zumindest für lange Zeit werden Nachkommen aus demselben Geschlecht die Erben seiner Ära sein.

Um aber zum Ablauf der Ereignisse, von der mich die Betrachtung einer florierenden Gesellschaft abgebracht hat, zurückzukehren, Perdikkas sah für sich nur eine einzige Erfolgs-

in Meleagri morte reponebat: vanum eundem et infidum celeriterque res novaturum et sibi maxime infestum occupandum esse. Sed alta dissimulatione consilium premebat, ut opprimeret incautum. Ergo clam quosdam ex copiis, quibus praeerat, subornavit, ut, quasi ignoraret ipse, *con*quererentur palam Meleagrum aequatum esse Perdiccae. Quorum sermone Meleager ad se relato furens ira Perdiccae, quae conperisset, exponit. Ille velut nova re exterritus admirari, queri dolentisque speciem ostentare ei coepit; ad ultimum convenit, ut conprehenderentur tam seditiosae vocis auctores. Agit Meleager gratias amplexusque Perdiccam fidem eius in se ac benevolentiam conlaudat. Tum communi consilio rationem opprimendi noxios ineunt. Placet exercitum patrio more lustrari, et probabilis causa videbatur praeterita discordia. Macedonum reges ita lustrare soliti erant milites, ut discissae canis viscera ultimo in campo, in quem deduceretur exercitus, ab utraque abicerent parte, intra id spatium armati omnes starent, hinc equites, illinc phalanx.

[29] Itaque eo die, quem huic sacro destinaverant, rex cum equitibus elephantisque constiterat contra pedites, quis Meleager praeerat. Iam equestre agmen movebatur, et pedites subita formidine ob recentem discordiam haud sane pacati quicquam expectantes parumper addubitavere, an in urbem subducerent

chance, Meleagers Tod: diesem eitlen und dazu noch falschen Kerl, der sich schon bald als Revoluzzer erweisen würde und sein größter persönlicher Widersacher war, musste er zuvorkommen. Doch er verstellte sich perfekt und ließ sich von seinem Plan nichts anmerken, für jenen sollte sein Anschlag nämlich überraschend kommen. Also stiftete er im verborgenen einige Soldaten der ihm unterstellten Truppen an, sich öffentlich, aber so, als hätte er selbst keine Ahnung davon, zu beschweren, dass Meleager ihm gleichrangig sei. Dem wurden ihre Äußerungen zugetragen: rasend vor Wut teilte er Perdikkas seine Informationen mit. Nach außen bestürzt ob der Neuigkeit, drückte dieser ihm seine Verwunderung und sein Bedauern aus; er gab sich den Anschein, als täte ihm das leid. Zuletzt erklärte er sich mit der Verhaftung der Agitatoren einverstanden. Meleager dankte Perdikkas und umarmte ihn, wobei er seine Treue und sein Wohlwollen ihm gegenüber lobte. Dann suchten sie gemeinsam nach einem Weg, den Schuldigen den Garaus zu machen. Man einigte sich auf eine Lustration der Armee nach Sitte der Heimat, die vergangenen Zwistigkeiten schienen dafür ein einleuchtender Grund. Dieses Reinigungsritual pflegten die makedonischen Könige folgendermaßen vorzunehmen: am Rand eines Feldes, auf das man das Heer geführt hatte, warfen sie rechts und links die Innereien einer aufgebrochenen Hündin aus, wobei die Soldaten samt und sonders auf dem Platz dazwischen standen[11], hier die Kavallerie, dort die Phalanx.

[29] Entsprechend hatte an dem für die Zeremonie bestimmten Tag der König mitsamt der Kavallerie und den Elefanten gegenüber der Infanterie, die unter Meleagers Kommando stand, Aufstellung genommen. Da plötzlich setzte sich das Reiterregiment in Bewegung. Jäher Schreck durchfuhr das Fußvolk, das wegen des kürzlichen Konflikts keineswegs mit einer friedlichen Aktion rechnete, und man schwankte eine

copias: quippe pro equitibus planities erat. Ceterum veriti, ne temere commilitonum fidem damnarent, substitere praeparatis ad dimicandum animis, si quis vim inferret. Iam agmina coibant, parvumque intervallum erat, quod aciem utramque divideret: itaque rex cum una ala obequitare peditibus coepit discordiae auctores, quos tueri ipse debebat, instinctu Perdiccae ad supplicia deposcens, minabaturque omnes turmas cum elephantis inducturum se in recusantes. Stupebant inproviso malo pedites, nec plus in ipso Meleagro erat aut consilii aut animi. Tutissimum ex praesentibus videbatur expectare potius quam movere fortunam. Tum Perdicca, ut torpentes et obnoxios vidit, CCC fere, qui Meleagrum erumpentem ex contione, quae prima habita est post mortem Alexandri, secuti erant, a ceteris discretos elephantis in conspectu totius exercitus obicit. Omnesque beluarum pedibus obtriti sunt nec prohibente Philippo nec auctore: adparebatque id modo pro suo vindicaturum, quod adprobasset eventus. Hoc bellorum civilium Macedonibus et omen et principium fuit. Meleager sero intellecta fraude Perdiccae tum quidem, quia ipsius corpori vis non adferebatur, in agmine quietus stetit; sed mox damnata spe salutis, cum eius nomine, quem ipse fecerat regem, in perniciem suam abutentis videret inimicos, confugit in templum ac ne loci quidem religione defensus occiditur.

Weile, die Bataillone in die Stadt zurückzuziehen, auf der Ebene waren die Reiter ja im Vorteil. Andererseits fürchteten sie, die Treue der Kameraden vorschnell in Frage zu stellen, und darum blieben sie an Ort und Stelle; im Kopf freilich hatten sie sich für den Fall einer Attacke auf Kampf eingestellt. Schon waren die Armeen dicht beieinander, nur wenig Raum lag noch zwischen beiden Linien. Also ritt der König mit einer einzigen Reiterstaffel auf die Infanterie zu; auf Betreiben des Perdikkas forderte er, ihm die Unruhestifter, deren Schutz ihm eigentlich oblag, zur Exekution herauszugeben; dabei drohte er, bei Weigerung alle Schwadronen samt Elefanten auf die Gegenseite lozulassen. Dieser böse Umschwung ließ die Infanteristen erstarren, selbst Meleager ging es wie denen, ratlos war er und unentschieden. Abzuwarten schien in der gegenwärtigen Situation sicherer, als ein Risiko einzugehen. Kaum sah er jene wie versteinert und machtlos, pickte sich Perdikkas ungefähr dreihundert Mann heraus, die Meleager bei seinem stürmischen Abgang aus der ersten Heeresversammlung nach Alexanders Tod gefolgt waren, und warf sie vor den Augen der ganzen Armee den Elefanten vor. Alle wurden unter den Füßen der Kolosse zermalmt, ohne dass Philipp nein oder ja dazu gesagt hätte. Damit wurde klar, dass er die Verantwortung nur im Erfolgsfall zu übernehmen bereit war. Dieses Ereignis war für die Makedonen gleichzeitig Omen und Anfang der Bürgerkriege. Zu spät begriff Meleager Perdikkas' falsches Spiel, denn selbst in diesem Augenblick verharrte er, da sich die Gewalt nicht gegen seine eigene Person richtete, noch ruhig in Reih und Glied. Bald jedoch, angesichts der Tatsache, dass seine Gegner sogar den Namen des von ihm selbst gekürten Königs missbrauchten, seine Vernichtung zu bewirken, verabschiedete er sich von der Hoffnung, heil davonzukommen, und suchte Asyl im Tempel. Aber nicht einmal dieser heilige Ort bot ihm Schutz: man brachte ihn um.

X [30] Perdicca perducto in urbem exercitu consilium principum virorum habuit, in quo imperium ita dividi placuit, ut rex quidem summam eius obtineret, satrape*am* Ptolomaeus Aegypti et Africae gentium, quae in dicione erant. Leomedonti Syria cum Phoenice data est, Philotae Cilicia destinata, Lyciam cum Pamphylia et maiore Phrygia obtinere iussus Antigonus, in Cariam Cassander, Menander in Lydiam missi. Phrygiam minorem Hellesponto adiunctam Leonnati provinciam esse iusserunt. Cappadocia Eumeni cum Paphlagonia cessit; praeceptum est, ut regionem eam usque ad Trapezunta defenderet, bellum cum Ariarathe gereret: solus hic detrectabat imperium. Pithon Mediam, Lysimachus Thraciam adpositasque Thraciae Ponticas gentes obtinere iussi. Qui Indiae quique Bactris et Sogdianis ceterisque aut Oceani aut Rubri maris accolis praeerant, quibus quisque finibus habuisset, imperium obtinerent, decretum est; Perdicca ut cum rege esset copiisque praeesset, quae regem sequebantur. Credidere quidam testamento Alexandri distributas esse provincias; sed famam eius rei, quamquam ab auctoribus tradita est, vanam fuisse conperimus. Et quidem suas quisque opes divisis imperii partibus, ut *videbantur sibi*, fundaverant, si umquam adversus inmodicas cupiditates terminus staret. Quippe paulo ante regis ministri specie imperii alieni procurandi singuli ingentia invaserant regna sublatis certaminum causis, cum et omnes eiusdem gentis essent et a ceteris sui quisque imperii regione discreti. Sed difficile erat eo contentos esse, quod obtulerat occasio: quippe sor-

X [30] Nachdem Perdikkas das Heer in die Stadt geführt hatte, hielt er einen Rat der Führungselite ab; dort beschloss man, das Reich wie folgt aufzuteilen: die höchste Souveränität sollte gewiss dem König zukommen, Ptolemaios Satrap Ägyptens und der bezwungenen Völker Afrikas werden; Leomedon erhielt Syrien mitsamt Phönizien; Philotas wurde Kilikien zugesprochen, Antigonos Lykien, Pamphylien und Großphrygien angewiesen; Kassander wurde nach Karien, Menander nach Lydien geschickt; Leonnatos bedachte man mit der Provinz Kleinphrygien am Hellespont. Kappadokien im Verein mit Paphlagonien ging an Eumenes mit der Auflage, diese Region bis nach Trapezunt zu verteidigen und Ariarathes, den einzigen noch aufmüpfigen Fürsten dort, zu bekriegen. Peithon wurde Medien, Lysimachos Thrakien und die ihm benachbarten Völker am Schwarzen Meer zuerkannt. Die Befehlsgewalt der Gouverneure Indiens, Baktriens, Sogdiens und der übrigen Anrainerstaaten des Ozeans und des Roten Meers wurde auf die jeweiligen Gebietsgrenzen beschränkt. Perdikkas sollte als Oberkommandierender der königlichen Truppen beim Monarchen bleiben. Manche haben geglaubt, die Vergabe der Provinzen sei in Alexanders Testament verfügt, doch wir haben durch kritische Prüfung herausgefunden, dass es für diese Ansicht, obwohl sie von glaubhaften Quellen überliefert ist, keinerlei Anhaltspunkt gibt. Und in der Tat hatte sich bei der Reichsteilung jeder nach persönlichem Ermessen eine eigene feste Machtposition gesichert – wenn es denn eine Grenze gäbe, an der die Maßlosigkeit des Begehrens je haltmachte. Eben noch Untertanen eines Königs, hatten diese Männer ja in scheinbarer Statthalterfunktion Riesenreiche an sich gerissen, auch Konfliktursachen gab es nicht mehr, denn sie gehörten samt und sonders derselben Nation an, und jeder besaß, unbehelligt von den anderen, seinen gesonderten Interessenbereich. Dennoch war es schwierig, sich mit dem zu begnügen,

dent prima quaeque, cum maiora sperantur. Itaque omnibus expeditius videbatur augere regna, quam fuisset accipere.

[31] Septimus dies erat, ex quo corpus regis iacebat in solio curis omnium ad formandum publicum statum a tam sollemni munere aversis. Et non alias quam Mesopotamiae regione fervidior aestus existit, adeo ut pleraque animalia, quae in nudo solo deprendit, extinguat: tantus est vapor solis et caeli, quo cuncta velut igne torrentur. Fontes aquarum et rari sunt et incolentium fraude celantur: ipsis usus patet, ignotus est advenis. Traditum magis quam creditum refero: ut tandem curare corpus exanimum amicis vacavit, nulla tabe, ne minimo quidem livore corruptum videre, qui intraverant. Vigor quoque, qui constat ex spiritu, nondum destituerat vultum. Itaque Aegyptii Chaldaeique iussi corpus suo more curare primo non sunt ausi admovere velut spiranti manus. Deinde precati, ut ius fasque esset mortalibus attrectare deum, purgavere corpus, repletumque est odoribus aureum solium et capiti adiecta fortunae eius insignia. Veneno necatum esse credidere plerique: filium Antipatri inter ministros, Iollam nomine, patris iussu dedisse. Saepe certe audita erat vox Alexandri Antipatrum regium adfectare fastigium maioremque esse praefecti opibus ac

was die Gunst des Augenblicks gewährt hatte: der Traum von Größerem macht Erreichtes reizlos. Und so hielten alle die Ausdehnung ihrer Reiche für ersprießlicher, als sich mit der Übernahme zu bescheiden.

[31] Bereits seit sechs Tagen lag des Königs Leichnam im Sarkophag: die Gestaltung des Staatswesens beherrschte jedermanns Gedanken und ließ die so heilige Pflicht in den Hintergrund treten. Nirgendwo sonst ist nun aber der Sommer heißer als in Mesopotamien: die meisten Lebewesen, die es auf freiem Feld erwischt, gehen ein; unter dem so gewaltigen Sengen der Sonne, im glühenden Flirren der Luft wird alles wie im Feuer geröstet. Wasserquellen sind eine Rarität, zudem werden sie von den Einheimischen schlau versteckt: sie können frei darüber verfügen, Fremden ist der Zugang unbekannt. Was ich jetzt berichte, entspringt der Überlieferung, ohne dass ich von der Richtigkeit ganz und gar überzeugt wäre. Als die Freunde endlich dazu kamen, sich um den Leichnam zu kümmern, fanden sie ihn bei ihrem Eintritt makellos: keinerlei Zeichen von Verwesung, ja nicht einmal ein Fleckchen entstellte ihn. Sogar die frische Spannkraft, wie sie das Leben erzeugt, war nicht aus dem Antlitz gewichen. Die Ägypter und Chaldäer, die die Aufgabe hatten, nach ihrem Brauch den Leib einzubalsamieren, trauten sich daher zunächst auch nicht, ihn zu berühren: es schien, als atmete er noch. Dann beteten sie, der Erde und des Himmels Gesetz möge es Sterblichen gewähren, Hand an einen Gott zu legen, und reinigten den Leib; der goldene Sarkophag wurde mit duftenden Spezereien gefüllt, und aufs Haupt setzten sie ihm die Insignien seiner Würde. Die meisten argwöhnten, er sei vergiftet worden: einer seiner Diener habe das getan, ein Sohn Antipaters, Iollas mit Namen, und zwar auf des Vaters Befehl. Und in der Tat hatte Alexander oft verlauten lassen, Antipater trachte nach der Krone: für einen Gouverneursposten sei der sich zu gut, der Ruhm seines

titulo Spartanae victoriae inflatum omnia a se data adserentem sibi; credebant etiam Craterum cum veterum militum manu ad interficiendum eum missum. Vim autem veneni, quod in Macedonia gignitur, talem esse constat, ut ferrum quoque exurat: ungulam iumenti dumtaxat patientem esse [constat] suci. Stygem appellant fontem, ex quo pestiferum virus emanat. Hoc per Cassandrum adlatum traditumque fratri Iollae et ab eo supremae regis potioni inditum. Haec, utcumque sunt credita, eorum, quos rumor asperserat, mox potentia extinxit. Regnum enim Macedoniae Antipater et Graeciam quoque invasit; suboles deinde excepit interfectis omnibus, quicumque Alexandrum etiam longinqua cognatione contigerant.

Ceterum corpus eius a Ptolomaeo, cui Aegyptus cesserat, Memphim et inde paucis post annis Alexandream translatum est, omnisque memoriae ac nomini honos habetur.

Siegs über Sparta lasse ihn vor Stolz fast platzen und so schreibe er alles, was er von ihm, Alexander, erhalten habe, sich selber zu. Man vermutete sogar, Krateros sei mit einer Schar Veteranen losgeschickt worden, ihn umzubringen. Überdies wird in Makedonien ein Gift produziert, das bekanntlich dermaßen wirkkräftig ist, dass es sogar Eisen zerfrisst, nur der Huf eines Lasttiers ist gegen diese Flüssigkeit resistent. Dem Styx, heißt es, entstamme die verderbenbringende Brühe. Kassander habe sie angebracht und seinem Bruder Iollas ausgehändigt, der sie dem letzten Trank des Königs beigemischt habe. Ob man das nun glauben mochte oder nicht, die Übermächtigkeit jener, die das Gerede beschmutzt hatte, brachte es bald zum Verstummen: Antipater riss die Herrschaft über Makedonien mitsamt Griechenland an sich, seine Nachfolge übernahm sein Sohn, nachdem er alle möglichen Blutsverwandten Alexanders, einschließlich der entferntesten, beseitigt hatte.

Wie dem auch sei, des Königs Leichnam wurde von Ptolemaios, dem Ägypten zugefallen war, nach Memphis überführt und von dort wenige Jahre später nach Alexandria: seine Erinnerung und sein Name werden in allen Ehren gehalten.

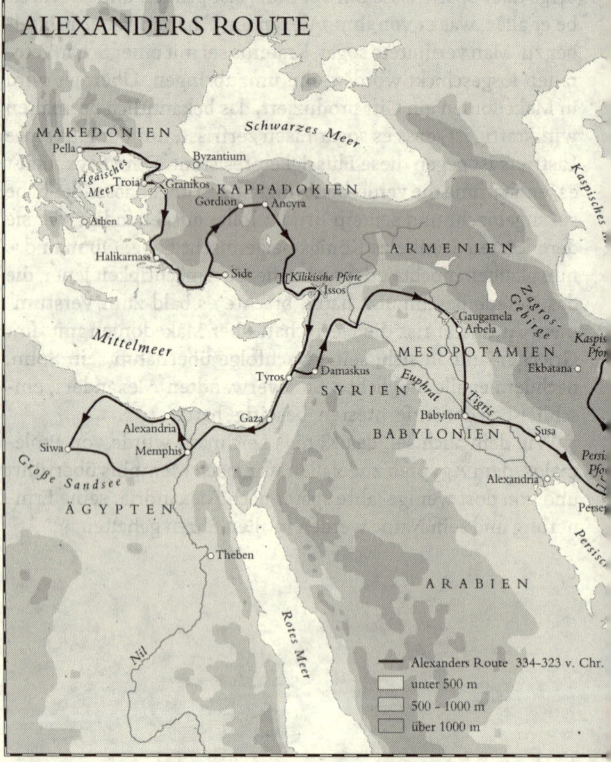

Alexanders Feldzug (Gesamtübersicht).

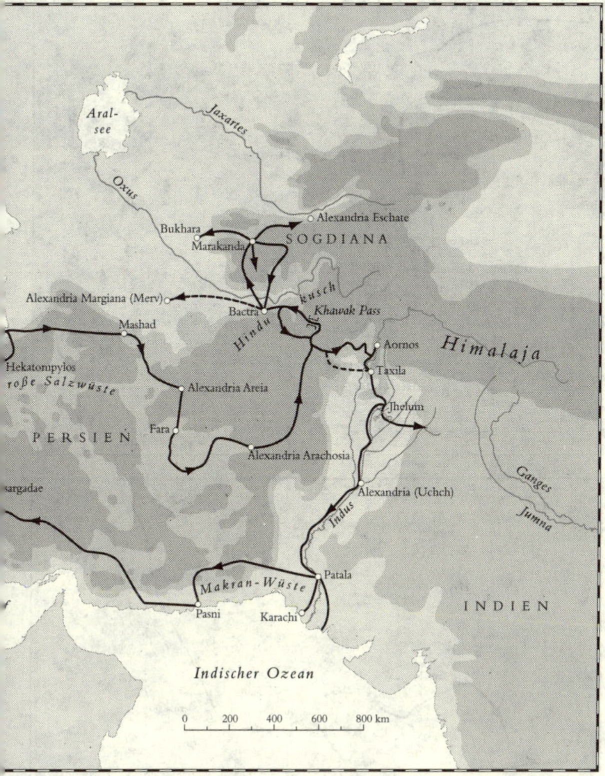
Aral-
see
Jaxartes
Oxus
Bukhara
Marakanda
Alexandria Eschate
SOGDIANA
Alexandria Margiana (Merv)
Bactra
Hindu
kusch
Khawak Pass
Mashad
Hekatompylos
roße Salzwüste
Alexandria Areia
Aornos
Himalaja
Taxila
Jhelum
PERSIEN
Fara
Alexandria Arachosia
sargadae
Alexandria (Uchch)
Indus
Ganges
Jumna
Patala
Makran-Wüste
Pasni
Karachi
INDIEN
Indischer Ozean
0 200 400 600 800 km

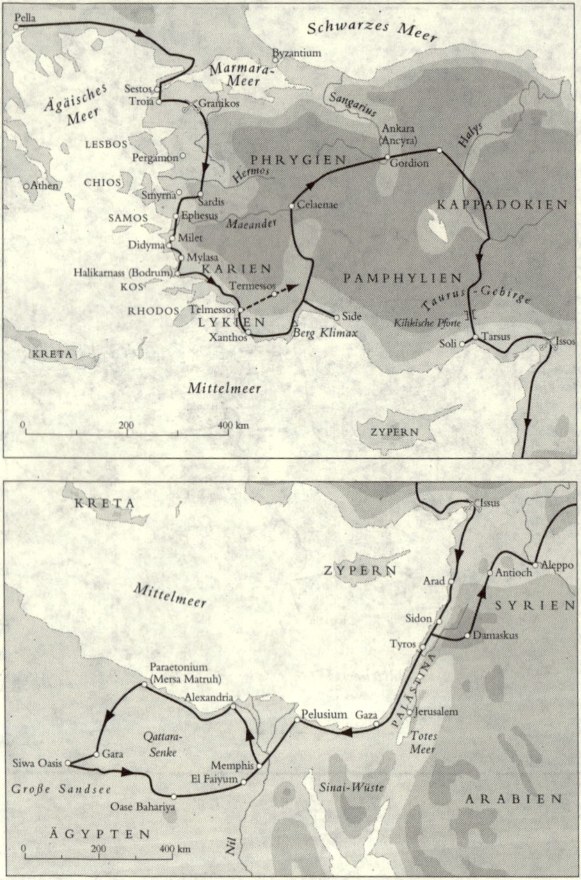

Von Makedonien nach Kleinasien und Ägypten.

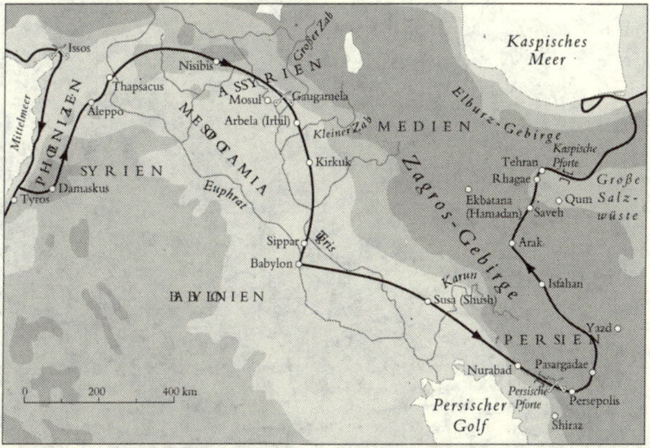

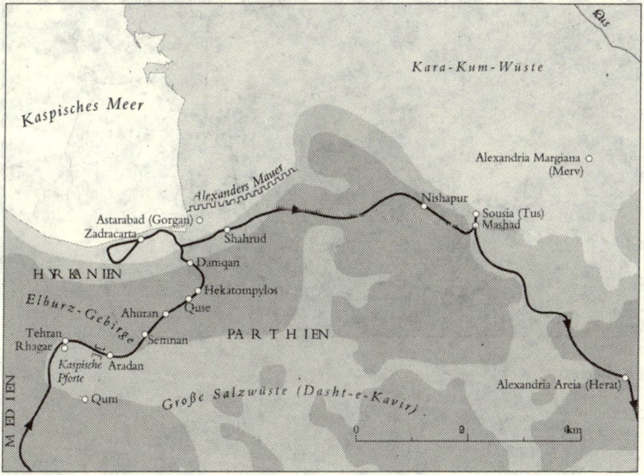

Von Ägypten nach Babylon und Persepolis.

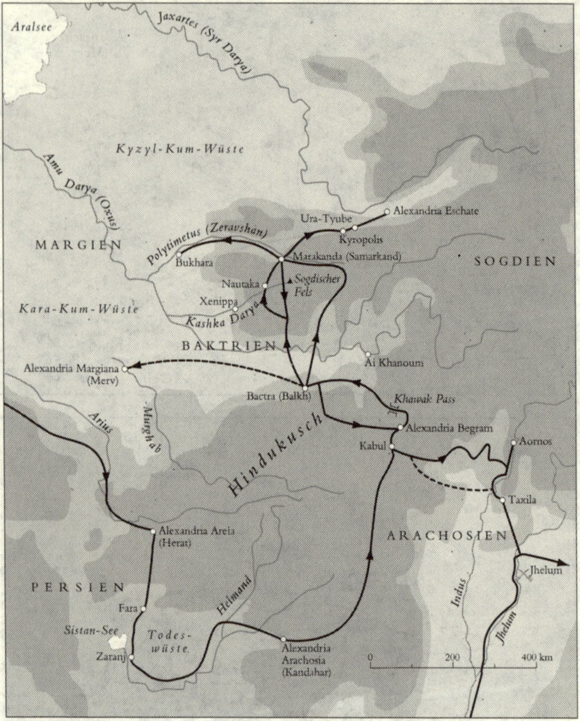
Aralsee
Jaxartes (Syr Darya)
Kyzyl-Kum-Wüste
Amu Darya (Oxus)
Alexandria Eschate
Ura-Tyube
Kyropolis
MARGIEN
Polytimetus (Zeravshan)
Bukhara
Marakanda (Samarkand)
SOGDIEN
Nautaka
Sogdischer Fels
Xenippa
Kara-Kum-Wüste
Kashka Darya
BAKTRIEN
Ai Khanoum
Alexandria Margiana (Merv)
Bactra (Balkh)
Khawak Pass
Arius
Murghab
Hindukusch
Alexandria Begram
Kabul
Aornos
Taxila
Alexandria Areia (Herat)
ARACHOSIEN
PERSIEN
Helmand
Jhelum
Indus
Fara
Sistan-See
Todes-wüste
Zaranj
Alexandria Arachosia (Kandahar)
0
200
400 km

Baktrien.

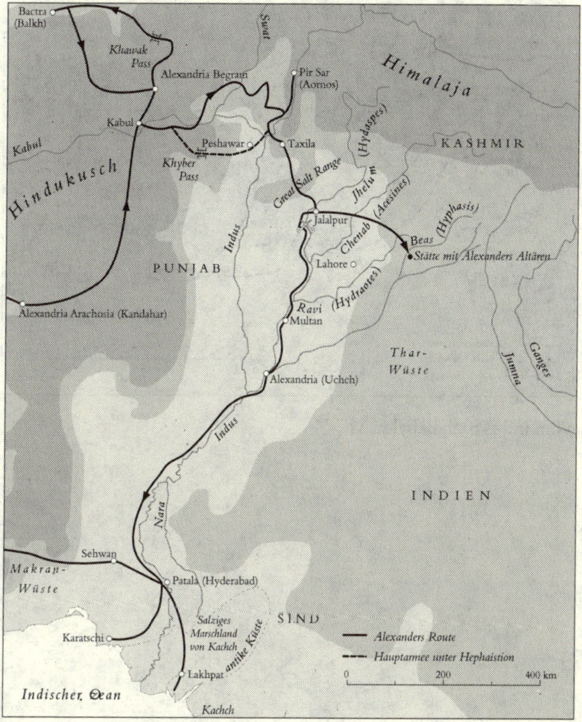

Von Baktrien zum Indusdelta.

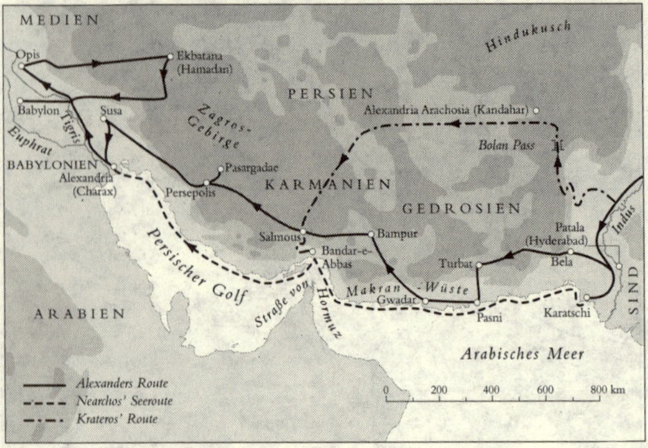

Vom Indus nach Babylon.

Zu dieser Ausgabe

Der Text der vorliegenden Ausgabe basiert auf der Teubner-Edition von E. Hedicke (Leipzig [2]1908), ist jedoch anhand neuerer, umfangreichere Kollationen bietender Editionen überarbeitet. Kursivschrift im Text kennzeichnet eine Konjektur, eckige Klammern eine Athétese. Da alle Curtius-Rufus-Handschriften neben dem Verlust der Bücher I und II durch größere Textverluste in den Büchern V, VI und X die Kontinuität der Erzählung störend unterbrechen, haben die Herausgeber die Ergänzung dieser Lücken, die J. Freinsheim für seine Ausgabe (Straßburg 1640) in kongenialer Einfühlung in Stil und Ductus des Vorlagetextes mit Hilfe der griechischen Alexander-Historiker vorlegte, analog zu Hedicke in den Reclam-Band übernommen. Diese Passagen sind in Text und Übersetzung durch Kursivierung markiert.

Die Übersetzung ist zielsprachenorientiert und bemüht sich durch Annäherung an heutige Diktion den antiken Text vor Antiquiertheit zu bewahren, versucht jedoch gleichzeitig, Besonderheiten des Textes (wie z. B. den übermäßigen Partikelgebrauch) beizubehalten.

Die Herausgeber schulden Frau B. Hartmann für die unermüdliche Bereitschaft, als *archilectrice* den Wortlaut der Übersetzung zu prüfen, und Herrn Akad. Dir. Dr. F. Heberlein für ständige Hilfe bei der Einrichtung der Computerfassung größten Dank.

Anmerkungen

Buch III

1 Alexanders Heer bestand aus Makedonen, die an Professionalität den ad hoc rekrutierten Riesenarmeen des Dareios überlegen waren, aus Kontingenten der makedonischen Vasallenstaaten bzw. der zur Heeresfolge verpflichteten Stadtstaaten des Korinthischen Bundes (vgl. Anm. 1 zu Buch VI) sowie aus Söldnern, später auch Persern. Verluste und die Besetzung von immer mehr Provinzen erforderten laufend Ergänzungen.

2 Marsyas forderte Apoll im Mythos zum Wettkampf im Flötenspiel heraus und wurde zur Strafe gehäutet. Aus seinem Blut entsprang der gleichnamige Fluss.

3 Im Mai 334 v. Chr. errang Alexanders Invasionsheer den ersten großen Sieg über das gegnerische Aufgebot der Satrapen Kleinasiens (Curtius Rufus II) am Flüsschen Granikos (Bighatschai) in der Troas, wobei Alexander selbst als Anführer der Reiterei unter Lebensgefahr die Entscheidung herbeiführte. Zahlreiche griechische Söldner der Satrapen wurden gefangengenommen, ca. zehntausend als Verräter massakriert. Griechen leisteten nämlich (zum Gelderwerb oder aus antimakedonischer Haltung) Söldnerdienste auch in der persischen Armee, wo sie eigene Kontingente unter griechischen Anführern (Memnon, Thymondas, Patron) bildeten und durch ihre Treue zum Großkönig auffielen (Curtius Rufus V 11, 12).

4 Laut Orakelspruch sollte König der Phryger werden, wer als erster auf einem Wagen zum Zeustempel gefahren komme. Dies war der Bauer Gordios mit seinem ländlichen Fuhrwerk. Sein Sohn, der für seine Eselsohren bekannte Midas, erbte den Thron.

5 Die seit 546 v. Chr. persisch beherrschten Griechenstädte Kleinasiens und der Ägäis rebellierten seit 499 v. Chr. (Ionischer Aufstand), schüttelten 480 v. Chr. die Fremdherrschaft ab und sicherten sich durch ein Bündnis mit der Seemacht Athen (Delisch-Attischer Seebund), deren Niedergang im Peloponnesischen Krieg (431–404 v. Chr.) allerdings zur Erneuerung des Perserregimes führte. Alexander proklamierte die Befreiung dieser Städte als eigentliches Ziel seines Feldzugs.

6 Das aus Rhodos gebürtige, mit dem Satrapen Artabazos verschwägerte Brüderpaar Memnon und Mentor kämpfte in persischen Diensten gegen Makedonien. Memnon sollte die befreiten Griechenstädte hinter der makedonischen Front zurückerobern, um dann durch den Einmarsch in Griechenland selbst Alexander zum Rückzug aus Asien zu zwingen. Er starb jedoch vorzeitig 333 v. Chr.

7 Bewohner des italischen Venetien.

8 Dareios' Heerschau und die folgende Episode mit dem unerwünschten Warner Charidemos (vgl. Curtius Rufus VII: Bessos vs. Gobares) ist Nachahmung von Herodot VII 59 ff., wo Xerxes zu Beginn der Perserkriege 480 v. Chr. eine ähnliche Musterung abhält und eine vergleichbare Perserkritik durch einen Spartaner zu hören bekommt. Solche literarischen Anleihen, bei denen ein späterer Autor Szenen nicht selbst kreiert, sondern aus älteren Vorlagen künstlerisch und/oder ideologisch weiterentwickelt (sog. *aemulatio* bzw. modern Intertextualität), sind in antiker Literatur üblich.

9 In Spanien und Britannien üblicher leichter, dünner Lederschild. Ähnliche Schilde (*peltae*) verbreiteten sich bei allen Truppengattungen der antiken Heere (mit Ausnahme der Schwerbewaffneten), da sie das Marschgepäck erleichterten und die Mobilität im Kampf erhöhten.

10 *Bactra*: Afghanistan; *Sogdiani*: Tadschikistan. Curtius Rufus verwechselt wie viele antike Autoren Rotes Meer, Persischen Golf und Indischen Ozean.

11 Charidemos kämpfte ab 368 v. Chr. als eine Art Warlord in Nordgriechenland und kam 338 v. Chr. der auf makedonischen Druck erfolgten Verbannung aus Athen durch Flucht nach Persien zuvor.

12 Phalanx, die typische Schlachtreihe antiker Heere, ist ein 8 bis 16 Reihen tiefer, festgeschlossener, im Rechteck oder keilförmig aufgestellter Block von Fußsoldaten, an dem sich der Ansturm der Feinde brechen bzw. durch dessen Wucht die gegnerischen Linien durchbrochen werden sollen. Der Phalanx fehlt Flankenschutz (den die Reiterei übernimmt), rückseitige Deckung (weshalb der Feind sie umzingeln will), Beweglichkeit in unebenem oder bewachsenem Gelände (weshalb man leere Ebenen als Schlachtfeld bevorzugt).

13 Die in der Antike übliche Ausdeutung von Orakeln und Vorzeichen oblag in Persien den für Astronomie, Astrologie und Divination zuständigen Chaldäern, Nachfahren der Priesterkaste des gleichnamigen Volkes, das nach seiner Einwanderung nach Babylon unter den Assyrern sich später im Perserreich ausbreitete.

14 In der dualistischen Staatsreligion der Perser (Zoroastrismus) wurde der höchste Gott Ahura Mazda, Gegenspieler des bösen Prinzips Ahriman, in Gestalt des Feuers verehrt. Ahura Mazda, Mithras und die Sonne (deren Attribut das Pferd ist) bildeten deren höchste, allmählich verschmelzende Göttertrias.

15 Die Magier waren die für Religionsausübung und Ritus im Perserreich Verantwortlichen; infolge der starken religiösen Einbindung des Großkönigs hatten sie beträchtlichen Einfluss auf den Hof und dessen Politik. Ein Relikt der mit den Chaldäern kontaminierten Magier findet sich in Gestalt der biblischen *Drei Weisen aus dem Morgenland.*

16 Römer setzten fremde Götter mit einem Äquivalent ihrer eigenen Religion gleich (*interpretatio Romana*) und gaben ihnen römische (Jupiter = Ahura Mazda) oder Doppelnamen (Jupiter Hammon = Amun Re).

17 Die Sonne ist Symbol des persischen Gottes Mithras (vgl. IV 48), dem Pferde geopfert wurden.

18 Die Truppe war »unsterblich«, weil sie laufend auf die genannte Sollstärke ergänzt wurde.

19 Belos bzw. Ninos sind die Urkönige der im Perserreich aufgegangenen Reiche der Babylonier bzw. Assyrer.

20 Der sich vom Himmel auf die Erde herabstürzende Adler, der als einziger Vogel, ohne zu blinzeln, in die Sonne zu blicken vermag, galt allgemein als Symbol von Macht und Wehrhaftigkeit und dementsprechend als Wahrzeichen der persischen Monarchie. In Rom war er Attribut des höchsten Gottes Jupiter.

21 Auch der Falke war Symbol der persischen Monarchie: bei seinem Anblick erstarrt die Beute vor Angst wie die Feinde im Angesicht des Königs; in Ägypten wurde der Falke neben Horus u.a. dem Sonnengott Ra zugeordnet.

22 Lanzenkämpfer bildeten in den meisten antiken Heeren die vor-

derste Reihe der Blöcke, um mittels der Stoßlanze den ersten Ansturm des Gegners aufzufangen. Die makedonische Lanze, *sarisa*, war bis zu 5 m lang; vgl. VIII 48.

23 Ein Ortswechsel des Großkönigs galt stets als Verlegung des Machtzentrums; daher reist er in vollem Ornat und mit dem gesamten Hofstaat, was Curtius Rufus auf sinnlose orientalische Prachtentfaltung verkürzt.

24 *Stadion* ist das gängige griechische Längenmaß, je nach Stadtstaat steht es für 162–210 m.

25 Lyrnesos/Thebe: Heimat von Briseis, der kriegsgefangenen Geliebten Achills, deren Beschlagnahmung durch Agamemnon Achills berühmten Zorn auslöste. Diese von Kilikern bewohnten Orte bei Troja verlegt Curtius Rufus nach Kilikien. Der erdgeborene Riese Typhon, letzter Rebell gegen die Herrschaft des olympischen Zeus, soll nach Pindar in einer Höhle Kilikiens aufgewachsen sein. Korykos (türk. Korgos) war eines der Hauptanbaugebiete für den als Farb- und Duftstoff geschätzten Safran.

26 Griechisch-römische Heere waren strikt auf das Kommando ihres Feldherrn ausgerichtet, seine Befehle gingen an die Standartenträger, deren Bewegungen die jeweils dahinter postierte Einheit blindlings nachvollzog. Diese Kommandozentrale, ohne die ein Überleben der unselbständigen Truppen fraglich wurde (IV 58), setzte sich daher immer seltener dem riskanten Schlachtgetümmel aus, sondern agierte durch Melder. Philipp und Alexander kämpften dagegen noch nach alter Sitte in vorderster Reihe mit, um sich durch Solidarisierung mit der Mannschaft deren Sympathie zu sichern.

27 Für seine Heilung durch ärztliche Kunst dankt Alexander den Göttern der Heilkunde (Asklepios) und der Wissenschaft (Athene) wie üblich durch Theateraufführungen und Sportwettkämpfe.

28 Das Verwüsten des Feindeslands durch Brandschatzen, Abbrennen der Felder, Roden der Bäume und Weinstöcke sowie Abschlachten des Viehs gehörte wie das Plündern zu den geläufigsten Praktiken antiker Kriegführung.

29 Zum Auftakt der Schlacht pflegte der antike Feldherr seine Armee durch eine Rede anzufeuern. Solche Reden wurden in der Rhetorikschule geübt und von Schriftstellern nachgeahmt. Curtius Rufus

beweist seine Kunst, indem er Alexander gleich drei verschiedene Feldherrnreden zum selben Anlass (an die Makedonen, Griechen, Thraker in seinem Heer) unterschiebt oder in IV 14 je eine Rede an die Helden bzw. Feiglinge richten lässt.

30 Im Mythos zog Herakles von Griechenland bis zum Atlantik (Gades/Cádiz), dem Westrand der antiken Welt, *Liber pater* (Dionysos) unterwarf deren Ostrand, d. h. Indien. *Liber* und *Libera* waren in Rom ursprünglich ein für Fruchtbarkeit sorgendes Götterpaar, daher der sonst selten gebrauchte Beiname *pater*; ab dem 1. Jh. v. Chr. ging Liber völlig im griechischen Weingott Dionysos auf.

31 Nach Philipps Ermordung (336 v. Chr.) rebellierten die griechischen Staaten des Korinthischen Bundes. Alexander schlug den Aufstand brutal nieder und ließ zum Exempel das böotische Theben niederreißen und seine Einwohner versklaven.

32 Die Übergabe von Erde und Wasser galt bei den Persern als Symbol für die freiwillige Unterwerfung eines Landes. Curtius Rufus lässt Alexander daraus zur Aufstachelung seiner Soldaten rhetorisch den Vorwurf formen, Persien wolle die Griechen inhuman durch Hunger und Durst niederzwingen.

33 Anspielung auf den römischen Brauch der *spolia opima*, bei dem der römische Feldherr eigenhändig den gegnerischen Heerführer besiegen und seiner Rüstung berauben muss, um die höchste aller militärischen Ehrungen zu erhalten.

34 Dareios' Flucht entspringt nicht Feigheit, sondern strategischem Kalkül und soll Alexander um den endgültigen Sieg bringen: er muss ja ein zweites Mal zum Kampf antreten.

35 Der persische Garnisonskommandant von Sardeis (Lydien) übergab 334 v. Chr. die Stadt kampflos dem anrückenden Alexander, der ihn dafür in seinen engen Freundeskreis aufnahm (Curtius Rufus V 6; 25).

36 Endogamie war den Königsfamilien mancher antiker Staaten (Medien, Persien, Ägypten) erlaubt. Sie sollte die im Herrscherhaus konzentrierte Kraft vor schwächender Zerstreuung auf viele bewahren.

37 Satrapen (»Reichsschützer«) waren die Gouverneure der Provinzen des Perserreichs. Sie hatten dem Großkönig Heeresfolge zu leisten,

Truppen zu stellen, Tribute zu entrichten, waren aber in der Administration und Gerichtsbarkeit ihres Territoriums unabhängig, was viele zu gänzlicher Verselbständigung verlockte.

38 Der Großkönig Artaxerxes III. Ochos wurde 336 v. Chr. von seinem Eunuchen Bagoas vergiftet, wodurch der damalige Satrap von Armenien, Kodomannos, als Dareios III. zeitgleich mit Alexanders Inthronisierung die Krone erhielt; mit seiner Ermordung 330 v. Chr. erlosch die achämenidische Dynastie (vgl. Anm. zu IV 55).

39 Das Talent (griech. *talanton*) war die gängige Gewichtseinheit der Griechen. Sein Wert variierte in den verschiedenen Stadtstaaten und betrug in Athen ca. 26 kg.

Buch IV

1 Ebene zwischen den Gebirgen Libanon und Antilibanon.

2 Während des Ionischen Aufstands (500–494 v. Chr.) verwüstete Dareios I. die Griechenstädte in Kleinasien und zog anschließend zu einer Strafexpedition gegen Athen und Eretria, die durch seine Niederlage bei Marathon scheiterte (490 v. Chr.).

3 480 v. Chr. griff Großkönig Xerxes Griechenland an, zog aber nach der Niederlage bei Salamis (durch Themistokles aus Athen) seine Flotte zum Schutz Kleinasiens zurück. Das persische Landheer unter Mardonios blieb in Griechenland, wo es 479 v. Chr. bei Plataiai von Pausanias aus Sparta geschlagen wurde.

4 Sidon ist schon Homer bekannt; sein mythischer Gründer Agenor ist der Vater von Kadmos (Gründer des bötischen Theben) und der später von Zeus als Stier entführten Europa.

5 Nach stoisch-kynischer Lehre ist wirklich reich, wer sich mit dem jeweils Zuhandenen zu begnügen und so vom Verlangen nach mehr frei weiß. Insofern ist der bescheidene Gärtner dem Eroberer in seinem grenzenlosen Begehren überlegen (vgl. die Begegnung Alexanders mit dem bedürfnislos im »Fass« lebenden Kyniker Diogenes).

6 Von Dareios eingesetzter Satrap Ägyptens: vgl. IV 29.

7 Die nach Salamis und Plataiai de facto von Persien abgefallenen Griechen in Kleinasien und der Ägäis kamen nach dem Niedergang ihrer Schutzmacht Athen (Peloponnesischer Krieg) wieder unter

persische Hoheit. Nach erneuter Befreiung durch Alexander starteten die Persergeneräle Memnon und Pharnabazos die Rückeroberung.

8 Agis III., von 338 bis 331 v. Chr. König des noch selbständigen Sparta, organisierte mit persischem Geld und Verbündeten aus der Peloponnes und Kreta einen Aufstand gegen Alexander, wurde jedoch von dessen Statthalter Antigonos bei Megalopolis besiegt. Curtius Rufus verschiebt diese Ereignisse an den Anfang von Buch VI, um erst das Duell Alexander – Dareios zu Ende berichten zu können: Prädominanz literarischer Aspekte vor chronologischer Exaktheit.

9 Gemeint ist der mit dem griechischen Herakles gleichgesetzte tyrische Stadtgott Melqart. Das makedonische Königshaus, die Argeaden, leitete sich (wohl über eine Pseudoetymologie) von der peloponnesischen Stadt Argos, Herakles' Heimatstadt, her; dortige Thronwirren sollen dessen Urenkel Temenos zur Flucht nach Makedonien gezwungen haben, dessen erster König er wurde.

10 Die Ruinen von Alt-Tyros lagen der Stadtinsel gegenüber auf dem Festland. Die Tempel aufgelassener Siedlungen blieben aus religiöser Scheu stets intakt.

11 Da die Schlacht bei Issos wegen Dareios' Flucht keine Entscheidung gebracht hatte, wollte Tyros zunächst auf abwartende Distanz gehen. Curtius Rufus verschiebt das politische Kalkül auf den psychologischen Antagonismus Arroganz gegen Zorn.

12 Wie später die Griechen errichteten die vom Seehandel lebenden Phöniker überall im Mittelmeerraum Kolonien, z. B. Karthago (Tunis), Huelva und Malaga, die als Handelsstützpunkte und zur Aufnahme von Bevölkerungsüberschuss dienten. Das punische Karthago ist eine tyrische Kolonie (vgl. die Dido-Geschichte). Mutter- und Tochterstädte pflegten meist enge Verbindungen (gemeinsame Kulte, politisch-militärische Kooperation).

13 Eisenspitze mit anhängender Leiter: bohrt sich die Spitze in die Bordwand, wird das Schiff über die Leiter geentert.

14 Das punische Karthago und das griechische Syrakus rivalisierten seit dem 5. Jh. v. Chr. um den Besitz Siziliens. Syrakus vertrieb die Punier zeitgleich mit den Perserkriegern 480 v. Chr. (Schlacht an der

Himera); seine Verwicklung in den Peloponnesischen Krieg erlaubte Karthago die Rückeroberung Westsiziliens, was Syrakus dann in zahlreichen Militäraktionen wieder rückgängig zu machen suchte.

15 Kinderopfer an Baal-Moloch waren in phönikischen Städten, auch in Karthago, nicht selten und überdauerten bis zur Zeit der Punischen Kriege. Bei den Griechen und Römern stieß dieses Ritual auf schärfste Ablehnung.

16 Ziel einer antiken Seeschlacht ist das Versenken, nicht Kapern der feindlichen Schiffe durch Rammen und Eindrücken der Bordwand; dazu war jedes Kriegsschiff am Bug mit einem metallenen Rammsporn armiert.

17 Die von Hieroglyphen (Ägypten, Kreta) und Keilschrift (Sumerer, Babylonier, Assyrer) unterschiedene Buchstabenschrift wurde um 1200 v. Chr. von den Phönikern erfunden. Ab 800 v. Chr. übernahmen die griechischen Städte dieses Alphabet, über sie gelangte es zu den Etruskern und Römern. Kleinbuchstaben wurden erst ab 800 n. Chr. hinzuerfunden; diese und die Buchstaben der Phöniker sind sich deshalb weniger ähnlich als letztere und die ursprünglicheren Majuskeln.

18 Araxes heißen drei Flüsse jenseits des Tigris: der Aras in Armenien, der Band-e-mir bei Persepolis, der Amu-darja in Baktrien. Choaspes ist das heutige Flusssystem Karun/Karkhe im Iran.

19 Die Völker bis zum Kaukausus: Gemeint ist der Hindukusch, den antike Geographen als Ausläufer des Kaukasus ansahen. Der Tanais ist gewöhnlich der Don, hier jedoch offenbar der Syr-darja.

20 Diese Spiele sind nach den olympischen und pythischen Spielen der dritte große gesamtgriechische Wettkampf, gefolgt von den nemeischen Spielen. Sie werden alle zwei Jahre am Isthmus von Korinth mit sportlichen und musischen Agonen veranstaltet.

21 Amtlicher Name der römischen Provinz Griechenland: Anachronismus.

22 Ein antikes Kriegsschiff war mit wenigen Soldaten und den als Nicht-Kombattanten geltenden Ruderern, meist Freiwilligen aus verschiedenen Nationen, bemannt. Letztere konnten ihrem Status gemäß nach Kaperung auch von den neuen Herren angeheuert werden.

23 Gastfreundschaft war in Rom und Griechenland eine selbstverständliche Pflicht, sie involvierte nicht nur die Beherbergung Fremder, sondern auch deren Rechtsschutz (Nichtbürger waren in anderen Städten rechtlos). Wer einmal Gastfreund eines Hauses war, genießt die damit verbundenen Privilegien für alle Zukunft, daher die konstante Verbindung »amicitia et hospitium«.

24 Die antike Medizintheorie verbindet Wärme mit Wohlsein, Kälte mit Schmerz: Theophrast, *De sensibus* 43. Da Blutgerinnung seit Hippokrates als Abkühlung verstanden wurde, lässt Curtius Rufus Wundschmerz und Wundverkrustung korrespondieren.

25 Im Trojanischen Krieg schleifte Achill, der Vorkämpfer der Griechen, zur Demonstration seiner Überlegenheit die Leiche des von ihm erschlagenen Hektor täglich mit seinem Pferdegespann um die belagerte Stadt (Homer, *Ilias* XXII 395 ff.). Alexanders Mutter Olympias entstammt dem molossischen Königshaus, das sich von Achill herleitet: Achills Sohn Neoptolemos eroberte auf dem Rückweg vom Trojanischen Krieg das Molosserland und begründete die dortige Dynastie mit seiner Nebenfrau, der trojanischen Kriegsgefangenen Andromache (Hektors Witwe).

26 Das Orakel des ägyptischen Sonnengottes Amun in der Oase Siwa (vgl. K.-P. Kuhlmann, *Das Ammoneion. Archäologie, Geschichte und Kultpraxis des Orakels von Siwa*, Mainz 1988) hatte früher die ägyptischen Pharaonen als »Sohn des Amun« auszuweisen, d.h. zu legitimieren.

27 Der Rabe galt als bevorzugter Begleiter des Sonnengottes, sowohl des Mithras, wie aus Skulpturen erhellt, als auch Apolls, der im Kampf gegen den Giganten Typhon die Gestalt eines Raben annahm und in Rabengestalt die Einwohner von Thera (Santorin) nach Kyrene geleitete.

28 Troglodyten, »Höhlenbewohner«, ist der griechische Sammelbegriff für Primitivvölker, die vor allem südlich von Ägypten vermutet wurden. Noch bei Montesquieu, *Lettres Persanes* XII, erscheinen sie als Inbegriff vorstaatlicher, jeder Rechtsordnung baren Egomanie. Äthiopier, »Brandgesichter«, werden in der Antike alle Schwarzafrikaner und Südinder genannt.

29 Die ägyptische Religion neigt zur Unsichtbarkeit, zum Verhüllen

des Göttlichen, weshalb der widderköpfige Sonnengott hier verborgen in einem prunkvollen Schrein auf einer Nachbildung seiner Sonnenbarke, mit der er täglich von Osten nach Westen fährt, an den Tempelbesuchern vorbeizieht. Aus dem Schwanken der Barke liest der Orakelpriester die Antwort des Gottes heraus. Da in manchen griechischen (Delphi, Eleusis) und römischen (Forum) Tempeln anstelle von Götterbildern ein eiförmiger, gesichtsloser Stein (sog. *omphalos* »Nabel«) verehrt wurde, verwechselte Curtius Rufus bzw. seine Quelle Amuns ovalen Schrein mit dessen eigentlichem Abbild.

30 Unter Philipp und seinen Vorgängern war Makedonien ein Feudalstaat: als *primus inter pares* regierte der König nur im Einvernehmen mit den übrigen selbstbewussten Adels- und Territorialherren. Alexanders Vergöttlichung als Vorbote des Absolutismus stößt entsprechend auf permanenten Widerstand, folgt aber einer Tendenz der Griechen, außergewöhnliche Menschen schon zu Lebzeiten als göttergleich anzusehen, was im römischen Kaiserkult gipfelte.

31 Gemeint ist die südägyptische Stadt Theben, deren erster Herrscher Memnon ein Sohn der Göttin Eos und des trojanischen Prinzen Tithonos war (Eos hatte für ihren Gemahl Unsterblichkeit erbeten, nicht aber ewige Jugend, und so wird er neben der alterslosen Göttin zum Greis). Alexander nähert sich hier dem als Südrand der antiken Welt geltenden Wendekreis der Sonne.

32 Nach den sonstigen Quellen verwendeten Alexanders Baumeister beim Abstecken von Alexandrias Umriss kurz vor einem Kontrollbesuch des Königs Mehl aus dem Heeresproviant als Ersatz für die ausgegangene Kreide. Curtius Rufus beruft sich dagegen auf ein sonst unbekanntes Ritual: Gerste war ja das älteste Getreide der Antike und hatte darum im Kult vor allen anderen Zerealien den Vorrang. Das beschriebene Ritual ist andernorts nur in der Form bekannt, dass der Stadtgründer die Kontur durch eine Pflugfurche markiert, die als magischer Kreis die neue Stadt vom feindlichen Draußen scheidet.

33 Den Sichelwagen entwickelte Kyros d. Gr. aus dem antiken Streitwagen: verbreiterter Radstand, der ein Umkippen im Kampfgetümmel verhinderte, Sichelmesser, die, an der Unterseite der Achse

fest, an der Innen- und Außenseite der Radnaben drehbar montiert, beim Einbrechen in die gegnerische Phalanx tödliche Verwundungen verursachten. Spätere Autoren malen die Schrecklichkeit dieser Waffe phantasievoll aus.

34 Die Entscheidungsschlacht am 1. Oktober 331 v. Chr. fand nicht bei Arbela, sondern bei Gaugamela statt (Arrian, Diodor).

35 Die Finsternis ereignete sich am 20./21. September 331 v. Chr. Die astronomische Erklärung des bis dahin als Götterzeichen gefürchteten Phänomens geht auf den aufklärerischen Philosophen Anaxagoras (5. Jh. v. Chr.) zurück.

36 Nach einer anderen Version (Iustin XI 12) starb Dareios' Gattin Stateira erst 331 v. Chr. in Gefangenschaft an einer Fehlgeburt. Der Zeitpunkt schließt Dareios' Vaterschaft aus, bringt Alexander aber in Verdacht. Curtius Rufus wählt wie Arrian die ehrenvolle Begründung für ihren Tod, um die Rühmung von Alexanders Anstand durch seinen Gegner Dareios (Curtius Rufus IV 42 f.) erzähltechnisch vorzubereiten.

37 Dareios I. stürzte 522 v. Chr. den Usurpator Smerdis/Gaumata mit Hilfe von sechs persischen Getreuen; die Nachkommen dieser Sieben genossen besondere Privilegien am Hof.

38 Die griechischen Einwohner von Eretria (Euböa) wurden 490 v. Chr. zur Strafe für ihre Unterstützung des Ionischen Aufstands vom Großkönig nach Medien deportiert, wo der reisende Philosoph Apollonios Tyrios noch im 1. Jh. n. Chr. ihren Nachfahren begegnete; vgl. Anm. 2 zu Buch IV.

39 In der altpersischen Religion war Mithras als Geschöpf des Ahura Mazda, das als Mittler zwischen ihm und den Menschen diese zu Recht, Ordnung, Tugend lenken sollte, letztlich die wichtigste Gottheit der Trias Ahura, Sonne, Mithras. Im römischen Kaiserreich (2.–5. Jh. n. Chr.) begegnet Mithras als Mysteriengott *Sol Invictus*, der mit seinen dualistischen Gefährten Kautes und Kautopates einen Stier tötet, um durch dessen Blut seine eingeweihten Anhänger zu erretten (totemistisches Mahl). Dieser Kult verbreitete sich durch die römische Armee in allen Provinzen; der Anteil des Persischen ist umstritten. Vgl. M. Clauss, *Mithras: Kult und Mysterium*, Darmstadt 2012.

40 *Agema*: jeweils ein Elitecorps in der makedonischen Infanterie bzw. Reiterei, dessen eigentlicher Vorgesetzter stets der König war.

41 Adlige Leibwache der makedonischen Könige, mit silberverzierten Waffen (Iustin XII 7,5) ausgestattet; im Krieg eine der ranghöchsten Formationen.

42 Kyros d. Gr. (559–529 v. Chr.) wurde durch die Eroberung Mediens (dem Persien bisher unterstand), Kleinasiens (Lydien, Ionien, Äolien), Babyloniens und Baktriens der Gründer des Perserreichs und dessen achämenidischer Dynastie: vgl. Xenophons *Kyroupädie*.

Buch V

1 Thronwechsel lösten in Persien oft Rebellionen aus, die der neue Großkönig schleunigst zu bekämpfen hatte, z. B. Dareios I. den Aufstand von zehn Satrapen, Artaxerxes I. Unabhängigkeitsbewegungen in Baktrien und Ägypten, Artaxerxes II. den Erbfolgekrieg seines Bruders Kyros d. J. (bekannt aus Xenophons *Anabasis*).

2 Die großen Gold- und Silberschätze in Alexanders Kriegsbeute wurden meist zur Münzprägung verwendet bzw. umgeschmolzen. Das erlaubte Alexander die Ablösung der durch seine und Philipps Kriege aufgehäuften Staatsschulden und führte in den ruinierten griechischen Städten zu einem Wirtschaftsaufschwung.

3 Curtius Rufus scheint das Weihrauchland *Arabia* und arabisch besiedelte Gebiete Mesopotamiens, die auf Alexanders Route lagen, zu verwechseln.

4 Persische Reliefs zeigen, dass man dem Großkönig beim Besuch seiner Städte in feierlicher Prozession, in der man Löwen, Pferde, Kamele und dergleichen als Geschenke mitführte, entgegenzog: die Babylonier empfangen also Alexander als ihren neuen Herrscher.

5 Die historische Semiramis war die Gattin des in Babylon residierenden Assyrerkönigs Rammanirani (812–783 v. Chr.). In der Sage gilt sie als Gattin des Urkönigs Ninos, nach dessen Tod sie die Herrschaft übernahm, das babylonische Reich erweiterte und Babylon um viele architektonische Glanzstücke (z. B. Hängende Gärten, Bitumen-Stadtmauer) bereicherte. Um Semiramis ranken sich Geschichten zuhauf: so soll sie, eine Hetäre, den König überredet ha-

ben, ihr die Herrschaft für fünf Tage zu überlassen und ihn in dieser Zeit getötet haben; nach einem inzestuösen Antrag habe sie später ihr Sohn Ninyas umgebracht.

6 *Iugerum*, ein römisches Flächenmaß (ca. 35 × 71 m), wird gelegentlich zur Längenangabe verwandt.

7 Die Hängenden Gärten, auf Gewölben ruhende, gestufte Parkterrassen mit Baumbewuchs, zählten zu den Sieben Weltwundern der Antike. Ihr Erbauer war ein assyrischer, nicht syrischer König (der Sage nach freilich Semiramis).

8 Leises Lesen war in der Antike unüblich (Erstbeleg für den Kirchenvater Ambrosius). Man bediente sich zur Lektüre eines Vorlesesklaven.

9 Die Verwaltung eroberter Provinzen teilte Alexander meist auf einen makedonisch-griechischen Militärkommandanten und einen einheimischen Satrapen auf, die sich gegenseitig überwachen sollten.

10 Nach Herodot bezog der persische Königshof sein Trinkwasser exklusiv aus dem Choaspes.

11 Gastfreundschaft steht in Rom unter dem Schutz des *Jupiter Hospitalis* (Cicero, *De finibus* III 66) sowie der Penaten des jeweiligen Hauses (Tacitus, *Annales* XV 52).

12 Persis (Südwestiran) ist das Stammland der Perser und ihres Königshauses; dort liegen die Hauptstädte Pasargada(i) und Persepolis sowie die Grablege der Großkönige.

13 Nach römisch-griechischem Frauenideal verbringt die sittsame Matrone die meiste Zeit im Haus mit Spinnen und Weben, was in anderen Kulturen Sklavenarbeit war. Inkarnation dieser Wohlanständigkeit ist Lucretia, die die Schande ihrer Vergewaltigung durch Sextus Tarquinius mit ihrem Selbstmord tilgte: beim Eintreten des Übeltäters war sie im Kreise ihrer Mägde *lanae dedita* (Livius I 57, 9).

14 Nebenfluss des Schatt-el-Arab.

15 Die *testudo* ist eine typische Schutzformation, bei der die Schilde zur Abwehr von Projektilen dicht an dicht über den Köpfen gehalten werden.

16 Das im verlorenen Buch II erzählte »Meerwunder« besteht darin,

dass Alexanders Marsch nach Pamphylien (südliches Kleinasien) über die bei Südwind überflutete Meeresküste verlief: für ihn drehte jedoch der Wind plötzlich auf Nord, was die Parteinahme der Götter für den Makedonen anzeigte.

17 Soldaten pflegten bei Auslandseinsätzen eheähnliche Verbindungen mit Sklavinnen, Dirnen, Kriegsgefangenen einzugehen (sog. *contubernium*), die aber weder rechtsgültig waren noch die Legitimität etwaiger Kinder involvierten.

18 Veteranen erhielten gewöhnlich keine Pension, sondern Ackerland, gegebenenfalls finanzielle Starthilfen. Alexanders Finanzspritze wurde selbstverständlich in griechischen Drachmen, nicht römischen Denaren ausbezahlt: Anachronismus.

19 Dareios I. verlegte Kyros' Hauptstadt Pasargada(i) nach Persepolis (60 km nördlich von Shiraz), das mit Prunkbauten (Palast, Harem, Stadttorkomplex »Tor aller Länder«, Audienzhalle »Apadana«) zur repräsentativen Kapitale eines Großreichs ausgebaut wurde. Vgl. H. Koch, *Persepolis. Glänzende Hauptstadt des Perserreichs*, Mainz 2002.

20 Es muss sich um den Frühuntergang des Plejadengestirns Ende Oktober handeln, da im folgenden winterliche Verhältnisse herrschen.

21 Ob Alexander Persepolis mit Vorsatz zum Abschluss seines Rachefeldzugs gegen Persien oder nur spontan beim Trinkgelage niederbrannte, ist umstritten. Ausgrabungen belegen einzelne gezielte Brandstiftungen (Palast, Apadana), die Alexander-Historiker wählen meist die abträglichere Vandalismus-Version, um den Charakterverfall des Makedonen umso drastischer vorzuführen.

22 Gemeint ist die Pontonbrücke über den Bosporos und der Kanaldurchstich am Athos (Abkürzung der durch ungünstige Winde komplizierten Seeroute), die Xerxes 480 v. Chr. für seinen Eroberungszug nach Griechenland anordnete.

23 Das aus den persischen Parthern und den 239 v. Chr. eingewanderten skythischen Parnern entstandene Mischvolk der Parther versuchte von Parthiene aus die Restauration des Perserreichs. Bis 170 v. Chr. hatten sie Westiran, Mesopotamien und Baktrien zurückerobert, stritten mit Rom um den Besitz Armeniens (Ostkleinasien) und vereinbarten 66 v. Chr. mit Rom den Euphrat als Reichs-

grenze. Trotzdem kam es 53 v. Chr. zur katastrophalen Niederlage des Crassus bei Carrhae: erst Augustus konnte 20 v. Chr. durch Verhandlungen die verlorenen Feldzeichen zurückerlangen. Ihre anhaltende Westexpansion machte sie, besonders nach dem Übergang des Königtums auf die Sasaniden 224 n. Chr., zum dauernden und gefährlichsten Gegner des Römischen Reichs. Vgl. V. S. Curtis / S. Stewart, *The Age of the Parthians*, London 2007.

24 Persische Kriegsflotten drangen 512 v. Chr. (Dareios I.), 490 v. Chr. (Dareios I.) und 480 v. Chr. (Xerxes) in griechische Gewässer vor. Makedonien wurde 512 v. Chr. von Dareios I. unterworfen und erst nach Salamis (480 v. Chr.) wieder frei.

25 Anspielung auf Grundaxiome der Epikureer, die die Welt vom willkürlichen Zufall (Atomismus bei Verbannung der Götter in die Intermundien) regiert sehen, und der Stoiker, nach denen eine göttliche Weltvernunft das Schicksal, auch jedes einzelnen, sinnvoll, aber unabänderlich bestimmt, weshalb die Ethik vom Menschen als Mikrokosmos die Unterordnung unter den Makrokosmos der Weltvernunft verlangt.

26 Vermutlich das heutige Isfahan.

Buch VI

1 König Archidamos III. unterstützte ab 342 v. Chr. die griechische Kolonie Tarent gegen Angriffe der autochthonen Lukaner und Messapier. – Philipp besiegte das Bündnis der antimakedonischen Stadtstaaten Griechenlands 338 v. Chr. bei Chaironeia in Böotien. Die Besiegten wurden im Korinthischen Bund zwangszusammengeschlossen, den er als Vorsitzender mit der Idee eines Rachekriegs gegen Persien einte.

2 Philipp unterstellte die eroberten Fürstentümer Thrakiens einem für deren politische Loyalität und Heeresfolge verantwortlichen Strategen. Nach der Hinrichtung des ersten Strategen, Alexanders des Lynkesters, betraute Alexander den Adligen Menon mit diesem Posten, der sich jedoch 331 v. Chr. mit Alexanders Statthalter in Europa, Antipater, zerstritt und von diesem militärisch zum Einlenken gezwungen wurde.

3 Oberstes Gremium des alle griechischen Stadtstaaten außer Sparta umfassenden Korinthischen Bundes.

4 Vgl. Anm. 23 zu Buch V.

5 Das Reiternomadenvolk der Skythen bewohnte seit dem 7. Jh. v. Chr. in verschiedenen Teilstämmen die eurasische Steppe von der Donau (*Ister*) über das Hinterland des Schwarzen Meers (daher die Erwähnung des Borysthenes = Dnjepr und Tanais = Don) bis hin zur Mongolei. Vom 2. Jh. v. Chr. an verschmelzen sie mit dem Nachbarvolk der Sarmaten, die zu Raubzügen in die römischen Donauprovinzen neigten.

6 Nach griechischem Glauben werden besonders herausragende Menschen von den Göttern, die selbst die Größten sein wollen, durch Unglück, Misserfolg, Vernichtung wieder auf ihr sterbliches Maß zurückgestutzt: dies lässt die Götter neidisch erscheinen.

7 Hyrkanien: Ostufer des Kaspischen Meers, z. T. von Dahern bewohnt. Massageten: Reiternomaden in Nordost-Afghanistan. Saker: zentralasiatisches Nomadenvolk jenseits des Syr-darja.

8 Vgl. Anm. 38 zu Buch III.

9 Gemeint ist das Asowsche Meer. Die von Curtius Rufus gesammelten widersprüchlichen Spekulationen illustrieren die schlechte, unüberprüfte Geographiekenntnis der Antike.

10 Verschiedene Bäume – Eichen, Feigen, Tamarisken – schwitzen nach antiken und biblischen (*Exodus* 16) Quellen Manna, eine honigartige, zu Gelee gerinnende, nach Mandeln schmeckende Flüssigkeit aus, beschränkt auf zwei Stunden am Morgen.

11 Alexanders Rappe hieß wegen seiner Kopfform oder wegen einer weißen Blesse auf der Stirn »Ochsenkopf«. Spätere Legenden erheben ihn zum Wunder- und Orakeltier; vgl. A. R. Andersen, Bucephalas and his Legend, in: *American Journal of Philology* 51 (1930), S. 1 ff.

12 Gegend um Herat in Afghanistan mit der Hauptstadt Artakana.

13 Gerichtsreden waren wegen ihres brillanten Stils, der raffinierten Argumentation (Schuld und Unschuld konnten nur rhetorisch überzeugend gemacht, noch nicht kriminalistisch bewiesen werden) und der Theatralik ihres Vortrags beim antiken Publikum

höchst beliebt; Gerichtsredner wie Demosthenes oder Cicero wurden als Stars gefeiert. Curtius Rufus kommt mit Alexanders, Bolons und Philotas' fiktiven Prozessreden diesem Leserinteresse entgegen.

14 Philipp übte ab 360 v. Chr. für Amyntas, den Sohn seines Vorgängers Perdikkas III., die Regentschaft über Makedonien aus, favorisierte aber für die Thronfolge den eigenen Sohn Alexander. Dieser ließ 336 v. Chr. sofort nach Philipps Ermordung den Konkurrenten und dessen Parteigänger, darunter Attalos, beseitigen.

15 Die inquisitorische Folter ist fester Bestandteil antiker Gerichtsverfahren (in Rom freilich auf die Sklaven des Angeklagten beschränkt) und soll Aussagen, deren kriminalistische Verifizierung ja noch unmöglich war, erhärten.

16 Der Hinweis auf die Straflosigkeit der Attentate auf die Makedonenkönige Alexander Philhellen, Archelaos, Perdikkas III. soll die Gefahrlosigkeit eines Anschlags auch auf den unbeliebten Alexander insinuieren.

Buch VII

1 Vgl. auch Buch VIII, § 26.

2 Name und Vorstellung vom Paradies gehen auf diese Lustgärten – griech. *paradeisos* – zurück.

3 Zum Schutz des Postgeheimnisses wurden Briefe (Papyrusblätter) zusammengerollt, die Rolle durchstochen und mit einem eingezogenen, dann versiegelten Faden verschnürt.

4 Drangiane: Seistan in Afghanistan; Arimasper: Volk um Helmand in Afghanistan.

5 Arachosien entspricht dem südlichen Afghanistan um Kandahar, das Alexander als »arachotisches Alexandria« gründete.

6 Es handelt sich um das Tal des Kabul-Flusses.

7 Beide Gebirgszüge, der kaspische Kaukasus bzw. der indische Hindukusch, werden von den antiken Geographen als ein einziger Höhenzug angesehen, wobei Kaukasus als Appellativum schlicht »Schneegebirge« bedeutet; vgl. Plinius d. Ä. VI 50.

8 Einfaches oder parfümiertes Olivenöl diente seit Homers Zeiten als

verbreitetes Körperpflegemittel, in Soldatenkreisen vorwiegend als Sonnen- oder Kälteschutz.

9 S. Anm. 18 zu Buch V.

10 Die Branchiden, Aufseher des Apollon-Orakels von Didyma, übergaben freiwillig den Tempelschatz, d.h. Votivgaben dankbarer Besucher, an Xerxes, der sie durch Umsiedlung nach Baktrien der unerlässlichen Rache ihrer Mitbürger (auf Tempelraub stand die Todesstrafe) entzog.

11 Schutzflehende pflegten in Rom wie sonst die Priester ein weißes, wollenes Stirnband mit an beiden Seiten herabhängenden Enden zu tragen: *infula*; man vgl. heute die weiße Fahne.

12 Besiegte Herrscher wurden in erniedrigender Aufmachung (Nepos, *Datames* III), oft verstümmelt (s. unten) und an einer Halskette dem Perserkönig zur Aburteilung vorgeführt, wie auch die Reliefs des Monuments von Bisutun (Dareios' I. inschriftlicher Tatenbericht) zeigen.

13 Die zoroastrische Religion verbot, um eine Verunreinigung der Elemente durch Verwesung zu vermeiden, die Bestattung in Erde, Wasser oder im heiligen Feuer; Leichen wurden daher Raubtieren und Vögeln zum Fraß ausgesetzt. Selbst dies soll dem Verbrecher Bessos nicht zuteilwerden.

14 Entspricht dem heutigen Samarkand.

15 *Alexandria Ultima* ist das heutige Chodschent (Leninabad) in Tadschikistan.

16 Das Versprechen, nur seine ungeprüften Quellen getreu wiederzugeben, dient Curtius Rufus als Rechtfertigung, diese Barbarenrede in ihrem naiv-unrhetorischen Kolorit (Sprichwörter, Naturvergleiche anstelle von geschliffener Argumentation) zu präsentieren. Das Porträtieren von Barbaren mittels unkonventioneller Reden war für die literarischen Historiker der Antike reizvoll (vgl. Caesars Critognatus-Rede, Tacitus' Calgacus-Rede).

17 Im 7. Jh. v. Chr. zogen skythische Horden über Medien und Judäa bis zu den Grenzen Ägyptens. Kyros und Dareios I. scheiterten auf ihren Eroberungszügen nach Skythien.

18 Seit Platon definiert die Antike Freundschaft als »idem velle atque idem nolle« (Sallust, *Catilina* 20, 4), weshalb nur Beziehungen zwi-

schen sozial, mental, rechtlich Gleichen als *amicitia* galten; vgl. J. C. Fraisse, *La Notion d'amitié dans la philosophie antique*, Paris 1974.

19 Entspricht dem heutigen Zerafschan.

20 Margiana ist das heutige Merv. Als einziges dieser sechs Forts wurde bisher Kurgansol in Usbekistan wiederentdeckt.

Buch VIII

1 Der makedonische Adlige Lysimachos, Leibwächter und Freund Alexanders, riss nach dessen Tod die Herrschaft in Thrakien sowie Teilen von Thessalien und Kleinasien an sich, wo er sich 306 v. Chr. selbst zum König erklärte.

2 Mehrere Autoren (Iustin, Plinius d. Ä., Plutarch, Seneca) berichten, Alexander habe bei einem seiner Wutanfälle Lysimachos einem Löwen vorgeworfen, weil er für den inhaftierten Kallisthenes eingetreten sei. Lysimachos konnte schwerverletzt das Tier mit bloßer Hand erlegen.

3 Das bisher schwache, in sich zerstrittene Makedonien verdankt Alexanders Vater, Philipp II., seine Einheit und Großmachtrolle (vgl. J. Worthington, *Philip II of Macedonia*, New Haven 2008). Nach einer Heeresreform (Schaffung der Infanterie-Phalanx zusätzlich zur traditionellen Adelsreiterei) befreite er Makedonien von Okkupanten (Thraker, Illyrer) und Separatisten (Paionier, Lynkester), dehnte das Staatsgebiet auf Nachbarländer (Molosser, Illyrer, Thraker, Thessaler, Chalkidike) und bis zum Meer (Bedrohung Persiens) aus und unterwarf 338 v. Chr. bei Chaironeia die griechischen Stadtstaaten. Zu letzterem Sieg trug Alexander, der als Kommandeur der Reiter u.a. die thebanische Eliteeinheit »Heilige Schar« aufrieb, taktisch Entscheidendes bei.

4 Philipp wurde als junger Mann in den noch heute rätselhaften Geheimkult der »Großen Götter« (*Kabeiroi*) von Samothrake, wohl einen Fruchtbarkeitskult um die göttliche Trias Vater – Mutter – Sohn, eingeweiht, der im nördlichen Griechenland verbreitet war.

5 Zitat aus der Tragödie *Andromache* (684–687): Neoptolemos hat neben seiner Gattin Hermione Andromache, Hektors Witwe, als

Nebenfrau; Hermione will ihre Rivalin und deren Kind töten, wird von Peleus, Achills Vater, daran gehindert und flieht mit ihrem einstigen Liebhaber Orest, der Neoptolemos getötet hat. Die Götter weisen Andromache an, zu den Molossern zu fliehen; vgl. zur Alternativversion Anm. 25 zu Buch IV.

6 Athen führte die griechischen Stadtstaaten in die Niederlage von Chaironeia, die Philipp die Erzwingung des Korinthischen Bundes ermöglichte. Zu Theben vgl. Anm. 31 zu Buch III.

7 Bei der Befreiung der griechischen Städte Kleinasiens stieß Alexander oft auf den Widerstand von persischen Garnisonen und propersischen Parteien, besonders bei dem von Dareios' Söldnerführer Memnon gehaltenen Halikarnass (türk. Bodrum) und Milet (vgl. III 17 und IV 24). Die Atarrhias-Episode (vgl. V 7) ist sonst nirgends überliefert.

8 Der Molosserfürst Alexander, Bruder von Alexanders Mutter Olympias, eroberte Illyrien (Epeiros) und führte seit 334 v. Chr. Krieg in Süditalien zur Unterstützung dortiger Griechenstädte gegen Angriffe der Einheimischen.

9 Vgl. Anm. 14 zu Buch VI.

10 Nach griechischem Volksglauben findet ein Toter ohne Begräbnis keine Ruhe; das Verweigern der Bestattung galt als krasse Inhumanität; vgl. Antigone, die ihren Bruder Polyneikes gegen Kreons Verbot mit Erde bedeckte.

11 Nach Arrian sind es Daher, die in vorauseilendem Gehorsam Spitamenes töten, während Curtius Rufus die Motivik der der Liebe immanenten Feindschaft Mann – Frau bemüht.

12 Vgl. Anm. 25 zu Buch III.

13 Das Goldland Indien galt der antiken Geographie als Ende der bewohnten, vom Ringstrom *Okeanos* umschlossenen Welt. Alexanders dortige Eroberungen beschränken sich auf das heutige Pakistan, greifen aber klar über die Ostgrenze des Perserreichs hinaus.

14 Am Alexanderzug nahmen Historiker, Geographen, Naturforscher und auch Epiker teil, die die zeitgenössischen Kriegstaten Alexanders ohne Wenn und Aber verherrlichten. Diese Schmeichelei provozierte so viel Kritik, dass Choirilos zum Inbegriff missratener Dichtung wurde und keines dieser Epen erhalten blieb.

15 Kallisthenes aus Olynth (Chalkidike), Großneffe des Aristoteles, verfasste, für manche Begebenheiten als Augenzeuge, die erste (verlorene) Darstellung des Alexanderzugs bis ca. 330 v. Chr.

16 Die aus Alexanders Eroberungen entstandenen Diadochenreiche wurden 200–33 v. Chr. (Makedonien 168, Pergamon 133, Seleukidenreich 64 und Ägypten 30 v. Chr.) von den Römern als Provinzen annektiert.

17 Die Vorstellung von Indien als länglichem Rechteck beruht auf Fehlberechnungen im Standardwerk *Geographika* des alexandrinischen Gelehrten Eratosthenes (246 v. Chr.).

18 Da der Name dieses sagenhaften Königs über die Inseln im Roten Meer an das griechische Wort *erythros* »rot« anklingt, soll dieses Meer eponymisch als Rotes bezeichnet worden sein.

19 Die in Rom beliebten Papageien wurden aus Indien importiert.

20 Nach der Mehrzahl der Quellen bestanden indische Gewänder aus Baumwolle.

21 Die Existenz dieses Dekors bezeugt um 317 v. Chr. der griechische Gesandte Megasthenes für den Palast des ersten Maurya-Königs Chandragupta.

22 Die asketischen Yogi (*Gymnosophisten*) und ihre Selbstverbrennung waren ein beliebtes Thema der griechisch-römischen Literatur: Apuleius (*Florida*), Arrian (*Indike*), Philostrat (*Vita Apollonii* III).

23 Es handelt sich um die oberste Kaste der Dichter, Priester und Gelehrten: Brahmanen.

24 Baumgeister wurden als Fruchtbarkeitsgötter im Indien der Maurya-Zeit (4. Jh. v. Chr.) verehrt, oft nur in Form eines umzäunten Baumes mit einer Fahne als Symbol der Gottheit. Da Buddha seine Erleuchtungen unter einem Bodhi-Baum hatte, dauerte dieser Baumkult im späteren Indien fort.

25 Herkules, der den am Kaukasus angeketteten Prometheus befreite, wurde infolge der Gleichsetzung Kaukasus – Hindukusch neben dem Zug zum Westrand der Welt (Säulen des Herakles) auch ein solcher zum Ostrand zugeschrieben.

26 Vermutlich Manglawar im unteren Swat-Tal.

27 Der Fels wird mit der markanten Bergspitze *Pir-Sar* am Indus bei

Peschawar identifiziert. Der Name *Aornos* ist entweder Verballhornung eines Sanskritwortes für »Gehege, Burg« oder, so eine andere Deutung, leitet sich von griech. *atornis* her und bedeutet so viel wie »ohne Vogel« – gemeint ist also eine Bergeshöhe, so hoch, dass keine Vögel darüber fliegen.

28 Es handelt sich um Stadt und Bezirk Taxila (altind. Takshasila) bei Islamabad.

29 Abisares regierte die Region Hazara in Kaschmir; Poros war der mächtigste Regionalkönig im Pandschab.

Buch IX

1 Curtius Rufus meint wohl den zahlreiche meterhohe Luftwurzeln austreibenden Banyan-Baum.

2 Entspricht dem Ravi in Pakistan.

3 Curtius Rufus meint die im alten Orient für die Großwildjagd beliebte Rasse »Tibetdogge«, deren Übergröße und abnorme Schmerzunempfindlichkeit von griechisch-römischen Autoren gerühmt wird.

4 Von Phegeus und Poros erfährt Alexander, dass entgegen dem griechischen Weltbild die Oikumene weit über den Indus hinausreicht und die unbekannten Völker dort militärisch stark sind. Dies scheint seinen Entschluss, den Ozean doch eher indusabwärts im Süden aufzusuchen und dabei das Industal zur Grenzbastion seines Reiches auszubauen, vorbereitet zu haben. Curtius Rufus dagegen lässt eine dramatische Soldatenmeuterei diese Entscheidung erzwingen (vgl. Plut. Alex. 62; Arrian 5,25–28).

5 Die zwölf Altäre, Gegenstück zu den Säulen des Herkules im äußersten Westen, galten den zwölf Olympischen Göttern. Die nach antiken Vorstellungen übergroße Gestalt der Götter veranlasst Alexander, zur Kennzeichnung seiner eigenen Göttlichkeit ebenso überdimensionierte Monumente zu errichten.

6 Die beiden Gründungen befinden sich am Jhelum; Bukephala entspricht heute Jalalpur.

7 Bezug auf die typischen Attribute des Herkules: Löwenfell und Keule.

8 Dass das Meer am Rand der Welt gezeitenlos erstarre und in Dunkel gehüllt sei, wurde in der Antike besonders für das Nordmeer (Tacitus, *Germania* 45) vermutet; vgl. die mittelalterliche Legende vom Lebermeer = Glibbermeer. Die Meuterer übertragen das Argument der Naturwidrigkeit auf den Ostrand der Oikumene.

9 Ptolemaios I., Sohn des makedonischen Kleinadligen Lagos oder unehelicher Sohn Philipps, erhielt nach Alexanders Tod das Königreich Ägypten, das bis zum Tod Kleopatras (30 v. Chr.) von der Ptolemäer-Dynastie regiert wurde, die die Hauptstadt Alexandria zur größten Kulturmetropole der Antike (Bibliothek!) ausbaute. Ptolemaios' verlorene *Geschichte Alexanders* wirkt vor allem bei Arrian nach.

10 Das vielleicht von Alexanders Mutter Olympias aus Eifersucht auf die neue Nebenfrau veranlasste Attentat auf Philipp geschah 336 v. Chr. im Theater von Aigai bei der Hochzeitsfeier für dessen Tochter.

11 Römische Gladiatoren trugen beim Einzug in die Arena purpurfarbene Umhänge; damit gestaltet Curtius Rufus dieses Duell anachronistisch als Schaukampf.

12 Oxyartes ist der Vater von Alexanders Gattin Roxane.

13 Es handelt sich bei *scabies* wohl um die Krätze, deren Verursacher, eine Milbe, auch in feuchtem Milieu gedeiht. Öl als Gegenmittel zur Verschließung des Eintrittskanals empfahl bereits Hippokrates.

14 Der Kreter Nearchos, Alexanders Jugendfreund, sollte den Seeweg vom Indus nach Mesopotamien, eine für den Handel in Alexanders Großreich wichtige Route, erkunden; er verfasste hierüber die geo- und ethnographisch informative Schrift *Küstenfahrt am Indischen Ozean*. – Onesikritos, Schüler des Kynikers Diogenes, schrieb später eine Geschichte Alexanders, die den König als kynischen Weisen ausgab.

15 Die vom Fisch- und Walfang lebenden Ichthyophagen (sog. »Fischesser«) und ihre Häuser aus Muscheln und Gräten sind auf der Basis von Nearchos' Bericht ausführlich in Arrians *Indike* beschrieben.

16 Weshalb Alexander seine Truppen durch die lebensfeindliche Wüs-

te nach Gedrosien (= Belutschistan) führte, obwohl Nearchos' Flotte bereitstand, ist unklar. Nach Arrian reizten ihn Berichte, Semiramis und den Perserkönigen sei die Durchquerung dieser Einöde missglückt, seine Überlegenheit unter Beweis zu stellen.

Buch X

1 Vgl. Anm. 18 zu Buch VIII.
2 Bewohner der Dobrudscha und des Unterlaufs der Donau: sie wurden später durch die Exilgedichte des dorthin verbannten Ovid bekannt.
3 Stärkster Stamm der 351 v. Chr. von Philipp unterworfenen Thraker (Bulgarien).
4 Als Fürsprecher der Exilierten schafft sich Alexander in den zwangsverbündeten Griechenstädten eine Gruppe dankbarer, an seinem Machterhalt interessierter und deshalb den Mitbürgern unwillkommener Einwohner.
5 Alexander heiratete 324 v. Chr. Dareios' älteste Tochter Barsine (in anderen Quellen Stateira genannt). Polygamie war im makedonischen Königshaus kein Tabu.
6 Bei der »Massenhochzeit von Susa« nötigte Alexander die vornehmsten Makedonen zu Ehen mit Frauen aus dem persischen Hochadel. Dies lässt sich aus seiner Vision eines alle Unterschiede überwindenden Weltreichs herleiten (Tarn, *Alexander the Great*) oder, bescheidener, aus seiner Absicht, die Loyalität und Kooperation der persischen Oberschicht für die Verwaltung seines Riesenreichs zu gewährleisten.
7 Vgl. Anm. 38 zu Buch IV.
8 Skeptizistischer Philosoph, der Alexander aus wissenschaftlichem Interesse nach Asien begleitete.
9 Artaxerxes III. Ochos (359–338 v. Chr.), Kronprinz des achämenidischen Königshauses, sicherte sich den Thron durch sofortige Ermordung all seiner Verwandten.
10 Alexanders Halbbruder aus der Ehe Philipps mit einer Nebenfrau (Philinna): wegen angeborener Demenz wurde er aus der Politik herausgehalten bzw. der Vormundschaft des Perdikkas unterstellt.

Er wurde 317 v. Chr. als Verkörperung der durch die Diadochen obsolet gewordenen Reichseinheit ermordet.

11 Diese Form der Entsühnung ist auch durch Livius (XL 6) für Makedonien bezeugt. Das Opfertier soll die Schuld des passierenden Heeres auf sich nehmen und wird danach verbrannt. Als Sündenbock dienen meist weniger geschätzte Tiere wie der u. a. für Kriechertum oder Frechheit berüchtigte Hund; auch die Gegengeschlechtlichkeit ist hier von Relevanz.

Literaturhinweise

Ausgaben, Übersetzungen

Q. Curtius Rufus: Historiarum libri, ed. E. Hedicke, Leipzig [2]1908.

Q. Curtius Rufus: Geschichte Alexanders d. Gr., lat./dtsch., hrsg. von K. Müller / H. Schönfeld, München 1954.

Q. Curtius Rufus: Geschichte Alexanders d. Gr., nach der Übersetzung von J. Siebelis überarbeitet und kommentiert von H. Koch, hrsg. von K. Brodersen, 2 Bde., Darmstadt 2007.

Q. Curtius Rufus: Historiae, ed. C. M. Lucarini, Berlin / New York 2009.

Quinte Curce: Histoires, texte établi et traduit par H. Bardon, 2 Bde., Paris 2003/08.

Quinto Curzio Rufo: Storia di Alessandro Magno, ed./trad. A. Giacone, Torino 1977.

Quintus Curtius Rufus, with an English Translation by J. C. Rolfe, 2 Bde., Cambrige (Mass.) 1946.

Kommentare

Atkinson, J. E.: A Commentary on Q. Curtius Rufus' Historiae Alexandri Magni III/IV, Amsterdam 1980.

Atkinson, J. E.: A Commentary on Q. Curtius Rufus' Historiae Alexandri Magni books 5 to 7,2, Amsterdam 1994.

Atkinson, J. E.: Curtius Rufus: Histories book 10, introduction and hist. commentary by J. E. A., Oxford 2009.

Mützell, J.: Q. Curtii Rufi De Gestis Alexandri Magni, mit krit. und exeget. Anmerkungen, Berlin 1841 (repr. Hildesheim 1976).

Vogel, T.: Q. Curtii Rufi Historiarum Alexandri Magni libri, erkl. von T. Vogel, 2 Bde., Leipzig 1903/06 (repr. Hildesheim 2002).

Curtius Rufus

Atkinson, J. E.: Q. Curtius Rufus' Historiarum Alexandri Magni, in: ANRW II 34.4 (1998), S. 3447–3483.

Baynham, E.J.: Alexander the Great. The Unique History of Quintus Curtius, Ann Arbor 1998.

Dosson, E.: Étude sur Quinte-Curce, sa vie et son œuvre, Paris 1886.

Gunderson, J.L.: Q. Curtius Rufus: on his Historical Methods, in: Adam, W.L. / Borza, N. (Hrsg.): Philipp II, Alexander the Great, and the Macedonian Heritage, Washington 1982, S. 177–196.

Hammond, N.G.L.: Three Historians on Alexander the Great. The So-Called Vulgate-Authors Diodorus, Justin, and Curtius, Cambridge 1983.

Helmreich, E.: Die Reden bei Curtius, Paderborn 1927.

Koch, H.: Hundert Jahre Curtius-Forschung (1899–1999). Eine Arbeitsbibliographie, St. Katharinen 2000.

Korzeniewski, D.: Die Zeit des Q. Curtius Rufus, Köln 1959.

McQueen, E.J.: Q. Curtius Rufus, in: Dorey, T.A. (Hrsg.): Latin Biography, London 1967, S. 17–43.

Porod, R.: Der Literat Curtius. Tradition und Neugestaltung, Diss. Graz 1985.

Rutz, W.: Zur Erzählungskunst des Q. Curtius Rufus, in: ANRW II 37.4 (1986), S. 2329–2357.

Alexander der Große

Barcelò, P.: Alexander der Große, Darmstadt 2007.

Baynham, E.J.: The Legacy of Alexander, Oxford 2002.

Berve, H.: Das Alexanderreich auf prosopographischer Grundlage, 2 Bde., München 1926.

Bosworth, A.B.: Conquest and Empire. The Reign of Alexander the Great, Cambridge 1988.

Bosworth, A.B. / Baynham, E.J. (Hrsg.): Alexander the Great in Fact and Fiction, Oxford 2000.

Briant, P.: Alexandre le Grand, Paris 1977.

Cartledge, P.: Alexander the Great. The Hunt for a New Past, London 2004.

Demandt, A.: Alexander der Große. Leben und Legende, München 2009. 2013.

Engels, J.: Philipp II. und Alexander der Große, Darmstadt [2]2012.

Errington, R. M.: Geschichte Makedoniens, München 1986.
Fraser, P. M.: Cities of Alexander the Great, Oxford 1996.
Hammond, N. G. L.: Alexander the Great. King, Commander and Statesman, London 1989.
Heckel, W.: The Last Days and Testament of Alexander the Great, Stuttgart 1988.
Heckel, W.: Who's Who in the Age of Alexander the Great, Oxford 2006.
Heckel, W.: The Conquests of Alexander the Great, Cambridge / New York 2008.
Heckel, W. / Tritle, L. A. (Hrsg.): Alexander the Great. A New History, Malden/Oxford 2009.
Lane-Fox, R.: Alexander der Große. Eroberer der Welt. München ^{4}1979. Neuausg. Stuttgart 2004.
Lauffer, S.: Alexander der Große, München 2004.
Roisman, J. (Hrsg.): Brill's Companion to Alexander the Great, Leiden 2003.
Schachermeyr, F.: Alexander der Große. Das Problem seiner Persönlichkeit und seines Wirkens, Wien 1973.
Sheppard, R.: Alexander der Große und seine Feldzüge, Stuttgart 2009.
Tarn, W. W.: Alexander the Great, 2 Bde., Cambridge 1948.
Tarn, W. W.: The Greeks in Bactria and India, Cambridge ^{2}1951.
Wiemer, H.-U.: Alexander der Große, München 2005.
Wirth, G.: Alexander der Große, Hamburg 1973.
Wood, M.: Auf den Spuren Alexanders des Großen, Stuttgart ^{2}2014.

Das Perserreich

Briant, P.: Histoire de l'Empire Perse de Cyrus à Alexandre, Paris 1996.
Briant, P.: Darius dans l'ombre d'Alexandre, Paris 2003.
Wiesehöfer, J.: Das antike Persien, Zürich 1993.

Alexanders Zug gen Osten oder das verlorene Objekt

Autorschaft und Gestaltungswille

Dass die Mittelmacht Makedonien unter Führung Alexanders des Großen (356–323 v. Chr.) ihre Herrschaft und die griechische Kultur in nur zwölf Jahren (334–323 v. Chr.) vom Nil bis zum Indus, von Athen bis Samarkand und Kandahar auszudehnen vermochte, rief schon in der Antike jene Faszination hervor, die den phantastischen *Alexanderroman* zu einem der beliebtesten Lesebücher in Spätantike und Mittelalter werden ließ und noch heute den Erfolg von Oliver Stones' Monumentalfilm *Alexander* (2004) trägt. Versuche, dieses einmalige Geschehen literarisch festzuhalten und zu erklären, wurden entsprechend bereits von Zeitgenossen Alexanders unternommen (Kallisthenes, Nearchos, Onesikritos, Ptolemaios) und setzten sich bis in die ausgehende Antike fort. Da hierbei die jüngeren Autoren die Werke ihrer Vorgänger ausbeuteten, somit überholten, sind aus dieser umfangreichen Alexanderliteratur nur spätere Gesamtdarstellungen erhalten: das Alexanderbuch (XVII) in der Universalgeschichte des Griechen Diodorus Siculus (1. Jh. v. Chr.), die Schriften *Anabasis Alexandrou* (Alexanders Feldzug) und *Indiké* des ebenfalls griechisch schreibenden Flavius Arrianos (ca. 90–145 n. Chr.) und die ursprünglich zehn Bände umfassenden (die Bücher I und II sind verloren) *Historiae Alexandri Magni* des Quintus Curtius Rufus.

Zeit und Person dieses lateinischen Autors sind nicht sicher bestimmbar, da mit dem Anfang seines Werks auch dessen Proöm, das uns Auskunft über Verfasser und Zweck des Bu-

ches hätte geben können, verloren ist und Curtius Rufus sich so auf seinen historischen Stoff konzentriert, dass Anspielungen auf Zeitgenössisches, Römisches ausbleiben – mit der einen Ausnahme (X 28) des Vergleichs der Zerreißprobe, in die Alexanders Reich nach dem plötzlichen Tod des Königs geriet, mit einer ähnlichen, durch einen neuen Kaiser eben noch abgewendeten Krise des Römischen Reichs. Da jedoch weder Namen noch konkrete Fakten genannt werden, die Bezeichnung dieser Krise als *nox* ebenso gut ein präzises Ereignis wie eine wolkige Metapher bedeuten kann, lässt diese Aussage leider verschiedene Datierungen zu. Als plausibelste gilt die Zeit des sogenannten Vierkaiserjahres 68 n. Chr., als nach Neros Ende Galba, Otho und Vitellius um den Thron kämpften und erst Vespasian Frieden und Einheit wiederherstellte. Vergleichbare Wirren gab es freilich auch beim Thronwechsel Caligula/Claudius (41 n. Chr.) und mehrmals vom 2. bis zum 4. Jh. n. Chr., weshalb auch solche Datierungen für Curtius Rufus erwogen werden. Vorschläge, den Autor mit zwei (aus anderen Quellen bekannten) gleichnamigen Römern, einem Rhetor, der die nötige schriftstellerische Befähigung, bzw. einem Senator, der genug politische Erfahrung zum Abfassen dieser *Historiae* besessen haben dürfte, zu identifizieren, führen infolge der ungeklärten Datierung des Werks ebenso wenig zu einem Ergebnis.

Antike Geschichtsschreiber sind nicht so sehr Forscher, die kritisch recherchieren und in sachlichem Diskurs berichten wollen, wie es gewesen ist, als vielmehr Literaten, die aus einem historischen Stoff eine spannende, dramatische, farbige, sensationelle, exotische Erzählung zu schaffen trachten. Und so beziehen sie ihr »Wissen« weitgehend und ungeprüft aus den Geschichtsdarstellungen ihrer (ebenfalls eher literarisch als wissenschaftlich orientierten) Vorgänger, wie Curtius Rufus beim Nacherzählen (statt Nachprüfen!) ihm unglaublich

erscheinender Episoden selbst zugibt (VIII 11; IX 1; 4; 21), und gestalten diesen Stoff nach ihrem eigenen Kunstgeschmack, evtl. auch nach ihrer persönlichen Sicht der Ereignisse und Charaktere, neu, was das Umformen des Tradierten ebenso einschließt wie das Hinzuerfinden oder Unterdrücken von Details.

Aus diesem Grund sollten heutige Leser die (scheinbar) konkreten Zahlenangaben des Curtius Rufus zu Heeresstärken, Verlusten, Kriegsbeute nicht beim Wort nehmen, sondern als künstlerisches Mittel des Autors zum Aufbauschen oder Herabstufen eines historischen Ereignisses begreifen, die zahlreichen Reden, die er (wie alle antiken Historiker) seinen Protagonisten in den Mund legt, nicht für Originalreden halten, die er in Archiven oder Protokollen aufgespürt hätte, sondern als rhetorische Kunststücke eines Autors goutieren, der seine damaligen Leser, allesamt Absolventen der Rhetorenschule (der Höheren Schule der Antike), mit einschlägigen Leckerbissen ergötzen wollte: Curtius Rufus »referiert« z.B. auch dann Reden seiner Feldherren, wenn diese, wie er konzediert (III 25; IV 52), vor lauter Kriegslärm ungehört verhallen, lässt Alexander unmittelbar vor der Schlacht von Issos (III 25) gleich drei Reden (an die Makedonen, die Griechen und die Barbaren unter seinen Soldaten), vor der Schlacht bei Gaugamela (IV 52) zwei Reden (an die Helden bzw. an die Schwächlinge in der Schlachtreihe) halten. Dafür dürfte realiter, direkt vor Kampfbeginn, schwerlich genügend Zeit gewesen sein; Rhetorikschüler, zu deren Übungsprogramm solche Variationen über ein Thema gehörten, konnten sie sich jedoch nehmen – und einem solchen Publikum führt Curtius Rufus vor, wie man derartige Aufgaben meistert.

So erklärt sich auch, dass er seine Geschichtsdarstellung nicht nach Art heutiger Lehrbücher anhand der Chronologie des Geschehens strukturiert (V 1), sondern zugunsten des Er-

zählflusses Jahresende und Buchschluss nicht zusammenfallen lässt (außer in Buch VII [329 v. Chr.], wo das Buchende die Eroberung des Perserreichs mit dem Bau von sechs Grenzfestungen abschließt und Buch VIII zum Indienfeldzug übergeht), um Einschnitte und Pausen am Buchende, die den Leser aus dem Bann der Erzählung entlassen könnten, zu vermeiden. Statt die Kriegsjahre durch exakte Chronologie zu zerstückeln, trennt Curtius Rufus sie viel sanfter durch dazwischenliegende Berichte aus Alexanders Winterlagern, während derer, wie in der Antike üblich, Kampfhandlungen unterblieben. Für eine genaue Einreihung der Ereignisse in den Zeitablauf vgl. man daher z. B. die Zeittafel in Kochs Curtius-Rufus-Edition I 1–11; II 1–12.

Wo der Stoff Gelegenheit bietet, fremdländische Sitten (z. B. den orientalisch pompösen Aufzug des persischen Großkönigs: III 7 f.; den Schönheitskult im Reich des Sopeithes: IX 5), Wundersames aus Natur (z. B. die Temperaturschwankungen der Quelle von Siwa: IV 31; die Luftwurzeln der Banyanbäume: IX 2; den abnormen Gezeitenhub an der Indusmündung: IX 35 f.) oder Geographie (Karstflüsse: VI 10; VII 39), exotische Beschreibungen von Ländern wie Indien oder Skythien, raffinierte Kriegslisten (VII 22; IX 32) oder ungewöhnliche Kampftechniken (Dammbau über einen Meeresarm: IV 10 ff.; alpinistische Klettereien der Soldaten: V 12; VII 41; Vernichtung von Kriegselefanten: VIII 49 f.), des weiteren kriegsunwichtige Meisterleistungen einzelner (Dioxippos: IX 29; Philippos: VIII 10), Skurriles wie im Stehen erfrorene Soldaten (VIII 15) oder Ptolemaios' Heilung mittels eines im Traum erschienenen Heilkrauts (IX 33) einzufügen, greift Curtius Rufus zur Unterhaltung des Lesers zu, was nicht selten unbedeutenden Ereignissen ebenso viel Raum in der Erzählung gewährt wie den Höhepunkten des Alexanderzugs: der Leser kann sich an wohlgelungenen Reden delektieren, die damals niemand hö-

ren konnte, erlebt die Felskletterei der Soldaten mit Seil, Keilen, tödlichen Abstürzen in extenso mit, auch wenn Alexander die Einnahme einer Bergfestung strategisch unnötig erscheint (VII 41), verfolgt die monatelangen Fortschritte und Rückschläge beim Dammbau nach Tyros (IV 10 ff.), obwohl die Eroberung der Inselstadt allein der Flotte verdankt wurde, erwartet mit Spannung die schreckenerregenden Kampfwagen der Inder, deren Einsatz der regennasse Boden vereitelte (VIII 47).

Ob und wo Curtius Rufus darüber hinaus den tradierten Stoff zugunsten literarischer Effekte verändert, zeigt sich am ehesten beim Vergleich seiner Episoden mit den entsprechenden Gegenstücken anderer Alexanderhistoriker. Dies mögen einige ausgesuchte Passagen exemplarisch vorführen: durch Flucht hatte sich Dareios der Anerkennung seiner Niederlage bei Issos rechtzeitig entzogen, weshalb er Arrian zufolge (II 14) weiterhin beanspruchte, Friedens- statt Kapitulationsverhandlungen von König zu König (333 v. Chr.: erstes Friedensangebot) führen zu können, was Alexander jedoch mit der ebenso raffinierten Forderung, ihn nicht »König«, sondern »König von Asien« zu titulieren, d. h. sich wenigstens in seiner diplomatischen Note rechtswirksam zum Verlierer der Entscheidungsschlacht zu erklären, beantwortete. Von solchen Finessen weiß Curtius Rufus nichts: gemäß seiner Version (IV 2) beruht Alexanders Nein auf einem vehementen Wutanfall, den Dareios mit der Weigerung, den siegreichen Emporkömmling überhaupt als »König« anzusprechen, auslöste. Statt politischen Kalküls treten für Curtius Rufus die beiden Charakterschwächen des Makedonen in den Vordergrund, die nach seiner Sicht die zwölf Kriegsjahre immer stärker belasten sollten (X 18): Alexanders unbeherrschter Jähzorn, der 328 v. Chr. in der Ermordung seines Vertrauten und Kritikers Kleitos kulminierte, und seine wachsende Selbstüberschätzung, die ihn 328 v. Chr. die fußfällige Verehrung orientalischer Potentaten

für die eigene Majestät reklamieren ließ. Der wirkliche Ablauf der Begebenheit verliert sich im Wunsch des Autors nach effektvoller Dramatik.

Angesichts des Schwebezustands nach Issos hielt es die Phönikerstadt Tyros für klug, zu den beiden rivalisierenden Großmächten auf abwartende Distanz zu gehen. Man sicherte daher (Arrian II 15 ff.) Alexander politisches Wohlverhalten zu, lehnte aber seine Bitte, den Heraklestempel der Stadt besuchen zu dürfen (Herakles galt als Ahnherr der makedonischen Dynastie), ab, da eine Öffnung der Stadttore für den fremden König als Kapitulation hätte missverstanden werden können. In aller Ruhe machte sich Alexander an die schwierige Belagerung der Inselstadt, bei deren Einnahme 8000 Einwohner von der ergrimmten, siegestrunkenen Soldateska erschlagen, die übrigen 30 000 (wie üblich) in die Sklaverei verkauft wurden. Wieder übergeht Curtius Rufus (IV 7 ff.) die politische Motivation hinter Tyros' Ablehnung des Tempelbesuchs, um einen spannenden Konflikt zwischen tyrischer Hochnäsigkeit (man lehnt den Besuch nicht einfach ab, sondern verweist Alexander an einen längst stillgelegten Heraklestempel in der aufgelassenen Ruinenstadt Alt-Tyros, der seinen Zwecken genügen dürfte) und entsprechender Wut des beleidigten Königs zu konstruieren, der bei Einnahme der Stadt folgerichtig das Massaker ausdrücklich anordnet (IV 19) und die letzten 2000 Überlebenden (man vgl. die völlig anderen Zahlenangaben Arrians!) grausam pfählen lässt.

Alexanders notorische Neigung, zum Ansporn seiner Truppe tollkühne Bravourstücke zu vollführen, bietet Curtius Rufus wiederholt die Möglichkeit, dramatische Episoden voller Lebensgefahr für den Draufgänger zu gestalten (IV 38; V 10; 21; VII 13; 36; 37; VIII 39; 40; 46; 48; IX 24). Beim Sturm auf eine (namenlos gebliebene, weil strategisch zweitrangige) Inderstadt ersteigen nach Arrian (VI 9 f.) Alexander, Peukestas und

Leonnatos als erste die Stadtmauer, springen kühn in die dichtbevölkerte Stadt hinab, um, wie kaum anders zu erwarten, in äußerste Bedrängnis zu geraten, bis der schwerverletzte König und die ihn schützenden Gefährten endlich von der eindringenden Armee gerettet werden. Das ist zwar spannend, aber, weil Alexander nie isoliert gegen die feindliche Übermacht steht, noch nicht dramatisch genug. Curtius Rufus (IX 18 ff.) holt das Versäumte nach: jetzt springt der König – die übrigen Sturmleitern sind unter der Menschenlast zerbrochen – allein von der Mauerkrone; schon steht er nach tapferster, erschöpfender Gegenwehr Auge in Auge mit dem Tod, da dringen überraschend Peukestas und seine Freunde durch einen Mauerspalt zu ihm vor, freilich nur, um selbst wiederum in Lebensgefahr zu geraten, bis Pioniere in letzter Minute der Armee eine Bresche schlagen und die Bedrohten retten. Den Kunstgriff, ein Ereignis ganz nahe an sein unvermeidlich scheinendes Ende heranzuführen und dann unversehens doch ins Gegenteil umschlagen zu lassen, die sogenannte Peripetie, verdankt Curtius Rufus nicht der historischen Wirklichkeit, sondern der Rhetorenschule.

Mit einer solchen Darstellungsweise rückt er die Porträtierung des Menschen Alexander, seiner Charakterzüge, Schwächen und Emotionen gegenüber dem erzählerisch weniger ergiebigen Politisch-Historischen in den Vordergrund. Die politischen Divergenzen zwischen dem wie berauscht vom Kriegsglück in immer fernere Länder stürmenden Alexander und den nüchternen, älteren Makedonen (z. B. Kleitos, Parmenion und Koinos), die den Krieg zur Festigung der soeben von Philipp II. (359–336 v. Chr.) geschaffenen Machtstellung ihres Landes führten und sich mit der Eroberung des (bisher persisch beherrschten) Westteils von Kleinasien, spätestens aber mit der Zerstörung der persischen Hauptstadt Persepolis 330 v. Chr. am Ziel sahen, verschieben sich entsprechend eher

zu menschlichen Spannungen um Misstrauen und Freundestreue, Meuterei und Gehorsam, Wagemut und Bedächtigkeit (IV 44; 47). Alexanders Schachzug, durch die Heirat mit Roxane die Oberschicht des aufsässigen Sogdien auf seine Seite zu ziehen, erscheint eher als ein *coup de foudre*, der die Makedonen empört (VIII 16); die Eroberung des Industals gleicht eher einem irrationalen, vom Heer mit Meuterei quittierten Ausbruch von *avaritia* (VII 33; IX 7) als dem zielstrebigen Ausbau einer Grenzbastion gegen die in einem nun wirklich nicht mehr erreichbaren Osten wohnenden Völkerscharen. Der rote Faden, mit dem Curtius Rufus seine Episoden strukturiert, ist daher biographisch: die Entwicklung von Alexanders Charakter von anfänglicher Vortrefflichkeit (vgl. z. B. die Ritterlichkeit gegenüber der gefangenen Gattin und der Mutter des Dareios: III 32; IV 41), die freilich dunkle Seiten (z. B. beim Massaker in Tyros: IV 19; bei der Folterung des Betis: IV 28) schon ahnen lässt, zu zunehmender Maßlosigkeit, Trunksucht, Wut und Egomanie (V 22; VI 4; 20; X 18), so dass die einstige Größe nur noch selten, z. B. in der großmütigen Behandlung des besiegten Inderkönigs Poros (VIII 51), durchscheint.

Die politische Notwendigkeit, für den Erhalt des makedonische Verhältnisse überfordernden Riesenreichs Loyalität und Mitarbeit der einheimischen Oberschicht zu gewinnen, verwandelt sich bei Curtius Rufus in Alexanders wachsende, befremdende Neigung zu persischen Sitten und orientalischem Pomp (VI 4; 20 f.; VIII 25). Es ist daher wenig erstaunlich, dass die heutige Forschung aus solch disparaten Quellen kaum ein einheitliches Bild des großen Königs gewinnt. War er nun eher ein von unersättlichem Begehren Getriebener, dem nur der Ozean oder eine Meuterei der müde gewordenen Armee noch Einhalt gebieten konnten, ein planvoller Reichsgründer, der die persische Konkurrenz lahmlegen und zur Reichssicherung statt einer Makedoniens demographisches Potential überstra-

pazierenden Unterdrückung die Sympathien Persiens wollte, oder ein Visionär, der, anders als seine engstirnig nationalistischen Kampfgefährten, die Idee eines alle Völker verschmelzenden, einigen Reichs der Menschheit verfocht?

Nicht jede Änderung, die Curtius Rufus an der Überlieferung vornimmt, beschränkt sich auf oberflächliche Effekte zur Unterhaltung der Leser. Der Mord an Kleitos (VIII 3 ff.) wird z. B. von Arrian (IV 8) in ein immer mehr aus den Fugen geratendes Zechgelage eingebettet, bei dem Schmeichler Alexander so laut und peinlich rühmen, dass Kleitos den Anteil der Freunde und Kampfgefährten an den Siegen des Königs glaubt anmahnen zu müssen; andere Zechkumpane versuchen jetzt die angespannte Situation durch die Herabsetzung von Philipps Leistung gegenüber der seines Sohnes Alexander zu entschärfen, was Kleitos jedoch zu einem noch energischeren Loblied auf Philipp animiert, der das Glückskind Alexander mit seinen Erfolgen übertreffe, eine Schmähung, die ihn des Königs blinde Wut mit dem Tod büßen lässt. Dieses lebensechte Hin und Her einer Tafelrunde, das unaufhaltsame Sich-Aufschaukeln einer Disharmonie ersetzt Curtius Rufus gezielt durch die Zuspitzung auf ein Rededuell: Kleitos, der Parteigänger Philipps und Bruder von Alexanders Amme Hellanike, gegen den König. Als Alexander sich auf dem Bankett selbst über alle Maßen und auf Kosten seines Vaters Philipp glorifiziert, widerspricht ihm Kleitos aufgebracht und betrunken und fällt dafür der Wut seines Kontrahenten zum Opfer. Kleitos ist hier nicht einer, wenngleich der vorlauteste, unter anderen allzu kecken Zechern, sondern verwoben in einen Vater-Sohn-Konflikt, der einen ödipalen Untergrund öffnet.

Ödipale Strukturen

Und in der Tat durchwebt ein Subtext ödipaler Strukturen die Oberflächenrepräsentation von Alexanders Zug gen Osten. Zum einen zeichnet sich leitmotivisch eine ambivalente, immer stärker rivalisierende Haltung zu seinem Vater Philipp ab, von anfänglicher Berufung auf dessen Leistungen (III 25: Philipps Sieg über Athen; IV 56: Philipps Kampfmoral) zu destruierender Verleugnung (IV 39: Kritik der Soldaten; VI 43: Philotas' Kritik; VIII 25: Hermolaos' Kritik). Gipfelpunkt ist die Kleitos-Episode: hier setzt sich Alexander, Philipps Taten usurpierend, an dessen Stelle, wobei die Rollenverkehrung so weit geht, dass, einst höchstes Ärgernis des Vaters, dieser dem Sohn sein Leben verdanken soll. Der Negativnukleus dieser Vaterrettung enthüllt sich in den Worten eines anderen Philipp, der als lebensspendender Arzt Vaterfunktion bei Alexander, der wiederum umgekehrt als Lebensgeber auch dieses Akarnaniers erscheint (»servatus a me vitam mihi dederis«), ausübt: »crimen parricidii (*patrem caedere*), quod mihi obiectum est, tua salus diluet« (III 15): Vaterrettung kettet sich an Vatermord. Entsprechend zwiespältig erscheint Alexanders Vaterrache: in VI 43 soll er diesen nicht gerächt haben, was eine Identifikation mit den Mördern impliziert (VII 1), in X 18 dagegen wohl. Kleitos' Schicksal selbst inszeniert sich dann als direkte Enttarnung des zur Rettung umfunktionierten Mordes: er, der Bruder der Amme, die Alexander genauso wie eine Mutter liebt, der Vertreter der Größe Philipps, damit ein eindeutiger Vater-Repräsentant, fällt dem ödipalen Tötungswunsch des Sohnes zum Opfer: »... wieder zeigt sich die gesetzmäßige Ausgestaltung und Wandlung eines Motivs, das vom offenen Vaterhass, der nur mit der Tötung des Vaters seine Befriedigung findet, zur Abwehr dieses Impulses in die Vaterrache sich wandelt, um schließlich in der Vaterrettung, dem

vollkommenen Gegensatz zur Tötung des Vaters, seinen vollkommensten Reaktionsausdruck zu finden«[1]. Mit seinem Euripides' *Andromache* evozierenden Zitat rückt Kleitos in die Position des Trennenden, beschwört er doch die Uneinholbarkeit des Begehrensobjektes herauf: Orest liebt Hermione, Hermione liebt Neoptolemos, Neoptolemos liebt Andromache, Andromache liebt den toten Hektor. Die Beseitigung des trennenden Dritten führt freilich zu keinerlei Lösung: der Sohn bleibt vom primordialen Begehrensobjekt Mutter = Amme geschieden (»Von all den Ihren bin ich allein noch übrig, der einzige, dessen Anblick ihr unerträglich sein wird«: VIII 6); einen Vater ausschalten, an dessen Stelle man schon steht, erweist nämlich diesen als realen Vater demselben Gesetz von Trennung = Kastration unterworfen. Dass es sich hierbei um eine unüberwindbare Struktur handelt, suggeriert das von Alexander zwar aufgehobene (VI 42), doch weiterhin Geltung habende (VII 24) makedonische Gesetz, demzufolge die Schuld der Söhne mit dem Tod der Väter korreliert (Philotas-Episode, Pagenaufstand: Hermolaos).

Von der Endgültigkeit der Kastration will das Subjekt freilich nichts wissen; der getötete Vater wird sublimiert zur unverletzbaren (IV 32: »negat ullius scelere posse violari«), in ihrem Synkretismus die unerschöpfliche Potenz eines Jupiter mit dem inzestuösen Verschmelzen der Sonne in den mütterlichen Wassern des Meeres verbindenden Idealgestalt Jupiter Hammons, auf dass der »Himmel« der Begehrenserfüllung weiter offenstehe[2]. Die Verleugnungsstruktur des Begehrens bleibt an die Instanz des Dritten gebunden, der interdizierend das Be-

1 O. Rank, *Das Inzest-Motiv in Dichtung und Sage*, Darmstadt 1974, S. 112 f.

2 Bei Arrian (III 3) bleibt der Besuch der Oase Siwa eher oberflächlich ein Versuch Alexanders, »über sich Genaueres zu erfahren oder zumindest Derartiges nachher behaupten zu können« (Wirth).

gehren zugleich autorisiert. Betrachten wir Alexanders Begegnung mit Hammon also genauer: der unsichtbar-absente Gott präsentiert sich als *umbilicus* auf seiner Barke (IV 31). Unter der Oberfläche kultischer Realien insinuiert der Nabel als nicht tilgbare Geburtsnarbe die definitive Kastration von der Mutter. Damit konfrontiert der Vatergott den Sohn mit einem Nein, an dessen Übertretung er ihn zugleich bindet: Hammon, der Sonnengott, der, aus den mütterlichen Wassern geboren, stets heimkehrt in seinen Ursprung, Manifestation eines thalassalen Regressionszugs als phylogenetischer Grundlage des maternalen und koitalen[3], wobei allerdings die Zyklizität von Regression und Trennung einen *circulus vitiosus* bildet, aus dem es kein Entkommen gibt[4]. Dass genau diese Regressionstendenz Alexanders Begehren determiniert, enthüllen uns die Skythen, die in ihrer Primitivität die Urgründe menschlichen Seins auftun[5]: es reizte dich, »zu wissen, wohin der Glanz der Sonne, unseres großen Gottes, versinkt. ... [Du] begehrst ..., was du nicht zu fassen vermagst« (VII 34). Und so zieht denn Alexander auf der gottväterlichen Begehrensachse gen Osten, letztendlich getragen allein vom Verlangen, dort den Ozean zu erreichen, ein Ziel, das radikal verfehlt wird: ihm bleibt nur der Umweg nach Süden, wo die Sonne im Zenit ihrer Trennung von den Wassern des Versunkenseins steht. Diese Verfehlung

3 S. Ferenczi, *Versuch einer Genitaltheorie*, Leipzig/Wien/Zürich 1924, S. 61ff.

4 Man beachte, dass auch in der synkretistischen Trinität von Sonne, Mithras und heiligem Feuer durch den Dualismus von Mithras' Begleitern Kautes und Kautopates das Getrenntsein persistiert: IV 48.

5 Diese Skythenrede fehlt bei Arrian. Den Wahrheitsgehalt der Skythenrede belegt die Tatsache, dass Alexander schon in VII 41 mit der Aufnahme seines Kampfs gegen die Natur, den Anwurf, selbst gegen Wälder, Schnee und Eis, Flüsse und wildes Getier zu wüten, realisiert.

zeichnete sich a priori, damit strukturhaft, schon in der Oase Siwa ab: geködert vom schönen Schein des verhüllenden Götterschreins (»eine Komposition aus Smaragd und Edelsteinen«: IV 31), verpasst[6] Alexander den zu mitternächtlicher Stunde kochenden *Fons Solis*, Symbol der symbiotischen Verschmelzung der Sonne mit den Wassern der Nacht, der hingegen im Mittag des Südens, Symbol radikaler Distanz von Sonne und Wassern, eiskalt bleibt. Und wieder ist es die Kastration, die das Begehren autorisiert: ein weiterer Zug soll den Helden auf der festgeschriebenen Schiene retour nach Westen tragen bis Gades (X 3). Eben dieses unabschließbare Weiter-und-Weiter auf der göttlichen Sonnenbahn wird von den Soldaten Alexanders mit den Gefahren des Nordmeers besetzt. Durch Transponierung vom Norden auf den Osten, d.h. Ent-Ortung entsteht ein Nirgendwo, in dem die Gefahren des uterinen Regresses im Nicht-Sein co-agulieren: »Was hätten sie denn davon? Nebel und Finsternis, ewige Nacht, die über den Meerestiefen hänge, Fluten voll mit Schwärmen monströser Tiere, regungslose Wellen, über die die Natur agonisierend jede Macht verloren habe« (X 16), Todesvorstellungen als Projektionen des vorgeburtlichen Daseins in die Zukunft einer Aphanisis des Ich in der dunklen Stagnation des an sein Ende gekommenen Begehrens in der M–ATER[7]. So erweitert sich die göttliche Achse um die menschliche zwischen Kastration und Nicht-Sein zur inkompletten Windrose, in der die Vollkommenheit der Vier durch Entortung des Nordens die Triangularität des ödipalen Grundmusters reflektiert.

Nun verweben sich auf Alexanders Zug mit der Struktur der

6 Curtius Rufus erwähnt die Quelle peripher ohne Bezug zu Alexanders Besuch: IV 31.

7 Zu Schreckensvisionen der intrauterinen Situation, verstellt durch das Trauma der Geburt (hier symbolisiert durch den Osten) vgl. O. Rank, *Das Trauma der Geburt*, Frankfurt a. M. 1988, passim.

Sonnenbahn, wenn auch in subvertierter Form, Elemente des Dreibrüdermärchens: Alexander als der Jüngste in Konkurrenz zu seinen Halbbrüdern Herakles und Dionysos, auf die sich die Rivalität mit dem Vater überträgt[8], ohne freilich zu einem positiven Resultat zu führen. Der sieche Alexander verfehlt die Überschreitung der Grenzen, die Dionysos steckte (VII 37), sein Sieg über das Felsmassiv, an dem Herakles scheiterte, ist nicht vollkommen: »Bezwinger der Örtlichkeit, weniger des Gegners« (VIII 41). Während jedoch Herakles, der durch Heras Schlangen unter der Drohung steht, von der »bösen« Mutter (= Stiefmutter) verschlungen zu werden, er, der männliche Held der *virtus*, von dessen Altären Frauen ausgeschlossen sind, den Weg von West nach Ost, d. h. zur Kastration der Geburt, wählt, kehrt Liber Pater, der Triumphator des Ostens, nach Westen zurück, um letztendlich in Theben »den machtvollen Akt, durch den sein Vater mit einem Blitzstrahl, ohne es zu wollen, seine Mutter vernichtet hatte, zu wiederholen und ihn durch diese Wiederholung rückgängig zu machen«[9]: Rekuperation des verlorenen Mutterobjekts. Alexanders Rückkehr nach Westen evoziert durch den mit goldenen Mischkrügen und ebensolchen Trinkbechern überladenen Wagen (IX 42) zum einen die goldbeschlagene, mit Silberschalen behängte Barke des Sonnengottes, imitiert jedoch zum anderen den Triumphzug Pater Libers. Hier waltet freilich ein denkwürdiges *hysteron proteron*: der Forschung nach ist Alexanders triumphaler Indienzug Prototyp des dionysischen! Damit erweist sich im Spiegel die vermeintliche Fülle des Gottes in der Ab-

8 M. Lüthi, *Märchen*, Stuttgart 1976 (6. Aufl.), S. 111. Dabei erhellt die Vaterkomponente in Dionysos, durch die Schenkelgeburt Inkarnation Jupiters, auch in dem ihm von Curtius Rufus beigelegten, ansonsten seltenen Titel *Pater Liber*.

9 H. Deutsch / P. Greenacre / R. Waelder, *Dionysos und Apollo*, Frankfurt a. M. 1973, S. 30.

hängigkeit von seinem irdischen Gegenüber als Leere: die Vaterinstanz enttarnt sich als mythische Verschleierung, Schutzmechanismus gegenüber der Uneinholbarkeit des Objekts.

Wegweisern gleich indizieren zwei Szenen auf der herakleisch-dionysischen Achse die richtige oder falsche Richtung. Sisimithres (VIII 8), der Satrap von Nautaka, der in inzestuöser Verbindung zwei Söhne von seiner Mutter hat und zu dieser, ihren Ratschlag, Widerstand bis zum letzten zu leisten, negierend, auf Distanz geht, indem er Alexanders Huld erbittet, erhält sich sein Leben mitsamt der Hoffnung auf Entfaltung (Karrieresprung). Beim nächsten Angriffsziel, den Dahern (VIII 11), verkehren sich die Verhältnisse. Ihr Anführer Spitamenes trennt sich von der leidenschaftlich geliebten Gattin, deren Verlangen – so wähnt er – auf Alexander ziele, in dessen Hände sie schnellstens fallen wolle, und wendet sich den habbaren Haremsdamen zu. Gelangweilt von diesen Substituten seines einzigen Begehrensobjektes, das aufgrund der Parallelität zur Vorgängerszene und Alexanders eigener Aussage bezüglich Stateira, Dareios' Gemahlin, die er anderen Quellen zufolge schwängerte, die habbare Frau sei stets nur Umweg, das Ziel die Mutter (»Nur ein einziges Mal am Tag ihrer Gefangennahme hatte er die Königin gesehen, dabei wollte er nicht einmal sie selbst besuchen, sondern des Dareios' Mutter«: IV 41), mit dieser in eins zu setzen ist, kehrt er in eine illusorische Dyade der Liebe zurück; doch just dies, in der Begegnung der Geschlechter die *impasse* (*un passe*) zu verdrängen, für die nun die Spaltung der Frau zwischen zweien (hier Spitamenes – Alexander) verantwortlich gemacht wird, diptychale Ergänzung des ödipalen Vatermords mit Mutterhochzeit um die präödipal entwickelten, ödipal verfestigten Grundängste des Mannes vor der Unauslotbarkeit der Frau[10],

10 Vgl. weiter unten S. 878.

kostet ihn in der Gefangenschaft dieser »Beziehungskiste« den Kopf.

Im Spiegel des Schenkel-Berges

Betrachten wir nun auf Alexanders verfehltem dionysischem Zug zum Ozean des Ostens eine aus dem Kriegsgeschehen herausgehobene Etappe, den *merós*, den von Curtius Rufus zum Berg realisierten Schenkel Jupiters, in den der Embryo des Gottes, von seiner Mutter Semele kastriert[11], geborgen wird (VIII 35). Wieder beschwört die Trennung vom Mutterobjekt den Übervater herauf, dessen Inkarnation, jetzt im wörtlichen Sinne, der Sohn zu werden begehrt, den uterinen Regress zu vollziehen; nur haben sich die Verhältnisse infolge der metaphorischen Substitution des mütterlichen Uterus durch den Schenkel des Vaters kompliziert. Für den Sohn bedeutet dies uneingeschränkte Geborgenheit am Ort des Regresses, der durch Maskulinisierung frei wird von der Bedrohung des Verschlungenwerdens durch eine ambivalente Mutter: man denke wieder an Herakles, den von den Schlangen der Stiefmutter in der Wiege Bedrohten[12], oder im Dionysos-Mythos selbst an die Geschichte von Pentheus, »the strident male who tries directly to combat maternal malevolence and is destroyed by it«[13]. Dar-

11 Ovid, *Metamorphosen* III 310 f.: »Imperfectus adhuc infans genetricis ab alvo / eripitur …«. – Zur Urkastration der Geburt und ihrem Hineinwirken ins ödipale Genitaltrauma der Kastration vgl. Rank, *Trauma*, S. 39 ff.

12 Zur Schlangensymbolik vgl. Ph. E. Slater, *The Glory of Hera*, Princeton 1992, S. 89: »The serpent is thus the other half of the cyclical, dust-unto-dust, womb-tomb vision of the woman's procreative capacity – the child is swallowed up and disappears from whence it came.«

13 Ebd., S. 301.

über hinaus erhält der Embryo im Schenkel des Gottvaters die ihm durch die Prämaturation der Trennung von der Mutter verlorene Komplettheit; Ovid (*Met.* III 312) formuliert mehrdeutig: *maternaque tempora complet* als Erfüllung der von der Mutter gewährten Zeit. Erst die Schwangerschaft des Vaters erhebt das Kind in die Sphäre göttlicher Vollkommenheit, konnte doch nach der Regel des Olymp nur das Kind zweier Unsterblicher selbst unsterblich sein. Für den Göttervater Jupiter andererseits impliziert diese Schenkelschwangerschaft die Stillung des männlichen Uterusneides als Überwindung des stets nur transitiven Regressbegehrens im realen Intransitiven der mütterlichen Partizipation an der symbiotischen Verschmelzung mit dem Kind oder anders: in der außergewöhnlichen Fähigkeit der Frau, mit der Mutter eins zu werden[14]. Wieder ist es Ovid, der hier Erhellung bringt: Dionysos' pränatale Abenteuer auf Erden korrelieren im Olymp mit Iunos Frage an Teiresias direkt im Anschluss an die Dionysos-Episode nach einer dem Mann verwehrten größeren Lust der Frau[15], deren Jupiter, durch seine Schwangerschaft feminisiert, innezuwerden scheint.

In der realisierten Version des Berges *Merós*, eines strotzen-

14 J. Chasseguet-Smirgel, *Zwei Bäume im Garten*, München/Wien 1988, XV: »Mir scheint (...), daß die *Fähigkeit zur Mutterschaft* es der Frau ermöglicht, ihren doppelten Inzestwunsch in der Phantasie zu verwirklichen, nämlich dank der bestehenden Einheit mit dem Fötus während der Schwangerschaft die primäre Verschmelzung mit der Mutter wiederzufinden und zugleich das Liebesobjekt, den Vater oder seinen Penis, in sich aufzubewahren.«

15 Ovid, *Met.* III 316 ff. Eines der Wesensmerkmale lateinischer Literatur ist ihre Intertextualität, weshalb das Zurückgreifen auf Vorläufertexte nicht nur erlaubt, sondern ein *must* ist; auf mythologischem Gebiet drängen sich dabei die *Metamorphosen* als das Who's Who mythischer Gestalten geradezu auf.

den, nahezu paradiesischen Ortes der Fülle, spielt sich Paralleles ab. Bacchantinnen gleich, damit ebenfalls feminisiert, schwärmen Alexanders Soldaten umher in einer sich diesseits von Sprache in jubilatorischem Gejauchze manifestierenden Ekstasis, einem Außer-sich-Sein, in dem sich die Ek-sistenz des Sonnengottes über den mütterlichen Wassern des südlichen Meeres vergisst. Das Weinlaub im Haar, Symbol dieser Ekstase, verwebt sich mit dem immergrünen Efeu als Symbol der Unsterblichkeit; auch hier ist die den regressiven Tendenzen immanente Todesdrohung durch die Mutter ausgeschlossen, harmlose Bacchantinnen anstelle der mörderischen Mänaden, wie sie Alexanders Mutter Olympias par excellence verkörpert: »Sie steigerte ihre Schwärmereien bis zu einem ziemlich barbarischen Grade. So nahm sie zu ihren bacchantischen Gesellschaften große zahme Schlangen mit, welche sodann häufig aus dem Efeu und den heiligen Körben herausschlüpften und sich um die Thyrsosstäbe und Kränze der Frauen herumwanden, natürlich zum größten Schrecken der Männer«[16]. Zehn Tage lang währt dieser Zauber; die pythagoräische Zahl der Vollkommenheit verweist auf die primordiale Einheit und bildet in der Gestalt (1 + 2) + (3 + 4) die Summe der zwei ersten Paare männlich und weiblich[17].

Zwischen Alexander und seinem göttlichen Pendant klafft jedoch eine Differenz: während Dionysos *im* Schenkel seines göttlichen Vaters verweilt, bleibt der König im Außen *auf* dem *Merós* separiert. Und so schreibt sich in ihm das stets vorzeitige uterine Entrissenwerden[18], auf Textebene in der Ausblen-

16 Plutarch, *Alexander* 2, übers. von E. Eyth, München 2008, S. 7.

17 *Encyclopédie des symboles*, hrsg. von M. Cazenave, Paris 1996 (4. Aufl.), s. v. *Nombres*, S. 452.

18 S. Freud, Hemmung, Symptom und Angst, *Ges. Werke* XIV, Frankfurt a. M. 1948, S. 186: »Die Intrauterinexistenz des Menschen erscheint gegen die der meisten Tiere relativ verkürzt; er wird unfer-

dung der Vorgeschichte des Dionysos als Leerstelle manifest, fort in die Wadenwunde der folgenden Szene (VIII 37), die sich ihrerseits in der Kette der Blessuren zur wiederum die uterine Geborgenheit sprengenden Verletzung der Hüfte (IX 20), *pars pro toto* des Beckens, transponiert, einer Wunde, die, künstlich vergrößert, das bis zu den Eingeweiden Gedrungene unter starken Blutungen freigibt (IX 22): welch sprechendes Bild! Zugleich weist sie zurück auf die Schenkelwunde des siebten Buches (25), die den König der Dimension des anderen als Garant seines Wohlergehens aussetzt: in sich überschlagender Fürsorge trägt man ihn auf einer Bahre. Auf dieser Folie versteht sich Alexanders verwunderter Ausruf, obwohl Sohn eines Gottes, spüre er die Gebrechen eines versehrten Leibes (VIII 37) als Ausdruck der primären narzisstischen Wunde, Resultat der Frühreife, die in die Abhängigkeit der mütterlichen Versorgung zwingt.

Überdies inszeniert sich in der *merós*-Szene Sprache selbst. Das Abwesende des mütterlichen Uterus, im Schenkel präsent gemacht, übersetzt sich in der Kontiguität der Szenen vom Griechischen ins Lateinische (*merós* → *sura*, *crus*) in Verschiebung vom Oberschenkel auf die Wade, den Unterschenkel: der verdeckte Signifikant der Metapher verknüpft sich somit metonymisch (= durch Verschiebung) mit dem Rest der Kette[19], wobei diese beiden Funktionen der Sprache offensichtlich nicht durch einen vorgegebenen Sinn konstituiert sind, sondern diesen erst a posteriori hervorbringen, wodurch sich das Primat des Signifikanten vor dem Signifikat ergibt. Durch Verleugnung dieser im Schenkelmythos dominierenden symbolischen Funktion von Sprache akzentuiert Curtius Rufus

tiger als diese in die Welt geschickt. Dadurch wird der Einfluß der realen Außenwelt verstärkt …«.

19 J. Lacan, Schriften II, S. 32.

nun aber in seiner Version des Berg-Ersteigens, des Auf-dem-Berge-Seins ihre rein repräsentative Dimension, die auf der Vorstellung eines selbstbewussten, identischen Sprechersubjekts basiert, das einen von seinen Intentionen abhängigen Sinn formuliert, eine Meisterschaft, die bezeichnenderweise beim Ersteigen eines weiteren Felsmassivs expressis verbis Ausdruck findet: »Nichts hat die Natur so hoch aufgetürmt, dass männlicher Tatendrang es nicht erzwingen könnte« (VII 41). Die symbolische Sprachdimension des *Im*-Schenkel-Seins insinuiert dagegen das Gefangen-Sein des Subjekts *in* der Sprache, die ihm eine Struktur vorgibt, der es sklavisch, unbewusst folgen muss. Das autonome Sprechersubjekt sagt damit nichts, was nicht gleichzeitig Verkennung wäre: wo Curtius Rufus, der sprachbeherrschende Rhetor, ein Lügenmärchen enttarnt (VIII 35), genau dort lässt sich Wahrheit ent-bergen[20]. Und ist es im Kontext der Wunden nicht die Alexander seiner Stimmgewalt beraubende Verletzung am Hals (VII 27; 29), welche just dieses Gebrochensein von Sprache illustriert?

Entfremdung im Spiegel

Wenden wir uns einem anderen, diesmal textlich separierten, sich jedoch wiederum in spiegelhafter Verschränkung entstellenden Szenenduo zu, verbunden durch die in ihrer ambivalenten Spaltung unfassbare Mutter und die Involvierung Hephaistions: Alexanders erster Begegnung mit Sisigambis (III 31), der mütterlichen Feindin, und seiner Klage über Olympias, die feindliche Mutter (X, Freinsheim, S. 117). In Hephaistion, dem imaginären Spiegel narzisstischer Vollkommenheit

20 Zur Sprachtheorie Lacans vgl. H. Gallas, *Das Textbegehren des Michael Kohlhaas*, Hamburg 1981, S. 35–61.

männlicher Schönheit[21], sucht sich das durch die Wunde der Prämaturation seiner Geburt gezeichnete Subjekt zu konstituieren: »auch er ist Alexander«, um in dieser Entfremdung – zu sein, was es nicht ist, bzw. nicht zu sein, was es ist[22] – zugleich auch genichtet zu werden, antizipiert doch Hephaistions Tod den Alexanders (X, S. 768): »fatum … vitam carissimo amicorum eius neque multo post ipsi quoque regi eripuit«: bis zuletzt bleibt die In-eins-Setzung von Freund und König erhalten, auf Sprachebene reflektiert in der Zerrissenheit des Hyperbatons »vitam … eripuit«, auf Realebene im Verflochtensein ihrer Totenfeiern durch das Agieren identischer Künstler.

Die Verleugnungsstruktur des Spiegels wiederholt sich in der verkennenden Anerkennung durch das Mutterdouble: nur über den Umweg der Vollkommenheit Hephaistions wird Alexander, das Mangelsubjekt, ihrer Würdigung teilhaftig. Umgekehrt ist es dieser, der die Kriegsgefangene zur Königin und Mutter erhebt, einem Status der Fülle, der durch seine Abhängigkeit vom anderen illusorisch ist, und so erscheint just durch einen Akt der Erhöhung – die Übergabe der Wolle (V 9) – die Erhöhte zugleich zur Sklavin degradiert, wovon das Subjekt nichts weiß. Wenn in der zweiten Szene Olympias, gedoppelt in der Schwester, auf die Kunde von Alexanders vermeintlichem Ende ihn Epiros' und Makedoniens, seiner Heimat, beraubt, so enthüllt sich die destruierende Seite der Anerkennung, die Entfremdung des Ichs im Exil, Alexander *exul* wie die ihres Landes vertriebenen Baktrer (VIII 7), zu zahlender Preis für ein vergangenes Verweilen im Mutterleib (»für die zehn Monate, die sie ihn in ihrem Schoß beherbergt habe, for-

21 Vgl. VII 38 die Beschreibung eines jungen Mannes als Hephaistions Ebenbild »nur mit dem Unterschied, dass seine Anmut völlig unmännlich war«. – Zum Spiegelstadium bei Lacan vgl. H. Gekle, *Tod im Spiegel*, Frankfurt a. M. 1996.

22 J.-P. Sartre, *L'Être et le néant*, Paris 1976, S. 126.

dere sie einen stattlichen Lohn«). Wiederum ist Hephaistion Zeuge, er, der den Riss verschweigen sollende Spiegel der Identität (»Der König … zog den Ring von seinem Finger und drückte ihn dem Lesenden auf den Mund zur Besiegelung, dass kein Wort … an Dritte durchsickern dürfe.«). In diesem Spiel von Interdependenzen enthüllt sich die Verleugnungsstruktur eines Begehrens, in dem jedes Subjekt zugleich immer auch Objekt ist, dem anderen die ihm mangelnde Fülle verleiht, um sie von ihm zu erhalten; im Begehren des anderen verliert sich das Begehren *nach* dem Anderen, der interdizierten Mutter. Sucht sich das Subjekt durch Negierung dieser Dimension des anderen als Herr zu wähnen – Olympias bei der falschen Kunde von Alexanders Ableben –, enthüllt Sisigambis' Hinscheiden infolge von Alexanders tatsächlichem Tod eben die Unmöglichkeit einer solch uneingeschränkten Ich-Konstitution. Dem Begehren des anderen, Dareios' Mutter Sisigambis, unterworfen, entfremdet sich Alexander mehr und mehr in der Exotik, dem Außen-Sein der Perserkultur, bis hin zur Proskynese: die oben gezeigte Dialektik schreibt sich fort, die Anerkennung des Herrn reduziert den anderen zum Sklaven, unter dessen Knechtschaft er damit gleichzeitig gerät.

In der Intertextualität von Dionysos-Mythos und Alexander-Historie hat die Geschichte des irdischen Alexander Mythos-enttarnende Funktion. Dionysos erlangt Unsterblichkeit im Erfahren der ekstatischen, die Ek-sistenz[23] überwindenden Entrücktheit seiner Anhänger, die sich vom Geist des Gottes beseelt fühlen[24], und erreicht in dieser Göttlichkeit die Apotheose seiner Mutter Semele. Alexander gibt seiner Mutter eine Göttlichkeit, die er nicht hat (IX 26; X 18), etwas, das wie bei Dionysos in Händen des anderen liegt, wo es niemals verfüg-

23 S. 870 f.
24 Deutsch, a. a. O., S. 24.

bar ist – göttlicher Verehrung will er erst »in jenem Augenblick, da sie (= seine Gefolgsleute) glücklich seien« teilhaftig werden –, auf dass die Mutter sei, was ihm mangelt: der in OLYMPias, dem Ort der Fülle, den die Götter besitzen, der sie zu Olympiern, den vollkommenen Zwölf, konstituiert, anklingende Ort der Fülle wandelt sich zur Leere.

»La femme n'existe pas«[25]

Auf dem Regress zur verlorenen Dyade liegt die Sexualität als Versuch der Wiederherstellung der Einheit[26]. Aus Platzgründen wollen wir uns hier (unter Nichtberücksichtigung der für das Griechentum typischen Homophilie sowie der Faszination des Persertums durch Eunuchen) auf die heterosexuelle Dimension beschränken, die Curtius Rufus bezeichnenderweise in der Begegnung Alexanders mit der Amazonenkönigin Thalestris illustriert. Gerade die Amazone, Königin des Frauenlandes, die Frau par excellence, inkarniert nämlich in ihrer Verfasstheit – nackt und bedeckt, Erhaltung des linken Busens, Ausbrennen des rechten – das *pas-tout* der Frau, die der Mann entsprechend niemals ganz besitzen kann, was der Text mit dem lakonischen Kommentar: »Das Liebesbegehren der Frau war heftiger als das des Königs« (VI 19) quittiert. Dreizehn Tage mühte sich dieser, dieses Begehren zu befriedigen – drei-

25 J. Lacan, *Le Séminaire XX : Encore*, Paris 1975, S. 80.

26 Vgl. z. B. Ferenczi, a. a. O., S. 33: »Nach dem ersten mißlungenen oralen Versuch, den Mutterleib wiederzugewinnen, folgen die sozusagen autoplastischen Perioden der Analität und der Masturbation, in denen für das verlorene Objekt am eigenen Körper phantastischer Ersatz gesucht wird; doch erst mit Hilfe des männlichen Begattungsorgans wird es ernsthaft versucht, die Mutterleibstendenz wieder alloplastisch, zunächst an der Mutter selbst, dann an anderen weiblichen Personen der Umwelt, zu verwirklichen.«

zehn, die zur runden Zwölf hinzutretende Überschusszahl, der sich gerade dadurch eine negative Aura anzuheften vermag[27]. Dieses *sorplus* des weiblichen Begehrens schickt den Mann in die Abwehrhaltung der Misogynie, die die Frau zum Sündenbock macht[28] – so in der Geschichte von Spitamenes (VIII 11: »In ihrer Warnung wähnte Spitamenes nichts als Verrat: in der Tat wolle die im Vertrauen auf ihre Schönheit so schnell wie möglich in Alexanders Hände fallen.«), so in der Geschichte der Königsgattin, die den Gemahl aus Liebe zu ihrem Frisör über die Klinge springen lässt (IX 7), so in der Geschichte von Olympias, die Amyntas grollt, all die kraftstrotzenden jungen Männer ihres Hauses rekrutiert zu haben, statt selbst auch ihrer Huld zu verfallen (VII 5) –, Entlastungsreaktion auf die Endlosschleife eines nicht einholbaren Objektes, schreibt sich dieselbe Spaltung des Weiblichen doch fort bis in die Charakteristik des verfehlten Ozeans, wo sich die Soldaten fragen, »welches Wesen denn einem Element eigne, das, obwohl ein und dasselbe, sich dennoch bald in wildem Aufruhr befinde, bald dem Diktat eines zeitlichen Ablaufs unterworfen sei« (IX 37). Und so startet Alexanders wüstes Streben, sich als Herr zu konstituieren, völlig passend direkt nach der *impasse sexuelle* als Leugnung der sich im Entzug des doch genommenen Objekts manifestierenden Impotenz. Doch dieser Herr wird er niemals werden, er, der unter der dauernden Ägide Fortunas steht, von der die Skythen sagen: »Bei uns zu Hause heißt es, Fortuna habe keine Füße, nur Hände und Flügel« (VII 35): als Ganze lässt sich die Fußlose niemals besitzen, was sich wiederum in retorser Algebra zum Mehr der Flügel ver-

27 Vgl. *Reallexikon für Antike und Christentum* IV, Münster 1959, bes. S. 317, 323.

28 Diese Sündenbockfunktion findet sich auch in der auseinandergerissenen (gespaltenen) Hündin, die zur Lustration der Armee dient: X 28.

kehrt, wovon der Text freilich wie Alexander nichts wissen will: er soll Herr und Meister über sie gewesen sein, wobei ihr zugleich freilich die Gebrochenheit des Subjekts Alexander zugewiesen wird (X 18).

Inhalt

Historiae Alexandri Magni /
Geschichte Alexanders des Großen 5
Liber III / Buch III 6
Liber IV / Buch IV 82
Liber V / Buch V 224
Liber VI / Buch VI 316
Liber VII / Buch VII 418
Liber VIII / Buch VIII 522
Liber IX / Buch IX 642
Liber X / Buch X 732

Karten 818
Zu dieser Ausgabe 825
Anmerkungen 826
Literaturhinweise 851
Nachwort 855